한국의 민주주의와 자본주의

— 불화와 공존

한국의 민주주의와 자본주의
— 불화와 공존

민주화운동기념사업회 기획 | 이병천 · 유철규 · 전창환 · 정준호 엮음

2016년 12월 30일 초판 1쇄 발행
2017년 10월 12일 초판 2쇄 발행

펴낸이 한철희 | 펴낸곳 돌베개 | 등록 1979년 8월 25일 제406-2003-000018호
주소 (10881) 경기도 파주시 회동길 77-20 (문발동)
전화 (031) 955-5020 | 팩스 (031) 955-5050
홈페이지 www.dolbegae.co.kr | 전자우편 book@dolbegae.co.kr
블로그 imdol79.blog.me | 트위터 @Dolbegae79

주간 김수한 | 편집 윤현아 · 남미은
표지디자인 김동신 | 본문디자인 이은정 · 이연경
마케팅 심찬식 · 고운성 · 조원형 | 제작 · 관리 윤국중 · 이수민
인쇄 · 제본 상지사P&B

ISBN 978-89-7199-787-1 (93330)

이 도서의 국립중앙도서관 출판시도서목록(CIP)은 e-CIP 홈페이지
(http://www.nl.go.kr/ecip)에서 이용하실 수 있습니다.(CIP제어번호: CIP2016030105)

한국의
민주주의와
자본주의

― 불화와 공존

민주화운동기념사업회 기획

이병천·유철규·전창환·정준호 엮음

돌베
개

차 례

사회경제 민주주의의 경제학
완간에 부쳐

한국에서 자본주의 발전과 사회경제적 민주주의 발전은 어떤 독특한 관계맺음을 보여왔는가. 그리고 앞으로는 어떻게, 어떤 형태로 상호 공존의 관계를 맺을 수 있을까. 한쪽이 일방적으로 힘자랑을 하던 구체제에서 상생의 민주적 신질서로 나아갈 길은 어디에 있을까. 이 책은 1987년 민주화 이후, 특히 1997년 외환위기 이후 시기를 중심으로 이 물음에 대한 답을 다각도로 모색해보고자 한 공동연구서다.

자본주의와 민주주의의 갈등 및 공존에 관한 그간의 연구가 잘 보여주듯이 양자의 공존은 결코 저절로 보장되는 것이 아니며, 오히려 심각한 갈등 관계가 내포되어 있다. 특히 한국은 자본주의와 사회경제 민주주의의 관계가 유별나게 좋지 못했다. 냉전반공주의 시대에는 두말할 나위도 없고, 1987년 이후 민주화 시대에 들어와서도 어쩐 일인지 둘의 관계는 여전히 나빴다. 심지어 이전의 '박정희 체제'가 신자유주의 형태로 '재림(再臨)'했다고까지 말하는 이도 있었다. 국가권력·재벌의 동맹도, 그들 간의 정경유착도 모습을 달리하며 재생산되었다. 어느덧 1987년 6월항쟁과 민주화 30년을 맞고 있으나 국민 대다수의 삶은 팍팍하기 이를 데 없고 미래는 불안하기만 하다. 많은 사람이 한국의 민주주의가 평범한 보통 사람들의 삶을 얼마나 개선시켰는지에 대해 의문을 제기하고 있다. 그리하여 흔히 들어온 산업화와 민주화의 '성공스토리'조차 이제는 낯설게 들린다. 한국의 민주주의와 자본주의 간의 이 불편한 특수관계를 우리는 흔히 쓰던 단어인 '갈등(葛藤)'이 아니라 '불화(不和)'라는 말로 나타내고 새로운 건설적 공존의 길을 모색해 보고자 했다. 이 책의 제목 '한국의 민주주의와 자본주의-불화와 공존'에는 그런 의도가 담겼다.

우리는 이미 3년 전에 출간한 1차 공동연구에서 『사회경제 민주주의의 경제학』이라는 새로운 학문 범주를 제시했고, 그 이론적 뼈대로서 자본주의와 민주주의 간의 이중관계론(갈등과 공존), 권리다발로서 재산권과 소유형태의 다양성론, 조정자본주의와 비조정자본주의 유형론, 수익체증의 내부경제와 외부경제 유형론 그리고 민주적 실험주의 등에 대해 말한 바 있다. 그러한 이론 틀에서 주로 유럽을 중심으로 경험연구를 진행한 것이 1차 공동연구였다. 한국의 사회경제를 대상으로 한 이번 2차 공동연구도 그런 이론적 기반 위에 서 있음을 언급해둔다. 그렇지만 이론과 현실은 주거니 받거니 하면서 동반성장을 하게 마련이다. 현실에 대한 면밀한 관찰과 조사, 분석에 기초하지 않는 이론, 섣부른 이론화는 관념적 공론으로 떨어질 위험이 있다. 다른 한편, 이론적 눈을 갖지 못한 나열적 경험연구는 수고는 많아도 맹목이 될 우려가 있다. 따라서 두 가지 암초를 모두 피해 갈 수 있는 이론화 작업과 경험적 분석의 적절한 피드백과 결합이 요구된다. 이는 말처럼 쉬운 일만은 아니다. 우리의 이번 작업이 이 요구를 얼마나 잘 충족시켰는가 하는 점은 자신할 수 없다. 다만, 그간 한국의 사회경제 연구가 분명 큰 진척을 이루었다 해도 아직은 이론적 틀이나 경험적 연구 모두 공백이 많은 실정이다. 특히 이론 분야에서 얼마나 외국 이론의 수입 단계를 탈피하여 '학문의 주체화' 단계에 진입했는지 모르겠다. 우리의 이번 연구가 그런 공백 상황을 한 걸음이라도 진척시키는 데 기여하기를 바랄 뿐이다.

저자가 연구책임자가 되어 민주주의론을 사회경제 민주주의론 및 민주적 자본주의론으로 확장하고, 이를 이론연구와 경험연구 양 측면에서 새롭게 발전시켜보려는 생각을 담아 두 권의 공동연구서를 펴내기까지 5년여의 시간이 흘렀다. 이는 변화된 시대 그리고 우리 헌법이 주는 명령이기도 했다. 시작도 쉽지는 않았지만, 특히 2권 작업은 난산(難産)이었다. 어려운 고비를 넘기고 이 책이 태어나기까지 실로 많은 사람이 수고해주셨다. 산적한 연구 부담에도 불구하고 기꺼이 공동연구에 동참해주신 연구자 분들께 깊은 감사의 말씀을 전한다. 어려운 시기에 민주화운동기념사업회 부설 연구소의 책임을 맡아 이 연구가 최종 결실을 보기까지 노고를 아끼지 않은 신형식 소장, 전임 정근식, 이호룡 소장, 김종철 부소장 그리고 실무작업을 도맡아 헌신해 주신 권진욱 선생께 진심으로 감사드린다. 그리고 이 책은 돌베개라는 인문의 숲을 만남으로써 1권과 2권 모두 같은 둥지에서 태어날 수 있었다. 얼마나 고마운 일인지 모른다. 한철희 대표를 비롯해 돌베개 관계자 분들께 심심한 감사의 뜻을 전한다.

2016년 12월
촛불이 어둠을 밝히는 나날 속에서
이병천 씀

자본주의와 민주주의
불화의 시대, 공존의 조건을 찾아서

이병천

1. 자본주의와 민주주의의 이중운동

현대성의 내용은 간단하지 않지만 자본주의와 민주주의가 그것을 떠받치는 두 중심 기둥이라는 것에 대해서는 큰 이견이 없을 것이다. 그럼에도 불구하고 자본주의와 민주주의의 두 바퀴를 지혜롭게 조율하는 일, 두 개의 큰 기둥을 사용해 그런대로 살 만한 공동의 집을 짓기란 그리 쉬운 일은 아니다. 왜 자본주의와 민주주의가 공존하는 사회경제적 운영체제가 구성되고 순조롭게 작동하기가 쉽지 않은 것일까. 필요하면 '적과도 동침'한다는 말까지 있는데 서로 불편함에도 불구하고 자본주의와 사회경제 민주주의가 손잡고 함께 살아갈 수 있는 길, 괜찮은 평화 공존의 집을 지을 방도는 무엇일까. 양자의 공존과 긍정적 타협은 다름 아니라 우리 민주 공화국 헌법의 기본 이념이기도 한데(유진오, 1948), 이를 위해서는 해결되어야 할 조건이 여럿 있다고 생각된다.

우선, 자본주의와 민주주의가 공존하려면 양자가 서로 상대를 잡아먹으려 들며 힘자랑만 해서는 안 된다. 서로 다름을, 나아가 서로 불편한 긴장관계에 있음을 솔직하게 인정해야 할 것이다(조건 A). 각자 다름의 존중, 그 존중 위에서 서로 다툴 수도 있음을 인정하는 것 위에서 만남이 이루어져야 한다. 돌이켜 보면 자본주의와 민주주의의 현대적 기원에 해당하는 산업혁명과 시민혁명의 성격은 확실히 다른 것이었다. 이 차이를 우리는 흔히 자본주의는 '1원 1표' 원리, 민주주의는 '1인 1표' 원리에 입각해 있다고 표현하기도 한다.[1]

둘째, 인류는 현대사에서 실로 많은 실험과 시행착오를 거치며 학습을 해왔다. 그 결과 오늘날 우리는 혼합적 시장경제, 다원적 사회경제 형태의 가치와 열린 가능성을 잘 받아들여야 하는 시점에 이르렀다(조건 B). 자유시장과 사유재산제를 만병통치약처럼 생각해온 시장만능주의나 집중된 국가권력의 힘과 국유·계획화로 '모든 것이 설계 가능한' 것처럼 생각했던 국가독점사회주의, 이 같은 오랜 극단주의의 실패를 직시하고 새로운 건설적 균형감각을 가져야만 한다.

셋째, 자본주의와 민주주의의 참여 견제와 균형의 운영체제에서 나오는 협력의 시너지 또는 건설적 연대를 확보할 수 있어야 한다(조건 C). 다시 말해 양자가 따로따로 감으로써 민주주의도 실패하고 자본주의도 실패하는 저진로 모델과 달리, 양자의 건설적 공존과 긍정적 타협(Wright, 2010)으로써 경제성장과 경제적, 사회적 시민권이 선순환하는 '고진로(high road)'[2]의 사회경제 발전체제를 구현할 수 있어야 한다. 그러려면 여러 수준에서 갈등과 불확실성을 적절히 조정하는 가운데 효과적으로 파이를 만들고 이를 공정하게 나눌 수 있는 고진로 발전양식이 만들어져야 한다. 이상과 같은 자본주의, 민주주의 간의 건설적 공

---

1. 이는 어디까지나 도식적인 설명이다. 현실에서는 정치적 민주주의도, 비례대표제가 잘 제도화되지 않는 한 1인 1표 대표성을 구현하지 못하는 경우가 많다. 또한 자본주의 제도도 1원 1표 형태에 미달하는 경우가 많다. 이는 한국과 같이 총수지배 재벌체제를 보면 잘 알 수 있다.
2. 통상적으로 고진로·저진로 개념은 주로 경제성장 전략 차원에서 논의되어왔다. 이를 사회권으로까지 확장한 연구로는 이주희(2012)를 참조.

존 및 긍정적 타협의 발전조건을 확보하기란, 당연한 말 같기도 하지만 결코 쉬운 일은 아니다.

발흥기의 신생 자본주의는 새로운 자신의 시대를 열기 위해 전통적인 신분적 지배나 토지귀족의 지배를 물리쳐야 했을뿐더러 상당 기간 토지귀족과 동맹해야 했던 시절도 있었다. 역사는 부르주아지가 선거권을 얻는 데만 해도 상당한 시간이 소요되었음을 보여준다. 부르주아지의 새 지배체제가 확립되자 이 지배체제는 보통선거권으로 대표되는 바 정치적 민주주의를 보편화하라는 거센 도전을 받았다. 나아가 민주주의를 정치적 삶을 넘어 사회경제적 삶으로 확장하라는 새로운 도전에도 직면했다. 이로써 현대사회의 역사는 이 도전을 막으려는 자본주의 시장사회의 지배력, 자본 국가권력 동맹과 그 지배의 한계선을 뚫고 민주주의와 사회정의의 요구를 사회경제적 삶으로 확대, 심화시키려는 대항력 간의 긴장 및 갈등, 즉 양자 간의 '이중운동(Polanyi, 2009)'의 동학으로 점철되었다. 자본주의와 민주주의의 시소게임이라 할 수 있는 이 역동적 이중운동의 역사는 시간적·공간적으로 다채로운 타협과 공존의 제 형태, 그리하여 다양한 역사적·국민적 발전양식을 탄생시켰다. 오늘날 글로벌 시장의 시대, 불평등 심화와 저성장의 악순환 늪에 빠진 불안의 시대에 우리 삶에도 이 이중운동의 논리가 어김없이 관통하고 있다.

2. 비교자본주의론과 한국의 위상

우리의 직접적 관심은 2차 대전 이후에 나타난 자본주의 발전모델에 쏠린다. 우리는 장덕진(2015)의 연구에서 그 다양한 형태를 볼 수 있다(그림 A 참조). 이 연구는 OECD 24개국을 대상으로 하는데 4개 국가

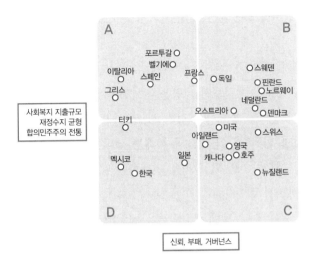

〈그림 A〉 비교자본주의 관점에서 본 국가 유형

군으로 유형화하면서 각각의 특징을 보여준다. 먼저, 국가군 A(포르투갈, 이탈리아, 그리스, 스페인 등 남유럽)의 특징은 복지지출 수준은 높은 반면 재정건전성은 나쁘며 합의민주주의 전통도 취약하다. 또 대체로 신뢰수준이 낮고 부패수준이 높으며 정부효과성은 낮고 법치수준도 낮은 편이다. 오페(Offe, 1984)가 잘 지적했듯이 복지국가는 항상 재정위기에 취약했다. 그런데 국가군 A는 공공부문과 사회의 거버넌스 능력이 매우 낮은 반면 복지지출은 높고 이를 감당하기가 어려워지면서 재정건전성 악화로 이어진 경우다. 또 지속가능한 성장경쟁력도 갖지 못했다. 앞의 1절에서 말한 조건 C가 갖추어지지 않은 대표적 경우라 하겠다. 반면, 국가군 B(스웨덴, 독일, 핀란드, 노르웨이, 네덜란드, 덴마크 등)는 높은 복지지출 수준과 높은 재정건전성 그리고 높은 수준의 합의민주주의 전통을 가지고 있다. 또한 신뢰수준, 정부효과성, 법치수준이 높은 반면 부패수준은 낮다. 정부와 사회·경제의 거버넌스 수준이 높을 경우, 높은 수준의 복지지출이 높은 수준의 합의민주주의와 공진, 선순환

함을 보여주는 나라들이다. 앞의 1절에서 말한 A·B·C 조건이 비교적 잘 갖춰진 경우라 하겠다. 그렇지만 이 국가군 내부의 차이도 간과해서는 안 될 것이다.

다른 한편, 국가군 C(미국, 영국, 캐나다 등 영미식 모델의 국가들)는 합의민주주의 전통이나 재정수지 균형은 대체로 취약하다. 또 공적 기관에 대한 제도적 신뢰는 높으나 구성원 서로에 대한 일반적 신뢰는 낮다. 정부효과성과 법치수준이 높으며 부패는 낮다. 그러니까 시장원리를 중시하면서 정부가 게임의 규칙을 관리하는 모델, 바꾸어 말하면 '자본주의 시장조정국가(capitalist regulatory state)'[3] 모델(Johnson, 1982)이라 할 수 있겠다. 이 모델에서 사람들은 게임의 규칙은 믿지만 게임 참여자들을 공동체 일원이 아니라 쉽게 믿어서는 안 될 경쟁자로 간주한다. 이 점이 모델 B와 대비되는 중요한 특징이다. 마지막으로 일본, 한국, 멕시코, 터키 등을 포함하는 국가군 D가 존재한다. 이 국가군의 경우 합의민주주의 전통과 복지지출 수준이 모두 낮다. 반면 재정건전성은 대체로 높은 편이다.[4] 그러니까 복지지출을 억제하면서 재정건전성을 유지한 경우라 할 수 있다. 또한 신뢰수준, 정부효과성, 법치수준이 모두 낮고, 부패수준이 높다. 한국은 이런 류의 저복지·고부패·저신뢰의 특징을 갖는 저급한 국가군에 포함되어 있다. 이로부터 우리는 비교자본주의 관점에서 한국의 위치를 가늠할 수 있을 것인데, C군과 A군의 악조합(惡組合) 형태로 파악하는 것이 더 적절할 수도 있다.

어떤 사회경제적 운영체제도, 자본주의와 민주주의 간의 공존 형태도 영원히 지속될 수는 없다. 2차 대전 후 한 시기를 장식했던 민주적 자본주의의 '황금기'가 끝나고 우리는 두 가지 새로운 경험을 갖게

---

3. 찰머스 존슨은 일본으로 대표되는 성장지향 자본주의 개발국가, 소련으로 대표되는 국가사회주의적 계획 이데올로기 국가와 대비해 자본주의 시장조정국가 개념을 제시한 바 있다.
4. 일본이 재정건전성이 높다고 본 것은 변화된 현실에 반한다.

되었다. 첫째, 민주적 자본주의 전후 합의체제의 구조적 모순과 한계 지점을 파고들어 '큰 시장, 작은 정부'를 내세운 이른바 신자유주의 흐름이 득세했다. 전 세계를 풍미하며 더 '많은 시장'을 요구한 이 흐름은 한편으로 규제완화, 노동시장 유연화, 감세와 민영화, 탈국경 개방화를, 또 다른 한편으로 생산적 투자와 동떨어진 투기적 금융화와 거품 축적으로 특징지어진다. 고삐 풀린 정글자본주의가 폭주하면서 불평등이 심화되었을뿐더러 부동산과 금융 분야를 위시해 지대 추구(rent seeking)와 탈취를 도모하는 투기성 자본축적이 고도화되었다. 정경유착은 그 필수적 구성부분이다. 좌우를 막론하고 표준 교과서는 자본축적이란 산업자본의 축적형태('기능자본')가 중심이고('몸통'), 금융자본, 상업자본은 그것을 뒷받침('꼬리')한다고 가르치고 있다. 하지만 이 시기에는 몸통과 꼬리가 뒤바뀌고 꼬리가 몸통을 뒤흔들며 억압하는 사태가 진전되었다. '큰 시장, 작은 정부'를 향한 운동의 요점인즉, 동태적 효율성 및 사회경제 민주주의가 축소되고 그것이 단기적 유연성에 의해 대체되는 경향으로 나타났다(〈그림 B〉참조, Boyer, 1999, 138쪽).

그럼에도 주목해야 할 것은 시장의 시대에 유연화 방식과 정도가 국가군마다 상당히 다르게 나타났다는 사실이다. 북유럽처럼 정치적 민주주의와 사회경제 민주주의의 건설적 조화를 선도했던 나라들은 안정성 강화를 동반한 '착근된 유연화(embedded flexibilization)'의 길을 추구하며 사회적 통합성을 잃지 않았다. 그렇지 못한 나라들은 그 일부가 구조적 이중화를 수반한 유연화의 길(flexibilization with dualization)로 나아갔다. 정말 문제는 훨씬 더 밑바닥으로 추락한 나라들이다. 그런 나라들은 복지국가의 역사적 기반이 없거나 얕은 상태에서 유연화가 안전성을 압도하는 길 또는 무분별한 규제완화 일변도의 유연화(deregulatory flexibilization)의 길로 나아가 심각한 불평등과 불균형, 사회적 분열로 큰 상처를 입었다(Thelen, 2014).[5] 한국은 기본선에서 세 번

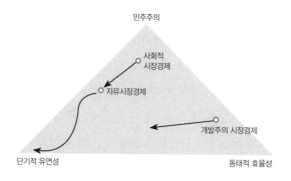

〈그림 B〉 시장의 시대와 사회경제 민주주의의 후퇴

주: 원래 그림을 약간 변형한 것이다.

째 유형에 속한다고 할 수 있다. 이 나라는 권위주의 시대 국가·재벌 동맹 주도의 압축 불균형성장 이후 민주화시대에 들어와서도 재벌개혁과 경제민주화의 관문을 통과하지 못하고 저복지·고부패·저신뢰의 저급한 국가범주 상태를 벗어나지 못한 채 급격히 무분별한 규제완화의 길, 유연화가 안전성을 크게 압도하는 길로 치달았다.[6]

둘째, 2008년 미국이 발원지가 된 '글로벌 금융위기'를 언급해야 한다. 흔히 '금융위기'라고 말하지만 사실 이는 사태의 절반만 가리키는 말이다. 왜냐하면 2008년의 글로벌 위기는 단지 투기적 거품의 붕괴만이 아니라 사회경제적 불평등 심화 또는 자유의 이름으로 가려진 '불평등 민주주의(Bartels, 2012〔2008〕)'가 낳은 구조적 모순의 실상도 생생하게 보여주었기 때문이다. 전 세계로 퍼져나간 '월가 점령 시위(Occupy Wall Street)'는 월가 금융자본의 투기적 탐욕에 대한 분노일 뿐 아니라 '99% 대 1%'로 대비되는 극단적인 사회경제적 불평등에 대한 항의이

---

5. 넓게 보면 미국의 트럼프 현상이나 영국의 브렉시트 사태도 이 맥락에서 파악될 수 있을 것이다.
6. 자세한 것은 이병천(2016) 참조.

18

기도 했다. 이에 따라 2008년 위기 이후의 세계는 다시 자본주의와 민주주의 간에, 시장-정부-제도 간에 적절한 균형을 잡기 위한 새로운 이중운동을 전개하기 시작했다. 그러나 새로운 변화는 다기한 방향으로 열려 있다.

대체적으로 보자면 2차 대전 후 자본주의와 민주주의의 공존과 긴장의 역사는 우리에게 민주적 복지자본주의(경험 A), 신자유주의(경험 B) 그리고 2008년 글로벌 경제위기 이후 새로운 이중운동 형태(경험 C)라는 세 가지 모델을 보여주었고, 우리는 이중운동의 새로운 경험 속에서 새 미래를 여는 데 참여하고 있다. 역사 속에서 인간들의 삶이란 다채롭고 풍부한 경험, 각종 불의와 싸우며 공감하는 경험, 미래 희망을 전망하고 투시하는 공유 경험을 체득하고 새 깃발을 세우면서 앞으로 나아가는 법이다. 그런데 흥미롭게도 이 세 가지 경험의 기반 위에서 여러 사람이 저마다 다른 이야기를 하고 있다. 그중에서도 특히 세 가지 대안에 관한 논의가 주목할 만하다.

① 2008년 글로벌 위기 이후에도 신자유주의는 여전히 힘이 세다(Crouch, 2012). 우리는 일상생활에서 쉴 없이 경험 B를 준거로 하는 표준적 시장(자본주의) 논리의 세례를 받고 있다. 이 논의는 예나 지금이나 '큰 시장', 즉 간섭받지 않는 사유재산권, 이윤 추구, 자유시장에 기반한 체제가 자유의 가치에서나 효율의 가치에서나 으뜸이라고 주장한다. 시장논리와 별도로 사회정의의 개념은 필요 없는 것으로 간주한다. 사회정의란 양질의 일자리 보장, 건강, 주택, 교육, 노조 조직, 공동생활 참여 등 시민과 인간으로서 기본적 권리를 인정하는 분배 원칙이라 할 수 있는데 이 원칙은 시장논리의 교란 요인이 간주될 뿐이다(Streeck, 2015〔2013〕).

② 자본주의를 독특하게 구조화된 권력양식이라고 보는 생각은 표준적 시장논리만큼이나 오래되었다. 이에 따르면 자본주의 정치경제에

는 근본적인 힘의 비대칭성과 체제적 불안정성이 존재하며 축적의 논리는 민주적 정당성과 사회정의의 요구를 받아들여야 한다. 그렇다 해도 세상이 크게 변한 지금 지난날의 민주적 복지자본주의로 되돌아갈 수는 없다. 이로부터 신자유주의 개혁 유산에 적응하면서 규제완화, 유연화, 근로연계복지 등을 내세우는 '제3의 길' 담론(Giddens, 2014)과 그 한국적 변형론이 제시된다. 그러나 '제3의 길'은 복지국가 기반을 가진 나라에서도 적지 않은 문제를 야기했을뿐더러 한국이나 미국처럼 그런 기반조차 없는 나라에서는 '안전성 없는 유연화'의 위험을 초래하기 일쑤였다.[7]

③ 시장자본주의의 일방적 지배와 불평등 심화가 단지 물질적 재화의 분배정의뿐만 아니라 개개인의 다양한 삶의 기회와 역량 발전을 제약한다는 목소리에도 귀기울여야 한다.[8] 성장과 효율중심주의를 받아들인 연후 소득분배의 공평성만 따질 일이 아니다. 사회경제 삶의 여러 수준에서 구성원들이 시민적 주체로서 공정한 참여와 패자부활 기회를 가져야 한다. 이 기반 위에 견제와 균형을 제도화함으로써 그것이 발전적 협력의 순환선을 낳게 하는 것이 중요하다. 나아가 시장자본주의란 불안정노동과 배제를 낳는가 하면, 더 많은 소유−소비의 탐욕을 조장하는 경향이 있으므로 사회경제 민주주의는 이를 적절히 규율해 구성원들에게 다양한 좋은 삶의 기회를 제공할 필요가 있다.

---

7. 정태석(2001); 이병천(2007) 참조.
8. 경제학과 윤리학의 통합 위에서 역량평등론을 제시하는 센(2013)이 대표적이다.

3. 이 책의 내용

이 책은 한국형 자본주의 발전모델의 역사와 특성을 비교시각을 포함해 다각도로 분석하고 자본주의와 민주주의의 한국형 공존을 위한 대안 경로를 탐구한다. 그럼으로써 민주주의 논의를 사회경제적 삶의 영역으로 확장, 활성화하고 사회경제 민주주의 발전에 기여할 수 있는 학술적 기반을 마련하고자 한다. 이 책에 담긴 연구는 다음과 같은 질문들로부터 출발했다. 사회경제 민주주의 관점에서 볼 때 한국의 발전모델은 어느 지점에 와 있는가? 한국 모델의 경로의존적 유산, 특히 IMF 외환위기 이후 한국 자본주의 전환의 성과와 한계, 오늘날 넘어서야 할 장애물은 어떤 것들인가? 한국형 사회경제 민주주의의 새로운 진화의 길, 대안 정책과 제도 형태는 어떠해야 하나?

책에 수록된 논문들은 이들 질문에 대해 기본적인 문제의식을 대체로 공유하고 있으나, 주제에 따라서는 논문들 간에 문제의식이나 분석 방식에서 차이점도 적잖이 있다. 그 차이는 대안론에서 더욱 두드러진다. 그러나 다양성은 단점이 아니라 장점일 수 있다는 것이 우리의 생각이다. 이 책은 1부 발전모델, 산업 및 기업경제, 2부 노동·금융·부동산, 3부 재정·복지·연금·교육, 그리고 4부 중점 주제 연구 등으로 구성되어 있다.

1부는 발전모델, 산업 및 기업경제 연구 등의 논문으로 구성된다. 1장 이병천의 글은 기왕의 근대화 성공 담론의 허점을 짚으면서 현대 한국에서 민주적 자본주의의 준거모델이 있는가 하는 물음을 던지고 대항적 견제력과 사회권 결핍을 가져온 역사적 궤적을 살펴본다. 그는 오늘의 한국 자본주의가 압축 불균형 개발주의와 민주화 및 세계화 시대 구조 전환이라는 두 유산의 중첩 위에 서 있다고 파악한다. 지난 시기 관민 협력 또는 정경협력에 기반한 개발주의는 집단적인 협력적 조정력과 전략적 개방을 통해 실로 기적적인 성장을 달성하였으나 참여·견제·감시력은 취약했으며, 국가-재벌 동맹으로 대표되는 고도의 권력 집중과 다면적 불균형, 정실자본주의 폐해 그리고 약한 사회권의 유산을 물려주었다. 한편 민주화와 자유화 시대 한국 자본주의는 시장질서 형성과 복지권에서 일정한 진전을 이루긴 했으나, 재벌 개혁 및 사회경제 민주화의 실질적 진전은 크게 미약했고 뒤틀렸다. 그간 한국 모델은 일본과 미국 모델을 추종했다. 그렇지만 일본의 전후개혁이나 미국의 뉴딜개혁 같은 개혁 관문을 통과한 적은 없었다. 한국 모델은 자본주의와 민주주의의 건강한 평화공존보다는 그 불화와 불균형이라는 특성, 뿌리 깊은 정경유착과 무책임, 불투명 자본주의라는 특성을 보였다.

2장 정준호의 글은 한국 산업화의 특징 및 그것이 글로벌 가치사슬에서 어떤 위치인지 살펴본다. 외환위기 이후 한국의 제조업 성장은 대기업 중심의 수출주도 성장전략에 의해 주도되었으며 대기업은 계열사와 관련 협력사를 한데 묶는 수직계열화를 통해 규모의 경제를 이용하여 경쟁력을 확보하였다. 특히 설비투자, 즉 고정자본에 대한 투자에 따라 설비가동 극대화와 이에 따른 장시간 노동은 한국 제조업의 전가의 보도가 되었다. 로봇으로 대표되는 자동화 및 IT 기술 도입으로 인한 표준화의 증가로 인해 고용 없는 성장이 다른 국가들에 비해 높은 수준으로 나타났다. 기업은 노조를 배제하고 인건비를 절약하며 수량적 유연성을 확보하기 위해 비정규직화와 외주화를 적극 활용했다. 다른 한편, 글로벌소싱 확대와 글로벌 가치사슬 등장으로 수출에 따른 국내 부가가치의 귀착 비율은 떨어졌으며, 여전히 주요 부품과 소재는 선진국에서 수입하고 있다. 이러한 자동화(표준화)에 기반한 비용경쟁력을 추구하는 약한 경쟁전략의 채택으로 고용 없는 성장과 경제적 양극화를 초래하는 물적 기반을 형성하였다.

3장에서 홍장표는 한국이 빠져 있는 저성장과 불평등 심화의 함정을 분석하고 소득주도 성장과 산업생태계 혁신으로 가는 과제를 제시한다. 세계 주요 나라에서 정책기조가 임금주도 성장 또는 소득주도 성장으로 바뀌고 있다. 이는 소득불평등 완화로 내수시장을 늘려 저성장의 늪에서 탈출하려는 전략이다. 그런데 한국에서 이 전략이 실효성을 가지려면 노동소득 증가가 소비·투자·수출을 포함한 거시경제 전체의 총수요에 미치는 영향이 어느 정도인지 검토되어야 한다. 한편 중소기업과 자영업자의 비중이 높은 한국경제의 구조적 특성이 소득주도 성장전략의 유효성을 제약하는 방향으로 작용한다. 대기업 위주의 성장과정에서 불균등한 산업구조와 건강하지 않은 산업생태계 속에서 중소기업은 대기업에 비해 현저히 낮은 노동생산성으로 임금지불능력이 매우 취약하다. 한국경제의 이 같은 구조적 특성을 감안할 때 소득주도 성장에 관한 논의는 수요 측면뿐 아니라 생산성과 산업생태계 혁신에 관한 공급 측면의 논의로 확장되어야 한다. 저성장과 소득분배 악화의 이중고를 겪고 있는 현 단계 한국경제에서 분배와 성장의 선순환을 추구하는 소득주도 성장이 유효하게 작동하려면 강자독식의 약탈적 산업생태계를 협동과 공생의 산업생태계로 바꾸는 구조혁신과 지역의 중소기업을 성장의 새로운 주역으로 삼는 정책패러다임 전환이 요구된다.

4장 송원근의 글은 외환위기 이후 재벌정책 및 구조의 변화를 살피면서 2012년 경제민주화에 대한 전 사회적 요구를 계기로 재조명된 재벌개혁의 쟁점 사항을 몇 가지로 정리하고 향후 재벌개혁의 전망을 제시하고 있다. 구체적으로 외환위기 전후의 정부 재벌정책 프레임이 경제력 집중 방지, 지배구조 개혁, 그리고 2012년 대통령 선거를 기점으로 한 경제민주화로 이어지고 있음을 보이고, 이러한 변화를 통해 재벌개혁 정책방향을 파악한다. 이어 기업지배구조 개선에 중점을 둔 정부의 재벌정책은 투명성을 일부 강화했을지는 모르나 총수의 지배력을 약화시키지 못했고 그 결과 2012년 대선에서 경제민주화에 대한 전 국민적 열망을 불러오는 계기가 되었다. 그러나 그 같은 전 국민적 열망에도 불구하고 재벌개혁 및 재벌 관련 정책의 외연을 오히려 축소시키는 결과를 가져왔을 뿐이다. 따라서 향후의 재벌개혁은 무엇보다도 총수(일가)의 지배력을 약화시키는 개혁이라는 기본방향과 원칙을 명확히 함으로써 축소 조정된 개혁 프레임을 새롭게 복원할 필요가 있다. 이는 재벌들이 막대한 경제권력을 통해 정치권력뿐만 아니라 민주주의 전반을 침식시키는 것을 막는 경제민주화의 출발점이다.

2부는 노동·금융·부동산을 주제로 한 연구로 구성되어 있다. 5장에서 전병유는 노동시장의 구조변화와 그간의 정책대응을 살피면서 정책대안을 제시한다. 외환위기 이후 한국 자본주의 시스템의 변화는 노동시장에 커다란 영향을 미쳤다. 그것은 대기업 구조조정과 금융자유화뿐만 아니라 노동시장 유연화를 촉진하는 결정적 계기가 되었다. 대기업에서 정규직 고용은 더이상 확대되지 않은 채 비정규직이 크게 확대되었다. 근대적 부문의 고용창출이 중단되면서 전통적 노동의 근대적 분해(영세사업장과 자영업의 축소)는 막대한 규모의 저임금노동 양산과 자영업 빈곤화를 초래하였다. 이러한 변화는 노동시장에서의 격차와 불안을 심화시켰고 고용 없는 성장과 임금 없는 성장을 유발하였다. 노동시장의 이중구조화와 고용형태 다양화는 노동조합의 위축 및 사회적 영향력 쇠퇴를 초래하였다. 1987년 체제로 등장한 대기업 중심의 노동조합은 이러한 노동시장의 이중화 문제에 적극적으로 대응하지 못했고, 외환위기 이후 제도화된 경제사회발전노사정위원회와 같은 사회적 대화기구도 실질적 힘을 발휘하지 못했다. 민주정부 10년 그리고 보수정부 7년 기간 동안 노동정책에서 다양한 시도가 있었으나 노동시장의 구조적 문제를 해결하지는 못했다. 이 글은 이러한 변화의 원인과 결과를 검토하며 그 정책적 대응을 평가한 뒤 노동 분야에서 사회경제 민주주의적 대안을 모색한다.

6장에서 유철규는 경제민주화 관점에서 금융체제의 평가와 금융시스템 개혁과제를 다룬다. 외환위기 이후 한국 금융시장의 제도적 변화는 기본선에서 영미식 자본시장 육성을 목표로 해왔다. 그러나 현재 한국의 금융은 시장이 제대로 작동하지 않으면서 낙하산 인사 등 정부 개입의 부정적 측면은 극대화되는 등 어정쩡한 악조합 상태라 할 수 있다. 최근 대우조선해양 사태에서 보듯이 시장의 룰은 기능하지 않고 정부의 규제는 부패와 무책임의 극치를 보여주고 있다. 따라서 시장개혁과 규제개혁이 동시에 필요한 어려운 상황이라 판단된다. 시장개혁은 금융시장을 독과점하고 있는 금융지주회사 개혁이 가장 중요하다. 그리고 규제개혁은 금융감독 체계의 개혁이 중요하다. 금융 분야의 대안 논의에서는 금융지주회사, 금융감독, 서민금융 세 가지를 핵심으로 해서 개혁안을 구상해야 한다. 개혁의 원칙은 권한과 책임의 균형과 견제다. 사회경제 민주주의 관점에서 금융개혁의 목표에는 서민 및 지방금융의 활성화가 반드시 포함되어야 함을 저자는 강조한다.

7장에서 전강수의 글은 한국 부동산시장 및 부동산정책의 변화를 다룬다. 한국처럼 토지 집중이 심하고 지가가 장기적으로 상승하는 가운데 폭등을 반복하는 사회에서는 부동산으로 인한 소득·자산 양극화 문제와 주거 문제가 발생할 수밖에 없고, 그로 인한 사회적 갈등과 불안이 불가피하다. 한국 정부는 부동산 문제가 심각해질 때마다 그것을 사회적 위기의 전조로 간주하여 부동산시장에 적극 개입했다. 부동산 시장에 대한 유별난 정부 개입은 한국 경제정책의 가장 두드러진 특징으로 자리잡았는데, 문제는 그것이 올바른 방식으로 이뤄졌는가 여부다. 대체로 한국 정부는 부동산시장의 경기조절에 몰두하는 경향을 보여왔다. 시장이 상대적으로 침체하는 기미를 보이거나 거시경제가 불황의 조짐을 보일 때에는 기존의 투기억제 장치를 모조리 풀어주면서 부동산 경기부양에 나섰다. 이 같은 정책운용 때문에 부동산시장을 선진화하고 시장의 결함을 보완하는 데 꼭 필요한 근본정책은 외면을 당했다. 부동산 근본정책이란 불로소득 차단·환수, 시장투명성 제고, 실효성 있는 주거복지 제공 등 세 가지로 요약된다. 단기적 부동산시장 조절 정책은 이들 근본정책이 흔들림 없이 추진된다는 전제에서 시행되어야 한다. 이 글은 부동산 근본정책 세 가지 중 보유세와 공공임대주택에 초점을 맞추어 역대 정부의 정책을 비교하고 대안을 모색한다.

3부에서 다루는 주제는 재정·복지·연금·교육이다. 8장에서 강병구는 한국 재정체계의 특징을 분석하면서 한국형 복지국가로 가는 재정개혁의 과제를 제시하고 있다. 흔히 '저부담·저복지' 국가로 표현되듯이 한국의 조세부담률과 공공복지지출은 OECD 국가 중 최하위 수준이다. 더욱이 조세 및 이전지출의 재분배 기능이 매우 미약해 재정정책이 시장에서의 불평등한 분배구조를 개선하는 데 별로 기여하지 못하고 있다. 노동소득분배율의 지속적 하락과 소득불평등 심화로 국민경제의 안정적 성장은 물론 복지국가의 발전이 위협받고 있는 현실을 고려할 때 이러한 재정체계의 특징은 극복되어야 한다. 복지국가는 경제체제로서의 자본주의와 정치체제로서의 민주주의 간에 이루어진 상호작용의 산물인데 서구 복지국가는 사민주의, 보수주의, 자유주의, 남유럽 복지국가로 유형화할 수 있다. 특히 우리나라는 "밀물에 배를 띄웠던" 운 좋은 복지국가들과 달리 "썰물에 노를 저어야" 하는 상황에 놓여 있기 때문에 복지국가 발전이라는 측면에서도 서구는 물론 동아시아 국가들과 일정한 차이를 보이고 있다. 1997년과 2008년 두 차례의 경제위기를 거치면서 신자유주의적 경제정책이 더이상 복지국가의 대안 정책일 수 없다는 점에 대해 많은 사람들이 동의하지만, 정작 대안체제로서의 한국형 복지국가와 재정체계에 대한 논의는 일천한 상태에 있다. 이 논문에서는 1960년대 이후 우리나라 재정정책의 변화를 추적

해 낮은 조세부담률과 취약한 과세공평성, 재정지출의 불균형을 초래한 원인을 분석한다. 이어 미래 복지국가 발전을 위한 재정개혁의 과제를 모색한다.

9장에서 윤홍식은 오늘날의 한국을 과연 복지국가라 할 수 있을까 하는 질문을 던진다. 이는 얼핏 쉽게 답할 수 있는 문제 같기도 하다. 그러나 우리의 복지현실을 조금만 더 구체적으로 파고들면 그 해답이 간단치 않음을 금방 알 수 있다. 세계에서 유례를 찾을 수 없을 정도로 빠른 속도로 진행되고 있는 저출산·초고령화 사회로의 진입, OECD 국가 중 최악으로 높은 노인빈곤율과 한국의 장시간 노동은 복지국가로서 우리나라의 현실이 녹록지 않음을 잘 보여준다. 이 장에서는 비교 사회정책의 관점에서 한국 복지체제의 성격을 둘러싼 논쟁을 정리하면서, 한국 복지체제의 구체적 현실을 집중 분석한다. 결론적으로 글쓴이는 한국의 복지체제를 생산주의적 복지국가로 특징지을 때 발생하는 이론적 난점에 대해 문제 제기를 하면서 방법론 측면에서 한국 복지체제와 서구 복지체제를 통합적으로 접근할 것을 제안하고 있다.

10장에서 전창환은 국민연금제도와 기금운용의 민주화 문제를 다룬다. 주지하듯이 한국의 국민연금기금은 가입자가 2,000만 명이 넘을 정도로 적용범위가 넓어 명실상부한 '국민'연금이다. 또한 국민연금기금의 적립금(기금 총자산)이 2016년 4월 말, 잠정시가 기준으로 526.5조 원을 넘어섰는데 이는 전 세계 공적연금 적립금 순위에서 3~4위에 해당하는 거대 규모다. 이처럼 국내외를 막론하고 막대한 영향력을 미치고 있는 국민연금기금이 과연 전 국민의 염원과 뜻을 반영해 민주적으로 운용되고 있을까? 이 연구는 국민연금 기금운용의 민주화가 한국경제의 민주화에 아주 큰 의미를 갖는다는 인식하에 국민연금의 기금운용체계를 공적연금 적립금 운용의 다양성이라는 관점에서 평가한다. 분석 방법으로는 공적연금제도와 적립금 운용에 대한 비교자본주의적 접근을 채택한다.

11장 장수명의 글은 한국의 교육 및 숙련형성의 정치경제를 다룬다. 시장경제와 민주정치에서 교육은 시민적 자질과 인적자본을 형성하게 함으로써 개인과 공동체의 경제적·정치적·사회적 영역의 지속가능한 번영의 기초를 마련한다. 교육체제는 일반적으로 교육기회와 부담의 형평, 계층이동의 활성화와 사회통합, 숙련형성을 통한 개인과 경제 전반의 생산성을 높이는 것을 목적으로 한다. 한국의 경우, 초·중등교육에서 교육기회와 부담의 형평성은 높은 편이나 사교육 투자와 학업시간에서 드러난 바와 같이 효율성은 매우 낮은 편이다. 또 고등교육의 기회와 재정부담은 고착화된 서열-서울 중심 체제로 인해 역진적이고 불균형하며 계층고착화를 부추겨 통합적 민주주의를 달성하는 데큰 한계를 드러내고 있다. 한국교육은 대기업을 위한 엔지니어와 숙련공 제공에 일정한 역할을 수행해 대기업 및 전문 직종을 중심으로 경제의 경쟁력 고양에 기여하고 있으나 또 한편으로는 높은 고등교육 취학률과 낮은 취업률, 정의적 역량과 학업성적과의 괴리 등을 고려해볼 때경제 전반의 깊은 숙련, 성숙한 민주정치와 시민사회의 문화 형성에 기여하는 바는 제한적이다.

4부는 특별히 채택한 중점 주제 연구인데 사회적 경제, 대외경제 그리고 북한의 체제전환 및 남북경제공동체라는 세 가지 주제를 다루고있다. 12장 정건화의 글은 한국사회에서 경제민주화의 대안으로서 사회적 경제의 의의와 가능성을 살펴보고 사회적 경제의 성장 및 진화의과제를 제시했다. 먼저 사회적 경제의 출현과 성장, 대안모델로서의 의의를 간략히 살펴본 뒤, 사회적 경제의 특징과 의의를 경제민주주의의관점에서 검토하고, 우리 사회 경제민주화 논쟁의 연장선상에서 대안적 발전모델로서의 사회적 경제를 살펴본다. 이어서 우리나라 사회적경제의 규모와 유형을 검토한 뒤, 특히 정책의 초점이 모아져 있는 협동조합과 사회적 기업의 현황을 정리하고 평가한다. 마지막 부분에서는 한국의 사회적 경제 관련 정책을 개괄적으로 평가하고 미래 과제를 제시한다.

13장에서 김양희는 한국 대외경제정책의 경과와 미래 진로를 다룬다. 특히 FTA가 주된 연구 대상이다. 한국은 미국, 중국, EU 등 전 세계 주요 경제대국 내지 경제권과 FTA를 가장 많이 체결한 나라로 알려져 있다. 이 장에서는 이러한 한국의 FTA 정책이 어떤 근거에서 마련되었고 어떤 가시적 성과를 거두고 있는지 등을 한국경제가 당면한 위기의 해소라는 관점에서 다룬다. 특히 여러 FTA 중 가장 중요한 한미 FTA가 한국의 제도 변화에 어떤 영향을 미쳤는지를 집중 분석한다. 아울러 한미 FTA가 남북관계에 미친 영향도 자세히 살핀다. 이러한 분석에 따라 글쓴이는 FTA 성과에 대한 상시 감시체제 확립, 사회통합형 FTA, 공익추구형 FTA, 공존추진형 FTA, 동북아평화촉진형 FTA가 필요함을 역설하고 있다.

한국경제의 입장에서 북한경제란 어떠한 존재일까? 어떠한 관계를 맺는 것이 바람직하며 나아가 남북경제공동체 실현을 위해서는 어떤 노력을 기울여야 할까? 북한경제의 개혁 성공과 평화적인 남북 교류 협력은 한국경제의 현주소에 대한 이해뿐만 아니라 한국경제의 출구를 모색하고 그 사회경제 민주화의 미래를 설계함에 있어서도 매우 중요한 주제가 아닐 수 없다. 14장에서 양문수가 이 문제를 다룬다. 구체적으로는 두 가지가 주요 연구과제다. 첫째, 북한 사회주의경제의 현주소를 평가하는 것이다. 특히 1990년대 초 사회주의권의 붕괴에 즈음하여 맞닥뜨리게 된 경제위기 상황에서 북한 정부가 위기에 어떻게 대응해 오늘날에 이르게 되었는가를 입체적으로 평가해본다. 무엇보다도, 한국을 비롯해 외부세계와의 관계를 어떻게 설정하고 있는지, 나아가 체제전환이라는 세계사적 흐름에서 어떻게 평가할 수 있는지 검토한다. 둘째, 남북경제공동체를 구축하기 위해 이론과 실천의 제 영역에서 이루어졌던 움직임을 평가하고 향후 과제를 도출하는 것이다. 이를 위해 그동안 우리 사회에서 이루어졌던 남북경제공동체 논의를 간단히 정리·평가하며, 나아가 남북경제공동체 논의의 바람직한 방향성을 모색한다. 또한 남북 경제공동체의 초기 단계라 할 수 있는 남북경제교류협력(이하 남북경협)의 역사를 간단히 정리·평가하며, 남북경협이 '제로'로 돌아간 현 시점에서 우리에게 주어진 과제가 무엇인지 생각해본다.

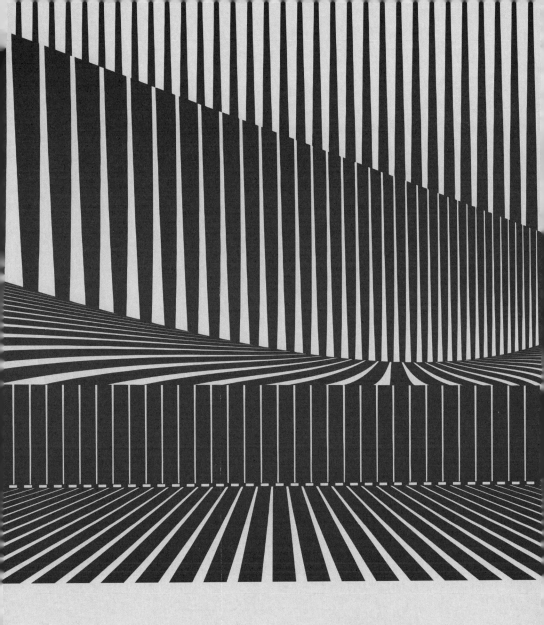

발전모델,   1부
산업 및 기업경제

1. 현대 한국에 민주적 자본주의의 준거모델은 있는가?
자본주의와 민주주의의 불균형 및 불화

이병천

1. 문제 제기: 한국 모델의 성공 담론을 넘어서

글로벌 자본주의는 빚으로 쌓아 올렸던 거품이 붕괴한 후 저성장과 불평등의 악순환 늪에서 헤어나지 못하고 있다. 어느 때보다 자본주의의 민주적 문명화가 직선 길로 순탄하지 않고 민주화와 탈민주화 또는 재시장화의 역동적 '이중운동'으로 진행된다는 과정지향적 접근이 요구된다(이병천, 2016). 그렇지만 새로운 변화의 흐름은 매우 다양하다. 사회경제 민주주의가 후퇴할 때도 큰 국민적 다양성이 존재한다. 이는 해당 사회에서 권력양식과 제도형태, 축적체제가 어떻게 짜여 있는지, 자본주의 지배력에 대해 민주적 대항력 및 그 제도화가 어떤 수준과 성숙도에 도달해 있는지에 주로 의존한다. 탈민주화 또는 고삐 풀린 시장화 과정이 재민주화의 길로 반전할 수 있느냐 하는 계기도 그 변수들에 달려 있다. 또한 사회경제 민주주의의 후퇴 현상은 민주주의의 실패일 뿐아니라 자본주의에도 큰 실패를 함축하고 있다(Stiglitz, 2014). 따라서 자본주의를 구하기 위해서도 1%의 독주를 막아야 한다는 생각이 필요하다(Reich, 2016). 소수 지배자의 탐욕과 다수 대중의 굶주림이 지배하는 분열과 불화의 사회는 오래 지속되기 어렵기 때문이다. 양질의 일자리와 공정한 참여기회 보장, 대·중소기업의 상생협력, 불로소득 규제, 불평등 축소와 복지확대 등 민주개혁 요구에 열려 있으며 이를 건설적 발전의 활력으로 삼는 포용적인, 민주적 자본주의가 멀리 가고, 높이 올라간다(Stiglitz, 2001). 이런 생각은 단지 남의 이야기가 아니라, 다름 아닌 한국 모델에 절실하다.

한국이 근대화 '이중혁명'이라 불리는 산업화와 민주화를 모두 이룬 것은 한국 현대사, 나아가 한반도 현대사 전체를 통틀어 가장 큰 성취에 해당할 것이다. 제2차 세계대전 후 신생 독립국가로서 이같이 추격근대화 이중혁명을 압축적으로 달성한 나라는 소수에 지나지 않는다. 그러나 이제는 산업화와 민주화의 성공 스토리에 대해 차분히 따져 보아야 할 시점이다. 1987년 이후 한국 민주주의가 이른바 공고화 이상으로 그 핵심 대목들에서 결손(缺損)을 확대해 왔으며(신진욱, 2016) 특히 정치적 민주주의가 한국사회의 전개에서 정치적 민주주의가 사회경제적 불평등 진전에 제대로 대처하지 못했다는 사실이 분명해졌기 때문이다. 저성장과 사회경제적 불평등 심화의 동시 진행은 한국 민주주의의 앞날에 중대한 도전이 되고 있으며 '두 국민 분열'을 조장하는 '불평등한 민주주의'가 어떻게 지속가능할지에 대해 심각한 의문이 제기된다. 여기에는 1987년 이후 보수적 민주화 시대의 요인들과 함께 그 이전 압축 불균형 산업화 시대 요인들이 중첩되어 있다. 한국 자본주의 모델의 연구에서야말로 위에서 말한 이중운동의 시각, 권력양식의 시각, 그리고 참여·견제·균형 위에 선 민주적 자본주의 시각이 절실하다.

이 연구는 오늘의 한국 자본주의가 지난날의 산업화와 민주화의 성공 유산 위에 서 있음을 부정하지 않는다. 추격 이중혁명의 성공을 빼놓고 어떻게 우리가 오늘날과 같은 성장기반 위에 설 수 있었겠나. 그러나 오늘 우리의 불안한 사회경제적 삶은 산업화 시대와 민주화 시대의 실패 유산도 함께 물려받고 있다. 거기에는 냉전반공주의 시대의 불균형과 시장자유주의 시대 불평등이 몰고 온 깊은 상처가 함께 새겨져 있다. 특히 노동권과 복지권을 중심으로 한 사회권의 결핍, 생산체제 면에서 중소기업으로 대표되는 경제 허리 부분의 부실한 경쟁력이 두드러진다. 이는 무엇보다 국가·재벌 동맹이 주도한 한국 발전모델이 고도의 권력집중 담합모델로서 그에 대한 견제·감시력이 취약한 데 기인한다.

냉전과 탈냉전 시대를 변함없이 관통하며 국가·재벌의 폐쇄적 연합이 지배해온 한국 발전모델은 자본주의와 민주주의의 건강한 공존보다는 그 불균형과 불화라는 특성, 뿌리 깊은 무책임 및 불투명 자본주의라는 특성을 보였다. 한국 모델은 스웨덴, 독일 등 유럽의 민주적 복지자본주의 수준과 비교하기 어려움은 말할 나위도 없고, 미국의 루스벨트식 뉴딜개혁, 그리고 '기업사회'라고 비판받기도 하는 일본의 전후 개혁 같은 민주개혁 관문조차 통과한 적이 없다(이병천, 2004). 이 연구에서 우리는 현대 한국 자본주의의 발전 궤적에서 독일, 스웨덴 등의 유럽, 미국, 일본이 보여준 바와 같은 민주적 자본주의의 자기 준거 경험을 발견할 수 있는가 하는 의문을 제기한다. 일본 모델이 '기업사회'라 불리며 그 공공성의 수준이 독일이나 스웨덴 모델에 미치지 못함은 널리 지적되고 있는 바와 같지만, 일본 개발주의의 궤적을 뒤쫓아 간 한국 모델이 일본이 걸어간 개발주의의 발전적 개혁 관문조차 넘지 못한 것은 무슨 까닭인지 심각하게 물음을 던져야 한다. 따라서 산업화와 민주화 시대를 경유하며 자본주의와 민주주의의 한국형 불균형 이중운동과 불화의 역사가 빚어낸 성공과 실패, 빛과 어둠의 두 유산의 중첩 위에 오늘의 한국 자본주의가 서 있다는 복안적 시각이 요구된다. 이 연구의 목적은 바로 이와 같은 복안적 시각에서 한국 자본주의 모델의 역사적 궤적을 분석하고 그 특성을 밝히려는 것이다. 본문은 크게 세 부분으로 구성된다. 먼저 2절에서는 박정희 시대 압축불균형 산업화의 이중성에 대해 검토하고 그것이 이후 한국의 자본주의, 민주주의 불균형발전 및 불화의 역사적 기원이 되었음을 지적한다. 3절에서는 노태우 모델을 중심으로 87년 이후 민주화 초기 사회경제 모델의 특징을 분석한다. 이 모델의 기본 특징은 개발주의를 전면 해체시키지 않고 이를 일정 정도 유지하는 가운데 그 타협적 민주화를 도모했다는 데 있다. 4절에서는 김대중 모델을 중심으로 97년 외환위기 이후 글로벌 시장의 시대 한국 사회경제 모델의 특징을 분석한다. 이 모델의 특징은 개발주의의 기본 골격을 해체시키고 시장 자유화 길을 추구했다는 것, 그 불안정과 위험은 '생산적 복지'로 보완하는 것이었다. 결론에서는 본론의 논의를 요약한다. 그리고 선진국 모델들과 비교할 때 드러나는 한국 모델의 취약점에 대해서도 지적한다.

2. 압축·불균형·산업화의 이중성: 현대 한국에서 자본주의와 민주주의 불균형 발전의 기원

세계 자본주의 발전사를 돌아보면 후발국이 산업화의 관문을 통과하는 것은 결코 작은 일이 아니었다. 주류 발전 담론에 따르면 사적 소유권 보호, 거시경제 안전성, 자유시장, 작은 정부 그리고 대외개방 등이 성공을 위한 기본 정책 메뉴다. 그러나 이는 선발국의 역사적 성공 경험에도 반하며 산업화 사다리를 걷어차는 식의 패권주의 담론이라는 성격을 갖고 있다(장하준, 2004). 후발 산업화 성공을 위해서는 해결해야 할 문제가 많다. 우선 집단행동의 문제를 해결해야 한다. 대표적인 집단행동 문제는 생산적 산업투자를 위해 자본을 창조하고 동원하는 것 그리고 지속적인 생산성 향상 또는 수익 체증을 실현하는 것이다 (Schwartz, 2015, 133·177쪽). 둘째, 재산권 제도를 적절히 수립해야 한다. 즉, 단지 자본주의가 아니라 중장기 시계의 발전능력을 갖춘 자본주의 재산권 제도를 수립하는 문제가 제기된다. 재산권은 사용권, 수익권, 처분권 등의 복합적 권리다발로 구성되어 있는데 주식회사에서 보듯이 형식적 소유권과 실질적 사용-통제권은 분리되어 있다. 생산적 기업가 활동의 촉진을 위해 보다 중요한 것은 형식적 소유권이 아니라 실질적 통제권이다. 형식적 소유권에 통제권이 따르지 않는다면 그것은 단지 수동적 수익청구권에 그칠 뿐이다. 반면 강력한 통제권은 전략적 자원사용과 생산적 투자활동, 불확실성과 갈등의 조정 등 제도적 조정을 통해 새로운 부가가치 창조가 일어나게 하는 핵심적 조건이다(Rodrik, 2011, 194~195쪽; 이병천, 2013, 54~58쪽). 마르크스의 『자본론』은 이 문제에서 중요한 결함을 가지고 있다. 그의 이론은 제도론이 매우 단순하며 자본주의와 사회주의의 이분론에 기초해 있다. 셋째, 대외적으로 주변부화 위험을 통제하면서 개방이익을 확보할 수 있어야 한다. 무분별한 개방은 단기적·투기적 행동을 조장하거나 자율적인 국민경제 공간의 탈구화를 초래한다. 따라서 발전을 위한 집단행동의 딜레마를 극복하기 어렵다. 그 한계를 넘으려는 전략도 부존자원의 비교우위에 의존하는 손쉬운 '리카도적 전략'을 따르기 쉽다(Schwartz, 2015, 133·177쪽).

이처럼 산업화 관문이 제기하는바 집단행동의 딜레마를 극복하고 적절한 재산권 체제를 수립함과 동시에 개방이익을 확보하려면 대내외적으로 독자적인 조정과 유인, 규율 방식을 제도화한 성장능력의 구축(growth enhancing capabilities building)이 필수적이다. 그러나 어떤 역사적 발전양식이든 그 핵심에 권력 및 계급 지배양식을 내장하고 있다. 그 지배양식은 사회경제 운영체제를 특정한 국가권력과 계급권력(소유권과 통제권의 복합체)의 지배블록이 주도하는바, 내부자와 외부자로 구획

한다. 협력하면 모두 승자가 될 수 있지만, 모든 거버넌스 메커니즘은 권력양식과 내·외부자 분할패턴에 크게 의존하며 사적 합리성과 사회적 합리성 간 간극을 갖는다(이는 케인즈가 말한 '합성의 오류' 이상의 것이다). 지배권력은 내부자들의 이익을 도모하는 구조적이고 전략적인 특권성 그리고 그것에 대한 대항적 견제, 감시규율을 벗어나는 무책임성을 보인다. 그들은 그런 지향을 깔고 자신들의 특수이익과 여타 계급 및 계층의 동의를 연결지을 수 있는 갈등조정의 양식과 제도형태, 축적체제를 구축하기 마련이다(Jessop, 2000[1990]).

박정희 시대 발전모델은 위와 같이 산업화 관문의 통과조건을 갖춘 발전양식과 특권적 권력·계급 양식이라는 통합적 관점에서 파악될 수 있다. 박정희 모델은 한 나라가 시장을 관리하는 집단적인 협력적 조정과 위험공유 메커니즘을 구축함으로써, 그리고 대외적으로 전략적 개방과 개방이익을 확보함으로써 어떻게 압축적으로 거대한 경제성과를 창출할 수 있었는지를 잘 보여주었다. 동시에 이 모델은 국가·재벌 동맹을 중심으로 하는 고도의 권력·계급 집중과 다면적 불균형, 정경유착과 권력 행사의 자의성이 이후 사회경제 민주화의 진전에 얼마나 큰 장애를 가져다줄 수 있는지도 확연히 드러냈다.

박정희 모델은 이승만 시기와 연속과 단절의 두 측면을 갖고 있다. 1948년의 제헌헌법은 자유시장주의가 아니라 경제적·사회적 민주주의 원칙을 천명했다. 헌법은 제6장 경제편 제84조에서 "대한민국 경제질서는 모든 국민에게 생활의 기본적 수요를 충족할 수 있게 하는 사회정의의 실현과 균형 있는 국민경제의 발전을 기함을 기본으로 삼는다"라고 규정하고, 이어 "각인의 경제상 자유는 이 한계 내에서 보장된다"라고 천명하고 있다. 또 재산권 질서 원칙으로 "재산권은 보장된다. 그 내용과 한계는 법률로써 정한다. 재산권의 행사는 공공복리에 적합하도록 하여야 한다"라고 규정하고 있다(제15조). 사유재산권 행사에 부과되는 공적·사회적 의무는 민주공화국과 사회적 시장경제의 핵심 구성요소인데 여기에는 노동자 이익 균점권도 포함되어 있다(제18조 2항). 그리고 제헌헌법의 또 다른 소유권 원칙은 광물 기타 중요 자원의 국유(제85조), 공공성을 갖는 중요 기업의 국영 또는 공유(제87조), 사기업의 국공유화를 가능케 하는 비상조치권(제88조), 대외무역의 국가통제(제87조)를 포함하고 있다. 헌법상의 이 사회경제 민주주의 원칙은 당시 일민주의 이념을 갖고 있었던 이승만도 공유했었지만 6·25전쟁을 겪으면서 깨진다.[1] 이승만 시기 한국의 현실 자본주의는 분단과 전쟁을 거치며 아래와 같이 헌법과 크게 괴리된 모습으로 주조되었다(이병천, 2014, 61~62쪽).

(1) 국가권력과 정경유착관계를 맺으면서 특혜에 기생하는 천민적 재벌 지배하의 경제체제, 공공복리에 봉사해야 할 사유재산권 책임규율의 심각한 약화.

(2) 건전한 중도세력조차 배제한 냉전적 보수 독점 정치사회와 취약한 노동의 힘.

(3) 농지개혁의 추진과 교육기회 확대, 전통적 지주계급의 몰락과 일정한 균등화 및 사회적 유동성 증대.

(4) 대외적으로 미국 헤게모니 한계선 안으로의 종속적 편입. 원조를 고리로 당근과 채찍을 함께 구사하는 미국의 외압.

이렇게 보수적 냉전반공 자본주의의 원형을 이루는 기본 특성들 특히 (1), (2)는 이후 박정희 시대 국가·재벌 동맹을 중핵으로 하는 개발지향 국가주의 시기에도 형태를 달리하며 연속된다. 그뿐 아니라 탈냉

---

1. 제헌헌법 자체의 한계에 대해서는 이병천(2016)을 참조.

전 민주화 이후 한국 자본주의에서도 이른바 "노동 없는 민주주의"(최장집, 2010)로서 장기 지속 코드가 된다. 그러나 박정희식 강성국가 주도의 개발자본주의 모델은 근본적 지점에서 미국 원조 젖줄에 매달린 이승만 시대 종속적 정실자본주의와는 질적 단절을 이루며 압축·불균형·산업화 도약을 이끌었다. 구체적으로 박정희 모델은 어떤 방식으로 위에서 말한 집단행동 문제, 소유통제권 문제 그리고 세계경제 편입 문제에 대처했나?

(1) 이승만 정권과 달리 박정희 정권은 강력한 개발지향성을 갖고 있었다. 북한과 체제경쟁전을 벌리며 이를 적극 활용한 호전적(warfare) 반공근대화(이른바 '조국근대화') 기획 및 성장 실적으로 국민 에너지를 동원하고 갈등을 '관리'했다.

(2) 박정희 모델을 구성하는 핵심적 권력양식과 정책 및 제도 형태는 다음과 같은 것이었다.[2]

① 국가권력은 강제와 동의가 결합된 권위주의적 강성 개발국가 또는 기업가적 국가로서 능력을 보였다. 국가는 재벌과 특권적 지배연합을 구성하고 노동 부문 및 여타 종속계층의 민주적 발언권을 억압 배제했다.[3]

② 중심적 기업조직은 총수와 혈연가족의 지배 아래 계열사 간 상호출자와 협력으로 연결된 집권적·위계적 재벌체제 형태를 취했다. 그러나 국가가 은행을 소유, 통제함으로써 재벌은 제2금융권에 대해서만 부분적 지배권을 가졌을 뿐이었다.

---

2. 기술 패러다임의 특징에 대해서는 정준호(2016) 참조.
3. 동아시아 개발주의에서 국가·재벌 동맹이 주도한 일본-한국 계보는 국가가 대자본의 발전을 통제하며 두터운 국영 부문을 가진 대만-싱가포르 계보와 구분된다. 나아가 한국은 독일-일본과 공통 계보에 속한다고 볼 수 있다(이병천, 2016).

③ 금융체제는 자본시장 중심이 아니라 산업 헌신이 용이한 은행 중심 체제로서 국가 소유 및 통제 아래 놓였다.

④ 재벌의 투자활동이 성장의 향배를 좌우했는데 이는 국가의 선별적 산업정책과 수출진흥책에 따라 유도되었다. 전통적인 제3세계 수입대체주의와 전면개방주의를 넘어 수출지향과 수입대체를 결합한 복선형 산업발전정책이 추구되었다. 국가는 재벌에 거대한 몰아주기식 특혜를 제공하면서 투자를 유도했고 경제실적의 규율을 부과했다. 국가·재벌의 정경협력관계와 위험공유 체제에서 국가는 재벌을 길들이는 고삐를 잡고 있기도 했지만 권력의 정당성이 재벌의 투자 및 실적에 의존함으로써 재벌 지원을 암묵적으로 보증해주는 관계로 서로 물려 있었다.

⑤ 양질의 풍부한 노동력과 인력 양성은 박정희 모델의 중요한 기본 경쟁력이었다. 노동은 '병영적' 노동통제에 저항하면서도, 빠른 일자리 창출과 임금 상승 유인 및 기대로 위계적 관민협력 산업화 체제 속에 포섭, 동원되었다.

⑥ 대외무역과 자본의 국경이동, 외국인투자는 국적자본 주도의 산업구조 고도화 관점에서 전략적으로 관리되었다. 또한 수출자유지역이 설치, 운용되었다.

⑦ 국가복지는 가급적 억제되었고 조세부담률도 낮았다. 국가는 성장지향에서 '큰 정부'였지만 복지지향에서는 '작은 정부'였다.[4] 고성장과 일자리창출이 사회정책 기능의 큰 부분을 대체했다. 그러면서 정부는 소득세 면세, 저축보조금 지급 등 생활보장체제를 도입하고 국민저축을 유도했다.[5]

---

4. 이 부분에서 한국은 일본의 고성장-저복지 발전방식을 뒤쫓아 갔다(Manow, 2001; 이병천 2016).
5. 김도균(2013) 참조.

(3) 박정희 모델의 작동은 국내적 요인만으로는 설명하기 어려우며 세계체제적 요인의 결합이 불가결하였다. 미국의 정치경제적 후원과 한미일 반공삼각동맹이 박정희 모델을 떠받친 필수적인, 대외적 기둥이었다. 여기에는 한국이 비정상적으로 일본과 국교를 재개하고 베트남전에 참전함으로써 얻은 이익, 퇴행적인 국가 비정상화의 대가로 얻은 상처투성이 이득이 들어 있었다. 또 브레턴우즈체제(고정환율제와 자본통제)에 의해 경제정책 운용의 자율성이 보장되고 세계무역의 확대로 수출 촉진 및 대체 산업화에 유리한 조건이 형성되어 있었다.

박정희 모델을 작동시킨 것은 위와 같은 대내외적 조정양식과 조건이었다. 개발지향 국가의 산업정책과 금융통제 및 실적조건부의 특혜지원, 재벌 대자본의 특권적 지배체제와 병영적 노동통제라는 비대칭적 계급관계, 그것들이 제공한 이중의 이윤 기회, 저임금 장시간 노동체제로 이야기되는 노동자들의 희생과 헌신 등이 고부채-고투자-고성장을 불렀고 수입대체와 수출지향이 상호 의존하는 복선형 산업발전을 가능케 했다. 또 고성장은 지속적인 일자리창출과 임금상승을 가져왔다. 대외적으로는 미국이 자본과 시장을 제공하고 일본이 자본과 기술, 자본재와 원자재를 제공하여, 한국이 이를 가공해 주로 미국 시장으로 수출하는 방식으로 한미일 성장 트라이앵글이 작동했다.

그러나 박정희 모델은 국가와 재벌의 집중된 권력동맹을 중심으로 국민경제를 관리하면서 높은 성장능력을 과시했으나 고집중의 권력-성장양식은 심각한 구조적 모순을 가지고 있었고 권력을 자의적으로 오남용하는 위험성과 무책임성을 갖고 있었다(이병천, 2000; 조영철, 2003; 김상조, 2011). 이 문제는 박정희의 시간에서 결정적으로 반동적 역코스로 퇴행한 1970년대 유신독재 시기 중화학공업화에서 잘 나타나는데 포스트 박정희 시기에도 재벌지배와 정경유착체제, 정치권력 및 관료들에 의한 권력오남용과 부패타락으로 이어지는 짙은 그림자를 남겼다. 중화학공업화가 왜 유신독재를 필요로 했는지, 왜 세계적 긴장완화의 국면에서 그토록 돌진적이고 호전적인, 정치경제 권력집중의 동원방식으로 추진돼야 했는지 이해하기 어렵다. 중화학공업화는 "성장, 안정, 균형의 조화"를 추구해 상위 중진국을 실현하고 조국통일의 기반을 이룩하는 목표를 수립한 3차 계획을 폐기하고 엄청난 무리와 비용을 수반하면서 추진되었으며 정권붕괴의 중대 요인이 되었다(김원, 2011, 414~447쪽; 조희연, 2007, 195~216쪽; 이장규, 2012, 181쪽).

권력의 집중 및 자의적 행사 그 동전의 이면에는 노동세력과 사회 취약계층, 중소기업 부문의 민주적 참여의 결핍 문제가 있다. 그리고 그에 따라 국가·재벌 지배동맹에 대한 감시력 결핍, 사회경제 전반적으로 참여와 견제와 균형의 제도화 결핍 문제가 존재한다. 무엇보다 박정희 모델이 거대한 사적 경제권력인 재벌을 압축 성장시키면서 이에 대해 균형을 잡아줄 수 있는 견제력 성장을 억압한 것은 이후 발전경로에서 재벌주도 자본주의의 출현을 이미 예고한 것이다. 이른바 '노동 없는 민주주의'에서 재벌은 한국사회가 '길들이기에 너무 큰' 괴물 같은 존재로 부상할 모양새였다. 제도적 측면에서 볼 때도 국가의 제도화 능력은 낮았다. 특히 관치금융의 폐해가 매우 심각했다. 박정희 모델에서만큼 은행이 경영자율성과 자생력이 취약하고 기형화된 경우는 흔치 않다. 국가는 분권적·수평적 중범위 제도들과 그 조정능력이 성장하도록 하는 '제도발전적(institution-enhancing)' 개입이 아니라 제도억압적이고 정경유착적인 개입방식을 보였다.[6]

또한 강조해야 할 것은 권력양식 및 제도양식에서 수직적·폐쇄적

---

6. 한배호(1994)는 박정희 시기 정치적 지배양식에 대해 '제도화 실패'를 지적한 바 있는데 이 지적은 사회경제 문제에 대해서도 타당해 보인다.

국가·재벌 연합이 발전목표의 수립과 실천에서 폭넓은 사회적 합의 기제와 학습경험이 축적되지 못하게 만들었다는 점이다(정무권, 2009, 155~156쪽). 이 지점은 이후 사회경제 민주화의 진로와 관련해 대단히 중요하다. 게다가 남북대결형 냉전반공주의 및 성장제일주의가 암묵적인 국민적 합의로 중첩되었다. 이리하여 박정희 모델은 강력한 고성장 능력을 보였지만 한국 모델의 앞날에, 경제민주화와 복지국가의 길을 가로막는 강력한 족쇄를 씌운 것이다.

3. 보수적 민주화와 사회경제 민주화의 결말

1) 구체제 유산, 민주화의 딜레마와 연성국가화 위험

1987년 6월항쟁과 6·29 선언, 7~8월 노동자대파업, 10월 헌법 개정 그리고 12월 대선에서 정권교체 실패로 이어진 민주화 이행은 정치적 민주화뿐 아니라 사회경제 민주화의 향배라는 관점에서도 한국 현대사의 중요한 분기점이었다. 정치적 민주화는 제도정치에서 민주적 경쟁구도와 '불확실성의 제도화'를 가져왔다. 또 사회 전반적으로 민주적 가치와 정당성 규범이 힘을 얻게 되었다. 그러나 불확실한 것은 민주적 경쟁의 결과만이 아니었다. 사회경제 민주화의 운명 또한 불확실하고 불투명했다. 민주화 이행은 사회경제 민주화로 나아가는 지향을 분출시키기도 하지만 동시에 기존의 사회경제적 배치와 지배적 힘을 해방시키는 효과도 낳는다(O'Donnell and Schmitter, 1986, 12~13쪽). 즉 포스트 민주화 시기의 사회경제 민주화는 구체제의 유산과 무게를 이어받는다. 이 양면효과의 결과는 나라마다 다르다.

민주화 이후 한국 자본주의는 권위주의적 개발주의를 탈피해 어떤 형태든 민주주의와 결합구조를 가지며 새 진로를 모색해야 했다. 민주화는 종래 국가의 관리와 통제 아래 놓여 있던 두 핵심 세력, 즉 재벌과 노동에 자율화의 힘을 부여했다. 재벌도 노동도 국가의 통제와 간섭에서 벗어나려 하면서 한국 자본주의 미래를 둘러싼 새로운 투쟁이 시작됐다. 하지만 그 힘관계는 지극히 불균형했고 그 방향은 사뭇 달랐다(이병천, 2014, 125쪽). 앞서 보았듯이 권위주의 개발국가는 동업자관계에 있었으나 마침내 자신을 삼킬 수 있는 거대재벌을 키워냈다. 자기 발로 서게 된 재벌은 특혜는 갖되 국가통제에는 반대한다는 식으로 국가의 역할을 무력화시키고 자신의 주도 아래 나라경제를 이끌어가기를 원했다. 이는 민간주도 또는 민간자율 경제라는 말에 잘 담겨 있다. 그들은 엄청난 국가지원과 노동자·서민 대중의 희생에 힘입어 쌓아올린 재벌의 부에서 '출생의 기억'을 지우며 민주적·사회적 책임에서 벗어나고자 했다(유철규, 2000, 391~392쪽). 이와 함께 정치적 민주화로 인해 불안정해지고 이완된 '노동규율' 기제를 새롭게 재구축하길 원했다. 민주화 이후 개발자본주의 재편을 둘러싼 다툼의 핵심에는 바로 이 특권적 재벌의 강력한 힘과 요구가 있었다. 다른 한편 정치적 민주화는 노동과 민중 세력을 묶어놓았던 억압의 사슬도 어느 정도 풀어주었다. 노동자와 서민 대중은 오랫동안 '선성장후분배'주의에 억눌려왔기 때문에 이제는 공정한 분배를 통해 제 몫을 갖기를, '파이를 나누어 갖기'를 바랐다. 나아가 기업이나 나라경제의 운영에서 이해당사자로서 실질적으로 참여하고 발언권을 갖는 권력의 공평한 재분배도 원했다. 구체적으로 참여적 사회경제 민주화의 기본방향은 대체로 다음과 같이 요약해볼 수 있다.[7]

---

7. 1987년~1997년 시기 사회경제 민주화에 대한 대표적인 재야 논의로는 다음 연구 참조. 한국기독교산업개발원 편(1987); 변형윤 외 89인(1992); 변형윤 외(1992).

(1) 노동포용적이고 복지지향적인 계급타협 체제를 수립한다. 이를 위해서는 최우선적으로 노동을 위시한 저항세력의 대항력이 형성돼야 한다. 이와 함께 재계가 포용적 태도로 전환해야 하며 노동계와 재계를 조율하는 새로운 민주적 경성국가(硬性國家)의 역할이 필수적이다.

(2) 국가·재벌 중심으로 짜인 수직적·폐쇄적 협력을 국가 역할의 재조정 위에서 수평적 협력의 제도적 조정 방향으로 재편한다. 이는 재벌개혁과 경제력 집중 완화, 노동의 참여권 보장, 은행의 책임경영체제 및 기업 간 새로운 위험동반자 관계 수립,[8] 공정한 대·중소기업 협력관계 형성과 혁신중소기업 창출 등을 포함한다. 이는 달리 말해 민주적이고 포용적인 한국형 조정시장경제를 수립하는 문제다.

(3) 투기적·음성적 자산 증식의 발호와 불로소득의 기회를 차단하고 권력 재벌간 정경유착 체제를 근절한다. 이는 불공정하고 불평등한 정치경제 체제를 재생산시켜 온 온상일뿐더러 한국경제의 고비용·저효율 구조의 근본원인이기 때문이다.

(4) 분배-복지 연합에 안주하는 민주적 자본주의는 지속불가능하다. 서로 윈윈하는 긍정적 타협위에서 새로운 질의 혁신적 성장능력을 구축하는 과제, 즉 양질의 일자리와 고생산성 향상을 가능케 하는 '고진로' 지향 축적체제를 창출해야 한다.

　그러나 안타깝게도 위와 같은 사회경제 민주화의 기본방향은 민주화 이후 한국사회가 감당하기에는 벅찬 과제였음이 분명하다. 유리한 조건이 없었던 것은 아니다. 한국의 정치 민주화는 비교적 좋은 경제적 조건 속에서 이뤄졌다. 민주화 이후에도 7년 동안 '3저 호황'의 시기가 지속되었다. 대외적으로도 노태우 정부 초기는 글로벌 세계화 시대가

8.　조윤제(1995), 74쪽 참조.

아직 도래하지 않은 때였고 미국의 개방 압력도 덜했다. 이 때문에 경제 국경을 전략적으로 관리하면서 국민경제를 운영하고 이해당사자들의 갈등을 조정하기가 비교적 용이했다. 그러나 불리한 조건과 장애물이 훨씬 더 많았다. 보수적 이행은 여러 측면에서 나타났다. 이행 과정에서 노동운동의 정치적 역할은 미약했다. 1987년 6월항쟁과 7~8월 노동자파업은 단절되었고 중간계층과 야당은 노동운동에 대해 보수적 태도를 보였다. 가장 불행한 것은 '양김'으로 대표되는 야당 지도부 분열로 구체제 지배세력이 선거에서 승리한 것이다. 이런 보수적 민주화 이행과 구체제를 잇는 불균형한 권력양식은 민주화 이후 한국사회에서 민주주의에 의한 '자본주의 길들이기'와 양자의 건설적 공존의 길을 매우 험난하게 만들었다.

곤란은 단지 위와 같은 요인에만 있지 않다. 민주화 이후 여전히 권력 및 계급 관계의 현저한 불균형이 지속되었을뿐더러 보수적 민주화로 인해 역설적으로 국가의 조정능력과 규율부과 능력이 큰 제약을 받게 되었기 때문이다. 즉 민주화가 '연성국가(軟性國家)'화 경향을 가져왔다(이병천, 1999; 2002). 이는 우선, 민주화로 국가사회관계가 전환된 데 기인한다. 박정희 개발주의 모델에서 국가권력은 민주적 절차보다는 성장 실적으로 정치적 정당성을 확보했다. 이와 함께 권위주의 체제가 실행 강제력을 발휘할 수 있게 해주었다. 이에 따라 국가권력은 노동에 대해서는 물론 재벌과 지배연합을 구성하면서도 상당한 자율성을 갖고 그에 대해 강압적 규율력을 가질 수 있었다. 반면 민주화란 성격상 권력이 절차적 동의를 따르게 강제하는 것이고 그런 면에서 불확실성을 제도화한다. 또한 권위주의적 방식으로 강제력을 행사하기도 어렵다. 둘째, 민주화 이행이 일반적으로 연성국가화 경향을 낳기도 하지만, 한국의 보수적 민주화 이행의 경우 국가는 어떻게 거대 경제권력으로 부상한 재벌을 규율하나 하는 문제와 대면해야 했다. 민주화를 빌미로 그리고 추격산업화 종료 이후 재벌이 민간주도 또는 민간자율을 내세우며 국가의 역할을 무력화하고 일방적으로 자신의 특수이익을 관철시키려 할 때 국가가 이를 제어하는 자율성과 능력을 발휘하기란 쉬운 일이 아니다.

셋째, 사회경제 개혁 과정에서 제기되는 까다로운 딜레마 문제가 있다(정진영, 1997, 142~144쪽; 이병천, 2002). 국가권력은 여전히 재벌이 주도하는 경제성장에 크게 의존할 수밖에 없는 수세적 위치에 놓인다. 이에 반해 개혁으로 얻는 이익은 실현하는 데 시간이 오래 걸리고 국민 다수에 넓게 분산된다. 사회경제 민주화를 통해 새로운 질의 성장능력을 구축하는 길로 나아가지 못하거나 장기간이 소요될 때 다수의 국민은 '전환의 계곡'에서 수반되는 고통을 감내하지 않으려 한다. 그 이전에 정부가 구조개혁 없는 단기성장주의 유혹에 빠지기 십상이다. 그것은 곧 국가권력이 자율성을 잃고 재벌에 포획되는 길이다. 최악의 경우는 자율성을 잃고 재벌에 포획된 연성시장국가가 동시에 대외적 자율성과 전략적 관리 능력까지 상실한 경우다. 한국이 민주화 이후 10년 만에 외환위기를 맞고 IMF 관리체제로 굴러 떨어진 것은 다름 아니라 바로 이로부터 비롯되었다. 그러나 그 길로 표류하기 전에, 민주화 이후 사회경제는 본격적인 글로벌 시장의 시대로 들어가기 전에, 취약한 형태지만 하나의 민주적 타협 모델을 출현시켰다.

2) 민주화 이후 사회경제 민주화와 노태우 모델

민주화 이후 사회경제 민주화의 행방은 노태우 정부 시기 1990년의 3당 합당을 전환점으로 하나의 결말에 도달한다. 이 결말은 김영삼 정부 시기를 포함해 1997년 외환위기에 이르는 10년간(1987~1997년)을 통틀어 사회경제 민주화의 도달점 및 그 한계를 명확히 보여주었다.

그 결말은 민주화 이전 시기와 달라진 노태우 모델의 성과와 함께, 국가 재벌 지배연합이 주도한 구체제 유산이 강력히 깔려 있는 형태로 민주화이후 자본주의와 민주주의 간 불균형과 취약한 타협의 원형을 보여 주었다. 그러나 1990년의 전환점과 이후 이어진 규제완화 기조로의 역코스 이전에도 노태우 정부는 사회경제민주화를 비롯한 핵심 민주개혁 의제들에 대해 대통령 거부권을 행사해 그 진전을 차단시켰다(박찬표. 2012). 다른 한편 1990년 이후에도 강도 높은 부동산 규제정책(이른바 '5. 8 조치')을 시행하거나 외교 통일정책에서 탈냉전적, 유화적인 '북방정책'을 펼치기도 했다. 이는 노태우 모델을 말할 때 3당 합당의 전환점을 중시하면서도 그 이후 변화도 함께 고려해야 함을 말해준다(이 글에서 말하는 노태우 모델은 정권말기 전면적 규제완화 정책으로 선회하기 이전까지 사회경제 운영체제를 모두 포괄한다).

　민주화가 가져온 여러 변화 중 가장 주목해야 할 것은 권력·계급 양식에서 국가-재벌-노동 관계의 변화다. 노동체제의 변화는 그 핵심 구성요소다. 정부는 노사분규의 자율해결 원칙, 노동법 개정 등 새로운 노사관계 질서를 구축하려는 태도를 보였다. 개정 노동법으로 성립된 '1987년 노동체제'는 노조 설립요건 삭제, 노조 설립형태 자율화, 단체교섭의 상급조직 위임 보장, 냉각기간 단축 등 노조 설립 및 활동의 자유를 크게 확대시켰다. 이로써 노동 측은 단체교섭으로 자본 측과 마주할 수 있게 되었다. 그러나 이 체제는 제3자 개입 금지, 노조의 정치활동 금지, 복수노조 금지 등 '3금 조항'을 온존시켰다. 노 대통령의 거부권 행사로 보다 전향적인 노동법 개정은 봉쇄되었다. 이는 노동 3권의 대상에서 민주노조 진영을 배제하는 것이었으며, 노동 3권에 기반한 조직노동의 활동을 기업 차원이 경제주의로 가두는 것이었다.[9] 노사정

---

9. 노중기(1997); 정영태(1997); 최영기 외(2000); 박찬표(2012); 장진호(2012) 참조.

합의기구가 만들어진 것도 아니었다. 이런 조건에서 노동 측이 기업별 노조체제를 벗어나기란 결코 쉽지 않았고 이는 대기업과 중소기업 노동 간의 이중구조를 초래했다.

둘째, 6공의 재벌정책은 공정거래법상의 규제 및 은행을 통한 여신관리제도의 규제 틀을 5공으로부터 물려받았다. 전자는 계열기업 간 직접상호출자금지와 출자총액제한(순자산액의 40%)을 포함한 출자규제 그리고 금융보험회사 소유 계열사 주식에 대한 의결권 행사 금지, 지주회사 설립 금지 등을 포함했다. 후자는 계열기업군 자체를 대상으로 총여신규모와 부동산 취득 및 기업투자(기업신설, 매입, 출자)를 규제하고 자구노력의무를 부과하는 제도였다. 여기에 노태우 정부는 금융·보험회사 간 상호출자를 추가로 금지하고, 계열사 간 상호출자 및 출자총액제한 위반에 대해 과징금제도를 도입했다. 이어 채무보증한도를, 3년 유예기간을 두고 자기자본 2배 이내로 제한했다. 그렇지만 보다 중요한 것은 노태우 정부가 5공에서 물려받은 여신관리상 규제력을 여전히 갖고 있었고 그것으로 경제력 집중 규제나 산업정책의 시행수단으로 삼았다는 것이다. 재벌의 은행여신 비중이 뚜렷이 감소하고 중소기업 대출은 지속적으로 증가했다. 그러나 문제는 다른 곳에서 발생했다. 5공 정권이 단행한 금융자유화에 힘입어 제2금융권이 재벌 지배하에 놓이면서 재벌의 자금동원 능력을 한층 강화시킨 것이다. 제2금융권의 '재벌금융화' 진전과 함께 재벌의 해외차입도 늘어났다. 이는 국가에 대한 재벌의 금융적 자율성을 획기적으로 높이는 결과를 가져왔다(김상조, 2000, 29쪽: 김상조, 2003: 전창환, 2004).

셋째, 토지공개념과 금융실명제는 민주화 이후 노동권 신장과 함께 건강한 민주적 자본주의로 가기 위해 피할 수 없는 기본 관문이었으며 노태우 정부의 선거공약이기도 했다. 둘 다 기득권층의 거센 저항을 낳기 마련이었다. 그러나 금융실명제는 특히 집권당 내 수구세력의 저항이 강했던 데다 3저 호황의 여파로 부동산 투기가 광풍을 일으켜 토지자산 불평등과 투기의 폐기 문제가 전 사회적 문제로 부각되었던 사정 때문에 토지공개념 관련 정책이 우선되었다. 택지소유상한제, 개발부담금제, 토지초과이득세제 등 토지공개념 3법이 도입되었다(이정전, 2007, 648~653쪽). 택지소유상한제는 6대 도시에서 택지를 200평 이상 소유하고 있는 사람에게 초과소유부담금을 징수하는 것이었고, 개발부담금제는 개발이익의 25%를 개발부담금으로 환수하는 제도였으며, 토지초과이득세제는 유휴토지의 과대한 지가 상승에 따른 토지초과이익을 세금으로 환수하는 제도였다.

　토지공개념 3법 중 택지소유상한제, 토지초과이득세제는 1997년 위기 이후 위헌판결을 받아 개발부담금제만 살아남았다. 노태우 시기 공개념 법도 토지보유세를 높이는 정공법이 빠지는 등 한계가 많은 것은 사실이다(전강수, 2012, 229쪽).[10] 그러나 노태우 정부가 공안정국 및 3당 합당으로 이어지는 국면에서 토지공개념 3법을 제정, 시행한 것은 주목할 만하며 노동정책이 역주행 길로 간 것과 대조된다. 이는 그만큼 토지 및 주택 문제가 전 국민의 삶에 미치는 파급력이 컸기 때문이다. 노태우 정부가 노동세력을 분리·고립시키면서 토지주택 분야에서 특히 중산층을 중심으로 국민 지지를 얻는 전략을 구사했다고 할 수도 있다. 아무튼 노태우 정부는 3당 합당 이전까지 토지공개념 정책 및 재벌정책에서 상당 정도 국가 자율성을 유지하며 공공적 규제력을 발휘했다고 볼 수 있다.

　마지막으로, 노태우 정부는 '자율·안정·복지의 조화'를 국정이념으로 내걸었고 경제운용의 형평성 제고와 공정성 확보, 경제의 균형발

---

10. 1990년대 초 한국의 토지보유과세의 평균세율은 0.02%로 다른 나라와 비교가 안 될 정도로 형편없이 낮으며 일본보다도 매우 낮다(이정전, 2007, 652쪽).

전과 서민생활 향상을 목표로 삼는다고는 했다. 그러나 국민연금을 도입하고 의료보험을 전 국민에게 확대한 것을 제외하면 국가복지확대를 위한 적극적 노력은 없었다. 의료보험조합 통합을 위해 국회가 통과시킨 법을 대통령이 거부하는 일도 일어났다. 복지에 대한 노태우 정부의 인식은 실질적으로 기업의 비임금비용을 낮추고 정부의 재정부담을 최소화하는 개발주의 시기 복지관을 크게 벗어나지 못했다(조흥준, 1999; 강신욱, 2012; 신동면, 2012, 210~211쪽).

민주화 이후 국가복지의 저발전 속에서 그 기능적 대체물로서 주목해야 할 현상은 두 가지다(김도균, 2013). 하나는 대기업을 중심으로 기업복지가 확대된 것이다. 기업복지는 특히 주거 지원 부분에서 급격히 증가했는데 이는 정부가 중산층 육성 대책의 일환으로 기업복지를 활용한 이유가 크다. 다른 하나는 중산층 육성을 겨냥한 생활보장체계의 발전이다. 정부는 집값 급등으로 흔들리는 중산층을 겨냥해 주택 200만 호 건설 등 대대적인 주택공급 정책을 펼치는 한편, 내 집 마련과 이를 통한 신분상승을 열망하고 있는 중산층을 중심으로 재산형성 지원 정책을 적극적으로 시행했다. 이에 따라 민주화 이후 주택 소유가 생활보장 수단으로서 국가복지를 대체하는 경향이 나타났다. 이런 생활보장 정책이 복지국가 및 복지동맹의 발전을 가로막는 중대한 요인으로 부상했다.

민주화 이후 노태우 모델에서 국가·재벌 동맹의 힘은 여전히 강력했다. 노동권과 복지권으로 대표되는 사회권의 발전은 계속해서 통제되었다. 여기에 개발주의 구체제의 경로의존적 힘이 내장된 보수적 민주화의 한계 지점이 집중되어 있다. 노동은 기존의 억압적 배제 체제에서 벗어나 자본과 단체교섭을 벌일 정도는 되었지만 여전히 정치적 진출이 막혔고 기업별 노조체제에 묶였다. 1990년을 전환점으로 한 지배연합의 반노동 공세와 규제완화 역류로 인해 노동의 참여권 및 견제력을 건설적으로 포용하는 노동 및 복지 친화모델의 수립은 차단되었다. 노사분쟁 자율해결 원칙은 적극적 개입 정책으로, 노조활동 억압 정책으로 변질되었다. 정권과 재벌은 노사 파트너십의 새 패러다임을 제대로 실험해보지도 않았다. 노동의 견제력이 취약함은 곧 재벌의 지배력에 대한 민주적 규율력의 취약함을 의미한다. 여신관리와 공정거래에만 의존하는 정부의 재벌규제력은 불안할 수밖에 없다. 그뿐 아니라 민주화 이후에도 성장전략이 결국 임금안정에 기반한 비용경쟁력 확보라는 기존의 지배적 성장전략으로 되돌아가고 말았다는 사실이 강조되어야 한다(조성렬, 1996; 박중구, 1997; 김원배, 2003; 박진, 2012). 그럼에도 불구하고 노태우 모델의 축적체제는 이전과는 크게 다른 적극적 요소들도 보여준다. 노태우 시기 축적체제의 특징을 요약하면 다음과 같다.

첫째, 재벌의 고부채-고투자 성향이 그런대로 유지되었다. 해외투자가 상당히 늘어났음에도 재벌투자는 국민적 경계 안에서 파급효과를 낳았다. 둘째, 부품소재 국산화 노력이 지속되면서 대·중소기업 간 하도급관계가 진전되었다. 대기업이 노동의 요구를 중소기업에 전가함으로써 이중구조화 현상이 일어났다. 그런 가운데서도 전후방 산업연관관계가 일정하게 제고되었다. 중소기업을 중심으로 일자리도 지속적으로 창출되었다. 이는 국내 분업연관을 제고하고 수입대체와 수출증대의 두 다리로 걷는 복선형 산업화의 일보 진전을 함축하고 있었다(유철규, 1992; 정준호, 2016).[11] 셋째 대규모 건설투자가 이루어졌다. 노 정권은 주택 200만 호 건설을 내걸었고 이를 실현시켰다. 이는 대대적인 주택 건설투자, 신도시 건설투자 그리고 부동산투자를 불러일으켰다. 그렇지만 토지공개념 정책이 수립되면서 부동산 투기는 상당 정도 진정

---

11. 수출의 산업연관효과는 1980년 이후 점진적으로 증가하다가 민주화 이후 크게 높아져 1995년 정점에 달한다. 이 시점에서 제조업 수출에서 차지하는 국내 부가가치 비중은 국제적으로 비교해봐도 상당한 수준이다(정준호, 2016).

되었다. 넷째, 실질임금이 꾸준히 상승했고 노동분배율 또한 향상되었으며 이것이 소비구매력을 증대시켰다. 가계신용도 소비증대를 뒷받침했다. 이는 종래 저임금에 기초한 내수억압 체제와는 성격이 크게 다른 것이다(김형기·서익진, 2006). 그러나 실질임금 상승과 노동생산성 상승 간 격차가 감소되었다 해도 선진적 포드주의처럼 생산성 연동제가 성립한 것은 결코 아니었다(권우현, 2003). 가계 지출구조상으로는 내구소비재 비중이 크게 증가했다. 또 중산층의 주택매입 열풍이 일어났는데 이는 높은 가계저축률과 함께 진행되었다. 다섯째, 이 시기의 성장체제는 한마디로 내수확장체제로 특징지어진다. 내수가 획기적으로 확대되고 성장기여도가 높아진 반면 수출 및 수입의 상대적 비중과 기여도는 축소되었다. 이는 국내수요 대비 설비투자 비중이 크게 높아지는 현상으로도 나타났다. 그렇지만 여전히 수출의존도는 높아서 한국경제의 중요한 특징을 이루었다. 즉 내수와 수출이 함께 증대하였다.

노태우 시기에 국가-재벌-은행 간 협력 및 위험공유 체제가 일정하게 유지되고 개방이 관리된 것, 제한적이지만 단체교섭이 제도화되고 노동시장 유연화가 억제되고 있었던 것, 부품소재 국산화 노력과 대·중소기업 간 공생적 하청관계가 발전된 것, 그런 조건과 특성이 내포된 내수 확대와 수출 증대의 복선형 발전패턴이 진전된 것은 주목할 만하다. 이는 국가·재벌의 폐쇄적·수직적 연합 중심으로 짜였던 권위주의적 개발주의가 민주화를 계기로 다원주의적 포용의 방향으로 나아간 것이라 평가할 수 있다. 그러나 한국에서 이 개발주의의 구속된 민주화 형태는 일본형 다원주의에 현저히 미달하는 것이었다. 일본 모델은 전후 1970년대 초에 이르기까지 재벌 해체와 느슨한 계열기업 간 상호출자, 주거래은행제도, 고용안정과 현장노동자의 관리직 승진 개방, 대·중소기업 이중구조 해소 및 수직적 관민협력 체제로부터 '관료적 다원주의' 국가로의 전환, 노인의료비 무상화를 포함한 복지확대 등

시기	제도	내용
박정희 시기	금융통제와 산업정책	투자 유도와 조건부 지원
노태우 시기	여신관리제도	경제력 집중 및 부동산투자 규제
김영삼 시기	제도 공백	규율 공백
김대중 시기	자본시장	시장규율

발전적 진화를 보였다. 일본의 경우 중소기업은 일찍부터 독자적인 정치적·사회적 힘을 갖고 있었다.[12] 한국의 노태우 모델은 어느 대목을 봐도 일본이 자민당 주도 55년 체제에서 도달한 개방적 다원주의 진화 수준에 현저히 미치지 못했다. 그중에서도 결정적으로 약한 고리는 효과적인 재벌규율제도의 결핍에 있었다.[13] 노동의 참여권과 견제력을 억제한 반면 재벌지배력을 규율하는 제도라고는 여신관리제도와 공정거래제도에 불과했고 그중 여신관리제도가 실질적으로 의미를 갖는 것이었다(〈표 1-1〉 참조). 그렇지만 애초 제2금융권은 빠져 있었을뿐더러 재벌이 주도하는 성장 성과에 정권이 의존하는 상황에서 여신관리제도조차 무력화될 위험이 높았다.

　　노태우 정권 말기 노태우 모델의 해체를 가져온 가장 중요한 지점은 바로 여신관리제도 무력화였는데 더 근본적으로는 효과적인 재벌규율제도의 결핍이라 할 수 있다. 노 정권은 제조업 경쟁력 강화(업종 전문화) 대책의 명목으로 주력업체제도를 시행했다. 그 내용은 30대 재벌이

---

12. 한일 중소기업에 대한 뛰어난 비교연구로는 츠네카와 게이치·진창수(2002) 참조.
13. 이는 여러 국내 연구에서 지적해왔던 것인데 일본학자 아오키(2002, 291~292쪽)도 한국 모델이 민주화 이후 개방적 다원주의 방향으로 진전하고 있었다고 파악하면서 효과적인 재벌지배구조 결핍이 최대 취약점이었고 이것이 1997년 위기의 요인이었다고 지적한다. 그는 개발국가가 애초부터 규율제도를 잘 조율하지 못할 경우 타락할 수 있는 암덩어리를 갖고 있다고 본다. 수서비리사건 등에서 보듯이 노태우 모델은 개발주의의 구속된 민주화와 함께 개발주의 '타락'의 측면을 동시에 갖고 있다.

자체적으로 주력업체를 선정케 하고 이를 여신관리 대상에서 제외할뿐더러 다른 계열기업들로부터 투자에 대한 제한을 면제한다는 것이었다. 이는 업종 전문화라는 이름으로 여신관리제도에서 경제력 집중을 억제하는 역할을 제거하고 규제만 완화한 것이다(김상조, 2003, 2004). 재벌들은 전문화는커녕 덩치만 키우며 경제력 집중을 심화시켰다. 그리하여 성장체제는 고삐 풀린 재벌이 주도하는 한편 구조개혁은 없는 단기성장주의의 길로 나아가게 되었다. 이와 함께 관리되어왔던 개방정책에도 중요한 변화가 일어났다. 미국이 강도 높은 개방 압박을 가해왔다. 한국은 원화를 대폭 절상하고 상품시장을 대폭 확대함은 물론, 한국 모델의 가장 약한 고리인 금융 부문에서 외국인의 주식직접투자를 허용했다. 이로써 지금까지 규제된, 제한적 자유화에 머물러 있던 대외관계는 준비 없는, 무분별한 개방의 길을 내디디며 위기를 준비하였다.

4. 외환위기 이후 글로벌 시장의 시대와 한국 모델의 전환

1) 독일·네덜란드 모델의 유실

1997년을 전환점으로 한국은 민주화 이후 민주적 자본주의 준거모델을 가질 두 번째 기회를 맞이했다. 김대중이 집권함으로써 1987년 이후 실질적인 평화적 정권교체가 이뤄졌고 이어 그 기조를 계승하는 노무현 정부가 집권에 성공했기 때문이다. 김대중은 이른바 '준비된 대통령'으로서 민주평화주의자였을 뿐 아니라 사회경제 민주화에 대해서도 전후개혁을 통해 거듭난 독일의 사회적 시장경제 모델을 한국의 롤모델로 제시하고 있었다. 노무현은 김대중과 달리 별로 '준비되지 않은 대통령'이긴 했지만 참신한 개혁성과 개방적 면모 때문에 큰 기대를 모았다. 노무현 정부는 집권 초기 네덜란드 노사정합의 – 유연안정성 모델을 제기했고 임기 말에는 성장과 복지의 선순환을 추구하는 '비전 2030'을 제시했다. 퇴임 후 노무현은 리프킨의 『유러피언 드림』에 큰 공감을 표시하기도 했다.

　김대중과 노무현이 생각했던 대로 독일 또는 네덜란드 모델의 어떤 변형태가 이 땅에 착근, 현실화되었더라면 어땠을까? 민주화 시대 한국의 자본주의가 민주적 조정시장경제의 새 활로를 열 수 있었을 것이다. 이는 다음과 같은 의미에서 그러하다. 첫째, 독일·네덜란드 모델은 노동자의 경영참여를 보장하고 그 견제 및 감시 그리고 참여가 불어넣는 생산적 협력 및 연대에 기초하고 있다. 둘째, 두 모델은 기본적으로 은행 중심 금융체제로서 민간은행이 자율적 경영능력과 기업감시력을 발휘한다. 그러니까 노동과 금융의 두 축 모두에서 제도적으로 경영자를 감시하는 동시에 더불어 협력하는 민주적 조정시장경제로서 성장과 혁신의 능력을 구축하고 있는 셈이다. 민주화 이후 한국의 경제민주화와 그 구체적 제도화의 기본방향이 노동배제와 국가·재벌 동맹 중심의 수직적 조정형태로부터 노동참여와 제도형태 배열의 수평적 조정 형태로 진화하는 것이었다고 본다면, 독일과 네덜란드 모델은 바로 그 지향점을 선진적으로 구현하고 있다고 할 수 있다. 셋째, 특히 독일 모델은 '히든 챔피언'이라는 말로 잘 알려져 있듯 세계 최고 수준의 중소기업 강국이며, 대기업과 중소기업의 균형 및 동반성장이 독일 제조업의 경쟁력을 떠받치고 있다. 넷째, 특히 네덜란드 모델은 노동시간 단축과 파트타임 노동을 장려한다. 파트타임 노동의 노동조건 및 사회보장을 풀타임 노동자와 동일하게 보호해 유연성과 안정성의 균형을 도모했고, 일자리창출 및 가사노동과 유급노동의 조화를 꾀했다. 그런 방식으로 세계화 시대, 저출산·고령화 시대의 도전에 부응했다.

　한국이 독일이나 네덜란드 모델로 가는 문은 넓지 않다. 왜냐하면 노동자를 비롯해 그간 배제되어온 이해당사자들의 참여권이 보장되어야 할뿐더러 그들이 참여에 상응하는 책임도 감당해야 하기 때문이다. 또 금융이나 중소기업은 새로운 자율적·혁신적 경쟁력을 길러야 한다. 그뿐 아니라 이해당사자들이 갈등을 인정하되 공멸이 아니라 서로 건설적 합의와 조화를 실현하는 '조정능력'을 길러야 한다. 이는 결코 쉽지 않은 일이다. 그렇지만 김대중이 독일 모델에 대한 초심을 잃지 않았더라면, 그리고 네덜란드 모델에 대한 노무현의 생각이 굳건했더라면 우리는 한국의 긴 미래를 걸고 민주적 자본주의의 한국형 모델을 만드는 일에 착수할 수 있었을 것이다. 우리의 능력이 그런 유럽식 모델을 감당할 수 없다고 판명되었을 때는 일본이 걸어간 길, 즉 기업 수준에서 노동자 참여가 보장되고 주거래은행의 감시가 작동하는 형태, 나아가 개발주의 이후 대·중소기업 간 이중구조를 해소하는 길의 선택지도 생각해볼 수 있었을 것이다. 그러나 두 정부에서 이 대안들은 허망하게 유실되었다. 독일 혹은 네덜란드 모델은 끈기 있게 제대로 실행해보지도 않고 '빨리빨리' 포기했으며 일본적 개혁 대안은 논의조차 없었다.

민주화 시대에 한국은 이미 김영삼 정부 때부터 본격적인 글로벌 시장의 도전과 마주했는데 이 도전을 이겨내지 못함으로써 외환위기를 자초했다. 1997년의 위기는 새로운 반전의 기회가 될 수 있었다. 그러나 그 기회의 의미는 한 가지가 아니었다. 김대중은 오래 준비했던 독일 대안을 쉽게 내버렸다. 그는 기본선에서 영미식 시장모델을 수용하면서 부분적으로 독일적 요소(노사정위원회, 질서자유주의)를 끼워 넣는 식으로 그 기회를 활용했다. 김대중의 이 선택은 한국의 위기를 자신들의 기회로 삼은 '국제통화기금(IMF)-미국 재무부-월스트리트 복합체'의 이해와 잘 부합했다. 그리고 정치적 민주화의 진전에서 김대중 정부가 가졌던 정당성은 미국식 시장스탠더드의 수용과 글로벌 지배복합체의 패권적 이해에 대한 국내 저항을 위축시키는 효과도 발휘했다(이병천, 2013, 154쪽; 장진호, 2013, 205쪽).

한국은 여전히 강력한 재벌이 국민경제의 지배력을 행사하고 노동권과 복지권이 취약할뿐더러 대·중소기업의 이중구조가 지속되고 있는 상태에서 외환위기를 맞았고 이를 계기로 본격적으로 '큰 시장 작은 정부'의 시대에 진입하게 되었다. 김영삼이 초래한 외환위기의 부담과 김대중이 선택한 길의 경로의존적 무게는 결코 가벼운 것이 아니었다. 노무현 정부의 준비 부족, 국정운영의 불안정과 미숙함, 대안 모델에 대한 이해 및 구현 능력 부족으로 그 톱니바퀴를 새롭게 고치기란 여간 어려운 일이 아니었다. 노무현 정부 시기 권력의 공은 속수무책으로 시장으로 넘어갔다. 특히 대안적 성장 전략의 부재는 이 정부의 치명적인 약점이었다. 1997년 이후 두 개혁정부를 거치는 10년 동안 한국 사회경제의 이른바 '97년 체제'가 구축되었고 그 후 두 보수 정부는 자본주의와 민주주의의 불균형을 한층 더 심화시켰다.

2) 김대중 모델과 97년 체제: 시장자유화에 꺾인 사회경제 민주화

김대중 정부는 기업·금융·노동·공공 등 4대 부문에 대해 경쟁과 개방의 '시장규율'을 부과하는 방식으로 구조개혁을 추진하고 그 불안정과 위험을 '생산적 복지'로 방어하고자 했다. 그 요점을 정리하면 아래와 같다.

(1) 5대 원칙[14]에 의해 기업경영의 투명성과 책임성을 높이고 재무구조를

---

14. 재벌개혁 5대 원칙이란 ①기업경영의 투명성 제고 ②상호지급보증의 해소 ③재무구조의 획기적 개선 ④핵심부문의 설정 및 중소기업과의 협력관계 강화 ⑤지배 주주 및 경영진의 책임 강화 등을 말한다.

개선(부채 비율 200% 이하)하는 조치, 외자의 주식보유한도를 폐지하고 적대적 인수합병을 허용하는 등의 조치가 취해졌다. 그러나 재벌에 대한 정부의 자율성은 큰 한계가 있었다. 정부는 여전히 그들과 한배를 타야 했다. 출자총액제한제도 폐지 또는 완화, 법인 간 배당소득의 세금공제, 자사주 취득제한조치 철폐, 지주회사 허용, 적정유보 초과소득의 법인세 과세제도 철폐 등의 친재벌 조치가 단행되었다. 이는 재벌들이 주주가치 압박에 대처하며 총수지배형 성장체제를 이끌어갈 수 있는 방어막이 되었다.

(2) 금융은 미국-IMF-월가복합체의 최대 이익관심사였는데 여기에 자본시장으로 재벌을 규율할뿐더러 금융경쟁력을 키운다는 발상이 중첩되어 급진적 금융자유화와 개방화가 진행되었다. 단시간 내에 자본시장을 키우기 위한 빅뱅식 개혁이 단행되고 외자가 우량기업 중심으로 밀려들어왔다. 은행 부문 또한 대대적 공적 자금을 투입해 부실채권을 정리하고, BIS 자기자본비율을 준수하는 영리 추구 경영 및 가계 부동산 대출 위주로 탈바꿈했다.

(3) 정리해고제와 파견근로제를 도입해 노동시장을 유연화하고 고용불안을 만성화하는 길로 가게 되었다. 정리해고가 가능한 '경영상의 이유'는 얼마든지 기업의 오남용 여지를 제공한다. 파견허용 업종이나 합법적 파견이 아니어도 도급 형식으로 얼마든지 간접고용을 활용할 수 있다. 사회협약으로 시작한 노사정위원회는 노동시장 유연화를 추인하는 수단으로 변질되었다.

(4) 재벌개혁 5대 원칙에는 중소기업과의 협력관계 강화라는 항목이 들어 있었다. 그러나 실제 경과는 이와 매우 달랐다. 정부는 미국 모델을 본떠 벤처기업 육성에 주력했다. 반면 공정경쟁 글로벌스탠더드를 정착시킨다는 목적으로 중소기업 보호 육성에 기여했던 고유업종제도와 단체수의계약제도를 폐지했다(홍장표, 2014, 138쪽). 대형마트의 진출규제도 허가제에서 등록제로 완화했다. 대·중소기업 간 약탈적 하청관계를 개선, 방지하

고 상생협력을 촉진하는 정책은 정부의 주요 관심사가 아니었다.

(5) 김대중 정부는 대대적 민영화를 통해 작은 정부를 추구하는 한편, 생산적 복지라는 구호 아래 국민기초생활보장제도와 사회보험제도 개혁을 추진했다. 신자유주의적 구조조정으로 복지가 핵심적 '사회문제'로 부상했기 때문이다. 기초생활보장제도는 최저생계비 이하 모든 국민에게, 근로능력 유무와 상관없이 기본생활을 보장했다. 고용보험에 가입되지 않는 대다수의 임시직·일용직 노동자와 영세자영업자들이 이 제도의 생계지원을 받았다. 그러나 근로능력이 있는 수급자에게는 수급권과 근로를 연계시켰다. 이와 함께 사회보험제도 개혁이 추진되었다. 직장의료보험과 지역의료보험을 단일한 국민건강보험으로 통합하면서 적용대상을 전 국민 혹은 1인 이상 사업장으로 확대했다. 국민연금을 도시자영업자에게로 확대했다. 그리고 고용보험과 산재보험 적용범위를 전 사업장으로 확대했다. 이리하여 4대 사회보험이 전 국민을 대상으로 확대 실시되었다.

이상과 같이 1997년 위기 이후 구조개편의 격변을 통과함으로써 한국 모델은 아주 새로운 형태로 탈바꿈했다. 신체제의 긍정적 측면으로는 세 가지 정도를 들 수 있겠다. 첫째, 오랜 '관치경제' 폐해 및 규율 공백의 상태를 벗어났다는 것이다. 경제의 각 부문들이 일정 정도 투명성과 책임성을 가지고 규율이 작동하는 모델로 변했다. 대마불사 신화가 무너졌고 한국 자본주의의 체질이 개선되었으며 대외신뢰도도 높아졌다. 둘째, 정치적 노동기본권이 신장되었다. 제3자 개입 금지, 노조의 정치활동 금지, 복수노조 금지 등 독소요소를 내포했던 1987년 노동체제가 해체되었으며 민주노총이 합법화되었다. 그리고 사회합의기구로서 노사정위원회가 가동되었다. 셋째, 국가복지가 획기적으로 확대되었다. 고성장과 고용증대로 저복지를 대체해온 오랜 발전방식이 김대중 정부 시기에 비로소 복지확대 자체를 발전목표로 삼는 방식으로 전환되었다. 사회보험의 전 국민 확대, 의료보험 통합 시도, 국민기초생활보장법 제정 등 복지확대의 의미는 적지 않다.

그러나 김대중 모델은 1987년 이후 선보였던 노태우 모델과는 매우 다른 어두운 측면 또한 갖고 있다. 노태우 모델은 개방을 관리하는 가운데 국가-재벌-은행 간 협력, 대·중소기업 간 공생적 하청관계 등에서 조정시장 방식과 위험공유 체제를 상당 정도 유지했다.[15] 또 노동시장 유연화도 억제하고 있었다. 반면 김대중 모델에서 그 같은 조정시장과 위험공유 체제는 결정적으로 해체되었다. 노동 부문 또한 유연한 노동시장과 고용불안정, 고용정체라는 새로운 파고에 휩쓸려 들어갔다. 김대중 모델이 보인 축적체제의 특징을 요약하면 다음과 같다(〈표 1-2〉 비교표 참조).

첫째, 공백 상태에 있던 재벌규율 메커니즘이 새롭게 구축되었다. 글로벌 시장의 일부로 편입된 자본시장이 주로 주가 등락을 통해 재벌 대기업 경영을 규율했다. 이에 따라 재벌은 부채 비율 축소, 고용조정 등을 감행하며 자본수익성을 중시하는 경영으로 변신했다. 그렇지만 자본시장 규율과 수익성 요구에 성공적으로 적응한 선도기업들의 투자행동은 결코 단기적 수익 추구 또는 주주가치 일변도가 아닌 수익 추구와 성장지향성을 독특하게 배합하고 조절하는 방식으로 나타났다. 새로운 시장규율을 감당하지 못하는 많은 기업이 쇠퇴하거나 바닥으로 추락했고 그에 따라 기업 간 양극화가 극심하게 진전되었다(이병천, 2014; 정구현 외, 2008).

둘째, 재벌대기업은 중소 하도급업체와 다단계 하층관계를 진전시키면서 이를 손쉬운 비용절감 수단으로 활용했다. 대기업은 노동시장

---

15. 한국경제60년사편찬위원회(2010, 53쪽)에서는 1980년대 중반 이후 위험공유 체제를 불식하지 않은 것이 한국경제의 근본 문제였다고 쓰고 있다. 이런 이해는 영미식 시장자본주의를 표준 모델로 삼고 있는 것으로 일면적일뿐더러 사실과 다른 부분도 많다.

〈표 1-2〉 김대중 모델과 노태우 모델의 비교

노태우 모델	김대중 모델
고부채-고투자-규모 확대	저부채-수익추구 및 규모확대-중투자
투자주도, 내수와 수출의 두다리 행보	수출독주 및 수출용 투자주도
부품소재와 완제품의 복선형 산업발전	단선형 기업-산업 발전과 이중화 심화
임금상승과 정규직 고용확대-내수 확대	임금및 고용정체, 비정규 불안정고용확대
부동산투기 규제와 가계저축 추동 성장	부동산 경기와 가계부채 추동 성장
관리된 대외개방과 국민경제 자율성	전면적 대외개방과 경제 불안정
노동권 제약, 낮은 복지 유지	정치적 노동권 신장, 생산적 복지 확대

유연화를 최대한 활용해 임금비용 삭감을 도모할뿐더러 납품단가 후려치기, 기술 탈취, 인력 빼가기 등으로 수탈행위를 일삼았다. 대·중소기업 문제가 대·중소 노동자 문제로 전이됨으로써 '다른 얼굴의 계급문제'라는 성격을 띠게 되었다.[16]

셋째, 재벌대기업이 주도하는 성장체제는 노동자와 실업자와 영세자영업자의 희생과 고통을 강제한다. 성장을 해도 고용은 별로 늘어나지 않는다. 고용불안과 불안정노동, 임금정체가 만성적 사회문제가 되는 길이 열렸다. 정치적 노동기본권은 신장되었지만 유연화된 노동시장과 '노동규율' 체제, 노동에 대한 자본의 새로운 지배방식 아래 노동의 힘은 현저히 약화되었을뿐더러 노동시장은 계층별·규모별로 이중화되었다.

넷째, 이에 따라 수출주도 성장체제, 수출독주와 내수침체의 양극화체제가 출현했다. 이는 1997년 이전까지 투자주도 및 수출과 내수

16. 이는 모리시마(2000〔1982〕, 230쪽)가 일본 모델에 대해 지적한 것인데, 한국에도 적절한 지적이다.

동반성장체제로부터 성장경로가 근본적으로 변환되었음을 의미한다. 이와 함께 경제의 변동성도 급격히 높아졌다(이병천, 2014, 34쪽).

다섯째, 노동소득 및 내수 정체의 만회수단으로 본격적인 부동산 부양책이 등장했다. 이는 부채로 추동되는 자산적 축적체제의 길을 열었다. 중산층 가계들은 취약한 노동소득을 보완하는 생존전략으로 빚을 내 주택을 구입한다. 부자들은 부동산 및 금융 투기로 더 많은 돈을 벌기 위해 빚을 낸다. 부동산에 대한 과잉의존이 가계부채를 증대시키고 이것이 자산가격 상승을 초래하는 악순환이 초래된다.[17] 사회경제는 빚으로 쌓은 집이 되어 갔다. 그러나 한국의 '수출주의 부채경제'에서는 미국의 '소비주의 부채경제'에서 그러했던 것과는 달리 가계소비가 경제성장을 견인하지 못한다(박찬종, 2014, 199~201쪽). 이상과 같은 '과잉' 시장자유화의 어두운 결과를 방어하기에 '생산적 복지'는 턱없이 '과소'했다.[18]

5. 결론

한국이 걸어온 발전모델의 궤적은 독특한 것이었다. 한국 모델의 이 독특함은 흔히 후발산업화와 민주화 모두를 압축적으로 달성한 모델이라고 이야기되어왔고 그 성공조건을 밝히는 데 사람들은 많은 연구노력을 기울여왔다. 그러나 정치적 민주화 이후 사회경제적 민주화 진전의 지체와 국민대중이 겪는 삶의 심각한 불안은 우리가 성공스토리를 계

---

17. 이를 김도균은 '자산기반 생활보장체계의 금융화'라고 부른다(김도균, 2013, 194~206쪽).
18. 이재열(2007, 241쪽)은 '사회의 질' 관점에서 외환위기 이후 10년간의 한국사회 변화를 다음과 같이 요약한다. "가장 두드러진 변화는 총체적인 불신의 심화와 계층 간 포용성의 감소, 사회적 배제의 심화, 그리고 구조적인 역능성의 감소, 이로 인한 무기력증의 증가 현상이다."

속 반복할 수 없게 한다. 이 연구가 현대 한국에서 민주적 자본주의의 준거모델이 있는가 하는 새로운 물음을 던지면서 박정희와 노태우 및 김대중의 세 가지 모델을 중심으로 그 역사적 궤적을 반성적으로 살펴본 것은 바로 이 때문이다.

우리의 연구는 박정희 압축 불균형 산업화 모델의 이중성, 즉 그 성장 성공과 함께 국가·재벌 동맹 및 유착이 사회경제 민주화 진전을 가로막은 부정적 유산을 짚었다. 그리고 1987년 민주화 이후 한국형 초보민주적 자본주의의 대표 후보라 할 노태우 모델과 김대중 모델의 성과와 함께 그 한계지점에 대해 검토했다. 우리는 노태우, 김대중 두 모델 모두에 냉전반공주의 압축 불균형 산업화 모델의 이중성이 담겨 있다고 말할 수 있다. 그렇지만 비교하자면 노태우 모델에는 군부독재 시대 구체제의 부정적 유산이 더 많이 담겨있는 반면, 김대중 모델에는 글로벌 시장의 시대 부정적 유산이 더 많이 담겨 있다고 할 수 있다. 이러한 이유들로 인해 한국형 민주적 자본주의 후보로서 두 모델이 갖는 민주성은 매우 낮고 허약하기 짝이 없다. 그리고 두 모델에서 민주성을 낳은 동인은 상당히 다른데, 노태우 모델의 민주성이 당시 아직 민주화 이행의 여진(餘震)이 지속되고 있는 상황에서 구현된 것이었다고 한다면, 김대중 모델의 민주성은 재야 민주화운동 투사로서 김대중이 갖고 있던 개혁성과 수평적 정권교체 및 민주주의 공고화 효과, 시민사회 운동의 아래로부터 압력에 주로 기인한다고 볼 수 있다. 종합적으로 볼 때 개발주의를 해체시키고 글로벌 시장의 시대와 그 논리에 적극적으로 호응한 김대중모델의 민주적 개혁성이 민주화 초기에 개발주의의 일정한 유지위에 그 제한된 민주화의 방향으로 나아간 노태우 모델에 비해 앞선다고 말하기 어렵다.

각도를 달리하여 한국모델의 궤적과 특성을 선진국 모델과 비교해 보자. 선진국과 선진화에 대해 여러 사람이 여러 이야기를 하지만 사회경제적으로 선진국이라면 경제민주화와 복지증진, 즉 기본적 사회권 목록에서 하나의 관문을 통과하고 그것이 사회통합을 가져오면서 경제성장과 선순환하는 발전메커니즘을 가지게 된 나라라 할 수 있다. 그리고 그 바탕에는 거대자본과 국가의 지배동맹을 견제하는 민주적 견제·균형력이 어떤 형태로든 존재하기 마련이다. 역사적으로 사회통합과 경제성장의 선순환 발전을 핵심기제로 확보한 민주적 선진자본주의의 길에서 가장 높은 수준에 도달한 나라는 스웨덴, 덴마크, 독일과 같은 유럽 국가라 할 수 있다. 이들 나라는 2차 대전 후 복지국가 '황금기'를 구가했지만 전전(戰前)에 이미 그 길로 갈 수 있는 역사적 조건을 갖추었다. 오늘 우리 사회에서도 개혁 대안으로 독일, 스웨덴, 덴마크에 대한 논의가 많다.

그런데 더 주목해야 할 것은 미국과 일본일지 모른다. 돌이켜 보면 한국이 산업화와 민주화 시대에 가장 중시하며 추종한 것이 다름 아닌 바로 이들 두 나라이기 때문이다. 이들 나라들이 어떤 개혁 경험을 가졌는지에 더 관심을 가질 필요가 있다. 미국은 북구나 독일과는 다르지만 전전 루스벨트 집권기 뉴딜개혁으로 자기 방식의 민주적 자본주의 롤모델을 가진 바 있다. 그리고 전후 신자유주의적 전환 이전에 그 변형 모델을 지속했고 그 기반 위에 전후 세계체제 수준에서 '착근된 자유주의(embedded liberalism)' 시기를 이끌었다. 미국 모델은 노동권과 복지권에서는 유럽 모델에 현저히 미달한다. 그러면서도 중요한 것은 미국이 경제력 집중 억제와 공정한 시장참여 기회 제공의 측면에서는 어떤 나라보다 엄정한 공정시장제도를 수립, 구현했다는 것이다. 반독점법, 채무자 우호적인 파산법, 징벌적 손해배상제도, 높은 법인세율 등이 대표적인 열린시장제도다. 가까운 일본의 경우는 전후 미군 점령기에 재벌 해체를 위시한 민주개혁을 통해 일정하게 전전 체제와 단절하고 그것이 비약적 고도성장의 길로 나아가는 기반이 되었다. 이른바

'55년 체제'로 불리기도 하는 자민당 장기집권기의 정치경제는 독일이나 스웨덴 혹은 미국과도 매우 다른 특징을 보인다. 일본 역시 노동권과 복지권에서는 유럽 모델과 비교하기 어려운 기업별 노사관계에 기반한 기업주의적 통합모델이다. 그러나 전후 재벌 해체 이후 1970년대 초에 이르기까지 일본 모델은 고용안정과 현장노동자의 관리직 승진 개방, 주거래은행제도, 대중소기업 이중구조 해소, 수직적 관민 협력의 개발국가에서 보다 개방적인 '관료적 다원주의' 국가로의 전환, 노인의 료비 무상화를 포함한 복지확대 등 발전적 진화를 거듭했다. 그러니까 일본 및 미국 모델은 노동권과 복지권에서는 유럽에 훨씬 못 미치면서도 유럽과는 또 다르게 자신들 특유의 민주적 자본주의 준거모델을 구현했던 것이다(이병천, 2014; 2016).

1960년대 이후 반세기를 훌쩍 넘은 현대 한국 발전모델의 궤적을 돌이켜 보면 박정희 시대는 분단체제 아래 주로 일본식 개발주의 성장 지향 모델(메이지유신과 쇼와유신)을 롤모델로 삼아 추종했고, 이어 민주화와 세계화 시대에는 주로 미국식 시장주의 모델(레이건과 부시)을 추종했다고 볼 수 있다. 그런데 위에서 보았듯이 일본과 미국은 통상적으로 이해되는 것과는 달리 자기 나름대로는 큰 개혁 관문을 통과하였다. 그 진취적 개혁 경험이 시장의 시대에 그들이 시련을 견디게 하는 바탕이 되고 있다고 할 수 있다. 그러나 한국 모델은 일본이나 미국이 가졌던 그런 진취적 개혁의 시기와 제도화 관문을 통과한 적이 없다. 우리 모델이 일본이 보여준 바와 같은 발본적 재벌 해체, 고용안정 및 현장노동자의 관리직 승진, 대·중소기업 간 이중구조 해소, 수직적 관민협력을 넘어선 관료적 다원주의로의 진화 등을 가진 바 있는가. 같은 기업별 노조 체제라지만 노사 간, 노노 간, 사사 간에 일본 정도의 조정력을 보여 준 적이 있는가.[19] 그리고 미국이 보여준 바와 같이 엄정한 반독점법, 채무자 우호적인 파산법, 징벌적 손해배상제도, 높은 법인세율 등의 열린시장제도를 가졌는가?

한국 모델은 분단체제 아래 독특하게도 일본 모델과 미국 모델을 혼합해온 모델이라는 성격을 갖고 있다. 그런데 이 모델은 일본의 개발주의와 미국의 시장주의를 뒤쫓았다고는 하나 그 전향적 개혁성은 빼놓았다. 한국 모델은 산업화와 민주화의 이중혁명을 성공적으로 달성했다는 하나의 궤적을 가지고 있다. 그러나 그것의 또 다른 궤적은 국가·재벌 동맹이 주도한 압축 불균형 발전의 무거운 유산 위에 다시 규제완화와 압축 시장화 발전 기조가 중첩되었다는 것이다. 이 모델은 일본과 미국을 롤모델로 차례로 추종했으되 그들의 개혁 경험과 그것이 주는 교훈은 거부하면서 지금에 이르렀다. 한국은 여전히 강력한 재벌이 국민경제의 지배력을 행사하고 노동권, 복지권이 취약할 뿐더러 대중소기업의 이중구조가 지속되고 있는 상태에서 외환위기를 맞았고 이를 계기로 본격적으로 '큰 시장 작은 정부'의 시대에 진입했다. 김영삼 정부가 초래한 외환위기 부담위에 김대중 정부가 선택한 길의 경로의 존적 무게는 결코 가볍지 않았다. 노무현 정부의 준비부족, 국정운영의 불안정과 미숙함, 대안 모델에 대한 부족한 이해와 구현 능력으로 그 톱니바퀴를 다시 되돌리기란 여간 어려운 일이 아니었다. 권력은 속절없이 '시장으로' 넘어갔다. 97년 이후 두 개혁정부를 거치는 10년 동안 한국 사회경제의 이른바 '97년 체제'가 구축되었고 그 뒤를 이은 두 보수정부는 자본주의와 민주주의의 불균형발전을 한층 더 심화시켰다. 뿐만 아니라 미흡하나마 개혁해 놓은 관치경제와 정경유착의 폐해마져 부활되고 경제의 책임규율은 거의 붕괴했다할 지경으로 후퇴했다. 한편에서는 비리와 세습으로 구축된 부의 아성, 다른 한편에서는 삶의 불안에 허덕이는 다수 대중의 고통, 이 구조적 모순을 어떻게 해결해야

19. 조성재(2007), 331~333쪽 참조.

할까 하는 문제와 우리는 마주하고 있다.

중앙을 향한 '소용돌이'(Henderson, 2013)와 권력집중 경향이 유난히 심한 나라에서 권력과 돈을 가진 자들이 기본적 책임규율을 갖지 못할 때 그 무능, 무책임성에 대한 대항적 견제력이 취약할 때 발전모델의 운명은 위태롭다. 오늘날 비선사인 및 조직에 의한 국가사유화 또는 국가폭력으로 거꾸로 간 비정상 한국사회 및 민주주의가 빠진 함정과 국민대중이 처한 삶의 고통과 터져 나오고 있는 불안, 터져 나오고 있는 촛불민심은 바로 이로부터 비롯된 것이다.

현대 한국에서 민주적 자본주의의 준거모델이 있는가 하는 물음에 대해 이 연구가 내리는 대답은 별로 긍정적이지 못하다. 한국 모델의 궤적에서 국가 재벌 지배 동맹을 넘어서는 민주적 자본주의의 길은 중도반절의 실험으로 끝났다. 그렇다면 앞으로 우리의 과제는 어떻게 그리고 어떤 한국형 참여민주적 자본주의 준거모델을 세울까 하는 문제가 될 수밖에 없다. 이는 단지 외국 모델을 수입해서 될 일은 아니다. 그 이전에 지난 궤적에 대한 반성적 성찰이 필수적이다. 그러면서 창조적 실험의 학습 과정을 거쳐야 한다. 자본주의와 민주주의, 이 두 바퀴를 잘 조율하는 문제가 쉬운 일은 아니다. 구체제유산과 무책임 기득권층이 두텁고 대항적 견제력은 취약하며 구성원간 합의와 조율의 역사적 경험이 부족한 나라에서는 더더욱 그렇다. 그러나 두 바퀴의 지혜로운 조율 과제를 회피하면 사회경제 민주주의는 물론 자본주의에도 미래는 없다. 민주주의는 물론 자본주의도 실패한다.

2. 한국 산업화의 특성과 글로벌 가치사슬

정준호

1. 머리말

우리나라는 제2차 세계대전 이후 개발도상국 중에서는 산업화와 민주화 양자를 성취한 예외적인 국가이다. 1986~1988년 3저 호황, 1987년 민주화와 노동자대투쟁, 1997년 금융위기, 2008년 글로벌 금융위기 등 일련의 굵직한 사건들을 거치면서 산업화와 민주화의 발자취는 사회·경제적 양극화와 씨름하면서 기억의 저편에 서 있는 것으로 보인다. 2000년대 들어와서 대기업-중소기업, 기업소득-가계소득, 수출기업-내수기업, 정규직-비정규직 등 사회경제적 균열은 임시방편적으로 봉합할 수 있는 수준을 넘어서고 있다. 정규분포의 평균의 시대가 아니라 꼬리가 오른쪽으로 치우친 분포를 하는 양극화 시대가 온 것이다. 무상급식 논쟁으로 촉발된 복지국가에 대한 각계의 열망이 사회·경제적 양극화에 대한 치유 또는 극복 기능을 할 수 있을 것으로 기대했다. 하지만 복지국가의 규모와 복지자원에 대한 접근을 둘러싸고 갑론을박이 지루하게 이루어지면서 또 하나의 사회적 균열선이 그어졌다.

그렇다면 사회·경제적 양극화의 물적 토대로서 2000년대 제조업의 성장은 어떻게 이해할 수 있는 것인가? 이 글은 2000년대 이후 제조업을 중심으로 우리나라 산업화의 경로를 돌이켜보고 그 시사점을 도출해보고자 한다. 이를 위해, 이어지는 2절에서는 산업세계의 다양성에 관한 논의를 간략히 제시한다. 그리고 3절에서는 우리나라 산업화의 역사를 '조립형 산업화' 가설로 요약하고 이를 입증할 여러 가지 통계자료를 제시하면서 검토한다. 4절에서는 2015년판 OECD TiVA 자료를 활용하여 제조업 글로벌 가치사슬에 대한 분석을 수출품 부가가치의 지리적 분해 및 네트워크의 시각화를 통해 수행하고 그 특성을 기술한다. 마지막 절에서는 앞으로의 제조업이 갖는 위상과 관련해 시사점을 논의한다.

2. 산업세계의 다양성[1]

후발국가나 낙후지역이 산업화를 추진하는 방식에는 크게 세 가지가 있다(Schmitz, 1999, 478쪽). 첫째는 현지 중소기업이 주도하는 산업화, 둘째는 외부의 대기업을 유치하거나 이를 계획적으로 육성하는 것을 통한 산업화, 셋째는 두 가지 방식의 조합이다. 이러한 구분은 산업화를 수행하는 주요 경제주체인 기업의 규모에 따른 것이다.

첫 번째 방식의 산업화는 '아래로부터의 산업화(industrialization from below)'라고 한다. 이는 중소기업들의 연합으로서 결사체 경제(associational economy)를 지향하며, 대표적인 사례로는 19세기 영국의 산업지구, 근래에는 이탈리아의 제3이탈리아를 들 수가 있다. 세이블과 자이틀린(Sabel and Zeitlin, 1997)은 이러한 산업화 궤적을 비교사적으로 조망하면서 이를 "가능성의 세계(a world of possibilities)"로 기술한

---

1. 2절과 3절은 정준호(2012; 2014)의 관련 내용을 일부 수정·보완한 것이다.

바 있는데, 그처럼 현실세계에서는 소생산자들의 수평적인 전후방 연계, 비시장적인 사회적 조정 기제, 경쟁과 협력, 지리적 근접성에 기반한 '지역에는 내부적이지만 기업에는 외부적인' 지속가능한 경제적 이득, 즉 집합적 효율성(Schmitz, 1999)을 의도적으로 창출해내기가 쉽지는 않다. 레비와 쿠오(Levy and Kuo, 1991)는 하청(下請)에 대비되는 중소기업들 간의 경쟁과 협력에 기반한 횡청(橫請) 시스템을 보여주는 대만 중소기업들의 전략을 '부트스트랩(bootstrap)' 전략이라고 일컫고 있다. 이러한 산업화는 기술적 분업에 대비되는 사회적 분업을 가정하기 때문에 상이한 독립적 기업들 간의 연계가 핵심적이다. 하지만 이러한 산업화가 사적 기업(개인)들 간의 거래에 의해서 자연발생적으로만 진행되는 것은 아니다. 예를 들면, 제3이탈리아의 경우 리얼 서비스 등과 같은 맞춤형 산업정책을 제공하는 지방정부의 시의적절한 정책적 개입이 산업지구의 부활에 한몫을 하였다(Lazonick, 2005).

두 번째 유형은 '위로부터의 산업화'라 일컬을 수 있다. 이는 한국의 산업화 경로를 연상하면 쉽게 이해가 된다. 레비와 쿠오(Levy and Kuo, 1991)에 따르면, 이를 '조립형 전략(assembly strategy)'이라고 한다. 기업이 시장가격을 초과하는 단위비용에 직면하더라도 일단 조업을 감행한다. 규모의 경제와 실행에 의한 학습을 통해 기술 경험을 기업 내부에 축적하고 제품설계와 조업역량을 확보함으로써 기업의 비교우위를 확보하는 것이다. 이러한 전략이 가능하려면 막대한 초기 자본투자와 대기업 위주의 시장구조가 요구된다. 그리고 이러한 전략을 감행할 수 있는 '손실의 사회화'를 용인하는, 즉 연성 제약을 조건부로 일정한 선에서 허용하는 관치금융이 제도적으로 필요하다. 이 전략은 단순기술에서 복잡기술로 상향하는 기술학습 과정을 거치기 때문에 최신 공정기술 확보가 기업경쟁력 확보에 필수적이다. 이는 기업 내 정교한 기술적 분업에 의존하며, 기업 간 관계는 수직적인 하청관계, 예를 들면 대기업 재벌 체제에 기반한 수직계열화(준내부화를 통한 기술적 분업의 정교화)에 기대고 있다.

마지막 유형은 첫 번째와 두 번째 유형의 혼합형(hybrid)으로, 대표 사례로 독일과 일본을 들 수 있다. 이는 대기업과 중소기업이 협력하는 산업세계이지만, 이 세계는 단순히 대·중소기업 간 협력의 산물만은 아니다. 씰렌(Thelen, 2004)이 잘 예증하는 바와 같이, 독일에서 대·중소기업의 균형적 발전을 가능케 한 직업훈련 체제는 독일제국의 조직 노동을 견제하기 위한 중산층 육성 수단으로서 장인수공업을 지원하는 수단이었다. 이에 따라 장인노동이 숙련형성에 대한 독점적 권한을 행사했으며, 이를 둘러싼 장인노동과 일부 자본분파-조직노동의 정치연합 간의 정치적 견제와 균형이 있었다. 바로 이 지점에서 숙련에 기반한 직업훈련 체제는 대·중소기업 간의 협력에 일조를 했던 것이다. 이는 장고한 역사적 산물로 이해되어야 한다.

산업화는 성장을 위한 것이고, 성장은 수확체증의 기반을 창출하는 것이다. 시오자와 요시노리(鹽澤由典, 1997)에 따르면, 수확체증은 규모와 범위의 경제, 학습효과, 그리고 네트워크 효과에 의해 창출 가능하다. 마셜(Marshall, 1890)은 내부경제와 외부경제를 구분한다. 전자는 기업 내에서 이루어지는 것, 후자는 기업 간에 적용되는 생산비용의 절약을 일컫는다. 산업조직의 관점에서 수확체증의 가장 기초가 되는 규모의 경제와 내부 및 외부경제 간 조합을 보면 역사적으로 중소기업 중심의 마셜형 외부경제, 대기업 중심의 슘페터형 내부경제, 그리고 이들의 혼합형 모형을 상정할 수 있다(정준호, 2014). 이에 상응하는 현존하는 사례들을 차례대로 열거하면 제3이탈리아, 미국·한국, 독일·일본이다.

3. 한국 산업화의 특성: 제조업 성장패턴을 중심으로

1) 제조업 생산의 국제적 위상과 이에 대한 평가

우리나라 산업화를 선도했던 제조업은 제2차 세계대전 이후 세계에서 유례없는 성장을 하였다(〈표 2-1〉 참조). 2013년 현재 우리나라는 제조업 GDP 측면에서 세계 5대 제조업 생산 국가이다. 1970년 50억 달러에서 2013년 3,540억 달러로 약 71배 증가하였으며, 순위는 1970년 41위에서 2013년 현재 5위이다. GDP 대비 제조업 비중은 2013년 기준 31%로 세계의 공장으로 불리는 중국과 거의 비슷한 수준으로 미국, 영국, 독일, 일본 등 다른 OECD 국가와 비교해 매우 높다. 대부분의 선진국이 시간의 흐름에 따라 제조업 비중이 감소하는 것이 일반적인 추세이지만 우리나라는 여기에서 예외이다.

1인당 제조업 GDP의 경우 2013년 현재 7,200달러로 미국의 5,600달러보다는 높고 일본과는 거의 유사한 수준이다. 이는 제조업 규모가 큰 상위 20개 국가 중에서도 상위권이다. 〈그림 2-1〉에서 보는 바와 같이, 우리나라는 1970년대 이후 놀랄 만한 제조업 성장이 확인된다. 1인당 제조업 GDP의 세계 순위가 1970년 93위에서 2014년 현재 12위로 급격하게 상승하였다. 1997년 외환위기 이후 수출주도의 경제성장이 가속화되면서 그 순위는 30위권에서 2010년대에 현재의 순위로 상승하였다. 제조업 규모는 1990년대 중반에 10위권에 진입한 이후 계속하여 10위권 이내에 머물러 있다. 2009년 이후에는 그 순위가 5위인데, 현재의 경제여건과 상위 국가들의 경제규모를 고려하면 사실상 제조업의 경제규모는 최정점에 도달했다고 볼 수 있다.

〈그림 2-2〉는 1990년대 이후 제조업의 산업구조 변동을 보여주고 있다. 전자·자동차·기계산업으로 대표되는 가공조립형 산업은 고용과

〈표 2-1〉 제조업 생산의 국제 비교: 2013년 상위 20개국 기준

(단위: 십억달러, %)

구분	제조업 GDP 규모(1인당 제조업 GDP, 달러)						제조업 규모 순위					제조업 비중				
	1970	1980	1990	2000	2013	(2013)	1970	1980	1990	2000	2013	1970	1980	1990	2000	2013
미국	691	823	1,054	1,573	1,820	(5,600)	1	1	1	1	1	24	21	18	15	12
중국	-	-	-	-	1,757	(1,300)	-	-	-	-	2	-	-	-	-	31
일본	306	472	754	825	1,001	(7,900)	3	2	2	2	3	33	26	25	20	19
독일	-	-	516	545	663	(8,000)	-	-	3	3	4	-	-	27	22	24
한국	5	23	74	167	354	(7,200)	41	26	12	7	5	19	25	27	28	31
프랑스	122	166	191	245	268	(4,000)	5	6	7	6	6	23	21	18	15	10
이탈리아	112	204	253	289	256	(4,200)	6	4	4	4	7	27	28	22	20	16
영국	178	202	243	264	245	(3,900)	4	5	5	5	8	27	22	19	16	10
인도	16	24	49	87	203	(200)	22	25	17	13	9	14	16	17	16	14
대만	7	25	50	82	179	(7,700)	34	22	16	14	10	30	36	32	25	26
메시코	37	75	92	142	164	(1,300)	13	11	11	10	11	19	19	20	20	18
브라질	40	97	99	119	156	(800)	12	8	10	11	12	27	31	26	17	13
캐나다	62	87	110	165	146	(4,100)	8	10	9	8	13	22	19	17	19	11
스페인	58	92	114	149	140	(3,000)	9	9	8	9	14	27	25	21	18	13
러시아	-	-	-	89	138	(1,000)	-	-	-	12	15	-	-	-	22	15
터키	13	22	44	67	115	(1,500)	25	27	19	18	16	21	23	29	21	18
인도네시아	-	-	-	-	113	(500)	-	-	-	-	17	-	-	-	-	24
스위스	45	52	59	68	92	(11,300)	10	13	13	17	18	23	23	20	18	19
폴란드	10	16	12	37	91	(2,400)	27	30	40	24	19	31	31	29	17	17
네덜란드	37	45	59	80	89	(5,300)	14	14	15	15	20	24	17	18	15	13

주: 괄호 안의 수치는 1인당 제조업 GDP를 의미함. 순위는 237개국 대상으로 한 것임. 2005년 환율을 이용한 2005년 가격 기준.

자료: UN Conference on Trade and Development(UNCTAD).

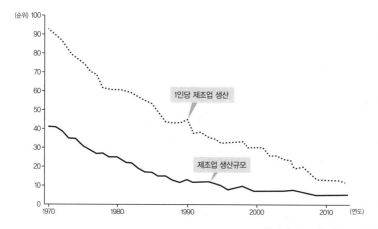

〈그림 2-1〉 한국 제조업 생산규모의 세계 순위 추이

주: 순위는 237개국 대상으로 한 것.
자료: UN Conference on Trade and Development(UNCTAD).

부가가치 비중 측면에서 우리나라 제조업의 기둥으로 한국경제를 떠받치고 있다. 가공조립산업의 비중이 외환위기 시기를 제외하고 1990년대 초반부터 2000년대 중반까지 계속해서 증가하였으나 그 이후 횡보하다 2010년 이후 다소 완만하게나마 늘어나고 있다. 이는 글로벌 금융위기 이후 한국 제조업의 호황기를 반영한다.

그렇다면 외형상 놀랄 만한 제조업의 확대에 기반한 우리나라의 경제성장은 어떻게 평가되고 있는가? 서익진(2003)은 우리나라의 산업화는 전·후방 산업 연관, 생산재·소비재 산업 부문의 비례적 성장을 동시에 밟아왔으며, 그러한 의미에서 이를 가리켜 '복선형 산업화'라고 일컫고 있다. 일본처럼 우리나라는 최종조립과 부품·소재 업체를 동시에 아우르는 풀세트형 산업화를 지향해왔다는 것이다. 후지모토(Fujimoto, 2006)는 한국기업들이 반도체나 범용강(汎用鋼), 범용석유화학 제품 등 자본집약적 개방형 모듈 제품[2]에 경쟁우위를 보유하고 있다고 지적한다. 그 이유로는 재벌이 가진 자금동원력, 신속한 의사결정

〈그림 2-2〉 한국 제조업의 산업구조 변동

제조업 전체 대비 산업별 고용 비중

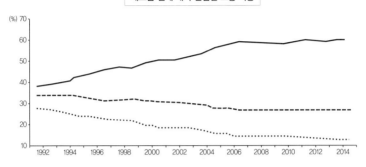

제조업 전체 대비 산업별 부가가치 비중

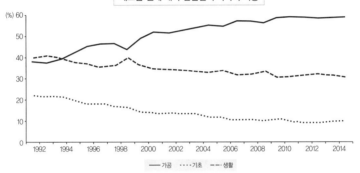

——— 가공　‥‥‥ 기초　－－－ 생활

주: 1) 한국표준산업분류의 개정으로 1999년 전후로 자료상의 불연속성이 있음에 주의
2) 기초소재형 산업: 섬유제품 제조업(의복 제외), 목재 및 나무제품 제조업(가구 제외), 펄프, 종이 및 종이제품 제조업, 코크스, 연탄 및 석유정제품 제조업, 화학물질 및 화학제품 제조업(의약품 제외), 의료용 물질 및 의약품 제조업, 고무 및 플라스틱제품 제조업, 비금속광물제품 제조업, 제1차 금속 제조업 / 가공조립형 산업: 금속가공제품 제조업, 전자부품, 컴퓨터, 영상, 음향 및 통신장비 제조업, 의료, 정밀, 광학기기 및 시계 제조업, 전기장비 제조업, 기타 기계 및 장비 제조업, 자동차 및 트레일러 제조업, 기타 운송장비 제조업 / 생활관련형 산업: 식료품 제조업, 음료품 제조업, 담배 제조업, 의복, 의복액세서리 및 모피제품 제조업, 가죽, 가방 및 신발 제조업, 인쇄 및 기록매체 복제업, 가구제조업, 기타제품 제조업

자료: 통계청 광공업 통계조사 보고서(http://kosis.kr).

및 그 집중성이 뛰어나기 때문이라고 제시한다. 이러한 산업 분야에서

2. 제품의 각 기능은 부품에 할당되고 그 부품 간의 연계관계를 아우르는 기본적인 설계사상을 가

한국기업들은 선진기업들을 재빠르게 추격하였으며 일부 산업부문에서는 이를 능가하고 있지만, 이러한 산업 부문은 주로 현장인력의 기술역량 축적이 필요한 부문보다는 제품수준 고도화가 가능한 분야이다. 조성재 외(2006)는 이러한 논리가 가전제품과 자동차 부문에는 부합되지 않는다고 비판하면서 전자의 경우 조직역량이, 후자의 경우 암묵지적인 기업특수적 숙련이 형성되어 있다고 지적한다. 레비와 쿠오(Levy and Kuo, 1991), 핫토리 다미오(服部民夫, 2007)는 한국의 산업화를 '위로부터의 산업화' 및 '조립형 산업화'로 이해하고 있다. 이 전략은 기계가 쉽게 노동을 대체 또는 배제할 수 있는 생산체계를 암묵적이든 명시적이든 가정하고 있어 고숙련 기반 산업화 모형이 아니다.

특히 핫토리 다미오(2007)는 이를 지정(경)학적 조건, NC기계(반자동화)→로봇(자동화)→IT 기반 모듈화라는 기술적 조건, 정부의 산업정책 등 삼자의 역사적 산물로 이해한다. 그는 한국과 일본의 산업화에 대해 '가공·조립형' 산업화 가설을 제기한다. 국내 기업들이 첨단 제품을 생산하고자 한다면 그에 따른 첨단 가공기계나 부품·소재를 필요로 하지만 문제는 그러한 고도의 기계나 부품·소재를 국내에서 단기간에 조달할 수 없으며 수입에 의존할 수밖에 없다는 점이다. 특히 기술혁신이나 제품혁신의 속도가 매우 빠른 상황에서 이에 대처하는 기계나 부품·소재의 첨단화·고품질화가 요구됨에도 불구하고 국내의 해당 산업들은 이에 충분히 대처할 시간적 여유가 없었을 뿐만 아니라 필요한 경험과 숙련이 축적되지 않았다는 것이다. 반면에 19세기에 산업화를 시

리켜 제품 아키텍처(architecture)라고 한다. 제품의 기능과 부품 간 대응관계 및 이들 부품 간의 인터페이스 규칙의 차이에 따라 '통합형'과 '모듈형'으로 구분이 가능하다. 또한 부품 간 인터페이스가 기업 내 또는 기업 간에서 가능한지 여부에 따라 '폐쇄형'과 '개방형'으로 구분이 가능하다. 이러한 구분에 따라 폐쇄-통합형(예: 자동차), 폐쇄-모듈형(예: 공작기계), 개방-통합형, 개방-모듈형(예: PC, 인터넷 제품, 신금융상품) 등 네 가지가 가능하나, 현실적으로 개방-통합형은 존재하지 않는다 (Fujimoto, 2006).

작한 후발국가인 일본은 제2차 세계대전 이후의 시대에는 어디나 그랬
듯 후후발 국가인 한국과는 달리 기계나 부품·소재를 용이하게 수입할
수가 없었다. 또한 그 시대의 기술혁신 속도는 현재와 같이 빠르지 않
았기 때문에 기술과 숙련을 축적할 시간적 여유가 있었으며, 메이지유
신 이전 시기에 축적됐던 장인기술과 사회 분위기도 기술과 숙련의 축
적에 한몫을 했다는 것이다. 이러한 기술적·제도적·지경학적 조건이
맞물리면서 다른 후후발국가(예: 한국)의 산업화 경로와는 달리 일본은
'가공형' 산업화의 길로 접어들었다는 것이다.

2) 투자주도의 제조업 성장패턴

후지모토(Fujimoto, 2006)가 지적한 바와 같이, 우리나라 기업들은
반도체나 범용강, 범용석유화학 제품 등 자본집약적인 개방형 모듈 제
품에 비교우위를 가지고 있다. 그리고 자동차산업을 대표하는 현대자
동차의 경우에도 생산의 모듈화를 적극 도입하면서 세계적 기업으로
도약하였다(김철식 외, 2011). 레비와 쿠오(Levy and Kuo, 1991)도 우리나
라 대기업에서 규모의 경제가 갖는 중요성을 강조한 바가 있다. 〈그림
2-3〉에서 보는 바와 같이, 우리나라 제조업은 고투자 모형에 기반한다.
총고정자본형성의 GDP 성장기여도 측면에서 보면 한국은 미국, 일
본, 독일, 영국, 프랑스 등의 OECD 선진국들을 압도한다. 외환위기 이
후 투자의 성장기여도가 그 이전에 비해 상대적으로 낮아지기는 했지
만 다른 OECD 국가들의 그것보다는 여전히 높다. 또한 GDP 대비 총
고정자본형성 비중을 보면 한국은 중국을 제외하고 다른 OECD 국가
를 능가한다. 2000년대 이후에도 한국의 투자율은 약 30% 안팎으로
1980년대 수준이며 낮은 편은 아니다. 그러나 2010년대 이후 조금씩
떨어지고 있다. 2000년대 이후의 이러한 높은 투자율에도 불구하고 그

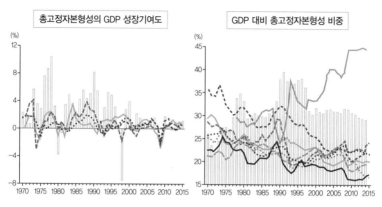

〈그림 2-3〉 주요 국가의 투자율 추이

| 총고정자본형성의 GDP 성장기여도 | GDP 대비 총고정자본형성 비중 |

자료: OECD(http://stats.oecd.org).

이전 시기에 비해 투자의 성장기여도는 매우 크게 떨어졌다. 투자의 효과성·효율성 측면에서 문제가 있는 것으로 보인다.

한국경제가 이처럼 과도한 투자에 여전히 의존하는 것은 무엇 때문이고, 그것이 가지는 사회경제적 효과는 무엇인가? 핫토리 다미오(2007)가 지적하는 바와 같이, 한국은 일본과 달리 반자동화 NC기계 사용이 지배적이던 시기에 산업화의 추격을 시작했다. 따라서 NC기계의 손쉬운 수입으로, 작업장 숙련 축적은 기술 추격에서 핵심 관건이 아니었다. 그러나 레비와 쿠오(Levy and Kuo, 1991)의 논의에서 보듯이, 규모의 경제와 실행에 의한 학습을 통한 공정기술 축적이 기업경쟁력의 주요 요소였다. 이러한 공정기술의 경험을 바탕으로 제품설계와 조업역량을 확보하기 위한 중간 엔지니어의 역할이 중시되었다(Amsden, 1989). 최근의 예를 들면, 2014년 8월 5일자 "삼성전자, 지난 4~5년 이익규모가 오히려 비정상적이었다"(주간조선, 조동진 기자)에서 소니와 삼성전자 비교연구로 유명한 KAIST 경영학과 장세진 교수는 우리나라 초일류·우량기업이라는 삼성전자의 경쟁우위에 대해 "선발기업이 만

(단위: 대)

연도 국가	1990	1994	1998	2002	2006	2010	2013
일본	182.7	252.7	298.8	292.1	303.2	270.1	293.2
미국(북미)	19.6	30.1	41.5	60.1	59.6	76.2	88.9
독일	30.9	50.4	90.0	129.8	171.6	191.5	214.7
이탈리아	25.7	41.6	64.7	96.6	129.7	148.0	144.7
프랑스	17.5	28.7	38.6	57.3	80.5	102.0	102.0
영국	10.0	16.9	24.8	35.8	46.5	47.5	53.4
스페인	7.3	17.3	31.8	60.5	83.8	121.9	136.4
한국	6.1	26.7	80.2	104.4	168.6	250.9	373.1

주: 1) 2006년 이후 미국은 북미(미국, 캐나다, 멕시코) 기준.
2) 로봇밀도(제조업 종사자 1만 명당 운영 중인 로봇 대수)는 ILC의 제조업 고용 자료와 IFC가 발표하는 연말 기준 운영 중인 산업로봇 대수를 이용하여 산정한 것.
자료: The Conference Board International Labor Comparisons(https://www.conference-board.org);
International Federation of Robotics(www.worldrobotics.org).

들어놓은 새로운 시장과 상품·제품들을 개량하고 효율적인 대량생산화를 무기로, 가격·물량경쟁을 능숙하게 해온 게 삼성전자"였으며, "삼성전자는 스스로 새로운 상품·제화 카테고리를 만들었거나 새 시장을 개척한 적이 없으며", "삼성전자의 전 세계 연간 특허 랭킹이 3~4위쯤"이지만, "특허 상당수가 제품기술이 아닌 공정기술에 관련된 것"이라고 설명하고 있다.

일본은 조직적 차원에서 현장 작업장과 엔지니어가 통합되어 기술혁신을 이루어낸 데 반해, 한국은 미국처럼 현장 작업장과 엔지니어 간의 연계가 분절되면서 기술과 숙련의 분리가 확연히 드러나게 된다(Lazonick, 2005). 이러한 기술과 숙련의 분리는 숙련수요가 J자형 곡선을 따라 이동하여 노동시장의 양극화가 진행되는 숙련체제를 수반한다. 또 광범위한 중간 기술 및 작업장 숙련에 토대를 둔 관계특수적인

〈표 2-3〉 운영 중인 산업용 로봇 대수 추이의 국제 비교

(단위: 대)

연도 국가	1990	1994	1998	2002	2006	2010	2013
일본	274,200	377,000	411,800	350,169	351,658	285,800	304,001
미국	39,000	57,100	81,700	103,515	150,725	173,174	215,817
독일	27,300	45,300	73,200	105,217	132,594	148,195	167,579
이탈리아	12,200	20,600	31,500	46,881	60,049	62,378	59,078
프랑스	8,400	12,300	16,200	24,277	32,110	34,495	32,301
영국	5,900	8,100	10,800	13,651	15,082	13,519	15,591
스페인	2,100	4,200	8,600	18,352	26,008	28,868	28,091
한국	3,000	12,700	31,400	44,265	68,420	101,080	156,110
대만	1,300	3,300	5,800	7,491	19,204	26,896	37,252
중국	-	-	-	-	17,327	52,290	132,784

주: 2006년 이후 미국은 북미(미국, 캐나다, 멕시코) 기준.
자료: International Federation of Robotics(www.worldrobotics.org).

조정시장경제의 기제가 작동할 수 있는 물적 기반이 허약하다. 그러한
의미에서 작업장에 기반한 일본과 독일과 같은 고숙련경제로 이행하기
어려운 일종의 함정이 드리워져 있다고 볼 수 있다(조성재 외, 2006).

　대규모 투자와 연관되어 다른 OECD 국가와는 달리 한국은 자동화
의 수준이 과도하게 높다(〈표 2-2〉 참조). 제조업 종사자 1만 명당 운영
중인 로봇 대수로 정의되는 로봇밀도는 자동화의 정도를 측정하는 지
표이다. 2013년 기준으로 한국의 로봇밀도는 373.1대로 압도적인 세
계 1위이다. 운영 중인 로봇 대수는 1990년 3,000대에서 2013년에는
15만 6,110대로 급격하게 증가했다(〈표 2-3〉 참조). 제조업 생산규모가
큰 일본·미국·독일 순으로 로봇 보유량이 많고 그다음이 한국이다. 특
히 외환위기 이후 로봇밀도가 급격히 증가하고 있다는 점이 흥미롭다.
이러한 로봇 사용은 자동차와 전자 산업처럼 자동화 비중이 높은 산업
의 영향이라고 하더라도 지나치게 높은 것으로 보인다. 이는 힘든 작업

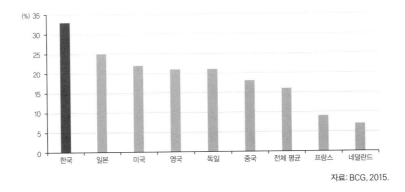

〈그림 2-4〉 2025년까지 로봇 도입에 따른 인건비 절감률 비교

자료: BCG, 2015.

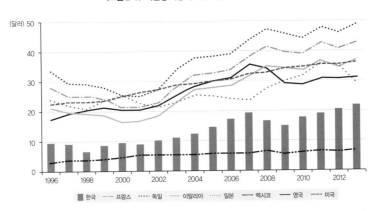

〈그림 2-5〉 시간당 피용자 보수 비용 추이의 국제 비교

자료: The Conference Board International Labor Comparisons(https://www.conference-board.org),
International Federation of Robotics(www.worldrobotics.org).

공정으로 인한 노조의 로봇 도입 요구, 노조를 회피하고 생산성 증가를
위한 노동의 기계로의 대체 경향, 제조업 추격 당시의 기술적 조건의
경로의존성으로 인한 작업장 숙련 축적의 상대적 경시 등이 맞물린 결
과이다. 보스턴컨설팅그룹(BCG, 2015)의 추정에 따르면, 우리나라는 로
봇 도입에 의한 인건비 절감 효과가 가장 큰 나라이다. 한국은 2025년

까지 산업용 로봇 사용으로 인건비를 33% 정도 절감할 수 있을 것으로 예상되었는데, 조사 대상국의 평균 인건비 절감률은 16%이다(〈그림 2-4〉 참조). 이러한 점은 우리나라 제조업의 생산체계가 근로자의 숙련에 의지하기보다는 첨단 위주의 거대한 설비투자에 기반하고 있다는 것을 예증한다.

자동화를 위한 투자 확대는 고정자본 투입의 증가를 의미한다. 이를 회수하려면 설비가동률 제고가 추구될 수밖에 없으며, 장시간 근로시간과 저임노동의 활용에 대한 강력한 지향이 드러날 수밖에 없다(〈그림 2-5〉 참조). 제조업의 노동비용을 국제 비교의 관점에서 보면 한국의 시간당 피용자 보수 비용(hourly compensation costs)은 미국, 일본, 독일, 이탈리아, 프랑스, 영국 등 선진국에 비해 훨씬 낮다. 2014년 기준으로 한국의 시간당 피용자 보수 비용은 23.8달러인데, 이는 싱가포르의 26.8달러보다 낮은 수준이다. 2008년 글로벌 금융위기 여파로 한국 제조업의 피용자 보수 비용이 하락했다가 그 이후 다시 증가하고 있다.

3) 조립형 제조업 성장패턴

자동화를 위한 대규모 투자에 기반한 기술과 숙련 분리의 제조업 성장모형은 해외수요(수출)의 적극적 발굴과 핵심 부품소재 및 기계류의 수입으로 대외의존적 수출산업화를 내장한다. 핵심 부품소재를 수입하고 이를 조립하여 완제품을 수출하는 조립형 산업화는 핵심 부품소재와 설비기계 분야에서 단시일 내 기술과 숙련 축적의 상대적 미약으로 수입을 동반할 수밖에 없다. 따라서 이를 원활히 할 수 있는 핵심 부품소재의 수입과 기술이전, 완성품 소비시장 간의 국제 분업구조가 전제된다.

1980년대까지 냉전을 배경으로 한미일 분업구조는 우리나라의 산

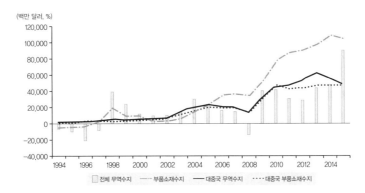

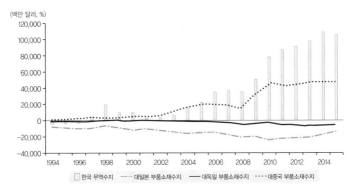

자료: 소재부품 종합정보망(http://www.mctnet.org).

업화에 결정적인 지정학적·지경학적 조건이었으며, 그 이후 한중일 분업구조로 변하기는 했으나 기본적인 구조는 지속되고 있다.[3] 예를 들면 일본은 중·고급 부품소재의 공급지, 중국은 초·중급 부품소재 및 최종재 시장, 그리고 미국은 고급 최종재 시장으로 기능한다. 우리나라는 부품소재 분야에서 2000년대 이후 무역 흑자 기조를 확고히 유지하고 있다. 이러한 부품소재의 무역수지 흑자 기조는 중국효과에서 기

3.   이에 대해서는 4절의 '글로벌 가치사슬의 분석'을 참조할 것.

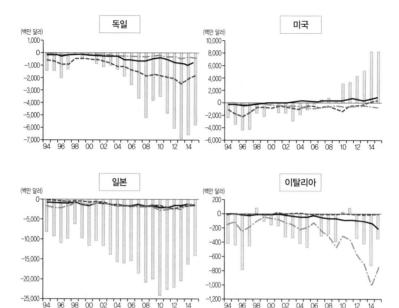

〈그림 2-7〉 부품소재의 독일·미국·일본·이탈리아와의 무역수지 추이

자료: 소재부품 종합정보망(http://www.mctnet.org).

인하고, 흑자의 절반 이상이 중국과의 교역에서 나오고 있다. 그러나 2012년 이후 중국과의 무역 흑자 규모가 줄어들고 있다. 반면에 제조업 강국인 독일·일본과는 2000년대 이후 만성적인 무역 적자를 기록하고 있다(〈그림 2-6〉 참조). 2010년대로 접어들면서는 일본과의 적자 규모가 줄어들고 있다.

기술이전과 부품소재의 공급지로서 제조업 강국인 미국·일본·독일·이탈리아 등은 한국의 조립형 산업화에 중대한 역할을 수행해왔다(〈그림 2-6〉 참조). 일본이 우리나라와의 지리적 인접성으로 인해 부품소재와 기계류 수입의 핵심 무역파트너로서 기능해왔다는 점은 부인할 수 없다. 일반기계, 전기기계, 정밀기기 부품 등 부품소재 전반에서 대일 무역수지는 외환위기 이후 수출 증가의 가속화와 쌍을 이루며 악화되어왔다. 그러다 최근 적자 규모가 감소하고 있다. 이는 일본의 지진 사태로 인한 가치사슬의 일시적 장애, 전반적인 글로벌 교역 감소 등에 기인하는 것으로 보인다. 그중 전자의 이유는 독일과의 적자폭을 다소 늘리기도 했으나, 2012년 이후에는 주로 후자의 영향으로 적자폭이 감소하고 있다.

일본과는 2010년 이후 약 150억~250억 달러 안팎, 독일과는 약 50~70억 달러의 무역수지 적자를 기록하고 있어 이들 두 국가와의 적자규모가 가장 크다. 이들 국가와는 주어진 부품소재 모두에서 무역수지 적자를 기록하고 있다. 그리고 이탈리아와도 1990년대 중반 이후 지속적으로 약 4억 달러 안팎의 만성적 적자를 기록하고 있다. 미국과도 부품소재 전반에서 2000년내 후반까지는 만성적 적자였으나, 그 이후로는 흑자 기조를 유지하고 있다. 일반기계와 정밀기기 부품 분야에서는 미국·독일·일본·이탈리아 모두에서 무역수지 적자를 기록하고 있다.

제조업 강국과의 부품소재 무역수지 적자 해소가 더디고 또 심화되는 것은 우리나라의 조립형 산업화 본래의 특성에서 기인하는 바도 크지만 글로벌 아웃소싱 확대에 따른 결과이기도 하다. 핵심 중간재 수입에 의존한 단기적 제품 수준에서의 신속한 고도화는 자동차와 전자산업의 경우처럼 선진국 추격을 앞당기고 이를 능가하기도 하였다(이근·박태영 편, 2014). 하지만 중장기적 차원의 기술과 숙련의 축적은 요원하여 정책적으로는 복선형 산업화를 지향하고 있지만 쉽지 않은 상황이다.

교통과 통신 같은 공간연계 비용의 절감, 기술진보, 무역장벽 완화 등으로 다국적기업들은 생산공정을 지리적으로 재조직·재배치하는 글로벌 가치사슬을 형성하고 있다. 이에 따라 중간재의 글로벌소싱이 확

(단위: %)

연도 국가	1995	2000	2005	2008	2009	2010	2011
덴마크	73.5	71.2	68.8	64.9	68.3	69.8	67.0
핀란드	72.8	65.9	63.2	60.7	63.0	62.0	58.2
프랑스	77.3	70.4	69.2	67.4	70.9	68.4	66.6
독일	82.4	76.2	74.7	70.5	73.3	72.1	69.7
이탈리아	78.8	75.5	72.8	68.6	74.1	69.7	68.0
일본	92.9	90.8	86.1	80.7	85.9	84.4	82.0
한국	72.7	64.7	61.9	52.0	56.9	55.7	53.1
네덜란드	69.2	69.5	74.4	72.5	75.0	72.7	72.9
노르웨이	69.2	70.3	68.5	68.1	70.3	68.7	69.9
스페인	73.7	64.9	64.0	62.1	67.9	65.6	62.6
스웨덴	68.7	64.7	63.4	58.9	63.1	63.1	62.2
스위스	77.0	71.9	65.0	70.0	71.7	71.1	71.4
영국	75.6	74.3	73.6	69.0	70.0	66.9	64.3
미국	84.0	82.5	81.4	78.0	82.9	80.6	78.5
브라질	89.9	85.5	85.4	83.4	87.3	86.5	85.7
중국	51.9	49.4	52.0	60.4	60.9	59.8	59.9
홍콩	64.3	74.9	72.2	68.0	68.5	63.5	57.9
인도	87.4	84.8	74.8	65.7	68.4	66.3	63.9
인도네시아	80.4	75.7	77.7	78.5	83.7	83.4	81.4
말레이시아	61.3	39.6	43.5	46.3	48.5	48.3	47.6
러시아	82.6	77.6	82.0	80.2	81.5	81.0	80.0
싱가포르	47.9	46.6	56.6	57.4	51.0	52.0	51.0
대만	62.6	60.6	55.9	48.6	55.3	51.0	49.0

자료: OECD TiVA DB(http://www.stats.oecd.org).

대되면서 수출품에서 차지하는 해외 중간재의 부가가치 비중이 증가하고 있다(정준호·조형제, 2016). 한국의 경우 다른 OECD 국가들과 비교하여 제조업 수출품에서 차지하는 국내 부가가치 비중[4]이 상당히 낮으며 2011년 기준으로 중개무역 국가로 알려진 싱가포르 수준과 유사하다. 그리고 그 비중은 지속적으로 감소해왔다(〈표 2-4〉 참조). 국내 부가가치 비중이 떨어지는 것은 세계적인 현상이다. 하지만 우리나라는 복선형 산업화를 위해 부품소재의 국산화 노력을 꾸준히 경주해왔다. 이를 감안한다면 주의 깊게 들여다볼 필요가 있는 사안이다.

강화되는 대외의존적 산업화로 인해 국내산업 연관의 취약성이 두드러진다. 이러한 산업화의 형태가 무조건 나쁜 것은 아니다. 문제는 그것이 얼마만큼 국내산업 기반에 낙수효과(trickle down effect)를 낳는가이다. 수출에 따른 부가가치유발효과는 1990년대 중반 이후 사실상 지속적으로 떨어지고 있다. 이는 수출에 의한 부가가치의 일정 비율이 국내에 유입되지 않고 해외로 유출되는 부분이 많아지고 있다는 것을 의미한다(〈그림 2-8〉 참조). 국산품 최종수요 1단위당 부가가치유발의 크기를 나타내는 수출수요의 부가가치유발계수는 2011년을 기점으로 다시 증가하고 있다. 성장의 수출의존도가 낮아 내수가 확장되었던 1985~1995년 사이에 이러한 경향이 나타난 바가 있다. 하지만 최근의 상승 경향은 내수 확대보다는 글로벌 교역의 둔화(Constantinescu et al., 2015)에 의지하는 바가 큰 것으로 보인다.

4) 고용 없는 제조업 성장패턴

2000년대 이후 수출주도형 경제성장과 긴밀히 연관된 조립형 산업화는 자동화와 모듈화의 기술적 조건 아래에서 이루어지는 것이어서 고용창출이 기대만큼 되지 않는다. 최근에 소위 '고용 없는' 성장이 현

---

4. 이를 이용한 글로벌 가치사슬의 분석은 4절을 참조할 것.

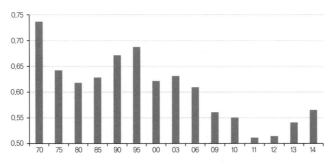

〈그림 2-8〉 수출의 산업연관효과 추이

자료: 한국은행(http://www.bok.or.kr).

안으로 대두되고 있다. 전술한 바와 같이, 한국의 제조업은 대규모 투자를 통해 노동을 기계로 대체하는 자동화 수준을 극단으로 밀고 가고 있다. 힘든 노동 과정과 산재 예방을 위한 로봇 도입, 프로그램 가능한 기계·장비의 도입에 따른 작업장 숙련 축적의 필요성 저하, 전투적 노조 회피, 단기간의 생산성 증대를 위한 기업전략 등이 맞물리면서 자동화 수준과 그에 따른 생산성 수준은 높아졌다. 하지만 고용은 늘지 않고 있다.

〈그림 2-9〉에서 보는 바와 같이, 1943년 37.9%로 미국 제조업 고용 비중은 정점을 기록한 후에 약간 반등이 있기는 하지만 지속적으로 하락하여 2015년에는 8.7%였다. 제조업 고용 비중이 정점에서 20% 미만으로 감소하는 데 39년이 걸렸다. 독일의 경우 1970년에 38.9%로 제조업 고용의 정점을 찍은 후 미국처럼 지속적으로 하락하여왔다. 제조업 고용이 정점에서 20% 미만으로 떨어지는 데는 40년이 소요됐다. 일본의 제조업 고용 비중의 정점은 27.4%이고, 그 비중이 20% 미만으로 감소하는 데 걸린 기간은 28년이다. 반면 한국의 제조업 고용이 정점을 기록한 해는 1989년이고 그 수치는 27.8%이다. 그리고 정점에서

〈그림 2-9〉제조업 고용 비중 추이의 국제 비교

자료: US Bureau of Labor Statistics(http://www.bls.gov); 日本總務省統計局(http://www.stat.go.jp); 통계청
(http://kosis.kr); OECD(http://stats.oecd.org).

그 비중이 20% 미만으로 떨어지는 데 걸린 기간은 1998년 외환위기 여파를 고려하더라도 11년이다.

한국과 일본의 경우 제조업 고용 비중이 27% 안팎에서 그 정점을 기록했지만 제조업 고용 비중이 정점에서 20% 미만으로 떨어지는 기간은 한국의 경우 일본의 약 3분의 1 수준밖에 안 된다. 그 기간이 상이한 시기의 산업화 시기와 그 당시 직면했던 기술적 조건, 숙련 노동조합 세력 등에 의해 규정된다 하더라도 한국의 경우 고용 비중 감소의 속도가 너무 빠르다. 최근 상황을 보면, 한국의 제조업 고용 비중은 일본 수준과 비슷하고, 2008년 이후 다소나마 증가하고 있다. 최근까지도 독일은 여전히 약 20% 안팎을 유지하고 있다.

다른 한편으로, 1인당 GDP가 증가함에 따라 제조업 고용 비중이 증가하다 일정 시점을 분기점으로 하여 점차로 떨어져 소득과 제조업 고용 비중 간에는 역U자형 관계가 대체적으로 성립한다(〈그림 2-10〉참조). 대부분의 국가에서 1인당 GDP가 약 1만~1.5만 달러 사이에서 제조업 고용이 정점을 기록하고 있다. 그 이후 제조업 고용이 감소하고

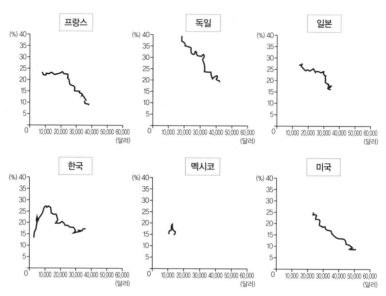

〈그림 2-10〉 소득 증가에 따른 제조업 고용 비중 추이의 국제 비교(%, 달러)

주: 1인당 GDP는 2000년 불변가격·구매력평가 기준(달러)이고, 1950년 이후 가용 자료를 사용.
자료: 〈그림 2-8〉 및 OECD(http://stats.oecd.org).

있는데, 그 속도가 전술한 바와 같이 상이하다. 제조업 고용 정점에서 20% 미만으로 떨어지는 시기의 선진국 1인당 국민소득을 보면 대략적으로 미국 2.9만 달러, 일본 3.2만 달러, 프랑스 2.4만 달러, 독일 4.0만 달러, 그리고 한국 2.1만 달러이다. 프랑스를 제외하고 거의 3만 달러 수준에서 제조업 고용 비중이 20% 미만으로 떨어졌다. 반면에 한국은 2만 달러 수준이다. 문제는 소득 증가에 따른 고용 감소가 우리나라의 경우 일본이나 독일과 같은 다른 국가들에 비해 훨씬 빠르고 급격하게 진행되어왔다는 것이다.

제조업에서 생산자로서 노동은 경영의 참여는 고사하고 자동화의 지속적 확대로 생산자로서 노동의 참여 비중도 감소해왔다. 그리고 개발연대 이후 정치적 민주화의 파트너로서 노동의 인정은 터부시되었다. 이처럼 노동은 이중의 배제 상태에 직면하여 있다. 자동화를 수반하는 대규모 투자로 작업장 숙련이 경시되는 배경하에서 그 막대한 고정비용을 보전하려면 비용절감이 용이한 비정규직 사용이 확대되는 유인이 있다. 또한 강력한 대기업 노조를 펑계로 정규직의 임금인상이 사내에서 비정규직의 채용으로 전가될 수 있다. 소위 '수량적 유연성' 전략의 구사가 한국의 제조업에서 구조적으로 나타난다(김철식 외, 2011). 일본이나 독일과 같이 숙련 수준을 풀링(pooling)하고 이를 재배치하는 '기능적 유연성' 전략의 구사가 힘들다.

5) 이중구조의 제조업 성장패턴

소립형 산업화는 고도의 완제품을 생산할 수 있는 대기업과 기술수준이 낮은 부품소재를 생산하는 중소기업의 공존이라는 이중구조를 배태한다(핫토리 다미오, 2007, 248쪽). 많은 국산화 노력과 부품소재에 대한 지대한 정책적 관심에도 불구하고 핵심부품과 소재 분야에서 이들 중소기업이 선진국과의 격차를 넘어서기에는 역부족이다. 또한 중소기업은 경기변동 또는 비용절감의 완충 역할을 수행하여 그 자체역량이 제고될 여지가 적었다. 소수 대기업에 대한 중소기업들 간의 과당경쟁, 중국의 부상에 따른 요소비용의 절감 압력, 기술과 숙련 축적의 미약 등으로 인해 제조업의 대·중소기업 간의 생산성과 임금 격차는 지속적으로 악화되고 있다. 1980년대 중화학공업화를 시작한 이후 이들 기업 간의 생산성과 임금 격차가 지속적으로 심화돼왔다. 특히 이러한 생산성과 임금 격차는 1990년대 이후 본격적으로 나타나기 시작하였다(〈그림 2-11〉 참조).

규모의 차이는 내부자와 외부자를 차별하는 이중화를 낳고 있다. 이는 시장에서 시정이 되지 않고 더욱더 악화되고 있다. 특히 대기업은

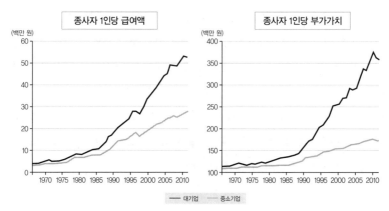

〈그림 2-11〉 제조업의 대·중소기업 간 실질임금과 생산성 격차 추이

주: 1) 한국표준산업분류의 개정으로 1999년 전후로 자료상의 불연속성이 있음에 주의.
　　2) 중소기업은 종사자 규모 10~299인 이하, 대기업은 300인 이상.
　　자료: 통계청, 광공업 통계조사 보고서(http://kosis.kr).

관련 자회사와 하청기업들을 망라하여 수직계열화를 추구하면서 비용 부담을 전가할 수 있는 기업 간 관계, 즉 비대칭적이고 위계적 대기업과 중소기업 간의 관계를 활용하고 있다. 이러한 하청관계는 한편으로는 기회를 다른 한편으로는 착취를 수반한다. 그 결과 중간숙련의 위치가 축소되고 부품소재산업의 발달이 여의치 않아 이를 담당하는 중소기업은 보완관계가 아니라 비용 전가의 대체관계로 인식되고 있다.

이러한 이중구조에서 대기업 내부자는 경제적 이득을 향유하지만 그 외부자는 여기에서 소외된다. 비정규직의 사례처럼 경제적 손실이 외부자로 전가되고 있다. 재벌대기업의 지배 극대화를 위한 총수가치와 이익 극대화를 위한 주주가치는 관철되고 있지만 장기적 고용안정, 숙련 제고 및 수평적이고 협력적인 기업 간 관계의 형성 같은 이해관계자의 가치는 상대적으로 중시되고 있지 않다.

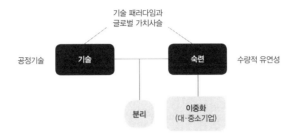

〈그림 2-12〉 한국의 제조업 성장패턴

6) 논의의 요약

2000년대 이후 제조업에서 혁신과 숙련 주도의 강한 경쟁전략이 요 구됐음에도 불구하고 인위적인 저환율정책과 수량적 노동유연싱을 활 용한 요소비용 최소화 전략, 즉 약한 경쟁 전략이 우리 경제의 성과를 여전히 좌지우지하고 있다(정준호·이병천, 2007). 이는 기본적으로 조립 형 산업화의 기술적 조건, 정책적 의지 및 대외조건에서 기인하는 바가 크다. 이에 따라 비용절감을 위한 비정규직 활용이 대기업과 중소기업, 공기업, 민간기업을 가리지 않고 전 방위적으로 확산되고 있다.

한국경제는 대기업 주도로 첨단제품을 생산하지만 기술과 숙련이 분리되는 조립형 산업화에 여전히 의지하고 있다. 막대한 투자는 자동 화를 수반하고, 이는 노동을 대체하여 중간숙련을 협소화시키며, 다시 막대한 고정비용을 회수하기 위해 설비가동률 극대화와 장시간 노동시 간을 요구하고, 비정규직을 광범위하게 활용하는 수량적 유연성 전략 의 구사가 구조화된다(〈그림 2-12〉 참조).

4. 글로벌 가치사슬의 분석

교통과 통신과 같은 공간 연계비용의 하락, 기술 발전, 그리고 다자 간·양자 간 자유무역협정 확산 등으로 글로벌 차원에서 다국적기업 은 국경을 초월하여 생산공정이 지리적으로 재배치·재조직되는 생산 공정의 분업(production fragmentation)을 심화시켜왔다. 이는 다국적기 업의 "최종재 생산에 필요한 일련의 부가가치"가 지리적으로 배분되 는 글로벌 가치사슬(GVC: global value chain) 형성을 의미한다(Timmer et al., 2015). GVC는 생산조직, 무역과 투자패턴에 심대한 영향을 미치면 서 '재화의 무역'에서 '직무의 무역'으로의 변화를 야기해왔다(Feenstra, 2010). 이처럼 무역과 투자가 국경을 자유로이 넘나들고 이에 따라 중 간재의 글로벌소싱이 확대되면서 수출품을 구성하는 중간재 부가가치 의 원산지(origin of country)를 식별하기가 어려워지고 있다. 예를 들면 중국에서 생산하고 있는 공장도가격이 144달러인 애플 아이팟(iPod) 의 부가가치 원산지를 지리적으로 분해하면, 중국의 부가가치 기여도 가 10%에 불과한 반면에 주요 부품들을 공급하는 일본·미국·한국 등 의 부가가치 기여도가 대부분(약 100달러 정도)을 차지한다(Dedrik et al., 2010). 중국은 이 제품에서 막대한 대미 무역흑자를 내고 있지만, 이는 부가가치 교역 측면에서는 과대평가된 것이다.

이처럼 기존의 무역통계는 수출품을 구성하는 중간재의 복잡한 국 경 간 거래를 그대로 반영하기 때문에 중복계상의 문제와 그에 따른 부 가가치의 원천별 지리적 분포를 보여주지 못하는 한계를 안고 있다. 이 러한 한계를 극복하고자 특정 제품에 체현된 부가가치의 지리적 원산 지를 추적할 수 있는, 국제산업연관표에 기반한 부가가치 기준의 교역 자료(TiVA: trade in value added)가 구축되었다(OECD and WTO, 2013). 이 는 기존의 총량적인 무역통계의 한계를 보완하며 국가 간 부가가치 기준의 교역 흐름을 보여준다.

1) 제조업의 GVC 참여 정도

여기서는 2015년판 OECD TiVA 자료를 가지고 우리나라의 GVC 참여 정도를 부가가치 기준으로 보여주고자 한다. OECD의 GVC 참여지수는 한 국가가 수직적인 생산공정 분업에 참여한 정도를 측정한다. 이는 두 가지로 나누어 살펴볼 수 있다. 후방참여(backward participation)는 한 국가의 수출품에 사용되는 해외 투입요소의 비중을 일컫는다. 반면에 전방참여(forward participation)는 제3국의 수출품에 사용되는 국내 중간재의 비중을 의미한다. 환언하면, 후방참여는 해외 투입요소 사용자로서 상류(upstream) 연계를 의미하며 전방참여는 나른 국가의 수출품에 사용되는 중간재 공급자로서 하류(downstream) 연계를 나타낸다(OECD and WTO, 2013).

제조업을 대상으로 GVC의 참여를 나타내는 후방참여 지표를 보면(〈표 2-5〉 참조) 한국은 1995년 27.4%에서 2011년 47.0%로 크게 증가했다. 2011년 부가가치 기준 수출 1위 제조업인 전자산업의 경우 1995년 27.8%에서 2011년 42.2%로 상승하여 제조업의 추세와 별반 차이가 없다. 1990년대 중반 이후 대부분의 G7 국가들에서 이 지표는 대체적으로 상승했다. 하지만 2011년 기준으로 G7 국가의 이 지표는 최대 30% 중반 안팎이지만, 한국은 47.0%로 중계무역국가로 알려진 싱가포르의 49.0%와 크게 차이가 없다. 이는 1990년대 중반 이후 글로벌 소싱을 적극 활용하며 주요 원자재와 부품을 수입하여 가공하는 조립형 산업화의 패턴이 더욱더 강화돼왔음을 시사한다. 글로벌 차원에서 제조업 생산공정의 이전 적지로 떠오른 중국·인도·베트남의 경우에도 이 지표는 크게 증가했다. 하지만 2000년 이후 중국은 비록 전자산업

(단위: %)

연도 부문	1995		2000		2005		2011	
	제조업	(전자)	제조업	(전자)	제조업	(전자)	제조업	(전자)
캐나다	31.4	(17.8)	35.5	(45.8)	33.6	(38.2)	35.6	(35.6)
프랑스	22.7	(25.5)	29.6	(32.2)	30.8	(26.3)	33.4	(29.2)
독일	17.6	(18.7)	23.8	(24.5)	25.3	(23.9)	30.3	(24.5)
이탈리아	21.2	(24.5)	24.5	(26.5)	27.2	(24.8)	32.0	(26.4)
일본	7.1	(6.9)	9.2	(10.2)	13.9	(14.8)	18.0	(17.2)
한국	27.4	(27.8)	35.3	(37.5)	38.1	(37.6)	47.0	(42.2)
영국	24.5	(31.0)	25.7	(34.6)	26.4	(28.3)	35.7	(30.8)
미국	16.0	(20.5)	17.6	(22.6)	18.6	(18.2)	21.5	(12.9)
중국	48.1	(73.7)	50.6	(77.5)	48.0	(68.8)	40.1	(55.0)
홍콩	35.7	(42.7)	25.1	(29.2)	27.8	(22.0)	42.1	(44.5)
인도	12.6	(15.4)	15.3	(21.2)	25.2	(27.7)	36.1	(31.2)
싱가포르	52.1	(52.7)	53.4	(52.9)	43.5	(38.0)	49.0	(40.1)
대만	37.4	(44.6)	39.4	(45.3)	44.2	(42.1)	51.0	(44.6)
베트남	31.3	(58.0)	39.1	(66.3)	45.1	(60.5)	48.8	(70.4)

주: 1) 총수출에서 차지하는 해외 부가가치의 비중 기준.
　　2) 전자산업은 컴퓨터, 전자 및 광학장비(C30T33X)를 의미.
자료: OECD TiVA DB(http://www.stats.oecd.org).

에서는 제조업 평균에 비해 절대 수치가 여전히 높지만 부품 국산화를 통해 제조업 전반에서 이 지표가 지속적으로 떨어지고 있다.

　제조업의 전방참여 지표는 한국의 경우 1995년 14.2%에서 2011년 17.7%로 증가했다. 전자산업 역시 이 지표가 1995년 4.5%에서 2011년 7.3%로 상승했다. 후방참여와 마찬가지로 대부분의 G7 국가에서 이 지표는 대체적으로 증가했다(〈표 2-6〉 참조). 2011년 기준으로 특히 일본의 경우 28.4%로 매우 높아 다른 국가의 수출품에 중간재 공급자로서 위상이 확고하다는 것을 알 수가 있다. 전반적으로 G7 국가

(단위: %)

연도 부문	1995		2000		2005		2011	
	제조업	(전자)	제조업	(전자)	제조업	(전자)	제조업	(전자)
캐나다	8.5	(1.2)	8.8	(2.0)	9.3	(1.5)	15.0	(1.6)
프랑스	14.1	(1.8)	15.4	(3.1)	16.5	(2.7)	16.8	(2.1)
독일	16.7	(2.4)	18.2	(3.9)	19.0	(3.6)	18.7	(3.0)
이탈리아	12.3	(1.5)	14.8	(2.4)	16.3	(2.3)	16.6	(1.9)
일본	20.2	(8.0)	26.1	(12.4)	28.2	(12.7)	28.4	(10.7)
한국	14.2	(4.5)	17.7	(7.5)	21.7	(10.4)	17.7	(7.3)
영국	14.8	(2.6)	17.7	(4.3)	17.5	(3.4)	16.8	(2.5)
미국	15.6	(3.6)	19.9	(6.3)	19.6	(5.5)	18.3	(4.0)
중국	7.4	(1.4)	8.7	(2.3)	10.9	(3.4)	12.4	(3.1)
홍콩	11.9	(2.8)	16.8	(5.1)	17.7	(5.8)	16.5	(5.0)
인도	10.5	(1.4)	13.9	(2.3)	14.0	(2.4)	13.4	(2.1)
싱가포르	9.7	(4.6)	15.0	(8.4)	16.4	(7.9)	14.8	(6.3)
대만	13.7	(4.3)	18.7	(8.8)	24.3	(13.9)	21.2	(11.4)
베트남	10.1	(1.9)	15.2	(2.6)	14.1	(2.8)	12.7	(2.5)

주: 1) 총수출 대비 해외 수출품에 체현된 국내 부가가치의 비중 기준.
2) 전자산업은 컴퓨터, 전자 및 광학장비(C30T33X)를 의미.
자료: OECD TiVA DB(http://www.stats.oecd.org).

들이 이 수치가 크다는 점에서 개도국에 부품과 소재 공급자로서 역할을 하고 있다는 것을 시사한다. 2011년 기준으로 전자산업의 경우 대만이 11.4%, 일본 10.7%, 한국 7.3%순으로 높아서 중간재의 주요 공급자로서 특히 동아시아 3국의 지위가 부각되고 있다. 이는 한국이 반도체, 디스플레이, 핸드폰, 가전제품 등에서 비교우위를 가졌음을 반영한다.

제조업을 대상으로 후방참여와 전방참여 지표를 합산한 GVC 참여지수를 보면 한국은 1995년 41.6%에서 2011년 64.7%로 늘어났다. 전

<表 2-7> 주요 국가의 제조업 GVC 전체 참여지수 추이: 전방참여와 후방참여 지표 합계

(단위: %)

연도\부문	1995 제조업	1995 (전자)	2000 제조업	2000 (전자)	2005 제조업	2005 (전자)	2011 제조업	2011 (전자)
캐나다	39.9	(19.0)	44.3	(47.8)	42.9	(39.7)	50.6	(37.2)
프랑스	36.8	(27.3)	45.0	(35.3)	47.3	(29.0)	50.2	(31.3)
독일	34.3	(21.1)	42.0	(28.4)	44.3	(27.5)	49.0	(27.5)
이탈리아	33.5	(26.0)	39.3	(28.9)	43.5	(27.1)	48.6	(28.3)
일본	27.3	(14.9)	35.3	(22.6)	42.1	(27.5)	46.4	(27.9)
한국	41.6	(32.3)	53.0	(45.0)	59.8	(48.0)	64.7	(49.5)
영국	39.3	(33.6)	43.4	(38.9)	43.9	(31.7)	52.5	(33.3)
미국	31.6	(24.1)	37.5	(28.9)	38.2	(23.7)	39.8	(16.9)
중국	55.5	(75.1)	59.3	(79.8)	58.9	(72.2)	52.5	(58.1)
홍콩	47.6	(45.5)	41.9	(34.3)	45.5	(27.8)	58.6	(49.5)
인도	23.1	(16.8)	29.2	(23.5)	39.2	(30.1)	49.5	(33.3)
싱가포르	61.8	(57.3)	68.4	(61.3)	59.9	(45.9)	63.8	(46.4)
대만	51.1	(48.9)	58.1	(54.1)	68.5	(56.0)	72.2	(56.0)
베트남	41.4	(59.9)	54.3	(68.9)	59.2	(63.3)	61.5	(72.9)

주: 1) GVC 전체 참여지수는 전방참여와 후방참여 지표의 합계임.
2) 전자산업은 컴퓨터, 전자 및 광학장비(C30T33X)를 의미함.
자료: OECD TiVA DB(http://www.stats.oecd.org).

자산업의 경우 1995년 32.3%에서 2011년 49.5%로 마찬가지로 증가하였다(<표 2-7> 참조). 특히 한국 제조업은 GVC 참여지수가 다른 국가들에 비해 매우 높아 해외 조달부품의 사용자와 중간재 공급자 양자의 역할을 모두 적극적으로 수행하고 있다는 것을 알 수가 있다. 이는 2000년대에 한국경제가 국제분업 체계에 깊숙이 편입되었으며 이에 따라 대외경제적 충격에 매우 민감할 수 있음을 시사한다. 환언하면, 조립형 산업화의 대외지향성이 2000년대 들어 더욱더 심화되었다는 것이다.

주요 선진국과 개도국의 경우에도 제조업의 GVC 참여지수가 1990년대 중반 이후 증가했지만 중국의 제조업 GVC 참여지수는 하락했다. 이는 전술한 바와 같이 중국의 국내 제조업 기반이 확충되면서 진전된 중간재의 국산화 효과에 기인한다. 전반적으로 생산공정 분업의 심화에 기반한 글로벌 가치사슬 형성은 세계적인 현상으로 볼 수 있다.

2011년 기준으로 한국의 제조업 GVC 참여지수(64.7%)는 중계무역 국가인 싱가포르와 홍콩의 63.8%와 58.6%보다 높다. 그리고 G7 국가들은 최대 약 50% 내외이다. 이러한 점에서 한국의 글로벌 GVC 참여 정도는 경제규모와 경쟁 상대국에 비해 과도하게 높다. 2000년대 한국 경제는 글로벌소싱을 적극적으로 활용하면서 세계경제의 글로벌화에 잘 적응했으며 그 결과 세계 5위의 제조업 국가가 되었다.

2) 후방참여 지표를 통해 본 제조업의 GVC 네트워크

전술한 바와 같이, 총수출은 국내와 해외 부가가치의 합으로서 이는 여러 가지 요인으로 정교하게 지리적으로 분해될 수 있다(Koopman et al., 2014). 이처럼 부가가치를 원산지별로 분해 가능한 TiVA 자료는 GVC 참여 정도를 평가하는 데 유용한 대용치(proxy)로 사용되고 있다(OECD and WTO, 2013). 특히 OECD의 후방참여 지표는 GVC 네트워크를 분석하는 데 유용한 대리지표이다(Amador and Cabral, 2016). 왜냐하면 이 지표는 수출품에 필요한 중간재의 국내외 부가가치의 기여 정도를 반영하고 있어 생산공정의 지리적 배치를 파악할 수 있기 때문이다.

네트워크는 노드와 이들 간의 관계를 나타내는 링크로 이루어져 있다. OECD TiVA 자료는 61개국과 기타로 편제되어 있다. 여기서는 기타를 제외하고 61개국을 분석 대상으로 삼기 때문에 노드의 수는 61개이다. 이들 노드 간의 관계를 나타내는 링크는 한 국가의 수출품을 생산하기 위한 해외 부가가치 공급자로서 교역 상대국의 비중을 보여준다. 이들의 관계를 네트워크에 드러내는 것은 매우 복잡하기 때문에, 아마도어와 캐브럴Amador and Cabral(2016)의 경우처럼 후방참여 지표가 1% 미만이면 링크는 0으로 처리된다.

2000년 이후 제조업을 대상으로 OECD TiVA 자료를 활용하여 국내와 해외 부가가치의 합으로서 총수출은 지역별 부가가치로 분해될 수 있다. 글로벌 레온티에프 역행렬(Leontiefinverse matrix)을 이용하여 주요 국가들의 총수출은 국내와 해외 61개국으로 분해되는 것이다 (OECD and WTO, 2013). 주요 국가들에 대해 해석의 용이함을 위해 그 결과를 일정한 지리적 범위로 묶어 정리한 것이 〈표 2-8〉이다.

2000~2011년 사이 제조업 수출품에서 차지하는 국내 부가가치 비중이 대부분의 국가에서 감소하였다. 다만 중국과 싱가포르는 국내 부가가치의 기여 비중이 높아졌다. 전술한 바와 같이, 중국의 경우 제조업 저변의 확대로 인한 국산화 제고 효과에 따른 것이다. G7 국가들의 국내 부가가치 기여 비중은 2011년 기준으로 최저 60% 중반 내외이지만 한국은 53.1%에 불과하다.

EU와 NAFTA는 상대적으로 역내국가의 부가가치 기여 비중이 높다. 그러나 역외지역의 기여 비중이 점차 높아졌다. 즉 제조업의 생산공정 분업이 역내 경제블록에 제한된 것이 아니라 글로벌 차원에서 심화되고 있다. 이는 '메이드 인 월드(made in world)' 또는 '팩토리 월드(factory world)'가 나타나고 있음을 시사한다(Los et al., 2015).

한중일 동북아 3국에 초점을 두고 살펴보면, 2000~2011년 기간 동안 NAFTA의 부가가치 기여 비중은 모두 감소하였다. 그리고 역내와 기타 지역의 비중이 상대적으로 크게 증가했다. 이는 NAFTA를 대표하는 미국의 제조업 기반 약화와 동시에 R&D와 같은 비제조능력의

(단위: %)

연도\지역	2000					2011					비중 변화 (2011~2000)				
	EU	NAFTA	동북아	기타	국내	EU	NAFTA	동북아	기타	국내	EU	NAFTA	동북아	기타	국내
캐나다	1.9	30.7	1.3	1.7	64.5	2.3	27.5	2.5	3.3	64.4	0.5	-3.2	1.1	1.6	0.0
프랑스	17.3	3.5	1.6	7.2	70.4	17.3	3.2	3.0	9.9	66.6	-0.1	-0.4	1.5	2.8	-3.8
독일	13.4	3.7	1.7	5.0	76.2	15.1	3.2	3.8	8.1	69.7	1.7	-0.5	2.1	3.2	-6.5
이탈리아	13.8	3.6	1.4	5.7	75.5	16.1	3.1	2.2	10.5	68.0	2.2	-0.5	0.9	4.8	-7.5
일본	1.4	3.2	2.3	2.3	90.8	1.5	3.0	7.7	5.8	82.0	0.1	-0.2	5.4	3.6	-8.8
한국	4.7	10.4	12.0	8.1	64.7	3.8	6.0	20.4	16.7	53.1	-0.9	-4.5	8.4	8.6	-11.7
영국	13.1	5.4	1.7	5.5	74.3	16.7	6.0	2.8	10.2	64.3	3.6	0.6	1.1	4.7	-10.0
미국	3.8	6.8	3.2	3.8	82.5	3.6	7.2	3.4	7.3	78.5	-0.2	0.4	0.3	3.5	-4.0
중국	9.7	19.3	11.4	10.2	49.4	7.0	11.5	7.3	14.3	59.9	-2.7	-7.8	-4.1	4.1	10.5
홍콩	3.1	4.9	9.0	8.0	74.9	4.5	2.0	19.2	16.4	57.9	1.3	-2.9	10.2	8.4	-17.0
인도	2.8	4.3	2.1	6.1	84.8	7.5	6.8	5.8	15.9	63.9	4.7	2.5	3.8	9.9	-20.9
싱가포르	7.0	11.3	11.5	23.6	46.6	4.5	4.6	12.3	27.6	51.0	-2.5	-6.7	0.8	4.0	4.4
대만	6.1	13.2	12.7	7.4	60.6	3.9	7.0	26.7	13.5	49.0	-2.2	-6.2	14.0	6.0	-11.6
베트남	13.1	3.1	13.0	10.0	60.9	8.2	8.3	16.2	16.1	51.2	-4.9	5.2	3.3	6.2	-9.7

주: EU는 28개 회원국 기준, NAFTA는 미국·캐나다·멕시코, 동북아는 한국·중국·일본·대만의 합계.
자료: OECD TiVA DB(http://www.stats.oecd.org)에서 계산.

강점을 반영한 것으로 보인다. 왜냐하면 NAFTA에 의지하는 부가가치 비중이 여전히 타 지역에 비해 상대적으로 크기 때문이다. 그리고 동북아 3국의 부가가치 조달의 역내 비중이 중국을 제외하고는 상대적으로 높아졌다. 특히 한국이 일본보다 그 비중이 높다. 이는 한국의 경우 중국효과에 의지하는 바가 크기 때문인 것으로 보인다. 요약하면, 동북아 3국에서 NAFTA의 부가가치 기여 비중이 상대적으로 낮아진 반면 역내와 기타 지역의 부가가치 기여 비중이 높아지고 있다.

〈그림 2-13〉과 〈그림 2-14〉는 〈표 2-8〉을 기반으로 제조업 글로벌

가치사슬의 네트워크를 시각화한 것이다. 전술한 바와 같이, 해석의 용이함과 네트워크의 간결함을 위해 후방참여 지표가 상호 간 1% 이상인 링크만을 대상으로 하였다. 그리고 노드의 크기는 외향 연결도수와 비례하고, 이는 수출제품을 위한 중간재가 어느 한 국가에서 다른 국가들로 수출·공급되는 정도를 나타내고 있다. 따라서 노드의 크기가 클수록 중간재의 주요한 공급자로서 기능한다고 해석할 수 있다. 그 반대라면 중간재의 사용자로서 역할을 하는 것으로 볼 수 있다.

2000년부터 2011년까지 제조업의 GVC 네트워크를 비교해보면 미국은 여전히 네트워크의 중앙에 위치해 있다. 미국의 외향 연결도수가 2000년 59개에서 2011년 58개로 중간재 공급자로서 글로벌 지위에 큰 변화가 없다. 특히 NAFTA, 남미, 아시아 국가들과 매우 긴밀한 연계관계를 통해 글로벌 차원에서 강력한 경제적 영향권을 형성하고 있다. 그러나 2011년 그림을 보면 교역 파트너 국가들에 대한 미국의 중간재 부가가치 공급 비중이 상대적으로 줄어들었다. 이는 미국 제조업 기반의 약화에 기인하는 것으로 볼 수 있다. 미국이 여전히 네트워크 중앙부에 위치해 있는 것은 다른 한편으로는 R&D, 지식기반 서비스 등 비제조능력의 강점을 가진 덕분이다. 또한 GVC 확대와 각국의 국산화 노력도 이에 한몫한 것으로 보인다.

같은 기간 동안 유럽의 상황을 살펴보자면, 영국·독일·프랑스·이탈리아가 네트워크 중앙부를 차지하고 있다. 이들 국가는 해외 부가가치의 주요 공급자로서 위상을 가지면서 경제적 영향권을 형성하고 있다. 영국·독일·프랑스·이탈리아의 외향 연결도수가 2000년에 각각 47개, 44개, 37개, 31개이고, 2011년에는 각각 40개, 44개, 36개, 31개이다. 즉 이들 국가는 중간재 부가가치 공급자로서의 위상이 미국처럼 큰 변화를 보이지는 않고 있다.

반면에 아시아는 2000년에 일본이 이와 같은 역할을 했으나 그 강

〈그림 2-13〉 부가가치 기준 교역의 제조업 글로벌 가치사슬: 2000년 기준

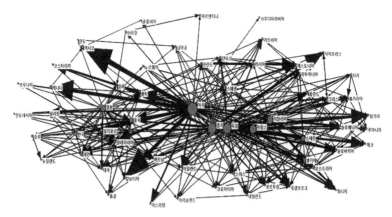

주: 노드의 크기와 링크의 굵기는 각각 외향 연결도수와 수출에서 차지하는 해외 부가가치의 사용 비중과 비례하고, 화살표의 방향은 해외 부가가치의 공급자에서 사용자로 향하고 있음을 나타냄.

도가 유럽에 비해 훨씬 약하다. 특히 2011년의 네트워크 그림을 보면 부가가치 공급자로서 중국의 위상이 강화되어 네트워크 중앙부와 근접해 위치해 있다. 일본과 중국의 외향 연결도수는 2000년 각각 25개와 17개에서 2011년 각각 21개와 43개로 변화하였다. 중간재 부가가치의 공급자로서 일본의 위상이 약화되고 중국의 위상이 급격히 강화됨에 따라, 〈그림 2-14〉에서 보는 바와 같이, 최근 제조업의 경제적 공간이 유럽과 아시아/아메리카 대륙으로 크게 양분되고 있으며, 중국이 미국과 더불어 아시아/아메리카에서 핵심 부가가치 공급자로 기능하고 있는 것이다.

이 기간 동안 한국은 중국·일본·대만 등 동아시아 국가 그리고 미국을 위시한 NAFTA와 긴밀한 연관을 여전히 유지하였다. 한국의 외향 연결도수는 2000년 12개에서 2011년 14개로, 반면 내향 연결도수는 2000년 7개에서 2011년 11개로 늘어났다. 따라서 중간재 부가가치의 공급자와 사용자 양자의 역할을 여전히 수행하고 있다. 〈그림 2-14〉

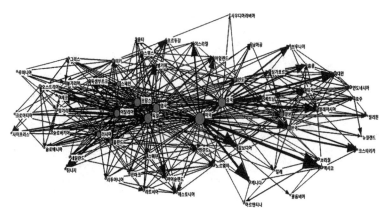

주: 노드의 크기와 링크의 굵기는 각각 외향 연결도수와 수출에서 차지하는 해외 부가가치의 사용 비중과 비례하고, 화살표의 방향은 해외 부가가치의 공급자에서 사용자로 향하고 있음을 나타냄.

를 보면 FTA를 처음으로 맺은 칠레에 부가가치 공급자로서 역할을 하고 있는 것이 나타난다. 하지만 아시아에서 한국은 중국과 비교해 제조업 GVC 네트워크의 핵심 허브는 아니다. 한국의 제조업 경제규모와 필적할 만한 영국·프랑스·이탈리아는 네트워크의 중앙부에 위치하고 있다. 하지만 한국은 네트워크의 반주변부에 머물러 있다. 이는 아시아에서 중국·일본·미국의 위상이 너무 강력한 데 기인하는 것으로 볼 수 있다.

2000년 61개국을 연결하는 링크들의 수가 423개였으나 2011년에는 520개로 증가하여 제조업 GVC의 네트워크 밀도가 높아졌다. 이는 값싼 숙련노동을 활용하기 위해 생산공정의 분업이 심화되고 글로벌소싱이 확대됐다는 것을 시사한다. 전체적으로 보면, 이 기간 동안 네트워크 밀도가 높아졌으며 역내 거래관계를 넘어서는 네트워크가 나타나고 있다. 특히 중국이나 인도 같은 새로운 진입자들이 나타나면서 광범위한 지역 간 연계관계가 형성되고 있다. 제조업 GVC 네트워크가 경제블록 차원이 아니라 글로벌 차원에서 전개되고 있는 것이다.

2000년대는 세계경제의 호황기였다. 이 기간 동안 개도국은 글로벌 가치사슬 형성에 따라 산업화의 길목에 들어서거나 급속한 산업화를 경험하고 있다. 그중 중국효과가 세계적 차원에서 확인된다. 한국경제도 이러한 중국효과에서 벗어날 수 없다. 중국이 각종 부품소재의 수출 대상지로 부각되었으며 최종제품의 소비지로 각광을 받았다. 하지만 2008년 글로벌 금융위기 이후 세계경제가 저성장의 가도에 들어섰고, 글로벌 가치사슬 수익의 한계체감이 발생하였으며, 중국의 국산화 비율이 급상승하고 있다(Hoekman, 2015). 중국효과는 이제 커다란 위협으로 다가오고 있다.

이처럼 중국효과가 지배적인 글로벌 가치사슬 구조에서 한국 제조업이 갖는 위상은 불안정한 상태이다. 기술의 모듈화에 따라 개도국의 산업화는 순차적으로 고기술로 업그레이드하는 것이 아니라 병렬적으로 기술을 업그레이드하고 선진국을 따라잡을 기회를 가지게 되었다. 기술의 모듈화는 기존의 숙련이 기술장비에 체현되는 것을 함의하기 때문에 프로그램 가능한 최신 장비의 구입은 이러한 기술의 숙련 획득에 걸리는 시간을 크게 단축시킬 수 있다.

5. 요약과 시사점

우리나라 제조업은 제2차 세계대전 이후, 개도국 차원에서 보면 전례 없는 양적 성과를 거두었다. 2010년대에 접어들어 우리나라 제조업 GDP 규모는 세계 5위로 우리나라 앞에는 미국·중국·일본·독일이 있을 뿐이다. 그리고 제조업을 필두로 한 우리의 산업화는 부품제조업과 완제품 생산을 모두 수행하는 풀세트형 제조업 경로를 밟아왔다. 이러한 제조업은 무엇보다 대기업 주도의 설비투자에 의존하고, 현장노동자의 숙련보다는 엔지니어의 생산 및 양산 기술에 경쟁력을 갖는 산업혁신의 양상을 드러냈다.

외환위기를 겪으며 많은 근로자가 일시해고를 겪고 상시적 구조조정이 강조되고, 이에 대한 대기업 노조의 집단적 대응으로 노사 간의 관계는 예전보다 더욱더 악화되었다. 이에 따라 냉전시대의 산물이자 지배체제의 양식으로서 노동배제가 새로운 양상으로 전개되었다. 즉 전투적 노동을 우회하는 하나의 수단으로서 자동화가 가속화되었다. 이는 기존 숙련형성의 노력을 무너뜨리면서 대기업은 엔지니어의 기술중심적 사고를 바탕으로 생산공정 합리화와 효율성을 극대화하게 된다. 대기업이나 중소기업 가릴 것 없이 비용 최소화를 위해 비정규 임금노동자를 활용하고 IT 기반의 로봇 사용을 수용하고 있다. 이에 따라 최근 들어 제조업 로봇밀도는 일본을 제치고 세계 1위에 올라서 있다. 로봇 사용이 전자와 자동차 산업에서 많이 쓰이고 우리나라가 이 산업에 경쟁력을 가져 로봇 사용이 대중화된 측면도 있지만, 이는 노동배제의 경로의존성과 외환위기 이후 노사 간의 숙련형성 노력의 비가시적 성과 그리고 노사 간의 반목과 불신 등이 맞물린 결과이기도 하다.

노동을 배제한 로봇 사용을 동반하는 설비투자는 막대한 고정비를 수반하기 때문에 장시간 노동을 요구한다. 그리고 2000년대 이후 전 세계가 누린 호황으로 인해 노조의 경우도 장시간 노동을 수용하고 그 대신 경제적 이기주의 노선을 택하면서 '설비투자-장시간 노동'은 하나의 세트로 자리잡게 된다. 그리고 현장숙련 노동의 경시로 인해 기능적 유연성을 추구할 수 있는 여지가 좁아졌다. 즉 상시적 구조조정은 양적 유연성을 기본으로 한다. 글로벌 분업의 확대로 글로벌 차원에서 아웃소싱이 가능해졌고, 재벌대기업은 재벌 차원에서 준내부화 경제를 활용한 수직적 계열화를 추구하였다. 이 과정에서 노동배제적 자동화는 기업의 가장 일반적 전략이 되었으며, 일부 대기업 노조는 집단적 대응으로 이러한 체제의 경제적 이득을 선취할 수 있었다.

이러한 산업화는 지경학적 측면에서 일본과 중국을 위시한 국제분 업에 의존한다. 일본과 선진국에서 주요 부품을 수입하고 이를 조립하 여 완제품을 수출하는 조립형 산업화에서 중국은 중요한 시장이 되었 다. 국제분업의 측면에서 보면 1990년대 이후 중국이 부상하는 가운 데, 2000년대에는 중국의 경제적 규모가 미국과 버금가는 정도로 커졌 다. 중국과 일본이 우리와 이웃하고 있다는 사실은 우리나라 산업화에 는 기회이자 위기였다. 현재의 제조업 수준에서 보면 제조업을 통한 지 속적인 경제성장에 의문이 드는 것이 사실이다.

2008년 글로벌 금융위기 이후 미국을 위시한 선진국은 기존의 산업 정책에 관해 재고해보고 있다. 제조업이 여전히 중요한 이유는 다음과 같다. 첫째, 최근 제조업의 고용성장이 상대적으로 서비스의 고용성장 보다는 둔화되고 있는 것이 사실이지만 제조업이 다른 산업 부문(예: 전 문·사업서비스)의 고용에 미치는 확산효과(spillover effect)를 고려한다면 고용창출에서 여전히 제조업은 중요하다는 것이다. 둘째, 제조업 육성 을 통한 직접적 고용 증가 이외에도 강력한 제조업 기반은 혁신의 제고 에 기여한다는 점이다. 물론 정보통신기술 발전과 글로벌 가치사슬의 정교화에 따라 생산직 고용 대부분은 중국과 베트남 등 제3세계로 이 전되고 있는 것도 사실이지만, 최소한 고숙련·고부가가치의 혁신적 일 자리를 창출하는 일이 가능하다는 것이다. 그리고 이러한 혁신, 시제품 테스트, 시장 개척 등의 과정은 심층적인 일련의 숙련과 노하우의 축 적, 지리적으로 착근된 산학협력 생태계를 필요로 한다는 점에서 제조 업이 고용의 기반을 확충하고 유지하는 데 핵심적이라는 것이다. 셋째, 이러한 추세를 감안한다면 지나친 생산의 외부화 전략은 혁신의 잠재 력을 훼손할 수 있다는 점에서다. 예를 들면, 세련된 디자인도 제조업과의 반복적 과정을 거치며 탄생하는 것이 다반사이다. 이에 따라 최근에는 R&D와 제조업 일자리 간의 연계가 강화되고 있다(Sperling, 2013; 정준호·고영우, 2014).

제조업 기반이 다른 산업 부문의 고용에 영향을 미치려면 제조업과 관련 산업이 지역에 착근되고 유기적으로 연관되어 있어야 한다. 어떻게 지칭하든지 간에 '산업생태계', '산업클러스터', '산업코먼스(industrial commons)'가 형성되어 있어야 한다는 것이다. 이러한 점에서 산업 부문의 지리적 착근은 관련 산업 간의 소통을 강화하고 부가적 수요를 창출할 수 있다. 이는 관련 지역 내외의 자원을 동원하고 수평적 민관협력을 통해 새로운 성장동력을 찾아내 성장기반을 집합적으로 구성하는 일이다. 이러한 내생적 전략 또는 아래로부터의 산업화 전략은 많은 시간을 필요로 하지만, 안정적 고용성장의 기반을 구축한다는 장점이 있다. 성장이 기업 내 분업에 의지하는 것이 아니라 관련 지역 내 기업, 연구소, 대학 간의 사회적 분업에 기대고 있어 생산의 우회도가 증가되어 안정된 고용창출 기반을 창출할 수 있는 것이다. 이는 산업생태계를 창출하고 보호하는 전략이기 때문에 과도한 시장경쟁 대신 협력과 평판기제가 이를 보완해주어야 한다.

구조조정에 대비하기 위해서라도 지리적 이동성보다는 외부환경 변화에 적응할 수 있는 능력, 즉 '숙련이동성'을 제고할 필요가 있다. 즉 중간숙련을 가진 근로자가 구조적 변화에 대응할 수 있는 교육 및 훈련 체계를 잘 구축할 필요가 있다. 그러한 노력의 일환으로 고용주와 근로자 사이의 사회적 대화를 통해 숙련이동성을 확보할 여지를 마련하는 것이 필요하다(정준호·고영우, 2014). 오늘날의 숙련은 디지털 해독, 문제 해결, 이해·해석·종합 능력 등 다차원적 인지능력을 보유하는 것과 함께 협력·경쟁·연계 등 사회적 소통능력을 요구하고 있다. 이러한 능력을 제고하는 것이 바로 숙련이동성의 골자이다(Farcy et al., 2013).

이러한 숙련은 첨단기술을 요구하는 산업 부문에서만 필요한 것이 아니라, 전체 산업 부문에서 요구되는 것이다. 이에 따라 숙련 업그레이드에 대한 첨단기술 편향적(high-tech bias) 사고는 지양될 필요가 있다.

우리나라 산업화에서 기술적 조건이나 패러다임이 커다란 영향을 미친 것은 분명한 사실이다. 우리나라 제조업은 첨단과 기술주의적 사고가 강하고, 기술과 숙련의 분리로 특징지어진다. 그리고 이는 현장노동의 숙련 향상에 대한 무관심과 고정비 증가에 따라 이를 만회하기 위한 장시간 노동이 체질화되었다. 이러한 의미에서 노동배제가 진행되었다. 다른 한편으로, 생산의 동반자로서 노동은 원천적으로 배제되었다. 이는 정치적 독재 시기의 산물이기도 하다. 민주화 이후 외환위기를 겪으면서 노사가 각자의 이해관계에 따라 상이한 경로를 밟아가고 있는 셈이다.

특히 중국의 등장은 우리나라 제조업의 르네상스를 일으키기도 했으나 소수의 독과점 구조를 배태하며 노사 간·노노 간 갈등을 더욱 증폭시키고 있다. 기술 중심적 제조업의 활성화는 고용 없는 성장, 대기업과 중소기업 간의 격차를 심화하고 있으며, 이에 따른 사회경제적 효과는 경제적 '양극화'와 '이중화'로 요약될 수 있다.

3. 소득주도 성장과 산업생태계 혁신

홍장표

1. 머리말

개별 기업에서는 노동자들에게 임금을 적게 지불해야 이윤이 늘어난다. 이는 삼척동자도 아는 사실이다. 그런데 모든 노동자의 임금이 낮아지면 그만큼 시장의 크기는 줄어들고 결국에는 기업가가 고통을 겪게 된다. 상품을 만들어도 팔리지 않기 때문이다. 이는 임금이 그저 가능한 한 깎아내려야 할 생산비용만이 아니라 소비할 수 있는 능력, 즉 구매력이 된다는 것을 말한다. 일찍이 1929년 발발한 세계대공황의 원인은 유효수요의 부족에 있다고 설파한 케인스가 강조했던 사실이기도 하다.

글로벌 경제위기 이후 세계시장에서의 전반적 수요 부진으로 불황이 계속되자 학계에서는 세계 각 나라에서 소득불균형을 완화하고 임금을 높여 내수를 확대하는 것이 불황 극복의 타개책이라는 목소리가 커졌다. 국제노동기구(ILO), 유엔무역개발회의(UNCTAD)와 같은 국제기구에서도 글로벌 금융위기 이후 불황 국면을 타개하기 위해서는 세계 각국이 가계소득을 늘려 내수를 증진시키는 임금주도 성장(wage-led growth)을 모색할 것을 권고하고 있다(UNCTAD, 2010; ILO, 2011; Onaran and Stockhammer, 2012). 실질임금을 높이고 가계소득을 늘려 유효수요를 확장하면 기업의 투자가 늘고 노동생산성도 높아지기 때문에 경제성장에 기여한다. 세계경제의 불황 국면이 지속되면서 각국의 내수 부진이 심화되자 이와 같은 임금주도 성장전략을 정책으로 채택하는 국가가 늘고 있다. 오바마 미국 대통령은 2015년 신년 국정연설에서 "1년에 1만 5,000달러가 안 되는 돈으로 가족을 부양할 수 있다고 믿는다면 그렇게 한번 살아보라"라고 하면서 미국의 최저임금을 7.25달러에서 10.10달러로 인상하는 방안을 내놓았다. 일본과 독일도 성장 패러다임이 한계에 부딪혔다고 보고 최저임금 인상을 통한 '임금주도 성장'으로 정책기조를 바꾸고 있다. 임금주도 성장은 국내에서는 취업자 가운데 자영업자 비중이 높은 현실 여건을 고려하고 가계의 부채가 아니라 소득을 늘려 내수시장을 확충한다는 의미를 부각시킨다는 차원에서 소득주도 성장(income-led growth)으로 소개되고 있다.

널리 알려져 있듯이 한국경제는 1997년 외환금융위기 이후 급격한 구조변동을 겪었다. 위기 이후 실질임금 증가는 둔화되고 국민소득 대비 가계소득이 차지하는 비중은 급속하게 감소한 반면 기업의 이윤 몫은 크게 증가하였다. 가계소득의 위축으로 소비여력이 약화되었고 부채를 통해 생계를 유지하는 가계가 늘어났다. 기업들은 내수가 부진한 가운데 투자를 기피하고 막대한 사내유보금을 쌓았다. 2008년 글로벌 금융위기로 인해 한국경제의 불안정성은 더욱 심화되었다. 1997년 외환금융위기 이후 소비 감소와 투자 부진 속에서 그나마 수출이 한국경제를 이끌어왔지만, 2008년 글로벌 경제위기 이후에는 수출마저 급감하였다. 한국경제는 대외적으로는 세계경제의 불안정성에 노출되어 있고, 대내적으로는 저성장과 소득불평등 심화의 이중고를 겪고 있다.

성장률이 둔화되고 소득불평등이 심화된 가운데 한국사회에서는 복지에 대한 사회적 요구의 증대와 새로운 성장전략의 필요성에 대한 인식이 점차 확산되고 있다. 복지 수요의 증대는 가계경제의 위기를 반영한다. 경제위기 이후 불안정한 일자리 확대와 노동소득 정체는 가계 부문의 적자를 확대시켰으며 사회적 불평등을 심화시켰다. 소득과 부의 집중과 경제적 양극화가 진행되는 상황에 대한 사회적 불만이 소득 불평등 완화와 복지에 대한 광범위한 요구로 나타나고 있다.

소득주도 성장전략은 있는 파이를 나누어 쓰자는 단순한 분배전략과는 달리 소득불평등을 완화시켜 내수시장을 늘림으로써 저성장의 늪에서 탈출하자는 성장전략의 일종이다. 우리나라에서는 성장률 둔화와 분배 악화의 심각성에 비추어 소득불평등 완화로 가계소득을 늘려 내수를 살리자는 소득주도 성장론에 공감하는 경우가 많지만, 그 실효성에 대해 의문을 품는 비판적인 견해도 적지 않다. 전경련을 비롯한 재계에서는 한국과 같이 수출에 크게 의존하는 소국개방경제에서 임금 상승은 수출경쟁력을 약화시키고 기업투자를 위축시킬 것이라고 우려한다. 물론 이와 같은 우려는 임금 상승이 소비지출은 늘리지만 수출과 투자를 위축시키는 효과가 있기 때문에 국민경제의 총수요가 증가한다는 보장이 없다는, 소득주도 성장을 둘러싼 전통적 논란의 연장선 위에 있다. 따라서 이와 같은 논란에 답하려면 노동소득 증가가 소비·투자·수출을 포함한 거시경제 전체의 총수요에 미치는 영향을 검토해야 한다.

한편 중소기업과 자영업자의 비중이 높은 한국경제의 구조적 특성이 소득주도 성장전략의 유효성을 제약하는 방향으로 작용한다는 점도 유의할 필요가 있다. 2013년 현재 우리나라 산업 전체 종사자 수 가운데 대기업이 차지하는 비중은 12.5%에 불과하고 중소기업과 소상공인 종사자가 87.5%로 커다란 비중을 차지한다(중소기업중앙회, 2015). 그러므로 중소기업의 임금지불능력과 자영업자의 소득 안정이 뒷받침되지 않는다면, 소득주도 성장전략이 의도하는 효과가 제대로 나타나지 않을 수 있다. 대기업 위주의 성장 과정에서 형성된 불균등한 산업구조에서 대기업에 비해 현저히 낮은 중소기업의 노동생산성이 임금지불능력을 제약하고 있는 것이다. 이에 더해 수요독점적 시장구조 속에서 대기업이 우월적 지위를 행사하고 중소기업의 교섭력이 취약해 중소기업이 생산성을 높이더라도 수익성 향상이나 근로조건 개선으로 이어지지 않고 있다(홍장표, 2015). 최저임금 인상이 중소기업과 자영업자의 경영을 압박하고 일자리를 줄이는 부작용을 낳는다는 우려의 목소리가 나오는 것도 이와 같은 현실을 반영한 것으로 볼 수 있다.

한국경제의 현실 여건을 감안할 때 최저임금 인상, 분배 개선과 같은 소득정책을 통해 가계소비와 내수가 진작되더라도, 대다수 중소기업 노동자와 자영업자들의 소득 증진을 제약하는 구조적 요인들이 존재하는 한 소득주도 성장의 지속성은 담보될 수 없다. 가계의 소득을 지속적이고 안정적으로 증진시키려면 수요 측면에서는 내수 확대를 위한 소득정책과 함께 중소기업의 생산성-임금지불능력 향상을 추구하는 공급 측면에서의 중장기 구조개혁정책이 뒷받침되어야 하는 것이다. 이 글에서는 이와 같은 문제의식에서 저성장과 소득분배 악화의 이중고를 겪고 있는 현 단계 한국경제에서 분배와 성장의 선순환을 추구하는 소득주도 성장전략이 유효하게 작동하기 위해서는 강자독식의 약탈적 산업생태계를 협동과 공생의 산업생태계로 바꾸는 산업구조 개혁과 지역 중소기업을 성장의 새로운 주역으로 삼는 정책 패러다임의 전환이 요구된다는 점을 보이고, 패러다임 전환을 위한 정책과제를 제시하고자 한다.

2. 저성장과 양극화 속의 한국경제

1) 성장둔화와 분배악화의 이중고

1997년 이전 한국경제는 높은 성장률을 보였다. 1981년부터 1997년까지 한국의 연평균 GDP 성장률은 9%를 초과하였다. 그러다가 1997년 IMF 외환금융위기 이후 10년간 연평균 성장률은 6.1%로 하락했으며, 2008년 글로벌 경제위기 이후에는 3.1%대로 크게 하락하였다. 그리고 2015년에는 성장률이 2.6%로 마감되었으며 2016년에도 3%를 하회할 것으로 전망되고 있다. 〈표 3-1〉에서 보듯이 IMF 외환금융위기 이후 성장률이 하락한 원인은 투자 증가율이 큰 폭으로 하락했기 때문이다. 외환금융위기를 전후해 투자 증가율은 12.5%에서 5.8%로 크게 하락하였으며, 2008년 글로벌 금융위기 이후에는 2.4%로 하락하면서 총수요 증가를 위축시켰다.

〈표 3-1〉은 2008년 글로벌 경제위기 이후 수출이 크게 둔화되었다는 점도 보여준다. 1997년 IMF 외환금융위기 이후 한국경제의 버팀목은 수출이었고, 수출이 지속적으로 증가하면서 그나마 총수요 증가율을 유지할 수 있었다. 그런데 2008년 이후 수출 증가율마저 평균 12.0%에서 5.9%로 6.1%p 하락하였고 2015년에는 수출 증가율이 0.8%로 낮아졌다.

1997년 외환금융위기 이후 한국경제는 제조업 대기업들이 선도하는 수출경제로 지탱해왔다. 2000년 이후 총수요에서 수출이 차지하는 비중은 증가하였지만 민간소비 비중은 지속적으로 감소하였다. 2010년부터는 급기야 수출이 민간소비를 앞지르는 상황이 벌어졌다. 2000년대 이후 수출 대기업은 꾸준히 성장하였지만 가계소득 증가가 둔화되어 GDP에서 수출이 차지하는 비중이 과도하게 커졌다. 이는 일

(단위: %)

구분	1981~1986	1987~1997	1999~2007	2008~2015
GDP 증가율	9.7	8.8	6.1	3.1
민간소비 증가율	7.6	8.4	5.5	2.1
민간투자 증가율	10.4	12.5	5.8	2.4
수출 증가율	13.7	12.8	12.0	5.9
수입 증가율	8.1	14.1	12.5	4.6

자료: 한국은행, 경제통계 시스템.

본의 경우 총수요에서 내수가 50.1%를 차지하고 수출은 13.2%에 불과한 것과 대비되는데, 한국경제의 수출의존도가 지나치게 높다는 것을 알 수 있다.

이런 상황에서 2008년 글로벌 경제위기 발발 이후 세계 불황의 장기화와 세계수요의 감소가 한국경제에 커다란 위기 요인으로 작용하였다. 세계수요의 감소로 수출이 급감하였고 경제성장률이 낮아졌다. 우리나라처럼 경제의 수출의존도가 높을수록 대외적 불확실성과 충격에 더 크게 노출된다. 국민경제의 높은 대외의존도는 경제정책의 자율성을 떨어뜨리고, 세계시장에서 비용경쟁력을 유지하도록 실질임금의 상승을 억제하는 압력이 커진다. 그리고 둔화된 가계소득 증가는 결국 내수시장을 위축시키는 결과를 초래하게 된다.

2008년 글로벌 경제위기 이후 세계경제의 불황이 장기화하는 가운데 한국경제가 일본식 장기 불황의 늪에 빠지는 것이 아닌가 하는 우려의 목소리가 더 높다. 〈그림 3-1〉을 보면, 1990년 이래 20여 년간 저성장·저물가의 늪에서 헤어나지 못했던 일본경제의 양상과 한국경제의 최근 양상이 매우 흡사하다. 일본의 '잃어버린 20년'이 한국경제의 미래가 될 가능성을 배제할 수 없는 상황을 맞고 있다. 한국경제가 장기

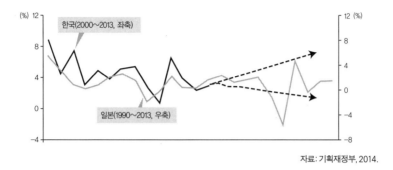

〈그림 3-1〉 한국과 일본의 성장률 추이

자료: 기획재정부, 2014.

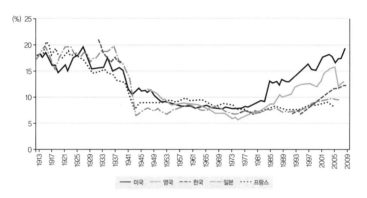

〈그림 3-2〉 상위 1% 소득집중도의 국제 비교

자료: 김낙년, 2014.

불황의 늪에 빠질 것이라는 우려는 우리 경제가 안고 있는 구조적 문제
점과 결부되어 있다. 세계경제 불황으로 수출이 위축된 가운데 가계소
득마저 부진해 내수침체가 계속되고 있으며 과도하게 늘어난 가계부채
가 민간소비 여력을 질식시키고 있다.

한편 IMF 외환금융위기 이후 소득분배가 크게 악화되었다. 〈그림
3-2〉에서 우리나라 국세청 소득세 자료를 이용해 소득집중도를 추계하
고 다른 나라와 비교한 연구 결과를 보면, 우리나라 소득 상위 1%의 소

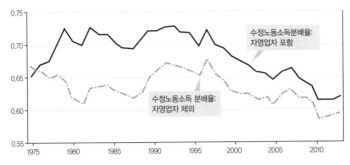

〈그림 3-3〉 노동소득분배율 추이

수정노동소득분배율: 자영업자 포함

수정노동소득 분배율: 자영업자 제외

자료: 홍장표, 2014a.

득집중도는 1997년 이후 급격하게 높아졌다. 그리하여 2000년대 초반에는 프랑스와 일본을 추월하였고 2008년 글로벌 경제위기 이후에는 소득불평등이 세계적으로 가장 극심하다고 알려진 영국과 미국에 근접하는 추세이다. 2016년 국제통화기금(IMF)이 발표한 「성장과실의 분배: 아시아의 불평등 분석」 보고서에 따르면, 2013년 현재 한국의 소득 상위 10%가 전체 소득에서 차지하는 비중은 45%로 아시아 국가 가운데 최고를 기록했다.

1997년 외환금융위기 이후 소득분배의 불평등이 심화된 것은 노동소득분배율이 크게 하락한 것과 밀접한 관련이 있다. 노동소득분배율은 국민소득 가운데 노동소득이 차지하는 비중을 나타낸다. 노동소득분배율을 추계할 때는 자영업자의 소득을 자본소득으로 봐서는 안 되고 자영업자의 소득에 노동소득과 자본소득이 혼합되어 있다는 점을 감안해야 한다. 〈그림 3-3〉에서 '수정노동소득분배율: 자영업자 포함'은 자영업자의 소득이 혼합소득이라는 점을 고려하여 노동소득분배율을 추계한 것이고, '수정노동소득분배율: 자영업자 제외'는 자영업자의 소득을 분모와 분자에서 모두 제외하고 추계한 것이다. 그림에서 보듯

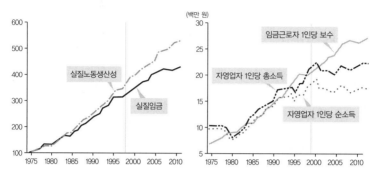

〈그림 3-4〉 실질노동생산성과 실질임금   〈그림 3-5〉 임금근로자와 자영업자 1인당 소득

주: 1) 임금근로자 1인당 피용자 보수=피용자 보수/임금근로자 수.
2) 자영업자 1인당 총소득=(가계 부문 영업잉여+가계 부문 고정자본 소모)/자영업자 수.
3) 자영업자 1인당 순소득=(가계 부문 영업잉여)/자영업자 수.
자료 : 홍장표, 2014a.

이 한국의 노동소득분배율은 IMF 외환금융위기 이후 크게 하락하였다.

노동소득분배율이 하락한 주된 원인은 1997년 외환금융위기 이후 노동시장에서 실질임금 증가율이 실질노동생산성 증가율에 미달한 데에서 찾을 수 있다. 노동소득분배율 증가율은 실질임금 증가율에서 노동생산성 증가율을 뺀 값이기 때문에 노동생산성이 증가하는 것만큼 실질임금이 증가하지 못하면 노동소득분배율은 하락한다. 〈그림 3-4〉에서 보듯이 1997년 이전까지 실질임금은 생산성에 비례하여 증가하였다. 그런데 1997년 외환금융위기 이후 실질임금 증가율이 노동생산성 증가율을 하회하면서 노동소득분배율이 하락하였다. 1997년 이후 자영업자의 소득이 정체된 것도 노동소득분배율이 하락하는 데 영향을 미쳤다. 〈그림 3-5〉에서 임금근로자와 자영업자 1인당 평균소득 추이를 보면, 1997년 이전에는 자영업자 1인당 소득이 임금근로자의 임금과 함께 증가하였지만, 1997년 이후 자영업자의 소득은 거의 정체되었다. 이처럼 자영업자의 소득이 정체됨에 따라 임금근로자 1인당 보수와 자영업자 1인당 소득 사이의 차이가 크게 벌어진 것이다.

이처럼 노동소득분배율이 하락한 것은 외환위기 이후 한국경제의 구조변화와 밀접한 관련이 있다. 1987년 이후 대기업들은 노동자들의 임금인상 요구에 직면하여 고용을 줄이고 설비투자를 늘리는 방식으로 대응하였다. 대기업은 직접고용은 줄이고 외주를 늘림으로써 인건비 부담을 줄였다. 외환위기 이후에는 노동시장의 유연화가 진행되면서 정규직-비정규직 노동자, 대기업-중소기업 노동자 간 임금격차가 확대되었다. 대기업들은 외주를 늘렸기 때문에 노동의 몫이 줄었고, 중소기업들은 지불능력이 취약해 임금을 올려주기 어려웠다. 고용 증가율 둔화와 자영업자의 증가는 자영업 부문에서 과당경쟁을 초래했으며, 이로 인해 자영업자 1인당 소득이 정체되었던 것이다.

2) 수출주도·부채주도 성장의 함정

한국경제는 오랜 기간 동안 대기업 위주의 수출주도 성장(export-led growth)에 의존해왔다. 이명박 정부는 대기업의 수출을 증가시키고 투자를 촉진하기 위해 규제를 완화하고 법인세를 인하했다. 기업들은 노동자들의 임금 상승을 억제하여 수출 상품의 가격경쟁력을 유지하고자 하였으며 정부는 다양한 정책수단을 동원해 지원하였다. 이와 같은 기업규제완화와 노동시장 유연화를 추구하는 정책기조는 박근혜 정부 들어 경제활성화를 도모한다는 명목으로 재등장하였다. 규제완화와 수출 대기업 지원정책을 뒷받침해온 논리가 대기업의 낙수효과(trickle down effect)이다. 수출이 잘되면 기업은 투자를 늘리고 일자리도 창출되고 중소기업의 일감도 늘어나기 때문에 경제가 순조롭게 성장한다는 것이다.

그런데 글로벌 경제위기 이후 수출의 낙수효과가 약화되고 있다는 인식이 확산되면서 대기업 지원정책의 유효성에 강한 의문이 제기되고 있다. 1997년 외환금융위기를 계기로 2000년대 이후 대기업의 고용이 감소하고 수출의 부가가치유발효과와 고용유발효과는 감소하는 추세로 반전되었다. 한국은행(2015)에 따르면, 2000년대 이후 수출수요의 수입유발계수는 증가한 반면(2000년 0.360→2005년 0.386→2013년 0.448), 부가가치유발계수(2000년 0.617→2005년 0.597→2013년 0.541)와 취업유발계수(2000년 19.2→2005년 12.6→2013년 7.8)는 뚜렷한 감소 추세를 보였다. 수출의 낙수효과는 2008년 글로벌 금융위기 이후 한층 약화되었다. 위기 이후 세계경제 불황과 중국의 성장둔화가 한국경제의 수출주도 성장모델을 무력화시키고 있다. 2008년 글로벌 경제위기 이후 한국의 경제현실은 수출 대기업 중심의 성장이 대외충격에 얼마나 취약한가를 적나라하게 보여주고 있다. 이런 배경 속에서 수출 대기업의 성장이 경제양극화와 일자리 문제 해결의 대안이 되기 어렵다는 인식이 확산된 것이다.

수출주도 성장은 부채주도 성장(debt-led growth)과도 밀접한 관련이 있다. 부채주도 성장이란 가계소득 정체로 인한 소비 위축을 가계대출과 부채 증가에 의존하는 소비지출로 만회하는 것을 말한다. 수출주도 성장은 그 혜택을 누릴 수 있는 대기업에는 유리한 기회를 제공하지만, 가계에는 어두운 그림자를 드리운다. 〈그림 3-6〉의 국민소득에서 차지하는 기업소득 비중과 가계소득 비중 추이는 수출주도 성장의 폐해를 그대로 보여준다. 1997년 경제위기를 거치며 2000년 이후 가계소득 비중은 줄어든 반면 기업소득 비중은 큰 폭으로 상승하였다. 은행들은 기업금융보다는 가계를 대상으로 한 소비자금융에 집중하였으며, 소비지출은 소득이 아닌 빚에 의해 지탱되고 있다.

2008년 글로벌 경제위기 이후 성장률은 더욱 낮아졌다. 대기업들은 투자를 기피하고 사내유보금만 늘렸으며 이윤 증가가 투자를 낳고 투

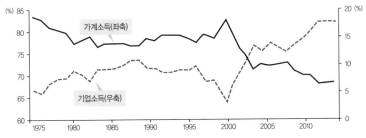

〈그림 3-6〉 가계소득과 기업소득 비중 추이

주: 1) 기업소득=일반기업 소득+금융기업 소득.
2) 가계소득=피용자 보수+가계 부문 영업잉여+재산소득.
자료: 한국은행, 경제통계시스템.

자가 다시 일자리를 창출하는 선순환은 더이상 나타나지 않았다. 이런 가운데 수출주도와 부채주도 성장전략을 고수한 결과 노동자의 임금은 정체되고 가계부채가 누적되었다. 2015년 30대 그룹 상장사의 사내유보금은 742조 원인데 비해 가계부채는 1,200조를 넘어섰다. 번 돈으로 빚을 갚기도 힘든 한계가구가 158만 가구에 이르렀다.

수출주도 성장과 부채주도 성장은 신자유주의 시대 이윤주도 성장(profit-led growth) 모델이 낳은 쌍생아다. 이윤주도 성장모델의 핵심은 규제완화로 자본의 이동성을 높이고 노동시장의 유연성을 증대시켜 기업투자를 유인하는 데 있다. 그리고 이는 노동조합의 교섭력 약화와 낮은 수준의 최저임금으로 노동의 분배 몫을 낮추고 법인세 인하로 자본의 분배 몫을 높이는 자본친화적 소득분배정책에 의해 뒷받침되었다. 문제는 기업의 수익성을 높여 투자를 유도하는 이윤주도 성장에는 커다란 함정이 있다는 점이다.

이윤주도 성장전략이란 임금비용 상승을 억제해 기업의 수익성을 높임으로써 투자를 유인한다는 것이다. 그런데 기업의 수익성이 개선되었는데도 투자가 늘지 않는다면 이윤주도 성장은 작동하지 않는다.

기업투자는 수익성에만 좌우되는 것이 아니고 시장수요로부터도 영향을 받는다. 세계경제의 불황으로 전반적인 공급과잉 상태에 빠져 있는 경우 기업투자는 수익성보다는 시장수요와 경기 전망에 크게 좌우된다. 세계경제의 불황으로 인한 수출 부진과 가계부채 누적에 따른 내수 부진 속에서 기업은 수익성이 좋아도 그 투자는 부진할 수밖에 없다. 이윤주도 성장전략에 따른 자본친화적 소득분배정책은 노동의 몫을 감소시키고 가계의 가처분소득을 줄여 소비지출을 위축시킨다. 그리하여 세계시장에서 유효수요를 위축시키고 과잉공급을 더욱 심화시키는 악순환을 초래하게 된다.

3) 강자독식의 산업생태계와 이중적 노동시장

기업이 생성→성장→성숙→소멸하는 산업생태계는 흔히 자연생태계에 비유된다. 자연생태계에서는 환경에 적응하는 과정에서 유기체 간의 응집력과 새로운 질서가 자생적으로 형성되며, 유기체 간 상호작용과 상호연관성 속에서 새로운 패턴과 특성이 출현하고 공진화(co-evolution)한다. 이때 생태계는 유기체 간 상호작용이 약탈적인가 호혜적 공생인가에 따라 약탈적 생태계와 공생적 생태계로 구분된다(Agiza et al., 1997). 시장경제는 한편으로는 자유·공정·호혜와 다른 한편으로는 억압과 불평등과 지배의 양면성을 지닌다. 시장경제에서 경제주체 간 권력이 대등하면 자유·공정·호혜의 측면이 지배적이 되면서 공생적 생태계가 실현되지만, 권력이 비대칭적일 때는 억압·불공정·통제의 측면이 지배적이 되고 시장을 지배하는 대기업이 외부경제를 수탈하는 약탈적 생태계가 나타난다(이병천, 2016).

한국의 산업생태계는 시장을 지배하는 소수의 대기업이 수많은 중소기업을 자신의 공급사슬에 편입시켜 위계적 분업관계를 형성하는 것

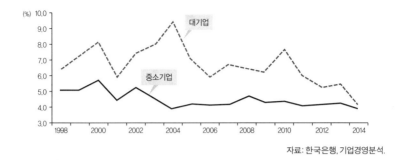

〈그림 3-7〉 제조업 대기업과 중소기업의 영업이익률 추이

자료: 한국은행, 기업경영분석.

이 특징이다. 1997년 외환금융위기 이후 진행된 구조조정은 노동집약적 산업의 쇠퇴와 기술 및 자본집약적 산업의 비중 확대로 나타났다. 이 과정에서 대기업 비중이 확대되고 중소기업은 대기업과의 수직적 분업관계에 더욱 의존하게 되었으며 중소기업의 독자적 성장역량은 크게 잠식되었다.

수직적 분업관계에서 수요독점적 위치를 차지하는 대기업은 중소기업과의 거래에서 우월적 지위에 있으며 수직적 분업과 전문화로부터 발생하는 경제적 지대를 수취한다. 수직계열화된 하도급관계에서 중소기업은 협상력이 취약하고 대기업의 부담을 떠안는 역할을 한다. 대기업들은 사전에 단가 인하 목표 금액을 설정하여 이 계획에 따라 단가를 인하하고, 경기가 나빠지거나 손해가 나면 납품단가를 내려 중소기업에 부담을 전가한다. 납품단가를 가능한 한 낮게 결정할 수 있는 수요독점적 시장구조 속에서 대기업과 중소기업 간 수익성 격차는 발생할 수밖에 없다. 〈그림 3-7〉에서 보듯이 대기업과 중소기업의 매출액 영업이익률이, 경제 상황에 따라 변동하지만 상당한 격차를 보이고 있음을 알 수 있다.

한편 1997년 외환금융위기 이후 대기업의 시장지배력이 강화되는 속에서 대기업이 중소기업의 시장을 잠식하는 강자독식의 산업생태계가 등장하였다. 대기업이 전통적인 중소기업 사업 영역으로 침투하면서 중소기업의 사업 영역이 축소되었다. 2006년 중소기업 고유업종제도가 폐지되면서 대기업들이 중소기업이 영위해오던 사업으로 대거 진출하였다. 중소기업 고유업종제도는 중소기업이 영위하는 소규모 업종의 경쟁력 확보를 위해 대기업 진입을 규제한 제도였는데, 이것이 폐지되자 대기업들은 IT서비스업, 운송업, 유통업 등 중소기업이 영위하던 업종에 진입하여 사업 확장에 나섰다. 대기업들은 소모성 자재 구매대행 업체를 설치하여 중소기업이 설 자리를 잃게 만들었으며, 대형마트와 기업형 슈퍼마켓을 앞세워 골목상권까지 잠식하였다.

대기업이 생산물시장에서 통제되지 않는 지배력을 행사하고 중소기업들이 수직계열화된 하도급관계에 갇혀 있는 강자독식의 산업생태계는 다음과 같이 국민경제의 균형발전을 저해하고 산업의 역동성을 약화한다는 부작용을 낳는다.

첫째, 수직계열화된 하도급관계에서 중소기업의 기술개발투자 유인이 위축된다. 대기업에 납품하는 협력기업들은 특정 용도로만 사용될 수 있는 전용자산(specific asset)에 투자하는 경우가 많은데, 전용자산에 투자한 중소기업들은 판매처를 전환하기가 어렵기 때문에 특정 수요 업체에 대한 매출의존도가 매우 높다. 이와 같은 수직계열화된 하도급관계에서는 중소기업의 협상력이 취약하고 기술개발 성과 중 많은 부분이 제품을 구매하는 수요 업체에 귀속된다(홍장표, 2015). 납품단가 결정에서 원가연동가격제(cost-plus pricing)가 관행으로 자리잡고 있다는 점도 중소기업의 기술개발 유인을 약화시키는 요인으로 작용하고 있다. 원가연동가격제란 대기업이 중소기업이 납품하는 중간생산물의 생산비용에 일정 비율의 이익 마진을 더해 납품가격을 결정하는 방식을 말한다(대중소기업협력재단, 2011). 계약기간 중 비용이 변동해도 최초

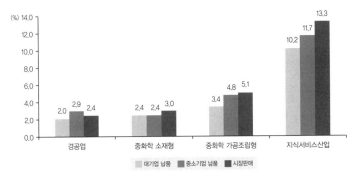

〈그림 3-8〉 중소기업 유형별 매출액 대비 기술개발투자 지출액 비중

자료: 중소기업중앙회·중소기업청, "중소기업 기술통계조사", 2013.

계약 시 정한 가격으로 거래가 이루어지는 고정가격제(fixed pricing)와 달리, 이 방식에서는 거래기간 중 생산비용이 달라지면 납품가격도 달라진다. 원가연동가격제에서는 납품가격이 비용에 연동되어 변동되기 때문에 중소기업이 기술투자로 원가를 절감하면 납품가격도 하락한다. 이로 인해 중소기업이 기술개발 활동을 통해 비용을 줄이면 그 이익이 수요 대기업에 귀속되기 때문에 중소기업의 기술개발투자 유인이 그만큼 약해질 수밖에 없다(홍장표·김종호, 2015).

〈그림 3-8〉은 하도급 중소기업이 시장판매 중소기업보다 기술개발투자에 소극적임을 보여준다. 중소기업 유형별 매출액 대비 기술개발투자 지출액 비중을 보면, 경공업을 제외한 모든 분야에서 시장판매 기업의 기술개발투자 지출 비중이 높다. 자체 판매시장을 보유한 시장판매 기업은 기술개발의 성과가 모두 자신에게 귀속되기 때문에 기술개발투자 유인이 강하다. 이에 비해 중소 협력업체들은 기술개발 활동 노력이 제대로 보상되지 않기 때문에 기술투자에 소극적일 수밖에 없다.

수직계열화와 원가연동가격제는 중소기업의 기술투자를 위축시킬 뿐더러 중소기업 금융지원정책의 효과도 왜곡시킨다. 홍장표·김종호

(2015)는 중소기업을, 거래관계를 기준으로 대기업의 거래 네트워크에 편입된 협력기업과 그렇지 않은 독립기업으로 구분하고 두 유형의 중소기업 간 정책금융지원이 영업이익률에 미치는 효과를 비교 분석하였다. 이에 따르면 대기업의 협력기업들은 금융지원의 효과가 독립중소기업의 3분의 1에 불과한 것으로 나타났다. 이처럼 중소협력업체에서 금융지원의 효과가 낮게 나타난 것은 중소기업이 금융지원으로 달성한 성과가 낮은 납품 가격으로 대기업에 귀속된 데 따른 것으로 파악하였다. 이는 중소기업에 대한 정부의 금융지원정책이 기대했던 성과를 제대로 내지 못한 것도 이와 같은 산업생태계의 결함에서 기인한 측면이 크다는 것을 말해주고 있다.

둘째, 대기업의 시장지배와 불균등한 협상력은 먹이사슬의 연쇄작용을 통해 계층 간 격차구조를 낳는다. 자동차·전자·기계·조선 등 우리나라 주요 제조업에서와 같이 대기업과 중소기업 간 거래가 규칙적이고 반복적으로 이루어지는 경우 공급사슬의 최상층에 위치하는 대기업이 중소협력업체의 비용정보를 입수해 이를 단가협상에서 활용하기 때문에, 하위의 협력기업이 창출한 성과가 거래단계를 거쳐 상위의 대기업으로 이전된다. 하위 단계의 협력기업이 창출한 성과가 공급사슬을 따라 상위로 이전되면 대기업과 중소협력업체뿐 아니라 중소협력업체 내에서도 거래단계에 따라 수익성 격차가 발생한다(홍장표, 2015). 〈그림 3-9〉는 대기업과 1차, 2차, 3차 이하 협력기업의 매출액 영업이익률을 보여준다. 삼성전자, 현대자동차, 현대중공업 등 공급사슬의 최상층에 있는 제조업 대기업들의 영업이익률은 중소 협력업체 영업이익률과 비교할 때 많게는 2배 이상 차이를 보이고 협력기업 내에서도 거래단계별로 이익률 격차가 나타난다.

셋째, 대기업의 시장지배와 강자독식 산업생태계의 어두운 그림자는 노동시장에 집약되어 나타난다. 우리나라의 주요 산업에서는 노동

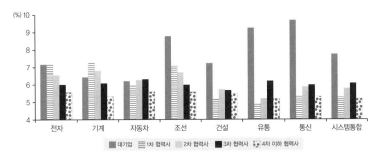

〈그림 3-9〉 대기업과 협력기업의 매출액 영업이익률(2011년 기준)

자료: 홍장표, 2015.

시장이 대기업과 중소기업 노동시장으로 이중화되어 있으며, 대기업과 중소기업 간에 큰 폭의 임금격차가 발생하고 있다. 자동차·전자·조선·기계를 비롯한 제조업은 물론 건설, 통신서비스, 소프트웨어 등 비제조업에서도 대기업을 정점으로 1차, 2차, 3차 협력기업으로 이어지는 계층적 공급사슬이 발달되어 있다. 이와 같은 계층적 공급사슬 구조 속에서 1차 노동시장의 대기업은 아웃소싱을 이용해 2차 노동시장의 저임금 노동력을 활용하고 있다(홍장표·김종호, 2016).

1997년 외환금융위기 이후 기업 구조조정에서 대기업과 중소기업 간 수직적 분업관계가 강화되는 가운데 대기업들이 비용절감을 위해 아웃소싱을 적극 활용하면서 대기업과 중소기업 노동시장의 이중성은 한층 심화되었다. 〈그림 3-10〉에서 보듯이 2015년 산업 전체 중소기업 상용 노동자의 월평균 임금은 대기업 대비 62.0%로, 관련 통계가 나오기 시작한 2008년 이후 가장 낮은 수준을 기록했다. 대기업 노동자가 한 달에 월급을 100만 원 받는다면 중소기업 노동자는 62만 원을 받는다는 뜻이다. 제조업에서는 기업규모 간 임금격차가 더 심해 중소기업 노동자의 임금이 대기업 노동자 임금의 54.5%에 불과하다. 그리고 〈그림 3-11〉에서 보듯이 계층화된 공급사슬 구조 속에서 하위에 위치한

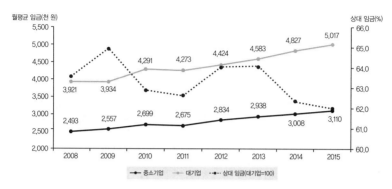

〈그림 3-10〉 대기업과 중소기업 월평균 임금 비교

주: 전 산업 상용 근로자 월평균 임금 기준.
자료: 고용노동부, 고용노동통계.

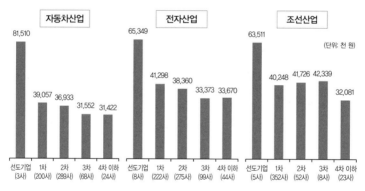

〈그림 3-11〉 대기업과 거래단계별 중소 협력기업의 연평균 임금 비교(단위: 천원)

자료: KED(주), 2011년도 DB.

중소기업일수록 임금이 적다.

이중적 노동시장은 한편으로 공공부문 같은 안정된 일자리로 취직하기 위해 취업을 준비하는 취업준비생의 과잉을 낳고, 다른 한편에서는 중소기업으로 하여금 구인난에 허덕이게 한다. 기업규모별 큰 폭의 임금격차는 청년들로 하여금 중소기업 취업을 기피하게 만들고 있다.

대학 졸업을 앞둔 청년들이 졸업을 미루면서까지 대기업 정규직이나 공무원 같은 안정된 일자리를 찾는 이유는 중소기업의 임금이 그만큼 낮기 때문이다. 생애 처음 사회에 진출하는 청년들은 첫출발이 장래 인생을 좌우하기 때문에 취업 시기를 늦추더라도 자기들의 삶의 기대치를 만족시키는 직업을 찾으려 한다. 안정된 일자리를 제공하는 대기업이나 공공부문과 중소기업 일자리의 질적 차이가 계속 벌어지는 상황에서 중소기업이 필요한 인재를 노동시장에서 구하기란 사실상 어려워진 것이다.

중소기업이 극심한 구인난을 겪고 있는 가운데 청년들의 취업전쟁은 우리나라 노동시장의 문제점을 가장 극명하게 말해준다. 노동시장에서는 상층부의 좋은 일자리에서 하층부의 나쁜 일자리까지 서열이 매겨져 있고, 위쪽의 좋은 일자리 수는 적고 아래쪽의 나쁜 일자리는 많다. 이런 구조에서는 경제가 성장해도 좋은 일자리는 좀처럼 늘어나기 어렵고 나쁜 일자리만 늘어날 수밖에 없다. '나쁜 일자리'가 대량으로 만들어지는 계층화된 노동시장 구조가 자리잡고 있는 것이다. 격차가 이 상태로 굳어지면 21세기 새로운 신분사회가 만들어질 수밖에 없다는 비관적 전망도 나오고 있다.

3. 새로운 경제 패러다임의 모색: 소득주도 성장과 산업생태계 혁신

국제노동기구(ILO)나 유엔무역개발회의(UNCTAD) 등 국제기구들은 신자유주의시대 이윤주도 성장전략의 대안으로 소득주도 성장을 제시하고 경제정책의 중심을 '부채'에서 '소득'으로 전환할 것을 권장하고 있다. 신자유주의 시대 이윤주도 성장전략이 노동시장의 유연화와 규제완화로 기업투자를 증가시켜 경제성장을 도모하는 것이라면, 소득주도 성장전략은 노동소득과 가계소득을 늘려 소비역량을 높임으로써 경제성장을 추구하는 것이다. 생산성 향상이 임금 상승과 가계소득 증진으로 이어지는 선순환이 발현되려면 강자독식의 산업생태계를 극복하는 구조개혁과 국민경제의 균형발전과 산업의 역동성을 높이는 중소기업의 새로운 역할이 요구된다.

1) 소득주도 성장

(1) 배경

우리나라에서 수출주도·부채주도 성장의 대안적 모델로 소득주도 성장이 주목받게 된 배경에는 거시경제에서 수출이 둔화되고 수출의 국민경제 파급효과가 감소하는 가운데 불황 극복의 동력을 어디에서부터 찾을 것인가 하는 문제 제기에서 비롯된 것이다. 거시경제에서 최종수요를 구성하는 세 요소인 소비·수출·투자가 경제 전체에 미치는 파급효과를 비교한 〈그림 3-12〉를 보자. 최종수요 항목별 부가가치유발계수를 보면, 소비가 0.785로 가장 높고 다음으로 투자가 0.733, 수출이 0.514로 가장 낮다. 이는 민간소비가 1단위 증가하면 국내 부가가치를 0.785단위 증가시키지만, 수출은 0.514단위밖에 증가시키지 못한다는 것을 말한다.

최종수요 10억 원당 취업유발인원을 나타내는 취업유발계수도 이와 다르지 않다. 10억 원당 취업유발인원은 소비가 15.5명으로 가장 많고 수출이 7.8명으로 가장 적다. 이는 국내 부가가치유발효과와 고용유발효과는 수출보다는 소비에서 훨씬 크게 나타나고 내수시장 확대가 국내 부가가치 생산과 일자리창출에 크게 기여할 수 있다는 뜻이다. 소득주도 성장 논의는 이처럼 수출의 낙수효과가 약화되는 가운데 국민경제에서 가계소비의 중요성에 대한 재인식이 필요하다는 것이다.

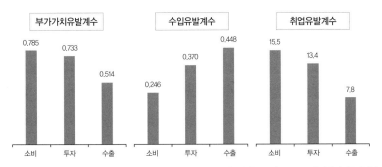

〈그림 3-12〉 최종수요 항목별 부가가치유발계수·수입유발계수·취업유발계수(2013년 기준)

주: 취업유발계수는 최종수요 10억 원당 취업유발인원
자료: 한국은행, 2015

　　시장만능주의 성장모델인 이윤주도 성장전략의 대안으로 케인스주의 경제학자들은 소득주도 성장전략을 대안으로 제시하는데, 이 성장모델은 소득분배 개선에 따른 노동소득의 증가가 소비를 늘리고 총수요를 증가시킨다는 데 초점을 맞추고 있다. 요점은 이렇다. 한 달에 100만 원 버는 사람은 그 돈을 다 써야 먹고살 수 있지만 1,000만 원 버는 사람은 소득의 일부만 지출하고 상당 부분을 저축한다. 그러니 혼자 1,000만 원 버는 것보다는 열 명이 100만 원씩 벌어야 사회 전체의 소비지출은 더 많아진다. 소비지출이 많아야 상품도 팔리고 그래야 공장이 돌아가며 일자리가 더 많이 생겨난다는 것이다.

　　소득주도 성장은 실질임금 상승으로 소득분배가 개선되면 총수요가 증가하고, 이것이 투자와 고용 증가를 유발하고 노동생산성을 증가시킴으로써 성장을 촉진하는 분배와 성장의 선순환을 추구한다. 노동소득 증가는 비단 소비지출을 늘릴 뿐 아니라 기업투자를 자극하고 생산성을 증가시키는 효과도 있다. 소득분배 변화가 경제성장에 미치는 영향을 종합적으로 파악하려면 총수요뿐 아니라 생산성과 같은 공급측면에 어떤 영향을 미치는지 검토해야 한다. 수요체제(demand regime)

에서 소득분배가 소비·투자·수출 등 총수요에 미치는 영향을 다룬다면, 생산성체제(productivity regime)에서는 소득분배가 생산성과 같은 공급 측면에 미치는 영향을 다루고 있다(홍장표, 2014b).

먼저 수요체제를 보자. 일반적으로 노동소득 계층은 자본소득 계층보다 소비성향이 높다. 그러므로 노동소득분배율이 상승하면 가계의 소비지출이 증가한다. 물론 노동소득분배율 증가가 총수요를 항상 증가시키는 것은 아니다. 노동소득분배율 상승은 소비를 증가시키지만 투자와 순수출을 감소시킬 수도 있기 때문이다. 노동소득분배율이 상승하면 이윤이 감소하기 때문에 기업은 신규 투자를 줄이고자 하는 유인이 있다. 그런가 하면 노동소득분배율 상승은 수출에 부정적 영향을 미칠 수도 있다. 수출이 주로 비용경쟁력에 의존할 경우 노동비용 상승은 세계시장에서의 국제경쟁력을 약화시켜 시장점유율을 낮춘다. 노동소득분배율 상승이 투자와 수출에 미치는 부정적 영향이 크다면 총수요는 감소한다(홍장표, 2014b). 노동소득분배율 상승 시 소비 증가가 투자나 순수출 감소보다 크면 총수요가 증가한다. 그렇지 않고 소비 증가가 투자나 순수출 감소보다 작다면 총수요는 감소한다. 이 때문에 현실경제에서는 노동의 몫이 증가하면 총수요가 증가하는 임금주도 수요체제와 자본의 몫이 증가하면 총수요가 증가하는 이윤주도 수요체제가 나타나며, 수요체제는 국가별로 다르고 시대에 따라 다르다(Onaran and Galanis, 2012).

생산성체제에서는 소득분배 변화가 생산성에 미치는 영향을 다룬다. 포스트 케인스주의 경제학자에 따르면 거시경제에서 노동생산성은 총수요와 실질임금에 좌우된다(Storm and Naastepad, 2011; 홍장표, 2014b). 총수요 증가는 두 경로를 통해 생산성을 증가시킨다. 하나는 총수요가 증가하면 설비가동률이 높아지고 기존의 생산설비를 신규 설비로 교체하면서 생산성이 증가하는 경로이다. 다른 하나는 가동률이 상승하면 규모의 경제 효과를 통해 생산성이 높아지는 경로이다. 다음으로 거시경제에서 실질임금은 노동생산성과 기술진보를 촉진하는 촉매제 역할을 한다. 임금이 상승하면 기업은 노동을 자본으로 하는 노동생산성이 증가한다. 또 임금이 상승하면 중장기적으로는 노동절약적 기술진보가 촉진되어 노동생산성이 증가한다. 그 밖에 고임금이 근로의욕을 높이고 협력적 노사관계를 촉진함으로써 노동생산성을 높이는 효과도 무시할 수 없다. 이로부터 임금주도 수요체제에서 임금 상승으로 노동소득분배율이 상승하면 총수요 증가로 투자가 촉진되는 한편 생산성 증가로 경제성장을 촉진한다는 것이다.

(2) 한국경제의 소득주도 성장 가능성

우리나라에서 이와 같은 수요주도 성장모델이 적용될 수 있을지 여부는 거시통계 자료를 이용해 알아볼 수 있다. 수요주도 성장모델의 적용 가능성은 한국경제가 임금주도 수요체제인가 그렇지 않은가, 또 소득분배가 생산성에 어떤 영향을 미치느냐에 달려 있다.

〈그림 3-13〉은 한국경제에서 노동소득분배율과 소비는 1997년 외환위기 이후 뚜렷하게 같은 방향으로 움직였음을 보여준다. 외환위기 이후 노동소득분배율 하락으로 소비가 크게 위축되었음을 나타내고 있다. 그리고 이는 만약 하락한 노동소득분배율이 회복된다면 민간소비도 함께 회복될 것임을 시사한다. 실제로 노동소득분배율이 1%p 증가하면 민간소비 증가율이 0.52~0.71%p 증가하는 것으로 추정되고 있다(홍장표, 2014b).

다음으로 〈그림 3-14〉에서 자본소득분배율과 투자의 관계를 보면, 자본소득분배율과 투자는 역의 방향으로 움직였음을 알 수 있다. 즉 총소득 중 노동의 몫이 줄고 기업의 몫이 늘면 투자가 감소한다는 것이다. 이는 그동안 노동소득분배율의 하락으로 자본소득분배율이 높아져

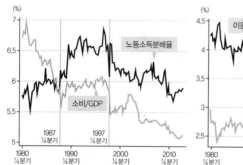

〈그림 3-13〉 노동소득분배율과 소비의 관계

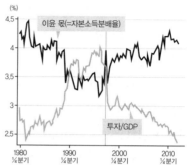

〈그림 3-14〉 자본소득분배율과 투자의 관계

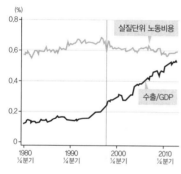

〈그림 3-15〉 실질단위 노동비용과 수출

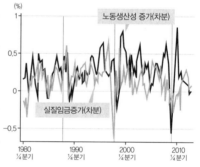

〈그림 3-16〉 실질임금 증가와 노동생산성 증가

자료: 한국은행, 경제통계시스템.

기업의 수익성이 크게 개선되었음에도 불구하고 기업투자는 오히려 위축된 현실을 반영한다. 우리나라 기업들의 투자는 수익성보다는 총수요에 아주 민감하게 반응하는 것이다. 이로부터 노동소득이 늘어 총수요가 증가하면 기업투자도 늘어난다는 것을 알 수 있다. 실제로 총수요 증가율이 1%p 증가하면 투자 증가율이 1.65~1.69%p 증가할 것으로 추정되고 있다(홍장표, 2014b).

노동비용 상승이 수출에 어떤 영향을 미치는지도 중요한 관심 사항이다. 〈그림 3-15〉에서 실질단위 노동비용(=노동비용/총부가가치액)과 수출 간의 관계를 보면 둘 사이에 명확한 관계를 찾기 어렵다. 수출은 기업의 노동비용뿐 아니라 환율·세계수요·유가 변동 등 다른 여러 변수로부터 영향을 받는다. 수출에 영향을 미치는 다른 중요한 변수까지 고려해 엄밀하게 분석해보면, 1997년 이전에는 노동비용 상승이 수출을 감소시켰지만 1999년 이후에는 감소시키지 않았다(홍장표, 2014a). 이는 1997년 외환위기 이전에는 임금비용 상승이 한국의 수출 상품의 비용경쟁력을 약화시켜 수출에 부정적 영향을 미쳤지만, 외환위기 이후 노동비용 상승이 수출에 부정적 영향을 미치지 않았다는 것을 말한다. 이와 같은 변화는 외환위기 이후 한국 주력제품의 수출이 비용경쟁력보다는 품질·디자인·브랜드 등 비가격경쟁력에 좌우되는 방향으로 수출구조가 고도화된 데에서 그 이유를 찾을 수 있다.

다음으로 〈그림 3-16〉에서 실질임금 증가와 노동생산성 증가의 관계는 실질임금과 노동생산성이 같은 방향으로 움직였음을 보여준다. 이는 실질임금이 상승하면 노동생산성이 증가하고 노동생산성이 증가하면 실질임금도 상승한다는 것을 나타낸다.

이상과 같이 노동소득분배율과 소비·투자·수출의 관계는 1997년 외환위기 이후 현 단계 한국경제의 수요체제가 노동소득분배율이 상승하면 소비가 증가하는 임금주도 수요체제임을 알 수 있다. 그리고 생산성체제에서 총수요가 증가하면 노동생산성이 증가하며, 소득분배 개선이 총수요뿐 아니라 생산성에도 긍정적 영향을 미친다는 것을 확인할 수 있다. 이 두 결과는 실질임금 상승이 성장을 높이는 소득주도 성장의 실현 가능성을 시사한다. 한국의 거시경제 자료를 이용해 소득분배 개선이 경제성장·노동생산성·고용에 미치는 효과를 추정한 〈표 3-2〉가 이를 상세히 보여주고 있다.

〈표 3-2〉에서 보듯이, 한국경제에서 실질임금 증가율 1%p 상승 시

(단위: %p)

구분	(1)	(2)
GDP 증가 효과	0.68	1.09
노동생산성 증가 효과	0.45	0.50
고용 증가 효과	0.22	0.58

주: (1)은 '수정노동소득분배율: 자영업자 제외', (2)는 '수정노동소득분배율: 자영업자 포함' 사용.

자료: 홍장표, 2014b.

GDP(총산출) 증가율은 0.68~1.09%p 상승한다. 실질임금 증가율 1%p 상승 시 실질노동생산성 증가율 역시 0.45~0.50%p 상승한다. 경제성장률은 고용 증가율과 노동생산성 증가율의 합이므로 경제성장률에서 노동생산성 증가율을 제하면 고용 증가율을 구할 수 있다. 실질임금 증가가 중장기적으로 고용에 미치는 효과가 긍정적이리라 예상되는 것이다. 노동소득 증가율이 1%p 상승하면 장기적으로 고용 증가율은 0.22~0.58%p 상승한다.

이와 같은 결과로부터 얻는 함의를 정리하면 다음과 같다. 첫째, 한국의 거시경제에서 기업의 투자는 기업의 수익성 개선에 거의 반응하지 않으며, 총수요로부터 크게 영향을 받는다는 점이다. 기업소득이 증가해도 투자는 증가하지 않았을뿐더러 오히려 감소했다. 반면 총수요가 늘어나면 투자가 크게 늘었다. 이로부터 한국경제에서 실질임금 상승이 기업투자를 위축시킨다는 주장은 근거가 부족하며, 실질임금 상승과 노동소득분배율 개선이 내수시장 회복과 설비가동률 상승으로 투자를 촉진한다고 볼 수 있다.

둘째, 소득분배 개선이 수출경쟁력을 그다지 약화시키지 않는다는 점이다. 한 나라의 수출경쟁력은 산업화 초기에는 임금비용경쟁력에 의존하지만 이후 경제가 발전하면서 품질경쟁력으로 바뀌는 것이 일반적이다. OECD, EU 등 주요 선진국에서는 제2차 세계대전 이후 노동비용이 상승해도 수출은 감소하지 않는 현상이 나타났는데, 이를 칼도의 역설(Kaldor's parardox)이라 한다. 그동안 한국의 수출 대기업들은 제품개발과 품질관리를 통해 세계시장에서 품질경쟁력을 높여왔는데, 최근의 연구들은 우리나라의 수출이 임금비용경쟁력에 의존하지 않는다는 것을 보여주고 있다(박정일·장병기, 2009; 홍장표, 2014a). 임금이 상승하면 노동비용 상승으로 단기적으로는 비용경쟁력이 약화될 가능성이 있지만, 시간이 경과하면 노동생산성 향상이 뒤따라 약화된 비용경쟁력이 회복된다(홍장표, 2014a). 이로부터 노동비용 상승이 수출경쟁력을 약화한다는 주장은 일부 노동집약적 수출 업종에는 타당할지 몰라도 한국경제 전반의 수출에 관한 한 근거가 부족한 것으로 볼 수 있다.

셋째, 임금이 올라가면 고용이 감소할 것이라는 일부 우려와 달리, 임금이 상승하면 중장기적으로 고용이 늘어날 가능성이 크다는 점이다. 노동소득이 증가하면, 자본소득보다 노동소득의 소비성향이 크기 때문에 소비지출이 크게 증가하여, 기업의 설비가동률을 높이고 투자를 유발함으로써 고용이 늘어난다. "유효수요 부족 시 임금 상승이 고용을 늘린다"라는 케인스의 견해가 수출 부진으로 심각한 공급과잉 문제에 시달리고 있는 현 한국경제 상황에서 설득력을 갖는 것으로 보인다.

이로부터 현 단계 한국경제에서 노동소득을 줄여야 할 비용으로만 이해하는 것은 일면적이고 노동소득이 유효수요와 생산성을 증진시키는 경제적 이득이 크다는 것을 알 수 있다. 그리고 1997년 외환금융위기 이후 노동시장의 유연화와 기업규제 완화 등 자본의 몫을 늘리는 자본친화적 소득분배정책이 내수 위축과 생산성 증가에 부정적 영향을 미쳤으며, 노동의 몫을 늘리는 노동친화적 분배정책이 내수 증진과 생산성 향상에 기여할 수 있다는 함의를 얻을 수 있다.

2) 중소기업의 역할과 산업생태계 혁신

세계경제의 여건 변화와 생산의 세계화 속에서 수출 대기업의 낙수 효과는 지속적으로 약화되었으며, 대기업 위주의 수출주도 성장전략도 한계를 보이고 있다. 재벌을 위시한 수출 대기업은 글로벌 대기업으로 성장했지만, 중소기업과 내수시장이 위축되면서 수출 대기업 위주 성장전략의 유효성에 의문이 제기되고 있다. 수출 대기업들은 해외생산을 확대하고 글로벌 아웃소싱 체제를 구축하여 해외에서 중간재와 최종재를 조달함으로써 대기업 성장의 국민경제에 대한 낙수효과가 약화되고 있다(홍장표·장지상, 2015).

대기업 위주 수출주도 성장의 한계를 극복하고 대기업과 중소기업, 수출과 내수 간 균형성장을 도모하려면 국민경제와 지역경제에 착근성이 강한 중소기업의 혁신역량과 소득창출능력이 뒷받침되어야 한다. 중소기업의 임금지불능력 강화를 필요로 하는 소득주도 성장에서는 중소기업의 혁신역량 강화와 건강한 중소기업의 성장을 저해하는 산업생태계의 개혁이 요구된다. 다음에서는 새로운 경제 패러다임에서 중소기업의 역할이 중요한 이유와 국민경제의 역동성 회복을 위한 산업생태계 혁신의 필요성을 검토해보자.

(1) 중소기업의 역할

글로벌화와 해외생산의 급속한 진전으로 글로벌 대기업들의 제품 개발·디자인·제조·마케팅 활동이 국경을 초월하여 이루어지고 있다. 전자·자동차·의류 산업의 글로벌 가치사슬(global value chain)에 관한 연구들은 생산의 글로벌화가 총무역과 부가가치무역 사이의 괴리를 유발하고 있음을 밝힌다. 일례로 미국 시장에서 판매되는 애플 아이폰 4의 가격은 600달러인데, 이를 194달러를 받고 미국에 수출한 중국 조

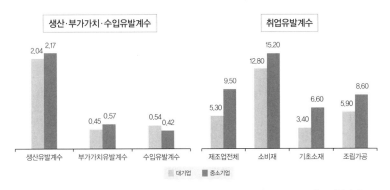

〈그림 3-17〉 제조업 대기업과 중소기업의 생산·부가가치·수입·취업유발계수

자료 : 이진면 외, 2015.

립공장에 귀속되는 부가가치는 6.54달러에 불과한 반면, 애플에 귀속
된 부가가치는 360달러에 달했다(Kooperman et al., 2010). 이는 한 나라
에서 산업과 기업의 성과는 국민경제의 부가가치와 고용에 대한 기여
도 측면에서 평가되어야 한다는 것을 잘 보여준다.

널리 알려졌듯이 중소기업은 국민경제의 일자리창출에서 매우 중
요한 역할을 한다. 2012년 현재 우리나라 대기업의 고용자 수는 181만
명, 중소기업의 고용자 수는 1,300만 명으로 중소기업의 고용 비중이
87%에 이른다. 그런데 고용의 절대적 규모보다 더 주목해야 할 사실은
생산의 글로벌화 속에 대기업과 중소기업 간 국민경제 기여도 차이가
크게 벌어지고 있다는 점이다.

〈그림 3-17〉에서 보듯이 중소기업 성장의 국내 생산 및 고용유발
효과는 대기업 성장이 가져오는 유발효과보다 크다. 제조업 부문 중소
기업의 생산유발계수는 2.17이고 부가가치유발계수는 0.57이다. 반면
대기업의 생산유발계수는 2.04이고 부가가치유발계수는 0.45이다. 그
리고 매출 10억 원당 취업자 수를 뜻하는 취업유발계수는 중소기업이
9.50인 반면 대기업은 5.30에 불과하다. 생산유발효과와 고용유발효과

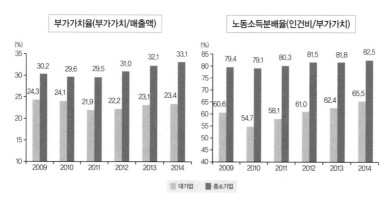

〈그림 3-18〉 대기업과 중소기업의 부가가치율과 노동소득분배율

자료: 한국은행, 기업경영분석.

에서 중소기업이 대기업보다 국민경제에 더 많이 기여하고 있는 것이다. 이는 대기업 성장의 파급효과 가운데 점점 더 많은 부분이 해외로 빠져나가고 있지만, 지역경제에 뿌리내리고 있는 중소기업은 국내에 여전히 큰 부가가치와 일자리창출을 유발하고 있음을 말한다.

중소기업과 대기업의 고용유발효과 차이는 생산유발효과나 부가가치유발효과보다 더 크다. 대기업의 경우 설비투자와 외주확대를 통해 고용을 줄여온 반면 중소기업은 상대적으로 자본집약도가 낮아 더 높은 고용유발효과를 보인다. 중소기업 고용 비율이 대기업 고용 비율보다 월등히 높을 뿐만 아니라 잠재적인 고용창출 능력에서도 대기업을 능가한다. 중소기업의 성장은 더 많은 일자리를 만들어내고 더 높은 산출효과를 낳는다. 건실한 중소기업을 육성하는 것이 국내 부가가치와 일자리창출에 더 크게 기여할 수 있음을 시사하는 것이다.

〈그림 3-18〉은 국민경제에서 대기업과 중소기업의 기여도를 비교한 것이다. 매출액 대비 부가가치 비율을 보면 중소기업이 대기업보다 월등히 높다. 이는 대기업은 설비자본, 중간투입물, 원료 등 요소투입

이 많은 반면 새롭게 창출하는 부가가치액은 상대적으로 적다는 것을 보여준다. 대기업의 최종생산물 가운데 중간투입물이 차지하는 비중이 큰 반면 중소기업은 중간투입물이 차지하는 비중이 작아 부가가치율이 높다.

중소기업 육성은 하락한 노동소득분배율 회복에도 기여한다. 〈그림 3-18〉에서 중소기업의 노동소득분배율은 대기업보다 높다. 이는 중소기업이 창출한 부가가치 중 노동의 몫이 대기업보다 높다는 것을 의미한다. 대기업의 경우 자본집약도가 높기 때문에 부가가치에서 자본이 차지하는 몫이 크다. 이에 비해 중소기업은 자본집약도가 낮으며 노동투입의존도가 높아 부가가치 생산액 가운데 노동의 몫이 크다. 중소기업의 성장이 국내 부가가치와 고용창출 면에서 대기업을 앞설 뿐 아니라, 부가가치 가운데 노동의 몫이 크기 때문에 노동소득분배율을 높이는 데에도 적합하다고 볼 수 있다.

(2) 중소기업의 혁신역량

중소기업의 국민경제기여도가 높음에도 불구하고 중소기업의 생산성은 낮은 수준에 머물고 있는 것이 현실이다. 1997년 IMF 외환금융위기 이후 노동과 자본 등 요소투입의 증대를 통한 성장이 한계에 다다르자 수출 대기업들은 외주확대와 기술투자를 통해 요소투입 위주의 양적 성장에서 기술진보 위주의 질적 성장으로 전환하였다. 이에 비해 내부자원이 부족한 중소기업은 혁신투자에 적극적으로 대응하기 어려웠으며, 대기업의 강화된 비용절감 요구와 시장개방 및 저임금 국가로부터의 수입 확대에 따른 글로벌 경쟁이라는 이중의 압력에 노출되었다. 한국은행(2014)은 광공업 통계조사 자료를 이용하여 기술진보와 자본심화가 실질부가가치 증가에 미친 기여도를 추계하였는데, 2000년대 이후 대기업과 중소기업 간 생산성 격차가 확대되었다고 한다. 이는 제

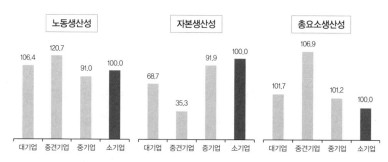

〈그림 3-19〉 제조업 대기업·중견기업·중소기업의 생산성(소기업=100)

주: 대기업은 상호출자제한 기업집단에 속하는 대기업, 중견기업은 이에 속하지 않은 대기업을 말함.
자료: KED(주), 2011년 DB.

조업 대기업·중견기업·중소기업의 생산성을 비교한 〈그림 3-19〉에서
도 확인할 수 있다. 종업원 1인당 부가가치 생산액으로 측정한 노동생
산성은 중견기업과 대기업에 비해 중기업과 소기업이 낮다. 이는 대기
업과 중견기업은 노동절약적 기술진보와 외주확대로 노동생산성을 높
였지만, 중소기업은 그렇지 못했음을 보여준다.

중소기업의 노동생산성이 대기업보다 낮지만 그렇다고 중소기업의
잠재역량까지 취약한 것은 아니다. 총요소생산성은 기업이 창출한 부
가가치 가운데 노동과 자본 같은 요소투입의 기여분을 제외한 잔여로
측정되며, 흔히 경제적 의미에서 기술진보의 효과를 반영하는 것으로
알려져 있다. 〈그림 3-19〉에서 기업 유형별 총요소생산성을 보면, 대규
모 기업집단에 소속되지 않는 중견기업이 가장 높으며 중소기업 가운
데는 중기업의 총요소생산성이 높음을 알 수 있다. 이처럼 중견기업이
나 중기업의 총요소생산성이 높다는 것은 세계시장에서 경쟁력을 지닌
강소기업으로 성장할 잠재역량을 갖춘 중소기업들이 적지 않음을 말해
준다.

(3) 중소기업의 성장모델: 동반성장모델과 중소기업협업모델

수출 대기업의 낙수효과가 지속적으로 약화될 것이라는 전망이 우세한 가운데 국민경제와 지역경제에 대한 착근성이 강한 중소기업을 키워 일자리를 늘리고 가계소득을 증진시키는 전략이 대안이 될 수 있다. 대기업 위주 수출주도 성장의 한계를 극복하는 대안적 산업전략으로 대기업-중소기업 동반성장모델과 중소기업 간 수평적 협업모델의 두 가지를 고려해볼 수 있다. 전자가 기존 대기업 위주 성장전략에서 대기업과의 협력으로 성장한 중소협력기업의 역량 강화를 겨냥한다면, 후자는 대기업과 관계없이 독자적으로 경영활동을 영위하는 독립 중소기업을 육성한다는 점에서 기존 전략과는 구분되는 성장모델이다.

중소기업의 성장모델과 관련하여 홍장표·송영조(2016)는 한국기업데이터(주)의 2011년도 DB를 활용하여 5만 4,114개사의 기업 간 거래관계를 분석하여 중소기업의 존립 형태와 경영성과를 비교·분석하였다. 이에 따르면, 대기업 400개사의 공급 네트워크에 편입된 협력기업이 2만 884개사(45.5%), 편입되지 않은 독립 중소기업은 이보다 많은 2만 9,088개사(54.5%)로 나타났다. 또 〈그림 3-20〉에서 대기업 공급 네트워크에 편입된 협력중소기업과 이에 편입되지 않은 독립 중소기업의 분포를 산업별로 보면, 기초소재형과 조립가공형 제조업, SOC/건설 업종에서는 대기업의 협력중소기업이 독립중소기업보다 많고 소비재형 제조업과 생산자서비스 업종에서는 독립중소기업이 대기업의 협력기업보다 많다. 이는 중소기업의 존립 형태는 산업별로 차이가 있으며, 조립가공형 제조업과 SOC/건설 분야에서는 대기업과 중소기업 간 협력관계가 큰 역할을 하는 반면, 소비재형 제조업과 유통서비스, 생산자서비스 분야는 대기업-중소기업 간 협력관계의 역할이 크지 않다는 것을 말해준다.

다음으로 〈그림 3-21〉은 독립중소기업을 중소기업 간 협업기업과

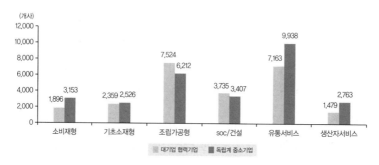

〈그림 3-20〉 대기업 협력중소기업과 독립중소기업의 산업별 분포

자료: 홍장표 · 송영조, 2016.

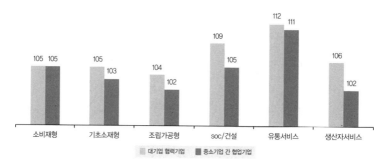

〈그림 3-21〉 중소기업 유형별 총요소생산성 비교(비협업중소기업=100)

자료: 홍장표 · 송영조, 2016.

비협업중소기업으로 세분하고, 세 유형의 중소기업(협력기업, 중소기업 간 협업기업, 비협업기업) 간 총요소생산성을 분석한 결과이다. 비협업중소기업의 총요소생산성을 100이라 할 때 다른 두 유형의 상대적 총요소생산성을 비교한다. 이를 보면 대기업의 협력중소기업과 중소기업 간 협업기업이 비협업기업보다 생산성이 우수함을 알 수 있는데, 이는 기업 간 수직적·수평적 협력관계로부터 생산성 이득이 발생한다는 것을 보여준다. 산업별로는 기초소재형, 조립가공형 제조업, SOC/건설, 생산

자서비스업에서는 대기업 협력기업이 중소기업 간 협업기업보다 생산성이 높고, 소비재형 제조업과 유통서비스업에서는 대기업 협력기업과 중소기업 간 협업기업의 생산성이 비슷하다.

이와 같은 분석 결과는 중소기업 성장모델이 산업에 따라 다르다는 것을 시사한다. 기초소재형과 조립가공형 제조업, SOC/건설 등 생산물시장이 소수의 대기업에 의해 지배되고 있는 산업에서는 대기업의 수직적 협력중소기업의 생산성이 중소기업 간 수평적 협업기업보다 우수하기 때문에 대기업과의 동반성장모델이 중소기업 간 협업모델보다 우위에 있다고 볼 수 있다. 그런데 소비재형 제조업과 유통서비스에서는 대기업의 협력기업과 중소기업 간 협업기업 사이에 생산성 차이가 거의 없는 것으로 나타나, 이들 산업 분야에서는 동반성장모델뿐 아니라 중소기업 간 협업모델이 효과적으로 작동될 수 있음을 시사한다. 이로부터 동반성장모델이 생산성 우위를 보이는 산업에서는 대기업과 중소기업 간 협상력 격차와 이익배분의 불균등성을 완화하는 상생협력 방안이 모색되어야 한다면, 중소기업들 사이의 협업을 통해 생산성 이득이 크게 발생하는 산업 분야에서는 지역 내 중소기업 간 수평적 협력을 촉진함으로써 아래로부터의 분수효과(fountain effect) 창출이 가능한 것으로 판단된다.

4. 패러다임 전환을 위한 정책과제

소득주도 성장은 실질임금과 가계소득 증대를 통해 내수를 증진하고 생산성을 높여 경제성장을 도모하는 전략이다. 앞서 보았듯 한국경제의 수요체제와 생산성체제를 분석한 연구들은 한국에서 분배와 성장의 선순환이 가능하다는 점을 밝히고 있다. 실질임금 증가, 가계소득 증진

은 총수요를 증가시킬 뿐 아니라 노동생산성을 향상시킴으로써 경제성장률을 높일 수 있다. 이는 최저임금 인상과 근로조건 격차 해소 등 소득분배 개선이 내수시장을 늘리고 생산성을 높임으로써 저성장의 늪에서 빠져나오는 발판이 된다는 것을 말한다.

2014년 최경환 당시 경제부총리가 기업소득이 가계소득으로 흘러들어가도록 한다는 '가계소득 증대 3대 패키지'를 제시하였으며, 특히 배당소득을 늘리는 '기업소득환류세제'에 강조점을 두었다. 그런데 이는 소득 상위 1%에 집중 하는 제도로, 중산층과 서민 가계의 소득과는 전혀 무관한 배당소득을 늘려 가계소득을 늘린다는 이러한 발상은 처음부터 표적을 잘못 겨냥하고 있어 실패가 예견된 정책이었다.

소득주도 성장전략에서는 과도하게 하락한 노동소득분배율을 회복해 가계소득을 증진시킴으로써 성장률 하락을 막는 한편, 지나치게 높은 수출의존도를 낮추고 수출과 내수의 균형성장을 도모한다. 소득주도 성장은 지금까지 채택해온 수출주도 성장, 부채주도 성장의 한계를 넘어 수출과 내수의 균형, 일자리의 격차 해소 등 형평성과 효율성을 동시에 추구하는 전략이다.

이 글에서는 생산의 글로벌화 속에서 국민경제에 대한 기여도가 지속적으로 약화되고 있는 대기업을 대신할 성장의 새로운 주역으로 지역 중소기업에 주목하고 있다. 87% 이상의 일자리를 책임지고 있는 중소기업의 역량을 강화하고 고용의 질을 개선하지 않고서는 소득주도 성장은 실현되기 어렵다. 창업기업→중소기업→중견기업→대기업으로 이어지는 기업의 상향 이동경로가 열려 있는 역동적 산업생태계에서 중소기업의 임금지불능력도 개선될 수 있다. 하지만 우리의 현실은 대기업의 독과점적 시장지배와 수요독점적 시장구조 속에서 중소기업의 상향 이동경로는 막혀 있으며, 대기업의 사업 영역 침투, 납품단가 인하, 기술 탈취 등으로 중소기업의 혁신유인이 취약한 가운데 산업

생태계의 역동성이 소진되고 있다. 이와 같은 강자독식의 약탈적 생태계에서는 최저임금 인상이나 실질임금 상승은 영세 중소기업에 커다란 비용압박 요인으로 작용할 수밖에 없다. 소득주도 성장이 제대로 작동하려면 중소기업의 기술개발투자와 인력개발투자 등 혁신역량 강화 대책과 함께 중소기업의 상향 이동을 가로막는 강자독식의 산업생태계가 달라져야 한다. 대·중소기업 동반성장과 중소기업 간 협업 활성화로 강자독식의 산업생태계를 공생과 혁신의 산업생태계로 변화시키는 중장기 구조개혁정책이 필수불가결하다. 소득분배와 성장의 선순환을 지향하는 소득주도 성장, 산업생태계의 역동성을 회복하기 위한 주요 정책과제는 다음과 같다.

1) 소득주도 성장의 정책과제

소득주도 성장은 가계소득 증진을 통해 노동소득분배율을 회복하고, 이를 토대로 내수 확대와 공급 측면에서 노동생산성 증가를 촉진함으로써 경제성장을 추구하는 전략이다. 앞서 보았듯 우리나라는 소득분배가 개선되면 총수요가 늘어나는 임금주도 수요체제이며, 저임금 노동자, 자영업자의 소득 안정이 총수요를 늘리는 효과가 뚜렷하다. 실질임금 상승은 총수요를 증가시킬 뿐 아니라 노동생산성을 향상시키고, 고용을 창출하는 효과도 기대된다. 현재와 같이 낮은 고용률, 상대적으로 과잉된 자영업자 비율, 비정규직 확대로 가계소득이 정체된 상황에서 임금 상승이 분배악화와 저성장을 완화하는 촉매제가 될 가능성이 있다. 저임금 근로자의 소득 보장, 자영업자의 경영 안정을 추구하는 소득주도 성장과 양질의 일자리 창출은 가계소득 증진을 통해 노동소득분배율을 회복시키고, 이를 토대로 내수시장이 확대됨으로써 기업투자가 촉진될 수 있다. 소득주도 성장전략의 핵심 정책수단은 최저임금 인상, 저임금 계층의 생활임금 보장, 생산성 증가율과 실질임금 증가율의 연계성 회복을 통한 가계소득 증대이다.

첫째, 소득최저선(income floor)의 구성과 사회보장이다. 저소득 가구들의 최저생계비를 보장하기 위해선 최저임금 현실화와 사회보장 확대가 필요하다. 최저임금 인상이 고용에 미치는 영향에 관한 많은 연구가 최저임금 인상이 반드시 고용 감소를 초래하는 것은 아니라는 결과를 보고하고 있다. 최저임금 인상은 서비스산업에 종사하는 저임금노동자들의 실질임금을 향상시키고 노동소득분배율을 높인다. 지방자치단체 차원에서는 공공조달에서 생활임금 지급을 권장하는 조례 제정으로 근로빈곤층의 실질임금 인상을 유도할 수 있다. 더불어 청년구직자, 장기실업자 및 폐업 자영업자에 대해서는 구직촉진급여를 제공하고 저임금노동자 사회보험료 지원도 강화할 필요가 있다. 기업들이 지급해야 할 최저임금을 현실화하고, 여기에 정부가 사회보장제도로 보충해줌으로써 '소득최저선'이 만들어져야 가계소득뿐 아니라 전체 거시경제의 안정성이 높아질 수 있다.

둘째, 생산성과 임금의 연동성 강화이다. 생산성 증가와 실질임금 증가의 연계성이 강화되어야 노동소득분배율이 안정적으로 유지될 수 있다. 앞서 보았듯 1997년 외환위기를 기점으로 국민소득 가운데 자본의 몫이 늘고 노동의 몫이 줄어드는 현상이 두드러졌다. 임금 상승률은 노동생산성 증가율을 따라가지 못했으며, 노동생산성 증가율과 실질임금 증가율 간의 괴리가 확대되었다. 실질임금이 생산성 증가분만큼 상승하지 않으면 노동소득분배율은 하락할 수밖에 없다. 소득주도 성장전략은 생산성 증가에 상응하는 만큼 실질임금을 증가시키는 것을 핵심으로 한다. 노동소득분배율이 더이상 하락하지 않도록 하려면 노동생산성 증가율과 실질임금 상승률이 연동되어야 하며, 생산성과 임금 사이의 연계성을 강화하는, 노사정의 사회적 합의가 요구된다. 생산성과 임금의 연계성 강화로 노동소득분배율을 높이려면 단체교섭의 적용 범위 확대, 산별교섭의 실질화 등 공급사슬 내의 기업들을 아우르는 초기업 단위 교섭으로의 전환이 뒷받침되어야 한다.

셋째, 좋은 일자리 창출과 고용의 질 개선이다. 국제노동기구(ILO)와 유엔무역개발회의(UNCTAD) 같은 국제기구에서 권고하는 좋은 일자리 창출 정책은 근로빈곤층의 임금소득을 보전하고 노동시장을 개혁하는 데 초점을 두고 있다. 유럽 국가들이 불황을 타개하려면 역내시장을 확대시켜야 하는데, 그러기 위해서는 최저임금의 상향 조정, 근로시간 단축과 일자리 나누기, 노동조합 교섭력을 높이는 임금소득 증진 대책을 EU 회원국들이 공동으로 채택해야 한다는 것이다. 좋은 일자리를 창출하려면 무엇보다도 비정규직 근로조건 개선과 실근로시간 단축이 시급하다. 소득주도 성장을 위한 좋은 일자리 창출은 비정규직과 정규직 간 차별 완화와 비정규직 근로조건의 실질적 개선, 그리고 법정노동시간 준수와 연장근로와 휴일근로를 줄이는 실근로시간 단축이 가장 적합하다. 그리고 공공부문뿐 아니라 민간 대기업에 대해서도 청년고용할당제를 확대 적용함으로써 민간 대기업에 대해 매년 일정 비율로 청년고용을 늘리도록 고용책임을 부과하는 방안도 유용할 것이다.

2) 산업생태계 혁신을 위한 정책과제

한국경제는 수출주도형 대기업 위주의 성장 속에서 대기업과 중소기업 간 격차가 확대되었고 중견기업군이 취약한 쌍봉형 산업구조를 취하고 있다. 대기업의 시장 잠식, 납품단가 후려치기, 기술 탈취 등 강자독식의 산업생태계 속에서 중소기업의 혁신역량이 약화된 가운데 창업기업→중소기업→중견기업→대기업으로 이어지는 상향 이동경로 확립과 국민경제의 균형발전을 도모하는 건강한 산업생태계 조성이 주요한 과제로 부각되고 있다.

첫째, 대기업-중소기업 임금격차 완화를 통한 이중적 노동시장 구조 해소가 중요한 과제이다. 대기업에 한정된 조직 부문 노동자의 교섭력 강화를 통한 임금 상승은 전체 노동자의 임금 상승을 이끌기 어려우며 하락한 노동소득분배율을 높이는 데도 한계가 있다. 생산성을 초과하는 대기업의 과도한 임금 인상은 노동시장의 이중구조와 임금불평등을 고착시킬 가능성이 크다. 이런 현실을 감안할 때 대기업 사측은 청년고용 확대와 비정규직 근로조건을 개선하고 중소기업의 임금 인상 중 일정 부분을 납품단가에 반영하며, 대기업 노동자 측은 생산성 증가분 내에서만 임금 인상을 요구하는 것으로 화답할 필요가 있다. 대기업-중소기업 근로조건 격차 완화를 위한 대기업 노사합의의 연대임금제나 상생협력기금을 조성하는 방안이 권장될 필요가 있다. 대기업 노동자의 임금 상승률을 일정 범위 내로 조정하고 이를 중소 협력업체 노동자의 임금 보조에 활용하는 일종의 연대임금 체계를 구축하는 방안이 바람직한데, SK하이닉스 노사가 채택한 임금공유제(wage sharing)가 대표적이다. 임금공유제는 대기업 노사가 임금 인상분의 20%를 협력기업 노동자들의 처우 개선과 근로환경 개선에 지원하는 프로그램으로 대기업 노동자가 임금 인상분의 10%를 내면 회사가 10%를 추가로 내는 방식으로 임금격차 완화에 사용된다.

둘째, 동반성장생태계 조성을 위한 대기업-중소기업 간 성과배분제도의 개혁이다. 대기업-중소기업 동반성장으로부터 생산성 이득이 창출되는 산업 분야에서는 하도급거래 공정화와 이익 배분의 불균등성을 해결하는 데 역점을 두어 약화된 낙수효과를 복원하는 방안이 요구된다. 건설업이나 서비스업처럼 기업 간 거래가 불규칙적이고 간헐적으로 이루어지는 경우, 우월적 지위를 이용한 대기업의 불공정행위 전반에 대한 포괄적 규제는 불가피하다. 구매 기업의 계약위반이나 계약 내용의 일방적 변경 행위가 협력중소기업의 수익성을 악화시키고 기술투자를 저해하는 만큼 불공정행위에 대한 엄격한 규제가 요구된다. 그런가 하면 자동차·전자·조선·기계산업처럼 거래관계가 장기간에 걸쳐 반복되는 경우, 대기업이 중소협력기업의 기술정보와 원가정보를 활용해 납품가격을 지속적으로 낮추기 때문에 계약위반 행위나 일방적 계약변경 행위에 대한 규제만으로는 거래의 공정성이 유지되지 않는다. 이 경우 중소기업의 기술정보나 원가정보를 요구하는 행위가 규제되어야 하며, 중소기업의 협상력을 높이는 제도개선 방안이 함께 요구된다. 협력중소기업이 창출한 이익을 배분할 때에는 대기업이 참가하지만 대기업의 이익 배분 시에는 중소기업이 배제되는 현실을 감안할 때 대기업에서 실현된 이익 중 일부를 기여도에 따라 협력중소기업에도 배분하는 이익공유제 시행 등 협력이익 배분의 공정성을 확보하는 방안이 모색될 필요가 있다(대중소기업협력재단, 2011).

셋째, 소비재형 제조업과 유통서비스 등 중소기업 간 협업모델이 유효하게 작동될 수 있는 분야에서는 중소기업 간 수평적 협력을 촉진하여 협동과 공생의 산업생태계를 조성해야 할 것이다. 중소기업 간 협업모델로는 수평적 협력이 발달한 이탈리아 사례를 참고할 수 있다. 이탈리아에서는 중소기업 간의 유연한 협력을 촉진할 목적으로 2009년 유럽 최초로 네트워크 계약법(network contract act)을 제정하였다. 이 법에 따라 네트워크에 참가하는 중소기업들이 기술·서비스·정보 등 협력사항에 관한 계약서를 작성하여 협동화사업을 추진하는 경우 정부에서 금융세제지원 혜택을 제공하고 있다. 소상공인 협동화사업의 대표적 모범 사례로는 버거킹, KFC, 선키스트 등의 가맹점 구매협동조합이 있다. 프랜차이즈 본사에 대한 교섭력이 취약한 가맹점들이 협력하여 구매협동조합을 설립하고 식자재나 인테리어 등을 공동구매함으로써 구매비용을 절감하고 자영업자의 소득을 증진시키고 있다. 이와 같은 중소기업과 소상공인들의 수평적 협동화사업을 지원함으로써 지역 내에서 아래로부터의 분수효과를 창출해 국민경제와 지역경제의 불균형 완화를 도모하는 방안을 모색해야 할 것이다.

4. 외환위기 이후 재벌정책 변화와 경제민주화 전망

송원근

1. 머리말

외환위기는 한국 자본주의 혹은 한국형 발전모델에 대한 근본적인 문제 제기였다. 1998년, 성장의 주역이었던 재벌이 경제위기의 주범으로 몰리고 재벌 중심의 산업구조와 경제시스템에 대한 근본적인 문제 제기가 이루어졌다. 이른바 재벌개혁이라는 이름으로 구조개혁정책을 내놓고 실시하였으나 총수의 지배력을 약화시키는 핵심적 수단을 채택하지 못하는 한계를 보였다. 투명성 제고, 지주회사제도 도입, 미국식 기업지배구조 장치 도입 등 '민주적 시장경제'의 규율에 기댄 개혁의 당연한 귀결이었다.

이후 토건국가 프레임을 벗어나지 못했던 이명박 정부는 규제완화를 명분으로 개혁과는 정반대의 길을 걸었고, 그 결과 사회 전반에 양극화 현상을 심화시켰다. 이것은 2012년 대선 과정에서 사회 전체를 '갑질' 논란으로 들끓게 하여 사회적 이슈로 부각시켰다. 대선을 맞아 후보들은 저마다 '경제민주화'를 국민들에게 약속했다. 그러나 박근혜 정부의 '돈이 도는 경제민주화'는 재벌개혁과 무관한 것이었고, 이내 경제활성화론에 묻혀버렸다. 좀더 정확하게 말해 경제민주화는 역주행을 하고 있다. '돈이 도는 경제민주화', '줄푸세', '낙수효과'가 우선되는 정책 프레임하에서 불평등과 양극화는 더욱 심화되었고 경제민주화는 물론 전반적인 민주화마저 더욱 후퇴하였다. 한편 총수(일가)의 지배력이 여전한 가운데 지주회사 체제로 전환한 재벌들은 3세 승계 체제를 더욱 공고화했다.

이 글은 1998년 외환위기 이후 재벌정책의 변화를 살피면서, 2012년 경제민주화에 대한 전 사회적 요구를 계기로 재조명되는 재벌개혁의 쟁점 사항을 몇 가지로 정리하고 향후 재벌개혁의 전망을 제시하기 위한 것이다. 좀더 구체적으로, 외환위기 이전과 이후의 정부 재벌정책 프레임이 경제력 집중 방지, 지배구조 개혁, 그리고 2012년 대통령 선거를 기점으로 한 경제민주화로 이어지고 있음을 보이고, 이러한 변화를 통해 재벌개혁 정책방향을 파악한다. 이어 기업지배구조 개선에 중점을 둔 정부의 재벌정책은 투명성을 일부 강화시켰을지 모르나 총수지배력을 약화시키지 못했고, 그 결과 2012년 대선에서 경제민주화에 대한 전 국민적 열망을 불러오는 계기가 되었다. 그러나 경제민주화에 대한 전 국민적 열망은 재벌개혁 및 재벌 관련 정책의 외연을 오히려 축소시키는 결과를 가져왔을 뿐이다. 따라서 향후 재벌개혁은 무엇보다도 총수(일가)의 지배력을 약화시키는 개혁이라는 기본방향과 원칙을 명확하게 함으로써 2012년 경제민주화로 축소되어버린 개혁 프레임을 복원할 필요가 있다. 이것은 재벌들이 막대한 경제권력을 통해 정치권력뿐만 아니라 민주주의 전반을 침식시키는 것을 막는 경제민주화의 출발점이 될 것이다.

2. 외환위기 이후 재벌정책의 변화

외환위기 이후 신자유주의 구조 개혁이 다수 재벌의 몰락을 가져오기도 했지만 그러는 동안 경제력 집중은 오히려 심화되었고 재벌대기업의 투자와 성장을 통한 국내 고용 증가와 낙수효과를 기대하는 것은 불가능해졌다. 경제개혁연구소에 따르면, 집권 3년차 박근혜 대통령의 경제민주화 관련 공약 이행은 42%에 그쳤다(강정민, 2015). '경영진의 불법행위에 대한 집단소송제 도입', '총수일가의 사익 편취 행위를 규제할 공정거래법 개정', '신규 순환출자 금지 등 재벌지배구조 개선' 등은 아예 진척이 없는 상황이다. 외환위기 이후 우리 경제는 단기수익성·재무안정성을 중시하는 외부주주와 재벌총수의 타협 속에서 경영권 세습재벌체제라는 특권사회로 전환되었다. 이런 상황에서 현재와 같은 재벌체제를 개혁하지 않고는 경제민주화는 물론이고, 침체된 경제를 활성화시킬 돌파구를 찾기 힘든 실정이다.

다른 나라의 경제민주화 사례들이 잘 보여주고 있듯이 거대기업에 의한 독점 심화와 경제력 집중은 경제 영역뿐만 아니라 정치 영역의 민주주의도 훼손하고 있다(송원근, 2013). 국가-재벌의 발전지배연합에서 몸집을 키우고 금융 부문까지 통제할 수 있게 된 재벌들은 그 모순을 더 심화시켰다. 2012년 대선을 전후하여 제기되었던 경제민주화에 대한 요구는 이러한 모순과 그에 대한 우려의 한 현상이었을 뿐이다. 그러나 당시의 경제민주화에 대한 높은 요구는 오히려 재벌개혁의 폭과 범위를 축소시켰다. 그나마 공약으로 제시되었던 경제민주화에 대한 전 국민적 요구에도 '역주행'을 하고 있는 상황에서 그동안 진행된 재벌개혁의 방향과 정책을 뒤돌아보고 그 한계가 무엇인지를 살펴볼 필요가 있다.

1) 외환위기를 전후한 재벌개혁: 경제력 집중 억제

외환위기 이전 재벌 중심의 수출주도형 경제체제가 보여준 경제적 성과는 발전국가(developmental state)의 전형을 보여주었지만 이 모델은 주로 시장 미발달, 시장 미비로 시장경제만으로는 산업화 혹은 기업 및 경제 성장이 힘든 시기에 유효한 모델이었다. 이른바 국가-재벌의 발전지배연합 체제(조영철, 2003)는 국가가 기업집단으로서 재벌을 지원하고 또 이들을 규율하는 체제였다. 그러나 1980년대 후반 이후 재벌을 규율했던 발전국가가 자신의 임무를 다해가고 이를 대신할 장치가 없는 상황에서 급속하게 시장자유화가 전개되었고, 그 결과는 제조업 독점과 경제력 집중 심화였다. 금융 쪽에서도 1980년대 이후 은행이 민영화되었고 재벌은 제2금융권을 장악해 자금조달능력이 커졌다. 증권시장이 발전하면서 직접금융을 통한 자금조달 여력도 확대되었다. 관치금융을 통한, 재벌에 대한 국가의 영향력이 크게 감소한 것이다.

국가-재벌의 수지적 발전지배연합이 약화되면서 시장이 확대되었지만 재벌 중심의 경제구조에는 큰 변화가 없었다. 1980년대 후반 이후 정치민주화는 나름 진전을 이루었지만 재벌의 경제력 집중이 심화

〈표 4-1〉 외환위기 이전의 재벌정책

구분	주요 내용	방향(평가)
외환 금융 위기 이전	• 시장지배적 사업자, 독과점, 부당한 공동행위, 불공정거래행위 규제(1980년 제정) • 출자총액제한 / 상호출자 금지(1987년 개정법) • 금융보험사 상호출자 금지(1987년 개정법) • 채무보증제한제도 도입(1993년)	• 경제력 집중 억제가 주요 목표 -93년 개정법에서 출총제 예외 인정 범위 확대, 1995년 출총제 한도(순자산의 40%→25%)

되었고 재벌의 정치사회적 영향력도 갈수록 커져갔다(조영철, 2007). 재벌은 국가규율로부터 점차 독립하기 시작했다. 국가에 의한 규율이 느슨해지고, 시장규율도 미약하기만 했던 상황에서 특히 1990년대 들어 급속하게 진행된 자본자유화는 경제구조를 체제위험(system risk)에 노출시켰다. 관치경제를 극복하고 민간주도 경제로 나아가기 위해 추진해야 할 핵심적 개혁과제는 재벌의 경제력 집중[1] 및 총수 전횡 방지, 관치금융 및 노사관계의 개혁이었다. 그러나 출자총액제한제도, 금융보험사의 상호출자 금지, 채무보증제한제도 등 그나마 존재하던 경제력 집중 규제정책은 1990년대 초반에 이르러 크게 완화되어버렸다.

2) 외환위기 이후 재벌정책: 기업지배구조 개선과 지주회사화

재벌에 대한 시장규율이 본격화된 것은 외환위기라는 외재적 계기에 의해서였다. 물론 이 당시의 시장규율, 시장자유화가 '1원1표주의'에 입각한 것이고 이것은 기업 경영자를 규율할 수 없을 뿐만 아니라 경제력 집중이나 불평등 문제도 해결할 수 없다는 이중의 한계를 가진 것임에는 분명했다.

외재적으로 주어진 재벌개혁은 김대중 정부 시절의 '5+3' 재벌개혁에서 잘 알 수 있듯이 재벌들의 지배구조 개선, 즉 시장에 의한 규율로 출발했다. 이른바 자본자유화로 국내에 진출한 외국투자자들에게 중요한 것은 주주가치, 좀더 정확하게 말하면 '주가'였고, 주주가치 경영은 글로벌 표준으로서 강요되었다. 이에 비해 경제력 집중과 같은 '오래된' 과제들은 명문화되어 있기는 했지만, 부차적으로만 취급되

---

1. 1980년 4월 처음으로 '독점규제 및 공정거래에 관한 법률' 제정 이래 외환위기까지는 시장지배적 사업자, 독과점, 부당한 공동행위, 불공정거래행위 규제 등 재벌규제 정책이 시행되었다.

시기	주요 내용	방향(평가)
김대중 정부	• 5+3 재벌개혁 추진 • 2001년 출자총액제한제도 부활 • 결합재무제표 작성 의무화 • 독립적인 사외이사 선임 제도화 • 감사위원회제도 도입 등	• 지배구조 개선(시장규율)에 초점 - 경제력 집중 해소는 부차적으로 취급 - 벤처산업 육성으로 경제력 집중 완화 효과 기대. 벤처 거품 붕괴로 효과 소멸
노무현 정부	• 금산분리 완화 • 출자총액제한제도 유지 • 상속증여세 완전포괄주의 도입 • 증권관련 집단소송제 도입 • 지주회사 적극 전환	• 순환출자 구조, 소수지분에 의한 총수 지배력 개혁 방안으로 지주회사화 장려 • 자회사, 손자회사 지분 요건 등을 대폭 완화하여 실효성 약화
이명박 정부	• 상호출자제한 기업 규모 기준 완화(2조 원→5조 원) • 출자총액제한제도 폐지(2009년 3월 공정거래법 개정) • 금산분리 완화(산업자본의 은행 소유 지분 4%에서 10%까지 확대) • 지주회사 설립 요건 완화(산업자본과 비은행금융기업 혼재된 지주회사 설립 가능)	• 규제완화 • 기업친화적 기업정책 • 재벌개혁 후퇴

었을 뿐이다. 그러나 민주주의와 시장경제 병행 발전을 목표로 내세운 '국민의 정부'는 스스로도 통제할 수 없는 자유시장의 폐해를 심화시켰고 이를 시정할 적절한 개입 지점을 놓쳐버렸다(양재진, 2006). '워크아웃'이라는 이름으로 진행된 부실 재벌기업 구조조정은 경제력 집중을 오히려 심화시켰다.[2] 게다가 재벌이라는 거대 경제권력을 견제할 사회

---

2. 부실 재벌기업 구조조정은 또한 책임성과 투명성 원칙을 위배, 주주·채권자, 노동자·하도급기업 등 이해당사자 간 신뢰를 손상시키고, 단기이익 추구 행동을 초래하였다. 워크아웃 기업들은 부실의 상당 부분을 채권은행으로 넘겼고 그 부실은 공적자금, 즉 국민의 조세 부담으로 충당하였다. 또 다른 문제는 공적자금을 최대한 회수해야 하는 정치적 부담 때문에 경영권 프리미엄을 지불하는 인수자에게 워크아웃 기업들을 매각, 경제력 집중이 더욱 심화되었다는 점이다. 또한 외국자본의 워크아웃 기업 인수나 적대적 M&A 시도가 민족주의적 정서를 자극하여 재벌개혁 정책의 후퇴를 초래하는 결과를 낳기도 하였다(김상조, 2011).

세력은 극히 취약했고, 그 결과 외환위기 이후 사회적으로나 경제적으로 확산된 형식적 민주주의를 지탱하고 발전시키기 위한 사회경제적 기반은 오히려 약화되었다(최장집 외, 2007).

이후 참여정부는 순환출자구조하에서 적은 지분으로 다수 자본(계열사)을 지배하는 재벌기업 지배구조 개선을 위해 지주회사화를 적극적으로 장려했다. 이를 위해 자회사, 손자회사 지분 요건을 대폭 완화했다. 그러나 총수지배력을 약화시킬 수 없었던 정부의 지주회사화는 총수(일가)의 지분 정리, 그리고 재벌 2~3세들의 지배권을 강화시키는 결과를 초래했다는 점에서 재벌개혁에 근본적 한계를 가진 것이었다. 또 출자총액제한제도를 유지하고 증권 관련 집단소송제를 도입하였으나 금산분리를 완화시켰다. 이런 점에서 참여정부의 경제개혁을 '종속적 신자유주의 경제개혁의 파국'으로 평가하기도 한다(신용욱, 2007). 이후 '기업하기 좋은 나라'를 내건 이명박 정부는 대·중소기업 간 동반성장정책 등 일부 개혁과제를 실천하기도 하였으나 재벌개혁을 더욱 후퇴시켰다. 그 대표적인 예가 금산분리 완화이다. 이는 자본시장 자유화를 넘어 금융산업 중심으로 경제구조를 재편하려는 의도를 가진 것이었다(장진호, 2013). 대자본에 의한 정부의 포획은 강화되었고, 고환율과 감세정책이 유지되는 가운데 '고용 없는 성장'과 '양극화'는 더욱 심화되었다.

3) 2012년 대선판 '경제민주화'

2012년 대선을 전후하여 불거진 이른바 '갑질' 논란 및 사회적 이슈화는 경제민주화를 전 사회적 의제로 만들었다. 이는 고용 없는 성장과 양극화로 나타난 재벌과 대자본에 의한 성과독식 체제, 부(富)의 사유화에 대한 문제 제기였고 재벌개혁에 대한 국민적 요구였다. 그렇지만 대선판 '경제민주화' 과제는 그동안의 재벌개혁 실패와 경제력 집중이 낳은 폐해를 미봉적으로 시정하기 위한 것이라는 측면이 더 강했다. 대·중소기업 간 불공정관계 해소와 동반성장 과제, 재벌의 경제력 집중으로부터 중소 상공인 사업 영역 보호 등 상생협력 파트너십 정립 등이 대표적인 예다.

박근혜 정부도 시대적 과제의 일부를 정치적으로 수용하려고 했다. 기존 순환출자를 제외하고 신규 순환출자 금지만을 공약한 것에서 알 수 있듯이 35개 경제민주화 공약 대부분이 양극화된 시장경제의 구조 개혁이 아니라 현상을 그대로 인정한 상태에서 재벌과 대기업의 불법 및 불공정행위를 사후적으로 규제하겠다는 수준을 넘지 않는 것이었다. 물론 이러한 약속마저도 대부분 지켜지지 않았고,[3] 과거 재벌대기업 중심의 성장정책으로 복귀하고 말았다. 경제민주화 공약 대부분이 지켜지지도 않았지만, 박근혜 정부의 경제민주화는 이후 재벌정책을 일감몰아주기 규제와 상생발전이라는 더 좁은 프레임에 가둠으로써 재벌개혁에 관한 담론 전체를 축소하거나, 심지어 대체해버렸다. 그것은 첫째, 대선판 경제민주화가 심화된 사회경제적 양극화 해소, 대·중소 상공인이 상생하는 시장경제로의 전환, 비정규직의 정규직화를 비롯한 노동개혁, 가계부채 등 가계부담 완화와 가계소득 증대를 통한 내수경제 활성화 등 경제의 구조적 문제, 재벌과 대자본에 의한 부의 독식구조와 비용의 사회화 구조(이병천 외, 2014)에 대한 근본적 문제 제기가 없었다는 의미에서다. 둘째, 재벌개혁과 경제민주화가 재벌대기업에 대한 시장규율의 한계를 극복할 수 있는 제도적 틀, 특히 노동시장과 노사관계, 금융시스템에 의한 재벌규율의 가능한 제도형태와 정책적 실

---

3. 박근혜 정부 공약 중에서 신규 순환출자 금지, 은행에 대한 산업자본의 지분한도 축소, 일감몰아주기 규제 등 3개 공약만이 제대로 지켜졌다(김남근, 2015).

천 방안을 포함하고 있지 못했다는 의미에서다.

3. 외환위기 이후 재벌체제의 변화

1) 지배구조는 투명해졌으나 총수지배력은 여전

그렇다면 그동안 우리나라 재벌들은 어떠한 변화가 있었는지 살펴보자. 가장 큰 변화는 상위 재벌의 경제력 집중 심화이다.[4] 위기 이후 기업 구조조정으로 대우, 기아, 한보 등 30대 재벌 중 일부는 완전히 해체되었고,[5] 일부는 기업집단을 유지했지만 규모가 대폭 축소되었다. 다른 한편으로 외환위기 이후 주주가치를 주장하는 외국인투자자[6]의 주식 보유 비중과 발언권이 높아지면서 재벌기업 지배구조 문제가 외부 주주 대 재벌총수(일가)의 문제로 전환된 것도 큰 변화라 할 수 있다. '기업의 주인은 주주'라는 주주자본주의 논리에 따라 재벌총수와 외부 주주의 이해 상충이 소유지배구조의 핵심 문제로 부각한 것이다. 이 이해 상충의 가장 대표적인 예는 총수일가 지분이 높은 기업으로 부가 이

4. 삼성(삼성＋신세계＋씨제이＋한솔＋중앙일보), 현대(현대자동차＋현대중공업＋현대＋현대백화점＋현대산업개발), 엘지(LG＋GS＋LS), SK, 롯데, 한화, 두산, 한진 등 '범 8대 재벌' 자산의 국민총생산(GDP) 대비 비중은 2002년 44%에서 2012년 84.5%로 2배 가까이 상승했다. 또 산업집중도(품목별 상위 3개사의 시장점유율 합계의 가중 평균)도 2002년 47.6%에서 2011년 56.1%로 높아졌고, 고집중 품목 비중(최상위 사의 시장점유율이 50%를 넘거나 상위 3사의 점유율이 75%를 넘는 품목이 전체 품목에서 차지하는 비중)도 같은 기간 32.1%에서 45.6%로 상승했다(위평량, 2015).
5. 외환위기 당시 상위 재벌 30개 중 대우(4위), 쌍용(5위), 기아(8위), 동아(13위), 진로(19위), 고합(21위), 해태(24위), 아남(26위), 한일(27위), 거평(28위) 등이 그 예이다.
6. 정부는 외환위기를 수습하기 위해 외국인투자를 유치하려고 각종 인센티브를 제공하고 자본시장을 전면적으로 개방했다. 그 결과 거래소 시장에서 차지하는 외국인 증권투자 비중도 1998년 18%에서 2003년 40.1%, 2004년 42.0%로 높아졌다(조영철, 2007).

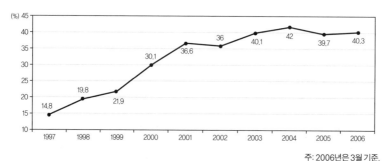

〈그림 4-1〉외국인 상장주식 보유 비중 추이(1997~2006)

주: 2006년은 3월 기준.
자료: 금융감독원, 금융통계정보시스템(송원근, 2008에서 재인용).

전(tunneling)되는 일감몰아주기, 계열사 지원(propping),[7] 대주주 총수 일가의 부 증대를 위한 편취(expropriation)[8] 등이다.

그러나 이와 같은 외부주주와 재벌총수 간 이해 대립은 충돌보다는 타협으로 마무리되는 게 더 일반적이었다. 시장에 의한 재벌규율은 더욱 멀어졌다. 즉 외부주주들은 순환출자 등을 통해 다수 계열사를 지배하는 총수 혹은 총수일가의 기득권을 인정하는 대신 총수지배 체제에서 발생하는 이익을 분할해 갔다. 즉 재벌대기업이 거둬들이는 막대한 이익은 장시간 노동, 비정규직 노동에 대한 차별, 하도급기업 단가 인하 및 대금 결제 지연 등 불공정거래에서 발생한 것이었다. 이 모든 관행은 총수의 강력한 지배력이 아니면 불가능한 것이다. 외부주주들은 재벌기업 독점이익의 분할에 동참하면서 재벌총수의 기득권 구조를 묵시적으로 인정하는 타협을 택했다.

7. propping은 재벌 전체의 집단이익을 위해 재벌기업 내 자원을 공유하며, 계열사 간 상호지원, 위험 공유가 가능하다는 점에서 소수 주주의 부가 총수일가로 이전되는 tunneling과 다르다.
8. 편취는 tunneling이나 propping을 포함하는 부의 이동을 대주주나 지배구조상의 상위 기업에 의한 부의 획득이라는 관점에서 바라본 개념이다.

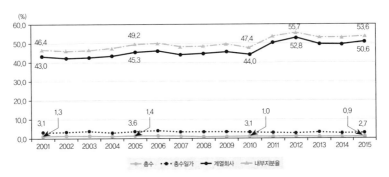

〈그림 4-2〉 총수 있는 상위 10대 재벌의 내부지분율 변화

자료: 공정거래위원회, 2015c.

재벌총수들의 강력한 지배권은 계열사 간 복잡한 순환출자와 이에 기초한 의결권(통제권) 확보를 통해서인데 정작 총수(일가) 지분은 외환 위기 이후 더욱 적어졌다. 공정거래위원회에 따르면 2015년 총수 있는 집단(41개)의 내부지분율은 55.2%에 달한다. 특히 상위 10대 재벌의 경 우 지난 20년 동안 내부지분율이 꾸준히 증가(44.0%→53.6%)한 것에 비 해 총수 지분율은 1% 미만으로 하락했다(공정거래위원회, 2015c).

(1) 주주가치 경영과 구조개혁

외환위기 이후 외국인투자자의 영향력 강화로 기업경영에서도 배 당금이나 단기적 자본이득을 중시하고 감량경영과 노동유연성을 중시 하는 이른바 '주주가치 경영'이 강화되었다. 그러나 주주가치 경영 역 시 구조개혁을 명분으로 한 대규모 감원뿐만 아니라 총수일가의 지배 력을 오히려 강화하는 수단으로 활용되었다. 잘 알려져 있듯이 자사주 매입은 기업가치와 무관하게 주가를 높여 주주이익을 극대화한다는 명 분을 가지지만 기업의 재투자 및 신규 설비투자를 감소시키고 주식시 장의 자금조달 기능을 더욱 약화시킬 가능성이 높다. 실제로 자사주 매입은 재벌기업들이 주식시장을 주가관리나 부의 상속 혹은 친족 간 지분 정리를 위한 기회로 활용하기에 더 쉬운 환경을 제공해주었다. 그뿐 아니라 기업 내 정규직을 비정규직으로 대체하는 등 고용조정을 일상화했다. 예를 들어 삼성전자는 2014년에만 약 2조 1,930억 원을 자사주 매입에 사용했다. 삼성전자는 향후 3년간 11조 3,000억 원의 자사주를 매입해 소각하는 등 2017년까지 연간 잉여현금 흐름의 30~50%를 주주환원에 쓰겠다는 계획을 최근 발표했다.[9] 그러나 이것은 '지배구조 리스크'에 직면한 이재용의 지배력 강화를 위한 목적이 더 큰 것이었고(송원근, 2014), 또 실제로 이러한 행위가 진정으로 주주환원을 위한 것인지도 의문이다.

(2) 총수일가 지배권을 강화한 지주회사 체제

1999년 지주회사제도를 도입한 이래 지주회사는 꾸준한 증가세를 보여 2015년 9월 말 현재 그 수는 140개이다. 이 중 재벌대기업 소속 지주회사(30개)와 대기업집단(15개)은 최근 정체 상태를 보이고 있다(공정거래위원회, 2015b). 이는 지금까지 지주회사로 전환할 수 있는 재벌들은 대부분 전환을 마쳤고, 그렇지 못한 재벌들은 금융회사 또는 순환출자를 보유하고 있어 이를 해결하지 못하면 지주회사 전환이 불가능하기 때문이다.

지주회사 체제는 지배구조 투명성이라는 목표를 일정 정도 달성했다는 점에서 의미가 전혀 없는 것은 아니었다. 그러나 LG, SK 재벌의 지주회사 전환에서 보듯 재벌 분가나 친족분리 수단으로, 총수지배력을 유지하는 합법적인 방법으로 활용되었다. 이를 위해 총수일가가 들

---

9. 삼성 재벌의 자사주 매각은 삼성전자의 비중이 절대적으로 높다. 2000년대 들어서는 2002년, 2004~2007년까지 5년 동안 8조 9,500억 원의 자사주를 매입했다.

구분	삼성	현대자동차	롯데	현대중공업	한화	두산	신세계	금호아시아나	대림	동부	현대	현대백화점	OCI	
금융사	보유	보유	보유	보유	보유	보유	-	-	-	보유	보유	-	-	
순환출자	보유	보유	보유	보유	-	-	-	-	보유	-	-	보유	-	
구분	효성	영풍	KCC	미래에셋	동국제강	교보생명보험	태광	현대산업개발	이랜드	태영	삼천리	대성	중흥건설	한솔
금융사	보유	-	-	보유	-	보유	보유	보유	보유	-	보유	보유	-	-
순환출자	-	보유	-	-	-	-	-	보유	-	-	-	-	-	-

인 돈은 전혀 없다. SK 재벌의 경우 SK(주)의 자기주식 취득에 이은 인적 분할, 그리고 주식교환을 통해 총수지배력이 강화되었다. 이것이 지주회사 전환의 목적이고 결과였다(김진방, 2012a). 즉 지주회사 체제는 총수지배력에 변화를 추동하지 못했고, 오히려 총수(일가)의 지분 정리, 재벌 2~3세의 지배권을 강화시키는 결과를 초래했다는 점에서 재벌개혁에 근본적 한계를 가진 것이었다. 그뿐 아니다. 지주회사가 경제력집중을 억제하는 효과가 전혀 없다는 것을 알고 있었음에도, 지배구조 개선에 초점을 두다 보니 지주회사의 자회사 출자 요건을 풀어 경제력집중을 오히려 방조하기까지 했다.

(3) 지주회사 전환과 맞바꾼 혁신

지주회사 전환은 기업들의 혁신능력을 오히려 떨어트렸다는 점에서도 문제다. 지금까지 삼성전자나 LG전자와 같은 재벌대기업들은 발빠른 추종자(fast follower)의 입장에서 대규모 시설투자를 통해 기술역전을 이루고 시장점유율을 높였지만(김용열 · 윤우진, 2013), 이는 추격자입장에서만 가능한 전략이다. 새로운 추격자들이 나타난 상황에서는 더이상 적절하지 않게 되는 것이다(Kim et al., 2011).

대표적 사례가 바로 가장 먼저 지주회사 체제로 전환한 LG 재벌의 LG전자이다. LG전자는 지주회사 체제로 개편하면서 배당 성향(배당금/당기순이익×100)이 높아졌고 단기성과 위주로 경영 방식이 바뀌었다.[10] 그러나 연구개발비나 선행투자 등이 감소하여 스마트폰 시장에 필요한 신규 투자를 위한 준비를 하지 못했다. 지주회사로 전환하면서 대주주도 배당금에 민감해질 수밖에 없고, 또 LG 재벌의 대주주들이 지주회사 전환과 계열분리를 위해 지분을 매집하느라 상당한 자금을 지출했기 때문이었다. 삼성전자의 경우도 마찬가지이다. 삼성전자의 기술은 소니(Sony)보다 다양성이 부족하고 벤치마킹할 수 있는 선도 주자가 없을 때 성장을 주도할 수 있는 신기술 개발능력이 부족하다(장세진, 2008, 141쪽). 1990년대 소니는 지주회사 체제와 유사한 컴퍼니 체제로 전환하여 전문경영인 체제로 나아갔지만 과거의 혁신성을 잃고 표류하기 시작했다.

2) 경영권 세습을 위한 지배력 확보와 부(富) 이전

외환위기 이후 재벌의 소유지배구조에서 볼 수 있는 또 다른 특징은 소유지배구조를 이용한 경영권 세습과 부의 이전이다. 외환위기 이전에도 창업자를 이어 2세들에 대한 경영권 상속이 없었던 것은 아니지만 그것이 크게 문제되지는 않았다. 그러나 외환위기 이후 주주들의 압력이나 경영권 방어가 이전보다 더 중요해지면서 3세 승계에 필요한 지배력 강화가 재벌들에게 핵심 이슈로 부상했다.

경영권 세습의 대표적 사례는 삼성 재벌이다. 삼성은 이미 에버랜

---

10. LG전자 배당 성향은 사상 최대 매출을 기록했던 2003년엔 29.7%, 2006년에는 무려 57.2%를 기록했다. 반면 LG전자의 연구개발비는 삼성전자와 비교할 수 없을 정도로 떨어졌다. 삼성은 2009년에 이미 연구개발비로 7조 원을 썼지만, LG전자는 그해 2.1조 원을 투자했다(신기주, 2013).

드 불법 전환사채 발행 등으로 이재용의 경영권 승계에 흠집이 나 있었고, 또 다른 재벌들에 비해 총수(일가)의 소유지분도 아주 낮다. 이처럼 그동안 취약점으로 지적되던 삼성 재벌 총수일가의 직접지배력 강화를 위해 삼성 재벌은 삼성에버랜드(제일모직 패션 부문 합병)를 상장시키고, 또다시 삼성물산과 합병하는 수순을 밟았다. 이 과정에서 최대 수혜자는 이재용 삼성전자 부회장이었다(송원근, 2014).

2~3세에 대한 지배력 강화와 함께, 일감몰아주기 등을 통한 부의 이전 문제도 중첩되어 나타났다. 재벌 2~3세에 대한 부 이전의 대표적 사례는 재벌 계열사 간 내부거래이다. 공정거래위원회에 따르면 삼성과 현대자동차, SK, LG, 롯데, GS, 현대중공업, 한진, 한화, 두산 등 10대 기업집단의 평균 내부거래 비중은 2010년 13.2%에서 2014년 14.1%로 0.9%p 증가했다. 같은 기간 내부거래 총액은 108조 6,000억 원에서 142조 5,000억 원으로 33조 9,000억 원 늘어났다.[11] 외환위기 직후만 해도 계열사 간 내부거래는 부실 계열사에 대한 우량 계열사의 지원이라는 형태를 띠었다. 그러나 2000년대 이후 내부거래는 작은 비용으로 계열사 경영권 또는 부를 상속하는 수단으로 변모했다. 재벌이 2세 경영에서 3세 경영으로 가는 과도기에, 그 수가 기하급수적으로 많아진 3세들에게 부를 상속하는 비용효과적 수단이 된 것이다. 또 재벌 3세들에 대한 일감몰아주기는 중소·중견 기업이 공급하던 내수시장을 구축(crowding out)해버리는 결과를 낳았다(임영재, 2015).[12]

---

11. 현대차와 SK의 내부거래 정도가 심했다. 현대차의 내부거래 비중은 2010년 21.1%에서 2014년 18.8%까지 줄었으나 내부거래 금액은 25조 1,000억 원에서 35조 2,000억 원으로 10조 원 이상 늘었다. SK는 15.6%에서 28.9%로 상승했고, 금액도 17조 4,000억 원에서 40조 5,000억 원으로 2배 이상 급증했다(공정거래위원회, 2015a).
12. 2015년 4월 기준 대기업집단 49개의 업종별 내부거래는 중소기업 업종으로 지정된 컴퓨터 프로그래밍 및 시스템 통합 및 관리업(59.9%), 정보서비스업(56.8%), 창고 및 운송 관련 서비스업(33.5%), 농업(30%), 펄프, 종이 및 종이제품 제조업(26.2%), 인쇄 및 기록매체복제업(25.4%) 등에서 특히 많았다(공정거래위원회, 2015a).

(단위: %, 조원)

기업집단	내부거래 비중					내부거래 금액				
	2010년	2011년	2012년	2013년	2014년	2010년	2011년	2012년	2013년	2014년
삼성	13.7	13.0	9.0	8.4	8.4	35.3	35.3	28.2	26.7	25.3
현대자동차	21.1	20.7	21.3	21.6	18.8	25.1	32.2	35	35.2	31.1
SK	15.6	22.1	22.5	26.0	28.9	17.4	34.2	35.2	40.5	47.8
LG	14.3	13.8	13.2	14.1	14.1	15.2	15.4	15.3	16.5	16.4
롯데	12.7	14.2	15.5	13.9	13.9	6.1	7.8	8.5	8.9	9.2
GS	3.6	3.2	4	3.3	4.3	1.9	2.2	2.8	2.2	2.7
현대중공업	7.0	11.6	11.5	10.3	10.9	3.5	7.1	7.3	6.2	6.4
한진	3.6	3.9	3.8	4.3	4.4	0.8	0.9	1	1.1	1
한화	6.8	7.8	6.5	6.5	5.0	2.3	2.7	2.5	2.1	1.9
두산	5.9	5.8	5.9	4.2	4.6	1.1	1.2	1.2	0.7	0.7
10대 재벌	13.2	14.5	13.4	13.8	14.1	108.6	139	136.9	140.2	142.5

주: 포스코와 KT는 제외
자료: 공정거래위원회, 2015a.

물론 박근혜 정부 들어 몇 안 되는 규제 중에서 2015년 초부터 시행된, 내부거래규제 강화는 한계가 많기는 하지만 관련 기업 임직원만을 처벌할 수 있었던 것과 달리 총수(일가)도 처벌받을 수 있게 되었다는 점에서 기존보다 강화된 측면이 있다.[13] 그러나 재벌들은 지분을 줄이거나 규제 대상 계열사 간 합병 등을 통하여 이러한 규제를 피해 가고 있다.[14]

13. 2015년 2월 14일부터 시행된 일감몰아주기 규제는 자산 5조 원 이상 대기업 총수일가의 지분이 30% 이상(비상장사는 20%)인 회사가 다른 계열사와 연간 200억 원 이상, 매출의 12% 이상을 거래하면 규제를 받는 것을 말한다. 처벌도 총수일가까지 3년 이상 징역형이나 2억 원 이하의 벌금형을 받을 수 있다.
14. 사업구조조정을 통한 규제 회피의 대표적 사례는 삼성에버랜드(현 삼성물산), 삼성SNS, 현대엠코, SKC&C, CJ시스템즈이며, 지배주주 지분을 일부 매각해 지분율 요건을 회피한 사례는 현대글로

회사명	사업재편·구조조정과 내부거래 비중 변화
삼성에버랜드 (현 삼성물산)	• 자산관리 및 건설부문, 단체급식 부문 내부거래 비중 40% 이상 • 2013~2014년 사업 구조조정(급식사업 분할, 건물관리사업부 매각 등)으로 내부거래 비중 20%로 감소 • 삼성물산과 합병(2015. 9) 이후 10% 이하로 감소 예상됨
서울통신기술 (현 삼성SNS)	• 삼성전자에서 분사한(1993) 이후 삼성전자와 내부거래로 성장 • 삼성 SDS와 합병하여(2013. 12) 내부거래 규제 회피
현대엠코	• 현대차, 기아차, 현대제철 등 주요 계열사와 내부거래로 성장 • 매출 확대 및 현대엔지니어링과 합병(2014. 1)으로 내부거래 감소
SKC&C	• SK텔레콤, (주)SK와의 내부거래로 성장 • (주)SK와 합병(2015. 8)으로 내부거래 비중 30% 이하로 하락 예상
현대글로비스	• 현대차, 기아차, 현대모비스 등 주요 계열사와 내부거래로 성장 • 대주주 지분매각(2015. 2) 및 해외 내부거래로 전환하여 과세 회피
CJ시스템즈 (현 CJ올리브 네트워크스)	• CJ그룹의 SI 업무를 전담하며 높은 내구거래 비중(2014년 64.4%) • 계열사 CJ올리브영과 합병(2014. 12)하여 내부거래 비용 축소

자료: 하준 외(2015), 66쪽

3) 금융 부문의 비중과 지배력의 확대

재벌대기업들의 소유지배구조는 재벌들이 계열사 간 순환출자를 통해 형성한 가공자본과 금융 계열사 고객자산을 이용할 수 있었기에 가능했다. 2000년부터 2015년까지 30대 기업집단이 보유한 금융·보험 계열사 수는 74개에서 112개로 증가했으며(10대 기업집단 35개→47개), 같은 기간 금융·보험 계열사 자산은 255조 5,610억 원에서 626조 5,840억 원으로 145.2% 증가했다. 이 역시 외환위기 이후 금융산업구

비스다(하준 외, 2015). 일감몰아주기 규제 대상은 2013년 122곳에서 2015년 2월 83곳으로 줄었는데, 규제 시행 직전인 2월 5일 현대차그룹은 현대글로비스 정몽구 회장 부자 지분율을 30% 이하인 29.99%로 맞추었다. 그럼에도 현대차(정몽구), SK(최태원), CJ(이재현), GS(허창수), 한화(김승연) 등은 규제 대상에서 벗어나지 못하고 있다.

조 재편의 기본방향이었던 안정화·대형화의 당연한 귀결이다.

그러나 재벌의 금융지배는 재벌들의 금융회사 진출과 그 자산 규모만으로는 설명할 수 없다. 기업의 당기이익 중에서 세금과 배당 등의 지출을 제외한 이익잉여금과 자본잉여금을 합한 사내유보금은 현금성 자산으로서 재벌대기업들의 금융회사 통제에 활용될 수 있다.[15] 2014년 기준 30대 기업 사내유보금은 상장사 전체 845조 원의 65%인 549조 원에 이른다.[16] 이 가운데 삼성전자가 169.5조 원으로 가장 많았으며, 이는 상장사 전체 사내유보금의 20%에 해당한다.

물론 사내유보금은 공장과 설비 등 유형자산과 재고자산을 포함하는 만큼 단순히 쌓아둔 돈이라고 볼 수 없지만, 재벌대기업이 보유한 사내유보금 같은 현금성 자산에 더하여 재벌 금융회사들이 보유한 금융자산[17]에 의해 지배되고 통제되는 금융권은 이 자금을 유치해 가계부채를 통해 국민들을 통제한다. 이와 같은 상황은 통화신용정책 등 금융정책 효과를 무력화시킬 가능성을 높인다는 점에서도 심각한 문제이다.

재벌들이 고객자산을 산업 부문 계열사 지배와 통제에 이용한다는 사실은 재벌 금융지배의 문제점으로 흔히 지적되는 것이지만, 더 심각한 문제는 기업에 대한 금융의 규율기능이 제대로 작동하지 않는다는 점이다. 즉 금융이 재벌에 의해 지배되면서 은행들의 대기업 탈중

---

15. 10대 재벌 소속 81개 상장기업 사내유보금은 2014년 500조 원을 넘더니, 2015년에는 600조 원이 넘었다. 2009년 금융위기 직후 271조 원이던 것이 5년여 사이에 2배 이상 증가한 것이다. 30대 재벌그룹을 기준으로 하면 그 금액은 710조 원이 넘는다(『오마이뉴스』, 2015).

16. 한국은행의 '통화 및 유동성' 자료를 보면 2014년 11월 기업 부문 보유 M2(시중통화량)는 503조 4,000억 원과 비교해보면 그 규모를 가늠해볼 수 있다.

17. 삼성생명의 2015년 말 자산 규모는 연결재무제표 기준 약 230조 원, 이 중 단체보험 등 상품으로 판매한 퇴직연금 자산(부채) 규모는 18.8조 원이다. 이 자금을 어느 금융회사에 배분하는가에 관한 권한은 전적으로 삼성생명의 결정에 달려 있다. 2015년 말 퇴직연금 적립금 규모 126조 4,000억 원 중 생명보험사와 손해보험사의 적립금은 35조 2,000억 원이다. 이 중 삼성생명은 18.8조 원, 삼성화재는 2.97조 원을 차지한다(금융감독원, 2016).

〈표 4-6〉 상위 10대 기업의 사내유보금 현황

(단위: 10억 원)

연도 기업	2008	2009	2010	2011	2012	2013	2014
삼성전자	55,419	71,065	85,104	97,622	119,985	148,600	169,529
현대자동차	11,841	14,617	25,216	32,263	39,993	48,274	54,649
한국전력	23,501	23,405	39,296	35,769	32,564	32,766	35,303
포스코	25,393	27,935	35,887	38,709	40,346	41,090	40,976
신한지주	6,299	7,182	12,071	10,829	12,715	14,188	15,869
KB금융	630	1,177	2,620	4,952	6,501	7,859	9,067
현대모비스	4,448	5,898	9,488	12,312	15,627	18,916	22,027
기아자동차	894	1,873	6,113	9,224	12,663	16,301	18,815
삼성생명	5,211	6,077	8,016	8,564	9,205	9,510	10,696
하나금융지주	2,507	2,791	4,624	5,677	7,169	7,982	8,788

주: 2015년 9월 1일 기준.
자료: 김현미 의원실, 2015.

개화가 가속화되었고 은행에 의한 기업 규율기제가 붕괴되었다(구본성, 2007). 독일 하우스방크(Hausbank)나 일본 메인뱅크(Mainbank) 같은 관계금융은 안정적 자금조달자, 즉 채권자이자 주주로서 경영감시 기능을 수행할 뿐만 아니라 은행-기업 간 장기 협력관계를 통해 기업 성장에 대한 금융기여도를 높일 수 있다. 이에 반해 재벌에 의한 금융지배 현상은 오히려 경제시스템의 리스크를 높인다. 이에 더해 외환위기 이후 급속하게 진전된 금융자유화와 글로벌 금융자본 유입은 자본시장 중심의 규율을 강화함으로써 금융기관의 금융중개 기능과 규율기제 작동을 무력화시켰다. 또 사회적으로도 더 높은 금융수익을 요구하는 금융자산 계층의 발언권과 사회경제적 영향력을 더욱 강화했다. 금융과 산업의 분리가 필요하고 또 금융지주회사 허용 문제를 신중하게 접근해야 하는 이유이다.

은행이 대형화·독과점화하면 할수록 거래금융 위주로 대출이 이루어져 중소기업 금융과 미래 성장산업을 지원하는 산업 및 기업 금융도 축소될 수밖에 없게 된다. 특히 금융자유화 이후 더욱 빈번해진 금융위기를 예방한다는 목적으로 선진국들이 도입한 자기자본비율 규제는 경기순응성을 초래했고, 은행대출과 자산가격의 거품침체(boom and bust)에 의한 거시경제 변동성을 심화시켰다(Goodhart et al., 2004). 특히 금융회사들은 경기침체기에 정보비대칭성과 위험이 큰 중소기업 대출금을 우선적으로 회수하거나 감축하는 경향이 있어 중소기업금융이 경기변동의 영향을 더 받게 되었다(신용상, 2006). 이러한 추세는 금융세계화에 따른 보편적 현상이라고 볼 수 있지만, 중소기업 또는 서민들의 금융접근권을 점점 더 제한한다는 의미에서 공공성 약화, 금융민주화 후퇴를 초래한다. 금융민주화 후퇴는 시민들로 하여금 금융적 투자수익 급등이나 실물자산 가격 폭등에 대한 기대치를 높임으로써 시민사회의 금융화, 자산적 개인주의의 탈정치화(장진호, 2013)[18]를 가속화하게 된다.

4) 수익극대화 전략이 초래한 약탈적 산업생태계와 비용의 사회화

재벌들의 순위 경쟁, 이른바 '재계 서열'로 표현되는 재벌 간 외형 경쟁은 국가-재벌 간 발전지배연합이라는 일종의 성장동맹을 배경으로 한 것이었다. 발전국가는 관치금융과 선별적 산업정책을 통해 기간산업 육성과 수출주도 성장전략을 추구하였고, 재벌대기업들은 총수지배력을 바탕으로 성장산업 사업다각화와 규모 확대 등 매출극대화 전략을 추구했다. 정부는 노동을 통제하고 기업이윤을 생산적 부문에 투자되도록 유도함으로써, 저임금→이윤 증가→생산적 투자 증대→경

---

18. 공적 가치에 헌신된 민주적이고 집합적인 주체를 개인적 자산 증식에 헌신한 경제주의적이고 개별화된 주체들로 분해/전환하여 정치적으로 탈동원하거나 보수적으로 동원하는 것을 의미한다(이병천, 2013b).

제성장→미래 고용 및 임금소득 증대라는 호순환을 창출했던 것이다. 이러한 성장동맹 호순환을 통해 재벌-국가 간 발전지배연합은 고용증가와 일정 정도의 낙수효과를 발휘할 수 있었다.

그러나 외환위기 이후 이 성장전략은 수익극대화로 전환된다. 즉 외환위기 이후 재벌기업들은 외국인투자자 등 외부주주들의 주주가치 경영 요구를 부분적으로 수용하지 않을 수 없었고, 재벌을 지원하던 발전국가 해체로 국가-재벌 간 성장동맹도 더이상 유지될 수 없었다. 이에 대응해 재벌대기업들은 국내분업을 축소하고 국제분업을 적극적으로 확대해나갔다. 삼성전자의 해외 매출 비중은 2013년 89%까지 상승했고, 중국 내 매출만으로도 내수를 능가하게 되었다. 또 하청 중소기업의 수직계열화, 좀더 정확하게 대기업과 협력기업 간 전속거래 시스템을 통해 납품단가 인하 등 중소기업에 비용을 전가하는 '약탈적 산업생태계'(홍장표·남종석, 2015)를 구조화했다.

고용조정과 약탈적 산업생태계로 대변되는 비용의 사회화를 통한 비용 절약분은 기업수익 증가로 이어졌으나 재벌기업들은 투자와 고용을 늘리기보다 이익금을 이월하여 사내유보금으로 적립했다. 그 결과 기업저축률은 유례없이 상승하였지만 대기업투자가 고용으로 연결되는 국내 파급효과, 달리 말해 낙수효과는 기대할 수 없게 되었다.

일반적으로 시장규율이 강화되면 단기주의, 거리두기금융, 이탈(exit) 중심 시장규율이 강화되면서 장기 협력관계가 약화된다. 대기업이 중소기업에 비용을 전가하는 수탈적 기업관계, 경쟁 기업에 대한 교차판매를 허용하지 않는 종속적 거래시스템은 중소 부품업체의 독자적 기술개발, 전문화된 분업체제, 새로운 시장 개척에 대한 유인을 낮춰 중소기업의 기술경쟁력과 발전을 저해하는 요인으로 작용하고 있다.[19]

19. 1960년대 미국 자동차산업의 과도한 수직계열화가 자동차부품산업의 경쟁력 향상을 지체시킨

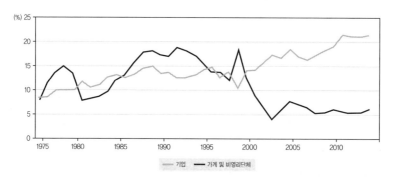

〈그림 4-3〉 가계저축률과 기업저축률 추이

자료: 기업경영분석, 각 호.

이뿐 아니라 총수지배력과 부의 이전거래를 통해 사익을 편취한 재벌
은 중소기업 영역까지 사업을 확장함으로써 특정 업종이나 산업구조
왜곡을 초래하고 있다.

4. 향후 경제민주화의 방향

1) 경제민주화의 출발점으로서 재벌개혁

경제민주화는 특정 사회에서 어느 한 집단이 시장을 지배하여 다른
집단이나 개인의 자유와 권리를 침해할 수 있다는 가정과 판단에서 출
발한다. 여기서 시장을 지배하는 주체는 재벌이며, 지배 근거는 소유지
배구조이다. 반면 지배를 당하는 사람이나 집단은 소액주주일 수도 있

한 원인이 되었다는 사실은 이미 잘 알려져 있다(박상인, 2015). 장지상·홍장표(2016)는 우리나라
대기업과 강한 연계를 맺고 있는 수직계열화된 도급관계가 하도급기업 혁신에 부정적 영향을 준다는
것을 실증적으로 잘 보여주고 있다.

고, 중소기업일 수도 있고, 소상공인이나 비정규직 노동자일 수도 있으며, 사회의 취약계층이 될 수도 있다. 이런 점에서 경제민주화는 재벌개혁과 내용상 큰 차이가 없다(김진방, 2012b). 경제민주화는 재벌과 같은 경제권력으로부터 시장의 공정성을 지키고 개인들의 자유와 권리를 보장하기 위한 장치인 셈이다(박순성·이상호, 2012). 한편 경제민주화는 '자유시장경제'가 아닌 '조정시장경제' 체제를 지향하는 좀더 거시적인 시장경제시스템 차원을 포함할 수 있다(최태욱, 2013). 물론 경제민주화를 재벌·중소기업·소상공인 문제로 다소 좁혀볼 수도 있고(김상조, 2012a; 2012c), 투기자본 규제, 노동권 보장, 복지 담론 등의 내용을 포괄하는 것으로 확대할 수도 있을 것이다(유철규, 2013). 한 걸음 더 나아가 재벌과 같은 거대 경제권력을 바탕으로 한 기업국가나 정치권력을 지배자로 상정할 경우 이 권력에 억압당하는 공동체, 노동자, 시민의 권리를 복원하는 것도 경제민주화의 중요한 내용이 될 수 있다.

다른 한편으로 억압이나 지배 주체를 재벌이 아닌 글로벌 차원의 초국적 자본 같은 것으로 보면 경제민주화의 의미는 사뭇 달라진다. 정부와 자본(시장)은 대립하는 존재가 아니라 하나의 통합된 자본주의 권력 과정의 두 가지 제도적 양상이기 때문에 이미 '초국적화된 자본'에 대하여 이들에 의한 경제적 억압과 지배를 벗어나는 사회공동체 건설이 경제민주화의 핵심이라는 주장도 있다(박형준, 2013).

경제민주화에 대한 다양한 정의와 포괄 범위에도 불구하고 경제민주화가 가능하려면 무엇보다도 거대 경제권력을 넘어 정치권력화한 재벌, 즉 거대기업집단에 대한 유효한 규제가 필요하다(전성인, 2012). 그럴 때라야만 기업 내에서 그리고 시장경제 내에서 노동자와 시민의 권리가 보장될 수 있고 또 대기업과 중소기업 간 불공정거래를 시정할 수 있으며 민주적인 시장경제시스템도 가능할 것이다.

경제민주화의 정의와 내용, 재벌정책과 관련된 정부 역할 그리고 새로운 시장경제체제, 경제발전모델과 연관성 등 다층적이고 중첩된 연관관계는 그만큼 재벌개혁이 쉽지 않다는 것을 의미하며 따라서 그 방법론에 관한 논란을 부른다. 이와 관련하여 김상조는 "경제민주화의 실체적 내용을 정의하는 것이 이론적으로든 현실적으로든 거의 불가능하기 때문에, 당분간 경제민주화의 방법론적 원칙에 합의하고 이를 엄정하게 집행할 필요가 있다"라고 한다(김상조, 2012c, 117쪽). "재벌개혁은 경제민주화의 전부가 아니라 출발점"이고, 재벌개혁의 목표는 우리 사회의 가장 강력한 기득권 세력인 재벌이 우리 사회의 전체 이익에 역행하는 방식으로 행동하는 것을 막고, 재벌이 사회 전체의 협력의 틀로 들어오도록 만드는 것"이다. "편익과 부담의 조화, 권한과 책임의 일치", 모든 사람이 공감할 수 있는 방법으로 요약할 수 있는 방법론적 최소 원칙(김상조, 2012c, 124쪽)은 경제민주화를 실현 가능한 것으로 만들어보려는 나름의 고민을 잘 드러내준다. 또 재벌개혁과 관련된 대안들의 비현실성, 경제민주화 담론에서 진보진영의 주도권 상실을 우려한 지적이기도 하다(김상조, 2015). 이 지적은 경제민주화 담론이 점차 왜소화되고, 경제권력을 기반으로 한 정치권력이 사회의 전반적 민주주의를 침해하며, 금융화가 초래하는 "자산적 개인주의의 탈정치화"(이병천, 2013b)가 심화되는 상황에서 개혁의 현실적 어려움을 반영한 제안이라는 점에서 이해될 수 있다.

그러나 현실적 개혁 방안으로서 그 유용성에도 불구하고 이러한 원칙과 사회적 대타협 논의는 재벌개혁과 경제민주화의 기본방향을 견지하는 경우에만 유효하다. 다른 나라의 사례에 따르면 막대한 경제권력을 바탕으로 한 정치권력화가 민주주의를 침식할 수 있다는 우려에서 경제민주화는 출발했다(송원근, 2013). 이 막대한 경제권력이 바로 재벌이라고 본다면 경제민주화는 재벌의 탈집중화를 통하여 그 폐해를 막고 기업 수준, 기업 간 관계, 그리고 시장경제 수준에서 각 참여자의 시민권을 확보하는 것이어야 한다. 이를 위해서는 무엇보다도 총수(일가)의 지배력을 약화시키고, 이를 바탕으로 경제력 집중을 방지하는 것이 우선되어야 한다. 총수 중심의 기업지배구조는 노동권을 약화시키고, 다양한 이해당사자(stakeholder)의 참여나 감시를 불가능하게 하며, 특히 노동자들의 헌신을 유인하지 못하는 기업시스템을 고착화하고, 기업 간 장기적 협력관계 형성을 방해한다. 따라서 이 구조를 변화시키지 않고는 노동개혁도 가능하지 않고, 나아가 시민권과 자치를 실현하는 시민적 경제의 형성도 불가능할 것이다. 이러한 경제민주화는 필연적으로 정부 역할에 대한 재정립을 요구한다. 나아가 소득주도 성장, 공정성장 등 다양한 대안적 성장모델이 논의되는 상황에서 재벌개혁은 과거 정부-재벌 간 연합에 의한 경제성장모델을 대체하는 새로운 발전모델의 모색이라는 점에서도 시급한 과제이다.

2) 총수지배력 약화를 통한 재벌권력 통제[20]

이처럼 경제민주화의 출발점으로서 재벌개혁의 핵심은 계열사 간 순환출자를 통하여 다수의 계열사를 지배하고 있는 총수(일가)의 절대적이고 부당한 지배력을 약화시키는 것이어야 한다. 이 지배력이 계열사 간 출자를 통해 확보된 것이라면, 이를 막는 가장 직관적인 정책은 출자총액제한제도(소위 '출총제')이다. 잘 알다시피 이 제도는 어떤 기업의, 다른 회사에 대한 출자여력에 한도를 설정하는 것이며, 한도는 보통 순자산(자산-부채)의 일정 비율로 주어진다. 그런데 이 규제는 출자의 앞뒤 배경이나 이유를 감안하지 않는다는 점에서 잠재적으로 논란이 있을 수 있는 규제이고, 또 그 형태가 소유규제여서 효과가 매우 강

---

20. 이하의 논의는 송원근(2016a ; 2016b)의 논의를 기초로 하여 수정·보완한 것이다.

력하다는 특성을 지닌다. 바로 이런 이유로 이 제도는 잠재적으로 비효율적이라고 강하게 비판받았고, 그 효과가 너무 강하기 때문에 역설적으로 제대로 동원된 적이 없었다(전성인, 2012).

이를 보완하기 위해 등장한 것이 바로 순환출자 규제이다. 순환출자 규제는 기업에 의한 기업인수가 실질재원을 수반하지 않고 발생할 수 있는 가장 전형적이고 극단적인 경우를 대상으로 규제하는 것이다. 그러나 출자총액제한제도나 순환출자 금지 등의 규제정책은 이 정책이 추구해야 할 목표로서 명시되어 있던 '경제력 집중 억제'라는 목표와 수단 사이의 혼선 때문에 끊임없이 논란에 휩싸였다.[21] 또 재벌들은 이러한 규제에 맞서 투자 축소, 자본 파업으로 대항하기도 하였다. 또 정부는 지배는 허용하되 투명하게만 하면 된다면서 지주회사제도를 도입해 총수지배를 합법화하였다.

결국 재벌권력을 통제하기 위해서는 지주회사제도보다는 순환출자 금지를 현재보다 더 강화해야 하며, 계열분리명령(청구)제 혹은 기업분할명령(청구)제를 도입해야 한다. 이는 총수의 지배력에 대한 직접적 규제라는 점에서 총수지배력을 약화시킬 수 있는 가장 강력한 수단이다. 전자는 지배주주가 주로 금융계열사를 이용하여 시장공정성과 안정성을 저해하는 행위의 적발 또는 그럴 우려가 있을 경우 계열로부터 분리를 명령하는 제도이다. 이에 비해 후자는 단일 거대 독점기업에 대해 분할을 명령하는 제도이다. 그러나 두 제도는 시장지배력이나 경제력의 오남용으로 시장기능이 제대로 작동하지 못할 때 이를 경쟁적 질서로 전환한다는 근본 취지가 동일하다. 특히 사업부제 형식의 단일 기업과 모-자회사 관계로 결합된 기업집단 사이에 실질적 차이가 크지 않

---

21. 출자총액제한제도가 경제력 집중 억제를 목표로 하다 보니 이른바 '효율적 출자'와 '사익 추구를 위한 비효율적 출자'를 구분하지 않았다. 또 정부가 효율적인 출자를 선별한다고 하면서 각종 적용제외나 예외를 인정함으로써 그에 따른 규제비용이 증가하였다(이상승, 2008).

음을 감안하면, 기업분할과 계열분리는 동시에 도입되어야 한다(김상조, 2012b, 170쪽). 명령제든 청구제든 문제는 도입 방법이다. 하나는 공정거래법에 포함시켜 일반 경제력 집중에 대한 가장 궁극적인 교정 장치로 자리매김하여 도입하는 것이고, 다른 하나는 금융감독법령에 포함시켜 체제적 위기를 야기할 정도로 문제가 되는 금산 복합그룹에 대해 산업자본 부분과 금융자본 부분을 분리하도록 감독당국이 명령하는 형태로 도입하는 방법이 있다(전성인, 2012). 그러나 이를 금융 계열사로만 국한할 필요는 없다. MRO(Maintenance, Repair and Operation)[22] 사태나 재벌 대기업의 중소기업 영역 진출에 따른 양극화 심화 등을 고려, 비금융기업에 대해서도 그 대상을 확대해 계열분리명령을 실행할 수 있어야 한다. 기업분할명령제는 거대 독점기업의 시장지배력 남용과 독점의 폐해를 방지한다는 취지에도 여전히 논란이 있을 수 있다. 그 논란의 핵심은 독과점 자체에 대한 위법 판단 여부이다. 그러나 재벌의 독점과 집중이 심각하게 진행된 경우에는 이를 사후적으로라도 방지할 수 있는 방안으로서 논의할 만한 가치가 있다. 또한 미국의 반독점법처럼, 비록 명령제 자체가 실제 시행되는 것은 매우 드물다 하더라도 이 법이 존재하는 것만으로 재벌을 규율하는 효과가 기대된다.

총수지배력을 약화시키지 못했지만 현실적으로 존재하는 지주회사제도를 유지하는 것이 불가피하다면, 지주회사 전환을 통해 법외조직이었던 구조조정본부라는 공식기구가 법제화되는 것과 마찬가지로 재벌그룹 차원의 공동결정제[23]나 노동자 대표에 의한 경영 감시와

---

22. MRO란 유지(Maintenance), 보수(Repair), 운영(Operation)의 약어로 원자재를 제외한 소모성 제품을 말한다.
23. 이는 앞서 언급한 기업집단법을 전제하지 않더라도, 즉 현재와 같은 지주회사 체제에서도 가능하다. 만약 기업집단법을 제정할 경우, 지배 대기업에 부여한 권리에 상응하는 정도로 노동에도 동일한 권리를 부여하는 차원에서 의미 있는 제도화가 될 수 있다.

통제 단서를 마련할 필요가 있다. 이것은 최근 재벌개혁 방안과 관련하여 지주회사 규제강화 방안들, 예를 들면 지주회사 부채 비율 강화(100%→200%), 자회사 또는 손자회사에 대한 최저지분비율 상향 조정(상장 20%→30%, 비상장 40%→50%)과 같은 방안을 넘어서는 것이다. 물론 지주회사는 이를 실현하기 위한 필요조건에 불과하다. 공동결정제도나 노동자의 경영 감시 등이 자회사 및 지주회사 전체 차원에서 실현되려면 우선 노동자들의 기업 내 권력이나 사회적 권리가 대폭 개선되어야만 한다.

　노동의 협상력이 현저하게 약화되었고 노동분배율을 악화시키는 금융화가 급속히 진행되는 상황에서 지배주주 혹은 장기투자자로서 기업을 규율할 수 있는 국민연금의 역할을 기대해볼 수도 있을 것이다. 기관투자가로서 국민연금의 주주권 행사를 강화해 재벌개혁, 기업지배구조 개선의 실효성을 확보할 수 있다는 것이다. 이른바 '국민연금역할론'은 (대)기업지배구조에 대한 이해당사자 중 하나인 노동의 참여와 견제가 미약하고 또 금융을 통한 규율체제가 없는 현재 상황에서 어쩌면 재벌 기업지배구조 개선의 유일한 통로일 수도 있다. 이 외에도 국민연금은 가입자인 국민의 연금자산에 대한 충실의무를 가진 수탁자로서 주주권을 적극 행사하는 것이 국민들에 대한 책임을 다하는 것이라는 측면에서도 국민연금의 고유한 역할이 있다. 그런 점에서 2015년 삼성물산과 제일모직 간 합병 건에 대한 국민연금의 의결권 행사 방향은 국민연금의 주주행동주의를 시험해볼 수 있는 좋은 기회였다. 그러나 의결권자문기구(한국기업지배구조원, 서스틴베스트)의 반대 권고[24]에도

---

24. 2005년 의결권 행사 지침이 만들어지면서 가입자 단체 대표가 추천, 구성하는 의결권행사전문위원회를 설치, 투자위원회가 결정하기 힘든 사안을 처리할 수 있도록 하였다. 그러나 제일모직 합병안건은 의결권행사전문위원회에 요청하지 않고, 투자위원회가 단독으로 처리했다. 또 투자위원회 결정사항을 아직도 공개하지 않고 있다.

국민연금이 보인 행동은 '경제민주화'에 위배되는 것이었으며, 국민이 아닌 특정 재벌의 사익 추구를 방조하였다. 더 나아가 특정 개인의 지배권을 더욱 공고하게 만들어주었다.[25]

따라서 국민연금의 주주권(의결권) 행사, 주주대표 소송 참가, 사외이사 및 감사 후보 추천, 비공식적 주주권 행사(engagement), 증권 관련 손해배상소송, 기업지배구조펀드에 위탁운용 등 주주권 행사 범위를 확대해야 한다(김우찬, 2015). 그러나 재벌대기업 주주로서 국민연금이 시장규율을 제대로 하려면 무엇보다도 의사결정기구가 수직계열화된 현재의 국민연금 지배구조를 개선하여 기금 운영의 정부 종속 그리고 비자율적 운영에서 벗어날 수 있어야 한다. 더 나아가 국민연금 지배구조 개선 문제는 금융권의 공공성 확보라는 측면에서, 또 재벌로부터 독립하여 재벌을 규율할 수 있어야 한다는 측면에서도 시급하게 달성해야 할 금융민주화 과제 중 하나이다.

개별 기업에 대한 시장규율도 제대로 작동하지 않고 노동뿐 아니라 대주주로서 국민연금의 기업규율이 불가능한 현재 상황에서 그렇다면 차라리 기업집단법을 제정, 그룹기업을 규제하자는 논의가 제기되기도 했다. 이 주장은 개별 회사를 상대로 하는 우리 회사법 체제에서는 재벌과 같은 기업집단으로 운영되는 기업시스템에서 발생하는 이해 상충 문제를 해결하기 어렵다는 문제의식에서 나온 것으로, 기업경영에 대한 책임과 권한을 분명하게 하고 계열사의 손해에 대해 그룹집단 모기업에도 책임을 물을 수 있다는 장점을 가진다. 그러나 이 법이 제정되면 그것은 지배기업 또는 자본의 권리만 인정하고, 또 기업 간 담합구

---

25. 재벌 금융사에 의해 통제되고 있는 금융권 역시 이 합병 건에 찬성표를 던졌다. 2015년 삼성물산과 제일모직 합병 당시 6.73%의 지분을 가지고 있던 자산운용사들은 합병안에 모두 찬성 의견을 보였다. 증권회사도 마찬가지였다. 합병에 대해 의견을 냈던 리서치센터 총 22곳 가운데 21곳이 합병에 긍정적인 분석을 내놓았다.

조를 인정한다는 점에서 공정한 시장질서와 균형 있는 산업구조 형성에 원칙적으로 위배되는 일이다. 설령 기업집단법을 인정한다고 하더라도 집단적 노동의 대항력을 인정하지 않는다는 문제가 있다(송원근, 2016a).

3) 약탈적 산업생태계의 시정, 산업 구조조정에서 정부 역할

기업 간 관계 혹은 산업구조 측면에서 경제민주화는 수직계열화된 기업 간 관계가 해소되고, 약탈적 관계가 아닌 동반자적 관계를 형성함으로써(이른바 '동반성장'), 혁신적 중소기업 성장이 가능한 산업구조를 형성하는 것이라 할 수 있다.

우선 약탈적 산업생태계, 재벌대기업의 수직계열화를 방지하기 위해서는 그룹으로 뭉쳐 있으면서 총수의 절대적 영향력 아래서 2~3세에 대한 경영권 승계나 부의 세습이 가능한 구조에 대한, 즉 출자에 대한 직접적 규제나 계열분리명령제 등 총수(일가)의 지배력을 약화시키는 규제, 주요 산업에 있어서 독점(기업)에 대한 공적 통제가 필요하다. 이러한 규제를 전제로 하여 일감몰아주기를 통한 사익 편취 등 대기업의 불공정행위를 방지하는 규제강화가 보완되어야 한다. 징벌적 손해배상제도 확대, 중소기업들 간 담합을 인정하는 공정거래법 개정, 하도급 분쟁 조정신청 제도 강화, 중소기업 적합업종 지정제도를 통한 경쟁의 구획화, 대형 유통업체 영업제한 등이 필요하다(김남근, 2012).

다른 한편으로 재벌대기업이 진출해 있으면서 전 세계적 수요 감소 등으로 인해 고용조정이 불가피하게 되는 산업이나 사업의 구조조정에 있어서 민주화는 기업부실에 따른 가치 파괴를 재벌총수, 일반주주, 종업원 노동자, 채권단, 협력업체, 지역주민, 일반국민이 어떻게 민주적으로 분담하느냐의 문제이기도 하다(김기원, 2002). 이런 점에서 정부의 산업정책 혹은 구조조정 정책은 중요한 역할을 한다. 이는 그동안 환율·유가·금리 등 3저 기반 수출주도형 경제하에서 주력업종 공급과잉 혹은 과잉투자로 인한 위기와 반복되는 구조조정이 재벌대기업 중심의 선별적 산업정책의 결과라는 점에서 그것을 해결할 책임 역시 정부에 있다는 점에서 그렇다. 이명박 정부의 조선산업 구조조정은 중소 조선소와 협력업체 그리고 이들 기업의 노동자에게만 손실을 부담시켰다. 또 현재 정부가 실업대책으로 추진 중인 파견법을 중심으로 하는 노동법과 서비스산업발전기본법도 비정규직 노동자를 대량 생산함으로써 민주적 손실분담 구조로부터 멀어지고 있다.

따라서 먼저 산업 구조조정 과정에서 한계기업에 대한 일정 정도의 국유화를 통해 단순히 대주주로 존재하면서 경영권에 관여하는 것이 아니라, 노동자 등 이해당사자들이 기업경영에 참여할 수 있는 지배구조를 적극적으로 확보함으로써 경영감시와 자율적 구조조정을 유인할 필요가 있다. 둘째, 구조조정이 산업 공유자산(industrial commons)[26]을 창출, 보존할 수 있도록 해야 한다. 물론 이는 해당 산업이 어떤 산업인가에 따라 모습을 달리하겠지만 조선산업의 경우, 대규모 고용조정 대신 산업 고유의 숙련을 보존하는 일자리 나누기(job sharing), 고용친화적 구조조정, 설비의 지역자산화 등이 필요하다. 이는 정부에 의한 국내수요 창출로 보완되어야 한다. 그렇게 된다면 이 고용친화적 구조조정은 해당 산업이 집중된 지역의 발전이 가능한 순환구조 형성에도 도움이 될 것이다. 따라서 일부 대기업을 중심으로 주력업종 육성에 치중

---

26. 미국기업들의 아웃소싱, 해외생산(off-shoring), 자동차산업 구조조정 과정에서 이 산업 공유자산이 약화되었고, 기업의 혁신능력에도 부정적 영향을 끼친다는 분석에서 이 용어가 처음 사용되었다(Pisano and Shih, 2009). 이에 따르면 산업 공유자산은 R&D 노하우, 혁신개발과 엔지니어링 기술, 제조업 경쟁력과 관련된 특정 지식 등을 다수의 대학, 연구기관, 기업, 관련기관 등이 교환·공유하는 상태를 말한다. 이 산업 공유자산은 기업 간 협력과 네트워크, 그리고 이에 기초한 중소기업군 창출의 전제이다(전병유·정준호, 2015).

하던 것에서 벗어나 지역 내 자원과 소득이 순환할 수 있는 지역발전정책으로서 산업정책을 모색해야 할 것이다. 또 기존 대기업이나 중소기업 등 생산자(사업자) 입장에서만 해결책을 제시하는 것에서 벗어나 협동조합이나 사회적 기업 등 다른 경제주체들의 참여형 기업이 확대되고 이들 간 연대(기업 간 협력), 시민복지 향상, 지역재생 등이 가능한 차원에서 해결책을 제시할 필요가 있다.[27]

4) 금산분리를 통한 금융민주화

우리나라 재벌체제의 또 하나의 특징인 금융보험 계열사를 통한 지배력 확대와 유지를 막으려면 금산분리를 엄격하게 유지해야 한다. 계열분리명령에 의한 금산분리가 당장 가능하지 않다면, 금융보험사가 보유한 일반 계열사 지분에 대해 행사할 수 있는 의결권 한도를 강화해야 할 것이다. 지주회사 체제로 전환하지 않은 재벌의 경우 합병 등 경영권 변동 관련 사안에 대해 내부지분율 15%까지 의결권 행사를 허용하는 현재 제도를 이용하여 충분한 통제권을 확보하는 데 별 어려움이 없기 때문이다. 제도 도입 초기에 금산분리 원칙에 따라 금융 계열사의 비금융 계열사 의결권을 전면 금지하였던 것은 바로 이러한 이유였다. 이후 그 기준이 15%까지 낮아졌지만, 이 금융보험사 의결권 제한에 가장, 유일하게 삼성 재벌이 민감하게 반응했던 것은 이러한 제한이 총수 일가 등 지배주주의 권한에 직접적으로 영향을 미치는 정책수단이었기 때문이다. 따라서 금융보험사 의결권 제한은 금산분리의 원칙을 지키

---

27. 최근 다른 나라들의 경우에 도시환경, 상권 개선을 통한 시민(소비자)복지 향상이라는 맥락에서 영세사업자를 지원하는 정책으로 전환하고 있다. 미국의 BID(Business Improvement District)나 일본의 마치즈쿠리(도심활성화 사업), 영국의 TCM(Town Center Management) 등이 그 대표적 정책이다(이재형, 2012).

는 수준에서 의결권 행사 지분 규모를 축소하는 방식으로 규제를 강화해야 한다.

금산분리와 관련하여 대다수 재벌이 금융 계열사를 소유한 현실을 감안해 중간금융지주회사를 도입하자는 논의도 있다. 중간금융지주회사제도는 일반 지주회사가 금융 계열사를 소유·지배할 수 있게 허용하되, 금융자회사 수나 규모가 일정 정도를 넘을 경우 반드시 중간금융지주회사를 두도록 의무화하는 제도이다. 물론 이 제도는 원칙적으로 산업자본의 금융자본지배를 허용함으로써 금산분리 원칙을 위배하는 것이며, 어떤 형태의 지주회사든 그 자체로는 재벌총수의 지배권을 약화시킬 수 없다는 한계를 가진다는 점에서 신중하게 고려할 문제이다.

특히 금융과 산업의 엄격한 분리를 통한 금융규제는 앞에서 언급하였던 소득주도 성장론 혹은 좀더 일반적으로 말해 새로운 성장전략을 모색하는 데 필요한 조치이다. 자본주의 역사에서도 확인할 수 있듯이 금융규제 완화는 투기적 성장, 부채의존적 성장을 가져와 결국 경제위기를 초래한다. 이런 측면에서 보면 금융과 산업의 엄격한 분리 이외에 국제적 자본 유입 통제, 금융거래세 부과 등의 정책도 병행되어야 한다(ILO, 2011; 김병권, 2012).

5) 공정한 시장을 통한 민주주의

재벌개혁 문제는 총수지배력 약화라는 원칙의 문제이지만, 제도나 정책을 실행하는 현실에서는 엄정한 법 집행의 문제일 수 있다. 경제민주화라는 측면에서 공정한 법 집행은 공정한 게임규칙과 그 규칙의 준수, 법적 권리에 상응하는 책임을 강제한다는 점에서 최소한의 것이며 우리 사회가 건너뛴 '구(舊)자유주의적 과제'를 해결하는 것이다. 따라서 이 과제 해결에 필요한 법적·제도적 보완은 계속되어야 한다. 회사

기회유용(usurpation of corporate opportunity) 금지, 이사 선임 등과 관련된 집중투표제 의무화, 다중대표소송제 도입, 그리고 불공정거래 관행과 관련된 징벌적 손해배상제도 확대, 하도급 분쟁 조정신청 제도 강화 등이 그 대표적 예이다.

또 회사기회유용 금지에 관한 상법 개정 유명무실화에서 잘 드러나듯이 규제 목표는 총수일가에 대한 지배력 약화를 지향하는 것이어야 하며, 해당 기업만이 아니라 전체 계열사에 대해 부당한 지배력을 행사히는 총수(일가)에 책임을 묻는 것이어야 한다는 점이 중요하다. 회사기회유용에 대한 상법상 제재가 유명무실하게 된 것은 주주들의 승소에 따른 이득이 해당 기업에 귀속되어버림으로써 유인이 없기 때문이기도 하지만 더 본질적으로는 이 제재가 등기이사로 등재돼 있지 않은 총수일가에는 적용될 수 없기 때문이다.[28] 이러한 사태가 발생한 것은 일감몰아주기를 통한 회사기회유용과 같은 관행이 총수 및 일가의 지배권을 강화하려는 일련의 시도와 필연적으로 관련되어 있기 때문이다. 실제로 재벌기업들은 기업조직 재편이라는 명목하에 일감몰아주기 규제를 회피하거나 '경영권 승계'를 목적으로 지배주주 일가에 유리하게 사업 구조조정을 해왔다(하준 외, 2015). 이와 같은 제도적 허점이나 공백은 법인세법 강화, 즉 일감몰아주기를 통해 얻은 부당이익에 대한 증여세 과세 강화(하준 외, 2015) 등 사후적 규제를 통해 보완될 수 있을 것이다. 또 계열사 간 '일감몰아주기'를 통한 사익 편취나 부의 대물림 과정에서 생기는 기업 이해당사자 간 이해 충돌, 즉 총수일가 이외의 주주

---

28. 공정거래위원회에 따르면 총수 있는 40대 민간 대기업 계열사 1,356개 가운데 총수일가가 이사로 등재된 회사는 21.7%(294개사)에 불과했다. 이 이사 등재 비율은 2013년 26.2%, 2014년 22.8% 등으로 해마다 하락하고 있다. 특히 전체 대기업 계열사 중 그룹총수가 이사로 등재된 회사는 7.7%(105개사)에 머물렀다. 재벌 2~3세들이 임원으로 승진하고 있지만, 이들이 계열사 이사로 등재된 비율은 6.9%(93개사)이다(공정거래위원회, 2015c).

들에 대한 재산상 손해를 끼치는 것을 방지하기 위해(이재형, 2012) 주주
대표소송과 같은 민·형사상 책임도 강화해야 한다.

5. 새로운 성장경로에 부합하는 경제민주화

그동안 재벌개혁의 실패가 새로운 성장체제로의 전환을 방해했다는
점에서, 재벌대기업 중심의 수출주도 성장체제를 벗어나 양극화 심화
와 소득불평등을 해소하는 조정, 이른바 헌법 119조 2항의 경제민주화
를 달성하는 방법으로 소득주도 성장이 가진 의의는 매우 크다. 소득
주도 성장은 먼저 가계소득을 증가시키면, 가계소득 증가→총수요 증
가→총고용/총투자 증가→노동생산성 증가로 연결되고 노동생산성
이 증가하면 그것이 임금을 상승시켜 결국 가계소득을 다시 증가시키
는 선순환 성장경제이다.[29]

　이처럼 소득중심 성장의 핵심은 실질임금과 생산성 증가의 상관관
계를 회복시키거나 "임금과 노동생산성이 체계적으로 조응"하게 만드
는 것이다(새사연, 2012; 이상헌, 2014). 이윤-성장-투자-고용의 연결고
리가 작동되지 않는 경제시스템에서는 분배-총수요-투자-생산성의
선순환 구조가 필요하며, 이를 위해서는 노동과 가계에 친화적인 적극
적인 소득정책(새사연, 2012)이 필요하다. 김영삼 정부부터 이명박 정부
에 이르기까지 일관되게 임금억제정책을 유지해왔던 것도 감안한다면,

---

29. 소득주도 성장론의 출발은 임금주도 성장론이다. 소득 개념을 '노동소득'으로 국한하면 두 개념
이 동일한 것이 되지만, 임금을 소득으로 대체한 것은 자영업자 비중이 높은 우리 현실에서 다양한 층
위의 소득분배를 포괄하여(이상헌, 2014) 그 외연을 넓히고자 함이다. 이러한 장점에도 임금이 소득
으로 대체되면서 이 소득에 주식투자자나 부자들에 대한 배당소득, 부동산 시세차익 등 자본이득까지
포함되면서 이른바 '우파적 버전'이 득세하는 결과를 초래하였다. 대표적으로 기업사내유보를 겨냥한
'기업소득환류세제' 대책은 2015년 사상 최대의 배당을 가능하게 하였다.

생산성 증가에 상응하는 만큼 실질임금을 증가시켜 노동소득분배율을 유지하고 거시경제 균형을 통해 지속가능한 성장을 추구하자는 것이다. 왜곡된 노동시장을 교정하여 소득주도 성장이 가능하도록 하는 것은 보편적 복지의 출발점이라는 점에서도 그 의의가 크다고 할 수 있다.

그러나 보편적 복지와 소득주도 성장이 가능하려면 우선 개별 기업 차원에서 노동자 협상력이 강화되어야 한다. 생산성 증가와 실질임금 승가 사이의 연농성이 깨진 이유는 세계화와 신자유주의 성책에 따라 작업장 내 노동자의 협상력이 약화되었기 때문이다. 노동조합을 인정하지 않는 전(前)근대적 기업지배구조, 총수의 전횡적 지배구조를 개선하지 않고는 노동자의 협상력 강화 역시 불가능한 일이다. 재벌총수의 지배력을 약화시키고 재벌대기업에 대한 공적 통제를 내용으로 하는 재벌개혁이 무엇보다도 선행되어야 하는 것이다. 그럴 때에만 공정거래 기반을 강화하는 시장친화적 정책으로 시장의 신뢰를 회복하고 대·중소기업 간 격차를 해소함으로써 대·중소기업 간 동반성장, 그리고 혁신적 중소기업 창출 등도 가능하게 될 것이다. 납품단가 인하와 기술 탈취 및 인력 빼가기 등 하도급관계에서 우월적 지위를 이용한 불공정거래 규제, 공정하고 투명한 수평적 거래관계 형성, 중소기업 사업 영역의 구조조정과 사회적 보호 등 2012년 대통령 선거에서 제시된 경제민주화의 핵심 의제들이 곧 재벌개혁이 되어야 하는 이유이다.

6. 맺음말

한국경제는 그동안 재벌대기업 중심의 수출주도형·조립형 산업화가 초래하는 불균형과 불평등, 즉 (상위) 재벌로의 경제력 집중 심화, 하도급거래의 불공정성 등 약탈적 산업생태계, 노동시장 이중구조화에 따른 노동격차 확대, 가계소득과 기업소득의 격차 확대 같은 심각한 문제들로 위기에 빠져 있다. 또 국내의 산업 간 연관관계, 대·중소기업 간 연결고리가 약화됨으로써 성장의 한계에 봉착해 있다.

1998년 외환위기를 계기로 경제력 집중 완화를 목표로 하였던 재벌개혁은 기업지배구조 개선으로 방향을 잡았다. 그러나 이것은 영·미식 주주자본주의에 입각한 지배구조 개혁이었으며, 이후에도 이 개혁 프레임은 유지되었다. 소유구조의 투명성을 위한 지주회사 체제 중심의 지배구조 개혁은 총수지배의 재벌체제를 약화시키지 못했고, 개별 기업의 지배구조 개선에도 성공하지 못했으며, 그러는 동안 소수 재벌에 대한 경제력 집중은 더욱 심화되었다. 2012년판 경제민주화에 대한 사회적 열망은 그동안 실패한 재벌정책을 반증하는 것이었기는 하지만, 일감몰아주기 규제와 대·중소기업 상생 문제로 재벌개혁 의제를 축소시키는 역효과를 낳았다.

이런 점에서 재벌개혁은 경제민주화의 출발점이며, 축소되어버린 의제들을 다시 확장하고 살려내는 것이 필요하다. 막대한 경제권력이 바로 재벌이라고 본다면 경제민주화는 재벌의 탈집중화를 통하여 그 폐해를 막고 기업 수준, 기업 간 관계, 그리고 시장경제 수준에서 각 참여자의 시민권을 확대하는 것이어야 한다. 이를 위해 무엇보다도 총수(일가) 지배력을 약화시키고, 이를 바탕으로 경제력 집중을 방지하는 것이 우선되어야 한다. 총수 중심의 재벌체제하에서 기업지배구조는 노동권을 약화시키고, 다양한 이해당사자의 참여나 감시를 불가능하게 하며, 특히 노동자들의 헌신을 유인하지 못하는 기업시스템을 고착화하고, 기업 간 장기적 협력관계 형성을 방해한다. 따라서 이 구조를 변화시키지 않고는 노동개혁 혹은 기업민주주의나 산업민주주의 역시 가능하지 않고, 나아가 시민권과 자치를 실현하는 시민적 경제 형성도 불가능하게 될 것이다. 이러한 경제민주화는 필연적으로 정부 역할에 대한 재정립을 요구한다. 경제민주화를 위해 정부는 과거 권위주의적 정권이 그랬던 것처럼 시민권을 억압하는 것이 아니라 고삐 풀린 시장을 규제하여 자본과 시장에 제한을 가하고, 민주적으로 선출된 주체와 노동자들 그리고 그 조직들이 스스로 협상력을 높이고, 권력을 가질 수 있도록 법과 규율을 도입하고, 정치적 여건을 확보해주어야 할 것이다 (Wahl, 2011). 이 글에서는 다루지 않았지만 신자유주의에 자리를 내어준 정부가 공공영역을 회복하는 것에 머물지 않고, 케인스주의 복지국가 형성이라는 역할을 넘어 새로운 역할을 해야 하는 이유가 여기에 있다. 나아가 소득주도 성장 등 다양한 대안적 성장모델이 논의되는 상황에서 재벌개혁은 과거 정부-재벌 간 연합에 의한 경제성장모델을 대체하는 새로운 발전모델 모색이라는 점에서도 시급한 과제이다.

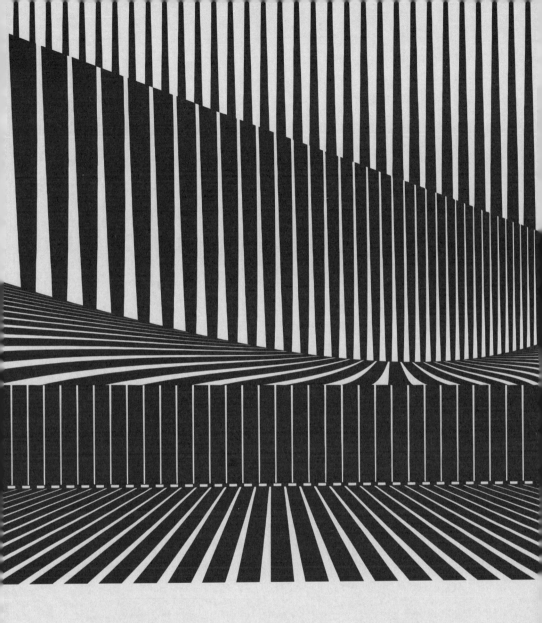

노동,
금융,
부동산

2부

5. 노동시장의 구조변화와 정책대응

전병유

1. 문제 제기

외환위기 이후 한국 자본주의 시스템의 변화는 노동시장에 커다란 영향을 미쳤다. 외환위기는 대기업 구조조정과 금융자유화뿐만 아니라 노동의 유연화를 촉진하는 계기가 되었다. 그 결과 대기업에서의 정규직 고용은 확대되지 않은 채 비정규직이 크게 확대되었다. 근대적 부문에서의 고용창출이 중단되면서 전통적인 노동의 근대적 분해(영세사업장과 자영업의 축소)는 막대한 규모의 저임금노동 양산과 자영업의 빈곤화를 초래하였다.

이러한 변화는 노동시장에서의 격차와 불안을 심화시켰고 고용 없는 성장과 임금 없는 성장을 유발하였다. 노동시장의 이중구조화와 고용형태의 다양화는 노동조합의 위축 및 사회적 영향력 쇠퇴를 초래하였다. 1987년 체제로 등장한 대기업 중심의 노동조합은 이러한 노동시장의 이중화 문제에 적극적으로 대응하지 못했고, 외환위기 이후 제도화된 경제사회발전노사정위원회와 같은 사회적 대화기구도 실질적 힘을 발휘하지 못했다. 이에 대해 민주정부 10년 그리고 보수정부 7년 노동정책에서 다양한 시도가 이루어졌으나 노동시장의 구조적 문제를 해결하지는 못하였다. 이 장에서는 이러한 변화의 원인과 결과를 검토하여 이에 대한 정책적 대응을 평가하고 한국사회에서의 사회경제 민주주의적 대안을 노동 분야에서 모색해보고자 한다.

2. 외환위기 이후 노동시장의 구조변화

1) 고용의 양적 침체와 질적 저하

외환위기 이후 한국의 노동시장은 쉽게 해결하기 어려운 복합적 문제들에 직면하고 있다. 특히 외환위기 이전의 노동시장 문제가 주로 임금에 집중되었다면, 외환위기 이후에는 경제시스템의 변화에 따라 고용의 문제가 본격적으로 제기되었다.

우선 양적 측면에서는 고용률의 정체 내지는 저하 현상이다. 〈그림 5-1〉에서 보듯이, 외환위기 이전 고용률은 1997년 60.9%까지 지속적으로 상승하였으나 이후 정체되어 2014년 현재에도 60.2%로 정체 상태를 벗어나지 못하고 있다. 이는 수요 측면에서 외환위기 이후 성장률 정체와 성장의 고용효과 감소, 그리고 공급 측면에서는 청년과 여성의 낮은 고용률('비경활 함정')에 기인한다고 볼 수 있다.

〈그림 5-2〉와 〈그림 5-3〉에서 볼 때, 여성고용률은 57.9%로 OECD 평균인 63.0%에 미치지 못하고 있다. 스웨덴이나 노르웨이 등과는 거의 20%p 가까운 차이를 보이고 있으며, 15~24세 청년고용률도 30.1%로 이탈리아, 칠레 등과 함께 OECD 하위권에 자리하고 있다. 중장년 남성의 고용률은 OECD 국가들과 거의 비슷한 수준을 유지하고 있다는 점을 감안하면, 청년과 여성의 고용률을 높이는 것이 전체 고용률을 높이는 데 가장 중요한 과제라고 할 수 있다.

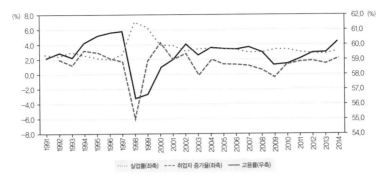

〈그림 5-1〉 노동시장 주요 지표

범례: ····· 실업률(좌축) --- 취업자 증가율(좌축) —— 고용률(우축)

자료: 통계청, kosis.kr.

〈그림 5-2〉 여성(15~64세)고용률 국제 비교(2015년)

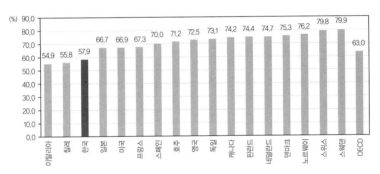

자료: OECD, http://www.oecd.org/employment/emp/onlineoecdemploymentdatabase.htm.

〈그림 5-3〉 15~24세 고용률 국제 비교(2015년)

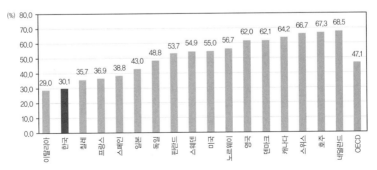

자료: OECD, http://www.oecd.org/employment/emp/onlineoecdemploymentdatabase.htm.

⟨표 5-1⟩ 1년 이직률 추이(30인 이상 사업체, 20~59세 연령층 대상)

(단위: %)

성별		1991	1992	1993	1994	1995	1996	1997
계	고용률	59.1	59.4	59.1	60.1	60.6	60.8	60.9
	실업률	2.4	2.5	2.9	2.5	2.1	2.0	2.6
	취업자증가율		1.9304	1.1836	3.1923	2.8517	2.1505	1.7312
계	취업자수	18,649	19,009	19,234	19,848	20,414	20,853	21,214
			18,085					

1998	1999	2000	2001	2002	2003	2004	2005	2006
56.4	56.7	58.5	59.0	60.0	59.3	59.8	59.7	59.7
7.0	6.3	4.1	3.8	3.1	3.4	3.5	3.5	3.3
-6.015	1.7705	4.263	1.9663	2.7675	-0.135	1.8881	1.3255	1.2907
19,938	20,291	21,156	21,572	22,169	22,139	22,557	22,856	23,151

2007	2008	2009	2010	2011	2012	2013	2014	
59.8	59.5	58.6	58.7	59.1	59.4	59.5	60.2	
3.0	3.0	3.4	3.4	3.0	2.8	2.8	3.2	
1.2181	0.6145	-0.301	1.3741	1.7416	1.8025	1.5599	2.1264	
23,433	23,577	23,506	23,829	24,244	24,681	25,066	25,599	

자료: 고용노동부, 고용보험DB.

그러나 더욱 큰 문제는 고용의 질적 측면이다. 외환위기 이후 우리나라 노동시장은 불안과 격차, 고용 질의 저하 등으로 표현할 수 있을 것이다. 격차 심화는 노동시장의 이중구조화와 저임금근로자-근로빈곤층의 확대로 나타나고 있다고 볼 수 있으며, 불안 지속은 객관적으로는 실직 확률이 높은 수준으로 유지되고 있다는 사실과 더불어 전 사회적으로 만연한 높은 고용불안심리[1]로 나타나고 있다. ⟨표 5-1⟩에서 볼 때 외환위기 이후 전반적으로 실직 확률이 높아졌으며 2000년 이후

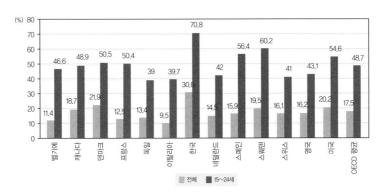

〈그림 5-4〉 단기근속자(근속연수 1년 미만의 피고용자) 비중 국제 비교

자료: 〈그림 5-2〉와 동일.

에 이직률이 낮아졌음에도 비자발적 이직률은 여전히 7~9%대를 유지하고 있다. 또한 자발적 이직 중에서도 '비권고성 명예퇴직' 비중이 6~9%로 높은 수준을 유지하고 있다. 경영상의 필요에 의한 해고 방식은 0.3% 정도로 제한되고 있지만 실질적으로는 명예퇴직 형식으로 일상적 구조조정이 지속적으로 이루어지고 있다.

한편 〈그림 5-4〉에서 볼 때, 한국은 OECD 국가들 중 근속연수가 가장 낮은 전형적인 단기근속의 나라라는 것을 알 수 있다. 1년 이하 근속연수를 가지는 노동자 비중이 30%를 넘어, OECD 평균 17.5%의 2배 가까운 수치다.

외환위기 이후 한국의 노동시장은 단기고용 시스템과 높은 고용불안심리, 높은 비율의 비정규직, 높은 비율의 저임금일자리('근로빈곤의 함정') 현상이 강화되었고, 장시간 노동 체제라는 구체제의 특징이 해소되

---

1.   세계가치관조사(World Value Survey, 2008)에 따르면 한국 근로자들의 97%가 일자리에서 중요한 측면으로 직업 안정성을 들고 있다. 네덜란드의 경우 이 수치는 28.6%에 불과하였고, 고용이 불안하거나 사회적 안전망이 미흡한 국가들의 경우 이 수치가 전반적으로 높은 것으로 나타나고 있다.

지 않았으며, 여기에 노동력의 빠른 고령화라는 새로운 위험이 중첩되고 있는 상황이다.

이러한 다양한 문제를 해소하고자 많은 제도와 정책이 시도되었으나 정책 난립에 따른 효과성 저하의 문제가 한편에서 나타나고 있고, 다른 한편에서는 제도-정책의 공백이 존재하는 문제가 여전히 해소되지 못하고 있으며, 기업별 노조체계하에서의 사회적 타협능력 구축 또한 미흡한 수준에 머무르고 있다.

2) 노동시장의 이중화

이러한 많은 문제의 핵심에는 노동시장의 이중화(dualization) 문제가 존재한다. OECD 한국경제보고서(2014)에서도, "한국의 노동시장은 이중구조로 되어 있다. 비정규직 근로자가 전체 고용의 3분의 1을 차지하고 있으며, 이는 높은 수준의 임금격차와 저조한 여성 노동참여를 초래하고 있다"라고 지적하고 있다.

외환위기 이전 노동시장 분절의 핵심 요인이 성과 학력이었던 반면, 외환위기 이후 노동시장은 '기업체 규모'와 '고용형태(정규직-비정규직)'에 따라 분단되고 있다. 부문 간 격차가 크고, 노동이동이 단절되어 가고 있다. 외환위기 이후 한국 노동시장 이중화의 중요한 한 측면은 노동시장 유연화에 따른 비정규직의 증가 그리고 정규직과 비정규직 사이의 격차 확대라고 할 수 있다.

우리나라의 비정규직 규모는 OECD 국가 중에서 스페인, 폴란드, 칠레 등을 제외하고는 가장 높은 편에 속한다. 한국의 OECD 기준 비정규직〔임시근로자(temporary employment)〕의 비중은 22.4%로 OECD 평균 11.1%보다 2배 이상 높은 수치를 나타내고 있다(〈그림 5-5〉). 특히 통계상으로는 정규직으로 분류되고 있는 사내하청근로를 비정규직에

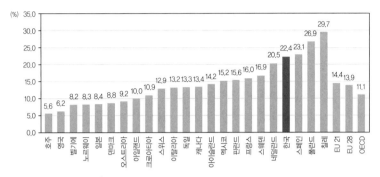

〈그림 5-5〉 임시근로자 비중의 국제 비교(2014년)

자료: 〈그림 5-2〉와 동일.

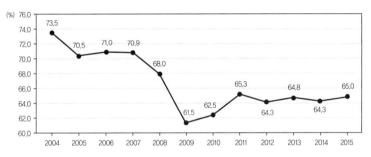

〈그림 5-6〉 정규직 대비 비정규직의 임금수준

자료: 통계청, 경제활동인구조사 8월 부가조사.

포함시킬 경우, 전체 비정규직 비중은 2%p 이상 높아질 것이고, 제조
업에서의 비정규직 비중도 5%p 이상 높아질 것이며, 300인 미만 사업
장까지 고려하면 더 높아질 것이다. 정규직 대비 비정규직의 임금수준
은 시간당 임금 기준으로 2004년 73.50%에서 2015년 65.0%까지 감소
하였다.

　특히 우리나라 노동시장 분단의 더 핵심적인 요인은 고용형태와 더
불어 기업규모이다(정이환, 2005). 〈그림 5-7〉에서 볼 때, 1~4인 규모의

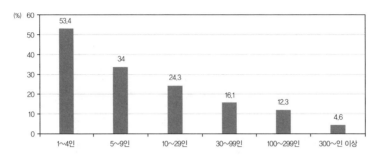

〈그림 5-7〉 규모별 저임금노동자 비중 추이(2014년)

자료: 통계청, 경제활동인구조사 부가조사.

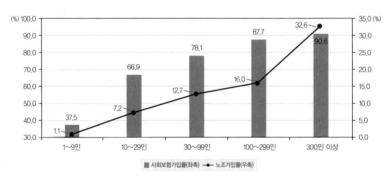

〈그림 5-8〉 사업체 규모별 사회보험 가입률과 노동조합 가입률(2015년)

■ 사회보험가입률(좌축) ●— 노조가입률(우축)

자료: 통계청, 경제활동인구조사 부가조사.

저임금근로자(중위임금의 60% 미만 근로자) 비중은 대기업의 경우 4.6%이
지만, 1~4인 규모에서는 53.4%에 달하고 있다. 〈그림 5-8〉에서 사회
보험 가입률 차이를 보더라도, 300인 이상 사업체는 거의 모든 근로자
가 사회보험에 가입되어 있지만 1~4인 업체는 37.5%에 불과하다.

　우리나라 노동시장의 분단은 노동시장 자체의 문제일 뿐만 아니라
생산물시장의 양극화를 정확하게 반영하고 있다. 이는 외환위기 이후
대·중소기업 간 관계에서 전근대적 관행(대·중소기업 간 불공정거래와 사내

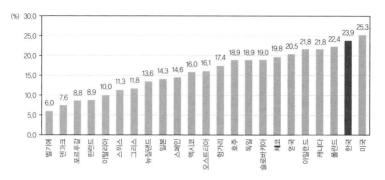

〈그림 5-9〉 OECD 국가의 저임금노동자 비율

자료: 〈그림 5-2〉와 동일.

하도급)이 생산시장과 노동시장의 유연화 관점에서 극단적으로 추구되었다는 점 그리고 구조적으로 영세중소기업의 비중이 과도하다는 점과 관련되어 있다.

노동시장 이중화의 한 측면은 구조적인 근로빈곤(working poor) 문제다. 외환위기 이후 발생한 대량실업은 빠르게 줄어들었으나 근로빈곤의 문제는 심화되었다. 이는 한편으로 실업 문제에 대해 낮은 질의 일자리창출로 정책대응을 한 결과이며, 다른 한편으로는 노동시장 이중구조화의 심화라는 시장적 요인의 결과이다. 〈그림 5-9〉에서 보듯이, 저임금노동자 비율('중위임금'의 3분의 2 이하 비중)이 23.9%로 OECD 최고 수준이다.

3) 노동시장 이중화에 대한 노동조합의 대응

노동시장의 이중화는 단순히 기술 변화와 글로벌화의 결과만은 아니다. 노동조합과 노사관계는 노동시장의 구조를 결정하는 데 적지 않은 영향을 미친다. 한국의 노동조합은 1987년 노동자대투쟁을 계기로

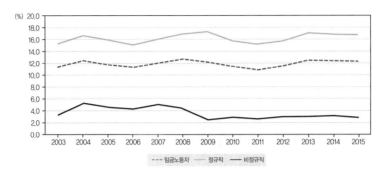

〈그림 5-10〉 노동조합 가입률 추이

--- 임금노동자   ····· 정규직   —— 비정규직

자료: 통계청, 경제활동인구조사 부가조사.

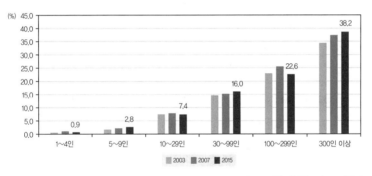

〈그림 5-11〉 규모별 노동조합 가입률

■ 2003   ■ 2007   ■ 2015

자료: 통계청, 경제활동인구조사 부가조사.

하여 대기업을 중심으로 노동조합의 규모와 힘이 크게 증가했다. 그러나 1990년대 초반 이후 노동조합은 정체되기 시작했다. 〈그림 5-10〉에서 보듯이 우리나라의 임금노동자들의 노조 가입률은 12% 수준에 머물고 있다.

노동시장 이중화는 노사관계의 이중화의 원인이자 결과이다. 노사관계 이중화가 노동시장 이중화를 강화하기도 한다. 〈그림 5-10〉과

〈그림 5-11〉에서 보듯이, 노동조합 가입률의 규모 간, 고용형태 간 차이는 매우 극심한 형태로 나타나고 있다. 2015년 정규직의 조직률이 16.9%인 반면, 비정규직의 조직률은 2.9%에 불과하며, 300인 이상 사업체의 노조 가입률이 38.2%인 반면, 1~4인 규모의 노조 가입률은 0.9%에 불과하다.

1987년 이후 전투적 노동조합으로 평가받던 한국의 노동조합은 이러한 이중화의 문제에 대해 적극적으로 대응하지 못했다. 기존의 몇몇 연구는 노동시장의 이중화에 대한 노동조합의 대응이 매우 미흡했다고 평가하고 있다. 한국의 노동조합은 비정규직이나 영세기업 노동자의 근로조건을 보호하는 것은 제쳐두더라도 자기 조직 조합원들의 고용도 지키지 못했던 것으로 나타났다(조성재 외, 2013). 한국의 노동시장이 매우 불안정하고 저임금노동자들의 비율이 극단적으로 높은 이유는 최저임금 같은 노동시장제도가 제대로 기능하지 못하기 때문이기도 하지만 노동조합이 노동시장의 안정성을 높이고 노동자들 내부의 차이를 평준화하는 데 실패하고 있기 때문이다(황덕순, 2011). 노동조합이 저임금을 완화하는 효과(노동조합의 연대 효과)는 1990년대에는 미약하게나마 있었지만 2000년대 이후에는 이마저 사라졌다(Hwang and Lee, 2011). 한국의 노동조합은 1987~1994년에는 중위임금노동자나 고임금노동자보다는 저임금노동자의 임금을 더 높이는 역할을 하였지만, 1990년대 중반 이후에는 고임금노동자의 임금을 더 높이는 것으로 바뀌었다(이정현, 2004). 정치적 민주주의에 힘입어 병영적 노동통제를 돌파하고 노동의 시민권을 획득한 것을 특징으로 하는 1987년 노동체제를 주도했던 대기업 노동조합들은 기업별 노조의 틀을 벗어나지 못하고, 이들의 전투적 조합주의는 전투적 실리주의로 폐쇄적 이익 추구와 종업원 의식 강화에 기여하였다(조성재 외, 2013).

외환위기 이후 민주노총 중앙 수준에서는 비정규직과 원하청 문제를 최우선 과제로 설정하기도 하였고, 보건·금융·금속 등을 중심으로 산별노조 운동을 추진하여, 보건이나 금융 산별에서 비정규직 문제나 업종별 임금조정 등의 성과를 거두기도 했으나 여전히 대공장 노동조합들이 적극적으로 참여하지 않고 있고 산별체제로의 전환 및 이행은 정착되지 못하고 있다.

다른 한편, 비정규직 문제의 심각성을 반영하여 비정규직 노조나 비전통적인 청년유니언, 지역일반노조 등이 조직화되고 전투적이며 장기적인 파업도 발생하였지만 여전히 비정규직 노조의 비중은 매우 낮고 활동도 산발적이고 조직화되지 못하고 있다.

4) 노동시장에서의 격차와 불안의 경제사회적 결과

노동시장 이중화에 따른 격차와 불안의 확대는 시장실패와 정책실패를 초래하고 있다. 우선, 부문 간 격차가 큰 상황에서 대기업과 공공부문의 고용창출 기능은 약화될 수밖에 없으며, 장시간 노동 체제 해소와 일자리나누기가 어려워진다. 둘째, 노동시장에서의 격차는 청년들의 과도한 직장 탐색과 직장 이동을 유발한다. 우리나라 대졸 청년의 졸업 후 취업 기간은 평균 11개월 정도로 OECD 국가들과 비교해 길지는 않지만 청년층 중 미취업자(특히 '그냥 쉬는' 청년)의 비중이 높다는 점과 취업 이후에도 잦은 이직과 노동이동이 반복된다는 점을 고려하면, 우리나라 청년들의 직장 탐색의 강도와 비용은 매우 크다고 볼 수 있다. 직장 탐색에 시간과 비용을 투자하는 것은 개인적으로는 합리적인 선택일 수 있지만, 사회 전체적으로는 낭비가 될 수 있다.[2] 셋째, 적

---

2. 탐색시장에서 어떤 개인이 구직활동을 강하게 하면 다른 구직자가 부정적 영향을 받게 되고, 탐색비용이 존재하는 상황에서 한 개별 근로자가 더 많은 탐색을 한다고 해서 전체 후생이 증가하지는 않는다(Diamond Paradox, Diamond(1971)).

극적 노동시장 정책의 효과를 제한한다. 양질의 일자리가 제한적일 경우 직업훈련과 고용서비스를 통한 상향이동의 가능성이 낮아지기 때문에 이들 정책의 효과성은 크게 제한된다.[3] 특히 외환위기 이후 우리나라 기업-생산 시스템은 생산노동자의 숙련에 의존하지 않는 방향으로 크게 전환하였다. 우리나라의 기간산업의 생산체제는 핵심 인력(High Tech+고학력)을 제외한 나머지 부분을 자동화-탈숙련화하였고, 이러한 숙련수요의 실패('저숙련의 함정')로 인하여 중위숙련에 대한 훈련과 평생교육시스템이 작동하지 못하게 만들었다. 이는 훈련시장에서의 시장실패(직업훈련-평생교육시스템이 작동하지 않음)로 이어지고 있다.

외환위기의 가장 커다란 폐해의 하나는 기존의 위험공유 시스템을 붕괴시켰지만 새로운 위험공유 시스템을 구축하지는 못한 것이라고 할 수 있다. 이는 모든 경제주체의 행위양식을 단기주의적으로 만들었다. 사업주의 단기주의적 이윤 추구 행위나 노동조합의 전투적 경제조합주의는 우리 사회에 위험의 사회적 공유 메커니즘이 상실되었음을 반영하는 것이다. 특히 직장상실 위험은 매우 높아졌음에도 사회적 보호 시스템은 확립되어 있지 않기 때문에 노사 간의 사회적 교환이나 타협의 가능성이 매우 낮아져 있다.

---

3. 임금격차가 확대될수록 기업의 훈련투자가 감소한다는 '훈련 퍼즐'이 있다. 임금격차 축소는 인적 자본에 대한 투자 인센티브를 촉진할 수 있다(Acemoglu and Pischke, 1999). 임금구조가 경쟁임금에서 벗어나 저숙련노동자에게 유리한 방향으로 바뀔 경우 기업들은 종업원들의 일반적 숙련에 투자할 유인을 가지게 된다. 즉 임금격차 축소는 기술적으로 '일반적' 숙련을 '기업특수적' 숙련으로 변화시킨다.

3. 노동시장 정책의 쟁점과 대안

1) 노동시장 정책 개관

노동시장에서 개인의 안전성을 보장하는 방법으로는 노동시장에 대한 직접적 규제(노동보호법제), 실직 시 소득을 보장하는 실업급여 같은 사회적 보호, 그리고 실직자와 비경제활동인구의 노동시장으로의 통합을 지원하는 적극적 노동시장 정책 등으로 구성된다. 이러한 세 가지 정책 유형의 조합방식에 따라 개별 국가의 고용시스템이 결정된다. 한국의 고용시스템은 노동보호법제에서 중간 정도의 유연성을 유지하면서 현재의 취약한 사회적 보호를 단계적으로 강화하는 중범위의 유연안전성 모델을 추구할 필요가 있다.

우리나라의 경우, 이러한 노동시장 정책은 적어도 외환위기 이전에는 체계화되어 있지 못했다. 1990년대 중반 이후 외환위기를 거치며 새로운 정책과 제도가 도입되어 노동시장 정책과 고용시스템이 틀을 잡아가고 있다.

우선 〈표 5-2〉를 보면 고용보호법제는 외환위기 직후 고용조정을 위해 고용보호를 완화하는 조치로 정리해고제도와 파견제도를 도입하였다. 그러나 2000년대 이후 비정규직 문제가 심각해지면서 경제사회발전노사정위원회를 중심으로 하는 오랜 기간의 논쟁 끝에 노무현 정부는 기간제의 기간을 제한하는 기간제보호법을 2007년에 도입하였다. 노동계 중심으로 비정규직의 사유 자체를 제한해야 한다는 주장도 있었고, 경영계를 중심으로 기간제의 기간을 4년으로 해야 한다는 주장도 있었으나, 우여곡절 끝에 기간제의 기간을 2년으로 제한하는(2년 이상 고용할 경우 정규직으로 고용형태를 의무적으로 전환하는) 기간제법을 통과시킨 것이다.

시기	1995~2002	2003~2007	2008~2016
고용보호법제	• 정리해고 제도 도입 (1997) • 파견법 도입(1997)	• 기간제보호법 제정 (2007) • 기간제 및 파견제 차별 시정제도 도입 (2007)	• 기간제 기간연장 시도 (2008) • 일반해고지침(2016) • 취업규칙변경지침 (2016)
고용보험 (실업급여)	• 고용보험제도 도입(1995) • 고용보험 전 사업장 적용 확대(1998)	• 고용보험 사각지대 해소	• 사회보험료 지원 사업 (두루누리, 2012) • 자영업자 실업급여 지급(2012)
적극적 노동시장 정책	• 직업훈련제도의 고용보험 사업으로의 통합(1995) • 종합실업대책 (1998~2002) • 고용안정사업 도입(2000)	• 근로연계 복지정책 설계	• 취업성공패키지 (2009)
기타		• 주 40시간제 도입 (2004)	• 복수노조(2011) • 정년 연장(2013)

한편 이명박 정부 이후 기간제한 2년을 연장하려는 시도가 지속되고 있다. 특히 박근혜 정부에서는 2016년 일반해고제도와 노동조합 동의 없이도 취업규칙을 변경할 수 있도록 하는 제도를 지침 형태로 도입하였다. 보수 정부하에서 유연성을 높이려는 시도가 지속되고 있다고 볼 수 있다.

1997년 외환위기 시 실직자에 대한 사회적 보호는 제도화되기보다는 임시적인 실업자 대책으로 시행되었다. 1998~2005년까지 공공근로 등 일자리창출과 실직자 생계지원, 실업자 직업훈련 등 매년 2조~5조 원에 달하는 대규모 실업대책을 시행하였다. 이러한 임시 정책들은 2002년 이후 고용보험을 중심으로 하는 형태로 제도화되기 시작하였다.

실직 시 소득보장과 재취업을 촉진하고자 고용보험제도가 1995년에 도입되었으며, 이후 외환위기에 직면하여 1998년 전 사업장으로 확대되었다. 그러나 영세사업장의 저임금근로자들을 중심으로 고용보험이 적용되지 못하는 사각지대 문제가 지속적으로 제기되었다. 참여정부하에서도 행정력을 동원해 사각지대를 줄이고자 하였으며, 2012년 자영업자까지 확대하였고, 2012년에는 '두루누리'라는 명칭으로 사회보험료를 지원하는 사업도 도입되었지만, 여전히 실업급여의 사각지대는 매우 광범위하게 존재하고 있다.

한편 직업훈련이나 취업지원 서비스 같은 적극적 노동시장 정책에서도, 1995년 기존의 직업훈련제도가 고용보험사업으로 통합되었고, 2009년에 통합적 고용지원 서비스인 취업성공 패키지 등이 도입되었지만, 여전히 GDP 대비 적극적 노동시장 정책의 지출 비중은 1% 미만으로 OECD 국가들 중 매우 낮은 수준을 나타내고 있다.

2) 노동시장 정책의 기본방향

앞에서 검토했듯이 한국 노동시장에서 현안은 이중화의 문제이다. '대기업-정규직'과 '중소기업-비정규직' 사이의 격차와 단절의 문제이다. 외환위기 이후 악화된 한국 노동시장의 이중화 문제에 대해 대기업-정규직 노동시장의 경직성을 문제 삼는 담론과 정책이 지속적으로 강화되고 있다. 특히 유연안전성(flexicurity) 담론에 기초하여, 일부 사회안전망을 보완하면서 노동시장의 규제를 완화하는 방식을 취하고 있다. 물론 유연안전성은 OECD나 EU 등 주요 선진국들이 채택하고 있는 고용전략의 기본방향이다. 그러나 이는 장기간에 걸쳐 사회적 보호 시스템을 충분히 구축해놓은 국가들의 전략이다.

오히려 최근의 연구들을 보면, 주요 선진국이 채택한 유연안전성 전략은 결과적으로 노동시장의 이중구조를 해소하지 못한 것으로 나타나고 있다. 1985~2008년 기간 유연안전성 개념에 기초한 노동개혁에 대해 평가한 올라프 반 블리엣과 니부어Olaf Van Vliet and Nijboer(2012) 에 따르면 유연화는 외부자(outsiders)에서만 증가하였고(기간제 확대), 사회적 보호 측면에서는, 총대체율은 증가하였지만 조세와 이전소득을 감안한 순대체율은 오히려 감소한 것으로 나타났다. 전반적으로 유연안전성을 채택한 EU의 목표에 반하는 결과를 초래하였다. EU 국가들의 경우에도 독일을 비롯하여 많은 국가가 노동시장의 이중화 문제에 직면하고 있다.

우리나라는 대기업-정규직의 경우라 해도 노동유연성(수량적 유연성)은 일부 조직으로 보호되는 부문을 제외하고는 높은 수준이고, 자동화·모듈화·아웃소싱이라는 숙련배제형 생산시스템하에서 기능적 유연성은 작동하기 어려운 조건을 만들어냈다. 지난 20여 년 간 자동화와 아웃소싱이라는 세계적 차원의 '구조적 경향'이 정치적 매개과정 없이 과도하고 왜곡된 형태로 진행되었다. 기술(자동화)에 의한 숙련의 대체가 매우 높은 수준에서 진행되었고 모듈화와 아웃소싱도 다른 어느 나라보다도 높은 수준에서 불공정한 형태로 진행되었다. 그 결과 거시적으로도 기업소득과 노동소득의 격차가 매우 크게 나타났을 뿐만 아니라 미시적으로도 생산물시장과 노동시장의 이중화가 심화되었다. 앞에서 보았듯이 간접고용이나 사내하청 등 비정규직화 문제는 중소 영세사업장의 문제가 아니라 대기업이 주도하고 있다. 따라서 노동시장의 이중화를 차단하고 완화하기 위한 일차적 과제는 시장에 대한 규제의 완화가 아니라 규제를 강화하는 것이다. 원하청 비용 부담 전가 억제나 납품단가 보장 등 공정거래 강화와 상시지속 업무의 '가급적' 정규직 고용, 비정규직 남용 억제 등이 우선적으로 필요하다. 정리해고를 남발하여 고용불안을 야기하는 관행을 제어하는 제도와 고용형태가 과도하게 비정규직화되는 경로를 차단할 필요가 있다.

다른 한편으로, 이러한 근대적인 대기업 영역 주변에 노동의 시장화가 과도하게 진전되어 제도 실패가 남아 있는 영역에 대해서는 제도 공급을 확대해야 한다. 근로기준 준수, 최저임금 강화, 이를 위한 근로감독 강화, 고용중개시장에서의 탈법-불법 규제, 민간주도 사회보험-사회서비스 시장의 규제·제도화 등이 요구된다. 다만 시장의 정비 및 개혁은 다양한 이해관계자들의 갈등과 조정의 문제가 존재하기 때문에 정교한 개혁 플랜이 필요할 것이다.

노동시장의 이중화는 사회적 보호에서의 이중화로 나타났다. 정규적 고용형태에 기초한 사회보험 중심의 사회적 보호 체계는 광범한 사각지대를 남겨두고 있다. 이들은 저임금일자리에 종사하면서 근로빈곤층의 형태로 존재한다. 따라서 일자리의 질을 제고하면서 동시에 사회적 보호를 강화하는 정책들이 필요하다. 저임금일자리에 대한 보상 수준을 높이면서 실직 시 소득보장을 체계화하는 것이다. 물론 사회적 보호의 확대는 시장개혁과 동시에 이루어져야 한다. 예를 들어 불공정한 하도급거래가 유지되고 최저임금이 지켜지지 않는 상황에서 비정규직에 대한 임금이나 소득 보조는 사실상 대기업에 대한 보조로 귀착될 것이기 때문이다.

노동시장의 이중화는 또한 조직화와 교섭력에서의 이중화로 나타나고 있다. 우리나라 전체 노동조합 조직률은 12% 수준으로 나타나고 있지만, 대기업-정규직의 조직률은 60%에 달하는 반면, 중소기업-비정규직의 조직률은 극히 미미하여 3% 미만에 머물고 있다. 노동시장의 취약한 영역의 조직화와 교섭력-발언력의 강화를 지원하는 정책적 노력이 필요하다.

노동시장이 이중화되어 있고 광범한 사회적 보호의 사각지대가 남아 있는 상태에서는 유연안전성 전략이 효과적으로 작동하기 어렵다. 저임금-저소득 영역이 광범하게 남아 있는 상태에서는 유연성 제고를 보완할 수 있는 사회적 보호를 단기적으로 크게 확대하는 것도 쉽지 않다. 우리나라의 경우 유연성과 안전성을 적정 수준으로 유지하는 중간 수준의 유연안전성 전략이 요구된다. 과도한 유연성과 이중구조를 완화하면서 단계적으로 사회적 보호를 확대하는 전략이 필요하다.

우리나라가 청년과 여성의 고용률이 낮은 이유는 양질의 일자리가 부족하기 때문이다. 그런데 유연성 전략은 양질의 일자리 가능성을 줄인다. 따라서 노동시장에서의 안전성을 높이는 것이 혁신과 양질의 일자리를 확대할 수 있다. 아차리아 등(Acharya et al., 2010a; 2010b)에서는 혁신집약적 부문에서는 해고에 대한 엄격한 법률이 혁신과 경제성장을 촉진하며 해고규제가 단기적 실패를 응징하지 않음으로써 혁신활동을 촉진한다는 분석 결과를 제시하였으며, 맥레오드와 나카바차라(MacLeod and Nakavachara, 2007)에서는 고용보호법(EPL)이 더 엄격할수록 숙련-인적자원 투자가 필요한 직종의 고용이 증가한다는 점을 보여주었다. 기업이 혁신할 때(또는 혁신적인 기업일수록) 정규직 채용 확률이 높아진다(Malgarini et al., 2013)는 점에서, 우리나라의 노동시장도 과도한 비정규화 경향을 억제하고 정규직 중심의 노동시장으로 좀더 옮겨갈 필요가 있다.

3) 노동시장 정책 과제

(1) 고용안전성의 강화

우리나라는 외환위기가 남긴 해고와 고용불안의 트라우마가 아직도 가시지 않고 있다. 노동계는 외환위기 극복 과정에서 도입되었던 정리해고법과 파견법이 해고와 비정규직 문제의 원인으로 보고 있다.

앞에서도 보았듯이 경영상의 필요에 의한 해고가 아니더라도 실질적으로는 명예퇴직이라는 형식으로 일상적 구조조정이 지속적으로 이루어지고 있다. 그 결과 대기업의 인력구조는 경기불황이 오더라도 더 이상 인력조정을 할 필요가 없을 만큼 슬림한 조직으로 유지되고 있는 반면, 일자리의 불안정성은 매우 높아져 있는 상태이다.

현재 박근혜 정부는 이러한 기업관행을 도리어 합법화하려 하고 있다. 정리해고와 징계해고 이외에 저성과자에 대한 일반해고를 도입하려는 것이다. 그러나 이는 노동시장의 이중화를 강화하는 결과만을 초래할 것이다.

일자리의 안정성을 강화함으로써 좋은 일자리를 유지하는 것이 필요하다. 우선 해고방지제도를 체계화해야 한다. 현재 우리나라의 정리해고제도는 단순히 정리해고에 대한 사법적 판단만을 내리는 방식이다. 정리해고의 요건, 절차, 해고자에 대한 전직지원 프로그램, 대량해고에 대한 행정적 통제, 퇴직 이후의 사회적 보호 시스템의 정비 등 정리해고에 관한 종합적 체계를 갖춤으로써 근로자의 고용안정성을 높이고 좋은 일자리를 유지·확대할 수 있는 토대를 만들어야 한다.

또한 정리해고제도와 명예퇴직제도의 남용에 대한 규제가 필요하다. 우선 정리해고 사유를 강화해야 하고, 해고의 요건 및 협의 절차 등을 단체협약으로 정할 수 있도록 하며, 사용자가 일정 규모 이상의 근로자에 대해 해고신고 시 해고회피 계획, 해고자 전직지원 계획 등을 작성하도록 의무화함으로써 무분별한 해고남용을 방지해야 할 필요가 있다. 더불어 해고실직자에 대한 고용서비스와 사회적 보호의 강화가 필요하다. 불가피한 해고자에 대해서는 전직지원 프로그램이나 소득보장체계 등 고용서비스와 사회적 보호를 강화하는 조치가 필요하다.

(2) 비정규직화 경향의 차단

OECD(2014)에서도 노동시장 이중화를 완화하려면 정규직과 비정규직의 해고비용 격차를 줄여야 한다고 제안하고 있다. 그리고 이 격차를 줄이기 위해서는 정규직의 고용보호를 낮추는 방안이 있기는 하지만 이는 고용불안과 재정부담의 문제를 야기할 것이라고 판단하고 있다. 따라서 비정규직의 해고비용을 높이는 조치가 필요하다. 비정규직 사용비용을 더 높이거나 비정규직 사용을 제한하는 것이다. 비정규직에 대한 고용보험분담금을 더 높이는 방안이나 비정규직에 대한 사용사유제한을 강화하는 것이다.

우선, 비정규직 남용을 억제하는 규제시스템의 체계화가 필요하다. 외환위기 이후 기업들의 과도한 유연화 전략이 초래한 비정규직 문제는 시장규제, 차별 시정, 정규직 전환을 위한 사회적 지원 등으로 억제되어야 한다. 현재 비정규직을 규제하는 법률은 기간제법과 파견법이 있다. 기간제법은 기간제한을, 파견법은 사유제한-기간제한을 통해 확산을 차단하고 있다. 최근 기간제법이 도입되면서 기업들이 부분적으로는 기간제 남용을 자제하고 있는 것으로 보이지만, 파견용역, 사내하도급, 시간제근로 등으로 다른 형태의 비정규직이 확산되는 이른바 '풍선효과'도 나타나고 있다. 2015년 12월 현재 박근혜 정부는 기간제한 2년을 4년으로 확대하고, 파견 허용 업종을 확대하고자 하였다. 이러한 시도는 비정규직을 확대하는 결과를 초래할 것이다.

기간제법-사내하도급 규제를 포함한 간접고용규제법, 시간제보호법 등 3법의 체계화를 통해 비정규직화를 체계적으로 차단하고, 규제의 사각지대인 사내하도급, 간접고용, 특수고용에 대한 규제시스템을 정비해야 한다.

특히, 간접고용-사내하도급 시장을 정비해야 한다. 파견·용역 등 간접고용의 비중은 2010년 현재 5%, 82만 명 수준이나, 사내하청까지 포함할 경우 이 비중은 120만 명을 넘어설 것으로 추정된다. 무엇보다도 불법파견에 대한 시정조치(2년 이상 불법파견의 정규직 전환)는 정부의 비정규직 정책에 대한 의지를 나타내는 시금석이 될 것이다. 원청의 지휘명령을 기준으로 원청-사내하도급 관계의 종속성 기준을 명확히 정의해야 할 것이며, 불법파견에서 하청고용주의 책임도 강화해야 할 것이고, 2년 미만의 불법파견 또한 직업안정법상 근로자공급에 의해 규제될 필요가 있다. 적법한 도급근로에 대해서도 고용승계의 원칙(EU 법원의 판결)을 도입하는 방안을 검토할 필요가 있다. 또한 공기업의 경우 사내하도급을 활용하는 비율이 민간기업에 비해 더 높다. 공기업의 외주하도급에 대한 정확한 실태조사와 공기업의 무분별한 외주시스템에 대한 정비가 선행될 필요가 있다.

현재 기간제법에 차별시정 조항이 포함되어 있으나 실효성 문제가 지속적으로 제기되고 있다. 장기적으로 판례 축적이 필요한 것이기는 하지만, 기업에 차별시정과 비정규직 남용 유인을 제거하지 못하는 것으로 보이기 때문에 실효성을 높이는 방향에서 제도 수정이 불가피하다. 차별시정 정책의 실효성 제고를 위해 차별 소송주체, 기간, 영역, 비교대상 등의 개선이 이루어져야 한다는 지적이 있다. 피신청인 자격 확대(노조 포함), 사내하도급 포함, 차별 신청기간 확대(현행 3개월에서 1~3년), 차별 금지영역 확대(근로기준과 사회보험 등 포함), 차별구제 신청기간의 시점(차별 인지시점이 아니라 근로관계 종료일로부터 3~6개월), 동일가치노동동일임금원칙의 적용범위 확장(사업장 외부의 유사 규모의 직종 및 업종 노동자로까지 확대), 무기계약 전환 근로자나 간접고용에 대해 차별시정제도를 확장하는 문제 등에서 지속적 개선이 요구된다.

한편 공공부문이 '비정규직 만들기'에 가장 앞장서고 있는데, 공공부문이 책임 있는 선량한 사용자로서의 역할모델을 만들 필요가 있다. 공공부문이 비정규직을 양산하는 가장 큰 경로의 하나가 외주화라고 할 수 있다. 외주용역 근로자의 정규직화를 추진해야 하며(최근 지자체와 국회에서 적극적으로 검토되고 있다), 비정규직을 과다하게 사용하는 경우 조달자격을 제한하는 조항을 입찰방식에 적극적으로 도입할 필요가 있다. 공공부문의 과도한 비정규직화를 억제하려면 정부예산의 구조를 근본적으로 바꾸어야 한다. 그러나 그 이전에 현재 팽창한 비정규직을 정규직으로 전환하는 정책이 우선되어야 한다. 현행법상 2년 이상 근무한 상시근로자는 당연히 정규직으로 전환되어야 하고, 이를 회피하기 위해 2년 미만의 계약, 재고용 시 업무 전환 같은 편법이 공공부문에서 인정되어선 안 된다.

무엇보다 심각한 문제는 공공부문의 외주하청과 민간위탁에 따른 간접고용의 확대이다. 공공부문의 간접고용을 억제하기 위해 우선 공공부문에서의 비정규직, 외주하청, 민간위탁 등에 대한 철저한 실태조사가 이루어져야 하며 이에 기초해 과도한 외주하청을 규제하고 공공부문 비정규직 고용구조를 공시하도록 하고 비정규직 비율을 공기업의 경영평가에 반영하는 방안을 추진할 필요가 있다.

우리나라 공공부문의 일자리 비중은 5% 남짓으로 미국의 15%, 스웨덴이나 노르웨이의 30%에 비해 현저하게 낮다. 이는 교육·복지·의료 등 사회서비스 영역에서 공공부문의 역할은 매우 미미하고 대신에 민간의 역할이 크기 때문이다. 그 결과 사회서비스에서 창출되는 새로운 일자리의 절반 이상은 저임금일자리이다. 사회서비스 산업에서 양질의 일자리를 만들기 위해서는 공공부문이 사회서비스의 재원 제공자 역할을 넘어서서 일정 부분 일자리의 주체로 나서야 한다. 사회서비스 영역에서의 공공-민간-비영리 조직의 적절한 균형과 혼합이 필요한데, 우리나라의 경우 공공의 역할이 너무나 작다. 공공부문이 사회서비스의 질과 사회서비스 일자리의 질을 유지하는 균형추 역할에 나서야 한다. 공공부문 일자리는 사회서비스 일자리의 임금, 근로조건, 교육, 자격의 기준 역할을 해야 하며, 그러한 역할을 하기 위해서는 교육·보건·복지 영역에서 공공의 비율을 적정한 수준으로 유지하는 것이 필요하다.

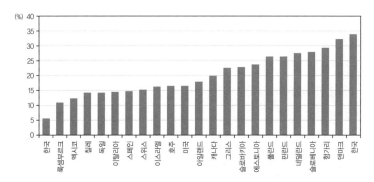

〈그림 5-12〉 공공부문 고용 비율(2008년)

자료: ILO, Laborsta(황덕순, 2011에서 인용).

(3) 근로시간 단축을 통한 일자리 창출

현재 우리나라는 주 40시간제 도입으로 근로시간이 줄어드는 추세를 보이고는 있지만 2010년 현재 1인당 연간 노동시간 2,193시간으로 여전히 OECD 1위이다. 기존 근로자의 과도한 장시간 노동이 새로운 일자리 만들기에 장애요인으로 작용하는 것도 사실이다. 우리나라 근로시간을 OECD 평균 수준으로만 조정해도 일자리가 40만 개 이상 만들어질 것이라고 한다. 이러한 장시간 노동 체제를 개선하기 위해 우선적으로 추진해야 할 과제는 장시간 노동 체제를 유지하는 두 기둥이라고 할 수 있는 초과근로시간과 교대제의 개편이 필요하다. 먼저 연장근로의 최대허용 범위를 12시간으로 제한하고 있는 근로기준법(제53조)을 엄격히 적용하여 특례업종을 전면 폐지하거나 일부 특수한 업종으로 제한하고, 휴일근로를 초과노동으로 포함시키며 1일 최대근로시간제 도입 같은 제도 개선이 이루어져야 한다. 또한 장치산업의 대기업에서 장시간 노동 체제를 유지하도록 하는 주야맞교대 형태의 2조2교대제를 3~4조교대제로 개편하도록 유도할 필요가 있고, 중소기업들에 대해서는 교대제전환지원금제를 강화할 필요가 있다.

한편 단시간근로 활용을 통한 고용창출과 일-생활 양립의 추구는 제도 정비와 노사정의 합의를 전제로 추진되어야 한다. 우리나라 단시간근로가 매우 열악한 근로조건을 보인다는 점을 고려할 때 단시간근로가 또 다른 형태의 열악한 비정규직을 확대하는 경로가 되지 않도록 해야 한다. 근로자의 근로시간 선택권, 비례보호 정책, 보육 정책 등이 전제가 되는 상용형 단시간근로 창출이 되어야 한다.

(4) 저임금일자리에 대한 고용보호

우리나라 이중구조화의 중요한 한 측면은 막대한 저임금일자리 비중과 근로빈곤의 문제이다. 이는 중소기업-영세사업장 대부분의 문제이기도 하다. 이들은 외환위기 이후 사정이 더 어려워졌다. 그동안 저임금일자리-근로빈곤 문제에 대해서는 최저임금 인상과 근로장려세제나 사회보험료 감면, 고용보조금 등과 같은 임금-소득 보전 정책, 차상위를 대상으로 하는 다양한 고용복지서비스 정책 등 고용과 복지 측면에서 할 수 있는 정책들은 거의 모두 도입되었다고 볼 수 있다. 많은 정책이 난립하고 있으나, 저임금일자리와 근로빈곤의 문제는 해결되지 못했다. 이는 우리나라의 저임금 노동시장 자체가 개선되지 못하고 있기 때문이다.

따라서 저임금일자리 정책은 이들 노동시장을 개선하는 정책을 우선으로 하여 강화되어야 한다. 최저임금을 좀더 강력하게 추진해 실효성을 높이고 근로기준과 근로감독을 강화하고, 고용복지서비스의 양적 확대 이전에 중간착취 구조를 개선해야 한다. 돌봄노동 같은 사회서비스 노동시장의 경우 자격과 훈련에 기반하는 시장의 제도화 수준을 높일 필요가 있다.

현재 저임금일자리에 대한 사회적 보호 정책들이 사회보험지원(두루누리사업), EITC(근로장려세제), 임금보조(공공근로, 청년인턴제), 고용복지

통합 맞춤서비스(취업성공패키지) 등의 형태로 다양하게 시행되고 있다. 이러한 사회적 보호 정책들은 중장기적 관점에서 효과적으로 구축되어야 할 것이다. 다만 저임금일자리 비중이 매우 높다는 한국의 노동시장 상황을 고려할 때 가장 우선적으로 필요하고 또 강력한 정책은 최저임금 인상과 근로기준 강화일 것이다.

최저임금의 사각지대를 줄여 실효성을 제고해야 한다. 최저임금 미만의 임금을 받는 계층의 비율이 11.5%로 거의 200만 명에 달한다. 근로감독의 강화가 우선적으로 필요하겠지만, 최저임금을 지급하지 못하는 사업주에 대해서는 국가가 선지급하고 사업주에게 구상권을 행사하는 방안도 검토할 필요가 있다.

최저임금의 수준과 관련해서는 평균임금의 50% 대 중위임금의 50% 등의 논쟁이 제기되고 있다. 최근 10여 년간 최저임금인상률이 전체 임금인상률보다 높았지만, 여전히 평균임금의 30% 수준으로 1980년대 후반 수준에서 크게 벗어나지 못하고 있으며 OECD 평균임금에 크게 못 미치고 있을 뿐 아니라 OECD에서 가장 낮은 그룹에 속해 있다. 그러므로 최저임금의 수준을 단계적으로 인상할 필요가 있다.

최저임금 결정 방법과 관련해서는 산업별·지역별 최저임금제, 물가·생계비 연동제 등이 제기되고 있으나, 최저임금이 노사의 문제가 아니라 우리나라의 기업-생산 시스템과 산업구조, 국가경쟁력의 문제라는 점에서 최저임금 심의-결정을 국회에서 다루는 방안도 검토해볼 필요가 있다. 다만 최저임금은 한국형 연대임금정책 차원에서 추진되어야 할 것이다. 저임금일자리가 대부분 중소 영세사업장에 집중되어 있기 때문에 자영업자와 소생산자, 소상공인의 자산기반을 보호하고 영세성의 문제를 해결하는 일과 동시에 추진될 필요가 있다.

우리나라의 저임금일자리에서 가장 큰 비중을 차지하는 것은 사회서비스 시장에서의 돌봄노동이다. 민간에 맡겨진 사회서비스 시장을 제도화하는 것이 필요하다. 기준임금 설정과 자격·훈련에 기초한 돌봄노동 시장을 새롭게 제도화할 필요가 있다. 단순히 사회서비스 일자리를 양적으로 몇 만 개 늘려 OECD 수준을 따라잡겠다는 식이 아니라, 사회서비스 일자리의 질(사회서비스 수준)에 관한 사회적 합의(서비스 수요자, 국가, 서비스 제공자 사이의 사회적 합의)에 기초하여 사회서비스와 인력의 질 관리를 위한 국가 차원의 계획이나 제도가 마련되어야 한다. 이를테면 영국의 국가돌봄계획(the National Care Act, 2002) 등을 참조할 수 있을 것이다. 영국은 이 법을 통해 시장규제를 강화하고 돌봄노동의 최저기준을 설정하였다. 돌봄서비스와 돌봄노동에 대한 감독과 규제의 사각지대를 제거하고자 재가보호서비스도 규제 대상에 포함시키고, 돌봄시설에 대한 감독과 규제 권한을 지자체나 의료당국으로부터 분리하여 독립된 돌봄노동감독위원회(the Commission for Social Care Inspection)에 부여하였다. 동시에 돌봄노동에 대한 보상에서 '적절한', '충분한' 등의 애매모호한 표현을 삭제하고 상세한 최저기준을 설정하였다.

또한 저임금일자리에 대한 고용중개시장에서의 중간착취를 규제하고 저임금일자리–근로빈곤층에 대한 고용중개기능을 공공이 책임지는 방식으로 전환하는 것이 요구된다. 직업안정법을 현대적으로 개선하여, 민간 인력중개서비스시장의 대형화–전문화가 아니라 중간착취와 같은 전근대적 관행을 개선하는 조치를 강화해야 할 것이다. 더불어 현재 통합적 고용복지서비스로 도입되어 있는 취업성공패키지를 단계적으로 확장함으로써 공공영역에서 저임금일자리에 대한 고용서비스를 확장할 필요가 있다.

(5) 고용안전망의 강화

고용안전망은 일자리를 상실했을 경우 또는 일자리가 생계를 보장하지 못할 경우에 생활을 보호하여 노동시장으로 재진입할 수 있도록 하는 1차적 사회안전망이다. 우리나라는 고용보험제도가 1995년에 제한적으로 도입되어 외환위기를 계기로 전 사업장으로 확장된 이후 지속적으로 확대되었다. 외환위기 직전 도입되었지만 외환위기에 따른 대량실업 문제 해결에 큰 기여를 한 것도 사실이다. 그럼에도 실업급여, 직업훈련, 고용안정사업으로 구성된 고용보험제도가 고용안전망으로서 충분한 기능과 역할을 하지 못하고 있는 것도 사실이다. 많은 노동자가 직장을 상실할 경우 소득이 보장되지 않아 빈곤층으로 전락하고 노동시장으로 복귀하는 데 어려움을 겪고 있다. 이에, 실직 시 빈곤층으로 진입할 확률이 52.9%나 되는 것으로 분석되고 있다(이병희, 2011).

비전형적 고용형태의 증가와 청년실업, 여성의 경력단절, 베이비붐 세대의 은퇴 등 노동시장에서 다양한 형태의 고용위험이 발생하고 있는데도 불구하고, 고용보험은 증대되고 다양화하는 고용위험에 제대로 대응하지 못하고 있다. 고용보험의 사각지대가 너무 큰 규모로 방치되고 있다는 점, 국가가 과도하게 고용보험 운영을 독점하고 있다는 점, 고용정책이 지나치게 기금에만 의존함으로써 사각지대에 있는 계층에 대한 서비스나 보편적 노동시장 정책이 활성화되지 못하고 있다는 점 등 1차적 사회안전망으로서 제 기능을 하지 못하고 있는 것이다. 개별 고용안정사업의 효율성 문제나 적극적 노동시장 정책과 실업급여와의 연계성 부족 등도 문제로 지적할 수 있으나, 이는 부차적인 문제라고 생각된다.

현재 고용보험제도가 정규직의 용돈 수준으로 소득보장 기능을 하는 것이 사실이고 피보험 단위기간, 지급일수, 지급수준 등도 세심하게 고려하여 재검토해야 할 것이라고 생각되지만, 우리나라 고용보험제도의 가장 큰 관건은 역시 저임금-근로빈곤층에 대한 고용안전망을 확립하는 것이라고 생각된다. 고용안전망은 이러한 '막장' 일자리를 최소한의 생계와 존엄성이 보장되는 일자리로 만드는 데 매우 중요한 기능을 할 것이기 때문이다. 그럼에도 이들은 고용보험에 적용되지 못하거나 가입하지 못하고 있다. 〈표 5-3〉에서 고용보험 사각지대의 규모를 보면, 2015년 현재 1,880만여 명의 임금근로자 중에서 공무원, 교사 등 지역연금가입자와 주당 15시간 미만 근로자 등 제도적 사각지대(법적 사각지대)가 286만여 명에 달하고, 적용대상자 중에서도 미가입자가 390만여 명에 달해 4분의 1이 고용보험 적용을 받지 못하고 있다.

물론 소득대체율 인상, 수급기간 연장 등 실업급여가 실질적 고용안전망이 될 수 있도록 하는 제도 개선도 필요하지만, 영세사업장 근로자들의 고용보험 가입을 비롯하여 자발적 이직자(장기실업자)에 대한 실업급여 지급, 자영업자와 특수고용근로자의 고용보험 적용 등 고용보험의 사각지대를 해소하는 것이 1차적 과제가 되어야 할 것이다. 더불어 실업수당과 고용서비스 기능을 결합한 한국형 실업부조 확충, 고용노동부의 취업성공패키지사업 확대와 이를 감당할 수 있는 정책집행 역량을 강화하고 수당을 단계적으로 확대하여 한국형 실업부조 체계를 구축할 필요도 있다.

우리나라 근로빈곤층 가계의 취업자들의 임금수준은 80만~120만 원 수준으로 4인 가족 기준 최저생계비 166만 8,000원에 현저하게 못 미치고 있다. 그동안 근로빈곤 정책의 중심은 공공근로를 비롯한 재정지원 일자리 사업이었다. 그러나 최근 근로장려세제나 사회보험료감면 같은 제도가 도입되고 있다. 저임금일자리에 대해 근로장려세제 등으로 연 70만~210만 원을 보조하고 있고, 임금의 사회보험료를 일부(고용보험과 국민연금의 50%) 지원하는 정책(두루누리사업)이나 임금보조정책 등도 도입되어 있다. 다만 이러한 정책이 아직까지는 대상과 규모, 수준에서 매우 제한적이기 때문에 근로빈곤 문제를 실질적으로 해소하기에는 역부족이고, 여러 정책의 중복과 형평성 문제 등이 남아 있어 효

〈표 5-3〉 고용보험 사각지대 추정(2015년 3월 기준)

15세 이상 총인구 4,287.4만 명(100%)					
비경제활동인구 1,629.7만 명 (38%)	경제활동인구 2,657.7만 명(62%)				
비경제활동인구 1,629.7만 명 (38%)	실업자 107.6만 명 (2.5%)	취업자 2,550.1만 명(59.5%)			
비경제활동인구 1,629.7만 명 (38%)	실업자 107.6만 명 (2.5%)	비임금근로자 670.2만 명 (15.6%)	임금근로자 1,879.9만 명(43.8%)		
비경제활동인구 1,629.7만 명 (38%)	실업자 107.6만 명 (2.5%)	비임금근로자 670.2만 명 (15.6%)	적용제외 285.6만 명 (15.2%)	적용대상1,594.3만 명(84.8%)	
비경제활동인구 1,629.7만 명 (38%)	실업자 107.6만 명 (2.5%)	비임금근로자 670.2만 명 (15.6%)	적용제외 285.6만 명 (15.2%)	실제 가입자 1,203.9만 명 (75.5%)	미가입자 390.4만 명 (24.5%)
공식적 제외		제도적 사각지대 (법적 사각지대)		고용보험 수혜자	실제 사각지대

자료: 통계청, 경제활동인구조사 근로형태별 부가조사.

과적이고 체계적인 근로빈곤 정책으로 구축되기에는 해결해야 할 과제가 산적한 것도 사실이다.

고용복지서비스의 경우에도 고용센터가 가지는 공공성과 전문성을 적극적으로 강조하고 활용할 수 있도록 전달체계가 구축될 필요가 있다.

우리나라의 취약계층은 노동시장 참여율이 외국에 비해 상대적으로 높고 이들의 기본적 욕구가 일자리이기 때문에 원칙적으로 고용 중심의 통합서비스로 가는 것이 바람직할 것이다. 고용센터가 고용복지 전달체계의 중심이 되도록 하면서 지자체와 여타 복지전달체계와의 협력적 네트워크형 모델로 만들어가야 할 것이다.

저임금노동의 비중이 큰 국가에서 최저임금 정책과 근로장려세제 정책은 보완성이 큰 것으로 평가되고 있고, 저임금일자리에 대한 사회보험료 지원 정책의 경우에는 자영업자의 임금근로로의 전환효과가 있는 것으로 분석되고 있으며, 아울러 최저임금 준수와 비공식 고용 축소, 정규직 전환지원의 인센티브로도 활용될 수 있다. 최저임금-근로장려세제-사회보험료 지원-고용복지서비스 등을 결합한 한국형 근로 빈곤 정책으로 체계화할 필요가 있을 것이다.

물론 이러한 근로빈곤 정책들의 중복성과 효과성 문제가 지속적으로 제기되고 있다. 따라서 최저임금을 비롯한 근로기준 및 사회보험 정책을 어떻게 결합시킬지(실업부조 문제까지 포함해), 영세사업장의 구조조정 문제와 더불어 지원과 규제를 어떻게 통합적으로 가져갈지, 고용복지서비스 및 전달체계는 어떻게 개선할지 등 해결해야 할 과제가 많다. 막대한 저임금일자리와 심화되고 있는 근로빈곤 문제에 대응하려면 정책의 우선순위와 보완의 문제를 잘 고려하여 효과적인 근로빈곤 정책 패러다임을 구축해나가야 할 것이다.

4) 노동조합의 연대성 강화와 사회적 대화의 역할

그동안 노동시장 이중화 문제와 비정규직 문제 등에 대응하기 위하여 산별노조로의 전환 움직임이 지속적으로 모색되었지만 성과는 아직 크지 않다. 재벌대기업 중심의 경제체제하에서 기업별 노조주의와 기업별 교섭이 약화되지 않고 있기 때문이다. 그럼에도 2011년 현재 산별·업종별·지역별 등 초기업 단위 노조 소속 조합원이 전체의 56%(96만 4,000명)를 차지하고 있다(조성 외, 2013). 여전히 산별교섭은 노동시장 이중화를 억제하는 데 유력한 수단이다. 다만 우리나라 노동조합의 역량과 산업구조의 특성을 고려하여 산별노조와 산별교섭 전략은 유연하게 추진할 필요가 있다. 산업 내 기업 간 차이를 인정한 상태에서 업종별·지역별·기업별 특수성을 적극적으로 고려하는 산별교섭 전략이 필요한 것이다. 다만 기업 내 격차는 동일노동-동일임금의 원칙을 강하게 적용하여 격차를 줄여나가는 노력이 정책적으로, 그리고 노사관계 측면에서도 추진될 필요가 있다.

한편 산별노조와 산별교섭을 유연하게 강화하는 전략과 더불어 취약한 근로자들의 조직력과 교섭력을 높일 필요도 있다. 외국의 경우, 취약한 노동자들의 조직화와 교섭력 제고를 정부가 지원하는 사례가 적지 않다. 더불어 조직노동 내부에서도 결과로서 노동의 이중화를 극복하는 '노동의 연대'를 더 강화할 필요가 있다. 이중화의 원인이 노동 내부에 있지 않다고 하더라도 이중화는 결과이면서 또한 과정, 즉 정치적 과정을 매개로 하기 때문이다. 노동조직 상층의 노력도 중요하지만 기업별 노조 수준에서도 규약과 단체협약에서 비정규직을 배제하는 관행에 대한 사회적 문제 제기가 필요할 것이다.

우리나라는 사회적 타협의 형식적 기구로서 경제사회발전노사정위원회가 외환위기 이후 만들어져 외환위기 극복 과정에서 일정한 역할을 한 것이 사실이다. 그럼에도 노사정위원회가 청년, 중소기업 노동자, 영세자영업자 등 노동의 취약한 부분을 제대로 대변하지 못한다는 문제 제기도 이어지고 있다. 또한 사회적 타협의 관행과 문화는 단시간에 만들어지는 것이 아니고, 사회적 대타협을 이루기에는 인구규모도 크고 산업구조도 복잡하다는 우리나라 고유의 특성도 있다. 그러므로 더더욱 사회적 타협기구의 역할과 역량을 확대하기 위한 지속적인 노력이 매우 중요할 것이다. 이해당사자들을 더 포괄적으로 대표하고 기업별 노사관계 시스템의 한계를 극복하기 위한 지역-업종 수준에서의 경험과 역량을 키워나는 지속적인 노력은 그래서 더 필요하다.

4. 맺음말

외환위기 이후 한국의 노동시장은 큰 변화를 겪었다. 사회 전반적으로 불평등과 격차가 심화되었고 특히 노동시장에서 대기업-정규직과 중소기업-비정규직 간 격차가 커지고 고용불안이 심화되는 노동시장 이중화의 변화를 겪었다. 대·중소기업 간, 정규직·비정규직 간 임금격차가 확대되었고, 고용조정의 일상화와 단기근속 증가 등 고용불안심리 확대와 저임금노동자 비율 상승 등으로 근로빈곤층이 증가했다.

이러한 현상에 대해 고용보험 및 적극적 노동시장 정책 등 사회적 보호를 강화하는 제도와 정책이 시도되었고 노동조합에서의 산별교섭 운동 등이 진행되었으나 이러한 노동시장의 이중구조화는 해소되지 못했다.

우리나라의 노동시장 이중화 문제를 해결하려면 노동시장의 규제를 풀고 사회적 보호를 강화하는 유연안전성 전략보다는, 노동시장의 규제를 중간 수준에서 유지하고 사회적 보호를 단계적으로 강화하는 중범위의 유연안전성 전략이 요구된다. 매우 높은 수준으로 유지되고 있는 고용불안심리를 완화하기 위해 해고제도를 좀더 충실하게 보완할 필요가 있고, 비정규직에 대한 보호의 실효성을 높이는 조치들이 우선적으로 요구된다. 사회적 보호에서는 최저임금을 기본축으로 하여 사회보험의 사각지대를 줄이는 것을, 단기적으로는 우선적 정책방향으로 설정할 필요가 있다. 한편 노동시장 이중화를 완화하기 위한 '노동의 연대' 전략도 요구된다. 산별교섭 전략을 유연하게 추진하는 한편 기업 내 차별을 완화하는 전략 그리고 비정규직 노조 활성화와 경제사회발전노사정위원회의 대표성 제고 등의 전략이 필요하다.

6. 한국금융의 진단과 금융시스템 개혁의 과제
경제민주화의 관점에서[1]

유철규

1. 문제 제기

2007~2008년 미국발 글로벌 금융위기가 발발한 지 8년이 넘는 시간
이 흘렀지만, 장기 침체와 글로벌 금융시스템의 위험성은 상존하고 있
다. 미국, 영국, 유럽, 일본, 중국과 신흥경제국들을 망라하는 세계 평
균으로 GDP 대비 부채는 오히려 급증했다. 금융위기에 대한 대처방안
은 여전히 정부와 중앙은행의 부채 증가에 의존하고 있다. 세계적으로
많은 이론가가 근대화와 산업화를 끌고 왔던 시스템 자체의 한계를 지
적하며, 각국의 시장시스템 개혁을 주문하고 이에 부합하는 금융구조
나 시스템 개혁의 필요성을 역설하지만 의미 있는 수준으로 현실화되
지는 못하고 있다. 미국만 해도 가장 먼저 오바마 정부의 금융개혁 입
법이 마련되었으나, 세부 시행법령을 둘러싼 논란이 반복되는 형편이
다.

한국의 경우도 고용불안과 자영업 문제, 가계부채를 중심으로 하는

---

1. 일부 내용은 2016년 경제학공동학술대회(2016. 2. 18)에서 "한국금융의 개혁과제: 박근혜 정부
의 금융개혁 평가와 관련하여"라는 제목으로 발표되었다.

부채의 급증, 끊임없이 발생하는 금융사고와 금융감독 및 규제의 결함 등 현 금융시스템의 문제점이 누적되고 있다. 부채 문제를 일례로 들면 2008년 위기발생국보다도 더 심각한 상황이다. 그럼에도 불구하고 2008년 글로벌 위기의 발화점에서 벗어나 있었다는 안이한 생각이 정부당국을 지배한 결과, 금융개혁 논의의 시급성을 인식하지 못하고 있다. 2009년 국민경제자문회의 한국은행법 개정 태스크포스와 2011년 국무총리실 주관으로 금융개혁 태스크포스가 구성되기도 했으나 감독당국과 금융기관이 공모라도 하듯 단견과 사적 이해관계 속에서 함께 저항하여 사실상 아무런 결과를 내지 못하고 실패했다. 박근혜 정부 들어서는 금융정책과 금융감독 그리고 금융소비자 보호 간의 균형이 완전히 깨진 채 금융정책적 이슈만 금융개혁이라는 이름으로 부각되었다. 2008년 금융위기의 한 원인으로 지목되는 이른바 '그림자 금융(shadow banking)'이 최근 급증하는 한편, 핀테크(FinTech) 같은 금융혁신 아이템들이 속출하는 것이 금융개혁이라고 잘못 불리고 있다. 어떻게 보면 세계 어느 국가보다도 근대화와 산업화의 패러다임에 여전히 깊게 갇혀 있다.

공동체, 사회적 유대감, 평등과 같은 사회적 가치를 제한 없이 시장에 종속시키면 구성원 간에 갈등이 커지고 사회적 분노가 쌓인다. 결국 그러한 사회는 지속가능하지 않을 것이다. 이를 현재 개혁대상인 금융 부문에 적용할 수 있다. 금융 그 자체가 나쁜 것은 아니다. 현대 금융은 기업의 생산활동을 활발하게 하고, 시간에 걸쳐 소비의 안정성을 높이며 미래가격의 변동에 대한 회피책을 고안해내는 등 유용성이 있다. 그러나 시장이 사회의 고유한 영역을 과도하게 침범하면 문제가 되듯이 금융이 인간의 삶에 과도하게 침투해서 결국 노후와 건강의료, 교육, 주거의 영역을 금융시장에 매이게 만들면 주객이 바뀐다. 개인이 느끼는 불안과 위험이 감당할 수 없을 만큼 커지게 된다. 자신의 미래와 삶이 끊임없이 격렬하게 움직이는 금융자산시장의 변동성에 달려 있는 데서 발생하는 불안과 위험이다. 사람 살기 편한 사회를 위한 금융개혁의 첫걸음은 금융시장이 침범해서는 안 되는 경계선에 대한 사회적·민주적 합의를 이루는 일이다. 예를 들자면 구성원에게 기본 의식주와 노후를 보장하는 경계선에 대한 문제, 기업의 생산활동을 이자율과 환율 등의 금융시장 변수에 노출시키는 정도의 문제가 될 것이다. 이를 금융민주화의 화두라고 부를 수 있다. 금융민주화는 결국 경제와 사회구성원의 삶의 안정성을 높이는 것, 금융투기가 억제되고 자금이 고용을 창출하는 생산적인 부문으로 흐르게 하는 것, 그리고 금융이 경제적·사회적 형평성을 높이는 데 기여하도록 하는 것을 주요 내용으로 한다.

아래에서는, 우선 2절에서 글로벌 금융위기를 계기로 명확해진 1997년 외환위기 이후 진행된 한국금융 발전방향의 오류를 정리하고, 3절에서는 외환위기 이후 미국식 금융제도의 추종 과정을 정권별로 살펴본다. 4절과 5절은 개혁 현안으로 대두된 금융감독체계 개편과 금융지주회사 개혁 문제를 각각 다룬다. 본문에서 다루지 못한 가계부채 문제는 그 접근방식을 중심으로 간단히 6절 맺음말에 포함시켰다.

2. 글로벌 금융위기와 한국금융의 오도된 방향

2007~2008년에 발발한 미국발 글로벌 금융위기는 1997년 외환위기 이후 한국이 취해왔던 금융발전의 방향과 정책에 기본적 오류가 있음을 드러냈다. 1997년과는 비교도 되지 않을 정도의 막대한 외환보유고를 쌓아두었지만 2008년 외환시장의 변동성은 거의 세계 최고 수준으로 치솟아, 또 한 번의 외환위기를 우려하게까지 만들었다. 한국의 금융시스템은 외화와 원화의 유동성 확보에 문제를 일으켜 은행의 대외

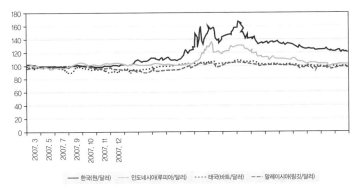

주: 2007년 3월 2일, 100 기준.
출처: 한국은행, 경제통계시스템.

신인도까지 의심받았으며, 가계와 기업 부문의 원화대출도 심각한 부실 우려를 불러일으켰다. 이로 인해 금융시스템이 사실상 마비되는 상황에 이를 지경을 겪었다. 다만 1997년과 달리 미국을 비롯한 서구와 일본의 무제한 통화증발(通貨增發)을 배경으로 외환보유고와 미국 등과의 통화스왑 약정을 통해 위기를 넘길 수 있었다. 외화 및 원화의 유동성 경색이 심화되면서, 원화가치 및 주가가 급락하는 등 금융시장의 변동성이 크게 확대되었다.

2005년 이후 외화사채 발행과 은행채 같은 비예금성(시장성) 자금조달의 비중이 빠르게 팽창했다. 대출 재원이 은행의 기본 자금원인 예금에서 조달되지 않았다는 것이다. 이 때문에 은행의 예대율(대출금/예수금)이 높아져 원화의 경우 2008년 6월에 130%가 넘어서는 기록적인 수준을 보였다. 이런 상황에서 단기해외부채의 만기 연장이 어려워지자 은행은 바로 유동성 위기에 직면하게 된 것이다. 다시 말해 은행은 장기대출과 단기해외부채 간의 만기 구조에서 발생하는 위험을 관리하지 않았다는 것이다. 이러한 상황은 원화의 경우에도 적용되었다.

1997년 외환위기 이후 변한 것이 없다 할 정도이다.

은행의 위험관리 실패와 금융당국의 감독 실패를 포함하여 이 모든 일이 1997년 이후 10여 년간을 미국과 그 영향력하에 있는 국제통화기금(IMF)의 요구에 따라 금융개혁을 수행해온 이후 일어난 일이라는 데 문제의 심각성이 있다. 그간의 개혁이 한국금융시스템의 대외적·대내적 취약성을 기대만큼 개선하지 못했다는 의심을 받기에 충분하다. 경제성장과 안정이 개혁의 두 가지 목표라고 한다면, 양극화 현상과 약화된 성장잠재력으로 인해 성장의 질이 나빠졌다는 점이 분명한 가운데 이제 안정성마저 담보하지 못하고 있다.

보다 심각한 문제는 이러한 위기가 한국이 암묵적으로든 명시적으로든 본받아야 할 모델로 삼아왔던 미국에서 발생했다는 점이다. 미국이 강요해온 탈규제와 금융자유화는 더이상 금융개혁의 모델로서 자격을 갖지 못하게 되었다.

미국금융을 대표하는 투자은행 리먼브러더스가 파산보호신청을 하고 메릴린치가 매각될 때 한국의 주요 금융기관들은 상황을 거의 파악하지 못한 채 곧 마무리될 것이라는 등 철저히 낙관적인 태도를 취했다. 즉 탈규제로 인한 이득을 누리면서도 한국금융시스템의 정상적 운영을 담당해야 할 기관으로서 신뢰받을 행동을 보여주지 못했다. 뒤이어 금융자유화의 폐해를 억제할 책임을 지고 있는 금융당국과 정부는 위기가 글로벌화되고 심화되는 것이 분명한 가운데서도 한국경제의 기초여건은 건전한데 국내외 투자자들이 과민반응을 보인다는 식의 진단을 내리는 수준이었다. 금융시장뿐 아니라 규제·감독을 책임져야 할 정부도 모두 1997년과 대동소이하게 실패한 것이다.

이번 위기를 맞아 미국이 취한 경제정책의 방향을 보면 1997년 외환위기 당시 미국과 IMF가 한국에 처방해준 정책들과는 거꾸로다. 긴축 대신 금리를 제로 수준까지 내리는 정도의 경기활성화정책을 편 것이다. 이런 사실로부터도 1997년 외환위기의 처방으로 나온 IMF 금융개혁 방안은 상당한 정도로 그 정당성을 상실한다.

한국금융의 방향과 정책을 재점검하고 대안을 논의하기 위해 월스트리트발 금융위기가 주는 교훈을 생각해볼 필요가 있다. 이 위기를 두고 시장과 정부가 애써 무시하려고는 했지만 미국식 투자은행들과 헷지펀드들의 위험성에 대해서는 이미 많은 연구와 경고가 있어왔다. 이제 그러한 주장에 귀를 기울여야 한다.

이번 위기는 결코 일회성 악재가 아니라 1980년대 이후 미국의 투자은행과 투기성 금융자본이 주도하는 세계적 금융자유화가 본격적으로 추진되면서 세계적으로 발생했을 뿐 아니라 미국에서도 반복적으로 발생한 일련의 위기들 가운데 하나이다. 1980년대 초에 시작해서 1990년대 중반까지 끌었던 저축대부조합(S/L)의 대량 파산, 1998년 대형 헷지펀드 LTCM(Long-Term Capital Management)의 파산, 2001년 말 에너지기업 엔론(Enron)의 파산신청, 그리고 급기야 2007~2008년 금융위기에 이르는 과정은 공통의 요인을 안고 있다. 이자율 규제의 대폭 완화와 금융시장의 무한경쟁 유도, 금융공학 기법에 대한 맹신과 파생상품시장의 무제한 허용 그리고 통화관리체제 해체에 따른 유동성의 과잉공급이 지목되는 요인들인데, 이들은 모두 금융시장의 규제 폐지라는 공통성을 갖고 있다. 규제완화가 금융발전의 핵심인 투명성과 신뢰의 상실을 초래했던 것이다. 엔론 사태 때의 회계 불투명성 문제도 그렇고, 서브 프라임 모기지 대출과 관련해서도 거대 초국적 금융기관의 재무관리 책임자가 보유 자산의 가치산정을 포기할 정도로 규제당국까지 포함해 아무도 실상을 알 수 없는 극단적인 불투명 상태에 도달했던 것이다. 반복되는 미국 금융위기의 규모가 점차 커져왔다는 점도 관심을 가져야 할 문제이다. 위기 때마다 해결의 중요 해법으로 인수합병과 매각을 통해 금융기관을 더욱 대형화하는 방책을 택했던 것인데,

그렇게 대형화된 금융기관이 기대했던 경쟁력과 안정성을 확보하기보다는 국민경제 전체를 위협하는 존재가 되어버렸다.

위의 진단들은 2010년 미국의 금융개혁법안('Dodd-Frank Act')이나 영국 금융감독청의 금융위기의 원인과 대책에 관한 2009년 보고서 등에 금융개혁 안건으로 상당 부분 담겨져 있다. 미국의 금융시스템을 중심으로 꾸려져 있는 세계 각국 금융시스템의 결함과 그간의 정책 오류에 대한 인식의 공감대는 이루어져 있는 것이다. 그럼에도 불구하고 기존 금융시스템을 통해 기득권을 지키려는 힘이 매우 강하기 때문에 적절한 대책을 세울 것으로 기대하기가 쉽지 않다. 위기는 다시 반복될 수밖에 없을 것이다.

글로벌 금융위기를 맞아 한국 정부도 경제활성화와 민생안정을 위해 세제개편(2009년 3월)과 추경예산(2009년 4월) 등의 경기부양 정책을 실시하고 미국 등과의 통화스왑 체계 그리고 외환보유액 등을 이용하여 외화유동성을 지원하는 한편, 원화유동성은 금리인하와 함께 채권시장안정펀드 조성 등을 통해 금융시장에 직접 공급하였다. 그리고 은행 등 금융기관 부실 가능성을 사전에 예방하고자 은행자본확충펀드 등을 통해 은행들의 자기자본비율 제고를 유도하였다. 통화정책에서는 기준금리를 5.25%에서 2.00%로 대폭 인하하는 한편, 한국은행의 공개시장조작(open market operation) 가능 범위 채권을 은행채 등으로 확대하여 금융시장에 유동성을 지원하였다. 문제는 한국금융이 드러낸 취약성은 손대지 않은 채 유동성 공급으로 위기를 넘기는 데 그쳤다는 점이다. 기준금리 인하, 중앙은행의 외화 방출·총액대출확대·채권안정기금 출연 등을 통한 달러 및 원화유동성의 대량 지원 등 그때그때 임시방편적 비상조치가 취해졌지만 구조적 문제점들을 방치한다는 지적이 당시에도 많았다. 위기가 일단 어느 정도 가라앉고 나면 금융시스템과 금융통화정책 및 감독규제체계가 안고 있는 구조적 혹은 제도적 문제들에 대한 개선방안이 큰 틀에서 마련되어야 한다는 당위론과 그럴 것이라는 기대도 있었지만, 현실은 달랐다.

3. 외환위기 이후 미국식 금융제도의 추종과 전개[2]

1) 국제통화기금의 금융개혁 처방과 '새로운 패러다임'

1997년 외환위기 이후 한국의 금융개혁을 주도했던 국제통화기금(IMF)의 처방에 따라 김대중 정부는 1980년대 이후 미국 자본주의를 특징짓는 자본시장 중심의 금융제도 및 이를 위한 소위 '신자유주의적' 금융개혁을 추진했다. 실제로 미국 레이건 정부와 영국 대처 정부의 구조조정 정책을 모델로 제시하는 등 한국경제를 영미형 주주자본주의로 개조하는 작업을 추진하기 시작한 것이다. 이러한 방향의 금융정책 구상은 2002년 7월 22일 당시 재정경제부가 '금융정책의 새로운 패러다임'이라는 제목으로 발표한 주식시장 발전 방안으로 더욱 구체화되었다. 그 부제가 '주식시장 중심의 자금순환 체계 구축'이었던 점에서도 알 수 있듯이 새로운 금융 패러다임은 주식시장 중심의 금융시스템이었다. 정책과제로는 주식에 대한 장기수요 기반 확충, 자산운용산업의 획기적 육성, 증권시장 운영체제 효율화, 주주 중심 경영과 공정거래질서 확립이 제시되었다.

---

2. 이 절의 내용 중 일부는 유철규(2010)를 요약 및 보완하고, 박근혜 정부 부분은 추가하였다.

과제	주요 내용

1. 주식의 장기수요 기반 확충	• 기업연금제도의 조기 도입
	  - 조속한 기업연금제도 도입을 위한 논의 본격화
	  - 노사정 합의를 통해 기업연금 도입을 위한 법제화
	• 연기금의 주식투자 확대 유도
	  - 연기금의 주식투자를 원천적으로 금지하는 규정 완화
	  - 소규모 연기금 투자 풀의 규모 및 주식투자 비중 확대

2. 자산운용산업의 획기적 육성	• 자산운용업의 발전 유도
	  - 자산운용업의 법적·제도적 장치 보완
	  - 규제완화를 통해 자산운용업을 은행업 수준으로 육성
	  - 수탁기관의 자산운용 감시기능 강화 등 투명성 제고
	• 금융기관의 주식 관련 업무 확대 유도
	  - 수익증권 등 간접투자상품 판매 확대 여건 조성
	  - 주식과 채권의 중간 형태인 신종 증권 발행 허용
	  - 주가 변동 위험 헷지 파생금융상품의 개발 활용

3. 증권시장 운영체제 효율화	• 증권거래소·코스닥·선물거래소 3개 시장 간 연계 강화
	  - 시장 운영비용, IT 투자비용을 절감
	  - 동북아 중심 차원에서 발전적인 운영체제 검토
	  - 상하이, 싱가포르, 홍콩과 경쟁 가능한 체제로 개편
	(*주가지수 선물을 2004년 1월부터 선물거래소로 이관)

4. 주주 중심의 경영과 공정거래질서 확립	• 주주 중심의 경영체제 정착
	  - 증권 분야 집단소송제도의 도입 추진
	  - 기업의 배당 성향을 높이고 시가배당률 공시 정착 등 배당 활성화를 유도
	• 주식시장에서의 불공정거래 근절
	  - 회계공시제도의 지속적 개선
	  - 불공정거래에 대한 엄정한 처벌
	  - 현 선물연계거래에 대한 감시체제 구축

자료: 재정경제부, 2002.

2) 동북아 금융허브 전략과 자산운용업의 활성화 조치

김대중 정부 말기에 만들어진 금융정책의 '새로운 패러다임'은 이후 노무현 정부에 와서 동북아 금융허브를 추진하는 전략으로 확대되었다. 동북아 금융허브 추진 전략(「동북아 금융허브 3단계 추진 로드맵」)은

2003년 12월에 제시되었다. 단순히 주식시장 중심의 금융시스템과 자금순환체계를 만드는 것뿐 아니라 이에 더해 금융산업을 하나의 독자적인 성장동력산업으로 인식하고 육성해야 한다는 관점이 구체화된 것이다. 금융 부문의 선도 산업으로는 자산운용업이 지정되었고 이를 위해 금융규제와 감독의 선진화가 과제로 제시되었다.

이러한 구상을 실현하기 위한 주요 조치들은 펀드시장 활성화를 뒷받침할 간접투자자산운용업법 제정(2003년), 사모펀드(PEF) 활성화를 위한 간접투자자산운용업법 개정(2004년), 공적 자산운용사로서 한국투자공사(KIC) 설립(2005년), 연기금의 주식투자금지 조항을 삭제하는 내용의 기금관리기본법 개정(2004년), 퇴직연금제도 도입(2005년), 그리고 자본시장과 금융투자업에 관한 법률 공포(2007년) 등을 들 수 있다.

간접투자자산운용업법은 펀드와 관련한 사항을 정하는 법으로서 펀드 형태에 따라 증권투자신탁업법에 따른 증권투자신탁, 증권투자회사법에 따른 뮤추얼펀드, 신탁업법에 따른 불특정금전신탁 등 각각 상이한 법률에 따라 규제되고 있던 제도를 통합해 간접투자를 활성화하려는 의도가 있었다. 기존에 주식이나 채권 등 유가증권으로 제한되어 있던 투자 대상을 투자증권·장외파생상품·부동산·실물자산, 그 밖에 대통령령이 정하는 것 등으로 규정함으로써 획기적으로 확대시켰다. 외환보유고를 활용하여 설립한 한국투자공사는 자산운용업의 실제 행위주체로서 대형 자산운용사를 인위적으로 만들어내기 위한 조치였으며, 연기금의 주식투자금지 조항 삭제나 퇴직연금제도 도입은 주식시장의 장기수요 기반을 확충하는 데 기여하는 조치였다.

연금제도의 변화와 국민연금운용정책의 전환은 주식보유를 유도하는 데 실질적 효과를 기대할 수 있는 정책이었다. 확정기여형(DC) 퇴직연금제도 도입은 장기적 효과를 가질 것이고, 국민연금운용정책의 전환은 증시 하락의 하한선을 높여주기 때문에 단기적이고 직접적인 효과도 기대할 수 있었다. 2007년 5월에 보건복지부가 내놓은 「국민연금기금 중기(2008~2012) 자산배분안」에 따르면, 국민연금은 주식투자와 대체투자, 해외투자 등을 확대해 2012년까지 주식 비중을 30% 이상으로 늘리고 투자의 안전성을 이유로 그동안 치중해왔던 채권 비중을 50%로 낮추도록 했다.

2007년 기관투자가의 급격한 성장과 펀드 계좌수의 폭발적 증가가 있었는데, 글로벌 금융위기를 앞둔 전 세계 자산시장의 버블과 함께 한국에서는 주가상승을 뒷받침하기 위한 제도적 장치가 마련된 것도 이에 기여한 것으로 판단된다.

3) 자본시장과 금융투자업에 관한 법률

2007년 8월에 공포되고 2009년 2월부터 시행된 '자본시장과 금융투자업에 관한 법률(자본시장통합법)'은 경제제도의 전면적 개편이라는 맥락에서 보다 중요한 의미를 가진다. 자본시장과 관련된 기존의 6개 법률, 즉 증권거래법, 선물거래법, 간접투자자산운용업법, 신탁업법, 종합금융회사에 관한 법률, 한국증권선물거래소법을 통합한 법률로서 이를 통해 증권사, 자산운용사, 선물회사의 경계를 허물고 규제를 풀어 글로벌 투자은행이 만들어지도록 유도하자는 취지를 갖고 있다.

이 법률은 은행 중심 금융제도를 영미식 자본시장 중심 금융제도로 전환시키고 한국경제를 금융산업 중심의 구조로 재편하겠다는 의도를 내세우고 있기 때문에, 어떤 경계선을 넘는 계기를 마련했다고 볼 수 있다. 금융투자회사의 경쟁력 향상, 투자자 보호, 자본시장의 자금공급 기능 강화 등 자본시장의 활성화, 금융산업 발전을 위한 제도적 기반의 정비가 이 법의 목적으로 제시되었는데, 증권사 중심의 자본시장을 육성해 은행 위주로 짜여졌던 기존의 금융시장을 재편하는 것으로 해석할 수 있다. 한편 이 법이 증권회사에 은행의 지급결제기능을 허용함으로써 증권회사를 소유한 재벌의 은행업 진출의 길이 사실상 열렸다. 기존 은행의 소유 및 지배와 새로 은행업에 진출하는 것이 서로 다를 수 있지만, 이 법을 계기로 재벌의 은행업 영위를 막아왔던 금산분리원칙을 폐지하기 위한 본격적 움직임이 가시화된 것을 감안하면 보험업에 관해서도 동일한 취지의 법률 제정이 요구되므로, 그와 같이 해석할 수 있다. 특히 금융투자상품을 '투자성 있는 모든 금융투자상품(단, 예금과 보험은 제외)'이라고 포괄적으로 규정함으로써 다양한 파생상품 개발의 가능성을 열어놓았다.

미국은 은행, 증권, 보험 부문 간의 장벽 제거를 포함하여 개방된 겸업주의 금융시스템으로의 전환을 지속적으로 요구해왔는데, 자본시장과 금융투자업에 관한 법률이 이 요구와 부합하는 것이다.

4) 이명박 정부의 금산분리 완화와 금융선진화 방안

이명박 정부 들어 이전 정부들이 마련한 '금융정책의 새로운 패러다임'과 '동북아 금융허브 추진 전략'이 지속되었고 현실화 단계를 밟았다. 이명박 정부는 이전 정부와의 차별성과 정책 단절을 표방하고 집권했지만, 영미식 금융시스템으로의 전환, 국가의 역할과 규제 패러다임의 틀을 설정하는 세계화 전략 등 한국 자본주의의 성격을 규정할 핵심적인 정책 영역에서는 이전 정부와 일관된 연속성을 유지했다고 평가할 수 있다. 예를 들어 신정부가 2008년에 발표한 헷지펀드 도입 계획은 2007년 11월 29일 선정된 「동북아 금융허브 실천계획 후속조치」상의 4대 전략과제와 세부 실천과제 일정에 부합한다. 또한 신정부 출범 후 기획재정부가 밝힌 「7% 성장능력을 갖춘 경제전략」에서는 '금융의 글로벌스탠더드화'가 지속성장을 위한 전략으로서, 또 '국경 간 자본이동(외환자유화) 계획의 조기 이행'과 '자유무역협정(FTA)의 확대' 등이 신성장동력 확충을 위한 전략요소로 제시되었다. "과거에는 금융을 단순히 실물경제에 대한 지원이라는 측면에서 바라봤지만 이명박 정부에서는 그것뿐만 아니라 앞으로 신성장동력산업으로서 금융을 인식하고 있다"라는 금융위원회의 구상에서도 금융을 신성장동력산업화하기 위한 정책과제가 이전 정부에 이어 또다시 강조되었다. 이전의 노무현 정부에서 '차세대 성장동력의 확보'를 위한 비전으로 '제조업 발전방향'과 '서비스업 발전방향'이 형식상이라도 대등하게 제시되었던 점을 고려하면 이명박 정부 들어 성장동력으로서 금융 부문을 '정책적'으로 육성하겠다는 의지는 더 강화되었던 것으로 평가된다.

이명박 정부의 특징적인 모습은 금산분리 완화(혹은 폐지) 정책에서 찾아볼 수 있다. 금산분리 완화는 이 정부의 금융규제완화의 대표적 사례였다. 2009년 들어 은행법과 금융지주회사법이 개정되었고 공정거래법상의 일반지주회사제도 개정안이 입법 예고되었다.

산업자본의 은행지배를 허용하는 문제가 핵심 이슈이지만, 좀더 크게 보면 향후 새로운 성장산업으로 육성될 금융업에 산업재벌의 주체적 참여를 허용하고 유도해야 하는가가 관건이었다. 2004년 간접투자자산운용업 개정이 도모될 때 사모펀드의 은행 인수에 재벌의 자금이 활용될 수 있도록 했고, 자본시장통합법 제정 시 재벌 계열 증권사의 은행결제기능 참여 문제를 두고도 커다란 논란이 일었다. 그러나 노무현 정부까지는 산업자본의 금융지배에 따른 부작용을 막는 것이 정책목표로 계속 유지되었다.

글로벌 금융위기가 발발한 이후 새로 제시된 금융발전 비전으로 관심을 끄는 것은 2010년 2월에 있었던 금융연구원, 자본시장연구원, 보험연구원의 공동 심포지엄에서 발표된 「금융선진화를 위한 비전 및 정책과제」(2010년 2월. 이하 「금융선진화 방안」)을 들 수 있다. 이는 금융위원회와의 조율 속에 진행된 것이다. 글로벌 금융위기라는 충격이 반영되어 금융시스템의 안정성 강화가 갖는 중요성이 인식되고 있지만, 대형화·글로벌화를 추구해 국제경쟁력을 갖춘 '아시아 리딩뱅크' 출현을 유도해야 한다는 결론이나 금융자본 유치에 중점을 둔 '금융허브' 전략을 바꿔 해외 진출을 동시에 고려하는 '허브 & 스포크(Hub & Spoke)' 전략을 펴야 한다는 주요 주장은 '금융정책의 새로운 패러다임'과 '동북아 금융허브 추진 전략'의 맥락을 여전히 유지한 것으로 볼 수 있다.

「금융선진화 방안」이 전망하는 금융환경의 변화는 건전성 기준 강화, 위험에 대한 평가 및 관리 강화, 규제차익 감소, 보상체계 및 지배구조에 대한 규제강화, 그리고 금융소비자 보호와 같은 글로벌 금융규제체계의 개편이다. 동시에 글로벌 금융위기 이전 30여 년 동안 진행되어온 금융세계화, 즉 규제완화와 금융시장의 세계적 통합의 배후에 놓여 있던 자유주의적 시장주의(신고전파) 논리가 시장실패 보완을 위해 정부의 개입을 인정하는 케인지언 시장주의로 보완 내지 대체되는 과정으로 파악하고 있다. 이로 인한 글로벌 금융 규제 및 감독의 변화로 인해 국내 금융 규제 및 감독 강화도 불가피할 것으로 본다는 점에서는 동의할 수 있는 부분도 있다.

그럼에도 불구하고 위기 과정에서 선진 금융이 상당 기간 동안 구조조정과 안정적 성장을 지향해야 하는데 오히려 그 시기를 이용하여 우리나라 금융이 기존에 계획했던 방안들을 실행해야 한다는 주장을 담고 있다. 따라서 글로벌 금융위기를 겪은 이후 나온 선진화 방안 또한 1997년 외환위기 이후 추진되어오던 금융발전 비전을 여전히 공유하는 것이었다. 다만 그간 상대적으로 무시되었던 서민금융 활성화나 금융소비자 보호에 대한 필요성을 언급이라도 한 점은 2007~2008년 글로벌 금융위기의 영향을 받은 부분으로 보인다.

1997년 외환위기 이후 한국금융 발전방향에 대한 정부의 기본 입장

제1단계(중단기 과제) : 금융안정 및 인프라 구축	• 금융시스템 안정화 　- 국내 금융시장의 쏠림현상 해소 　- 외환시장 안정화 방안 • 금융시장 효율화 　- 시장의 폭과 깊이 확대 　- 모험자본 공급기능 강화 • 금융산업의 경쟁력 제고 　- 자산건전성 제고 　- 대형화/겸업화 및 중소형 금융 양립구조 형성 • 선진 인프라 구축 　- 신용평가/회계제도 선진화 및 금융인력 양성 　- 금융소비자 보호 강화 　- 금융 신성장동력인 녹색금융정책 추진 • 글로벌 허브 & 스포크(Hub & Spoke) 전략 추진 　- 금융중심지 촉진을 위한 제도 개편 및 시행 　- 글로벌 금융회사 진출전략 마련 및 시행 　- 글로벌 금융자산의 관리체계 마련
제2단계(장기 과제) : 글로벌 허브 & 스포크 전략 추진	• 글로벌 금융회사 육성 　- 글로벌 리더 육성 및 인접 지역 중심의 국제화 　- 아시아 리딩 은행/투자은행 육성 　- 글로벌 자산운용사 육성 • 금융자산의 글로벌화 　- 국내 금융자산의 해외투자 확대 　- 역외 위험 감독 및 협력체계 마련

자료: 금융선진화 방안, 2010.

에는 변화가 거의 없으며, 이명박 정부 들어서는 다시 대대적인 규제완화가 추진되었다. 이 기본 입장은 김대중 정부와 노무현 정부가 금융재편 방안을 모색하던 당시에는 화려한 성과를 보이고 있었던 미국식 금융시스템을 모델로 삼은 것이었다. 그러나 2007~2008년 미국발 글로벌 금융위기로 미국식 투자은행모델이 몰락하면서 모델 자체가 사라져버린 형국이 되었다.

　이명박 정부의 금융발전 방안은 이전 정부들이 마련한 「금융정책의 새로운 패러다임」과 「동북아 금융허브 전략」의 맥락을 잇고 있으면서도 특징적 차별성도 갖고 있다. 그것은 그간 개혁 대상이던 산업재벌들을 금융산업 육성을 위한 주체로 탈바꿈시키려는 것이다. 이를 위해 앞서 언급했듯 금산분리 완화(혹은 폐지)가 가장 주요한 수단이 된다. 한국의 경제발전 수준에서 시장적 수단으로 또는 경제 내의 자생적 발전의 힘에 의해서는 구조개편이 어려웠던 금융산업을 재벌이 주도할 수 있도록 하려는 것이다. 이 때문에 은행에 대한 산업자본의 지배를 허용하는 것도 중요하지만 동시에 지주회사 틀을 통해 재벌체제 내에 산업과 금융이 통합될 수 있도록 허용하는 것도 금산분리 완화의 중요한 측면이 되었다. 그러나 금융시스템과 국민경제의 안정성이나 시스템리스크의 위험을 감안하면 금융과 산업을 통합해 지배하는 경제주체를 만들려는 일은 시대착오적이다.

5) 박근혜 정부의 창조경제와 개혁 없는 금융개혁

박근혜 정부의 노동·공공·교육·금융 등 4대 개혁 가운데 가장 내용이 모호하고 국민적 관심도 떨어지는 것이 금융개혁이다. 2015년 11월 28일에 새누리당과 금융위원회가 협의를 거쳐 발표한 「금융개혁 10대 과제」에는 개인종합자산관리계좌(ISA) 가입 대상과 비과세 한도 확대라든가 보이스피싱과 불법 사금융 근절, 보험사기 강력 처벌 강화 등 감독당국의 일상적 업무로 보아야 할 것이 대부분을 채우고 있었다.[3] 이 항목들이 '금융산업의 근본적인 변화'를 목표로 해야 할 금융개

---

3.   10대 과제는 다음과 같다. ①가입대상과 비과세 한도를 상향 조정해 개인종합자산관리계좌(ISA)를 국민통장으로 만들고 ②10% 중금리 대출을 출시해 서민금융을 지원 ③보이스피싱과 불법 사금융을 발본색원 ④위장사고 및 보험료 부당청구 등 보험사기를 특별법으로 강력히 처벌 ⑤창업 3~7년차 벤처기업이 '죽음의 계곡'을 건너갈 수 있도록 징검다리 금융을 확대 ⑥효율적이고 선제적인 기업구조 개선 시스템을 구축 ⑦문화·관광·교육 등 유망서비스 산업자금 공급을 쉽게 하도록 개선할 계획 ⑧정보통신기술(ICT) 기업의 인터넷전문은행 지분 보유 한도를 확대해 책임경영을 강화하

혁과 관련이 있는 것이라고 보기 어렵다.

　박근혜 정부에서 금융개혁의 핵심 내용으로 제시한 것으로 '크라우드 펀딩'과 '인터넷전문은행'이 있는데, 금융정책·금융감독·소비자보호 간의 균형이 심각하게 무너진 사례이다. '크라우드 펀딩'이나 '인터넷전문은행'은 금융의 육성과 확대를 목적으로 하는 금융정책 영역에 속한다. 반면 금융개혁의 일반적 내용은 감독과 소비자보호라는 것이 글로벌 금융위기 이후 국제적 공감대이다.

　'크라우드 펀딩'은 사업계획을 인터넷에 공개해 개인투자자들을 모으는 새로운 금융 기법인데, 개혁이 되기에 앞서 먼저 금융사기 기법으로 활용되었다.[4] 크라우드 펀딩 기법 자체가 문제라는 것이 아니라 첨단금융이라는 명목으로 인허가조차 받지 않은 채 4년간 불법행위를 하는 사이 금융감독당국이 보여준 무능과 무책임이 문제이다. 크라우드 펀딩만이 아니다. '가상화폐' 같은 새로운 금융용어를 걸고 투자자를 모으는 투자조직이 100개가 넘는다는 것이 감독당국의 보고이고 대부분 사기조직으로 판단된다. 금융개혁의 현안은 당연히 금융감독체계 개편과 금융소비자보호기구 개혁이 되어야 한다.

고 ⑨ 금융회사의 근무시간 등을 조정해 영업과 서비스 관행을 개선 ⑩ 금융상품 약관 사후보고제 전환. 한편 2016년 1월 27일 발표된 금융위원회의 「금융개혁 10대 핵심 과제」('2016년 금융위 업무계획 논의 및 1차 금융발전심의회')는 다음과 같다. ① 크라우드 펀딩, 해외자금 유치, 투자방식의 기술금융 확대 ② 계좌통합관리서비스 도입, 인터넷은행 2~3개 추가 인가: 비대면 실명거래 본격화, 은행법(은산분리) 개정을 지속 추진 ③ 핀테크산업 등 금융산업을 새로운 성장동력으로 탈바꿈 ④ 금융시장의 건전성 제고 및 시장질서 확립: 보험규제 전면 개편 5대 보험강국 기반, 글로벌 IB로의 성장을 위한 전문투자자 확대, 사모시장 활성화 ⑤ 자문서비스 활성화 및 개인종합자산관리계좌(ISA) 출시 등 국민 재산증식 지원 ⑥ 여신심사 선진화 방안 안착 등 가계부채 잠재리스크 최소화 ⑦ 성과주의 확산, 내부통제 시스템 강화 등 금융회사 스스로 변화 추진 ⑧ 업종별 구조조정을 통해 국내 산업경쟁력 강화: 채권단 주도의 상시적 위험진단과 구조조정 ⑨ 중금리 대출 활성화 서민 금융생활 지원 ⑩ 금융소비자 보호규제 틀 전환 등 금융소비자 보호 강화: 금융소비자보호원 신설, 금융보안원 중심의 FDS 정보공유시스템 등 통합보안관제시스템.
4.　크라우드 펀딩을 내세워 4년간 3만 명으로부터 7,000억 원을 끌어 모은 밸류인베스트코리아(VIK) 사기사건이 그 예이다.

2015년 말 인터넷전문은행 사업자로 두 곳이 선정되었다. 카카오뱅크와 K뱅크다. 정부는 창조경제와 금융개혁이라며 크게 홍보했고 은행 간 경쟁을 촉발할 중요한 계기라고 자평했다. 그리고 앞에서 말한 10대 과제에 산업자본의 지분을 현행 4%에서 50%로 확대하는 금산분리규제 완화를 포함시켰다. 인터넷전문은행의 성패는 수익모델의 완성도에 있는 것이지 산업자본의 지배력 강화와는 별개의 문제이다. 현재 알려진 수익모델로 평가해보면 인터넷전문은행의 직접적 경쟁영역은 거대 금융지주회사제도로 독과점적 지위를 누리는 기존의 은행 영역에 있지 않다. 예를 들어 카카오톡을 통한 고객과 상점 간의 직접결제체제는 신용카드사와 카드 결제 대행업체(VAN, PG)들이 벌어들이던 수수료를 없애는 효과를 갖는다. 또 정책 의도로 제시한 10%대 중금리 대출은 저축은행, 서민금융기관, 대부업체 고객 가운데 우량고객을 흡수하도록 설계되어 있다. 현재로 보면 인터넷전문은행은 기존의 시중은행들과 직접 경쟁하지 않도록 설계되었다. 은행을 자회사로 둔 금융지주회사의 독과점구조를 그대로 두고는 어떤 인터넷전문은행도 은행업의 경쟁을 촉진할 수 없다. 이것이 금융개혁의 또 다른 현안이다.

4. 금융혁신과 금융감독체계

핀테크(FinTech)는 금융(Finance)과 기술(Technology)의 합성어로 양자 간의 융합을 의미하는데, IT 기술을 이용한 금융혁신이라는 뜻으로 많이 쓰인다. 금융위원회는 2015년 1월 27일 'IT 금융 융합 지원방안'을 발표했다. 현재 일상생활에서 핀테크는 IT 기술을 이용해 금융기관, 특히 은행을 직접 통하지 않고 지급결제가 이루어지는 것에서 찾아볼 수 있다. 예를 들어 스마트폰으로 우버(Uber)택시나 콜택시를 부르고 택시

요금 결제는 스마트폰으로 한다거나, 스마트폰으로 식당 예약을 하고 식대는 온라인 결제시스템으로 자동결제가 이루어진다거나 하는 것이다. 과거에 전자지갑이나 간편결제 등으로 불리던 사업 영역이었지만 핀테크라는 포장 아래 새로이 정의되어 비금융기업이 금융업에 진출할 수 있게끔 물꼬를 트고 있다. 지급결제서비스만 보더라도 이전에는 금융기관의 아웃소싱 형태로 소비자와 은행의 결제 절차를 중간에서 매개하거나, 후선에서 IT 관련 서비스나 보안 및 데이터관리 서비스에 머물러 있던 것이 이제는 은행을 거치지 않고 비금융기업의 자체 계좌를 통해 최종이용자 간에 직접 지급서비스를 제공하는 단계로 확장하고 있다. 비금융기업이 금융서비스 제공의 진정한 주체가 된다는 점에서 최종이용자 간 서비스야말로 이전과 차원을 달리하는 것이며, 핀테크를 둘러싸고 진행되는 논란의 핵심을 차지하고 있다.

국제적으로 핀테크는 지급서비스를 넘어 송금과 대출, 투자상품의 개발과 판매 및 투자중개, 개인자산관리, 보험상품 개발과 판매 등의 영역으로까지 확장을 거듭하고 있다. 미국의 전자상거래 업체 이베이(eBay)가 전자상거래 대금 결제서비스를 제공하기 위해 1998년에 세운 페이팔(PayPal)은 고객들이 페이팔 계정을 통해 개인 간에 송금하는 서비스나 직불카드 서비스를 제공하고 있으며, 2013년부터는 은행과 제휴하여 대출중개서비스도 시작했다. 중국의 알리바바(Alibaba)도 2013년부터 자회사를 통해 신용대출업에 진출했다. 그리고 투자상품과 변액생명보험 상품도 내놓았다. 심지어 중국 당국은 알리바바에 '저장왕상은행(折江網上銀行)' 설립을 인가해주어 은행업에 직접 진출할 수 있게 하는 실험적 정책도 시행하고 있다. 이들 업체는 자체 계정의 전자상거래 기록만으로 대출적격성과 대출이자율을 결정하는 방식으로 별도의 신용조회 등의 절차를 없애고 있다. 한국에서도 핀테크산업 육성은 금융위원회가 제시한 금융개혁의 10대 핵심 과제 중 6대 중점 과제에 포함되었다.

그러나 핀테크 산업의 성장으로 기존의 금융감독체계에 사각지대가 또 하나 늘어났다는 점은 고려되지 않았다. 핀테크는 금융기관과 비금융기업 간의 경계를 무너뜨리는 것이니, 기존 금융감독체계에서는 사각이 되는 것이고, 이에 따라 감독체계 개혁이 불가피하다. 한편 삼성페이의 예에서 보듯이 SKT나 삼성전자 같은 IT 업체들이 지급결제시스템에 끼어 들어오는 것이어서, 금산분리 혹은 은산분리 문제와 불가피하게 충돌한다. 한편 금융업에 진출하는 IT 업체에 대해 어느 정도 수준의 안전성과 신뢰성을 요구할 것인가 하는 문제는 금융소비자 보호 문제와 직결된다. 기존과 같이 금융산업정책과 금융감독 그리고 금융소비자 보호 기능을 사실상 동일한 기관 안에 몰아두고, 금융소비자 보호 기능에 최하위의 우선순위를 두게 하는 현 금융감독체계는 핀테크의 활성화와 상충한다. 박근혜 정부의 금융당국은 금융개혁과 핀테크산업 육성을 추진하는 가운데 금융감독체계 개편, 금산분리 문제, 금융소비자 보호 간의 균형을 심각하게 무너뜨리고 있다. 금융육성 정책이 아니라 금융소비자 보호가 금융감독체계 개편의 기준이 되어야 한다.

5. 금융지주회사 개혁

금융지주회사제도는 IMF 구조조정의 맥락 속에서 지난 2000년 금융지주회사법 제정과 2001년 우리금융지주 출범으로 도입되었다. 이 제도는 미국식 겸업화 방식이라 할 수 있는데, IMF 위기 이전부터 미국이 권고해오던 것이었다. 겸업화를 통한 시너지효과와 대형화가 도입 명분이었다. 겸업화가 세계적 추세인 데 따라 자회사 방식과 지주회사 방

식에 대한 논의가 상당 기간 진행되다가 IMF 위기를 계기로 금융지주
회사 방식을 원하는 미국의 권고를 받아들였다. 정부는 세제혜택 등 제
도적 인센티브를 부여하면서 금융지주회사로의 전환을 독려했다.[5] 따
라서 금융지주회사제도는 IMF 위기에 대한 대처 과정에서 추진된 금융
개혁을 재평가하는 데도 매우 중요한 역할을 한다.

그동안 한국금융에서 드러난 금융지주회사제도를 통한 겸업화가
갖는 문제점은 다음과 같이 정리해볼 수 있다. 첫째, 재벌로부터 분리
시키자면 정부(감독당국과 정권)의 영향력이 커져 낙하산 인사와 같은 부
작용이 나타나고, 정부의 영향력을 줄이면 산업재벌의 영향력이 커질
우려가 생기는 한국금융의 고질적 문제가 확대 재생산된다. 양자의 영
향력을 줄이자면 금융지주회사를 장악한 경영진(회장)이 권한은 가지지
만 책임은 지지 않는 개인적 아성 혹은 자체권력이 만들어진다. 둘째,
은행금융지주의 경우 대형화에서는 성과를 보였으나 다각화에는 실패
했다. 은행의 비중이 절대적이고 이에 따라 이자수입 의존도가 매우 높
다. 이로 인해 권한과 책임이 조응하지 않는 지주회사 회장과 지주회사
내 최대 자산을 가진 은행장 간의 분쟁이 반복되었다. 지주회사 회장과
은행장 간의 갈등은 구조적인 것이다. 지주회사와 은행자회사 간 이해
관계 갈등으로 지주회사제도의 장점으로 꼽히는 지배구조상의 투명성
이 나타나지 않고 있으며 오히려 CEO 리스크가 커졌다. 지주회사의 전
략적 의사결정에 관한 명시적인 제도적 절차가 마련되지 않은 것도 지
주회사의 지배구조에 혼란을 초래하고 있다. 이에 따라 겸업화를 통한
경쟁력 제고라는 명분에 부합하지 못했다. 셋째, 합병 이후 조직 융합
의 실패로 계파 문제나 줄서기 문제가 불거져 해소되지 않고 있다. 이

---

5.   2013년 말 현재 금융지주회사가 금융산업에 대해 차지하는 비중은 37.2%이며, 은행에 대해서
는 89.2%, 금융투자업에 대해서는 67.5%에 이른다. 따라서 금융지주회사 문제는 한국금융체제의 근
간과 관련된 문제이기도 하다.

에 따라 비리·불법·탈법에 대한 내부견제장치가 없으며 시장에서 갖는 비중 때문에 이에 대한 외부견제장치(기관투자가, 회계법인, 신용평가제도)도 일상적으로 작동하지 않았다. 넷째, 금융지주회사의 절대적 축이 은행이다 보니 은행이 유가증권 관련 업무를 상당 부분 겸업하는, 즉 은행을 중심으로 하는 겸업화가 진행될 뿐 증권·보험·자산운용업은 주변화되어 증권업의 발전을 제약하고 있다. 산업자본의 지배가 상대적으로 약한 은행을 중심으로 겸업화를 진행할 수밖에 없기 때문이다.

결국 여전히 "재벌로부터 독립된", "감독당국 및 특정 정권과 유착고리가 없는(독립된)", 그러면서도 "금융서비스 경쟁력을 기대"할 수 있는 지배구조 개혁이 금융지주회사뿐만 아니라 한국금융 전반의 개혁과제로 여전히 남아 있다. 금융자본은 재벌의 산업자본과 서로 견제하며 힘의 균형을 갖도록 되어야 하기 때문이다. 그러나 이사회, 사외이사제도, 감사(위원회)제도가 내부에서 경영진을 감시·견제하는 기능을 갖지 못하고, 외부에서 기관투자가와 신용평가제도, 외부회계감사제도 등이 그 역할을 제대로 하지 못하는 한국금융 상황에서 그간 도입된 어떤 방식으로도 산업재벌로부터 독립적인 금융자본의 형성은 어렵다. 한국의 재벌 중심 경제체제에서는 산업재벌을 배제하고 은행과 같은 금융기관을 맡을 자본동원력을 가진 주체가 존재하기 어렵기 때문이다.

그렇다면 자본동원력 이외의 방식으로 독립 금융자본의 형성을 가능하게 하는 방법을 찾아야 한다. 그것은 주주·종업원·예금주 등 이해관계자의 자율경영 방식으로 가는 길이다.[6] 낙하산 인사에 따른 고질

---

6. 리먼브러더스 파산(2008년 9월) 이후 계열사였던 자산운용사 누버거버먼(Neuberger Berman)은 임직원 소유 기업으로 전환을 추진했다. 누버거버먼은 1939년 창립, 1999년 증시에 상장, 2003년 리먼에 인수됐다. 52% 지분 인수에서 시작해 상장폐지하고, 100% 임직원 소유 기업화 방향으로 갔다. 2015년 자산운용 규모는 261조 원 규모이다. 임직원들이 회사의 지분을 가지기 때문에 임직원 스스로를 위한 노동이 되어 낮은 감시비용 및 직원들의 자존감과 성취감이 생겨나 그것이 효율성의 한 가지 원천이 되고 있다. 외부 영향력으로 인해 내부토론에 따른 의사결정이 영향을 받은 가능성이 매

적 노사갈등과 비효율을 생각하면 우선 낮은 단계에서 CEO 선임에 대한 종업원의 동의절차를 실질화하는 데서 시작할 수 있다. 종업원의 경영 참가만 하더라도 서구의 경험에서 볼 때 독립적 금융자본을 형성할 수 있는 좋은 수단이다. 자본동원 문제를 우회하면서 정부와 재벌로부터 독립적인 금융자본을 만들 수 있는 방안이며, 한국 금융기관의 고질적인 내부구성원 간 분열과 갈등을 억제하는 제도적 장치가 될 것이다. 금융기관 내부구성원 간의 분열과 갈등은 외압보다도 더 개혁의 효과를 얻기 어렵게 하는 기본요인이다.

6. 맺음말

2007~2008년 미국발 글로벌 금융위기로 외환위기 이후의 금융발전 방안이 갖는 결함은 좀더 분명해졌다. 연기금의 주식투자를 통해서든, 자본시장형 연금제도 도입을 통해서든, 아니면 개인투자자의 증가를 유도하는 방법으로든, 그 어떤 방식으로든 결국 전 국민을 자본시장의 투자자로 만들면서까지 자본시장의 발전을 추진해왔지만, 이 목표 속에는 국민경제 재생산의 안정성을 보장하고 지역 및 서민경제의 지속 가능한 발전을 뒷받침해줄 금융시스템 구축이라는 과제가 포함되지 않았다. 경제와 사회구성원의 삶의 안정성을 높이고, 금융투기를 억제하며 자금과 신용이 고용을 창출하는 생산적인 부문으로 흐르게 하고, 금융이 경제적·사회적 형평성을 높이는 데 기여하도록 하는 것을 목표로 하는 금융민주화 과제를 제시해야 하는 이유가 여기에 있다.

　금융의 독자적 산업화는 사회적 인프라로서 금융의 공공적 기능(공

우 낮아 독립적 의사결정이 가능하다.

공성)을 제거하는 것이었고 이로 인해 중소기업과 저소득계층 배제에 의해 사회경제적 양극화가 심화되었다. 이제 이 양극화는 더이상 지속될 수 없는 상태가 되었으며, 국민경제와 사회발전에 근본적 장애가 되고 있다. 비록 형식적이라 해도 보수 정부조차 친중소기업을 정책기조로 내세우지 않을 수 없는 이유이다. 그러나 중소기업과 서민경제 문제를 제도화를 통해 풀려는 시도는 하지 못하고 고작 몇몇 재벌총수의 사적 선의의 결단에 호소하는 방식으로 접근할 수밖에 없는 것은 그간의 금융 및 경제발전의 방향 오류를 인정하여 이를 근본적으로 수정하지 않기 때문이다.

글로벌 금융위기 이후 각국은 금융개혁 관련 논의를 통해 한국이 그간 모델로 삼고 있었던 미국식 금융시스템의 결함에 대해 국제적으로 상당한 공론화가 있었다. 지적하면 다음과 같다. 우선 규제와 감독을 자본건전성 규제 정도로 위축시키고 그나마 시장규율에 따라 자율적으로 이루어지도록 함으로써 금융 부문의 취약성이 크게 높아졌다는 점이 지적되어야 한다. 국제적으로 현 금융체제는 금융 부문의 경제성장 기여는 의문시되는 반면 소득불평등과 저소득층 배제는 심화시켰다. 이러한 결함은 한국이 미국식 투자은행 모델을 염두에 둔 채 기존의 금융발전 방안을 지속한다면 경제의 안정성과 양극화라는 사회발전의 장애는 심화될 수밖에 없다는 것을 시사하고 있다.

이러한 방향의 금융발전을 가장 앞서 보여준 미국에서 발생한 위기의 교훈을 되새기면서 한국금융의 대안적 발전방향을 몇 가지 제시할 수 있다. 우선, 대형화와 종합화를 특징으로 하는 미국 따라하기 투자은행 육성 전략은 재고해야 한다. 금융산업의 발전은 단계를 밟아 기초를 다져가면서 차근차근 진행할 일이다. 급격한 규제완화(금융빅뱅)를 통한 조급한 금융산업 육성은 도리어 금융시장의 생명인 투명성을 약화시킨다. 규제완화보다는 효과적인 금융규제 정책이야말로 정확한 투자정보의 생성과 전달에 필수적이기 때문이다. 한국이 추구했던 기존의 금융산업 발전 방안은 제조업을 기반으로 한국의 산업구조나 발전단계를 금융-서비스 중심의 산업구조로 급격하게 건너뛰기 하려는 전략이기도 했다. 그러나 이는 소수의 대기업을 제외하고 대다수 중소기업과 서민층이 여전히 전통적인 은행과의 안정적 관계를 필요로 하는 현 상황과 잘 맞지 않는다. 물론 자본시장 중심의 금융제도가 1980~1990년대의 미국 사례와 같이(IT산업 등) 획기적 기술진보에 유리한 것으로 알려져 있으니만큼 한국에도 자본시장 중심의 금융제도를 필요로 하는 대기업 부문과 첨단산업 부문이 있다. 따라서 대다수 중소기업과 서민층을 위한 은행 중심 금융제도를 주축으로 하되 자본시장 제도를 부차적으로 병렬시키는 방안을 적극적으로 모색할 필요가 있다.

다음으로, 금융산업 활성화를 추진할 때 국민의 주거·의료·노후 문제를 금융시장, 특히 주식시장 변동에 직접 노출시키는 일을 억제하는 방안을 찾아야 한다. 전 국민의 현재 삶과 노후를 자본시장의 변동성에 연계시키는 일만큼 어리석은 일은 없을 것이며, 그럴 필요도 없다. 이미 KIKO(Knock-In, Knock-Out) 사태를 통해 파생상품에 의한 중소기업의 엄청난 손실을 목격했고, 전통적 은행업을 천시하고 자본시장의 투자게임에 휘말린 은행들이 사회적 기능을 포기한 채 중소기업과 서민층을 배제하는 것도 충분히 관찰하고 있다. 미국식 투자은행 업무와는 분리된 전통적 은행제도를 유지하고 보호해 자본시장 중심의 제도에서는 배제될 수밖에 없는 경제 부문이 은행과 안정적이고 반복적인 관계를 맺도록 하는 것이 이 문제를 다루기 더 쉽게 할 것이다. 규제완화를 중심으로 하는 기존의 금융발전 방안을 버릴 수 있어야 한다. 1980년대 이래의 금융규제 완화 흐름에서 재규제화 흐름으로 전환되는 것이 시대의 흐름이다.

본문에서 가계부채 문제를 다루지 못했다. 그 규모뿐 아니라 증가 속도 면에서도 이미 한계점을 넘어섰다는 경고가 잇따른 지 오래다. 저소득 다중채무자의 신용대출 부채를 적극적으로 탕감·면제하자는 주장은 전문가들 사이에서 여러 차례 제기된 바 있다. 그런데 부채 탕감 논의에는 으레 '도덕적 해이(모럴해저드)' 문제가 제기되곤 한다. 빚을 잘 갚아온 사람들과의 형평성 문제를 제기하는 것도 같은 맥락이다. 가계부채 해법은 '도덕적 해이'보다 서민생존권 보호와 경제활성화의 이익이 크다는 점에서 접근하는 것이 옳다. 도덕적 해이를 강조하면 할수록 해법은 찾을 수 없기 때문이다. 그러나 한편으로 보면 채무자의 도덕적 해이만 문제 삼을 이유도 없다. 금융기관은 채무자의 빚을 갚을 수 있는 능력을 제대로 심사하고 합리적인 규모로 대출을 해주어야 한다. 대부업체에서 흔히 볼 수 있는 마구잡이 대출 또한 대출자의 도덕적 해이에 해당한다. 만약 갚지 못할 것을 알면서도 대출해주었다면 그것은 범죄에 준하는 '약탈적 대출'이 된다. 채무자보다는 오히려 채권자의 도덕적 해이를 물어야 하는 경우들이다. 이와 달리 금융기관이 제대로 심사하여 대출해준 경우에도 부채 탕감에 따른 도덕적 해이는 별 문제가 되지 않는다. 제대로 심사했다면 대출위험도를 감안해 금리조정이나 상각충당금을 쌓는 형태로 반영했을 것이기 때문이다. 이미 반영된 부실채권에 대해 추심을 계속하는 것은 타당성이 없다. 저소득 채무자의 신용대출은 부동산시장과의 연결도 없기 때문에 다른 부작용을 우려할 일도 없다. 따라서 신용대출에 대한 적극적 탕감은 올바른 가계부채 조정 방안이라 할 수 있다. 그러나 탕감만으로 가계부채를 관리할 수는 없다. 가계부채가 늘어나고 부실화되는 원인은 그대로 두기 때문이다.

주택담보대출의 경우 부채 탕감의 해법을 적용하기 힘들다. 그렇다고 담보로 잡은 주택의 처분을 용이하게 하는 것은 정치적으로 수용하기 어렵다. 주택담보대출은 별 해결책이 없기 때문에 사전에 관리하는 것이 최선인데, 이런 측면에서 정부의 책임이 상당하다. 인위적 주택경기부양을 위해 빚을 내서라도 집을 사도록 부추겨왔기 때문이다. 관리에 나섰다는 지금도 한쪽에서는 끊임없이 새로운 주택담보대출의 길을 만들어내고 있다. 무리해서 빚을 내지 않더라도 주거공간을 마련할 수 있도록 해야 한다. 공공임대주택을 획기적으로 확대하는 것만이 답이다.

한편 가계부채는 자영업 문제와도 깊이 연관된다. 통계청에 따르면 생계형 자영업의 5년 생존률이 20%에도 훨씬 못 미친다. 따라서 가계부채 문제는 일시적 탕감뿐 아니라 부동산 문제와 자영업 문제를 연결하는 포괄적 대책으로 접근해야 한다.

7. 부동산 문제의 실상과 부동산정책의 전개

전강수

1. 한국 부동산 문제의 실상

부동산 문제에 관한 한 8·15 해방 이후 한국경제의 초기 상태는 매우 건전했다. 1950년에 식민지기의 지주제, 즉 대토지소유를 철폐하는 농지개혁을 성공시킴으로써 농민들에게 평등지권(平等地權)을 부여했기 때문이다. 2차 세계대전 이후 과거 지주의 토지를 유상몰수해서 소작농에게 유상분배하는 방식으로 농지개혁을 단행한 나라는 전 세계에서 몇 나라에 불과하다. 한국은 농지개혁에 성공함으로써 일거에 높은 토지소유의 평등성을 구현했고 그것을 기반으로 유례없는 고도성장을 이룰 수 있었다. 경제발전에 장애물로 작용했을 지주층이 소멸했으며, 자기 땅을 소유한 수많은 자영농이 등장하여 자발적 근로의욕과 창의력, 말릴 수 없는 교육열을 과시하며 고도성장을 아래로부터 뒷받침했다(전강수, 2012, 122쪽).

그러나 농지개혁으로 실현된 토지소유의 평등성은 시간이 지나면서 무너졌고 토지는 다시 소수의 수중에 집중되었다. 확인 가능한 통계에 따르면, 농지개혁이 실시되기 전인 해방 직후에 전체 농가의 10%에 해당하는 지주들이 전체 경지의 53%를 소유하고 있었던 반면, 2013년

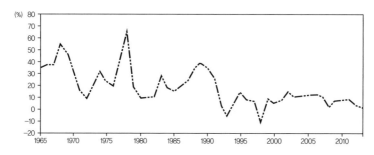

〈그림 7-1〉 평균지가 변동률

에는 개인 토지소유자 중 상위 10%가 전체 개인 소유지의 65%를, 법인 토지소유자 중 상위 1%가 전체 법인 소유지의 75.2%를 소유하고 있다(박원석 의원실, 2014). 두 통계는 성질이 달라 바로 비교하기는 어렵지만, 해방 후 한국의 토지소유 분포가 농지개혁 이전 상황을 능가할 정도로 다시 불평등해졌음을 말해준다. 농지개혁이 일시적으로 구현했던 높은 토지소유 평등성은 60여 년이 지나는 사이에 소멸해버렸다. 농지개혁 이전과 달라진 점이라면 토지 문제의 중심이 농지에서 도시토지로 이동했다는 사실뿐이다.

더욱이 지가를 포함하는 부동산 가격은 IMF 경제위기 때와 2008년 금융위기 때를 제외하면, 수십 년간 한 번도 본격적인 하락을 경험하지 않은 채 지속적으로 상승했으며, 중간중간 폭등하기까지 했다. 한국에서는 1960년대 후반에 전국 평균 상승률이 50%를 넘어설 정도의 엄청난 지가 상승이 발생한 이후 대략 10년을 주기로 하여 부동산 투기의 광풍이 불었다(〈그림 7-1〉 참조).

그 결과는 세계 최고 수준의 지가와 부동산 가격이다. 한때 한국 땅을 전부 팔면 미국의 반을 살 수 있고, 캐나다를 여섯 번, 프랑스를 여

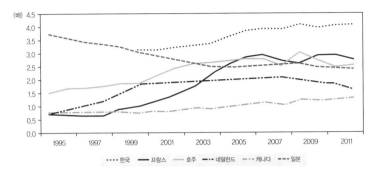

자료: 한국은행·통계청, 2014.

덟 번 살 수 있다는 이야기가 있었다(이정우, 2015, 40쪽). 부동산 가격이
폭등하던 시절의 이야기이기는 했으나 전혀 근거 없는 말은 아니었다.
〈그림 7-2〉는 한국은행과 통계청이 2014년 5월 처음으로 한국의 국민
대차대조표를 작성·발표하면서 제시한 'GDP 대비 지가총액' 비율의
국제 비교 그림인데, 한국이 프랑스·호주·네덜란드·캐나다는 물론이
고 일본보다도 높은 값을 보이고 있다. 이 비율은 토지 투기가 극성을
부리던 1970년과 1991년에는 각각 5.47, 5.97을 기록한 바 있다(조태
형, 2016, 70쪽).

2014년 토마 피케티(Thomas Piketty)의 『21세기 자본』 영어판(Capital
in the 21st Century)이 발간되면서 소득과 부의 불평등은 세계 경제학계
의 최대 화두로 떠올랐다. 이 책에서는 한 국가의 순자산을 국민순소득
으로 나눈 β값과 자본소득 분배율을 나타내는 β값이 중요한 변수로 취
급된다. 피케티는 주요 선진국을 대상으로 β값 변동의 장기 추이를 집
중적으로 분석하는데, 20세기 중반 200% 내지 300% 수준으로 떨어졌
던 β값이 1970년대 이후 급격히 상승하는 것을 밝혔다. 이 값이 올라간
다는 것은 자산의 힘이 커진다는 뜻이고 그러면 자본소득 분배율도 올

라가서 결국 소득과 부의 불평등이 심화된다는 것이 피케티의 주장인데, 한국의 β값은 주요 선진국 중에서 최고 수준에 도달했음이 최근 국내 연구에 의해 밝혀졌다(주상영, 2015).

한국의 β값이 이처럼 높은 이유는 자산 중에서 토지자산이 차지하는 비중이 다른 선진국에 비해 높기 때문이다.[1] 2015년 현재 국민순자산에서 토지자산이 차지하는 비중은 54.2%이고, 토지자산에 주거용 건물과 비주거용 건물을 합한 부동산자산이 차지하는 비중은 73.9%에 달한다(한국은행·통계청, 2016). 높은 β값이 소득과 부의 불평등과 '자본의 귀환', 세습자본주의의 도래를 초래하는 중대 요인이라는 피케티의 논리를 그대로 받아들인다면, 한국은 높은 부동산 가격이 불평등을 초래하는 대표 사례로 자리매김하는 것이 마땅하다.[2]

이처럼 지가와 부동산 가격이 장기적으로 상승하는 가운데 폭등을 반복하는 사회에서는 부동산으로 인한 소득과 부의 불평등 문제 외에도 주거 문제와 가계부채 문제가 발생할 수밖에 없고, 그로 인한 사회적 갈등과 불안이 불가피하다. 〈표 7-1〉에서는 세계 주요 대도시 중에서 홍콩을 제외하면 서울의 PIR(price to income ratio)이 8.8로, 가장 높다는 것을 확인할 수 있다. 중위 소득자가 서울의 중간급 주택을 구입하려면 연소득을 한 푼도 안 쓰고 8년 10개월을 모아야 한다는 이야기다. 주택 가격이 높기로 유명한 런던보다도 높은 수치이니 한국의 집값

---

1. 주상영(2015)은 토지자산뿐만 아니라 생산자산의 축적 정도도 다른 선진국에 비해 높아서 β값을 올리는 공동 원인이 된다고 해석하는데, 이 해석에는 약간의 주의가 필요하다. 국민대차대조표상의 생산자산에는 주거용 건물과 비주거용 건물이 모두 포함되어 있기 때문이다. 부동산 감정평가 기법의 결함으로 집합건물의 경우 사실상 토지가치임에도 건물가치에 포함시키는 부분이 적지 않게 존재한다. 따라서 주거용 건물과 비주거용 건물의 가치 전부를 생산자산으로 분류해서는 안 된다.
2. 정작 피케티는 토지가치 증가로 인한 β값의 상승을 인정하지 않는다. 순수한 토지가치와 개량의 가치를 구분하기 어렵고, 순수 토지는 전체 자산에서 아주 작은 부분을 차지할 뿐이라는 이유에서다. 하지만 이 주장은 논거가 확실하지 않고, 여러 연구자가 토지나 주택의 가치 증가로 인해 β값이 상승하는 사례를 제시하면서 설득력을 잃어버렸다. 한국은 피케티의 주장을 반증하는 대표 사례다.

도시	서울	런던	뉴욕	싱가포르	도쿄	워싱턴	홍콩
PIR	8.8	8.5	6.1	5.0	4.9	4.2	17.0

주: 집값 5분위 중 중간 가격인 3분위 집값을 소득 5분위 중 중위소득인 3분위 연소득으로 나눈 것.

자료: 『세계일보』, 2015. 1. 27.

이 어느 정도인지 짐작할 수 있을 것이다.

높은 주거비 그리고 주택 마련 때문에 생기는 무거운 가계부채 부담은 내수를 위축시켜 성장률을 떨어뜨린다. 부동산 불로소득 획득 기회가 여기저기에서 수시로 생겨 땀을 흘리기보다 지대 추구 행위에 몰두하는 기업과 국민이 늘어나고, 그 결과 자원의 효율적 배분이 어려워진다. 최근 한국경제에 저성장 기조가 고착되는 것은 높은 부동산 가격과 무관하지 않다.

〈그림 7-3〉은 소유자 유형별 상위 1% 토지소유자의 비중을 보여주는데, 개인에 비해 기업의 소유 집중도가 엄청나게 높다는 사실과, 2008년부터 2013년까지 기업의 토지소유 집중도가 현저하게 상승한다는 사실을 확인할 수 있다(상위 1% 소유 비중이 68.5%에서 75.2%로 상승). 이를 두고 보고서를 작성한 박원석 의원실에서는 "대기업들이 이 기간 동안 부동산 매입에 얼마나 열을 올렸는지 알 수" 있으며 "종부세 감세로 인한 부동산보유세 부담 완화와 법인세 감세로 인한 내부 유보금 증가가 대기업을 중심으로 부동산 보유 증가를 부채질한 것으로 분석"된다고 해석했다. 최근 한국경제의 중추인 대기업들이 생산적 투자는 외면한 채 지대 추구 행위에 몰두했음을 보여주는 명백한 증거이다.

세계 최고의 부동산 가격이 우리 국민에게 구체적으로 어떤 어려움을 가져다주는지에 대해서는 이정우 교수가 피부에 와 닿게 잘 표현하고 있다.

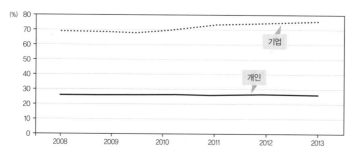

〈그림 7-3〉 상위 1% 토지소유자의 토지 보유 비중(가액 기준)

자료: 박원석 의원실, 2014.

"땅과 집을 가진 사람들은 가만히 있어도 재산이 불어나는데 그 행렬에 끼지 못한 사람들은 살아가기 어렵고, 공장을 경영하기도 어려우며, 장사하기도 어렵다. 조그마한 가게를 운영하는 자영업자들은 새벽부터 밤중까지, 주말에도 쉬지 못하고 일에 매달려도 비싼 임대료 내고 나면 별로 남는 게 없다. 서민들은 집세 내느라 허리가 휠 지경이고, 집세 때문에 직장에서 멀고 먼 집에 살면서 통근에 고생이 여간 아니다. 최근에는 시상 유례없는 전세대란으로 집 없는 서민의 고통은 더 커지고 있다. …… 비싼 땅값은 우리 국민에게 눈물의 씨앗이라 해도 결코 지나친 말이 아니다."
(이정우, 2015, 41~42쪽)

요컨대 한국에서 부동산은 불평등을 심화하고 경제의 효율성을 떨어뜨리는 주범이 되고 있다. 그런데 일반 시장과는 달리, 부동산시장은 토지가 가지는 고유한 특성 때문에 자기조절 기능을 발휘하지 못하는 불량시장이다. 시장에 맡겨서는 문제를 해결할 수 없고 정부가 개입할 수밖에 없다. 그러면 한국 정부는 그간 부동산 문제에 어떻게 대처해왔을까?

2. 한국 부동산정책의 특징

한국 정부는 부동산 문제가 심각해질 때마다 그것을 사회적 위기의 전조로 간주하여 부동산시장에 적극 개입했다. 부동산시장에 대한 유별난 정부 개입은 한국 경제정책의 가장 두드러진 특징으로 자리잡았는데, 문제는 그것이 올바른 방식으로 이뤄졌는지 여부이다.

김영삼 정부와 노무현 정부 같은 예외도 있지만, 대체로 한국 정부는 부동산시장의 경기조절에 몰두하는 경향을 보여왔다. 부동산 투기가 기승을 부릴 때는 정책의 성격을 가리지 않은 채 각종 투기억제 대책을 무분별하게 쏟아냈고, 투기가 사라지고 시장이 상대적으로 침체되는 기미를 보이거나 거시경제가 불황의 조짐을 보일 때는 기존의 투기억제 장치를 모조리 풀면서 부동산 경기부양에 나섰다. 이와 같은 이른바 냉온탕식 정책운용 때문에 부동산시장을 선진화하고 시장의 결함을 보완하는 데 꼭 필요한 근본정책은 외면당했다.

토지는 일반 생산물과는 다른 특수성, 즉 천부성·공급고정성·위치고정성·영속성 등을 갖기 때문에 적절한 공적 제약이 가해지지 않을 경우 부동산 매매시장이 불량시장이 되고 만다. 시장은 자원의 효율적 배분을 실현한다고 알려져 있으나 모든 시장이 그런 것은 아니다. 부동산 매매시장은 임대시장과는 달리 가격을 통한 효율적 배분의 기능을 제대로 수행하지 못하는 불량시장이다. 이 시장은 '지가의 문제'를 야기하고 토지 불로소득을 발생시킨다는 점에서 심각한 결함이 있다(전강수, 2012, 88~89쪽). '지가의 문제'란 지가가 고액인 경우가 많아서 일반인에게 진입장벽으로 작용할 수 있다는 것, 토지 매입 후 상당 기간 동안 토지 보유비용인 이자가 토지 이용수익인 지대보다 높다는 것, 지가가 현재의 토지가치인 지대 이외의 요인(예컨대 이자율)에 의해 결정되기 때문에 토지와 금융이 결합하여 경제위기를 야기할 수 있다는 것 등의 문제를 가리킨다(김윤상, 2009, 172~173쪽). 그리고 토지 불로소득 발생이 소득분배를 악화시키고, 토지의 효율적 이용을 저해하며, 투기를 유발하여 거시경제의 불안정성을 증폭시킨다는 것은 주지의 사실이다.

토지의 특성 때문에 생기는 부동산 매매시장의 결함을 근본적으로 해결하려면 헨리 조지(Henry George)가 주창한 토지가치세 제도를 도입하여 지대의 대부분을 공적으로 환수하고 그 세수를 국민들이 평등하게 혜택을 누릴 수 있도록 사용하면 된다. 하지만 지대의 대부분을 공적으로 환수하는 것은 현실적으로 불가능하기 때문에 토지가치세 제도의 효과를 낼 수 있는 몇 가지 정책을 함께 묶어서 실시할 필요가 있다. 필자는 이 정책들을 부동산 근본정책으로 분류한다. 부동산정책 중 근본정책에 해당하는 것은 정권이 바뀐다고 해서, 또 시장 상황이 변한다고 해서 함부로 변경해서는 안 된다. 정권을 잡았다고 근본정책을 제멋대로 변경하면 정책의 수레바퀴를 거꾸로 돌렸다는 오명을 뒤집어쓸 수밖에 없다.

부동산보유세 강화 정책을 비롯한 불로소득 차단·환수 정책은 부동산 근본정책의 핵심이다. 보유세, 특히 토지보유세를 강화하면, 지대의 상당 부분이 공적으로 환수되어 지가가 하향안정화하므로 위에서 말한 '지가의 문제'가 완화되고 부동산 불로소득은 감소한다. 세금을 혐오하는 시카고학파의 거두 밀턴 프리드먼(Milton Friedman)조차 "가장 덜 나쁜 세금은 헨리 조지가 주창한 토지가치세"라고 말했을 정도로 토지보유세는 세금 중 최고의 세금으로 평가받는다. 새로 생기는 토지보유세 세수는 우선은 주거 문제를 해소할 재원으로, 장기적으로는 사회적 배당금 지급 등 평등지권을 실현하는 수단으로 사용할 수 있다.

하지만 토지보유세를 단기간에 급격히 강화하려고 할 경우 심각한 부작용이 생기기 쉽다. 부동산 가격이 폭락하고 금융시장은 혼돈에 빠질 것이며, 지주들의 조세저항은 폭동과 유사한 형태를 띨 것이다. 심한 경우 내전이 일어날지도 모른다(전강수, 2012, 192쪽). 따라서 보유세는 시간을 두고 점진적으로 강화할 수밖에 없다. 보유세 강화 정책은 부동산 가격의 폭등과 폭락이나 불로소득 발생 등 당장 문제가 되고 있는 현상을 완화하는 데 큰 효과를 발휘하지 못할 가능성이 높다. 단기적으로 부동산 가격 변동을 완화하기 위해서는 별도의 시장조절 정책이 필요하며, 보유세 강화 정책이 완성되기까지 곳곳에서 발생할 수밖에 없는 부동산 불로소득을 환수하기 위해서는 양도소득세제도와 개발이익환수제도가 필요하다.

부동산시장에서 일어나기 쉬운 반칙을 방지하는 것 또한 부동산 근본정책의 일환이 되어야 한다. 이중계약서 작성으로 취득세나 양도소득세 등의 세금을 회피하고 차명 소유를 통해 부동산 소유 상황을 은폐하는 것은 대표적인 반칙 행위이다. 이런 반칙을 막으려면 실거래가제도와 부동산실명제를 도입하여 시장을 투명하게 만들 필요가 있다.

마지막으로, 정부가 근본정책으로 장기간 꾸준히 추진해야 할 정책은 자신의 힘으로 주거 문제를 해결하기 어려운 빈곤층과 사회적 약자를 위해 실효성 있는 주거복지 정책을 펼치는 일이다. 주거복지 정책에는 임대료 보조, 적절한 임대차 규제, 공공임대주택의 질적 개선, 수요 맞춤형 공공임대주택 공급 등이 있지만, 기초는 공공임대주택 공급을 확대하는 것이다. 재원이 문제될 수 있지만 부동산 불로소득 차단·환수 정책으로 확보되는 수입을 이쪽에 우선적으로 돌린다면 어렵지 않게 해결할 수 있다.

요컨대 부동산 근본정책이란 불로소득 차단·환수, 시장투명성 제고, 실효성 있는 주거복지 제공 등 세 가지로 요약할 수 있다. 단기적인 부동산시장 조절 정책은 이들 근본정책이 흔들림 없이 추진된다는 전제하에서 시행되어야 한다. 근본정책을 추진하지 않는 상황에서 시장조절에만 몰두하는 정책 전반을 일컬어 냉온탕식 정책이라 부른다. 이 글은 부동산 근본정책 세 가지 중 보유세와 공공임대주택에 초점을 맞추어 김대중·노무현 정부와 이명박·박근혜 정부를 비교하는 것을 목적으로 한다. 두 번째 근본정책, 즉 부동산시장에서 일어나는 반칙을 금지하는 정책은 김영삼 정부가 부동산실명제를 도입하고 노무현 정부가 실거래가제도를 도입함으로써 기본 틀이 이미 완성되었고, 이명박·박근혜 정부도 이를 훼손하지는 않았기 때문에 이 글의 검토 대상에서 제외한다.

3. 보유세 강화 정책의 전개

1) 보유세 강화 정책의 의미

부동산 불로소득은 건물이 아니라 토지에서 주로 발생하므로 토지에 초점을 맞추어 논의를 진행하자. 토지사유제하에서 부동산을 갖고 있으면 두 가지 소득을 얻을 수 있다. 하나는 지대(토지 임대가치)이고 다른 하나는 지가차액이다. 고전학파 경제학자들은 지가 차액은 물론이고 지대까지 불로소득으로 간주했다. 자본가나 노동자와는 달리 지주는 생산 과정에서 아무 역할도 하지 않고 기생충처럼 지대를 수취한다고 보았기 때문이다. 그러나 토지를 자산의 하나로 인정하면 이야기가 조금 달라진다. '지대＋지가차액' 전부가 아니라 그중 사회의 평균 자산수익(이자소득)을 초과하는 부분을 불로소득으로 간주하는 것이 합리적이다. 즉 '토지 불로소득＝지대＋지가차액－이자소득'이 되는 것이다. 다른 자산에 투자했을 때 얻을 수 있는 수익은 지주의 것으로 인정해준다는 말이다.

많은 사람이 토지 불로소득은 지가차액이고 따라서 그것을 과세

대상으로 하는 자본이득세가 최선의 토지 불로소득 환수 수단이라고 생각한다. 토지 자본이득세는 토지증치세(土地增値税)라고도 불리는데, 양도소득세처럼 실현된 자본이득에만 과세하는 경우도 있고, 미실현 자본이득에 과세하는 경우(예를 들어 우리나라에서 1989년 도입되었다가 1998년 폐지된 토지초과이득세)와 양자 모두에 과세하는 경우(예를 들어 1967년 도입되었다가 1974년 폐지된 부동산투기억제세)도 있다. 이론적으로는 실현 여부에 상관없이 부과하는 자본이득세가 더 낫지만, 실제로 많은 나라에서 부과하는 토지 자본이득세의 주요 형태는 양도소득세이다.

그런데 양도소득세는 토지 불로소득을 환수하기는 하지만 몇 가지 결함이 있다. 토지를 매각할 경우에만 과세되기 때문에 토지소유자로 하여금 매각을 꺼리게 만들어 거래를 위축시키는 효과(소위 동결효과)를 낳는다든지, 가격 폭등기에는 세금 부담이 구매자에게 전가되어 오히려 가격 상승을 부채질한다. 지대소득은 건드리지 않은 채 지가차액의 일부만 환수하며 그것조차 각종 감면 규정을 두어 세금 부담을 경감시키는 경우가 많기 때문에 토지 불로소득을 철저하게 환수하기 어렵다는 문제도 있다.

반면 토지보유세는 자본이득세처럼 이미 발생한 불로소득을 환수하는 것이 아니라 불로소득이 발생하지 않도록 사전에 차단하는 효과를 갖는다. 보유세를 지대에 부과하건 지가에 부과하건 그것은 직접적으로 토지소유자의 지대소득을 줄인다. 나아가 보유세는 토지의 보유비용을 높이기 때문에 수요를 억제하여 토지 가격을 하락시킨다. 즉 지가차액도 줄이는 것이다. 이처럼 토지보유세는 토지 불로소득을 차단하면서도, 양도소득세처럼 동결효과와 같은 부작용을 수반하지는 않는다. 정책의 신뢰도만 확실하다면 토지소유자들이 매각하지 않고 버티는 일은 일어나지 않을 것이기 때문이다. 토지보유세는 제대로 설계할 경우 생산에 전혀 부담을 주지 않을 뿐만 아니라 오히려 토지의 효율적 사용을 촉진하고, 징수가 쉽고 행정비용이 적게 들며, 토지는 숨길 수 없기 때문에 투명성이 담보되고, 사회로부터 받은 혜택에 상응하여 부과되기 때문에 공평하다는 장점을 갖는 것으로 알려져 있다. 요컨대 부동산 불로소득 대책으로서 가장 바람직한 것은 보유세 강화 정책이다. 양도소득세나 개발이익환수제도는 보유세로 차단하지 못한 불로소득을 사후에 환수하는 수단이다.

2) 김대중·노무현 정부의 보유세 정책

한국에서 부동산보유세의 중요성은 일찍부터 인식되었다. 부동산 투기가 빈발하는 것은 부동산 보유비용이 낮기 때문이며 이를 해결하려면 보유세 강화가 필요하다는 것은 경제학자뿐만 아니라 일반 국민이 공유하는 생각이었다. 노태우 정부가 종합토지세를 도입하고 김영삼 정부가 보유세 과표 현실화 정책을 추진했던 것은 모두 그런 인식에 기초한 것이었다. 그러나 실제로 보유세는 노무현 정부 이전까지는 의미 있는 수준까지 강화되지 않았다. 노무현 정부 출범 초기 한국 부동산보유세의 실효세율은 0.12%였는데 이는 당시 미국과 영국의 10분의 1 수준에 불과했다.

김대중 정부는 집권 초기에는 경제정의 실현을 중요 정책목표로 제시하면서 그 일환으로 토지보유세를 강화하여 토지 불로소득을 공적으로 환수한다는 방침을 천명하였다. 그러나 이 방침은 IMF 경제위기를 극복한다는 명분 아래 점점 관심의 대상에서 멀어지더니 마침내 무기한 연기하는 것으로 결정되고 말았다(전강수, 2011, 91쪽). 종합토지세제도의 틀 안에서 토지보유세를 강화할 수 있는 방법은 과표를 현실화하는 방법밖에 없다.

〈표 7-2〉는 1990년 이후 과표 현실화율의 추이를 보여주는데, 김영

(단위: %)

연도	1990	1991	1992	1993	1994	1995	1996	1997	1998	1999
현실화율	15.0	15.3	17.3	21.3	26.9	31.6	31.1	30.5	29.2	29.3
연도	2000	2001	2002	2003	2004	2005	2006	2007	2008	2009
현실화율	32.2	32.4	33.3	36.1	39.2	50.0	55.0 50.0 70.0	60.0 50.0 80.0	65.0 55.0 80.0	70.0 60.0 80.0

주: 1) 여기서 과표 현실화율이란 공시지가 대비 과표의 비율을 가리킴. 과표 적용률이라고도 함.
　　2) 2006년부터 숫자 세 개가 나오는데, 위에서부터 순서대로 각각 토지분 재산세,
　　　주택분 재산세, 종합부동산세의 과표 적용률을 가리킴.
　　3) 2009년부터는 기존에 과표 현실화율로 적용하던 과표 적용률 대신, 일정 범위의 비율 내에서 부동산시장의 동향과
　　　지방재정 여건 등을 고려하여 대통령령으로 정하는 공정시장가액 비율을 적용하게 되었음.
자료: 전강수, 2011, 91쪽에서 재인용.

삼 정부 임기 중에 꾸준히 상승하던 과표 현실화율이 김대중 정부 때는 30% 주위에서 등락하는 것으로 드러난다. 김대중 정부는 과표를 현실화하려는 노력을 아예 하지 않았던 것이다(전강수, 2011, 91쪽). 이는 취임 초기의 보유세 강화 의지가 IMF 경제위기로 인해 꺾여버린 탓이다. 김대중 정부가 토지공개념 3법과 중요한 부동산 규제들을 모조리 폐기하고 전 방위적인 부동산 경기부양 정책을 추진하였다는 사실은 잘 알려져 있다. 뒤에서 살펴보겠지만 공공임대주택 공급 정책에서는 김대중 정부와 노무현 정부가 동일한 정책노선을 견지했지만, 보유세 강화 정책이나 투기 대책 등에서는 매우 대조적인 모습을 보였다는 점은 기억해둘 필요가 있다.

　노무현 정부는 보유세 강화 정책을 본격적으로 실행에 옮긴 최초의 정부였다. 2003년, 2004년은 과표 현실화를 통해, 그리고 2005년부터는 종합부동산세 도입으로 대표되는 부동산보유세제 개편과 과표 현실화 동시 추진을 통해 보유세를 강화하였다. 과표 현실화는 토지 과표가 실제 토지가치를 가능한 한 많이 반영하도록 조정하는 작업인데, 노

태우 정부와 김영삼 정부는 주로 공시지가 대비 과세표준의 비율을 높이는 방식으로 정책을 추진하였다. 그러나 정부가 발표한 공시지가 자체가 시가를 제대로 반영하지 못했기 때문에, 공시지가 대비 과표의 비율을 인상하는 방식은 시가 기준으로 볼 때는 한계를 가진 방식이었다. 시가 대비 과표의 비율을 높이는 진정한 과표 현실화를 실현하려면 공시지가 대비 과세표준의 비율과 함께 공시지가의 시가 반영 비율을 높여야만 했다(전강수, 2011, 92쪽).

노무현 정부의 과표 현실화 정책은 이 두 가지 비율을 동시에 끌어올리는 방식이었다. 2002년 33.3%였던 공시지가 대비 과표 현실화율을 2003년에는 36.1%, 2004년에는 39.2%로 끌어올렸고, 2005년에는 보유세제도 개편과 함께 이 비율을 50%로 끌어올렸으며, 2006년에는 아예 이 비율이 장기적으로 100%에 도달할 때까지 계속 인상되도록 설계하여 관련 법률에 명기하였다. 그와 함께 노무현 정부는 공시지가의 시가 반영 비율도 인상하였다. 즉 2000년에 54%에 불과했던 이 비율을 2003년에 67%, 2004년에 76%, 2005년에 91%로 끌어올린 것이다. 시가 대비 과표의 비율을 높이는 진정한 과표 현실화가 본격적으로 추진되었던 셈이다. 과표 구간이나 세율에 변화가 없었다면, 이것은 보유세 부담을 엄청나게 증가시켰을 테지만, 2005년 보유세제 개편과 함께 과표 구간이나 세율구조에 변화가 있었고 세부담 증가 상한선을 설정했기 때문에 실제 보유세 부담의 증가는 엄청나다고 할 정도는 아니었다(전강수, 2011, 92~93쪽).

2005년은 한국 부동산보유세제도에 근본적 변화가 있었던 해이다. 1990년 이후 15년 동안이나 유지되어왔던 종합토지세가 폐지되는 대신 종합부동산세가 도입되었고, 주택에 대한 보유과세가 해방 이후 줄곧 채택해온 토지·건물 분리과세 방식에서 토지·건물 통합과세 방식으로 전환되었으며, 1961년 이래 계속 지방세로 부과되어왔던 부동산

〈그림 7-4〉 2005년 부동산보유세제 개편의 내용

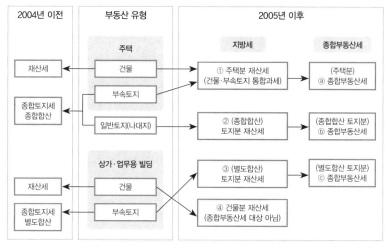

자료: 전강수, 2011, 93쪽에서 재인용

보유세가 국세(종합부동산세)와 지방세(재산세)로 이원화되었기 때문이다
(〈그림 7-4〉 참조).

새로운 보유세제도의 상징처럼 여겨지는 종합부동산세는 실시 첫
해(2005년)에는 보유세 강화를 제대로 실현할 수 있는 내용을 갖추지 못
했던 것으로 평가된다. 세금 부과 기준이 너무 높아 대상자가 극소수의
부동산 부자들로 제한되었고, 세부담 상한과 과표 적용률이 너무 낮아
세부담이 예상보다 크게 늘어나지 않았기 때문이다.

새 제도는 2005년 상반기에 판교발 부동산 투기가 발발하면서 다
시 개편된다. 개편의 중심은 종합부동산세였는데, 종부세가 약하다는
세간의 비판을 받아들여 소유 부동산을 세대별로 합산하고, 기준 금액
을 주택은 공시가격 기준 9억 원에서 6억 원으로, 토지는 공시지가 기
준 6억 원에서 3억 원으로 낮추었으며, 전년 대비 인상폭 상한을 50%
에서 200%로 올렸고, 특히 과표 현실화율 강화 계획을 법률에 담아

2006년에 70%를 적용한 후 매년 10%p씩 올려 2009년에 100%로 하는 방안을 확정했다. 이와 함께 재산세의 과표 적용률도 매년 5%p씩 올려 2015년에 100%로 하는 장기 계획도 마련하여 법률에 명기했다. 종부세 세수는 2005년 당시의 재산세 및 거래세 결손분 일부를 제하고는 나머지를 전액 부동산교부세라는 이름으로 시군구에 지원하게 했다 (전강수, 2011, 94~95쪽).

다시 개편된 보유세제도에 의해 종부세 납부 대상은 상당히 많이 확대되었으며, 세수도 크게 증가했다. '세금폭탄'이라는 용어가 인구에 회자될 정도로, 부동산 과다 보유자의 세부담도 크게 늘어났다. 종합부동산세가 보유세 강화 정책의 중심에 서게 된 것이다. 노무현 정부 임기 마지막 해인 2007년과 보유세 강화 정책의 영향이 지속되었던 2008년의 성과는 1970년대 이래 꾸준히 진행되어온 보유세 강화의 절정을 보여준다. 오랫동안 20% 전후를 등락했던 보유세/부동산세의 비율이 처음으로 30%를 넘어섰으며, 보유세/조세총액, 보유세/지방세 비율도 모두 역사상 최고치를 기록했다.

부동산 불로소득의 사후적 환수장치인 양도소득세와 개발이익환수제도도 노무현 정부 임기 중에 대폭 강화되었다. 양도소득세 강화는 다주택자와 비사업용 토지에 대한 중과를 중심으로 이뤄졌다. 2주택자에게는 세율 50%, 3주택 이상 소유자에게는 세율 60%를 적용하고, 비사업용 토지에 대해서는 세율 60%를 적용하기로 했다. 더욱이 양도소득세를 종전의 기준시가가 아닌 실거래가를 기준으로 부과하는 제도가 도입되어 세부담이 획기적으로 늘었다. 이 제도는 2006년 일부 부동산을 대상으로 부분적으로 시행되고 2007년 모든 부동산으로 확대되었다. 이렇게 획기적으로 강화된 양도소득세도 광범위한 비과세감면제도를 포함하고 있어 부동산 불로소득 환수 기능을 충분히 발휘하지 못했다는 점은 지적해둘 필요가 있다. 세율 적용이나 세금감면 등에서 보유주택 수나 보유 주택 가액이라는 기준은 가급적 배제하고, 양도차익의 크기만을 기준으로 과세하되 일정 한도까지 소득공제하는 방식으로 전환하는 것이 정공법이지만, 노무현 정부조차 이 정공법을 채택하는 데까지는 나아가지 못했다.

노무현 정부의 개발이익환수제도는 재건축아파트의 임대주택 의무건설(늘어나는 용적률의 25%), 개발부담금 부과 재개, 기반시설부담금 부과, 재건축 초과이익 부담금 부과 등 다방면에 걸쳐 다양한 방식으로 강화되었다. 이로써 국지적으로 발생하는 부동산 불로소득을 환수할 수 있는 제도적 장치가 완성되었다.

요컨대 노무현 정부의 부동산 불로소득 대책은 보유세 강화를 중심축으로 하고 다주택자 및 비사업용 토지 양도세 중과와 다양한 개발이익환수제도 시행을 보조축으로 하는 전 방위적 정책이었다. 부동산 불패 신화에 정면 도전했던 노무현의 남다른 자신감은 이런 수준의 정책을 마련한 국정 책임자만이 가질 수 있는 것이었다.

3) 이명박·박근혜 정부의 보유세 정책

이명박 정부의 부동산정책을 한마디로 표현하면 토건국가 이데올로기에 포섭된 시장만능주의 정책이라고 할 수 있다. 4대강 사업 등 대대적인 토목사업과 부동산 경기부양 정책을 추진하면서 전면적이고 급진적인 부동산 규제완화와 보유세 무력화 정책을 밀어붙였기 때문이다. 후보 시절부터 보유세 강화를 중심으로 한 부동산 불로소득 환수 정책에 강한 혐오감을 드러냈던 이명박은 집권 후 1년 만에 노무현 정부가 어렵사리 궤도에 올려놓았던 보유세 강화 정책을 무력화시켜버렸다. 여기에 결정적 도움을 준 것은 2008년 11월 13일 헌법재판소가 종부세 세대별 합산과세에 대해 내린 위헌 판정이었다. 이날 헌법재판소는 종부세 위헌 심판 판결에서 종부세 자체에 대해서는 합헌 판정을 내리면서도, 세대별 합산과세에 대해서는 위헌 판정을, 주거 목적의 1주택 장기 보유자에 대한 무차별적 과세에 대해서는 헌법불합치 판정을 내렸다(전강수, 2011, 95~96쪽).

헌법재판소 판정 이후 이뤄진 종합부동산세법 개정(2008년 12월)에 의해 세대별 합산과세는 인별 합산과세로 바뀌었고, 과세기준은 올라갔으며, 과표 구간은 세부담을 완화하는 쪽으로 조정되었고, 세율은 인하되었다. 게다가 법률에 명기되어 있던 과표 현실화율 인상 계획은 전면 중단되었고 세부담 상한은 하향 조정되었다(〈표 7-3〉 참조). 이명박 정부는 헌법재판소 판정을 핑계로 아예 종부세를 형해화해버렸다. 그 결과 종부세의 과세대상자가 대폭 축소되었으며 세부담은 대폭 완화되었고 세수는 격감했다. 2007년 48만 3,000명에 달했던 종부세 납세자 수는 2008년에 41만 3,000명으로 줄었고 2009년에는 21만 3,000명으로 격감한 이후 2013년 현재 24만 6,000명 수준을 유지하고 있다. 2007년 2.4조 원에 달했던 종부세 세수는 2009년 1.2조 원으로 격감한 이후 2013년 현재 비슷한 수준을 유지하고 있다. 이 과정에서 종부세 납세자의 세부담이 크게 줄어든 것은 말할 나위도 없다.[3]

역대 정부 중 노무현 정부를 제외하고 보유세 강화 정책을 본격 추진한 정부는 없었다. 그래도 1970년대 이래 줄곧 보유세는 조금씩 강화되었다. 특별한 시기에 아주 조금 감소한 경우를 제외하면 보유세 수입이 줄어든 적은 없었다. 김대중 정부가 유일하게 보유세 과표 현실화

---

3. 재산세의 경우 2009년 2월 6일의 지방세법 개정에 의해 '재산세 과세표준에 관한 적용 특례' 조항이 폐지됨으로써 2017년까지의 장기 강화 계획이 중단되기는 했지만, 종부세처럼 큰 후퇴는 없었다. 따라서 종부세 세수가 격감했던 것과는 달리, 재산세 세수는 2009년, 2010년에도 전년에 비해 증가한 것으로 나타난다. 단, 주택분 재산세의 경우 세부담을 완화하는 방향으로 과표 구간이 조정되고 세율이 인하되었기 때문에(〈표 7-4〉 참조), 2008년 1조 5,098억 원이었던 과세액이 2009년 1조 2,550억 원으로 줄어들었다.

	노무현 정부		이명박 정부	
	과세표준	세율	과세표준	세율
주택분	3억 이하	1%	6억 이하	0.5%
	3억~14억 이하	1.5%	6억~12억 이하	0.75%
	14억~94억 이하	2%	12억~50억 이하	1%
	94억 초과	3%	50억~94억 이하	1.5%
			94억 초과	2%
	세대별 합산		인별 합산	
	과세기준 금액: 공시가격 6억 원		과세기준 금액 인상: 공시가격 6억 원 • 1주택자의 과세기준 금액은 9억 원 • 장기보유공제: 5년 이상(20%), 10년 이상(40%) • 고령자 공제: 60세 이상(10%), 65세 이상(20%), 70세 이상(30%)	
종합합산 토지분 (나대지, 잡종지 등)	과세표준	세율	과세표준	세율
	17억 이하	1%	15억 이하	0.75%
	17억~97억 이하	2%	15억~45억 이하	1.5%
	97억 초과	4%	45억 초과	2%
	세대별 합산		인별 합산	
	과세기준 금액: 3억 원		과세기준 금액: 5억 원	
별도합산 토지분 (상가 빌딩 부속토지)	과세표준	세율	과세표준	세율
	160억 이하	0.6%	200억 이하	0.5%
	160억~960억 이하	1%	200억~400억 이하	0.6%
	960억 초과	1.6%	400억 초과	0.7%
	세대별 합산		인별 합산	
	과세기준 금액: 40억 원		과세기준 금액: 80억 원	

자료: 토지+자유연구소, 2012.

에 등한하기는 했지만, 그렇다고 공공연하게 그에 역행하지는 않았다. 그때는 IMF 경제위기를 극복해야 한다는 시대적 과제가 존재하기도 했

〈표 7-4〉 주택분 재산세 후퇴의 내용

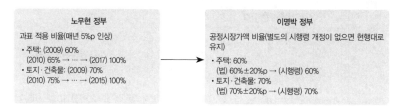

주택분 재산세 과표 구간 확대와 세율 인하를 통한 재산세 인하							
노무현 정부			→	**이명박 정부**			
0.4억 이하	0.4억~1억	1억 초과		0.6억 이하	0.6억~1.5억	1.5억~3억	3억 초과
0.15%	0.3%	0.5%		0.1%	0.15%	0.25%	0.4%

과표 적용률 상향 중단을 통한 재산세 인하

노무현 정부

과표 적용 비율(매년 5%p 인상)
- 주택: (2009) 60%
  (2010) 65% → … → (2017) 100%
- 토지·건축물: (2009) 70%
  (2010) 75% → … → (2015) 100%

이명박 정부

공정시장가액 비율(별도의 시행령 개정이 없으면 현행대로 유지)
- 주택: 60%
  (법) 60%±20%p → (시행령) 60%
- 토지·건축물: 70%
  (법) 70%±20%p → (시행령) 70%

자료: 〈표 7-3〉과 동일.

다. 하지만 이명박 정부는 군사독재정권조차 거역하지 못했던 보유세 강화의 장기 경향에 정면으로 역행하는 정책을 펼쳤다. 이는 한국 역사상 초유의 일로서 역사의 수레바퀴를 거꾸로 돌리는 짓이었다고 말할 수밖에 없다(전강수, 2011, 96~97쪽).

이명박 정부는 부동산 불로소득의 사후적 환수장치인 양도소득세도 크게 완화했다. 2008년 8·21대책으로 1주택자 양도세를 완화한 것을 기점으로, 같은 해 12월에는 다주택자 양도세 중과를 2010년 12월까지 한시적으로 완화하는 법안이 국회를 통과했다. 그리고 2009년 3월에는 다주택자 양도세 중과와 비사업용 토지 양도세 중과를 폐지한다는 세제 개편안을 발표했다(이 세제 개편안은 '투기꾼 감세'라는 비판에 직면해 이명박 임기 중에는 법안으로 통과되지 못했다). 게다가 이명박 정부는 노무현 정부가 완성했던 개발이익환수제도도 허물어뜨렸다. 기반시설부담금제도와 재건축사업 임대주택의무건설제도를 폐지하고, 재건축 초과이익 부담금은 2년간 부과 중지, 개발부담금은 1년간 한시적으로 감면하는 조치를 취했다.

박근혜 정부의 부동산 세제 정책은 기본적으로 이명박 정부의 연장선상에 서 있다. 보유세 무력화는 이미 이명박 정부가 완벽하게 실천했기 때문에 박근혜 정부가 손댈 필요가 없었다. 남은 것은 양도소득세 중과제도와 개발이익환수제도였다. 박근혜 정부는 2013년 세법 개정을 통해 이명박 정부가 세제 개편안으로 발표했다가 법안 통과까지는 성사시키지 못했던 양도소득세 중과제도 폐지 방안을 실행에 옮겼다. 2주택 소유자에 대해서는 세율 50%, 3주택 이상 소유자에 대해서는 세율 60%를 적용하던 다주택자 양도소득세중과제도를 항구적으로 폐지했으며, 세율 60%를 적용하던 비사업용 토지 양도소득세중과제도는 기본세율에 10% 가산세율을 더해 적용하는 정도로 완화했다(2014년에 한해서는 기본세율만 적용). 그와 함께 법인이 보유하던 주택과 비사업용 토지를 양도할 때 적용하던 법인세 추가 과세와, 단기 보유 주택 및 부수 토지에 대한 양도소득세중과제도도 완화했다.

게다가 박근혜 정부는 2015년 말까지 한시적으로 유예되었던 재건축초과이익환수제도를 항구적으로 폐지하고, 개발부담금의 세부담을 완화하는 동시에 한시적 감면조치를 다시 연장했으며, 재개발사업 임대주택 의무건설 비율을 낮추었다. 개발이익환수제도의 중심인 개발부담금제도가 폐지되지 않은 것이 다행이라고 해야 할까. 사실상 박근혜 정부에 와서 개발이익환수제도는 완전히 무장해제 당하고 말았다.

한 가지 주목되는 점은 2000년에 도입된 이래 유명무실했던 주택임대소득세 정상과세를 시도했다는 사실이다. 물꼬는 이명박 정부가 텄다. 2011년에 3주택 이상 소유자의 전세보증금에 대한 간주임대료과세제도를 도입한 것이다. 이로써 제도상으로는 1주택 소유자 비과세, 월세의 경우 2주택 이상 소유자 종합과세, 전세의 경우 3주택 이상 소유자 종합과세의 원칙이 수립되었다. 하지만 임대사업자 등록이 의무화되어 있지 않고 비등록의 경우 사실상 과세하지 않아서 실제로는 제대로 과세가 이뤄지지 않았다. 박근혜 정부는 2014년 2월 '과세자료의 제출 및 관리에 관한 법률 시행령' 개정을 통해 확정일자 부여 관련 자료를 국세청에 제출토록 함으로써 임대소득세 정상과세를 추진하기 시작했다. 3주택 이상 소유자만을 대상으로 하던 전세보증금 과세도 2주택 소유자까지 확대한다는 방침도 발표했다.

임대소득세는 이론적 결함을 안고 있기는 하지만 사문화되다시피 한 주택 임대소득세 과세를 정상화할 경우 부동산 불로소득을 일부 환수할 수 있다는 점에서 진일보한 측면이 있다. 주택 임대시장의 투명성을 높이는 효과도 발생한다. 하지만 태산명동서일필(泰山鳴動鼠一匹)이라고 했던가. 주택 임대차시장에서 임대인의 세부담 발생과 과세자료 노출(이는 건강보험료 부담 증가를 유발한다)에 대한 우려와 불안감이 확산되자, 박근혜 정부의 주택 임대소득세 정상과세 의지는 곧바로 꺾여버린다. 연간 2,000만 원 이하 월세 임대소득에 대한 과세를 분리과세로 전환하면서 그것조차 2017년 말까지 유예하기로 결정하고 2주택 소유자에 대한 전세보증금 과세 방침도 철회하기로 방침을 바꾼 것이다. 결국 박근혜 정부의 주택 임대소득세 정상과세 정책은 의지만 천명한 채 실행은 다음 정부에 떠넘기는 꼴이 되고 말았다.

사실 "소득 있는 곳에 세금 있다"라는 원칙에 따른다면 주택 임대소득세 정상과세 정책은 바람직하다고 평가할 수 있다. 하지만 주택 임대소득세는 토지서비스 향유에 대한 과세라는 측면에서는 결함이 있다. 소유 주택에 스스로 거주하건 타인에게 임대하건 소유자는 토지서비스를 향유함에도 전자에는 특별한 경우 외에는 과세하지 않는다. 또한 소유 주택에 거주하지도 소유 주택을 임대하지도 않는 경우(투기적 보유의 경우가 전형적이다), 주택에서 생기는 토지서비스를 허비하는 형태로 향유함에도 실제 임대소득이 발생하지 않는다는 이유로 과세하지 않는다. 게다가 임대소득 파악은 무척 어렵고 많은 사회적 비용이 소요된다. 부동산보유세를 의미 있는 수준으로 강화하면 위에서 말한 임대소득세의 결함을 회피하면서 부동산 불로소득을 차단할 수 있다. 보유세는 원칙적으로 소유 부동산을 스스로 사용하건 임대하건 놀리건 간에 무차별하게 부과하는 것이기 때문이다. 현재 야당 측에서는 임대주택등록제, 임대소득 과세 정상화, 임대료상한제 등을 주장하고 있는데, 보유세가 무력화된 상황을 그대로 둔 채 임대소득 과세 정상화를 요구하는 것은 변죽만 울리는 꼴이 되기 쉽다.

4. 공공임대주택 공급 정책의 전개

1) 공공임대주택 공급 정책의 의미

공공임대주택 공급을 확대하는 것이 주거복지의 만병통치약은 아니다. 공공임대주택의 질적 개선, 수요에 상응하는 공급, 임대료 보조, 적절한 임대차 규제 등의 조치가 함께 취해져야 제대로 된 주거복지 정책이라 할 수 있다. 그러나 공공임대주택의 공급 확대는 주거복지의 기초다. 이 정책이 추진되지 않는다면 나머지 정책수단들도 무의미해진다. 따라서 여기서는 공공임대주택, 특히 장기 공공임대주택 공급 정책을 중심으로 김대중·노무현 정부와 이명박·박근혜 정부를 비교한다.

2) 김대중·노무현 정부의 공공임대주택 정책

모름지기 정부의 주택공급 정책은 저소득층에게 주거권을 보장하

는 주거복지 정책에 초점을 맞춰야 함에도, 우리나라 정부는 이를 등한
시한 채 부동산을 갖고 있거나 구입할 능력이 있는 사람들을 위한 주택
공급 정책에 치중해왔다. 민간의 사유지를 강제수용해서 조성하는 공
공택지를 민간 건설업자에게 매각해 민간주택 건설용지로 활용토록 했
고, 정부가 직접 주택 건설까지 담당하는 경우에도 임대보다는 분양을
목적으로 하는 경우가 많았다. 2014년 현재 우리나라의 공공임대주택
재고 비율은 5.5%로서 경제협력개발기구(OECD) 평균인 11.5%에 크게
못 미친다. 스웨덴·덴마크·오스트리아·영국 등 유럽 주요 국가들의
경우 이 비율이 20% 전후이고 네덜란드의 경우 이 비율이 무려 32%에
달한다(김근용 외, 2015, 75쪽). 김대중 정부와 노무현 정부가 공공임대주
택 공급 정책을 적극 추진하지 않았더라면, 이 비율은 아직도 2%대에
머물러 있었을 것이다.

우리나라에서 국제적 기준의 공공임대주택이 처음 공급된 것은 노
태우 정부 임기 중인 1989년이었다. 그 전까지 정부의 임대주택 공급
정책은 민간 건설업자들을 유인해 민간 임대주택을 공급하게 하거나
임대기간이 극히 짧은 사실상의 분양주택을 주공을 통해 공급하는 형
태를 취했다. 공공임대주택의 혜택을 전혀 누릴 수 없었던 도시빈곤
층을 수용한 주거공간은 판자촌이었다. 1980년대 초까지 서울 인구의
10% 이상이 판자촌에 거주했다(김수현, 2011, 217쪽).

노태우 정부가 판자촌 재개발 사업과 집값·전세금 폭등으로 인한
저소득층의 주거불안에 대처하기 위해 공급하기 시작한 영구임대주택
은 우리나라 최초의 명실상부한 공공임대주택이라는 점에서 의미가 크
다. 영구임대주택은 생활보호대상자 등 영세민 주거안정을 위해 정부
가 사업비의 85%를 지원하여 건설한 공공임대주택이다. 1980년 후반
집값과 전셋값이 동반 폭등하는 가운데 서민의 주거불안 문제가 사회
적 이슈로 부각하고 1988년 4·26 총선에서 여당이 참패하면서 여소야

대 상황이 조성된 것이 영구임대주택 공급 정책의 주요 배경이다(이종권, 2013, 90쪽). 하지만 이 정책은 25만 호를 공급한다는 당초 계획을 달성하지 못한 채 1993년 19만 호 착공을 끝으로 종료되고 말았다. 50년 공공임대주택사업이 그 대안으로 추진되었지만, 김영삼 정부가 들어선 뒤 정부 지원이 중단되는 우여곡절을 겪으면서 유명무실해졌다. 김영삼 정부는 공공임대주택 공급보다는 민간 건설업자를 유인하여 민간임대주택 공급을 확대하는 1989년 이전 방식의 정책에 주력했다.

한국에서 공공임대주택 공급을 본격적으로 추진한 것은 김대중 정부이다. 김대중 정부가 공급하기 시작한 공공임대주택은 국민임대주택이라 불린다. 국민임대주택은 소득 1, 2분위 계층을 위해 영구임대주택 20만 호를 공급한다는 대선 공약 내용이 IMF 경제위기 속에서 긴축재정이 불가피해지고 대량실업이 발생하면서 도시 저소득층 전체를 위한 공공임대주택 공급을 추진한다는 내용으로 바뀌면서 탄생했다(이종권 외, 2013, 118쪽). 영구임대주택이 극빈층인 소득 1분위 계층을 대상으로 했다면, 국민임대주택은 소득 4분위 이하 계층으로 입주 대상을 확대했다. 영구임대주택에 비해 사업비 재정지원이 줄어드는 대신 임대료는 올라갔다. 김대중 정부는 애초 1998~2002년 사이에 5만 호를 공급한다는 소박한 목표를 세웠으나, 2000년 10만 호, 2001년에는 2003년까지 20만 호로 목표치를 늘려가더니, 2002년 5월에는 2003년부터 10년 동안 국민임대주택 100만 호를 건설하겠다는 파격적인 계획을 발표했다(김근용 외, 2015, 21쪽). 김대중 정부는 임기 말까지 국민임대주택을 총 11만 8,782호 건설하는 성과를 거뒀는데, 2003년 건설 물량까지 포함하면 총 19만 573호를 공급해 목표치인 20만 호 대비 95.3%의 실적을 달성했다(국정브리핑, 2007, 320쪽).

노무현 정부는 김대중 정부의 공공임대주택 공급 계획을 승계했다. 2003년 9월 '서민중산층 주거안정 지원 대책'을 발표하여 향후 10년간 국민임대주택 100만 호를 포함하여 장기 공공임대주택 150만 호를 건설하겠다는 계획을 밝혔다.[4] 3.4%에 불과했던 장기 공공임대주택 재고를 15%로 높이겠다는 의도였다. 2003년 12월에는 '국민임대주택 건설 등에 관한 특별 조치법'을 제정하여 택지 확보 문제와 사업승인 지연 문제를 해소할 수 있는 제도적 기반을 마련했다. 나아가 노무현 정부는 국민임대주택의 최저 평형을 기존 14평에서 11평으로 낮추고 최고 평형을 20평에서 24평으로 올려 다양한 계층의 사회적 혼합이 가능하도록 했으며, 건설 공공임대주택 외에 기존 주택을 매입하거나 전세로 임차하여 저소득층에게 저렴하게 임대하는 방식을 도입하여 도심 내 공공임대주택 공급 확대를 도모했다(이종권 외, 2013, 126~130쪽). 이는 공공임대주택 단지가 저소득층이 밀집하는 고립된 섬으로 전락하는 사회적 격리 현상을 해소하고 직주근접(職住近接)을 원하는 저소득층의 수요에 맞춰 공공임대주택을 공급하려는 정책의지의 표현이었다.

노무현 정부 임기 중에 공급된 서민용 장기 공공임대주택은 총 54만 4,094호(국민임대주택 46만 6,519호, 기타 공공임대주택 7만 7,574호)로 역대 정부가 지은 공공임대주택을 모두 합한 물량보다 많았다. 노무현 정부는 장기 공공임대주택을 매년 10만 호 이상 공급했던 셈이다. 국민임대주택 총공급물량 46만 6,519호 중에는 매입 공공임대주택 2만 8,895호가 포함되어 있었다. 도심 내 수요맞춤형 공공임대주택이 5년간 연평균 약 5,800호 공급되었던 것이다.

〈표 7-5〉에 나와 있듯이, 2014년 현재 우리나라의 장기 공공임대주택은 81만 9,664호로 전체 주택 재고의 4.2%를 차지한다. 그중 국민임대주택이 63.6%를 차지하여 최대 비중이다. 유럽 선진국에 비하면 여

---

4. 이 대책에서 국민임대주택 외의 장기 공공임대주택은 민간이 국민주택기금의 지원을 받아 짓는, 임대의무 기간 10년 이상의 공공임대주택을 가리킨다.

〈표 7-5〉 2014년 현재 우리나라 장기 공공임대주택의 재고 현황

(단위: 호)

구분	공급 주체 별		계
	LH공사	지자체	
영구임대	141,150	51,736	192,886
50년임대	26,254	79,409	105,663
국민임대	481,008	40,107	521,115
계	648,412	171,252	819,664

자료: 천현숙, 2016, 53쪽의 〈표 1〉을 토대로 재작성.

전히 적지만 우리나라 장기 공공임대주택 재고가 현 수준에 도달한 데는 김대중 정부와 노무현 정부의 공이 절대적이었음을 보여준다.

정부의 공공임대주택 정책이 공급물량 증대 일변도에서 벗어나 수요맞춤형 공급을 도모하기 시작했다는 점도 특기할 만하다. 매입임대와 전세임대를 통해 도심 내 공공임대주택 공급을 시도했다는 점은 전술했지만, 노무현 정부가 소득수준에 따라 맞춤형 주택을 공급하고자 했다는 것도 기억할 필요가 있다. 이는 2003년 5월 발표된 주거복지 로드맵에 담겨 있었는데, 소득 7분위 이상 중산층의 주거는 시장기능에 맡기는 대신, 소득 1분위 극빈층에게는 매입 공공임대주택 및 소형 국민임대주택을 공급하고 소득 2~4분위 계층에게는 국민임대주택을 집중 공급한다는 내용이었다.

게다가 노무현 정부는 2007년 1월 31일 공공임대주택의 비중을 전체 주택 재고의 20%까지 늘리겠다는 야심찬 계획을 발표함으로써 우리나라 공공임대주택 공급 정책에서 화룡점정(畵龍點睛)을 이루었다(국정브리핑 특별기획팀, 2007, 319~323쪽). 1·31대책에는 2017년까지 중산층 대상의 비축용 공공임대주택을 50만 호 공급하겠다는 내용과 함께 재원 마련을 위해 91조 원 규모의 임대주택 펀드를 조성한다는 내용이 포

함되어 있었다. 이 대책은 공공임대주택의 수혜 대상을 중산층으로까지 확대하려 했고 펀드방식을 활용하여 공공임대주택 공급 재원 문제를 해결하려 했다는 점에서 획기적이었다. 하지만 노무현 정부가 임기 말에 이런 획기적인 대책을 발표한 것은 실책이었다. 2007년 2월 이런 내용을 반영한 임대주택법 개정안이 국회에 상정되었지만 논란이 거듭되는 가운데 통과되지 못하고 2009년 5월 17대 국회 임기만료와 함께 자동폐기가 되고 말았다.

김대중 정부와 노무현 정부는 이전 정부들이 등한시했던 공공임대주택 공급 정책을 부동산정책의 주요 의제로 만들었다. 보유세 강화 정책의 경우와는 달리, 이 분야에서는 두 정부가 동일한 정책의지를 가지고 흔들림 없이 정책을 추진했다. 김대중 정부는 정책의 물꼬를 트며 방향을 제시했고, 그 기반 위에서 노무현 정부는 마음껏 공공임대주택 공급 정책을 펼치며 눈부신 성과를 거두었다. 만일 민주정부가 계속 집권하여 정책기조가 이어졌더라면 우리나라 공공임대주택은 양적으로나 질적으로나 이미 유럽 선진국 수준에 근접했을지도 모른다. 또한 전월세 문제도 요즘처럼 심각해지지 않았을 가능성이 크다.

3) 이명박·박근혜 정부의 공공임대주택 정책

이명박 정부가 공급한 공공주택은 보금자리주택이라 불린다. 2009~2018년 10년 동안 소득 6분위 이하 계층을 대상으로 중소형 공공주택을 150만 호 공급하겠다는 것이 이명박 정부 주택공급 정책의 주요 내용이다. 노태우 정부가 19만 호를 공급한 후 중단되었던 영구임대주택 공급을 재개하고 수요자들의 소득수준과 선호에 맞춰 지분형·전세형 등의 공공임대주택을 공급하겠다고 해서 칭찬을 받기도 했지만, 자세히 살펴보면 이명박 정부의 보금자리주택 정책의 본질은 거

유형		계획 공급량 (2018년까지)	주요 내용	임대의무 기간(년)
공공분양		70만 호	중소형 저가주택	–
장기임대	영구임대	10만 호	최저소득층을 위해 공급. 임대료는 시세의 30% 수준	50
	국민임대	40만 호	소득 4분위 이하 계층을 위해 공급. 임대료는 시세의 30% 수준	30
공공임대	공공임대	20만 호	10년 임대 후 분양 전환	10
	분납임대		임대 보증금 없이 분양 전환 대금을 분할 납부	
	장기전세	10만 호	시세 50~80% 수준의 임대료를 전세금 형태로 납부	20

자료: 이종권, 2013, 148쪽.

기에 있지 않았음을 알 수 있다.

〈표 7-6〉에 나와 있듯이, 전체 계획 공급량 150만 호 중 무려 70만 호가 공공임대주택이 아닌 공공분양주택이다. 게다가 공공임대주택 80만 호 중에도 저소득층을 위한 명실상부한 장기 공공임대주택(국민임대, 영구임대)은 50만 호이고 20만 호는 분양 전환을 전제로 소득 3~5분위 계층에게 공급하는 임대주택이다.[5] 이명박 정부는 '보금자리' 주택이라는 그럴싸한 이름을 내세워 서민용 주택을 대량 공급하는 척 국민의 눈을 현혹했지만, 그 실상은 김대중 정부와 노무현 정부가 일관되게 추진해온 서민용 장기 공공임대주택 공급 정책을 대폭 후퇴시켰다는 것이다. 50만 호를 향후 10년간 공급하겠다는 것이므로 정부가 장기 공공임대주택을 연평균 5만 호씩 짓겠다는 계획을 세운 셈인데, 이는 김대중·노무현 정부가 세운 정책목표의 절반에 불과한 물량이다. 노무현 정부가 임기 중 장기 공공임대주택을 연평균 10만 호 이상 지었고

5. 장기전세는 임대의무기간이 20년이라서 장기 공공임대주택으로 분류되지 않는다.

2017년까지 10년 동안 연 10만 호씩 짓겠다는 계획을 세웠다는 사실을 기억하라.

사실 정부가 공공분양주택에 힘을 쏟는 일은 처음이 아니다. 김대중 정부 이전 정부들은 한결같이 공공임대주택 공급에 소홀한 대신 공공분양주택 공급에 주력했다. 공공분양주택은 많은 경우 사유지를 강제수용해서 조성한 공공택지에 주택을 지어 건물과 토지를 한꺼번에 민간에게 팔아넘기는 방식으로 공급되기 때문에 토지의 공공성을 크게 침해한다. 토지공개념을 명기한 현행 헌법의 정신에 맞지 않는 이런 정책을 획기적인 공공임대주택 공급 정책으로 정상화하고자 노력한 것이 김대중·노무현 정부이다. 이명박 정부는 주택공급 분야에서도 정책의 수레바퀴를 거꾸로 돌리는 결정을 했던 것이다.

그 외에도 이명박 정부의 보금자리 분양주택은 몇 가지 심각한 문제점을 안고 있었다. 첫째, 보금자리 분양주택을 건설하기 위해 개발제한구역을 대량 해제했다는 점이다. 노무현 정부 때도 국민임대주택단지 예정 지구를 보전가치가 낮은 개발제한구역에 지정할 수 있게 했지만 이는 국민임대주택을 건설한다는 명분이 있었을 뿐 아니라 2001년 김대중 정부가 발표한 개발제한구역 해제 로드맵에 따라 이뤄졌다. 그런데 이명박 정부는 그 로드맵상 해제 대상이 남았는데도 이를 전면 무시하고 해제 면적을 3배 가까이 확대하는 조처를 취했다(이종권 외, 2013, 154쪽). 토지와 건물을 함께 매각하는 분양주택을 공급하기 위해 개발제한구역을 무분별하게 해제하는 결정을 내린 것은 이명박 정부가 토지의 공공성을 얼마나 경시했는지 여실히 보여준다.

둘째, 보금자리 분양주택은 기존 분양가보다 15% 싸게 공급하기 때문에 시세 차액을 노린 투기를 유발할 수밖에 없다. 이명박 정부는 전매제한 강화로 이에 대처하고자 했으나 서울 강남 등 수도권 개발제한구역 내에 건설되는 보금자리 분양주택에 대한 분양 열풍을 막을 수는 없었다. 그러자 개발 일정을 앞당겨 2012년까지 20만 호를 더 공급하는 것으로 계획을 대폭 변경했지만(이종권 외, 2013, 158쪽), 그렇게 공급을 늘리더라도 좋은 위치에 시세보다 싼 가격으로 공급되는 주택을 구입하려는 사람들의 열망을 잠재울 수는 없다.

셋째, 서민을 위한다는 보금자리 분양주택 공급 정책이 역설적으로 전월세난을 자극해 서민의 주거비 부담을 가중시켰다. 보금자리주택 당첨을 기대하는 주택 수요자들이 선뜻 주택 매입에 나서기보다는 전세시장으로 몰리면서 전세 수요를 증가시켰기 때문이다. 적어도 수도권에서는 보금자리 분양주택이 중소형 주택 전세난의 주요 원인임에 틀림없다.

그렇다면 이명박 정부 임기 중에 장기 공공임대주택 공급 상황은 어땠을까? 앞서 말했듯이 노무현 정부의 장기 공공임대주택 공급은 매년 10만 호 전후였다. 임기 마지막 해인 2007년에는 11만 310호까지 늘었다. 이와 대조적으로 이명박 정부의 장기 공공임대주택 공급량은 〈표 7-7〉에서 보듯이 노무현 정부 정책결정의 영향력이 남아 있던 2008년에 반짝 8만 4,882호를 기록했다가 그 후 계속 감소했다. 이명박 정부는 2010년 이후에는 매년 5만 호씩 장기 공공임대주택을 공급하겠다던 계획도 지키지 않았다. 심지어 임기 마지막 해인 2012년에는 장기 공공임대주택을 겨우 3만 3,964호 공급하는 데 그쳤다. 국민임대주택만 가지고 볼 때 이명박 정부의 임기 중 총공급량은 22만 4,813호로 노무현 정부 총공급량 46만 6,519호의 절반에도 못 미친다. 이명박 정부의 '보금자리' 주택 정책은 주거 빈곤층의 보금자리를 빼앗아 주택 구입이 가능한 계층에게 안겨준 반(反) 서민적 정책의 전형이다.

박근혜 정부의 공공임대주택 공급 정책은 행복주택을 중심으로 추진되고 있다. 행복주택은 박근혜 정부 공공임대주택의 대표 브랜드로서, 김대중·노무현 정부의 국민임대주택과 이명박 정부의 보금자리주

(단위: 호)

연도	영구임대	국민임대	계	
			호수	지수
2008	–	84,882	84,882	100
2009	3,633	48,310	51,943	61
2010	10,103	35,252	45,355	53
2011	6,462	36,171	42,633	50
2012	3,385	30,579	33,964	40
계	20,198	204,615	224,813	

자료: 이종권, 2013, 14쪽의 〈표 2-1〉을 토대로 재작성.

택에 견줄 수 있다. 과거 도시 외곽이나 개발제한구역에 지었던 공공임대주택과 달리 도시 내부에 건설하기 때문에 교통이 편리하고 접근성이 좋다는 특징이 있다. 행복주택 주변에는 국공립 어린이집, 고용센터, 작은 도서관 등 주민 편의시설도 제공된다. 박근혜 정부는 2017년까지 행복주택을 총 14만 호 공급할 계획이며 대학생, 신혼부부, 사회초년생 등 젊은 계층에 80%, 노인계층에 10%, 취약계층에 10%를 배정한다는 원칙을 세웠다. 행복주택은 가구 또는 본인의 소득 기준을 고려하기는 하지만 대학생, 신혼부부, 사회초년생, 노인계층, 산업단지 근로자 등 주로 연령에 초점을 맞춘 공공임대주택이라는 점에서 기존 공공임대주택과는 차이가 있다.

원래 박근혜 정부의 행복주택 프로젝트는 철도부지 위에 인공대지를 조성하여 아파트, 기숙사, 상업시설을 건설하는 신개념 복합 주거타운 정책으로서, 5년 동안 저렴한 임대주택과 기숙사를 총 20만 호 공급하겠다는 계획이었다. 철도부지 위에 공공임대주택을 짓는 방안에 대해 강한 비판이 쏟아지고, 실제 입지 선정 과정에서 기존 주민들의 반발이 속출하자, 박근혜 정부는 철도부지라는 말을 빼는 대신 행복주택

연도	2014	2015	2016(예정)	2017(예정)
사업승인	2.6만 호	3.8만 호	3.8만 호	3.8만 호
착공	0.6만 호	2.0만 호	3.0만 호	3.0만 호
입주	–	847호	1.0만 호	2.0만 호

자료: 국토교통부

의 취지에 부합하는 다양한 부지를 활용한다는 취지로 공공용지, 도시 재생 구역, 공기업 보유 토지 등에 짓겠다는 입장을 밝혔으며 공급 목표도 20만 호에서 14만 호로 축소했다.

〈표 7-8〉에 따르면 행복주택은 임기 첫해인 2013년에는 한 채도 사업승인이 되지 않아 정책추진에 어려움이 있었으며, 입주가 시작된 2015년에는 입주 물량이 847호에 불과해 박근혜 정부 대표 브랜드라 부르기에는 초라한 상황이다.

문제는 행복주택 공급 정책을 시행하면서 다른 공공임대주택 공급은 어떻게 되었는가 하는 점이다. 2016년 1월 국토교통부가 발표한 '주거안정 강화 및 민간투자 활성화' 방안에 따르면, 박근혜 정부는 "건설임대 7만 호, 매입·전세임대 4.5만 호 등 총 11.5만 호의 공공임대주택을 차질 없이 공급(준공)하여 2017년까지 총 52.7만 호 공급을 추진"하겠다는 입장이다. 이 목표를 두고 국토교통부는 "역대 두 번째로 많은 수준"이라고 자화자찬했다. 11.5만이라는 수치는 장기 공공임대주택 공급이 가장 많았던 노무현 정부 임기 마지막 해인 2007년의 공급 물량을 연상시킨다.

과연 박근혜 정부가 노무현 정부에 비견될 만큼 서민을 위해 대대적인 공공임대주택 공급 정책을 펼치고 있는 것일까? 〈표 7-9〉는 전혀 그렇지 않다는 것을 분명히 보여준다. 공공임대주택 통계는 주의 깊게

(단위: 만 호)

	영구임대	국민임대	행복주택	공공임대	매입·전세임대	계
사업승인	0.2	0.7	3.8	3.2	4.2	12.1
준공	0.4	3.3	0.2	3.4	4.2	11.5

자료: 국토교통부

살펴야 하는데, 기준이 사업승인·착공·준공 등 여럿이기 때문이다. 대부분의 경우 사업승인 기준의 수치를 사용하는데 국토교통부는 그건 언급하지 않고 준공 기준 수치를 내세우고 있다. 그 이유는 사업승인 기준의 장기 공공임대주택 공급 목표가 형편없는 수준이기 때문이다. 2016년 영구임대주택과 국민임대주택을 겨우 0.9만 호 공급하겠다는 내용이니 이를 밝힐 수는 없고, 좀 나아 보이는 수치인 준공 기준의 물량을 사용하지 않았을까 짐작한다. 게다가 장기 공공임대주택에 포함되지 않는 공공임대(5~10년 임대)와 매입·전세임대까지 넣어서 11.5만 호라는 공급 목표를 계산하고 있으니 그 입장이 옹색하기 짝이 없다.

주거빈곤층을 위한 장기 공공임대주택 공급을 대폭 축소시켰다는 점에서 박근혜 정부의 정책은 이명박 정부의 정책보다도 더 반서민적이다. 물론 행복주택을 넣어서 생각하면, 노무현 정부의 정책목표를 반토막 낸 이명박 정부 때 정도의 장기 공공임대주택이 공급되기는 하지만, 행복주택은 영구임대주택이나 국민임대주택과는 성격이 다르다. 단, 주거급여 지급을 시작했고, 공공임대주택 공급 방식을 다양화(소규모 정비를 통한 도심 내 임대주택 공급 확대, 공공임대주택에 대한 사회적 기업 및 지자체 참여 확대)하고 있으며, 노인복지서비스가 결합된 공공실버주택 공급을 추진하고 있다는 점에서 진일보한 면이 없지 않으나 저소득층의 주거 문제를 완화하기에는 턱없이 부족한 수준이다.

5. 맺음말

높은 부동산 가격을 그냥 두고는 소득과 부의 불평등 문제와 주거 문제, 그리고 저성장 문제를 해결할 수 없다. 그렇다고 부동산 가격을 급격하게 떨어뜨리는 것은 거시경제와 금융시장에 너무 큰 충격을 유발하기 때문에 시도하기 어렵다. 방법은 두 가지밖에 없다. 이 방법들을 택하지 않고서는 한국의 부동산 문제를 근본적으로 해결할 수 없다. 하나는 토지보유세를 점진적으로 강화하여 부동산 가격을 서서히 하락시키는 것이며, 다른 하나는 주거 문제로 고통당하는 서민들을 위해 장기 공공임대주택 공급을 증가시키는 것이다. 나머지 잡다한 정책들은 다 곁가지이다. 이 두 가지 정책에 대해 조세저항과 재원 부족을 이유로 난색을 표하는 사람들이 있다. 하지만 필자가 보기에 그것은 핑계에 불과하다. 노무현 정부가 조세저항에 효과적으로 대처하면서 보유세 강화 정책을 본격 추진했던 것을 기억하라. 그리고 김대중 정부가 장기 공공임대주택을 연 10만 호 공급하는 정책을 수립하고 노무현 정부는 그 정책을 실행에 옮겼던 것도 기억하라. 이러한 정책기조가 계속 유지됐더라면, 한국 정부는 이미 부동산 문제를 상당 부분 해결하고 많은 국민의 눈에서는 눈물이 사라졌을지도 모른다.

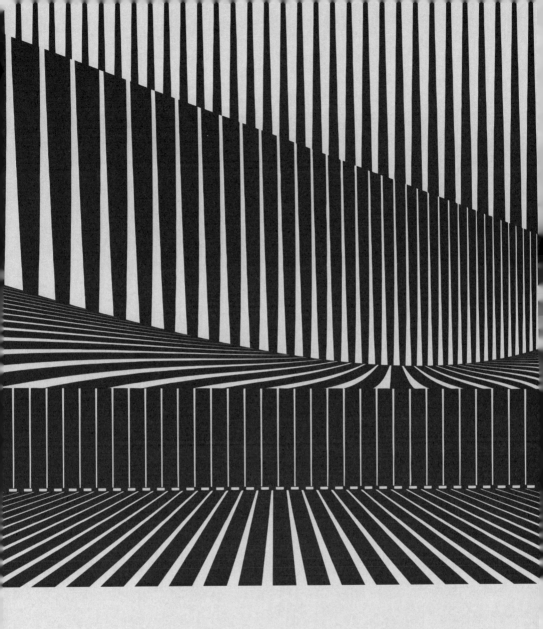

재정,   3부
복지,
연금,
교육

8. 한국형 복지국가와 재정개혁 과제[1]

강병구

1. 문제 제기

'저부담·저복지' 국가로 표현되듯이 우리나라의 조세부담률과 복지지출은 OECD 회원국 가운데 최하위 수준이다. 더욱이 조세 및 이전지출의 재분배 기능이 매우 미약하여 재정정책이 소득불평등을 개선하는데 별로 기여하지 못하고 있다. 노동소득분배율의 지속적 하락과 소득불평등 심화로 국민경제의 안정적 성장은 물론 복지국가의 발전이 위협을 받고 있는 우리의 현실을 고려할 때 이러한 재정체계의 특징은 극복되어야 할 대상이다. 다만 대안적 재정체계를 모색함에 있어서는 복지체제에 대한 이해가 필요하다. 왜냐하면 재정에 의해 뒷받침되어야하는 복지체제는 재정체계와 불가분의 관계에 있기 때문이다.

복지국가는 사민주의·보수주의·자유주의·남유럽 복지국가 등으로 유형화할 수 있다. 기존의 연구에 따르면 소위 '노동력의 탈상품화'를 기준으로 할 때 사민주의 복지국가는 자유주의 복지국가에 비해 우

---

1. 이 글은 2015년 한국사회경제학회 겨울 학술대회에서 필자가 발표한 「복지국가모델의 구성과 한국의 재정계획」을 수정·보완한 것이다.

월한 복지체제로 평가된다. 서구의 복지국가와 달리 동아시아 국가들은 복지국가 발전의 일반성을 공유하면서도 독자적인 복지제도를 발전시키고 있다. 하지만 별도의 복지체제로 유형화하는 것은 다소 유보적이다.

한편 우리나라의 복지체제와 재정체계는 복지국가 발전의 보편성과 동아시아 국가의 특수성을 공유하면서도 일제에 의한 식민지 경험과 분단체제, 개발독재와 재벌체제, 세계자본주의 분업체제로의 편입시점 등의 역사적 경로에 의해 차별화된 복지국가의 성격을 보이고 있다. 특히 "밀물에 배를 띄웠던" 운 좋은 복지국가들과 달리 썰물에 노를 저어야 하는 상황에 놓여 있기 때문에 복지국가의 발전에 있어서도 서구는 물론 여타의 동아시아 국가들과 일정한 차이를 보이고 있다.

더욱이 1997년과 2008년 두 차례의 경제위기를 거치면서 신자유주의적 정책이 더이상 복지국가의 대안적 정책일 수 없다는 사실에 동의하지만, 정작 대안체제로서의 한국형 복지국가와 그에 조응하는 재정체계에 관한 논의는 일천한 상태에 있다. 이에, 이 글에서는 서구의 복지국가와 비교하여 우리나라 재정체계의 특성을 밝히고, 미래 복지국가의 발전을 위한 재정개혁의 과제를 모색한다.

이를 위해 2절에서는 복지국가의 유형화를 통해 우리나라 복지의 현주소를 확인하고, 복지국가 유형별 재정지출의 추이를 비교한다. 3절에서는 우리나라 재정체계의 특징을 조세체계와 재정지출구조의 두 측면에서 살펴본다. 4절에서는 미래 한국의 복지국가가 나아가야 할 방향을 설정한 후 그에 조응하는 재정개혁의 과제를 제시한다. 5절은 맺음말이다.

2. 복지국가의 유형과 재정

1) 복지국가의 유형

복지국가는 경제체제로서의 자본주의와 정치체제로서의 민주주의 간 상호작용의 산물이며, 발전의 보편적 성격과 함께 개별 국가에 고유한 역사적·문화적·사회적 특성에 의해 상이한 경로가 형성된다. 따라서 복지국가의 발전 과정을 온전히 이해하기 위해서는 발전의 보편성과 경제성장 및 정치지형, 인구 및 산업구조의 변화로부터 초래되는 국가 고유의 특성을 동시적으로 파악해야 한다. 특히 자본축적을 둘러싼 자본과 노동 간 권력관계, 국가의 성격과 정치지형의 특성은 복지국가의 형태와 제도의 성격을 규정짓는 요인이라고 할 수 있다.[2]

서구 복지국가의 발전 과정에서 복지에 대한 국민국가의 책임과 역할을 근본적으로 변화시킨 두 개의 힘은 산업화와 민주화로 간주된다.[3] 19세기 중반 이후 산업화 과정에서 배태된 소외와 빈곤, 질병, 장애, 노령, 실업 등 생애주기에 걸쳐 발생하는 위험의 사회화는 시민들의 민주적 요구를 수용하는 국민국가의 발전에 따른 것이었다. 제2차 세계대전 이후 자본주의의 황금기에 각국의 복지제도는 급속히 발전했지만, 1970년대 이후 경기침체와 신자유주의 경제사조의 대두 그리고 세계화의 진행에 따라 복지국가 또한 변화가 불가피하였다. 특히 세계화에 따른 복지국가의 수렴 여부와 복지국가와 세계화 사이의 양립가능성은

2.　복지국가 발전의 동력에 대해서는 여유진 외(2014) 참조. Flora and Alber(1981), 송태수 (2003)는 복지국가를 탄생시킨 동력으로 산업화와 민주화 그리고 관료주의의 발달을 동반하는 국민국가의 형성 및 건설을 제시했다.

3.　복지국가 발전에서 산업화와 민주화의 상호작용 및 역할에 대해서는 Kuhnle and Sander(2010) 참조.

실증적으로 규명되어야 할 주요 쟁점이었다. 선험적으로 세계화에 대응하는 복지국가의 대응은 양극화를 심화시키는 방향으로 나아갈 수도 있고 반대의 방향으로 나아갈 수도 있다. 한편으로는 세계적 규모의 경쟁으로 복지 축소와 감세에 대한 압력이 커져 최소복지국가(minimalist welfare state)로 수렴하거나 다른 한편으로는 사회안전망을 강화하여 세계화에 따른 양극화 현상에 적극적으로 대처하게 되는 것이다.[4] 이러한 변화의 방향을 결정하는 요인은 경제적이면서 동시에 정치적이다.

한편 자본주의 국가는 축적과 정당화(accumulation and legitimization)라는 두 개의 기본적이면서 상충적인 기능을 충족시켜야 한다.[5] 다시 말하면, 국가는 자본축적(capital accumulation)이 가능한 조건뿐 아니라 사회적 조화(social harmony)를 이루기 위한 조건도 동시에 유지 또는 창출해야 한다는 것이다. 자본주의 국가가 자본축적을 위해 특정 계급을 희생시키는 강제력을 동원한다면 국가의 정당성을 상실하고 충성과 지지기반을 침식당하게 될 것이다. 반면에 자본주의 국가가 자본축적 과정을 지원하지 않는다면 국가권력의 원천, 즉 잉여생산의 능력과 조세수입을 고갈시키는 위험에 직면할 것이다.

이와 같이 축적 과정에 조응하는 자본주의 국가의 정당화 노력과 산업화 과정의 사회적 위험을 관리하는 방식에 따라 복지국가의 성격이 규정되지만, 복지제도의 구성에 있어서 보편주의와 선별주의의 결합방식, 재원을 조달하는 조세체계의 차이에 의해 복지국가 유형은 달라진다. 특히 복지국가의 유형화와 관련하여 에스핑-앤더슨(Esping-Andersen)은 '노동력의 탈상품화' 정도를 기준으로 복지국가를 사민주

---

4. 세계화에 따른 복지국가 재정정책의 차이에 대해서는 Castles(2004) 참조.
5. 자본주의 국가의 역할에 대해서는 O'Connor(1973)를 참조했다. 그에 따르면 재정지출은 자본주의 국가에 고유한 두 개의 기능, 즉 축적과 정당화에 조응하여 사회자본(social capital)과 사회비용(social expenses)이라는 이중의 특성을 갖는다.

의·보수주의·자유주의 복지국가로 구분하였다.[6] 노동력의 탈상품화는 '산업화와 민주화', '축적과 정당화'라는 국가의 조정 역할을 매개로 그 정도와 양태가 달라진다. 다만 에스핑-앤더슨의 유형화는 남유럽과 동아시아 국가들에서 나타나는 복지체제의 특성을 구분해내지 못한 한계를 갖는다. 반면에 캐슬스(Castles, 1998)는 정치·제도적 변수와 사회경제적 지표를 이용하여 서구의 복지국가를 앵글로색슨형·스칸디나비아형·대륙형·남유럽형으로 구분하면서 일본과 스위스를 예외적 유형으로 간주하였다. 이러한 유형화는 남유럽형을 제외할 경우 사민주의(스칸디나비아형)·보수주의(대륙형)·자유주의(앵글로색슨형) 복지국가와 비슷하지만,[7] 여전히 동아시아 국가들의 복지체제는 이들 연구에서 독자적 유형으로 분류되지 않는다.

〈표 8-1〉에서 보듯이 사민주의와 보수주의 복지모형은 모두 보편주의를 적용하고 있으며, 보수주의 모형이 직종별로 분리된 사회복지제도를 기반으로 하는 반면에 사민주의 모형은 전 국민을 대상으로 하는 복지제도를 특징으로 한다. 자유주의 복지모형은 저소득층에 초점을 두는 잔여주의가 강하며, 남유럽형은 대규모의 복지 사각지대와 노동시장에서의 지위에 따른 복지보상의 극심한 차이를 특징으로 한다. 그 결과 사민주의와 보수주의 복지체제는 탈상품화의 정도가 비교적 높지만 자유주의 복지체제에서는 그 정도가 낮고, 남유럽형의 경우에는 남성 정규직 노동자를 중심으로 탈상품화의 정도가 높지만 주변부 노동자들의 경우는 미약한 것으로 평가된다.[8]

---

6. 노동력의 탈상품화(decommodification)란 개인 또는 가족이 시장 참여와 관계없이 사회적으로 수용할 만한 수준의 생활을 보장받을 수 있는 정도를 의미한다. 에스핑-앤더슨(1990)의 실증분석에 따르면 복지제도의 특성을 양적으로 표시한 탈상품화지수는 사민주의 복지국가에서 가장 높고, 자유주의 복지국가에서 가장 낮다.
7. Ferrera(2010)는 남유럽형 복지국가를 별도의 유형으로 분리하고 있다.
8. 복지국가의 유형에 대한 자세한 논의는 김연명(2015) 참조.

구분	사민주의 복지체제	보수주의 복지체제	자유주의 복지체제	남유럽형 복지체제
탈상품화 정도	높음	높음	낮음	높음 (남성 정규 노동자)
계층화 유형	없음	지위차별화 직종별 사회보험	이중주의	지위차별화 복지 사각지대
탈가족주의 정도	높음 (높은 국가책임)	낮음 (높은 가족책임)	높음 (높은 시장구매)	낮음 (높은 가족책임)
대표 국가	스웨덴, 핀란드	독일, 프랑스	미국, 영국	이탈리아, 스페인

자료: 김연명, 2015.

한편 동아시아에서 복지국가의 발전은 서구적 시각에서 평가할 때 '동아시아 예외주의'로 간주된다. 에스핑-앤더슨은 일본을 보수주의와 자유주의 복지체제가 결합된 혼합형 복지체제 또는 자유주의적 특성을 지닌 보수주의 복지체제로 규정했다. 가족과 공동체 복지의 강한 영향력을 특징으로 하는 '유교주의 복지국가론', 성장우선주의에 매몰된 '생산주의 복지체제론', 복지제도와 유사한 기능을 하는 다른 제도들의 존재를 강조하는 '기능적 등가물' 또는 '유사복지제도' 등은 모두 동아시아 국가들에서 나타나는 복지체제의 예외성을 강조하는 것이다.[9]

우리나라는 복지국가 발전의 일반성과 함께 동아시아 국가에서 나타나는 복지국가 발전의 특수성을 공유하면서도 일제에 의한 식민지 경험과 분단체제, 개발독재와 재벌체제, 세계자본주의 분업체제로의 편입 시점 등의 역사적 경로에 의해 일본과는 차별화된 복지국가의 성격을 보이고 있으며, 이러한 정치경제적 변수는 한국형 복지국가의 발전을 조건 짓는 요인으로 작용하고 있다. 특히 우리나라는 "밀물에 배

---

9. 동아시아 복지국가의 예외주의에 대해서는 김연명(2011); Holliday(2005); Esping-Andersen (1999); Jones(1993) 등을 참조.

를 띄웠던" 운 좋은 복지국가들과 달리 썰물에 노를 저어야 하는 상황
에 놓여 있기 때문에 복지국가 발전에서도 서구는 물론 여타의 동아시
아 국가들과 일정한 차이를 보일 수밖에 없다.[10]

2) 복지국가의 재정

복지국가의 재정 추이를 보면 1960년대 이후 지속적으로 증가하
던 국민부담률이 1980년대 들어 다소 둔화되었지만, 2008년 경제위
기 이후 다시 증가세로 전환되었다. 〈그림 8-1〉에서 보듯이 1965년 복
지국가의 국민부담률은 26.2%였지만 2014년에는 37.3%로 증가했다.
또한 공공복지지출도 1980년대 이후 지속적 증가세를 보이고 있으며,
2008년 경제위기 이후 큰 폭으로 증가했다. 1980년에 복지국가의 공
공복지지출은 GDP 대비 17.7%에서 2014년에는 25.1%로 증가했다.
소위 '바닥으로의 질주'로 표현되는 복지국가의 후퇴가 현실화되지는
않았다. 이러한 추이를 종합적으로 고려할 때 자본축적 과정의 변형으
로서 세계화와 복지국가의 발전은 양립가능하며 그 양태는 노동과 자
본의 역학관계에 의존한다고 할 수 있다.

다만 복지국가의 조세 및 재정 체계는 복지국가 유형별로 일정한
차이를 보인다. 〈그림 8-1〉의 우측 상단에서 보듯이 사민주의 복지국가
에서 국민부담률이 가장 높고, 보수주의와 자유주의 복지국가들이 그
다음 순위를 이어가고 있으며, 양자 간 차이는 좁혀지고 있지 않다. 남
유럽형 복지국가는 1992년부터 자유주의 복지국가의 국민부담률을 추

---

10. 여유진 외(2014)에 따르면 우리나라는 전 산업사회의 가족주의와 공동체주의에 의지해 급속한
경제성장을 이루었지만, 강한 유교문화가 지배했던 전 산업사회, 식민지 지배, 전쟁과 분단, 그리고
권위주의적 경제발전의 유산들은 사회복지의 이념형적 발전에 '경로의존적 제약' 요인으로 작용하고
있다.

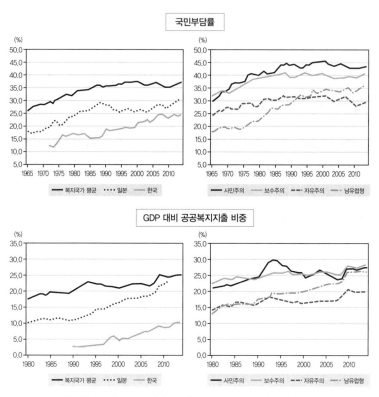

〈그림 8-1〉 복지국가 유형별 국민부담률과 공공복지지출 추이

국민부담률

GDP 대비 공공복지지출 비중

주: 1) 사민주의(덴마크·핀란드·노르웨이·스웨덴), 보수주의(오스트리아·벨기에·프랑스·독일·네덜란드),
자유주의(호주·캐나다·아일랜드·뉴질랜드·영국·미국), 남유럽형(그리스·이탈리아·포르투갈·스페인).
복지국가 평균은 사민주의·보수주의·자유주의·남유럽형에 속한 국가들의 평균.
2) 통계치 누락으로 인해 호주와 네덜란드의 2014년 국민부담률은 2013년 수치로 대체. 오스트리아 공공복지지출의
1981~1984년 수치는 1980년과 1985년의 평균값, 1986~1989년 수치는 1985년과 1990년의 평균값, 노르웨이
1981~1984년과 1986~1987년의 공공복지지출은 각각 1980년과 1985년의 평균값,
1985년과 1988년의 평균값으로 대체. 뉴질랜드의 2014년 공공복지지출은 2013년 수치.
자료: http://stats.oecd.org, 2016. 1. 21. 추출.

월하여 점차 그 격차를 벌리고 있다. 1965년에 사민주의·보수주의·자
유주의 복지국가의 국민부담률은 각각 30.0%, 32.1%, 24.4%였고,
2014년에는 각각 44.1%, 41.1%, 29.9%로 증가했다. 남유럽형 복지국

가의 국민부담률은 1965년 17.9%에서 2014년 36.8%로 가장 급속한 증가율을 보였다.

반면에 자유주의 복지국가를 제외한 나머지 복지국가들의 GDP 대비 복지지출 비중은 수렴하는 현상을 보이고 있다. 특히 2008년 경제위기 이후 남유럽형 복지국가의 복지지출이 급속히 증가하면서 수렴현상이 뚜렷해졌다. 〈그림 8-1〉의 하단 오른쪽에서 보듯이 1980년 사민주의·보수주의·남유럽형 복지국가의 GDP 대비 공공복지지출 비중은 각각 21.2%, 22.6%, 13.3%였지만, 2014년에는 각각 27.8%, 28.3%, 26.2%로 증가했다. 자유주의 복지국가의 경우 같은 기간에 14.2%에서 19.8%로 증가했다.

한편 한국과 일본은 모두 동아시아 복지국가로 분류되지만 국민부담률과 공공복지지출에서 차이를 보이고 있으며, 특히 공공복지지출의 격차가 크게 나타나고 있다. 〈그림 8-1〉에서 보듯이 한국과 일본의 국민부담률은 1972년에 각각 12.4%와 20.1%에서 2013년 24.3%와 30.3%로 변하여 그 격차가 7.7%p에서 6.0%p로 축소되었지만, GDP 대비 공공복지지출의 비중은 그 격차가 오히려 증가했다. 일본과 한국의 공공복지지출 비중은 1990년 각각 11.1%와 2.8%에서 2011년 23.1%와 9.0%로 변하여 그 차이는 8.3%p에서 14.1%p로 증가했다. 2014년 한국의 GDP 대비 공공복지지출은 10.4%로 증가했지만, 여전히 낮은 수준이다.

3. 한국의 재정체계

우리나라는 한국전쟁 이후 소위 '자본주의의 황금기'에 급속한 경제성장을 이룩했지만, 저임노동을 기반으로 한 수출주도형 산업화 전략은 초기 복지제도의 발전을 억제하였고, 자본형성과 저임노동의 지원이라는 개발시대의 정책기조가 오늘날에도 여전히 재정체계에 반영되고 있다. 그 결과 조세부담률은 낮고 과세공평성이 취약하며 사회보호지출은 미약하고 경제사업비 비중이 높은 수준이다. 또한 조세 및 이전지출의 재분배기능이 취약하고, 분단체제로 인해 국방비 지출 비중이 높다. 이와 같은 재정체계의 구조적 특징은 동아시아 국가들에서 나타나는 복지체제의 예외성이 반영된 결과이기도 하다.

1) 조세체계

국가의 재정활동은 조세수입과 재정지출 두 측면으로 구성된다. 먼저 〈표 8-2〉에서 보듯이 우리나라의 국민부담률(총조세부담률)은 비교되는 복지국가 중 가장 낮은 수준이고, 개인소득세, 부동산보유세, 사회보장기여금의 GDP 대비 세수 비중은 여타의 복지국가에 비해 낮지만, 법인소득세와 금융·자본거래세는 높다. 사민주의 복지국가와 비교할 때 금융·자본거래세와 종업원의 사회보장기여금을 제외한 주요 세목에서 세수 비중이 낮고, 특히 개인소득세와 일반소비세, 그리고 고용주의 사회보장기여금 비중이 낮다. 자유주의 복지국가에 비해서도 여전히 개인소득세와 일반소비세, 부동산보유세의 비중은 낮지만, 법인소득세, 개별소비세, 금융·자본거래세, 종업원 및 고용주의 사회보장기여금 비중은 높다. 일본과 비교할 때 소비세와 금융·자본거래세의 비중은 높지만, 소득세와 사회보장기여금을 비롯하여 나머지 세목의 세수비중은 낮다.

2013년 GDP 대비 소득세수 비중은 3.7%로 일본을 비롯하여 비교되는 복지국가들 중 가장 낮은데, 그 이유는 노동소득분배율이 낮고 근로소득공제가 클 뿐만 아니라 자본소득에 대한 과세가 취약하고, 자영

(단위: %)

유형	국민부담률	소득과세		소비과세		재산과세		사회보장기여금	
		개인 소득세	법인 소득세	일반 소비세	개별 소비세	부동산 보유세	금융·자본 거래세	종업원	고용주
사민주의	43.7(35.6)	15.3	4.1	8.9	3.7	0.8	0.3	2.3	5.5
보수주의	41.1(26.2)	9.5	2.3	7.1	3.2	1.1	0.5	5.4	7.7
자유주의	29.5(25.7)	10.3	3.2	5.4	2.6	2.2	0.4	1.5	2.1
남유럽형	36.4(25.4)	8.2	2.5	6.8	3.9	1.1	0.6	3.1	6.6
일본	30.3(17.9)	5.8	4.0	2.8	2.0	2.0	0.3	5.4	5.6
한국	24.3(17.9)	3.7	3.4	4.1	2.9	0.8	1.5	2.7	2.9

주: 괄호 안의 수치는 조세부담률. 재산과세는 부동산보유세(재산세·종합부동산세·각종 부가세), 부유세, 상속세,
　　금융·자본거래세 등으로 구성되며, 일반소비세에는 부가가치세와 판매세가 포함됨.
자료: www.oecd.org/statistics.

업자의 소득파악률이 낮기 때문이다. 법인세수의 비중은 3.4%로 사민
주의 복지국가와 일본에 비해 낮지만, 나머지 유형의 복지국가에 비해
서는 높은 편이다. 한국의 법인세수 비중이 높은 이유는 낮은 노동소득
분배율과 재벌대기업으로의 경제력 집중, 개인소득세율에 비해 크게
낮은 법인세율로 인한 법인사업자 증대 등으로 법인세 과세소득이 크
기 때문이지 개별 기업의 조세부담이 높기 때문은 아니다. 또한 우리나
라 고용주의 사회보장기여금 비중은 자유주의 복지국가 다음으로 낮은
수준이다. 그 이유는 전반적으로 고용률이 낮고, 사회보험의 사각지대
가 넓고, 고용주에게 부과하는 사회보험료율이 낮기 때문이다. 우리나
라의 조세부담률은 일본과 비슷한 수준이지만 사회보장기여금 차이로
인해 국민부담률은 낮다.

　한편 우리나라의 조세부담률이 낮은 이유는 전반적으로 주요 세목
의 세율이 낮고, 막대한 비과세감면제도와 지하경제로 인해 과세기반
이 취약하기 때문이다. 먼저 〈표 8-3〉에서 보듯이 한국의 개인소득세

〈표 8-3〉 OECD 회원국 세목별 최고세율

(단위: %)

유형	개인소득세 (2014년)	법인세 (2015년)	부가가치세 (2015년)	사회보장기여금(2014년)	
				종업원	고용주
사민주의	51.9	23.1	24.8	7.36	22.67
보수주의	51.5	29.7	20.2	19.30	25.77
자유주의	44.7	26.0	14.6	8.62	11.45
남유럽형	50.9	28.3	22.3	10.96	27.94
일본	50.8	32.11	8.0	14.12	14.60
한국	41.8	24.2	10.0	8.34	10.29

주: 1) 법인세 국세는 지방소득세공제제도를 적용한 수치이며, OECD 회원국 중
8개 국가에서 법인세에 지방소득세를 부과함.
2) 사회보장기여금의 경우 단일요율을 적용하는 국가는 단일요율을 최고요율로 간주하되 사회보장기여금을
부과하지 않거나 정액으로 부과하는 호주, 칠레, 덴마크, 뉴질랜드 등은 제외.
자료: www.oecd.org/statistics.

최고세율(부가세 포함)은 2014년에 41.8%로 일본은 물론 비교되는 복지
국가들에 비해 낮은 수준이며, 법인세 최고세율(부가세 포함)은 사민주
의 복지국가에 비해 다소 높지만 일본을 비롯한 여타 복지국가에 비해
낮은 수준이다.[11] 한국의 2015년 부가가치세 표준세율은 10.0%로 일
본을 제외한 여타의 복지국가들에 비해 낮다. 다만 많은 국가에서 부가
가치세 경감세율을 적용하기 때문에 표준세율을 기준으로 비교하는 것
은 다소 문제가 있다. 예를 들면 스웨덴의 경우 부가가치세 표준세율은
25%이지만 0%, 6%, 12%의 경감세율을 적용하고 있다. 우리나라의 사
회보험료율도 비교되는 복지국가에 비해 낮은 수준이다. 2014년에 종
업원과 고용주에게 적용되는 사회보험료율은 각각 8.34%와 10.29%로

11. 하지만 사민주의 복지국가들의 경우 법인세 단일세율을 적용하기 때문에 우리나라에 비해 법인
세율은 낮지만 GDP에서 차지하는 법인세수 비중은 높다. 2015년 덴마크, 핀란드, 노르웨이, 스웨덴
의 법인세율은 각각 23.5%, 20.0%, 27.0%, 22.0%이다.

<표 8-4> 국세감면액 추이

(단위: 조 원, %)

연도	2007	2008	2009	2010	2011	2012	2013	2014	2015
국세감면액	23.0	28.8	31.1	30.0	29.6	33.4	33.8	34.3	35.9
국세수입액	161.5	167.3	164.5	177.7	192.4	203.0	201.9	205.5	217.9
국세감면율	12.5	14.7	15.8	14.4	13.3	14.1	14.3	14.3	14.1

자료: 기획재정부, 『조세지출보고서』, 『조세지출예산서』, 각 연도.

자유주의 복지국가에 비해서도 낮은 수준이다.

다음으로 우리나라의 조세체계는 다양한 비과세감면제도와 지하경제로 인해 과세기반이 상당히 취약한 상태에 있다. 소득탈루율이 높은 자영업자와의 과세형평성을 고려하여 근로소득공제를 도입하고, 수출주도형 산업화의 과정에서 저임금체제를 지원하고자 다양한 소득공제를 제공했다. 또한 기업의 투자 및 고용을 유도하기 위해 대규모의 법인세액 공제를 적용하고 영세사업자에게는 간이과세제도를 적용하여 저소득을 지원했다. 하지만 근로소득공제는 고소득자에게 집중되고, 법인세액 공제의 투자 및 고용효과가 미약하며, 간이과세제도의 오남용으로 과세기반이 크게 위축되었다.

그 결과 <표 8-4>에서 보듯이 2007년 이후 국세감면액은 증가 추세에 있으며, 2015년 말 현재 국세감면액은 35조 9,000억 원으로 14.1%의 국세감면율을 기록했다. 더욱이 『조세지출예산서』에서는 과세체계상 정상적 감면과 특별한 정책적 감면을 구분하여 특별한 정책적 감면만을 조세감면 규모에 포함시키기 때문에 정상적 감면에 해당하는 개별 세법의 조항들은 조세감면에서 누락되어 있다. 예를 들면 '소득세법'상 근로소득공제와 근로소득세액공제는 『조세지출예산서』의 조세감면에 포함되지 않는다. 따라서 정상적 감면을 포함시킬 경우 국세감면액은 크게 증가할 것이다.[12]

더욱이 정부의 조세감면은 주로 고소득층과 대기업에 집중되어 있다. 먼저 〈표 8-5〉에서 보듯이 근로소득과 종합소득의 경우 소득수준이 높아질수록 소득공제율은 낮아지지만 전체 소득공제액에서 차지하는 비중은 커지고 있다. 2013년 전체 근로소득자에게 제공된 (근로)소득공제액은 총 300.1조 원으로 이는 당해 연도의 세율을 적용하여 추정할 경우 50.1조 원의 감세액에 해당한다. 최상위 10% 근로소득자 집단의 (근로)소득공제액은 64.0조원으로 39.3%의 소득공제율을 기록했고, 감세 규모는 17.5조 원으로 전체의 34.9%에 달한다. 납부세액을 초과하는 감세로 인해 전체 근로소득자의 실효세율은 4.5%에 불과하고, 6분위 이하의 소득구간에서 실효세율이 1% 이하에 머물고 있으며, 최상위 10% 소득집단의 경우에도 10.1%에 불과하다. 이러한 하위소득집단과 상위소득집단 간 실효세율의 격차는 세율구조뿐만 아니라 불평등한 소득분배구조가 반영된 결과이기도 하다. 2013년에 근로소득자와 종합소득자 5분위의 평균소득은 각각 1,822만 원과 935만 원이지만, 최상위 10% 집단의 평균소득은 각각 9,967만 원과 1억 6,508만 원을 기록했다.

종합소득의 경우 전체 소득공제액은 32.9조 원으로 24.5%의 소득공제율을 기록했고, 감세규모는 7.79조 원가량으로 추정된다. 최상위 10% 소득집단의 소득공제액은 8.7조 원으로 11.6%의 소득공제율을 기록했고, 감세액은 4.71조 원으로 전체의 60.5%를 차지했다. 다만 근로소득이 없는 종합소득자에게는 근로소득공제가 적용되지 않기 때문에 전체 종합소득자의 실효세율은 13.8%로 근로소득자보다 높다.

다음으로 법인세의 경우 법인세 공제·감면 혜택이 대기업에 집

---

12. 김재연 의원실(2013)에 따르면 이 법에 있는 정상적 감면을 모두 포함할 경우 국세감면액은 2012년도의 경우 50조 원을 초과할 것으로 추정된다.

(단위: 조 원, %)

구분	근로소득					종합소득				
	(근로)소득공제		감세액		실효세율	소득공제		감세액		실효세율
	금액	공제율	금액	비중		금액	공제율	금액	비중	
1분위	3.0	100.0	0.2	0.4	0.0	0.4	97.8	0.02	0.3	0.8
2분위	10.1	100.0	0.6	1.2	0.0	1.3	82.5	0.08	1.0	0.8
3분위	16.7	95.5	1.0	2.0	0.1	1.6	70.7	0.10	1.3	1.5
4분위	21.3	89.9	1.7	3.4	0.3	2.0	63.2	0.13	1.7	1.9
5분위	25.2	81.7	2.7	5.4	0.5	2.4	57.2	0.16	2.1	2.2
6분위	29.4	74.0	3.9	7.8	0.7	2.9	49.5	0.23	3.0	2.6
7분위	35.4	68.8	5.4	10.8	1.2	3.4	41.4	0.45	5.8	3.5
8분위	43.1	64.1	6.9	13.8	2.1	4.2	33.8	0.67	8.6	5.5
9분위	52.4	57.4	10.1	20.2	3.6	6.0	28.7	1.23	15.8	7.5
10분위	64.0	39.3	17.5	34.9	10.1	8.7	11.6	4.71	60.5	20.8
상위 1%	7.9	21.6	3.0	6.0	20.2	1.3	4.4	1.70	21.8	28.8
전체	300.8	60.4	50.1	100.0	4.5	32.9	24.5	7.79	100.0	13.8

주: 과세미달자를 포함한 근로소득자 1,635만 9,770명과 종합소득자 456만 4,682명을 대상으로 함.
(근로)소득공제액=총급여액−과세표준액. (근로)소득공제율=(근로)소득공제액/총급여액.
종합소득공제액=종합소득금액−과세표준액. 종합소득공제율=종합소득공제액/종합소득금액.
자료: 홍종학 의원실(2015)의 자료를 이용하여 직접 계산.

중되어 실질적 세부담은 매우 낮다. 〈표 8-6〉에서 보듯이 법인세 공제·감면 혜택은 중소기업 이외의 일반법인에 집중되어 있고, 일반법인이 차지하는 비중은 2008년 66.7%에서 2014년 74.5%로 증가했다. 2008~2014년 기간에 법인세 공제·감면액 58조 1,000억 원 중 73%가 일반법인에 집중되었다. 더욱이 법인세 공제·감면 혜택이 최상위 대기업에 집중되어 2014년 과세표준 5,000억 원을 초과하는 42개 대기업의 평균실효세율은 16.4%로 1,000억~5,000억 원 이하 구간에 속하는 기업들의 평균실효세율 18.4%보다 낮다. 〈표 8-7〉에서 보듯이 우

〈표 8-6〉 법인세액 공제 · 감면 추이

(단위: 조 원, %)

구분	2008년		2014		2008~2014년 누계	
	금액	비중	금액	비중	금액	비중
일반법인	4.5	66.7	6.5	74.5	42.4	73.0
중소기업법인	2.2	33.3	2.2	25.5	15.7	27.0
합계	6.7	100.0	8.7	100.0	58.1	100.0

주: 중소기업은 조세특례제한법 시행령 제2조에 의한 중소기업이며, 일반법인은 그 외의 법인.

자료: 국세청, 『국세통계연보』, 각 연도.

〈표 8-7〉 법인세 평균실효세율의 국제 비교(2013년)

(단위: %)

구분	한국	일본	미국	영국	OECD
평균실효세율	16.0	20.5	23.3	21.2	-
법인세수 / GDP	3.4	4.0	2.2	2.5	2.9
조세부담률	17.9	17.9	19.3	26.7	25.1

주: 평균실효세율=법인세액/과세표준

자료: www.oecd.org/statistics; 각국 국세청.

리나라 전체 법인기업의 2013년 평균실효세율(총납부세액/법인세 과세표준)은 16.0%로 일본(20.5%), 미국(23.3%), 영국(21.2%)에 비해 크게 낮은 수준이다.

2) 재정지출구조

일반정부의 총지출 규모는 사민주의 복지국가에서 가장 크고, 자유주의 복지국가에서 가장 낮다. 〈표 8-8〉에서 보듯이 우리나라는 자유주의 복지국가의 평균에도 크게 못 미치는 GDP 대비 31.8%를 기록하

308

(단위: %)

구분	총지출	일반 행정	국방	공공 질서	경제 사업	환경 보호	주택	보건	오락 문화	교육	사회 보호
사민주의	52.6	7.0	1.4	1.2	4.3	0.5	0.5	7.9	1.4	6.2	22.2
보수주의	50.6	6.8	1.1	1.7	4.9	0.9	0.6	7.8	1.2	5.3	20.3
자유주의	41.2	5.9	2.2	1.9	3.2	0.5	0.6	7.7	0.6	5.2	13.4
남유럽형	48.8	8.3	1.1	2.1	4.0	0.7	0.6	6.7	1.0	5.0	19.3
일본	42.4	4.5	0.9	1.3	4.4	1.2	0.8	7.4	0.4	3.6	18.0
한국	31.8	5.4	2.5	1.3	5.3	0.8	0.9	3.9	0.7	5.2	5.9

주: 자료의 부재로 인해 호주, 캐나다, 뉴질랜드, 그리스는 포함되지 않았음.

자료: http://stats.oecd.org, 2016. 1. 21. 추출.

여 적어도 재정규모에서는 작은 정부로 분류된다.[13] 재정지출의 구성면에서도 국방과 경제사업의 비중이 큰 반면 사회보호 비중은 크게 낮아 분단국가와 수출주도형 발전국가의 특징을 보이고 있다.

한편 복지지출의 구성은 복지국가 유형별로 차별화된 특성을 보이고 있다. 〈표 8-9〉에서 보듯이 사민주의 복지국가는 사회서비스와 적극적 노동시장 정책을 매개로 고용친화적 사회정책을 주도하고 있지만, 자유주의 복지국가는 낮은 수준의 사회복지지출을 빈곤완화와 보건에 집중하여 잔여적(residual) 성격의 복지체제를 대표하고 있다. 보수주의 복지국가는 전통적 사회보험국가로서의 구조적 특성과 함께, 1990년대 이후 노동시장 개혁 등을 반영하여 소득대체형 지출과 적극적 노동시장 정책에서도 높은 비중을 보이고 있다. 남유럽형 복지국가의 경우 소득대체형 지출이 매우 높아 고령층에 대한 연금급여가 상당히 관대한 지출구조를 갖고 있다. 일본의 경우 소득대체형 지출과 사고

---

13. Torres(2013)에 따르면 2012년 우리나라의 소득수준과 사회경제적 여건을 고려할 때 조세수입과 재정지출은 각각 GDP 대비 3.4%와 9.5% 증가할 수 있는 여지가 있는 것으로 평가된다.

(단위: %)

유형	소득대체형 지출	사고대응적 지출			노동시장 지출		
		합계	빈곤완화 및 보건	사회서비스	합계	적극적 노동시장 정책	실업급여
사민주의	11.5	12.9	8.9	4.0	1.3	0.4	0.9
보수주의	13.1	11.7	10.3	1.4	2.7	0.9	1.8
자유주의	7.1	11.6	10.3	1.3	1.3	0.4	0.9
남유럽형	15.3	8.7	7.8	0.9	2.3	0.6	1.7
일본	11.2	11.3	9.2	2.1	0.5	0.2	0.3
한국	2.8	5.7	4.7	1.0	0.6	0.3	0.3

주: 소득대체형 지출은 노인현금급여, 유족급여, 무능력 관련 급여로 구성되며, 빈곤완화 및 보건지출은 보건,
가족현금급여, 주거 및 기타 지출로 구성. 사회서비스는 노인서비스와 가족서비스로 구성.
자료: OECD, Social Expenditure database.

대응적 지출이 비교적 높고, 노동시장 지출은 상대적으로 작다.

우리나라는 연금제도의 도입 역사가 짧아 소득대체형 지출이 매우 작고, 빈곤완화 및 보건 지출, 노동시장 관련 지출도 낮아 전형적인 저 복지국가의 특징을 보이고 있다. 특히 소득대체형 지출과 사회서비스 는 사민주의 복지국가에 비해 크게 낮은 수준이다. 소득대체형 지출은 향후 연금제도의 성숙에 따라 증가할 것으로 전망되지만, 사회서비스 의 경우 복지재정 확충이 뒷받침되지 않으면 확대가 어려울 것이다.

복지지출에서 한국과 일본의 차이는 양국의 재정지출 구조를 반영 하는 것으로, 산업화와 민주화 과정에서 나타난 경제체제와 정치체제 그리고 노동과 자본 간 역학관계의 차이가 빚어낸 결과라고 할 수 있 다. 특히 위로부터의 산업화와 조립형 산업화의 특징을 갖는 한국의 산 업화와 달리 일본은 가공형 산업화의 길을 걸었으며, 이러한 차이가 한 국과 일본의 생산체제 차이는 물론 복지체제와 재정체계의 차이를 초 래하는 요인으로 평가된다.[14]

4. 한국형 복지국가와 재정

1) 복지국가의 미래

　우리나라는 복지국가 발전의 일반성과 '동아시아 예외주의'로 표현되는 특수성을 여타의 동아시아 국가들과 공유하면서도 상이한 역사적 경로에 의해 그들과는 차별화된 복지제도의 특성을 보이고 있다. 복지제도에서 가족과 기업에 대한 높은 의존도, 복지보다는 상대적으로 고용과 재정건전성을 강조하는 자유주의 복지국가의 특성이 바로 그것이며, 이러한 특성은 미래 한국의 복지국가 발전을 제약하는 요인으로 작용하고 있다.

　〈그림 8-2〉의 왼쪽 삼각형에서 보듯이 우리나라의 복지제도는 브와예(Boyer, 2000)의 복지삼각형에서 일본의 좌측 아랫부분에 위치하는 것으로 평가된다. 즉 국가복지가 매우 취약한 상태에서 상대적으로 가족과 기업복지에 대한 의존도가 높지만 대기업과 중소기업 그리고 정규직과 비정규직 간 기업복지 차이가 매우 크다는 특성을 보이고 있다. 또한 그림 오른쪽 삼각형에서 보듯이 우리나라는 사회경제정책에서 복지보다는 고용과 재정건전성을 강조하는 신자유주의 국가의 특성을 보이고 있다.

　일찍이 이버슨과 렌(Iversen and Wren, 1998)은 서비스 부문의 비중이 커지면서 재정건전성, 공평한 소득분배, 고용증대는 동시에 달성하기 어려운 트릴레마(trilemma)의 관계에 있으며, 개별 국가가 어떠한 조합을 선택할 것인가는 해당 국가의 정치연합, 제도, 정치경제적 제약조건 등에 따라 달라진다고 주장했다.[15] 그들에 따르면 신자유주의 국

---

14. 자세한 내용은 Estevez-Abe, Iversen and Soskice(2001)와 정준호(2014) 참조.

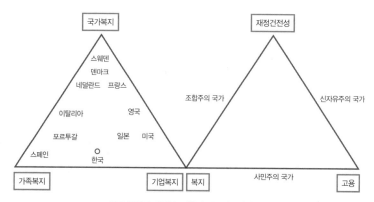

〈그림 8-2〉 복지국가의 좌표

자료: 윤영진·강병구·김은경·윤종훈·최병호, 2006; Iversen and Wren, 1998.

가는 재정건전성과 고용증대의 조합을 선택한 결과 소득불평등 구조를 심화시키고, 조합주의 국가는 재정건전성과 분배를 중요시하기 때문에 일자리창출 동력을 약화시킨다. 반면에 사민주의 국가는 연대임금과 공공부문에서의 사회적 일자리를 통해 고용과 평등을 추구하지만, 재정건전성 문제가 심각해질 경우 신자유주의 또는 조합주의 방식을 선택해야 하는 딜레마에 빠질 수 있는 것으로 평가된다.

그러나 복지국가의 발전 과정을 돌이켜 볼 때 이러한 진단과 처방은 현실의 변화를 올바르게 반영한다고 할 수 없다. 〈표 8-10〉에서 보듯이 사민주의 복지국가의 경우 소득수준과 고용률이 높고 국가채무와 소득불평등도는 낮다. 보편주의 복지를 통한 빈곤과 소득불평등의 축소, 인적자본에 대한 투자는 사회 전체의 생산성 향상과 고용증대를 초래하고, 국가의 재정건전성에 기여할 수 있음을 보여주는 것이다.[16]

15. 이하 자세한 내용은 강병구(2014) 참조.
16. 복지·고용·재전건전성의 선순환관계에 대해서는 Huber and Stephens(2002), Obinger et al.(2010) 등 참조.

〈표 8-10〉 복지국가 유형별 경제성과 비교

(단위: US 달러 PPP 환율 기준, %, 명)

유형	경제지표					사회지표	
	1인당 GDP (2014년)	고용률 (2014년)	빈곤율 (2012년)	지니계수 (2012년)	일반정부 총부채 (2012년)	출산율 (2013년)	자살률 (2012년)
사민주의	45,560	73.0(71.1)	7.3	0.259	53.0	1.77	12.2
보수주의	41,163	68.8(64.7)	8.8	0.284	97.3	1.65	13.5
자유주의	42,450	70.0(65.3)	12.1	0.337	100.1	1.86	10.4
남유럽형	28,402	56.3(50.0)	13.7	0.335	131.3	1.29	6.6
일본	34,905	72.7(63.6)	16.0	0.336	235.2	1.43	19.1
한국	33,657	65.3(54.9)	14.6	0.307	34.7	1.19	29.1

주: 구매력 지수로 환산한 2010년 불변가격 기준 미국 달러; 고용률은 15세 이상 65세 미만의 인구 대상이며 괄호 안
수치는 여성고용률; 빈곤율은 중위소득 50% 이하인 가구의 비중; 빈곤율과 지니계수의 경우
캐나다(2011년)와 일본(2009년 구기준)을 제외한 나머지 국가는 2012년 가처분소득 신기준임;
일반정부 총부채는 GDP 대비 부채 비율을 나타냄; 자살률은 2012년 인구 10만 명당 자살자 수이며,
아일랜드와 미국은 2010년, 호주·캐나다·뉴질랜드는 2011년 수치.
자료: www.oecd.org/statistics.

　　따라서 미래 한국의 복지국가 발전을 위해서는 무엇보다도 노동소
득분배율을 높이고 소득불평등을 개선하는 데 경제정책의 중점을 두어
야 하며, 재정정책은 경제의 성장잠재력을 확충하면서 성장의 결실이
사회구성원들에게 골고루 배분될 수 있도록 기능해야 한다. 성장과 분
배의 관계에 대해서는 상반된 주장이 존재하지만, 불평등한 분배구조
가 교육기회를 제약해 인적자본의 효율적 배분과 세대 간 계층이동성
을 저해하고, 사회갈등을 초래해 궁극적으로 경제성장에 부정적 영향
을 준다는 사실에 대해서는 많은 논자가 동의하고 있다.[17] 특히 우리나

---

17. Myrdal(1968)은 불평등이 생산성에 부정적 영향을 주어 경제발전을 저해한다고 주장했고,
Aghion and Howitt(1998)는 자본시장이 불완전할 경우 재분배정책은 저소득층의 인적자본에 대한
투자기회를 확대하여 경제성장에 기여할 수 있다고 주장했다. 또한 Blank(2002)는 저소득 여성, 노
인, 장애인, 아동 등을 대상으로 하는 복지정책의 경우 효율성 비용은 크지 않고, 오히려 사회자본 형

라는 소득주도 성장체제의 특성을 보이고 있기 때문에 경제의 안정적
성장과 재정건전성의 유지를 위해서도 분배구조의 개선이 요구된다.[18]
이러한 측면에서 재정의 취약한 재분배 기능을 강화하는 것은 복지국
가의 발전은 물론 경제성장을 위해 반드시 필요한 시대적 요구라고 할
수 있다.

2) 재정개혁의 과제

미래 한국형 복지국가의 발전에 조응하는 재정개혁의 과제는 공평
과세와 촘촘한 사회안전망 구축을 통해 분배와 성장의 선순환체계를
구축하는 것이다. 누진적 조세체계를 기반으로 사회안전망을 촘촘하게
구축할 경우 재정의 자동안정화장치가 강화되어 복지국가 발전은 물론
국민경제의 안정적 성장을 유인할 수 있다.[19]

그동안 한국의 재정정책은 자본형성과 저임금·장시간 노동에 유리
한 방식으로 추진되었다. 금융 및 산업 자본에 관대한 세제 혜택, 외국
인투자에 대한 우대세제, 재벌대기업의 편법 증여와 일감몰아주기에
대한 관대한 처벌, 저임금을 각종 소득공제를 통해 보전하는 조세감면
정책, 고용주의 낮은 사회보장기여금 부담과 광범위한 사회보험 사각

성을 통해 경제성장을 촉진할 여지가 큰 것으로 평가한다. 조윤제·박창귀·강종구(2012)는 소득불균
형이 높을수록 경제성장률이 낮아짐을 실증적으로 제시했다.
18. 홍장표(2014)에 따르면 한국은 외환위기 이후 총수요의 임금주도성이 강화되어 소득주도
형 경제체제의 특징을 보이고 있다. 소득주도형 경제체제와 성장전략에 대해서는 Lavoie and
Stockhammer(2013) 참조. 이들에 따르면 소득주도형 경제체제하에서 자본친화적 분배정책을 취할
경우 경제는 침체 또는 불안정한 상태에 놓인다. 소득주도형 성장전략을 뒷받침할 구체적 정책으로는
최저임금 인상과 사회보장제도 강화, 노조입법의 개선과 단체협약의 적용범위 확대, 국제적 투기자본
관리와 금융거래세 도입을 통한 금융 부문의 재정적 기여 확대 등이 있다.
19. 재정의 자동안정화 기능에 대해서는 강병구(2011) 참조. Stiglitz(2009)는 약화된 조세체계의 누
진성을 2008년 이후 경제위기에 취약해진 세계경제의 원인으로 지적했고, Auerbach(2009)는 적극
적 재정정책이 재등장하게 된 배경으로 취약해진 재정의 자동안정화 장치를 지적했다.

지대 등 그 사례는 재정체계 전반에 만연해 있다. 그 결과 세수기반이 취약해져 조세수입이 재정지출을 감당하기 어려운 지경에 이르렀다. 이러한 개발시대의 재정체계는 복지국가 시대에는 더이상 적합하지 않은 방식이다.

개발시대의 재정체계가 선택과 집중의 논리를 배경으로 한다면, 복지국가 시대의 재정체계는 연대와 공존의 원리를 바탕으로 하며, 그것은 곧 우리 사회에서 공평과세와 조세정의를 실현하고 복지제도를 확충하는 것이다. 다만 바람직한 복지제도가 선별주의와 보편주의를 합리적으로 결합하는 방식이라면 이에 조응하는 조세체계도 누진적이면서 보편적이어야 한다.

먼저 국가재정을 확충하기 위해 고소득자와 자본소득, 대기업에 대한 과세를 강화하고, 소비세 인상은 단계적으로 고려해야 한다.[20] 약화된 조세체계의 누진성은 위기에 취약한 경제구조의 원인으로 지적된다. 일부에서는 국민개세주의 원칙을 강조하면서 근로소득자 중 과세미달자 비중의 축소를 주장하지만,[21] 근로소득자의 절반이 연소득 2,000만 원 이하인 현실과 소비세의 높은 비중, 취약한 자본소득 과세를 종합적으로 고려할 때 고소득자와 자본소득에 대한 과세가 선행되어야 한다.

재정개혁의 과제로는 첫째, 대기업에 대한 법인세 실효세율을 높여야 한다. 법인세의 경우 일본·미국·영국 등에 비해 실효세율이 낮을 뿐만 아니라 법인세 공제·감면 혜택이 대기업에 집중되어 있기 때문에

---

20. 자본소득에 대한 과세강화의 필요성에 대해서는 강병구(2015) 참조. Piketty(2014)는 세습자본주의의 폐단을 막기 위해 최고세율 80%의 누진적 자본소득과세를 주장했고, Atkinson(2015)은 소득불평등을 완화하기 위해 과세기반 확충과 함께 영국의 개인소득세 한계세율을 65%까지 높일 것을 제안했다.
21. 김상조(2016)는 국민개세주의 원칙을 강화하기 위해 근로소득에 대한 최저한세의 도입을 주장한다.

최상위 대기업의 실효세율은 차상위그룹에 속한 기업들에 비해 낮다. 법인세의 미약한 투자 및 고용 효과, 대기업과 중소기업 간 불균등 발전, 재벌대기업에 쌓인 막대한 사내유보금 등을 고려할 때 대기업에 대한 실효세율 인상은 공평과세는 물론 경제의 안정적 성장을 위해서도 반드시 필요하다.

둘째, 이자·배당·임대소득 등 자본소득과 자본이득에 대한 과세를 강화해야 한다. 우리나라의 자본소득세율은 이원적 소득세제하에서 자본소득에 유리한 세율을 적용하고 있는 노르딕 국가들에 비해서도 낮다.[22] 현행 금융소득종합과세에 의하면 1인당 2,000만 원까지의 이자 및 배당소득에 대해 14%로 분리과세하고 있다. 임대소득에 대해서도 2019년부터 연간 2,000만 원까지 14%로 과세할 예정이지만, 필요경비와 기본공제를 적용하면 실효세율이 최대 3.08%로 낮아진다. 상장주식 양도차익의 경우 대주주에게 20%의 단일세율을 적용하고, 일반주주에게는 과세하지 않으며, 파생상품의 양도소득에 대해서도 2016년부터 5%로 저율 과세하기로 했다.

셋째, 부동산보유세를 강화해 조세체계의 공평성은 물론 효율성을 높여야 한다. 정부는 2013년 12월 지방세법 개정을 통해 한시적으로 적용하던 주택에 대한 낮은 취득세율을 영구적으로 인하했지만, 보유세는 그대로 유지했다. 부동산의 경우 거래세 인하와 보유세 강화가 세제개편의 기본방향이기 때문에 이명박 정부에서 약화된 부동산보유세를 정상화해야 한다.

한편 복지국가의 발전을 위해서는 세제개편과 함께 재정지출의 균형을 회복하고 재정의 사회투자 기능과 소득재분배 기능을 강화해야

---

22. 2014년 스웨덴과 노르웨이의 개인 자본소득세율은 각각 30%와 27%이며, 핀란드는 30~32%를 적용하고 있다.

한다. 한국의 사회보호 관련 재정지출은 OECD 회원국 평균을 크게 밑돌고 있지만, 국방과 경제 및 주택 관련 재정지출은 평균을 크게 초과하고 있다. 특정 부문에 편중된 이와 같은 재정지출은 분단국가의 현실과 개발시대의 구조적 특징이기도 하다. 미래 복지국가 발전을 위해서는 평화와 공존의 기치 아래 국방비 지출 요인을 축소하고 사회투자 비중을 높여나가야 한다. 특히 급속히 진행되는 우리 사회의 저출산·고령화 추이를 고려할 때 사회투자의 중요성은 더욱 커진다.

또한 재정지출 효율화를 높이기 위해서는 재정분권화, 참여예산제도, 주민소송제도의 활성화와 함께 국민소송제도의 도입이 필요하다. 재정분권은 예산지출의 효율성뿐 아니라 지역공동체의 균형발전이라는 차원에서도 매우 중요한 과제이며, 참여예산제도는 지방재정운용에서 지방자치단체와 지역주민 그리고 시민단체 간의 협력적 네트워크를 구축하기 위한 제도적 장치로서 공동체주의 이념에 기초한다. 주민소송제와 국민소송제도는 예산 낭비를 억제하면서 재정분권화와 참여예산제도가 실질적으로 작동하는 데 필요하다. 나아가 국책사업에 대한 예비타당성조사를 강화하고 공공투자사업의 모든 단계를 체계적으로 관리하는 통합적인 공공투자관리체계를 구축해야 한다.

5. 맺음말

서구 복지국가의 발전 과정에서 복지에 대한 국민국가의 책임과 역할을 근본적으로 변화시킨 두 개의 힘은 산업화와 민주화이며, 자본주의 국가는 축적과 정당화(accumulation and legitimization)라는 두 개의 기본적이면서 상충적인 기능을 충족시켜야 한다. 축적 과정에 조응하는 자본주의 국가의 정당화 노력과 산업화 과정에서의 사회적 위험을 관리하는 방식에 따라 복지국가의 성격이 규정된다.

복지국가의 성격은 보편주의와 선별주의의 결합방식과 재원조달 방식의 차이에 의해 달라진다. 사민주의 복지국가에서 국민부담률이 가장 높고 보수주의와 자유주의 국가들이 그다음 순위를 이어가고 있으며, 그 차이는 좁혀지지 않고 있다. 반면에 자유주의 복지국가를 제외한 나머지 복지국가들의 GDP 대비 복지지출 비중은 수렴하는 현상을 보이고 있다. 한국과 일본은 동아시아 복지국가로 분류되지만 국민부담률과 복지지출에서 차이를 보이고 있다. 복지국가의 발전 과정을 돌이켜 볼 때 사민주의 복지국가는 소득수준과 고용률이 가장 높으면서 국가채무와 소득불평등도는 가장 낮은 수준을 기록하고 있다.

우리나라는 소위 '자본주의의 황금기'에 급속한 경제성장을 이룩했지만, 저임노동을 기반으로 한 수출주도형 산업화 전략은 초기 복지제도의 발전을 억압하였고, 자본형성과 저임노동의 지원이라는 개발시대의 정책기조가 오늘날에도 여전히 재정정책에 반영되고 있다. 그 결과 조세부담률은 낮고 과세공평성이 취약하며, 사회보호지출은 미약하고 경제사업비 비중이 높은 구조를 갖고 있다. 또한 선거제도의 낮은 대표성으로 인해 조세 및 이전지출의 재분배 기능이 취약하고, 분단국가의 특성으로 국방비의 지출 비중이 높다.

요약하면 우리나라는 복지국가 발전의 일반성과 '동아시아 예외주의'로 표현되는 특수성을 공유하면서도 상이한 역사적 경로에 의해 여타의 동아시아 국가들과는 차별화된 복지제도의 특성을 보이고 있다. 복지제도에서 상대적으로 가족과 기업에 대한 높은 의존도, 고용과 재정건전성을 강조하는 자유주의 복지국가의 특성이 바로 그것이며, 이러한 특성은 미래 한국의 복지국가 발전을 제약하는 요인으로 작용하고 있다.

미래 한국의 복지국가 발전을 위해서는 무엇보다도 노동소득분배율을 높이고 소득불평등을 개선하는 데 경제정책의 중점이 두어져야 하며, 재정정책은 경제의 성장잠재력을 확충하면서 성장의 결실이 사회구성원들에게 골고루 배분될 수 있도록 개편되어야 한다. 특히 우리 경제의 높은 대외의존도를 고려할 때 공평한 분배구조는 내수기반의 확충과 자원의 효율적 배분을 통해 고용증대는 물론 경제의 안정적 성장과 재정건전성을 위한 전제조건이 된다. 선별주의와 보편주의 복지제도의 합리적 결합에 조응하는 누진적이고 보편적인 조세체계와 재정의 사회투자 기능을 강화하는 재정체계를 구축해야 한다. 참여예산제도와 주민소송제도의 활성화, 국민소송제도의 도입과 재정분권, 통합적인 공공투자관리체계의 구축을 통한 재정지출의 효율화도 재정개혁의 중요한 과제이다.

9. 우리는 어떤 복지체제에 살고 있을까?
비교시각을 통해 본 한국 복지체제

윤홍식

1. 문제 제기

우리는 어떤 복지체제에 살고 있는 것일까? 이제 기억조차 가물가물하지만 2010년 12월 22일 이명박 전(前) 대통령은 보건복지부로부터 신년 업무를 보고받는 자리에서 "우리가 복지국가라고 해도 과언이 아닐 정도의 수준에 들어가고 있다"라고 했다. 국내외 일부 학자들도 한국이 복지국가의 초입에 들어섰다고 주장했다(Mishra, 2003; 武川正吾, 2005; 송호근·홍경준, 2006; 김연명, 2011). 반면 또 다른 일군의 학자들은 한국은 여전히 복지국가가 아니라고 주장한다(고세훈, 2006; Holliday, 2005; Tang, 2000). 그중 고세훈은 한국은 시장 안팎에 있는 저임금과 불완전고용 상태에 있는 모든 사람을 포괄하지 못하고 있기 때문에 복지국가가 아니라고 했다(고세훈, 2006, 181쪽). 그러나 고세훈의 주장에 따라 한국이 복지국가인지 여부를 판단한다면 서구 국가들 중에서도 극히 일부를 제외하면 복지국가로 분류될 수 있는 국가가 별로 없다(尹洪植, 2010). 예를 들어, 전체 인구 중 4,000만 명 넘는 시민이 의료보장으로부터 배제된 미국은 복지국가일 수 없고, 따라서 복지국가 유형화의 분석대상이 될 수도 없다. 스웨덴도 예외가 아니다. 2010년 현재 스웨덴의 상대적 빈곤율은 9.1%에 이른다(OECD, 2014a). 인구 10명 중 1명이 빈곤에 처해 있는 국가를 복지국가로 부르기는 어려울 것이다. 한편, K. 탕은 어떤 사회가 복지국가인지 여부는 그 사회에서 제공되는 복지급여가 시민권에 근거하고 있는지 여부를 기준으로 보아야 하는데, 한국의 복지체제는 시민권에 근거해 복지급여를 제공하지 않기 때문에 한국을 복지국가로 보기는 어렵다고 했다(Tang, 2000).

노인 중 절반이 빈곤하고, 부와 학벌이 대를 이어 세습되며, 여전히 성간(性間) 격차가 큰 한국사회를 복지국가로 부르는 것은 적절해 보이지 않는다. 근본적으로 한국인의 삶이 시장에 철저히 종속되어 있다는 점을 고려하면 한국사회에서 복지국가는 현재가 아닌 실현해야 할 과제로 남아 있는 것이 현실이다. 상상해보자. 모아놓은 재산도 없고 부양해줄 가족도 없는 상황에서 지금 하고 있는 일을 중단하게 된다고 할 때 과연 한국인이 공적 복지만으로 인간으로서 최소한의 존엄성을 유지하면서 살 수 있을까? 만약 우리가 일할 능력이 있다면 우리에게 주어지는 유일한 공적 지원은 공공근로(또는 자활)에 참여한다는 조건으로 국민기초생활보장제도의 조건부 수급자가 되는 일일 것이다. 하지만 한국에서 기초생활수급자로 살면서 인간의 존엄성을 지키며 살아갈 수는 없다. 단지 생존을 위한 최소한의 삶을 영위할 뿐이다. 이처럼 한국에서 우리의 삶은 철저히 시장과 가족에 의존하고 있고, 만약 시장으로부터 퇴출당한다면 기본적 존엄성조차 지킬 수 없을 것이다. 이런 사회를 복지국가라고 할 수 있을까?

이러한 문제의식에 근거해 이 글에서는 비교사회정책의 관점에서 한국 복지체제의 특성을 둘러싼 논쟁들을 소개하고, 우리가 살고 있는 한국의 복지체제에 대해 살펴보고자 한다. 먼저 이어지는 2절에서는 비교사회정책의 관점에서 본 한국 복지체제의 모습을 검토했다. 그다음 3~5절에서는 한국 복지체제의 성격과 한국 복지체제의 고유한 특성을 둘러싼 논란에 대해 정리했다. 마지막으로 6절 정리와 함의에서는 이상의 논의가 한국 복지국가를 이해하는 데 어떤 의미를 갖는지, 과제는 무엇인지를 정리했다.

2. 비교사회정책의 관점에서 본 한국 복지체제의 모습

1) 복지국가란 무엇인가?

거의 대부분의 사회과학적 논쟁이 그렇듯이 '복지국가란 무엇인가?'라는 질문에 대해 모두가 합의할 수 있는 답을 내기란 불가능하다. 다만 복지국가가 자본주의체제를 전제로 만들어진 분배체계라는 점을 고려한다면 복지국가는 인간 노동력의 상품화로 인해 발생하는 문제를 완화하는 자본주의의 역사적 분배체계라고 할 수 있을 것 같다. 여기서 복지국가를 역사적 분배체계라고 지칭히는 이유는 소위 복지국가라는 것이 인류 역사는 물론이고 자본주의 시대에도 보편적 분배체계는 아니라고 주장하는 것이다. 왜냐하면 지금 우리가 알고 있는 복지국가는 '1940년대부터 1970년대까지'라는 매우 특정한 시기에 서구사회라는 특정한 공간에서 나타난 특수한 분배체계이기 때문이다. 영국의 역사학자 아사 브릭스(Asa Briggs)는 복지국가를 이러한 맥락에서 정의하고 있다. 즉 "복지국가는 적어도 세 가지 방향에서 시장의 힘을 완화하기 위해 정치와 행정을 통해 조직된 권력이 사용되는 국가"라고 정의했다(Briggs, 1961). 구체적으로 브릭스는 복지국가란 "첫째, 개인과 가족에게 하는 일(work)과 재산 규모에 관계없이 모든 개인과 가족이 최저수준의 소득을 보장해주는 것이고, 둘째, 질병·노령·실업 등 사회적 위험에 직면한 개인과 가족이 감당해야 하는 위기의 격차를 줄여주는 것

322

이며, 마지막으로 모든 시민이 지위 또는 계급에 관계없이 사회적으로 동의되는 수준에서 최상의 표준화된 사회서비스를 제공받는 것"이라고 정의했다. 이처럼 브릭스는 추상적이고 비계량적인 방식으로 복지국가를 정의했다.

반면 피어슨은 어떤 국가가 복지국가인지 아닌지를 판단할 수 있는 (그 기준이 신뢰성과 타당성이 있는지 여부를 떠나서), 측정 가능한 세 가지 지표를 제시했다(Pierson, 1998). 첫째는 사회보장과 관련된 주요 정책들이 제도화되었는지 여부이다. 연금·건강보험·산재보험 등 사회보험과 인구학적 특성에 근거한 수당 등의 도입 여부를 일국적 차원에서 복지국가의 성립 여부를 판단하는 기준으로 제시했다. 둘째는 사회지출이 국내총생산(GDP)의 5%를 넘어섰는지 여부이다. 유럽과 북미의 주요 복지국가의 GDP 대비 사회지출 규모가 1930년대 초반 대략 5%를 넘어섰던 역사적 사실을 준거로 삼은 것 같다. 마지막으로 빈곤 제거를 국가의 책임으로 받아들이고 있는지 여부이다.

2) 한국은 복지국가인가?

아사 브릭스와 크리스토퍼 피어슨(Christopher Pierson)의 기준에 따르면 한국은 복지국가라고 할 수 있을까? 한국이 복지국가인지 여부를 논하는 것은 그 시작부터 난관에 부딪친다. 왜냐하면 복지국가는 서구, 구체적으로 북·서유럽의 사회·경제·정치를 반영한 역사적 구성물일지도 모르기 때문이다. 서구와 상이한 사회·경제·정치의 역사를 가진 한국에서 (서구적 기준에 근거한) 복지국가를 논하는 것은 어쩌면 문제 설정 자체가 적절하지 않을 수도 있다. 쾰러(Köhler)는 복지국가는 유럽의 발명품이라고 주장했다(Köhler, 2014). 실제로 에스핑-앤더슨(Esping-Andersen)의 『복지자본주의의 세 가지 세계』는 복지체제를 철저히 서유럽 계급연합의 역사로 다루고 있다. 에스핑-앤더슨은 서유럽 각국의 계급연합의 역사적 차이가 서유럽 복지국가의 상이한 발달 수준을 결정했다고 단언했다(Esping-Andersen, 1990). 더불어 반드시 주목해야 할 사실은 이들은 자본주의 세계체계의 핵심부에 위치한 국가들이라는 점이다. 이매뉴얼 월러스틴(Immanuel Wallerstein)과 조반니 아리기(Giovanni Arrighi)와 같이 세계체계 분석을 지지하는 논자의 주장에 따르면 복지국가는 서유럽의 발명품인 동시에 16세기부터 시작된 자본주의 세계체계의 핵심부 국가의 분배체계인 것이다(Wallerstein, 2011; Arrighi, 2008〔1994〕). 복지국가를 이런 시각에서 보면 한국과 같은 비(非)서구사회에서, 그것도 20세기 대부분을 자본주의 세계체계의 주변부와 반주변부에 놓여 있었던 한국을 복지국가로 규정하는 것은 논란이 될 수밖에 없다. 이안 고프(Ian Gough)의 분류를 적용하면 전근대적 또는 제3세계의 복지체제는 비공식적 복지 레짐(informal welfare regime) 또는 비보장적 레짐(insecurity regime)이라고 분류된다. 고프는 현재 서구 자본주의체제에서 성립된 분배체계만을 공식적 복지국가 레짐(formal welfare-state regime)이라고 분류했다(Gough, 2004).

복지국가를 근대국민국가의 발전단계 중 하나로 이해하는 것도 서구적 의미에서 복지체제를 규정하려는 시도로 이해된다(Kuhnle, 2004). 정원오도 국가의 발전단계를 논하면서 복지국가는 민주국가 단계를 거쳐야 한다고 주장했다(정원호, 2010). 하지만 이러한 주장은 역사적 사실에 부합하지 않는다. 다소 본론의 요지에서 벗어나지만, 복지국가는 근대국가의 발전단계에 따라 만들어지지 않았다. 독재(권위주의) 정권이 민주주의를 억압하는 과정에서 복지국가의 기본 속성이 탄생했다. 많은 학자가 민주화가 없었다면 복지국가도 성립하기 어려웠을 것이라고 주장한다. 하지만 비스마르크(Otto E. L. von Bismarck)는 프러시아의 권위주의 국가를 지지하기 위해 (역설적으로) 프랑스 제2제정의 보편적 남성참정권의 이념을 차용했고, 사회보험정책은 권위주의 국가에 대한 노동자의 충성을 강화하기 위해 제도화했다(Forrat, 2012). 오스트리아의 에두아르트 폰 타페(Eduard von Taaffe)의 권위주의 정권도 산재보험을 도입했다. 민주주의와는 거리가 있는 러시아는 미국이 사회보장(social security)이라는 용어를 사용하기 훨씬 전인 1918년부터 사회보장(социальное обеспечение)이라는 용어를 공식적으로 사용했다.

물론 논란의 결말은 복지국가를 어떻게 정의하는가에 따라 달라진다. 복지국가를 정의하는 여러 가지 방법 중 실용적인 방법으로 복지국가를 정의한 피어슨의 기준에 따라 한국 복지체제를 진단해보자. 먼저 논란이 가장 적은 기준인 GDP 대비 사회지출 비율은 〈그림 9-1〉에서 보는 것과 같이 박정희 정권의 집권 첫해인 1962년 1.3%에 불과했고, 이후로도 2%를 넘지 않았다. GDP 대비 사회지출은 1987년 민주화 이후 점차 높아지는 양상을 보이다가, 1997년 경제위기 직후인 1998년 피어슨이 제시한 기준인 5%를 넘었다(신동면, 2011 ; OECD, 2015). 이후 사회지출은 지속적으로 증가해 박근혜 정부 출범 첫해인 2013년 10.0%, 2014년 10.4%에 이르렀다(OECD, 2015a). 다음으로 주요 사회보장제도는 이승만 정권의 마지막 해인 1960년 공무원연금법 제정을 시작으로 2008년 8월 노인장기요양보험을 제도화함으로써 중요한 사회보험을 모두 제도화했다. 비록 형식적이기는 하지만 대상의 보편성도 담보했다. 다만 현재까지 아동수당 같은 보편적 수당제도는 도입되지 않았다. 마지막으로 빈곤에 대한 대응은 앞서 언급한 것처럼 국민기초생활보장제도의 시행으로 시혜적 차원이 아닌 (명목상으로는) 권리에 기초한 공공부조를 제도화했다. 하지만 역설적이게도 (상대적) 빈곤율과 빈곤 갭은 국민기초생활보장정책의 제도화 이후에 더 증가했다(김교성, 2009). 또한 OECD 자료를 보면 2010년 현재 한국의 상대빈곤율은 14.9%로 OECD 평균인 11.3%보다 높다(OECD, 2014).[1]

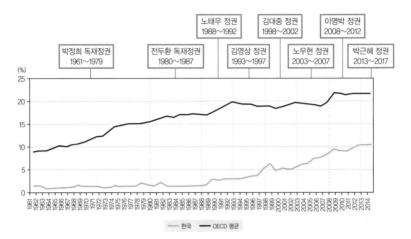

〈그림 9-1〉 한국과 OECD의 국내총생산(GDP) 대비 사회지출 비율(1962~2014년)

주: 1980년부터 1989년까지의 GDP 대비 사회지출 규모는 한국은행에서 제공하는 경제통계연보에서 1980년부터
1989년까지의 중앙정부와 지방정부의 총복지예산을 해당 연도 국내총생산으로 나눈 값이다. 이러한 산출방식은 신
동면이 산출한 1962년부터 1979년까지의 GDP 대비 사회지출 비중과 1990년부터 현재까지의 GDP 대비 사회지출
비중과는 상이할 수도 있기 때문에 대략적 경향만 확인하는 정도로 이해할 필요가 있다.
1962~1979년 기간 동안 OECD 지출 통계는 김연명(2015)의 발표문을 참고했다.
자료: OECD, 2015; 김연명, 2015; 신동면, 2011, 316쪽; 한국은행 경제통계연보 각 연도.

〈표 9-1〉은 OECD 34개국의 국내총생산(GDP) 대비 총 사회지출
비중과 지출 세목별 비중을 통해 한국 복지체제의 위치를 확인해주고
있다. 먼저 한국의 총사회지출은 (현재 이용 가능한 최신 자료인) 2014년 기
준으로 OECD 34개국 중 32위로, 한국보다 GDP 대비 사회지출이 낮
은 국가는 칠레와 멕시코뿐이다. 세부 지출항목의 GDP 대비 비중을
보아도 이러한 사실은 변하지 않는다. 세부지출 자료를 확인할 수 있는
2011년 자료에 근거했을 때, 유족연금을 포함한 연금지출은 34개국 중
33위, 건강과 관련된 공적 지출은 32위, 가족에 대한 지출은 32위, 주

---

1. 통계청 자료에 따르면 1인 가구를 제외한 2010년 2인 가구 이상 상대 빈곤율은 12.1%, 2012년
상대 빈곤율은 12.0%였다. 통계청, e-나라지표.

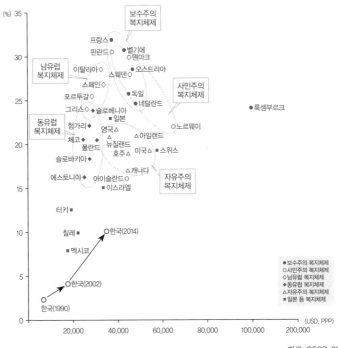

〈그림 9-2〉 OECD 국가들의 1인당 GDP와 GDP 대비 사회지출 비율(2014년)

자료: OECD, 2015.

택에 대한 지출은 28위를 기록하고 있다. 적극적 노동시장 정책 및 실업과 관련된 지출만이 20위권을 기록하고 있을 뿐이다. 〈그림 9-2〉에서 보는 것과 같이 실질구매력 기준으로 한국의 1인당 GDP가 이탈리아, 스페인, 일본, 뉴질랜드, 이스라엘과 유사한 수준이라는 점을 고려하면 경제수준에 비해 한국의 GDP 대비 사회지출 수준은 매우 낮다. 한국보다 1인당 GDP가 낮은 동유럽과 남유럽 복지체제도 한국보다 높은 수준의 사회지출을 기록하고 있다. 한국 복지체제가 지닌 또 하나의 특성은 사회서비스 지출 비중이 현금 지출 비중보다 현격히 높다는 점이다. 이러한 특성은 영미권 복지체제와 스웨덴 복지체제의 사회지출

〈표 9-1〉 국내총생산(GDP) 대비 총사회지출 비중과 지출 세목별 비중

연도	2014		2011														
비중	총사회지출		총사회지출		연금(유족 포함)		건강		가족		ALMP		실업		주택		기타	
국가	%	순위	%	순위	%	순위	%	순위	%	순위	%	순위	%	순위	%	순위	%	순위
프랑스	31.9	(1)	31.4	(1)	14.2	(3)	8.6	(1)	2.9	(11)	0.9	(5)	1.6	(6)	0.8	(6)	0.6	(11)
핀란드	31.0	(2)	28.3	(4)	11.5	(7)	5.7	(23)	3.2	(9)	1	(4)	1.7	(5)	0.5	(9)	0.8	(5)
벨기에	30.7	(3)	29.4	(3)	10.3	(13)	8	(3)	2.9	(12)	0.9	(5)	3.6	(1)	0.2	(19)	0.7	(7)
덴마크	30.1	(4)	30.1	(2)	8.4	(16)	6.7	(12)	4.0	(1)	2.2	(1)	2.2	(4)	0.7	(7)	1.0	(3)
이탈리아	28.6	(5)	27.5	(6)	16	(1)	7	(10)	1.5	(22)	0.4	(15)	0.8	(14)	0	(28)	0	(33)
오스트리아	28.4	(6)	27.7	(5)	13.9	(4)	6.7	(13)	2.7	(14)	0.8	(9)	0.9	(13)	0.1	(22)	0.3	(21)
스웨덴	28.1	(7)	27.2	(7)	9.8	(14)	6.7	(14)	3.6	(4)	1.2	(2)	0.4	(23)	0.4	(10)	0.7	(7)
스페인	26.8	(8)	26.8	(8)	11.2	(9)	6.8	(11)	1.4	(24)	0.9	(5)	3.5	(2)	0.2	(19)	0.2	(25)
독일	25.8	(9)	25.5	(10)	10.6	(12)	8	(4)	2.2	(16)	0.8	(9)	1.2	(9)	0.6	(8)	0.2	(25)
포르투갈	25.2	(10)	24.8	(11)	13.1	(5)	6.3	(18)	1.2	(30)	0.6	(11)	1.2	(9)	0	(28)	0.3	(21)
네덜란드	24.7	(11)	23.5	(13)	6.4	(24)	7.9	(6)	1.6	(20)	1.1	(3)	1.5	(7)	0.4	(10)	1.3	(2)
그리스	24.0	(12)	25.7	(9)	14.6	(2)	6.6	(15)	1.4	(25)	0.3	(20)	1.1	(11)	0.3	(14)	0.5	(17)
슬로베니아	23.7	(13)	24	(12)	11.5	(8)	6.4	(17)	2.2	(17)	0.4	(15)	0.7	(17)	0	(28)	0.6	(11)
룩셈부르크	23.5	(14)	22.5	(17)	7.7	(17)	5.8	(20)	3.6	(5)	0.6	(11)	1.1	(11)	0.3	(14)	0.5	(17)
일본(2011)	23.1	(15)	23.1	(14)	11.8	(6)	7.7	(7)	1.4	(23)	0.2	(27)	0.3	(27)	0.1	(22)	0.5	(17)
헝가리	22.1	(16)	22.6	(16)	10.6	(11)	4.9	(27)	3.3	(8)	0.4	(15)	0.8	(14)	0.4	(10)	0.1	(30)
노르웨이	22.0	(17)	21.8	(19)	7.4	(19)	5.6	(24)	3.1	(10)	0.6	(11)	0.4	(23)	0.2	(19)	0.7	(7)

국가	2014 총사회지출 %	순위	2011 총사회지출 %	순위	연금(유족 포함) %	순위	건강 %	순위	가족 %	순위	ALMP %	순위	실업 %	순위	주택 %	순위	기타 %	순위
영국	21.7	(18)	22.7	(15)	6.2	(25)	7.7	(8)	4.0	(1)	0.4	(15)	0.4	(23)	1.5	(1)	0.2	(25)
OECD	21.6	(19)	21.4		8.4		6.2		2.2		0.5		1		0.4		0.5	
아일랜드	21.0	(20)	22.3	(18)	5.8	(26)	5.8	(21)	3.9	(3)	0.9	(5)	2.7	(3)	0.4	(10)	0.6	(11)
뉴질랜드(2013)	20.8	(20)	20.7	(20)	4.8	(29)	8.3	(2)	3.3	(7)	0.3	(20)	0.4	(23)	0.9	(5)	0.2	(25)
체코	20.6	(21)	20.1	(22)	9.1	(14)	6.2	(19)	1.6	(21)	0.3	(20)	0.7	(17)	0.1	(22)	0.1	(30)
폴란드	20.6	(22)	20.1	(21)	10.9	(10)	4.5	(28)	1.3	(27)	0.4	(15)	0.2	(31)	0.1	(22)	0.2	(25)
스위스	19.4	(23)	19.3	(23)	6.8	(22)	6.5	(16)	1.4	(26)	0.6	(11)	0.6	(20)	0.1	(22)	0.7	(7)
미국	19.2	(24)	19	(24)	6.7	(23)	8.0	(5)	0.7	(33)	0.1	(30)	0.8	(14)	0.3	(14)	0.9	(4)
호주	19	(25)	17.8	(27)	5.2	(27)	5.8	(22)	2.8	(13)	0.3	(20)	0.5	(22)	0.3	(14)	0.3	(21)
슬로바키아	18.4	(26)	18.1	(25)	7.3	(20)	5.6	(25)	2.1	(19)	0.3	(20)	0.6	(20)	0	(28)	0.4	(20)
캐나다	17.0	(27)	17.4	(28)	4.3	(30)	7.2	(9)	1.2	(29)	0.2	(27)	0.7	(17)	0.3	(14)	2.6	(1)
아이슬란드	16.5	(28)	18.1	(26)	2.6	(32)	5.6	(26)	3.5	(6)	0.1	(30)	1.5	(7)	1.5	(1)	0.6	(11)
에스토니아	16.3	(29)	16.8	(29)	7.0	(21)	4.5	(29)	2.3	(15)	0.2	(27)	0.3	(27)	0.1	(22)	0.1	(30)
이스라엘(2013)	15.5	(30)	15.6	(30)	5.0	(28)	4.4	(30)	2.2	(18)	0.1	(30)	0.3	(27)	0	(28)	0.6	(11)
터키(2013)	12.5	(31)	12.2	(31)	7.6	(18)	4.2	(31)	0	(34)	0	(33)	0.1	(32)	0	(28)	0	(33)
한국	10.4	(32)	9.0	(33)	2.4	(33)	4	(32)	0.9	(32)	0.3	(20)	0.3	(27)	0	(28)	0.6	(11)
칠레(2013)	10.0	(33)	10.1	(32)	3.3	(31)	3.2	(33)	1.3	(28)	0.3	(20)	0	(33)	1.0	(4)	0.3	(21)
멕시코(2012)	7.9	(34)	7.7	(34)	1.9	(34)	2.8	(34)	1.1	(31)	0	(33)	..	(..)	1.1	(3)	0.8	(5)

유형과 유사하다.

이상 살펴본 것과 같이 한국 복지체제를 볼 때 과연 한국이 복지국가인지에 대한 논란이 있을 수 있지만 크루스는 1990년대와 2000년대를 경유하면서 한국이 복지국가에 진입했다고 평가했다(Kroos, 2013). 미쉬라도 1997년 경제위기 이후 김대중 정부에서 추진한 생산적 복지가 한국 복지국가를 현대화했다고 평가했다(Mishra, 2004). 우드와 고프는 대부분의 제3세계 국가를 비공식 보장체제로 분류했지만 한국은 일본, 대만과 함께 복지국가체제로 분류했다(Wood and Gough, 2006). 다케가와 쇼고는 일본이 1970년대 초 복지국가에 진입한 것처럼, 1990년대 후반 한국도 동아시아에서는 유일하게 일본과 비교할 수 있는 복지국가에 진입했다고 평가했다(武川正吾, 2005). 일본이 스스로 복지원년이라고 선언했던 1973년을 전후한 시기 GDP 대비 사회지출 비중은 1970년 5.6%에서 1975년 8.9%로 급증했다(조영훈, 2006). 이러한 평가를 근거로 김연명은 한국이 "복지국가를 공고화하는 단계"에 들어섰다고 주장했다(Kim, 2008). 하지만 문제는 한국이 복지국가를 공고화하는 단계에 진입했는지 여부를 단지 사회지출규모, 복지정책의 제도화 여부, 빈곤에 대한 국가의 책임 여부로만 판단할 수 없다는 것이다. 한국이 복지국가 단계에 진입하고, 자신의 복지국가를 공고화해가고 있는 단계라고 평가하려면 먼저 한국이 어떤 복지체제인지를 규명할 필요가 있다. 왜냐하면 우리는 어떤 복지체제가 공고화되고 있는지에 대해 답해야 하기 때문이다. 이어지는 두 절에서는 한국 복지체제의 성격을 검토한 그간의 연구 성과를 비판적으로 정리했다.

3. 한국 복지체제의 성격

복지국가에 대한 기존 연구가 주로 산업화된 국가들, 특히 서유럽 사회의 경험에 기초하고 있기 때문에(Haggard and Kaufman, 2008) 한국과 같은 신흥공업국 또는 제3세계 국가는 서구 학자의 복지국가 비교연구의 대상이 아니었다. 일본은 예외적이었지만, 일본 또한 분명하게 서구 복지체제 유형 중 하나로 분류되기 어려웠다. 이런 점에서 한국을 서구의 세 가지 복지체제 유형과 비교한 2000년대 초반의 연구는 비서구 국가이자, 선진 산업국도 아닌 한국을 복지국가로 정의하고, 서구 복지국가의 기준에 입각해 비교하려 했다는 점에서 독특하다.

당시 논쟁의 핵심은 한국 복지체제를 에스핑 – 앤더슨의 세 가지 복지체제 유형 중 어떤 유형의 복지체제로 분류할 수 있는지였다. 한국 복지국가 유형과 관련된 논쟁은 크게 보면 한국 복지국가를 서구 보수주의 복지체제와 유사한 유형이라고 주장하는 논자, 신자유주의 복지체제로 규정하는 논자, 자유주의와 보수주의가 혼합된 유형이라고 주장하는 논자로 구분된다. 한국을 대륙유럽의 보수주의 복지체제와 유사한 유형이라고 주장한 대표적 논자는 남찬섭이다(남찬섭, 2002). 남찬섭은 한국 복지체제의 세 가지 특성을 들면서 한국 복지체제를 대륙유럽과 유사한 보수주의 복지체제라고 분류했다. 근거는 첫째, 한국의 사회보장제도가 사회보험을 중심으로 구성되어 있고, 사회보험도 수익자들이 재원을 분담하는 구조로 되어 있다는 점에서 보수주의 복지체제와 유사하다는 것이다. 둘째, 공무원·군인·사립학교 교직원을 위한 특수직 연금이 존재하고, 이러한 특수직 연금의 계층화 효과가 낮다고 할 수 없어 사회보험이 직역별로 분화된 보수주의 복지체제와 유사하다는 것이다. 더욱이 한국 사회보험은 비정규직과 자영업자 등 사회적 취약계층을 배제하고 있어 사회보장의 계층화 정도가 크다는 점에서 보수

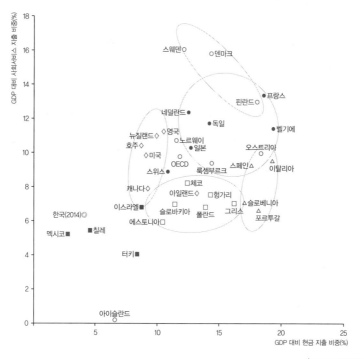

〈그림 9-3〉 GDP 대비 사회지출 비중 및 그 성격으로 본 한국과 OECD 복지국가 비교

자료: OECD, 2015.

주의 복지체제와 유사한 특성을 갖고 있다고 할 수 있다는 것이다. 마
지막으로, 국민기초생활보장제도의 수급자격을 판단하는 기준으로 가
족의 부양책임을 제도화한 부양의무자 기준이 존재한다는 점을 들어
한국 복지체제가 가족의 부양책임을 강조하는 보수주의 복지체제와 유
사하다고 주장했다. 박찬웅과 정동철도 홍콩을 제외한 동아시아 복지
체제를 보수주의 복지체제로 규정하면서 남찬섭과 유사한 주장을 했다
(Park and Jung, 2007).

　　한국 복지체제가 신자유주의 복지체제라고 주장하는 대표적인 논
자는 조영훈이다. 조영훈은 김대중 정부에서 복지지출이 확대된 것은

분명한 사실이지만, 역설적으로 이러한 확대가 한국 복지체제의 신자유주의적 특성을 강화했다고 평가한다(조영훈, 2007). 조영훈의 주장의 근거는 크게 보면 다섯 가지로 정리할 수 있다. 첫째 근거는 김대중 정부하에서 이루어진 복지확대가 국가의 책임을 확대했다기보다는 민간의 역할을 강화했다는 점이다. 둘째는 복지확대가 주로 근로연계복지(workfare)를 중심으로 확대되었다는 것이다. 셋째로는 김대중 정부가 복지를 확대했음에도 불구하고 빈곤과 불평등이 감소하지 않았다는 사실을 들었다(조영훈, 2007). 넷째로는 사회보험의 확대가 국가의 직접적인 (재정적) 책임을 확대하지 않았다는 점이다. 마지막으로, 조영훈은 한국에서 민간보험이 발달했다는 사실을 들어 한국 복지체제의 성격을 (신)자유주의 복지체제로 규정했다(조영훈, 2009). 손호철도 한국에서 민간보험의 비중이 공적 사회보험보다 크다는 점을 들어 한국 복지체제를 신자유주의체제로 규정했다(손호철, 2005).

하지만 보수주의와 자유주의 복지체제 중 어떤 유형도 1997년 경제위기 이후 한국 복지체제의 성격에 대한 납득할 만한 설명을 제시하지 못했다. 그렇다고 두 주장 모두 한국 복지체제의 특성과 무관하다고 할 수도 없다. 부분적으로 타당하고, 부분적으로 부적절하다. 한국 복지체제를 보수주의와 자유주의 복지체제의 관점에서 설명하려 했던 논의를 보면서 어쩌면 한국 복지체제는 두 가지 특성을 모두 갖고 있다는 생각을 했을지 모른다. 실제로 여러 학자가 한국 복지체제를 특정한 서구 복지체제 유형으로 설명하기보다는 두 개 이상의 특성이 혼합된 유형으로 설명하고 있다(정무권, 2009; Peng, 2007; 김연명, 2002). 에스핑-앤더슨도 『복지자본주의의 세 가지 세계』의 중국어판 서문에서 동아시아 복지모델을 자유주의와 보수주의가 혼합된 유형 또는 제4의 복지체제의 출현으로 볼 수 있다고 했다(Kam, 2012; Lee and Ku, 2007) 이러한 주장은 1997년 이후 한국의 복지확대가 보수주의적 특성을 갖고 있는 동시에 자유주의 특성 또한 갖고 있다는 사실에 근거한다.

당황스러운 사실은 한국 복지체제가 단지 보수주의와 자유주의의 특성만 갖고 있는 것이 아니라는 점이다. 앞서 언급했지만, 쿠른은 김대중 정부의 복지개혁 이후 한국 복지체제는 사민주의에 가까운 복지체제가 될 것이라 주장했다(Kuhnle, 2004). 보편적 학교급식과 아동보육료의 보편적 지원, 가정양육수당 등은 공적 전달체계의 확대 없이 복지확대가 이루어졌다는 점과 전통적인 성별 분업을 강화시키는 등 많은 문제를 야기하고 있지만, 적어도 급여 대상이 보편적으로 확대되었다는 점에서 사민주의 복지체제의 보편성을 부분적으로 담고 있다. 직역이 통합된 건강보험 단일체제도 전 국민을 하나의 조합에 통합시켰다는 점에서 사민주의 복지체제의 특성을 갖는 제도라고 할 수 있다. 이처럼 한국은 서구의 세 가지 복지체제의 특성을 모두 갖고 있다. 사실이는 한국 복지체제만의 고유한 특성이 아니다. 영국은 자유주의 복지체제로 간주되지만, 영국의 국민건강제도(NHS)는 보편주의를 구현하고 있다. 이렇게 보면 모든 복지체제는 다양한 특성을 내재하고 있으며, 한국 복지체제 또한 다양한 복지체제의 특성을 부분적으로 갖고 있다.

4. 한국 복지체제의 성격 논쟁이 놓치고 있던 것들

이제 우리의 논의는 앞서 검토한 한국 복지체제 성격을 둘러싼 논쟁 전반에 관한 종합적 비판으로 이어질 필요가 있다. 비판은 세 가지다. 첫째는 한국 복지체제의 성격을 규명하는 데 있어 총체성이 사라졌다는 것이고, 둘째는 방법론과 관련된 비판이다. 마지막으로는 한국 복지국가 성격 논쟁이 1970년대 이후 재편되고 있는 복지국가의 양상을 반영하지 못했다는 점이다.

먼저 총체성의 관점에서 평가해보자. 에스핑－앤더슨의 기념비적 저작이 출간된 1990년 이후 거의 모든 복지국가 (비교)연구들은 에스핑－앤더슨의 복지체제 유형화 논의를 인용하고 있다(Arts and Gelissen, 2002). 이러한 현상은 산업화된 선진 복지체제 연구에만 국한된 것이 아니다. 해거드와 카우프만(Haggard and Kaufman, 2008)의 연구에서 보는 것과 같이 제3세계 복지체제에 대한 연구에서도 에스핑－앤더슨의 유형화는 거의 예외 없이 등장한다. 이렇게 에스핑－앤더슨의 유형화가 광범위하게 인용될 수 있었던 이유는, 캐슬스(Castles, 2001)의 주장과 같이 에스핑－앤더슨의 비교연구가 이전의 유형화 논의들과 달리 복지체제의 전형적 유형에 대한 보다 체계적이고 실증적인 근거를 제시했기 때문인 것으로 보인다. 사실 에스핑－앤더슨의 유형화 연구 이전에 이루어진 대부분의 복지국가 비교연구는 직관적으로 또는 이론적으로 복지정책의 특성을 비교하거나 사회지출 수준을 단순 비교하는 것에 그쳤다(Scruggs and Allan, 2006).

하지만 에스핑－앤더슨 연구의 핵심은 복지체제를 유형화하는 것 자체에 있지 않았다. 핵심은 서구 복지체제의 다양성을 서구의 사회·경제·정치의 역사적 맥락에서 설명하는 것이었다. 그러나 안타깝게도 국내 연구는 에스핑－앤더슨의 문제의식을 충분히 수용하지 못했다. 국내 연구자는 에스핑－앤더슨이 서구사회의 역사에 근거해 도출한 준거(탈상품화와 계층화)를 한국 복지체제와 단순 비교하는 방식으로 논의를 전개했다.[2] 그러다 보니 한국 복지체제에 대한 연구는 한국 복

---

2. 엄밀하게 이야기하면, 에스핑－앤더슨이 도출한 복지체제의 현상적 특성 또한 정확하게 비교되었다고 보기 어렵다. 예를 들어, 한국 복지체제의 성격을 에스핑－앤더슨의 보수주의 복지체제와 유사하다고 규정하면서도, 실제로는 에스핑－앤더슨의 설명한 보수주의 복지체제의 특성과 한국 복지체제를 정확하게 비교 분석하지는 않았다. 신자유주의 논자들의 주장 또한 부분적으로 에스핑－앤더슨의 연구를 인용하고, 자신의 주장을 뒷받침하는 다른 근거들을 제시하는 방식으로 논의를 전개했다.

지체제를 총체성의 관점에서 분석하려고 했던 이전의 연구를 계승하지 못했다. 한국 복지국가 성격을 둘러싼 논쟁은 한국 복지체제의 특성을 구체적이고 실증적인 자료에 근거해 비교 분석했다는 점에서 그 의의가 있다. 하지만 비판적 관점에서 보면, 한국 복지국가 성격 논쟁은 기존의 연구 성과를 계승하지 못했고, (전적이라고 할 수는 없지만 총체성이라는 관점에서 보면) 퇴행시켰다고까지 평가할 수 있다. 사실 한국 복지체제에 대한 연구가 2000년대 초 유형화 논의로 빨려들기 전까지 한국 복지체제의 성격과 형성 과정에 대한 분석은 한국의 사회·경제·정치와 밀접한 관련성을 가지며 연구되었기 때문이다. 더욱이 한국 복지체제의 성격을 동태적 관점이 아닌 정태적 관점에서 접근했다는 점은 한국 복지국가 성격 논쟁의 중요한 한계라고 할 수 있다(尹洪植, 2010).

다음으로 에스핑-앤더슨의 유형에 따라 한국 복지체제의 성격을 설명하려는 시도는 방법론적 측면에서도 문제가 있다. 앞서 검토한 것과 같이, 한국 복지체제를 보수주의와 자유주의 특성이 혼합된 유형으로 접근하는 시도는 설득력이 있어 보였다. 특히 한국 복지체제가 형성 단계에 있다는 점을 고려하면, 혼합 유형은 한국 복지체제의 현재 특성을 잘 설명하고 있다. 그러나 혼합 유형을 독립적 복지체제로 유형화할 수 있는지는 불명확하다. 사실 현실세계에서 에스핑-앤더슨이 구분한 세 가지 복지체제 유형에 정확하게 일치하는 '이념형'은 존재하지 않는다. 모든 복지체제는 이질적 요소들이 섞여 있는 혼합형이기 때문이다. 만약 모든 복지체제가 부분적으로 혼합 유형이라면, (모든 복지체제가 혼합적인데도 불구하고) 각각의 복지체제를 배타적인 하나의 유형으로 구분하기 위한 기준을 명확히 제시하는 것이 필요하다. 하지만 혼합 유형을 구분하는 합의된 기준은 없다.

또 다른 비판은 과연 한국 복지체제의 특성을 일국적 관점에서 조망할 수 있는지 여부이다. 일부 연구는 복지체제가 국내적 요인만이 아닌 국외적 요인과의 상호관계 속에서 형성되고 변화되었다는 점을 지적하고 있다(Hopkins and Wallerstein, 1999〔1996〕). 분명한 사실은 한국의 산업화는 비벌리 실버(Beverly J. Silver)가 지적한 것처럼 세계 자본주의의 불균등한 노동분업의 변화와 밀접한 관련을 갖고 있었고(Silver, 2005〔2003〕), 이러한 세계 자본주의의 노동분업에 근거한 산업화가 1987년 민주화로 대표되는 한국사회에서 자본·노동·중간계급 간의 권력관계 변화를 가져왔던 것이다. 더불어 한국 복지체제의 형성이 한반도 분단체제와 밀접히 관련된 것이라면, 한국 복지체제의 성격에 대한 논의는 불완전한 국민국가의 테두리를 넘어, 한반도 전체와 자본주의 세계체제와의 관련성을 고려하면서 조망될 필요가 있다. 그러나 한국 복지국가의 성격 논쟁은 한국 복지체제의 특성을 일국적 차원에서만 분석함으로써 국외적 변수, 즉 자본주의 세계체계라는 변수를 전혀 고려하지 못했다. 우리는 한국 복지국가를 분석하는 데 국민국가 관점과 세계체계 관점 사이에서 중도적 입장을 취할 수 있을 것이다.

마지막으로, 한국 복지국가 성격 논쟁은 변화된 복지국가의 지위와 역할을 고려하지 못했다. 에스핑-앤더슨의 저작은 출간된 직후부터 무급·돌봄노동을 반영하지 못했다는 비판을 받았음에도 불구하고(Sainsbury, 1996), 한국에서 벌어진 한국 복지체제의 성격 논쟁은 이러한 비판에 무감각했다. 비판의 핵심은 노동력의 상품화를 전제한 탈상품화 지표에 근거한 복지체제의 유형화는 가족 내에서 이루어지는 무급·돌봄 노동을 유형화 논의에서 배제했다는 것이다. 더욱이 가족 내 무급노동의 대부분을 여성이 담당한다는 점에서, 에스핑-앤더슨의 유형화는 '남성' 중심의 복지국가 논의라는 비판을 피할 수 없었다. 실제로 복지체제의 유형화에 무급·돌봄노동을 반영했을 때 에스핑-앤더슨의 세 가지 유형은 정당성을 잃었다. 샤로프(Siaroff, 1994)는 여성의 노동시장 참여에 대한 사회적 바람직성(female work desirability), 가족정책의 지향성, 복지급여 수급의 성별 차이 등을 기준으로 복지체제를 네 가지 유형으로 구분했고, 라이트너(Leitner, 2003)는 탈가족화 정책을 중심으로 복지체제를 여섯 가지 유형으로 구분했다.

이는 단지 무급·돌봄노동을 한국 복지체제의 유형화 논의에 포함시키지 않았다고 비판하는 것이 아니다. 이 비판의 핵심은 제2차 세계대전 이후 본격적으로 확대되기 시작한 복지국가가 1970년대를 지나면서 근본적으로 변화하기 시작했는데도 불구하고, 한국 복지국가 성격 논쟁은 1980년대 서구 복지국가의 정태적 지표에 근거해 복지체제를 유형화한 에스핑-앤더슨의 논의를 벗어나지 못했다는 점이다. 서구 사회에서 복지국가의 역할이 이미 노동시장에서 직면한 (구)사회위험 (실업·질병·노령·산재)에 대한 대응에서 새로운 사회위험(돌봄·서비스의 민영화, 고용의 비정규직화)[3]으로 확대되고 있는 상황에서, 한국에서 진행된 복지국가 성격 논쟁은 철저히 노동시장에서 발생하는 구사회위험에 초점이 맞추어져 진행되었다. 2000년대 초반 한국에서 진행된 한국 복지국가 성격 논쟁의 주류는 몰(沒)젠더적이었고, 복지국가의 전통적 역할이라는 관점에서 벗어나지 못했다.

5. 새로운 유형으로서 한국 복지체제

앞서 검토한 것과 같이 2000년대 초반 국내 학계를 중심으로 벌어진 한국 복지국가의 유형을 둘러싼 논쟁은 한국 복지체제의 성격을 에스핑-앤더슨의 세 가지 복지체제 유형과 비교하는 것이었다(김연명 편,

---

3. 새로운 사회위험에 대한 논의는 테일러-구비(Taylor-Gooby)가 2004년에 편집한 *New Risks, New Welfare*, New York: Oxford University Press를 참조.

2002; 정무권 편, 2009). 논의의 핵심은 1997년 이후 김대중 정부에서 진행된 일련의 복지제도 확대를 어떻게 평가할 것인가에 모아졌다. 한편 한국을 에스핑-앤더슨의 세 가지 복지체제 유형 중 하나가 아닌 독립된 제4의 복지체제로 구분하려는 시도도 있었다. 물론 한국이 서구 복지체제와 구분되는 독립된 유형의 복지체제인가에 대한 문제는 앞서 정리한 논쟁에서도 제기되었다. 당시 김연명[4]은 한국은 세 가지 복지체제로 분명하게 수렴되지 않는 보수주의와 자유주의가 혼합된 유형일 가능성이 있다는 의견을 제시했다. 그러나 당시까지만 해도 김연명이 주장한 한국 복지체제의 "독특성"은 어디까지나 에스핑-앤더슨의 유형화 논의에 입각해 이루어진 것이지, 한국 복지체제를 독립적 복지체제 유형으로 정식화한 것은 아니었다. 여기서 논의될 "독립적 유형"은 더 이상 에스핑-앤더슨의 유형 구분에 의존하지 않은 경우들이다.

1) 초기 연구와 문화적 접근

존스는 문화적 관점에서 서구와 구별되는 동아시아 복지체제의 특성을 기술했다(Jones, 1990; 1993). 그리고 그 핵심 특성을 '유교주의'라고 정의했다. 한국을 포함한 동아시아 5개국은 산업화로 인해 전통사회가 약화되었음에도 불구하고 여전히 유교주의 사회로서 공통 특징을 가지고 있다는 것이다. 동아시아 사회는 유교적 규율, 가치, 금기를 가지고 있고 개인보다 가족, 기업, 사회를 더 중요시하며, 집단적 사회는 위계적으로 구조화되어 있어 개인은 자신들의 위치를 잘 알고 그에 따라 행동한다. 또한 의무와 복종은 위로부터의 명령체계에 따라, 책임과

---

4. 김연명은 여기서 한국 복지체제의 특성을 혼합형이라고 주장한 것은 현재의 상태가 아니라 향후 그렇게 되리라는 것이라고 설명하고 있다. 김연명, "김대중 정부의 사회복지정책: 신자유주의를 넘어서." 김연명 편(2002).『한국 복지국가 성격 논쟁 Ⅰ』, 인간과 복지, 109~142쪽.

보호는 하향식 체계를 따라 구조화되어 있다. 이로 인해 민주화가 이루어지더라도 서구와 같은 복지정치를 기대할 수 없으며, 사회정책은 권위와 위계에 기초해 위에서 아래로 내려가는 방식으로 제도화된다고 설명한다(Jones, 1993, 202~203쪽).

이러한 동아시아 복지체제의 특성을 존스는 "노동자 참여가 없는 보수적 조합주의, 교회 없는 보충성의 원리, 평등이 없는 연대, 자유주의 없는 자유방임주의"라고 묘사했다(Jones, 1993, 214쪽). 또한 이러한 복지국가에서 사회정책의 가장 중요한 목적은 경제성장이고, 사회정책은 사회의 안정화를 위해 도구적으로 이용된다고 주장했다. 결론적으로 존스는 동아시아 복지체제는 티트머스와 에스핑-앤더슨의 유형으로 설명하기 어려운 독특한 특성을 가지고 있으며, 동아시아 복지체제를 유교주의 복지체제라는 독립적 유형으로 구분해야 한다고 주장했다. 존스는 동아시아 복지모델에 대해 긍정적으로 평가하면서 동아시아 모델이 동아시아를 넘어 세계의 여타 지역에도 적용될 수 있다고 주장했다. 실제로 존스의 유교주의 복지체제의 핵심 문헌인 "Pacific challenge: Confucian welfare states"[5]는 유럽사회에 (동아시아의 사례를 소개함으로써) 복지국가에 대한 새로운 관점을 제시하기 위해 저술된 것이다. 존스의 의도는 낮은 사회지출 수준에도 불구하고 상대적으로 양호한 사회지표(예를 들어, 낮은 불평등과 양호한 건강지표 등)를 나타내는 동아시아 복지체제를 유럽에 소개해 유럽 복지국가가 직면한 위기를 극복할 대안을 찾기 바랐던 것 같다.

존스가 제기한 유교주의 복지체제는 이후 다양한 비판을 받았고, 유교는 동아시아 복지체제의 특성을 설명하는 부차적 요인이 되었다.

---

5. '조용한 도전: 유교주의 복지국가' 정도로 번역될 수 있을 것이다. 다만 영어의 'pacific'이라는 단어를 온화한, 조용한이라는 의미 대신 대서양이라는 서구 중심의 지리적 의미에 대응하는 태평양이라는 동아시아를 강조하는 지리적 의미로 읽을 수도 있을 것 같다.

유교주의 복지체제에 대한 비판의 핵심은 첫째, 비교의 준거가 모호하다는 점이다. 존스는 동아시아 복지체제를 에스핑-앤더슨이 구분한 세 가지 복지체제로는 설명할 수 없다고 주장했지만, 서구 복지체제와 동아시아 복지체제가 동일한 기준으로 비교 분석되지 않았다. 둘째, 동아시아가 유교라는 공통분모를 갖고 있지만, 동아시아 국가는 동일한 유교주의 복지체제로 분류되지 않는다. 최근 진행된 경험적 연구들에 따르면 동아시아 국가는 단일한 복지체제로 분류되기보다는 다양한 이념형으로 구분된다(Yang, 2013; Hudson and Kühner, 2011; Park and Jung, 2007). 예를 들어, 한국·일본·싱가포르·홍콩은 모두 상이한 복지체제로 분류된다(Hudson and Kühner, 2011). 마지막으로 화이트와 굿맨은 유교 복지체제와 같은 문화주의적 설명을 '복지 오리엔탈리즘'이라고 비판한다(White and Goodman, 1998, 15~17쪽). 서양과 동양이 다른 것은 사실이지만 이들 간의 유사성 또한 존재하며, (유교와 같이) 변하지 않는 동아시아만의 기본적 특성이 있다는 가정은 동아시아의 역동성을 설명할 수 없다는 것이다.

2) 개발(발전)주의 복지체제

생산주의 복지체제는 일본으로 대표되는 동아시아 국가의 급격한 경제성장을 설명하기 위해 고안된 존슨(C. Johnson)의 개발국가 특성 중 경제정책과 사회정책의 관계를 동아시아의 복지체제에 적용한 개념이다. 존슨의 개발주의를 생산주의 복지체제(productive welfare state)라는 개념으로 정식화한 홀리데이(Holliday, 2000, 709쪽)에 따르면 다른 복지체제와 구별되는 동아시아 복지체제의 특성은 "성장 지향적 개발국가와 경제정책에 대한 복지정책(사회정책)의 종속성"이다. 계속해서 홀리데이는 서구의 세 가지 복지체제와 생산주의 복지체제를 비교하면서,

자유주의에서는 시장이 우선권을 갖고, 보수주의는 지위가 핵심이며, 사민주의에서는 복지 그 자체가 중요하고, 생산주의에서는 성장이 우선순위를 갖는다고 주장한다. 이에 따르면 생산주의 복지체제의 특성은 사회정책이 경제정책에 종속되어 있고, 사회권은 최소한으로 보장되며, 그 권리는 생산적 활동과 연계되어 보장되고, 생산주의적 요소에 근거해 계층화가 강화되고, 성장이 모든 것에 우선하는 체제라고 정의하고 있다. 그리고 이러한 경제정책에 사회정책이 종속되는 특성은 서구 복지체제에서는 발견되지 않는 동아시아의 고유한 특성이기 때문에 동아시아 복지체제를 제4의 복지체제로 구분해야 한다는 것이다(Deyo, 1992; Holliday, 2000).

동아시아 복지체제를 제4의 독립된 유형으로 구분한 홀리데이의 생산주의 복지체제는 개발주의라는 특성에 근거해 동아시아의 고유한 복지체제를 설명하려고 했다는 점에서 의의가 있다. 그러나 홀리데이의 생산주의 복지체제라는 개념은 이후 후속 연구들에 의해 비판을 받는다. 핵심 쟁점은 개발국가와 사회정책의 (경제정책에 대한) 종속성이라는 특성이 한국을 서구 복지체제와 구분하는 결정적 특성이 될 수 있는지 여부이다. 한국이 생산주의 복지체제라는 서구 복지체제와 구분되는 제4의 독립적 유형이 되려면 한국의 개발주의가 역사적으로 한국(또는 동아시아)만의 고유한 특성인지 여부가 논증되어야 한다. 이러한 질문은 존슨이 제기한(Johnson, 1982) 개발국가에서 산업정책의 우선성을 어떻게 이해할 것인지에 달려 있다. 존슨에 따르면 이를 구분하는 핵심은 국가가 효과성에 기반해 그 국가가 설정한 목표(일반적으로 고도성장이라는 경제적 목표)를 달성하기 위해 산업구조를 계획하고 만들어나갔는지 여부이다. 개발국가는 경제성장을 위해 단순히 인센티브를 부여하거나 규제하는 차원을 넘어 적극적으로 산업구조를 조정해 필요한 산업을 장려하고 불필요한 산업은 퇴출시키면서 국내산업의 국제경쟁력을 높이고, 이를 바탕으로 경제성장을 도모한다. 경제를 계획하고 주도하는 주체도 잘 훈련되고 유능한 관료이다. 그렇다면 우리는 이러한 개발국가의 특성이 한국에만 나타나는 고유한 특성인지를 질문해야 한다.

역사적으로 보면 사실 사회정책을 다른 국가적 목적(예를 들어, 경제성장)에 종속시킨 사례는 예외적이기보다는 일반적이었던 것 같다. 도스탈(Dostal, 2010, 154쪽)에 따르면 역사적으로 최초의 생산주의(개발주의) 복지국가는 1883년 이후 노동계급을 대상으로 사회보험법을 도입한 비스마르크의 독일(프러시아)이다. 국가의 통제하에 있는 공적 사회보험 도입은 기술적으로 인접 경쟁국들보다 뒤처져 있던 독일 중공업의 국제경쟁력을 높이기 위한 중요한 방안 중 하나이자, 안정적으로 노동력을 수급하기 위한 자본 측의 이해를 대변한 것이기도 하다(박근갑, 2009, 189~190쪽). 이후 대부분의 유럽 국가들은 이러한 독일의 전례를 따라 사회보험을 제도화했다. 당시 유럽 각국에서 사회보험 도입을 지켜보았던 사람들은 사회보험 도입이 자본주의를 경제적·정치적으로 안정화시키고 국민국가 건설에 기여했으며 국가안보 강화에 조력했다고 평가했다(Kwon, Dong, and Moon, 2010). 도스탈은 2차 대전 이후 동아시아에서 나타난 사회보험의 제도화 또한 19세기 독일과 유럽에서 사회보험을 제도화했던 상황과 다르지 않았다고 평가했다.[6]

구딘, 해디, 머펠스, 디엘펜도 모든 국가에서 복지체제는 사회적 평등과 통합은 물론이고 경제적 효율성을 증대시키기 위한 정당한 수단이라고 평가한다(Goodin, Headey, Meffels & Dirven, 1999, 22~23쪽). 보놀리와 신카와 역시 모든 복지국가는 생산성 향상을 지원하고 평화적 계

---

6. 물론 도스탈은 독일의 경우 사회보험을 국가가 직접 통제했지만, 한국의 경우 국가의 역할은 사회보험에 대한 관리와 감독으로 제한되었다는 점에서 차이가 있다고 했다. Dostal, "The developmental welfare state and social policy: Shifting from basic to universal social protection," p. 154.

급관계를 만들어냄으로써 해당 국가의 경제성장에 기여한다는 점에서 생산주의 복지국가라고 평가했다(Bonoli and Shinkawa, 2005, 21쪽). 사민주의 복지국가인 스웨덴 복지국가의 역사 또한 스웨덴 복지체제가 어떻게 스웨덴의 경제성장에 긍정적 영향을 줄 수 있는지를 둘러싼 치열한 좌우 논쟁의 역사였다(Andersson, 2014〔2006〕). 사실 1932년 "사회정책을 비용이 아닌 생산적인 투자"라고 했던 스웨덴 복지국가의 대표적인 이론가 군나르 뮈르달(Gunnar Myrdal)의 생각 또한 (존슨이 일본 개발국가가 계승했다고 하는) 독일 역사학파의 경제담론을 계승한 것이다(Andersson, 2014, 9·18쪽). 실제로 렌-마이드너 모델(Rehn-Meidner Model)은 스웨덴 복지국가에서 사회정책과 경제정책 간의 밀접한 관계를 보여주는 대표적 사례이다.

사실이 이와 같다면 경제정책이 사회정책에 우선하는 현상을 한국 복지체제, 나아가 동아시아 복지체제의 고유한 특성이라고 주장할 수 있을지 의문이다. 우리는 사회정책이 경제정책에 종속되는 방식과 수준의 국가별 차이를 관찰할 수 있을 뿐이지, 사회정책이 경제정책에 종속되는지 여부를 판단해 한국과 동아시아 국가를 서구 복지국가와 구분되는 생산주의(개발주의) 복지체제로 명명할 이론적·경험적 근거를 갖고 있지 않다. 복지체제에서 나타나는 생산주의적 성격은 유무의 문제가 아닌 수준의 문제이며 또한 내용의 문제이다. 이렇게 보면 생산주의를 강조하면서, 동아시아만의 고유한 복지체제가 있다고 주장하는 것은 동아시아와 서구를 구분하는 또 다른 오리엔탈리즘일지도 모른다.

3) 생산주의와 보호주의: 새로운 시도

허드슨과 쿠나는 생산주의와 보호주의라는 차원으로 복지국가의 재유형화를 시도했다(Hudson and Kühner, 2011). 보호주의 차원의 변수로는 고용과 소득보장 프로그램을 포함시켰고, 생산주의 차원의 변수로는 교육과 적극적 노동시장 정책을 포함시켰다. 그 결과 홀리데이가 생산주의 복지체제의 전형이라고 주장했던 한국과 같은 동아시아 국가들은 순수한 생산주의 복지체제가 아닌 생산주의와 보호주의가 혼합된 유형으로 분류되었다. 대신 미국과 뉴질랜드가 순수한 생산주의 복지체제로 분류되었다. 주목해야 할 또 다른 결과는 소위 보편적 복지체제로 분류되는 스칸디나비아 4개국도 한국과 같이 생산주의와 보호주의가 긴밀하게 결합된 유형으로 분류되었다는 사실이다. 퍼지세트(fuzzy set) 분석방법을 활용한 양난의 연구도 허드슨과 쿠나와 유사한 결론을 도출했다(Yang, 2013). 한국은 싱가포르, 홍콩 등과 함께 약한 생산주의와 보호주의가 혼합된 이념형으로 분류되었다. 카이퍼스의 최근 연구에서도 한국은 순수한 생산주의 복지체제가 아닌 중국·멕시코·파나마와 함께 생산주의와 노동보호가 혼합된 복지체제로 분류되고 있다(Kuypers, 2014, 33쪽). 반면 허드슨과 쿠나의 연구에서 생산주의와 보호주의가 혼합된 유형으로 분류되었던 핀란드·노르웨이·스웨덴 복지체제는 카이퍼스의 연구에서는 모두 보호주의 복지체제로 분류되었다.

이상의 결과를 종합하면 생산주의와 보호주의라는 공통의 기준으로 동아시아와 서구 복지체제를 분석했을 때 한국은 세 연구 모두에서 순수한 생산주의 복지체제로 분류되지 않았다. 홀리데이가 생산주의 복지체제로 분류한 대만·홍콩·싱가포르·한국·일본도 동일한 복지체제로 분류되지 않았다(Holliday, 2000; Kuypers, 2014; Yang, 2013; Hudson and Kühner, 2011). 이처럼 한국 복지체제를 서구와 구별되는 생산주의 복지체제로 구분하려는 시도는 경험적으로 지지되지 않았다. 대신 생산주의 논의를 수용해 복지체제를 유형화한 결과, 복지체제는 에스핑-앤더슨이 제시한 세 가지 유형과는 상이한 모습으로 유형화되었고,

각각의 유형을 구성하는 국가들 또한 세 가지 유형과는 상이했다. 더욱 주목해야 할 결과는 에스핑-앤더슨의 세 가지 복지체제 유형과 제4의 복지체제 유형이 (의도한 결과는 아닐지 몰라도) 각 복지체제의 지리적 위치와 긴밀히 연관되어 있던 것에 비해 보호주의와 생산주의를 기준으로 한 유형화는 각 복지체제의 지리적 유사성과 관련성이 없었다. 결과가 이렇다면 비록 브로델의 지적처럼 지리가 장기적 관점에서 한 사회의 구조의 실재를 볼 수 있게 해줄 수 있지만(Braudel, 1995〔1979〕) 복지체제를 분류하고 명명하는 데 동아시아 복지체제와 같은 지리적 명칭을 사용하는 것이 적절할지에 대해서는 고민해볼 필요가 있다.

6. 정리와 함의

한국이 어떤 복지국가인지를 서구 복지국가의 기준에 기대어 설명하는 것은 명백한 한계가 있었지만, 한국 분배체계의 모습을 되돌아보는 계기는 마련해주었다. 존슨의 개발국가 이론에 기대어 한국 복지체제의 성격을 설명하려고 했던 생산주의 논의는 문화적 관점이 아닌 정치경제학적 관점에서 한국 복지체제가 서구 복지국가와는 상이한 고유한 특성을 내재한 복지체제라는 설득력 있는 논리를 제공해주었다. 경제가 성장함에도 불구하고 왜 한국에서 사회정책은 항상 부차적 지위를 차지하는지에 대해 '생산주의 복지체제'는 그럴듯한 설명을 해주는 듯했다. 하지만 '생산주의 복지체제' 역시 중대한 비판에 직면했다. 비판은 크게 두 가지였다. 하나는 생산주의가 한국과 같은 동아시아 복지체제만의 고유한 특성으로 볼 수 있는지 여부에 대한 문제 제기였다. 스웨덴은 물론이고 대부분의 복지체제는 사실상 생산주의와 분리될 수 없다는 경험적 근거가 제시되었기 때문이다. 다른 하나는 첫 번째 비판의 연장선상에서 만약 한국을 생산주의 복지체제로 분류하고자 한다면 생산주의 복지체제를 비생산주의 복지체제와 구별하는 명확한 준거를 제시해야 한다는 점이었다. 안타깝게도 생산주의 복지체제에 대한 지금까지의 논의는 이 두 가지 비판에 대한 적절한 답을 제시하지 못하고 있는 것 같다.

한국 복지체제가 서구 복지체제와 구분되는 독자적인 복지체제로 유형화될 수 있는지 여부를 판단하려면 한국(비서구사회)과 서구 복지체제를 분석하는 공통의 기준이 마련될 필요가 있다. 몇몇 연구가 생산주의와 보호주의라는 차원으로 한국과 서구 복지국가를 유형화했고, 이러한 연구 결과는 우리가 통상적으로 알고 있는 에스핑-앤더슨의 세 가지 복지체제 유형은 물론이고, 한국 복지체제를 설명했던 다양한 시도가 전면적으로 재검토될 필요가 있다는 것을 이야기해주었다. 결국 한국의 역사적 경험에 근거해 한국 복지체제를 분석하는 이론 및 방법론과 서구 복지체제를 분석하는 이론 및 방법론을 함께 써서 통합적으로 접근하는 것이 필요하다. 그리고 이러한 통합적 접근은 서구 복지체제와 한국 복지체제가 상호배타적인 별개의 독립적 체제가 아니라는 인식이 전제될 때 가능하다. 현재 한국과 서구 사회가 동시대 자본주의 세계체계 내에 존재하고 있는 이상 두 사회에 대한 이해와 비교는 두 사회를 바라보는 보편성과 특수성이라는 지극히 상식적인 접근을 통해서만 온전히 이해될 수 있을 것이다.

10. 국민연금의 기금 운용과 경제민주화
공적연기금 운용의 비교자본주의적 분석

전창환

1. 문제 제기

국민연금 적립금(기금 총자산)이 2016년 4월 말 잠정시가 기준으로 526.5조 원을 넘어섰다(보건복지부·국민연금공단, 2016: 3쪽). 1988년 국민연금이 제도화된 이래 아직도 확장·성숙 국면에 있기 때문에, 2033년에 이르면 국민연금기금의 적립금 총액이 1,000조 원을 넘을 것으로 추정된다. 국내에서 국민연금과 어깨를 견줄 만한 거대 연기금은 전무하며 제2, 제3의 거대연금인 공무원연금과 사학연금만 하더라도 적립금이 100조 원에도 이르지 못한다. 국민연금기금의 적립금 규모가 급속도로 커짐에 따라 주식시장은 말할 것도 없고 주요 자본·금융시장에서 최대의 큰손이 되어가고 있다. 가뜩이나 옅고 좁은 한국 자본·금융시장에서 공룡으로 급부상한 국민연금이 종종 '연못 속의 고래'에 비유되는 것도 이와 무관하지 않다.

시야를 한국에서 전 세계의 공적연기금으로 돌려보면, 한국의 국민연금(NPS: National Pension Service)이 얼마나 큰 위상을 가지고 있는지 단적으로 확인할 수 있다. 2016년 9월에 발표된 세계 주요 공적연기금 적립금 규모 순위에서 국민연금(NPS)이 전 세계 4위에 올랐다. 그 전해

348

순위	시장과 국적	총자산
1. GPIF(Government Pension Investment Fund)	일본	1,163,203
2. GPFG(Government Pension Fund-Global)	노르웨이	865,943
3. FRT(Federal Retirement Thrift)	미국 DC형 연방공무원연금	443,328
4. NPS(National Pension Service)	한국	435,405
5. ABP(Algerneen Burgelijk Pensioen fonds)	네덜란드 공무원교원연금	384,271
6. National Social Security	중국	294,939
7. CalPERs	미국 캘리포니아 주 공무원연금 기금	285,774
8. Central Provident Fund	싱가포르	211,373
9. CPP*(Canadian Pension Plan)	캐나다	201,871
10. PFZW*(Pensioen fonds Zorg en Welzijn)	네덜란드(보건의료종사자연금)	186,471

주: 모든 수치는 2015년 12월 31일 현재 기준이지만 * 수치는 2016년 3월 31일 현재 기준.
자료: Willis Towers & Watson, 2016, 39쪽.

인 2015년에는 국민연금의 적립금 규모가 전 세계 3위였는데 2016년에는 미국의 DC형 연방공무원연금(FRT: Federal Retirement Thrift)에 3위 자리를 내주었다. 최근 몇 년 동안 국민연금의 순위는 3위에서 4위를 왔다 갔다 하는 것으로 보인다. 전 세계 부동의 1위는 일본의 공적연금(국민연금+후생연금)을 운용하는 GPIFGoverment Pension Investment Fund의 적립금으로 1,300조~1,400조 원에 달한다. 2위는 국부펀드(Sovereign Wealth Fund)에 가까운 노르웨이 GPFGGoverment Pension Fund Global이다.

이처럼 국내외를 막론하고 막대한 영향력을 미치고 있는 국민연금이 과연 명실상부하게 전 국민의 염원과 뜻을 반영하여 제대로 운용되고 있는 것일까? 국민연금기금 운용과 관련하여 제일 중요한 조직이 기금운용위원회와 기금운용본부이다. 최근 박근혜 정부에서 새누리당 출신 국회의원들과 이에 동조하는 세력들이 기금운용위원회와 기금운용본부에 대해 중대한 변화를 꾀하려 했다. 즉 기금운용위원회 위원의 자격과 구성을 금융전문가로만 한정·구성함과 동시에 기금운용본부를 국민연금공단에서 떼내어 별도 공사(국민연금기금 운용을 전문으로 하는 공기업)로 설립하겠다는 것이다(보건사회연구원, 2015). 이 계획이 완전히 철회·폐기되었는지는 불투명하지만 일단 유보된 것으로 전해진다(연합뉴스, 2016. 7).

이 연구는 우선 국민연금기금 운용의 실질적 민주화가 한국경제의 민주화에 아주 큰 의미를 갖는다는 인식하에 현행 국민연금기금의 운용체계가 가진 문제점을 살펴볼 것이다. 국민연금기금 운용의 실태를 좀더 객관적으로 이해하기 위해 공적연금의 기금운용에 대한 비교자본주의적 관점 내지 연금제도의 다양성 관점에서 접근해보고자 한다. 비교대상은 미국의 OASDIOld Age. Survivors Disability Insurance, 캐나다의 CPPCanadian Pension Plan(& CPPIB), 캐나다 퀘벡 주의 QPPQuebec Pension Plan(&CDPQ), 그리고 한국의 국민연금(NPS)이다.

2. 비교자본주의론에서 본 연금제도

모든 나라의 연금제도는 크게 사회보장 성격이 강한 공적연금(우리나라의 경우 국민연금과 기초노령연금)과 직역연금(공무원, 사립학교 교직원, 군인을 대상으로 한 특수직역연금과 일반 회사원을 대상으로 한 기업연금) 그리고 자발적 가입 의사에 기초한 개인연금으로 구성되어 있다.

비교자본주의론에 입각해 연금제도를 유형화해보면, 자유시장경제(LMEs: Liberal Market Economies)의 경우 공적연금에서 나오는 연금급여가 전체 퇴직 이후 소득에서 차지하는 비중이 상대적으로 매우 낮은 데 비해, 기업연금을 중심으로 한 직역연금과 개인연금에서 나오는 연금급여의 비중이 아주 높다. 여기에는 미국·영국·캐나다·호주·뉴질랜드·아일랜드 등이 포함된다.

　합의주의를 중심으로 하는 비시장기제가 경제시스템 작동에서 핵심적 역할을 수행하는 조정형 시장경제(CMEs: Coordinated Market Economies)에서는 연금제도를 크게 두 가지로 세분할 수 있다(Wiss, 2014: Wiss, 2015). 하나는 정부가 제공하는 공적연금급여가 아주 관대한데 비해 상대적으로 사적연금급여(직역연금＋개인연금) 비중이 낮은 연금제도이다. CMEs 내에서 이런 유형의 연금제도를 가진 사회경제모델을 state pension CMEs, 줄여서 sCMEs라고 부른다. 이 모델의 가장 중요한 특징은 직역연금의 제도화가 극히 부진하다는 점이다. 물론 최근 sCMEs에서도 직역연금 활성화를 위해 다양한 정책이 나오고 있긴 하지만 전반적으로 직역연금의 비중과 역할이 미미하다. 이 외에 GDP 대비 연금자산의 비율이 현저히 낮으며 금융화의 확산 여지도 아주 협애하다.

　다른 하나는 공적연금급여가 sCMEs의 그것만큼 관대하지 않은 대신 직역연금이 법적인 강제화(내지 준강제화)와 섹터별 노사 간의 단체교섭에 힘입어 아주 광범위하게 제도화되어 있는 사회경제모델이다. 이러한 사회경제 모델을 pension fund CMEs, 줄여서 pCMEs라고 부른다. 이 모델의 특징은 GDP에서 연금자산이 차지하는 비중이 상대적으로 높고 사적 직역연금을 기반으로 금융화의 확산 가능성이 상대적으로 높다는 점이다.

　끝으로 발전주의 내지 발전국가에 입각하여 급속한 산업화를 이룬 한중일 동아시아 발전국가모델이 있다. 이 모델에서는 국가주도 산업화의 결과 관료제의 지배력과 영향이 시장기제나 합의주의 전통의 비시장기제를 훨씬 능가한다. 발전국가모델의 연금제도가 가진 특징으로

<표 10-2> 연금제도(연기금)의 유형화

	LMEs	pCMEs	sCMEs	MMEs	권위주의적 발전국가모델
핵심조정기제와 복지국가 유형	• 자유시장 • 자유주의적 • 잔여적 복지국가	• 비시장기제 (합의주의) • 연기금자본주의 영역이 아주 큼	• 비시장기제 (합의주의) • 연기금자본주의 영역이 상대적으로 미약 • 보수적 복지국가 • 제도화된 복지국가	• LMEs와 CMEs의 성격을 공유 • 비시장기제의 역량이 크고 특히 국가 규제가 여전히 큰 영향을 발휘	• 관료제＋시장
공적연금	• 취약	• LMEs보다는 관대 sCMEs보다는 취약	• 비스마르크형 사회보험주의에 기반 • 아주 강하게 관대	• 관대함	• 일본·한국은 아주 취약 • 예외적으로 사회주의적 요소를 지닌 중국의 경우 공적연금 소득대체율이 아주 높은 편
직역 (기업)연금	• 자발성 • 아주 활성화	• 아주 활성화 • 강제 내지 준강제 • 직역연금 가입률이 아주 높다	• 취약 • 최근 직역연금 활성화	• 취약 • 프랑스만 예외적으로 준강제적 직역연금을 가짐	• 취약 • 강제화 의무화할 예정
노조의 연금지배구조 참여	• 극히 취약 • 전무	• 제도화 • 스위스: 사용자주도 연기금의 이사회에 종업원 대표의 강제(제도)적 참여＋세부적 국가 규제	• 있을 경우에는 제도화	• 취약	• 취약
금융화 정도	• 아주 높음	• 아주 높음	• 지체	• 지체	• 낮음
민간 연기금 자산 규모	• 아주 큼	• 큼	• 아주 미미	• 아주 미미	• 아주 미미
해당 국가	• 미국, 영국, 캐나다, 뉴질랜드, 호주, 아일랜드	• 네덜란드, 스위스, 덴마크	• 오스트리아, 벨기에, 독일, 노르웨이, 스웨덴, 핀란드	• 스페인, 포르투갈, 이탈리아, 프랑스	• (한국, 일본)

자료: Wiss, 2014, 37쪽; Wiss, 2015, 494~497쪽; 발전주의모델은 필자가 추가한 것.

는 정부 주도로 공적연금제도가 설립되었지만 공적연금급여가 후하지 않고 민간의 직역(기업)연금이나 개인연금제도의 발전은 지체되어 있다는 점이다. 특히 민간의 직역연금제도가 발전주의하에서 억압되었다가 1990년대 말 발전국가모델의 위기 및 해체와 더불어 서서히 확대발전하는 모습을 띤다. 예외적으로 중국의 사회주의적 발전국가모델에서는 강제적 공적연금의 소득대체율이 높은 편이라 한국·일본과 아주 대조적이다. 그러나 사적 직역연금은 한국·일본과 마찬가지로 아주 취약하다. 이로부터 우리는 사적 직역연금의 취약성은 한중일 3국에서 공히 나타나는 제도적 특징으로 볼 수 있을 것이다.

3. 주요 공적연기금 운용체제의 다양성

그렇다면 과연 자본주의 모델 내지 유형별로 공적연금 적립금 운용체제가 어떤 특성을 보이는지 살펴보기로 하자. 자유시장경제모델의 복지체제는 기본적으로 잔여적 성격이 강하다. 연금제도의 경우, 이미 지적한 바와 같이 공적연금급여가 그리 후한 편이 못 되며 민간 직역연금(특히 단일 사용자 기업연금)이 아주 중요하다. 기본적으로 시장기제를 최우선시하는 LMEs에서는 공적연기금 적립금 운용에 대한 정부당국의 방침이 크게 두 방향으로 나타난다. 하나는 공적연금 적립금을 아예 자본·금융시장(주식, 채권, 대체투자자산)에 운용하지 않는 미국식 예외주의 모델(OASDI: Old Age, Survivors Disability Insurance, 사회보장신탁기금)이다. 다른 하나는 LMEs에 속하면서도 미국의 OASDI와는 정반대로 적립된 공적연금적립금을 전 세계의 포트폴리오 시장(주식, 채권, 부동산, 인프라, 사모펀드 등의 대체투자자산)에서 잘 운용하여 최고의 금융수익성을 내고자 하는 캐나다 CPP/CPPIB이다. 미국을 제외한 LMEs 국가의 공적

연기금이 대부분 캐나다의 CPPIB처럼 주식, 채권, 대체투자자산 등 전
세계 모든 자산을 포트폴리오 투자 대상으로 삼는 것으로 생각된다.

1) 미국의 공적연금(OASDI)

우선 LMEs의 종주국이라 할 수 있는 미국의 경우, 사회보장제도
(OASDI)가 바로 공적연금이다. 여기에는 퇴직 이후의 노령연금 이외
에 장애연금과 유족연금이 다 포함되어 있다.

1930년대 뉴딜의 일환으로 만들어진 OASDI는 많은 부분에서 독일
의 비스마르크 모델(소득 비례 사회보험 방식)을 벤치마킹했다. 중요한 것
은 OASDI 제도 창립자들이 미국의 공적연금이 공룡처럼 덩치가 커
지는 것을 가장 크게 우려했다는 점이다(Béland, 2015). 특히 미국의 공
화주의자들은 공적연금의 적립금이 비대해지면 자금과 금융 그리고
권력의 집중 등 사회경제적으로 커다란 폐해가 발생할 것으로 보았다.
OASDI가 설립 초기에 부과 방식으로 설계되었던 것도 바로 이 때문이
다.

공적연금 적립금이 많아지면, 결국 그 적립금이 자본·금융시장
으로 흘러들어갈 수밖에 없는데 미국은 제도 설립 초기부터 공적연
금 적립금이 민간경제에 직간접적 영향을 미치는 것을 차단하고자 했
다. 즉 미국의 공적연금 적립금에 대해서는 재무부가 발행한 특수증
권 이외의 어떤 금융자산·실물자산에도 투자될 수 없도록 제한을 가했
다. 다시 말해 공적연금의 적립금으로 민간 법인기업이 발행한 주식을
매입할 수 없도록 함으로써 미국에서는 연기금 사회주의(pension fund
socialism)의 잠재적 가능성을 원천 봉쇄했다. 따라서 미국에서는 연방
정부가 공적연금 적립금을 매개로 하여 민간기업의 주식을 보유하는
기관주주가 될 가능성이 전혀 없다. 공적연금이 민간기업의 주식에

<표 10-3> OASDI의 최근 5년간 현황

(단위: 천 명, %, 억 달러)

연도			2011	2012	2013	2014	2015
연말 수급자의 수(천 명)			55,404	56,758	57,979	59,007	59,963
	노령		38,485	39,612	40,801	41,948	43,073
	유족		6,305	6,256	6,189	6,128	6,084
	장애		10,614	10,891	10,988	10,931	10,806
사회보장세 납부자의 수(천 명)			158,674	160,777	163,302	165,885	168,899
사회보장세율(%)			10.4	10.4	12.4	12.4	12.4
재정 상황	수입(억 달러) ①		8,051	8,402	8,550	8,843	9,202
		사회보장세	5,642	5,895	7,262	7,560	7,949
		국고부담	1,027	1,143	49	5	3
		연금 수급자로부터의 소득세	238	273	211	296	316
		운용수입	1,144	1,091	1,028	982	933
	지출(억 달러) ②		7,361	7,858	8,229	8,592	8,971
		연금급여비	7,251	7,748	8,123	8,485	8,863
	수지 차(억 달러) ① - ②		690		321	250	230
	연말적립금(억 달러) ③		26,779	27,323	27,644	27,895	28,125
	적립 비율 ③÷②		3.54	3.41	3.32	3.22	3.11

자료: Board of Trustees, 2016; 厚生勞動省 年金數理科, 2016, 5쪽.

적립금을 운영하기 시작하는 순간, 기관주주로서 책임과 의무가 따르게 되고 이 과정에서 공적연기금이 민간기업과 민간경제에 영향을 미치지 않을 수 없게 된다. 1930년대 미국의 공적연기금 설립자들은 바로 이 문제를 정확히 예단했다.

그렇다면 미국의 OASDI[1] 적립금 규모는 도대체 어느 정도일까?

---

1. 엄밀히 말하면 OASDI는 법적으로 구분되는 두 신탁기금 OASI 신탁기금과 DI 신탁기금을 통합해서 부른 것이다.

2015년 말 현재 사회보장세 납부자가 1억 6,889만여 명에 달하고 현재 공적연금 수급자가 5,996만여 명에 이른다. OASDI는 지구상에서 적립금 규모가 가장 클 것으로 예상되며, 사실 2조 8,125억 달러(2015년 말 기준 달러 표시 적립금)에 달한다. 이 적립금 규모는 한 해에 지급하는 총 공적연금 급여(8,863억 달러)의 3배에 달하니 약 3년치 연금급여를 보유하고 있음을 알 수 있다(〈표 10-3〉 참조). 미국사회보장신탁기금 적립금은 원화 기준으로는 약 3,000조 원에 달한다.

이와 관련해 얼핏 한 가지 의문사항이 생긴다. 왜 윌리스 타워 왓슨(Willis Towers & Watson) 등 세계 주요 기관들이 발표하는 세계 최대 연기금 랭킹 리스트에 미국의 OASDI는 빠져 있는가? 미국의 공적연금제도인 OASDI가 여느 공적연금 적립금과 달리 평가되는 이유는 OASDI의 적립금이 실제적 적립기금이라기보다는 미국 연방재정제도 내지 연방재정회계의 일환으로 구조화되어 있기 때문인 것으로 생각된다.

자영업자, 종업원, 사용자 등이 사회보장세(social security tax)를 사회보장청에 납부하면 모든 징수 사회보장세 수입이 국고(IRS, Treasury)로 들어간다. 그 이후 이 사회보장세 수입이 사회보장신탁기금(social security trust fund)에 편입된다. 사회보장세 이외에 공적연금급여에 대한 연방소득세와 사회보장신탁기금 적립금에 의한 특수국채 보유에 따른 이자수익이 사회보장신탁기금의 핵심 수입원이다. 사회보장신탁기금은 이 세 가지 주수입원에 의거하여 미국사회보장급여(노령연금급여, 유족연금급여, 장애연금급여) 및 관리비용(admin cost) 등의 지출을 충당한다. 그해 총수입이 그해 총지출보다 많으면 사회보장신탁기금의 현금흐름이 흑자가 되고, 거꾸로 반대가 되면 현금흐름이 적자가 된다. 매년도 적립금 총액은 전년도까지 누적된 보유 적립금 총액＋그해 현금흐름(+, -)의 합으로 구성된다. 연방정부 특수채권과 교환되는 사회보장세 수입은 미국 재무부의 일반펀드에 예치된다. 이제 이 세수는 재무부의 다른 일반펀드에서 나오는 세수와 더이상 따로 분리되지 않고 다 섞이게 된다. 결국 사회보장세는 재무부의 일반회계에 편입되어 연방 정부의 지출과 연방국채의 상환에 사용된다. 이 때문에 적립금 증가는 연방정부 입장에서 볼 때 단순한 차용증서 더미를 쌓는 것에 불과하다 (中川秀空, 2010, 43쪽). 달리 표현하면 미국 OASDI의 적립금은 다른 나라들의 공적연금 적립금처럼 실제로 쌓여 있는 기금 내지 실질적 자산 (real asset)이라기보다는 미국 재정구조상의 회계(book-keeping) 장치라 보는 게 더 현실적이다.

사회보장신탁기금이 보유하는 자산이 연방정부 특수채권 그 자체 이기 때문에 신탁기금 잔액(balance)은 재무부의 일반펀드가 사회보장 신탁기금에 진 빚이라 할 수 있다. 연금급여나 행정비용을 지출하기 위해 필요한 자금은 사회보장신탁기금이 보유한 연방정부 특수채권의 매각·환매를 통해 확보된다. 요건대 사회보장신탁기금은 내부 연방회계 개념, 누적 적립금이라는 두 가지 측면에서 파악 가능하다(Nuschler, 2015, 2~3쪽). 내부 연방회계 구조의 측면에서 볼 때 사회보장신탁기금은 재무부 내에 존재하는 여러 신탁기금 중 하나이다. 둘째로 사회보장 신탁기금이 누적 적립금인데 이는 민간신탁의 적립금과는 결정적으로 다르다. 왜냐하면 투자 유형이 제한되어 있고, 구매자와 판매자가 모두 미국 정부이기 때문이다.

사회보장신탁기금의 최고의사결정기구는 사회보장신탁이사회(The Board of Trustees of the Federal Old Age, Survivors Insurance & the Federal Disability Insurance Trust Fund)이다. 사회보장신탁이사회는 재무부장관, 노동부장관, 보건복지부 장관, 사회보장청장 등 관련 주무부처 장관 4명과 국민 대표 2명을 포함한 총 6명의 이사로 구성된다. 이 2명의 국민 대표는 대통령이 상원의 승인하에 임명하도록 되어 있다. 끝으로 사회보장청 부청장이 사회보장신탁이사회의 사무국장 역할을 맡는다.

최근 다시 사회보장신탁기금 적립금의 주식투자 허용 이슈가 등장하고 있다. 이는 통합 기준으로 OASDI가 2033~2034년 고갈될 것으로 전망하는 사회보장신탁기금 재정 추계와 분리해서는 사고할 수 없다. 일부에서는 사회보장신탁기금의 주식투자 허용이 사회보장신탁기금의 재정 상태를 호전시키고 세대 간 리스크 공유에 크게 기여할 것으로 전망한다(Burtless et al., 2016, 2~12쪽). 이들은 미국의 OASDI가 최소한 미국연방공무원연금기금 운용기관(Federal Retirement Thrift Investment Board), 나아가 캐나다 CPPIB 정도로 주식투자를 할 수 있기를 권고·제안하고 있다. 하지만 이미 앞서 지적한 바와 같이, OASDI 신탁기금의 주식투자 허용은 실로 여러 가지 문제를 동시에 야기하기에 당분간은 기대하기 어려울 것으로 전망된다. 같은 맥락에서 OASDI 적립금을 재무부 특수채권 이외의 다양한 채권이나 부동산, 인프라, 사모펀드 등 대체투자자산들로 포트폴리오 투자 대상을 확대하기는 더욱 어려울 것으로 판단된다.

2) 캐나다의 CPP/CPPIB

비교자본주의의 견지에서 볼 때 캐나다는 미국과 같은 LMEs에 속하지만 캐나다의 공적연금제도와 공적연금 적립금 운용체제는 미국과 상당히 다르다. 제도적 측면에서 캐나다의 공적연금제도는 정률의 공적기초연금과 소득 비례 공적연금으로 이원화되어 있지만 미국에는 공적기초연금제도가 없다. 더 특이한 것은 소득 비례 공적연금제도의 경우 퀘벡 주를 제외한 나머지 캐나다 전 지역과 퀘벡 주에 각각 두 가지 완전히 상이한 적립금 운용체제가 작동하고 있다는 점이다. 전자가 바로 CPP(Canadian Pension Plan)와 CPPIB이고, 후자가 QPP(Quebec Pension Plan)와 CDPQ(Caisse de Depôt et la Placement du Québec)이다.

〈표 10-4〉 CPP와 QPP의 인구, 보험료 납부자, 연금 수급자 수 비교

(단위: 만 명)

연도	CPP				QPP		
	총인구*	총인구 -퀘벡주	보험료 납부자 수	연금 수급자	총인구**	보험료 납부자 수	연금 수급자 수
2013	3,515	2,715	1,365	574	815	400.9	178
2014	3,554	2,747	1,363	591	821	—	186
2015	3,585	2,779	1,380	—	826	—	192

주*: 캐나다의 총인구.
주**: 퀘벡주의 총인구.
자료: 金子能宏, 2015; CPP Actuarial Report, 2014, 23쪽; Statistics Canada(매해 7월 1일 기준 인구);
Retraite Québec, 2016; Régime de Rentes du Québec: Statistiques de l'anée, 2015, 40쪽.

CPPIB의 설립과 적립금 운용의 기본정신을 이해하려면 1990년대 캐나다 연금제도 개혁 논쟁으로 거슬러 올라갈 필요가 있다. 흥미롭게도 1990년대 중반 캐나다에서 연금 개혁이 실시된 데에는 우리나라와 유사한 배경이 깔려 있었다.

캐나다의 공적연금제도는 캐나다 시민권과 거주권을 가진 전 국민(〈표 10-4〉)을 대상으로 하는 기초노령연금(OAS: Old Age Security)과 소득 비례 공적연금인 CPP[2]/QPP[3]로 구성되어 있다. 전자는 세금으로 운용 충당되며 전 국민 누구나 소득수준과 관계없이 일정한 조건과 자격을 충족하면 일정액의 연금급여를 받는다. OAS 수급자의 월평균소득은 520C$에 이른다. 후자는 소득 비례의 확정급여형 연금으로 사용자

2.   CPP는 1965년 연방정부와 주정부 간의 합의로 설립되어 1966년부터 운영되기 시작했다.
3.   CPP에 가입할 것인지, QPP에 가입할 것인지는 어디에 사는가가 아니라 어디서 근무하는가로 결정된다. 즉 퀘벡 주에서 근무하는 자는 QPP에 가입하고, 그 이외 지역에서 근무하는 자는 CPP에 가입한다. 양쪽 지역 모두에서 근무한 적이 있는 자는 양쪽에 실적을 갖는다. 한 가지 제도에만 가입한 자는 어디에 거주하든지 간에 그 제도의 급여를 받는다. 양쪽에 가입 실적을 갖는 경우 급여신청 시 퀘벡 주에 살면 QPP에 가입하고 그 밖의 지역에 살면 CPP에 가입한다. 급여액은 어떤 제도로부터 지급되든 관계없이 양 제도에 납부한 보험료와 급여책정 정책에 의해 결정된다(中川秀空, 2012, 14쪽).

와 종업원이 각각 4.95% 총 9.9% 보험료를 납부한다.[4] CPP의 경우, 2014년 현재 보험료 납부자가 1,363만 명, 연금급여를 수령하는 연금 수급자는 591만 명을 약간 웃도는 수준이다(〈표 10-4〉 참조).

그런데 1990년대로 접어들면서 고령화 추세 속에서 기존의 기여율과 소득대체율로는 도저히 CPP의 장기 재정안정성을 유지할 수 없다는 위기의식이 작용하였다. 우파 쪽에서는 CPP의 민영화(Harden, 2013, 3쪽) 혹은 기여율의 일부를 개인계정에 적립하도록 하는 방식 등이 제안되었다. 하지만 앨버타(Alberta) 등 일부 주(province)만이 CPP 민영화에 찬성했을 뿐 대체로 민영화에 미온적이었다(Béland, 2006, 573~574쪽). 특이하게도 캐나다에서는 미국과 달리 보수주의적 싱크탱크의 영향력이 상대적으로 약해 이들의 민영화 주장이 큰 호응을 얻지 못했다. 결국 1996년 연방정부와 주정부는 CPP의 민영화안(案) 대신에 부분적립 방식의 CPP를 그대로 유지한 상태에서 기여율을 미리 상향 조정하여 후세대의 부담을 줄이기로 했다. 더 중요한 것은 캐나다 정부가 미래 기여율의 추가적 급상승을 사전에 차단하기 위해 연금 적립금을 자본·금융시장에서 운용하기로 했다는 점이다. 즉 기여율 인상을 억제하려면 캐나다 공적연금의 적립금을 자본(주식)시장에서 운용하여 가능한 한 높은 수익률을 올려야 한다는 논리이다. 결국 1997년 캐나다 정부는 CPP의 연금 적립금을 정부로부터 분리·독립시켜 적립금을 전문적으로 운용하는 기관—캐나다연기금운용회사(CPPIB)—을 설립했다. CPPIB는 1998년 10월부터 본격적으로 활동하기 시작했으며 1999년부터 주식투자 등 자산운용을 개시했다. 1990년대 후반 캐나다 연방정부의 이런 조치는 1965년 이후 30여 년간 CPP의 연금 적립금이

---

4. 2012년부터 QPP는 CPP보다 높은 보험요율을 한시적으로 적용하기로 결정해 이 몇 해 동안에는 양자 간 보험요율이 달라진다.

〈표 10-5〉 CPPIB 적립금 운용의 추이와 현황

(단위: 십억 달러, %)

각 연도 3월 31일 기준		2016	2015	2014	2013	2012	2011	2010	2009	2008	2007
주식	캐나다	15.0	19.5	18.6	15.3	14.2	21.0	18.5	15.6	28.9	29.2
	해외 선진시장	113.5	98.0	75.6	64.0	56.7	50.8	46.2	40.4	47.5	46.1
	신흥시장	17.6	15.5	12.6	12.4	10.6	7.6	6.5	4.6	0.7	–
채권	비시장성 채권	24.8	25.8	23.4	24.4	23.6	21.8	22.7	23.2	23.8	24.9
	시장성 채권	41.4	34.4	31.0	28.5	21.2	19.7	17.1	9.3	11.1	8.1
	기타 채무	20.9	17.2	11.4	8.6	8.8	6.1	3.5	1.8	1.1	–
	단기 화폐시장 증권	3.5	18.8	17.4	8.7	2.5	2.3	1.7	-0.8	–	0.4
	채무조달 부채	-15.6	-9.9	-9.7	-9.5	-2.4	-1.4	-1.3	–	–	–
실물 자산	부동산	36.7	30.3	25.5	19.9	17.1	10.9	7.0	6.9	6.9	5.7
	인프라	21.3	15.2	13.3	11.2	9.5	9.5	5.8	4.6	2.8	2.2
적립금총액		279.1	264.8	219.1	183.5	161.8	148.3	127.7	105.6	122.8	116.6
연간 수익률(%) (운용비용 공제)		3.4	18.3	16.1	9.8	6.3	11.6	14.7	-18.8	-0.4	12.7

자료: CPPIB, 2016, 128쪽.

주식이나 부동산에 투자될 수 없었을 뿐만 아니라 연금 적립금의 전문 운용기관이 부재했다는 사실과는 180도 다른 획기적인 변화임에 틀림 없다.

그렇다면 연기금의 적립자산 운용과 관련하여 왜 CPPIB가 전 세계의 주목을 받는 기관이 되었을까? 우선 CPP의 적립금 현황과 CPPIB의 적립금 운용 실태부터 살펴보기로 하자.

CPPIB의 현재 적립금 총액은 2016년 3월 말 기준으로 약 2,791억 달러(C$)에 달한다(〈표 10-5〉 참조). 이는 2007년 CPPIB 적립금 총액 1,166억 달러에 비하면 거의 2.4배에 달하는 규모이다. CPPIB의 적립 자산 규모는 세계 전체 공적연금 중에서 8~10위 내에 들 정도로 거대한 규모를 자랑한다(〈표 10-1〉참조).

CPP의 장기 재정추계에 따르면 비록 2020년 시점에서의 적립 비율이 22%로 낮지만 연금 기여금 수입이 연금급여 지출액을 상회하여 그 이후에는 운용수익 일부를 연금급여 지출에 사용해도 전체적인 수지 균형이 유지되는 것으로 추정된다. 향후 적립금 자산 규모는 2030년에는 5,000억 달러(C$), 2050년에는 1조 1,692억 달러에 이를 것으로 추정된다. 이를 연간 지출될 급여 예상 총액과 비교하면, 2050년 5.18배, 2085년까지 5배 사이에서 안정적으로 유지될 것으로 예상된다.

CPPIB 자산운용의 주요 특징(前田俊之, 2013, 2쪽) 중 하나가 기금운용의 핵심 인사들이 철저하게 CPP 적립금의 자산-부채 규모의 변동을 예의주시하여 기금운용전략을 구사한다는 사실이다. 즉 이들은 CPP의 장기 재정 추계 및 자산/부채 추이(CPP의 적립금이 향후 75년간에 2009년 적립금의 약 40배인 4조 8,359억 달러(C$)로 증가)에 기반하여 10년을 넘는 장기 시계(Long Term Time Horizon)에서 투자전략을 구사한다. CPPIB 자산운용의 두 번째 특징으로는 자산 규모가 확실하게 거질 것으로 예상되기에(Certainties of Asset) CPPIB 운용역들이 투자자금을 중도에 회수하거나 자산을 매각할 필요성이 거의 없다는 점이다. 마지막으로, 투자의 스케일이 아주 크다는 점에 주목할 필요가 있다. 즉 자산 규모가 크기 때문에 이렇다 할 만한 경쟁 상대가 없는 투자 프로젝트에 집중 투자하는 경향이 있다.

전반적으로 CPPIB의 기금운용전략은 매우 공격적이고 적극적인 것으로 정평이 나 있는데 이를 가능케 하는 나름의 기금운용 틀이 있다. 우선 기금운용의 기반이 되는 참조 포트폴리오(reference portfolio)가 설정·제시된다. 이는 일종의 벤치마크로 주식·채권 인덱스에 의한 패시브(passive) 포트폴리오이며 장기적으로 지향해야 할 주식·채권 비율을 의미한다. 2012년 참조 포트폴리오를 국내외 주식 65% + 국내외

채권 35%로 정했으며 2015년까지 이 수준을 유지하다가 2015년 국내외 주식 85%＋국내외 채권 15%, 소위 '85-15'로 개정되었다.

이제 중요한 과제는 이 참조 포트폴리오 이상의 성과를 올리려면 어떻게 포트폴리오를 구성해야 하는지에 대해 해답을 찾는 것인데 CPPIB는 TPM(Total Portfolio Management)으로 접근했다. TPM의 주요 내용을 보면, 우선 효율적 경계선(Efficient Frontier)에 가까운 참조 포트폴리오의 각 자산의 수익을 추구한다. 다음으로 주식과 채권과 조금씩 다른 자산군(부동산, PE, 인프라스트럭처 등)을 편입하여 이들의 운용수익을 극대화하고자 했다. 이를 위해 이 자산군의 위험-수익을 평가하고 이것을 참조 포트폴리오의 자산으로 치환해간다. 다양한 자산을 유사한 위험-수익 특성을 가진 equity(주식)과 debt(채권)에 반영시켜 65%-35%의 비율이 유지될 수 있는 포트폴리오로 만들어간다. 실제 자산을 치환해갈 때, 참조 포트폴리오의 기준수익률(hurdle rate)을 상회하는 수익을 낳을 수 있도록 포트폴리오의 어떤 자산을 매각할 것인지를 점검하면서 교체를 해나간다.

바로 이상의 기법이 TPA이다. 이 때문에 CPPIB의 자산배분에서 주식 65%＋채권 35%로 되어 있지만, 양자 모두 PE, 부동산, 인프라스트럭처를 포함하고 있다. 이 과정에서 CPPIB는 운용자산 전체의 리스크 양을 조정할 뿐 자산마다 목표 비중을 설정하지 않는다. 보다 구체적으로는 참조 포트폴리오에 포함되지 않은 비공개 주식이나 부동산 등에 투자할 때, 그 가격 변동의 특성에 따라 포트폴리오 전체 리스크를 중립화하는 것이다. 요컨대 최근 부동산, 인프라, PE 등 대체투자 비중이 크게 늘어나고 있는데 TPM에서는 이들 대체투자자산의 리스크를 주식, 채권과 같은 전통적 자산의 리스크와 일체로 통합해서 관리한다(佐久間誠, 2015, 1~2쪽).

2016년 최근 CPPIB는 자산운용 및 리스크 관리 방식을 기존의

TPM에서 PAM(Policy Asset Mix)으로 변경함으로써 새로운 리스크 관리 방법을 도입했다. 즉 2015년 4월 참조 포트폴리오가 종전의 국내 주식 65%+국내 채권 35%에서 국내 주식 85%+국내 채권 15%로 변경되었다. 이는 2018년 3월부터 적용될 예정이다. 이 참조 포트폴리오 변경은 두 가지를 의미한다. 우선 종래보다 주식 등 위험자산의 비중을 더 늘리고 채권 등 상대적으로 무위험자산의 비중을 대폭 줄이겠다는 것을 시사한다. 이 과정에서 부동산, 인프라 사모 등 대체투자의 비중이 더 늘어나게 될 것이다. 둘째, 이 참조 포트폴리오의 변경은 리스크의 허용한도를 더 높이겠다는 의지를 보여준다.

PAM은 크게 두 가지로 구성되는데, 전략적 포트폴리오(strategic portfolio)와 목표 포트폴리오(target portfolio)이다. 전략적 포트폴리오란 5년 이상 앞의 장기 자산 구성 비율에 대한 비전을 의미한다. 자산군으로선 상장주식, 비상장주식, 국채, 채권(국채 제외), 실물자산, 절대수익 추구형 & 현금 등으로 구성된다. 3년마다 내용이 개정되며, 참조 포트폴리오와 동등한 리스크의 양으로 장기 수익을 최대화하도록 결정된다. 목표 포트폴리오는 전략적 포트폴리오와 당해 연도 시장 상황 등을 고려하여 매년 변경되어, 전략적 포트폴리오를 구성하는 6개 자산군에 대해 당해 연도 자산 구성 비율의 허용 범위를 보여준다. 요컨대 일반적인 PAM에서 자산 구성 비율이 전략 포트폴리오이고, 허용 괴리폭이 목표 포트폴리오라고 간단히 정리할 수 있을 것이다.

전체적으로 볼 때 CPPIB는 금융수익성 극대화에 집착한 나머지 매우 공격적으로 자산을 운영했다. 2007~2009년 금융위기 이전까지만 하더라도 CPPIB는 주식, 채권, 구조화금융, 자산유동화상품 등에 적극 운용했다. 또한 CPPIB는 패시브 운용보다는 액티브 운용, 국내투자보다는 해외투자에 더 적극적으로 임해왔다. 그 결과 전반적으로 CPP의 시장 리스크가 아주 높아졌다. CPPIB의 기금자산 운용에 치명적 손실을 입힌 것은 2007~2009년 미국발 글로벌 금융위기였다. 구조화금융, 파생상품거래까지 끌어들이면서 공격적인 액티브 운용의 결과 전 세계 주요 거대 연기금이 커다란 손실을 입었다. 특히 CPPIB가 신자유주의적 금융화에 선봉장 역할을 했던 만큼 금융위기로 인한 타격이 상당했을 것으로 보인다. 2007~2009년 금융위기로 CPPIB의 연간 수익률이 -18.8%로 급전직하한 적이 있었다는 점을 고려한다면(〈표 10-5〉), CPPIB가 NPS, GPIF 등 여타 연기금보다는 아주 공격적이고 적극적인 운용전략을 구사해왔음을 다시 확인할 수 있을 것이다.

2007~2009년 금융위기 이후 전 세계적인 초저금리 기조가 계속되면서, CPPIB 등 주요 연기금의 운용전략이 변화하기 시작했다(Bedard-Page, Demers, Tuer and Tremblay, 2016, 3~4쪽). 가장 중요한 것은 상대적으로 유동성이 높은 전통적 자산군인 주식과 채권의 보유 비중이 크게 줄어들었다는 점이다. 그 대신 부동산, 인프라스트럭처, PE 등 유동성이 떨어지는 실물자산 대체투자자산의 비중이 크게 증가했다. 부동산과 인프라는 현금흐름이 비교적 장기 지속적이고 안정적이어서 장기투자가인 연기금의 투자전략에 부합하는 자산군으로 인식되고 있다. 또한 부동산과 인프라는 인플레 헷지가 가능해 기관투자가들 사이에 큰 관심을 불러일으키는 투자 대상이 아닐 수 없다. 끝으로, 비공개주식(PE)의 경우, 공개주식에 비해 높은 수익률이 기대된다. 전체적으로 볼 때, 대체 투자자산 운용비용이 전통적 자산 운용비용보다 훨씬 높기에 공적연기금은 거대·장기투자의 성격이 강한 대체투자를 통해 비용을 분산·절감하는 데도 유리하다. CPPIB의 경우, 2007~2009년 금융위기 이후 지금까지 대체투자 비율(전체 자산에서 대체투자자산이 차지하는 비율)이 15%에서 35%로 증가했다. 이와 함께 CPPIB의 해외투자 비율도 80%로 급격히 증가했다.

CPPIB의 향후 기금운용전략은 전적으로 CPPIB의 이사회[5]에서 결정된다. 분명 CPPIB의 이사회가 모두 경제·금융·재무·회계 전문가로만 구성되어 있다는 점, 따라서 정부 관료들의 입김뿐만 아니라 이해당사자들의 상이한 요구로부터 자유롭다는 점이 무엇보다 큰 특징이 아닐 수 없다. 특히 기금운용과 관련된 주요 결정이 고도의 전문성을 요한다는 점에서 CPPIB의 이사회 구성이 커다란 강점을 지님에는 틀림없다. 정치권의 낙하산 인사와 관료의 개입으로 누더기가 되어버린 한국 공공기관의 입장에서는 CPPIB의 거버넌스 구조가 선망의 대상이 아닐 수 없다. 정부의 출자로 설립된 공공기관이 정부로부터 거의 완벽하게 자유롭고 독립적일 수 있다는 캐나다의 현실이 우리에게는 왜 이토록 생소할까?

이런 생소함과 신선함을 차치하고, CPPIB 거버넌스 구조의 엄청난 장점이 다른 각도에서는 차원을 완전히 달리하는 심각한 결함으로 드러날 수도 있다. 즉 공적 사회보장체제의 근간인 공적연금의 운영을 민간 금융전문가들에게만 맡기기로 한 데에는 심각한 이데올로기적·정치적 편향이 깔려 있다고 생각된다. 왜냐하면 CPPIB 이사들의 경우, 민주적 대표성이 전혀 없고 사회정책의 철학과 마인드가 상대적으로 아주 희박하기 때문이다.

이들의 지상과제는 금융수익성 극대화이기에 과거에는 금융상품이나 자산의 속성이 없었던 것들을 전부 금융상품·금융자산으로 만들어 금융투기의 대상으로 전화시킨다. 가장 비근한 예로 2016년 현재 캐나다 서스캐처원(Saskatchewan) 주의 한 농장의 최대 소유자가 놀랍게도 CPPIB인데 이는 아주 최근에 이루어진 일이다(Desmarais, Qualman, Magnan and Wiebe, 2016, 11~12쪽). 과연 예전에도 서스캐처원 주가 이런 농지 투기를 허용했을까? 절대로 아니다. 기관투자가들이 전통적

---

5. 이에 대한 보다 자세한 분석은 전창환(2016)을 참조.

금융자산 내지 표준적 금융자산의 금융수익성의 매력이 떨어지면서 이를 대체할 수 있는 대체자산을 찾기 시작했는데 부동산, 농지, 삼림 등이 대표적 사례들이다(Ouma, 2016; Sippel, Larder and Lawrence, 2016). 과거에는 규제에 묶여 농지 소유가 쉽지 않았을 텐데 그 후 규제완화로 CPPIB가 쉽게 거대 농지를 소유할 수 있었다. CPPIB는 천연자원, 농지, 삼림, 사회간접자본시설 등 과거에는 투자 대상이라고 보기 어려운 것들을 전 세계를 대상으로 발굴·투자하여 수익률을 높이겠다는 생각이다. 20세기 말 21세기 초 계속 확산되는 금융화, 나아가 자산유동화(증권화) 논리를 어쩌면 연기금, 뮤추얼펀드, 사모펀드, 헷지펀드 등이 끊임없이 조장하고 부추기고 있을지 모른다. 이들은 한결같이 월가의 금융자본, 금융엘리트들과 긴밀한 네트워크를 형성하여 다양한 조언과 자문을 얻는다. CPPIB의 사장인 B. 와이즈먼(B. Wiseman), 그 밖의 주요 이사들 거의 대부분이 월가와 긴밀한 네트워크를 가진 인물로 공적 연금 적립금 운용을 매개로 신자유주의적 금융화 논리를 전 세계 곳곳에 전파할 것으로 보인다.

끝으로, CPPIB를 위시한 거대 연기금, 기관투자가를 중심으로 새로운 형태의 금융자본이 형성될 가능성도 배제할 수 없다. 신자유주의적 금융화를 전 방위적으로 추구하는 주요 연기금들이 사모펀드, 헷지펀드, 투자은행, 뮤추얼펀드, 자산운용사 등 여러 종류의 금융기관들과 유연하고 느슨한 네트워크를 형성해나간다(Carroll, 2008). 이들은 경제 전체적으로 금융수익성 극대화, 기업에 대해서는 주주가치 극대화, 신자유주의적 비용절감형 구조조정, 상시해고와 불완전하고 불안정한 고용 등을 끊임없이 강요할 가능성이 높다. 특히 대체투자자산군의 하나인 사모펀드에 대한 연기금의 투자는 공적연금의 주요 이해당사자인 기업의 노동자 내지 종업원들에게는 커다란 위협이 아닐 수 없다.

3) 조정형 시장경제와 연합적 연금 거버넌스의 균열?: QPP/CDPQ

자유시장경제모델과 달리 조정형 시장경제(CMEs: Coordinated Market Economies) 모델의 핵심 작동원리는 합의주의이다. 여기에는 여러 유럽 국가들이 포함되지만 공적연금기금 적립금 운용과 관련해서는 유럽 국가(노르웨이, 덴마크, 네덜란드)와 캐나다 퀘벡 주의 QPP/CDPQ에 주목할 필요가 있다.

QPP의 경우, 1965년 장 르사주(Jean Lesage) 정부하에서 창설된 퀘벡저축투자금고(CDPQ: Caisse de Dépôt et Placement du Québec)라는 주 차원의 공적 금융기관이 적립금을 운용·관리해왔다.[6] 특기할 만한 것은 CPPIB가 CPP만을 운용·관리하는 데 비해 퀘벡저축투자금고(CDPQ)는 QPP 이외에도 퀘벡 주 공무원연금, 공공보험기금 등 여러 가지 기금을 동시에 운용·관리한다는 점이다. 이런 점에서 CDPQ는 금융·공공서비스·사회보장 등 여러 분야에서 동시적으로 활동하는 일종의 복합 공기업이라 할 수 있겠다(Hanin, 2016, XIII).

CDPQ의 기금운용전략은 설립 이후 2000년대 초반까지는 여타 공적연금기금과 꽤 차별적 특성을 보여주었다. 즉 CDPQ는 금융수익성 극대화와 동시에 퀘벡 주의 경제발전이라는 두 가지 목표를 내걸고 적립금 운용에 나섰다. CDPQ가 낙후지역 발전, 중소기업 육성, 벤처기업 육성, 고용창출, 퀘벡 주의 분리·독립 등을 위해 QPP의 적립금을 활용할 수 있었던 것은 CDPQ가 금융수익성 목표와 퀘벡 주의 경제발전이라는 두 가지 목표를 동시에 가지고 있었기 때문이었다. 요컨대 CDPQ는 단순한 펀드매니저 차원을 넘어 퀘벡 주 경제발전의 수호자 역할을

---

6. CDPQ는 1966년 적립금을 처음으로 운용하기 시작했으며 1967년부터 주식에 투자하기 시작했다(Brooks and Tanquay, 1985, 108쪽).

톡톡히 했다(Lévesque, Marie-Claire and Rouzier, 1997, 489쪽).

1980~1990년대만 하더라도 CDPQ는 퀘벡 주의 경제발전이라는 목표를 달성하기 위해 대기업의 주식 지분을 취득하고 이 보유 지분을 통해 해당 기업의 경영 내지 지배구조에 적극 개입했다. CDPQ가 보유 주식 기업의 이사회에 진출했던 것도(Brooks and Tanquay, 1985, 116~118쪽) CDPQ의 기업경영 참여와 개입의 일환이었다. 이 때문에 CDPQ가 캐나다 재계, 영어권 기업가들 사이에서는 경제적 민족주의, 국유화, 사회주의 등의 수단으로 비치기도 했다. 한때 이런 점을 우려하여 CDPQ의 해당 기업주식 보유 지분 한도를 10%로 제한하려고 했지만 이는 역으로 퀘벡 주에서 엄청난 분노와 저항을 불러일으켰다.

CDPQ가 금융수익성 극대화와 동시에 사회적·공공적 목적의 투자를 통한 경제발전을 추구할 수 있었던 데는 CDPQ의 지배구조 내지 집행이사회의 역할이 아주 컸다. 중요한 것은 CDPQ의 지배구조가 CPPIB의 그것과 질적으로 커다란 차이를 보인다는 점이다.

CDPQ의 이사회(Board of Directors) 구성과 관련하여 좀더 자세히 살펴보면, 퀘벡 주정부가 이사회 의장(Chairman of the Board of Directors)을 포함하여 이사를 임명한다. 2004년 말까지만 하더라도 이사회 의장이 CDPQ의 CEO이자 사장(President) 역할을 담당해왔지만 2004년 법 개정으로 이사회 의장이 'CEO 겸 사장'과 분리되었다. CEO는 CDPQ의 방향과 관리를 책임지는 최고 임원이다. CDPQ의 이사회는 총 15명의 이사로 구성되며 이 중 3분의 2는 독립이사[7]여야 한다. CDPQ의 이사로는 이사회 의장, CEO, 예탁자 대표들, 재계 인사, 노조 지도자, 협동조합 대표, 정부 관리(2), 행정청 관리(2) 등으로 구성된다. 여기서 우리는 CDPQ의 이사회가 주요 이해당사자 대표들로 구성되어 있음을

7.　독립이사란 CDPQ, 정부, 저축자와 어떤 연계도 갖지 않는 이사이다.

알 수 있다. 요컨대 CDPQ 거버넌스의 본질은 연합적 거버넌스로, 사회의 모든 영역 대표자(연방정부, 노조, 협동조합운동, 금융계, 재계)의 합의기구라는 점이다(Lamothe, 2016, 79쪽). CDPQ는 기금운용에서 퀘벡의 사회적 이해를 모두 담아내야 했는데 그 임무가 모두 CDPQ의 이사회에 맡겨졌다.

2000년대 접어들면서 CDPQ를 둘러싼 여건이 크게 변화하면서, 급기야 1965년 이후 처음으로 CDPQ의 법 개정이 이루어졌다(Hanin, 2016, 60쪽). 우선 영미형 LMEs에서 급속히 확산되기 시작한 금융화가 CDPQ의 법·제도 개혁에 아주 큰 영향을 미쳤다. 경제발전보다는 금융수익성을 압도적으로 더 중시하는 분위기가 CDPQ 내에 급속도로 확산되었던 것도 이와 무관하지 않다. 둘째, 2003년 퀘벡당 출신 샤레(Charest) 정부가 공기업을 포함, 국가 업무와 공공부문의 관리를 현대화하겠다고 천명하면서 새로운 국가행정 방식을 도입했는데 그 핵심이 바로 시장논리, 시장성과, 민간기업 섹터의 거버넌스 룰을 공공부문에 도입하는 것이었다(Morin and Megas, 2012, 97~99쪽). 마침내 2004년 CDPQ의 목표를 재정의하는 법 개정이 이루어졌다.

2004년 법 개정은 크게 세 가지 영역으로 구성된다. 첫째, CDPQ의 이중임무(dual mandate)의 재정의에 관한 것이다. 즉 경제발전과 금융수익성 추구라는 두 목표 간의 위상 변경이다. 둘째, CDPQ의 이사회 이사 지명 방식의 변경이다. 셋째, 투자에 관한 룰의 변경이다(Hanin and Rekik, 2012, 20~21쪽). 여기서는 법 개정의 첫 번째 내용과 두 번째 내용이 중요하다.

법 개정의 첫 번째 내용은 CDPQ로 하여금 저축자들의 요구(금융수익성 극대화)를 일반 공공서비스 사용자의 요구보다 훨씬 우선시하도록 하는 것이다. 다시 말해 저축자의 집합적 자산을 잘 관리·운용하고, 투자정책을 잘 세워 저축자에게 최고의 자본수익성을 제공함으로써 퀘벡

주의 경제발전에 기여하겠다는 것이다. 역으로 말하면 CDPQ가 퀘벡 경제의 발전에 기여하는 방법은 저축자에 대해 최고의 금융수익성을 보장해주는 것이 된다.

2004년의 법 개정으로 CDPQ의 거버넌스 개혁이 2005년 1월 15일 부터 시행되었다. CDPQ가 저축자 자본의 최적 수익을 추구할 목적으로 기금을 관리하고, 그럼으로써 경제발전에 기여한다는 것이다. 이는 CDPQ 최초의 이중임무 부과와는 확실히 차별화된다. 요컨대 2004년 법 개정으로 경제발전이라는 목표가 독자적 목표로서의 의미를 상실하게 되었으며 금융수익성 추구(저축자 자본의 수익성 제고와 이를 위한 기금관리)의 하위 목표로 전락했다.

2004년 법 개정의 둘째 내용은 CDPQ 이사회의 개혁이었다. 개혁의 핵심은 CDPQ 이사회 의장과 CDPQ CEO 겸 사장을 분리하고, 이사회에서 독립이사의 비중을 대폭 늘리는 것으로 집약된다. 이를 계기로 CDPQ의 이사회 구성에 중대한 변화가 발생했다. 이사 선출 기준에서 민주적·사회적 대표성이 약화되고 전문적 능력이 우선시됨으로써 사회적 세력의 힘이 크게 약화되었다. CDPQ 이사회 의장이나 CDPQ 사장의 권한과 영향력이 상대적으로 약화되고, CDPQ 이사회 자체의 영향력은 오히려 더 강화되었다.

CDPQ가 엄연히 공적 기관임에도 불구하고 금융화의 진전으로 국가나 의회의 통제가 약화되기 시작했다. 2004년 이사회 개혁 이후 CDPQ의 이사회는 점차 사회적 대표성이 약해지고 독립이사의 수가 늘어났다. 특히 2009년 금융위기 이후에는 이사회에 퀘벡노동자연맹(FTQ: Fédération des travailleurs et travailleuses du Québec), 전국노조연합(CSN: Confédération des syndicats nationaux) 대표가 들어가지 못했다. 이에 대해 노조가 강력하게 비판했음에도 불구하고, 과거 퀘벡의 집단적 대표성으로 돌아갈 조짐이 별로 보이지 않는다(Lamothe, 2016, 84쪽).

CDPQ의 이사회에서 2002년 이후 현재에 이르기까지 정부조직 대표의 참여도 3명(RRQ, 퀘벡수력, 재무부)에서 1명(RRQ)으로 줄어들고 있다. CDPQ의 이사회에서 유일하게 늘고 있는 세력이 바로 민간기업 이사들이다. CDPQ 이사회에서 2002년 두 자리(2명)에 불과했던 민간기업 이사 출신이 2014년에는 크게 늘어나 여덟 석이나 차지하게 되었다.

이들은 이제 경제발전을 금융수익성 추구의 자연적 결과로 해석하면서 금융수익성 극대화를 더욱더 전면에 내세웠다. 그럼으로써 CDPQ는 CPPIB 못지않게 파생금융상품, 구조화금융, 자산유동화(증권화) 등에 노출됨으로써 금융리스크에 더 취약해졌다. 특히 앙리 폴 루소(Henri Paul Rousseau)가 CDPQ 사장으로 재임 중이던 2002년과 2006년 사이에 CDPQ가 선물옵션, ABCP(Asset-Backed Commercial Paper, 자산담보부기업어음) 등 파생금융상품, 구조화금융상품에도 투자를 확대해감으로써 거대 헷지펀드를 방불케 했다(Clain and L'Italien, 2011, 226쪽). 2006년 한 해에만 CDPQ의 파생금융상품에 대한 투자가 160억 달러에 달했으며, ABCP에 대한 투자도 130억 달러에 이르렀다(Hanin and Rekik, 2014). 마침내 CDPQ는 2008년 글로벌 금융위기로 직격탄을 맞았다. ABCP 가격이 대폭 하락하고 있었음에도 불구하고 CDPQ는 ABCP를 계속 매입했다. 2008년 CDPQ의 수익률이 -25%[8]로 급전직하하였고 적립금 1,900억 달러 중 398억 달러가 공중으로 날아갔다. CDPQ의 총자산은 1,554억 달러에서 1,201억 달러로 감소했다(Bernier, 2013, 15~16쪽). 이로써 2008년 CDPQ는 퀘벡의 경제발전 논리와 완전히 단절된 펀드로 전락하고 말았다(Morin and Megas, 2012, 103~104쪽).

---

8. 이는 당시 CDPQ의 벤치마크 수익률 15%에 비해 엄청나게 낮은 수익률이었다(Morin and Megas, 2012).

4. 국민연금의 기금운용체계와 문제점

1) 국민연금의 기금운용체계: 전략적 자산배분과 전술적 자산배분

그렇다면 국민연금기금은 500조 원이 넘는 어마어마한 적립금을 어떻게 운용·관리하는 것일까? 국민연금기금뿐만 아니라 전 세계 주요 공적연기금은 나름의 틀과 원칙에 입각하여 운용된다. 우선 기본 운용체계부터 살펴보기로 하자. 국민연금기금 적립금이 526조 원이 있다고 할 경우 기금운용에서 제일 중요한 것은 이 거대 자금을 어떻게 자산군별로 배분할지 그 비중을 결정하는 일이다.

일반적으로 국민연금기금의 자산배분은 크게 전략적 자산배분(SAA: Strategic Asset Allocation)과 전술적 자산배분(TAA: Technical Asset Allocation)으로 구분할 수 있다. 전략적 자산배분이란 투자 목적을 달성하기 위해 장기적인 기금의 자산 구성을 정하는 의사결정이다. 즉 장기적인 기금 내 자산군(asset class)별 투자 비중과 중기적으로 각 자산 집단이 변화할 수 있는 투자 비율의 한계를 결정하는 의사결정으로 정의된다. 따라서 이 전략은 투자목표와 제약조건을 충분하게 반영하여 세워야 한다. 국민연금기금의 경우 전략적 자산배분은 5년 단위의 중장기 자산배분[9]과 연 단위의 기금운용계획으로 구성된다.

전략적 자산배분에서는 중장기 자산배분 목표를 설정함과 동시에 각 연도 말의 자산군별 목표 비중이 결정된다. 보다 구체적으로 보면, 전략적 자산배분은 객관적 시장분석을 근거로 하여 자산배분 목표를 설정하는 과정으로 기금의 목표수익률과 허용위험을 반영하여 자산군

---

9. 5년 단위로 「국민연금기금운용 중기 자산배분안」으로 발표되는 대외비 문건이다. 2007~2011년, 2011~2015년에 이어 2015~2019년을 대상으로 한 중기 자산배분안(보건복지부, 2014)이 최신 안이다.

의 상대적 비율을 결정하는 것을 말한다. 장기 목표수익률은 기금의 목적을 달성하기 위해 사전적으로 설정되는 목표치로 실질경제성장률＋소비자물가상승률＋조정치(a)로 설정된다. 허용 위험한도는 기금의 실질가치 유지와 장기 재정안정에 기여하며 목표 달성을 위해 감내할 수 있는 위험의 최대한도로 정의된다. 좀더 구체적으로는 5년간 누적 수익률이 누적 소비자물가상승률을 초과하지 못할 확률(short fall risk)을 15% 이내로 억제한다. 이는 약 7년 만에 한 번 5년 누적 수익률이 5년간 누적 소비자물가상승률을 초과하지 못할 수 있음을 의미한다.

국민연금기금의 안정성과 관련해서는 위험관리(risk management)가 아주 중요하다. 현행 국민연금기금과 관련된 위험은 크게 베타 위험과 액티브 위험(Active Risk: 알파 위험)으로 접근할 수 있다. 체계적 위험으로도 이해되는 베타 위험은 특정 펀드 수익률이 기준 수익률 변동에 얼마나 민감하게 반응하는가를 보여주는 지표이다. 베타 값이 클수록 위험성이 높다고 할 수 있다. 이에 비해 액티브 위험(알파 위험)이란 각 자산군이 각각의 벤치마크(BM: Bench Mark)에 대해 어느 정도 벗어났는지를 나타내는 것으로 구성된다. 여기서 액티브 위험은 아주 중요하다. 액티브 위험이란 일정 기간 투자한 포트폴리오의 수익률이 이에 대응하는 벤치마크 수익률과 비교해 어느 정도 차이 내지 괴리를 보이는가를 측정하는 지표로서, 일명 트래킹 에러(TE: Tracking Error) 곧 지수추적 오차라고 부르기도 하는데 초과수익률의 표준편차로 표시된다. 초과수익률을 액티브 위험으로 나눈 것을 우리는 정보비율(IR: Information Ratio)이라고 부른다. 이는 위험 한 단위당 초과수익률로 액티브 운용의 효율성을 나타내는 지표이다. 목표 액티브 위험과 목표 IR을 곱하면 목표 초과수익률이 도출된다. 기금운용위원회는 기금이 안정적 초과수익을 올릴 수 있도록 목표 초과수익률을 결정·제시한다. 목표 액티브 위험을 자산군별로 배분하고 그 배분 결과를 목표 초과수익률이 적용되는 연도에 최초로 개최되는 기금운용위원회에 보고하는 주체는 국민연금공단(기금운용본부)이다.

여기서 기금운용에 관한 전략적 의사결정이 이루어지면, 해당 기관의 사장, CIO, CFO 등 최고경영 책임자들이 최종적 권한과 책임을 갖고 투자를 집행·승인한다. 국민연금의 경우 기금운용위원회가 수탁자이사회 내지 집행이사회에 해당한다. 이에 따라 국민연금의 경우 기금운용위원회가 전략적 자산배분에 대한 최종 결정권한을 갖는다.

기금운용위원회는 우선 5년 단위의 중기 자산배분 계획을 수립한다. 전략적 자산배분에서 기금운용지침 마련과 함께 제일 중요한 게 바로 5년 단위의 중기 자산배분안 수립이다. 다시 말해 중기 자산배분안은 5년 단위의 기금운용전략이라 할 수 있으며 이것의 궁극적 목표는 위험한도 내에서 향후 5년간의 목표 수익률을 설정하고 이를 달성하기 위한 자산군별 목표 비중을 결정하는 것이다.

5년 단위의 중기 자산배분안이 나오면 이를 이행하기 위해 시장 전망과 연금 수급 상황의 변화를 반영한 연간 기금운용계획을 수립해야 한다. 이를 연간 단위의 전략적 자산배분(SAA)이라고 부른다. 그 다음 단계에서는 이렇게 설정된 특정 자산군에 대한 연간 목표 비중을 연중에 월 단위로 배분하는 이행단계를 가정한다. 다시 말해 전략적 자산배분에 의해 연말 기준의 목표 비중이 설정되면 이에 기초하여 이행 포트폴리오 개념의 월 단위 목표 비중이 설정된다.

전체 국민연금 적립금을 자산군별로 어떻게 배분할 것인가에 대한 비중을 결정하는 것도 중요하지만 이와 동시에 각 자산군별 벤치마크를 제대로 설정하는 것이 아주 중요하다. 왜냐하면 이 벤치마크가 실제 기금운용 담당자에게 나침반의 역할을 하기 때문이다. 벤치마크가 잘못 설정되면 기금운용에 심각한 왜곡과 오도 현상이 발생한다. 이런 면에서 기금운용위원회가 자산군별 적정 벤치마크를 아주 잘 설정해야 한다. 기금운용위원회는 이 벤치마크를 실제 전술적 자산배분을 수행하는 기금운용본부에 내려 보냄으로써 전술적 자산배분 단위에 중요한 자산운용 방향과 성과 기준을 제시한다.

이에 비하여 전술적 자산배분(TAA)은 시장의 변화를 예측하여 사전적으로 자산 구성을 변동시킴으로써 투자성과를 내고 수익률을 올리기 위한 투자전략으로 정의할 수 있다. 국민연금기금의 전술적 자산배분은 전략적 자산배분의 틀 내에서 연간 및 월 단위로 자산 구성을 조정하는 것을 의미한다. 즉 기금운용위원회가 전년도 5월에 다음 연도의 기금운용계획을 결정하면(이것을 기금운용계획이라고 부른다) 국민연금공단은 전년도 말에 자금운용계획을 확정해야 한다. 공단이 정하는 자금운용계획이란 기금운용계획을 기초로 하면서도 기금운용계획과 자금운용계획이 확정되는 기간 사이에 발생한 기금 내외의 상황 변화를 반영한다(Kispricing, 2010, 332쪽). 전술적 자산배분의 주체는 기금운용본부의 운용전략실이다. 특히 기금운용본부의 투자위원회와 기금운용본부의 핵심 운용인력의 역할이 결정적으로 중요하다. 투자안에 대한 공식적 의사결정은 여기서 다 이루어진다.

2) 국민연금 기금운용체계의 문제점

이상에서 우리는 국민연금 기금운용체계를 전략적 자산배분과 전술적 자산배분으로 나누어 살펴보았다. 양자 모두 국민연금 기금운용에서 중요하지만 굳이 구분하자면 전략적 자산배분이 더 결정적으로 중요하다. 그렇다면 이 전략적 자산배분이 국민연금에서는 어떻게 이루어지고 있을까? 누차 지적한 바와 같이, 국민연금 기금운용체계에서 가장 핵심적인 기구는 기금운용위원회이다. 왜냐하면 기금운용위원회가 기금의 전략적 자산배분을 어떻게 할 것인가에 대한 최종권한을 가진 최고의사결정기구이기 때문이다.

이제 기금운용위원회의 구성과 그 성격 등을 좀더 자세히 살펴보자. 현행 기금운용위원회는 정부위원 6명(복지부 장관, 기획재정부 차관, 농축산식품부 차관, 산업통상자원부 차관, 고용노동부 차관, 국민연금공단 이사장), 직장가입자 단체(근로자 단체 3, 사용자 단체 3), 지역가입자 단체[10](6명: 농업인 단체 2명, 자영자 단체 2명, 소비자 단체·시민단체 2명)가 추천한 자, 관련 전문가(보건사회연구원 원장, KDI 원장) 2명 등 총 20명으로 구성된다(국민연금법 제103조). 이 중에서 직장가입자 대표(6), 지역가입자 대표(6) 등 가입자 대표가 총 12명으로 반 이상을 차지하고 있다. 가입자의 민주적 대표성 측면에서는 직장가입자와 지역가입자의 목소리가 비교적 충분히 기금운용위원회에 반영된 것으로 볼 수 있다. 물론 이들이 직장가입자와 지역가입자의 최적 대표자인지에 대해서는 논란의 여지가 많다.

실제 현행 구도는 1998년 김대중 정부 시절에 이루어진 제1차 국민연금법 개정으로 이루어진 것이다. 제1차 국민연금법 개정 이전만 하더라도 기금운용위원회가 재정경제부 산하에 있었지만 1998년 개혁 과정에서 재정경제부 관료보다는 상대적으로 사회정책 마인드가 강한 보건복지부 산하로 이관되었다. 또한 제1차 국민연금법 개정 이전에는 총 15명의 기금운용위원회 위원 중 가입자의 몫이 7명으로 과반수에도 이르지 못했으며 재경부 장관이 위원장직을 담당했다. 이상과 같은 점을 고려해볼 때 1998년 기금운용위원회 개편 및 제1차 국민연금법 개정안은 그 이전에 비해 상당히 진일보한 안이라고 하겠다.

그럼에도 불구하고 현행 기금운용체계와 기금운용위원회는 몇 가지 점에서 중대한 결함을 안고 있다. 우선, 기금운용위원회가 국민연

---

10. 더 세부적으로는 농협 대표이사, 수협 부회장, 공인회계사회 부회장, 한국소비자단체협의회 소비자시민모임 회장, 자영업자 대표, 시민단체 대표로 구성된다.

금의 전략적 자산배분에서 전혀 자기 본연의 권한과 능력을 제대로 발휘하지 못하고 있다(전창환, 2007). 세계 주요 공적연금에서는 최고의사결정기구인 수탁자이사회(Board of Trustees) 내지 집행이사회(Board of Administration)가 자산군의 설정 및 변경, 자산군별 자산 비중 등을 결정하고 있지만 기금운용위원회는 그런 역할을 제대로 수행하지 못하고 있다. 보건복지부가 기금운용본부의 주요 핵심인력과 국민연금 연구원의 전문인력을 이용하여 사실상 전략적 자산배분의 주요 내용을 다 정한다고 해도 과언이 아니다. 공적연기금의 자산운용에 관한 전문성이 거의 없는 기금운용위원회의 가입자 대표들은 보건복지부와 기금운용본부 등이 사전에 마련한 주요 전략적 자산배분안을 기금운용위원회 회의에서 사후적으로 그리고 형식적으로 심의할 뿐이다. 심하게 표현하면 기금운용위원회는 보건복지부의 들러리에 가깝다. 전술적 자산배분에서는 기금운용위원회의 역할이 거의 전무한 실정이며 기금운용본부의 전문 운용인력이 주된 역할을 담당한다. 요컨대 국민연금기금이 언뜻 보기에는 참여민주적·개방적 지배구조를 가지고 있는 듯하지만 형식에 불과할 뿐 실질적으로는 관료에 의한 관료적 거버넌스에 의해 지배되고 있다고 해도 과언이 아니다.

둘째, 기금운용위원회가 기금운용에 대한 최고의사결정기구에 상응하는 조직 위상을 갖추지 못하고 있다는 점이다. 즉 기금운용위원회는 분기별 회의체에 불과한 비상설기구일 뿐만 아니라 기금운용위원회 산하 각종 위원회 역시 비상설기구여서 기금운용에 대해 면밀한 검토와 심도 깊은 논의를 하기에는 근원적으로 한계가 있다. 몇 차례 회의와 논의만으로 기금운용계획을 면밀하게 심의할 수 있을 것이라는 발상 자체가 잘못이다. 2015년 우리나라 기금운용위원회 연간 회의는 총 5회 열리는 데 그쳤다. 이웃 일본 GPIF의 운용위원회 회의가 1년에 12회 개최된 것에 비하면 국민연금 기금운용위원회 회의는 실로 수박

겉핥기식이라고 해도 과언이 아니다.

2007~2009년 글로벌 금융위기를 통해 사회보장 공적연금기금은 말할 것도 없고 직역연금·기업연금에서도 최고의사결정기구인 수탁자 이사회 내지 집행이사회의 독립성과 전문적 능력(Clark and Urwin, 2010, 62~75쪽)이 얼마나 중요한지 단적으로 드러났다. 이 이사회가 공적 연기금에서 결정적으로 중요하며 이사회가 자산관리뿐만 아니라 위험관리에 이르기까지 모든 수준에서 주요 의제를 장악해야 한다(Cambell and Megnan, 2015, 9쪽). 그럴 때에만 공적 연기금의 거버넌스 체계가 효과적으로 작동할 수 있다.

국민연금 기금운용위원회가 정부 등 내외부 이해당사자로부터의 독립성은 어느 정도 확보했을지 모르지만, 기금운용위원회 위원 중 가입자 대표의 전문적 의사결정 능력은 아주 취약하다. 이는 국민연금기금 운용에 있어 복지부 관료의 지배적 영향력을 더 강화하는 결과를 초래한다. 요컨대 국민연금 지배구조의 형식적 틀에서는 참여적 거버넌스가 천명되고 있지만 실질적으로는 그 본래의 내용과 취지를 전혀 살리지 못하고 있는 것이다.[11]

이러한 점에 비추어볼 때 우리나라 국민연금의 기금운용체계에서 가장 큰 결함은 국민연금기금의 전략적 자산배분에 대한 명실상부한 권한과 책임을 지는 주체가 사실상 불분명하고 취약하다는 점이다. 주지하는 바와 같이, 전략적 자산배분을 결정하는 주체는 형식상 기금운용위원회이지만 그에 대한 실질적 권한을 행사할 능력이나 의지는 갖고 있지 않다.

더 안타까운 것은 가입자 대표 출신의 기금운용위원회 위원들이 이

---

11. 발전주의 전통을 공유하는 일본의 경우에도 후생노동성이 다양한 참여적 거버넌스 틀을 마련해 왔다. 하지만 노동계, 시민계를 대표하는 각종 위원들, 수탁자들이 본연의 역할과 임무를 충실하게 수행하지 못하는 것으로 평가된다(Kim, 2016).

문제의 심각성을 그다지 절실하게 느끼지 않는다는 점이다. 그뿐 아니라 가입자단체가 자기들이 추천한 기금운용위원들이 가입자들의 이해를 대변하여 본연의 임무를 충실히 다할 수 있도록 체계적으로 지원해야 하는데 현실은 전혀 그렇지 못하다. 이들이 이 문제에 대한 구조적인 제도개선책 마련에 별다른 관심이 없는 것도 바로 이 때문이다.

기금운용위원회에서 가입자 대표가 명실상부한 민주적 대표성을 발휘하려면 전략적 자산배분에 대해 실질적으로도 개입할 수 있어야 한다. 우리는 직장가입자(대표)와 지역가입자(대표)의 이러한 개입과 참여를 금융행동주의(financial activism or financial engagement)[12] 내지 금융참여(financial participation)의 일환으로 이해하고자 한다. 최근 노동자 대표(노조)의 연기금 개입이 캐피털 스튜어드쉽(Capital Stewardship)으로 개념화되기도 하는데(Beeferman, 2016, 44쪽), 기본 취지는 금융행동주의와 크게 다르지 않을 것이다.

직장·지역가입자 대표가 기금운용위원으로서 전략적 자산배분 결정에 실질적으로 참여하려면 연금복지·경제·금융·재무·회계 분야에 일정 수준 이상의 전문성을 갖추어야 한다. 문제는 노동자 대표와 지역가입자 대표 출신의 기금운용위원들의 전문성이다. 현재와 같은 직장·지역 가입자 대표 출신의 기금운용위원의 이력과 경력으로는 기금운용위원회 본연의 임무를 책임 있게 수행하는 것이 불가능하다. 가입자 대표를 파견한 노조나 시민단체가 수탁자이사회 이사인 기금운용위원의 자질=전문성 확보를 위해 아주 치밀한 준비와 교육·훈련 프로그램을 가동해야 한다. 불행하게도 직장가입자의 대표로 되어 있는 양대 노총은 이런 데 별로 관심이 없거나 관심이 있다 해도 체계적이고 면밀한 준비와 대응을 하기에는 역부족인 것처럼 보인다. 국민연금의 경우

12. 미국에서 노조에 의한 금융행동주의의 성과와 한계에 대해서는 Marens(2004) 참조.

상징적이고 형식적인 대표성만 가진 직장·지역가입자 출신 수탁자(노동 수탁자, 시민 수탁자)들이 연기금 통제와 거버넌스 구조를 실질적으로 민주화(Weststar and Verma, 2007, 404쪽)하기에는 아직 요원하다.

선진국 사례에서도 노동계 대표가 공적연금이나 특수직역연금 등의 수탁자이사회 이사가 되는 경우가 비일비재하다. 하지만 이들은 우리와 달리 노동계 대표 이사가 수탁자이사회에서 본연의 역할과 임무를 완수할 수 있도록 철저하고 체계적으로 교육·훈련시키려고 노력한다(Beeferman, 2016, 55쪽). 이런 면에서 노조가 연기금 운용과 관련하여 얼마나 노동계 대표이사를 잘 뒷받침할 수 있는지가 결정적으로 중요하다. 노조가 연기금운용 관련 상시 프로그램을 마련하여 노조의 주요 인사들을 육성·배양해야 한다. 나아가 노동계는 각종 연기금에서 노동계 이사들의 네트워크를 만들어 지속적인 정보교환을 해나가야 한다. 그럼으로써 이들은 가입자 전체를 위한 기금운용전략에 대한 청사진을 확보·제시해야 한다.

공적연기금이 기관주주 내지 적극적 소유자로 부상하면서 양대 노총이나 시민단체 대표 등 가입자 대표의 자격으로 기금운용위원회 위원이 된 사람들의 역할과 책임이 더 중요해지고 있다. 이는 국민연금(NPS)뿐만 아니라 CDPQ, GPIF 등 주요 공적연기금에 공통적으로 나타나는 현상이다. 특히 2007~2009년 글로벌 금융위기 이후 공적연기금의 기업지배구조·기업통제에의 개입 요구가 아주 커지고 있다. 거꾸로 이야기하면 공적연기금이 2007~2009년 위기 이전부터 응당 본연의 역할을 제대로 했어야 했음에도 불구하고 대체로 소극적이고 수동적인 투자가로 남아 있었다. 일각에서는 공적연기금의 이런 태도를 금융자본주의에서의 좀비에 비유한다(Kallifatides and Nachemson-Ekwall, 2016, 282~284). 사실 기관투자가의 이런 태도는 미국의 기업연금과 뮤추얼펀드에서 더 강하게 나타났다. 즉 미국의 뮤추얼펀드 등 주요 기관투자가들이 의결권행사에 매우 소극적으로 임했다. 기업연금 및 뮤추얼펀드가 의결권행사에 수동적인 이유는 기업(경영진)과 기업연금 수탁자인 뮤추얼펀드 간에 심각한 이해상충이 존재하기 때문이다. 그러다 보니 기업연금과 뮤추얼펀드가 해당 기업의 지배구조에 관여하는 일을 찾아보기가 매우 어려웠다.

하지만 글로벌 금융위기 이후 전반적으로 기관투자가를 보는 시선이 완전히 달라지고 있다. 특히 공적연기금 등에 대해 적극적 투자가로서의 역할을 강력하게 요구하는 목소리가 아주 강하다. 2007~2009년 글로벌 금융위기를 계기로 연기금의 적극적 기업개입(소극적 소유자가 아닌 적극적 소유자)을 옹호하는 논의가 봇물처럼 터지고 있다(McNulty and Noldberg, 2016, 347쪽). 그렇다면 글로벌 금융위기 이후 주요 공적연기금이 법인기업의 지배구조 내지 통제에 나름의 제 목소리를 내야 한다는 요구가 커지고 있는 이유는 무엇인가?

2007~2009년 금융위기를 겪었던 대부분의 금융기관들은 기업지배구조가 취약했다. 즉 해당 기업의 최고의사결정 책임자의 막강한 권한을 제대로 견제·감시하지 못했는데 그 이유는 연기금, 뮤추얼펀드 등 주요 기관 대주주들이 적극적 소유자로서 자신의 책임과 권리를 제대로 행사하지 않았기 때문이다(Davis, Lukomnik and Pitt-Watson, 2010, 14쪽). 다시 말해 공적연금이 기관 소유자에 걸맞게 기업통제를 행사하지 않음으로써 심각한 통제의 공백이 발생했다. 왜냐하면 소액주주는 기업지배구조에 적극적으로 관여할 인센티브가 애당초 약하기 때문에 소유가 분산된 전문경영인 지배체제하에서는 누구도 최고경영진을 제대로 통제·감시할 수 없었다. 우리는 2007~2009년 금융위기를 계기로 기관주주(투자가)들이 소유권에 기반하여 통제권을 제대로 행사하지 못함으로 인해 기업지배구조에 심각한 취약성과 결함이 생기게 되었다는 소중한 교훈을 얻었다.

가뜩이나 재벌이 지배하는 한국경제에서 국민연금마저 의결권행사를 제대로 하지 않으면 총수지배, 소유권과 지배통권 간의 괴리(지분율에 비해 턱없이 높은 지배·통제력을 행사)가 더 심해져 기업지배구조가 더 왜곡되고 취약해진다. 따라서 건전한 기업문화, 즉 총수뿐 아니라 소액주주, 종업원, 채권자, 하청업체 등 다양한 이해당사자들이 공존·상생할 수 있는 기업지배구조 내지 문화를 정착하려면 국민연금이 기업지배구조와 기업통제구조에 적극 개입해야 한다. 이런 면에서 적극적인 기관주주로서 국민연금의 능동적 참여와 개입이 아주 중요하다. 특히 국민연금과 같은 공적연금의 경우, 민간 기업연금 뮤추얼펀드에 비해서는 기업들과의 이해상충 문제가 훨씬 덜하기 때문에 공적연금이 기업지배구조에 더 적극적으로 개입할 수 있다. 국민연금의 주식투자 비중이 지금보다 더 늘어날 것을 감안하다면 국민연금의 적극적인 기업지배구조 개입은 더욱더 중요해진다. 국민연금 등 기관투자가들은 기관대주주 내지 보편적 소유자로서 거버넌스 구조에 적극적 개입이 가능하다(Lyndenberg, 2007). 2010년 영국에서 기관투자가를 위한 스튜어드쉽 코드(UK Stewardship Code for Investor)가 제정된 것도 바로 이러한 배경과 이유가 있다고 하겠다.

일각에서는 공적연금이 기업개입(주주권행사를 포함)을 해서는 안 되며 부득이 의결권행사를 해야 할 경우 민간기업에 부담이 되지 않도록 해야 한다는 주장이 간혹 제기되곤 한다. 그들의 논리는 국민연금이 기관 주주권행사에 적극 임하게 될 경우 국가가 국민연금을 매개로 민간 기업경영에 개입하는 결과를 초래한다는 것이다. 하지만 이는 전문경영인이나 지배주주(한국에서는 재벌총수)의 권력을 변호하고 정당화하는 이데올로기에 불과하다.

지배주주가 기업의 전략적 의사결정에서 중핵적 역할을 담당할 경우 적극적 소유자로서 공적연기금이 기업의 의사결정에 개입하고자 하면 필경 기존 지배주주와 충돌하지 않을 수 없을 것이다(Kallifatides and Nachemson-Ekwall, 2016, 289~290쪽). 과연 현 지배주주가 적극적 소유자로서 공적연기금의 기업지배구조 개입에 대해 어떻게 맞서게 될지, 나아가 어떤 타협이 가능할지 지금으로서는 예측하기 어렵다. 전 세계적 대세는 기업지배구조에 대한 공적연기금의 참여와 개입을 현재보다는 훨씬 더 허용·강화하는 방향인 것으로 보인다. 우리나라에서도 이런 방향으로 법 개정과 규제개혁이 이루어질 수 있을지는 미지수이다. 지배주주의 전횡을 견제하려면 공적연기금 등 기관투자가의 정치적 독립성과 정치적 영향력 제고가 결정적으로 중요하다.

5. 요약 및 맺음말

적립형 연금제도의 확산으로 금융화(전창환, 2008; 2011)와 금융자본주의의 논리가 지배하는 경제여건에서는 복지가 금융과 필연적으로 만나게 되고 그 결과 복지·금융의 연계(welfare-finance nexus)(Naczyk, 2016)가 아주 중요해진다. 복지와 금융이 서로 긴밀하게 연계되어 작동하는 자본주의 경제모델에서 사회보험료의 핵심 납부자이자 수혜자인 노동계와 재계, 심지어 시민사회가 적극 개입하고 발언해야 한다. 왜냐하면, 그렇지 않을 경우 사회보장(social security)과 금융투기(financial speculation)의 두 가지 상반되는 논리(Montagne, 2007)가 내재하는 공적연금이 금융전문가-금융엘리트들에 의해 자칫 금융투기로 기울어질 가능성이 상존하기 때문이다.

우리는 양대 노총과 시민단체의 대표가 형식적으로 기금운용위원회 위원이 되었다는 점에 안주해서는 안 된다. 지금처럼 노조 상급단체 간부라고 해서 기금운용위원회 위원이 되는 것을 당연시해서는 안 된다. 오히려 그런 선례는 스스로 배제해야 한다.

민주적 대표성과 함께 기금운용위원회가 독립적이고 실질적인 권한을 행사할 수 있도록 양대 노총과 시민단체들이 연금에 대한 전문적 지식과 식견을 갖춘 인력을 반드시 확보해야 할 것이다. 양대 노총과 시민단체가 이런 이사회 멤버를 확보하고 있지 못하다면 지금부터라도 중장기적 관점에서 자체적으로 내부 전문가 육성에 총력을 기울여야 한다. 아울러 노동계와 시민단체는 다양한 금융·연금 전문가들을 모아 국민연금에 대한 정책 네트워크를 결성해 중장기적 목표하에서 국민연금 전반을 지속적으로 점검하고 문제 제기를 해야 한다. 그럴 때에만 기금운용위원회의 참여적 거버넌스 구조가 실질적으로 제 기능을 발휘할 수 있을 것이다. 이런 면에서 기금운용위원회 위원의 전문성과 개입 능력, 그리고 의사결정 능력을 높이기 위한 노조와 시민단체의 체계적 훈련과 지원이 결정적으로 중요하다. 연기금의 민주적 통제, 나아가 명실상부한 경제민주화도 이런 여건이 충족될 때에만 비로소 가능할 것이다. 그렇지 않을 경우 노조나 시민단체 대표 출신의 기금운용 위원들은 점차 무기력해지거나 고립되고 말 것이다.

11. 한국의 교육 및 숙련형성의 정치경제

생산·복지체제의 특성과 관련하여

장수명

1. 시장경제와 민주정치의 교육

발달한 시장경제와 민주정치 국가에서 교육은 시민성 형성을 통해 민주정치를 강화하며 숙련형성을 통하여 경제의 경쟁력에 기여한다. 교육체제는 복지체제의 일부로서 시민들의 일생의 기회구조(계층이동)와 노동시장의 성과배분에, 생산체제의 일부로 기업들의 경쟁전략과 비교우위에 영향을 미친다. 교육은 국가라는 정치공동체가 갖고 있는 경제·정치·사회의 구조와 깊은 관련이 있다(Barr, 2012, 267쪽). OECD에 속한 한국은 정치적으로는 1945년 일제로부터의 해방과 1987년 민주화를 통하여 공화정에 기초하는 대의제 민주주의 정치(이하 '민주정치'), 경제적으로 급속한 산업화를 통하여 시장의 분업과 거래가 기반이 되는 자본주의 시장경제(이하 '시장경제')를 확립하였고 이 정치경제는 한국이라는 특별한 역사적·사회적 맥락과 문화 속에 자리하고 있다.

민주정치와 시장경제는 "화해와 만남의 공간을 갖고 있음과 동시에 태생적으로 긴장과 모순, 그래서 균열의 요소를 내장하고 있다"(이병천, 2013, 32쪽). 또한 마셜(Marshall, 1949)이 20세기를 두고 "시민권과 자본주의 계급체제가 전쟁 중"이라고 했듯이 민주정체의 시민들의 사회적 권리가 자본주의(시장) 경제와 충돌하는 측면이 있다. 이러한 충돌과 긴장을 해소하거나 증폭하는 것은 그 나라의 국가와 시민사회가 자원을 생산하고 분배하는 시장제도와 복지제도에 달려 있다. 2차 세계대전 이후 한동안 유럽과 북미, 영연방 국가들은 '성장과 복지의 두 발로 걸으며 선순환'의 시기를 경험하면서 국가와 시민사회의 민주주의적 성숙을 이루고 사회권을 높은 수준으로 확장하였다. 복지제도의 핵심적 영역으로 민주정치와 시장경제에서 '이상적인' 교육은 시민사회의 문화를 형성하고 사회적 불평등을 해소하며 개인들의 인적자본과 숙련을 고양시켜 기업과 사회의 생산성과 경제성장에 동시에 기여함으로써 민주정치와 시장경제가 갈등 속에서도 발전의 조화와 화해를 지속하는 사회적 역할을 수행한다(장수명·정충대, 2011).

모든 정치·경제·복지체제에서 교육의 목적과 역할은 유아·초등·중등·고등과 같이 교육의 급별로 구체화할 수 있다. 통상 교육은 학교 급별로 유치원·초등교육(초등학교)·중등교육(중학교와 고등학교)·고등교육(전문대학, 대학, 대학원)으로 구별한다. 일반적으로 보육과 유치원 교육은 어린이에 대한 사회적 양육과 보호에 초점을 맞추고 있고, 초등학교와 중학교 교육은 정치·경제·사회공동체가 미성인(未成人)을 대상으로 하는 시민성 양성을 목적으로 하며 학생들은 교육과 학습을 통해 인지적 역량과 정의적 역량을 높이고 문화와 시민적 양식을 익힌다. 고등학교 교육은 졸업 후 고용과 연계되는 직업계열과 대학으로 연계되는 일반계열 고등학교로 구별된다. 현재 직업계열 고등학교는 특성화고등학교와 마이스터고 등 특수목적고등학교가 있고, 일반계열 고등학교는 일반고등학교, 외국어·과학·예체능 특수목적고등학교가 있다. 직업계열 고등학교의 비율과 역할 등은 생산체제와 복지체제가 연계된 숙련체제를 구분하는 데 매우 중요하다. 고등교육은 크게 교육년수가 짧은 준전문가 직업중심 고등교육(전문대학 등)과 학자 및 고등전문가를 훈련하고 교육하는 학문중심 고등교육기관으로 나뉜다. 전자는 2년제와 3년제 전문대학, 폴리텍, 4년제 산업대학 등이고 후자는 대학원을 포함하는 일반대학과 대학원대학 등이다. 대학들도 직업과 관련된 학과와 전공은 각 영역에서 전문가와 준전문가를 배출하는데 법학전문대학원이나 의과대학, 의학전문대학원, 교육대학 및 사범대학은 특정 영역의 전문가를 사회에 배출한다.

이 글은 생산체제와 복지체제의 하위 요소로서 교육체제의 유형 분류를 기초로 교육의 계층 간 불평등과 기업과 산업의 경쟁력을 위한 숙련형성에 초점을 맞춘다. 복지국가의 관점에서 평등(균등)에 대한 영향과 숙련형성 특성을 중심으로 교육을 평가하고 한국교육의 제도적 실체를 검토함으로써 대안적 경로의 방향을 탐색한다.

2. 생산-복지체제와 한국교육 특성

1) 정치·생산·복지체제와 교육

교육은 20세기 이후 보다 많은 사람이 교육을 받고 또 개인들의 교육기간과 국가의 교육투자 비중이 커지면서 더욱 중요해지고 있다. 민주정치와 시장경제의 사회에서 교육은 복지와 경제적 생산과 관련이 있으며, 동시에 정치와 관련이 있어 정치·생산·복지체제와 깊이 관련성을 갖는다는 것이다.

이념형(ideal type)의 체제론은 발전된 국가들의 정치체제, 복지체제, 그리고 생산체제의 상이한 특성들과 이들 요소 간의 상호 상응하는 관계를 주목하였다(이주하, 2010; 선학태, 2012; 권혁용, 2010; 정무권, 2007). 정치체제는 크게 다수결 정치체제와 합의제 정치체제, 둘로 구분되고 생산체제는 조정시장경제와 자유시장경제로 구분되며, 복지체제는 에스핑-앤더슨의 고전적 분류를 따라 자유주의 복지체제, 사민주의 복지체제, 보수주의 복지체제로 나뉜다(Esping-Anderson, 1990; 이주하, 2010; 선학태, 2012).[1] 이들 체제는 상응하는데 ①조정시장경제-합의제 민주주의-사민주의 복지 ②조정경제-합의제 민주주의-보수주의 복지 ③자유시장경제-다수결 민주주의-자유주의 복지가 그것이다(이주하, 2010; 선학태, 2012). 체제론은 이념형이라 어떤 국가도 특정 유형의 체제에 모든 요소가 적합할 수 없으며 이는 각 나라가 시장경제를 확립하는 산업화 과정과 민주정치를 제도화하는 민주화 과정의 특유한 맥락에서 정치세력의 존(부)재와 이념 등을 경험하기 때문이다. 현실에 존재하는 실제 체제는 더 복잡할 것이다. 특히 이들 체제론을 아시아 국가들에 적용하기 쉽지 않은 것은 이들 국가들이 역동적인 후발 자본주의이자 후발 민주주의이기 때문이다. 그럼에도 체제론이 각 생산·정치 및 복지체제 분류에 활용하는 기준들은 한 국가사회의 체제와 변화 방향을 평가할 때 중요하다. 어떤 연구는 한국 자본주의 생산체제를 일본과 함께 기업그룹 내의 조정이 이루어지는 특유의 조정시장경제로(이주하, 2010, 154쪽) 분류하지만, 이견이 있을 수 있다. 정치체제로는 보수가 지배적인 다수결 민주주의로 분류되고 복지체제는 잔여적 접근과 하향식 복지발달로(여유진 외, 2014), 낮은 수준의 급여와 탈상품화, 선별적 사회권의 수용이 특징인 복지체제(신동면, 2004)를 형성하고 있다. 이를 양재진·최영준(2014)은 자유주의와 남부유럽형 복지국가의 결합으로 보고 있다.

정치·생산·복지체제와 교육의 관련성에 관한 선행 연구들은 초보적 수준이며 논쟁의 여지가 많다. 이는 교육과 숙련형성제도의 특수성

---

1. 이후 보다 다양한 분류가 있으나 여기서는 생략한다.

때문으로 보이는데 한국교육과 숙련형성체제를 검토하고자 주요 연구를 소개하고 정리한다.

첫째, 교육에 대한 공공투자와 복지에 대한 공공투자가 상호보완적 관계인지 아니면 상충적(trade-off) 관계인지가 주요 연구 주제이다. 윌렌스키(Wilensky, 1975)는 교육은 '기회의 균등'을, 사회보험은 '결과의 균등'을 추구하는 서로 초점이 다른 정책이라고 주장했다. 헤가와 호켄마이어(Hega and Hokenmaier, 2002), 플로라와 하이덴하이머(Flora and Heidenheimer, 1981), 헤클로(Heclo, 1985)과 캐슬스(Castles, 1989)는 교육에 대한 공공투자가 많은 나라일수록 복지(연금·실업·질병 등)에 대한 투자가 적다는 주장을 펼치면서 교육투자와 사회보험은 기능적으로 동일하며 상호 대안적인 투자전략이라 보고 각 국가는 산업화와 민주화의 시기 및 문화적·정치적 요인으로 서로 다른 투자전략을 선택했다고 설명했다. 하지만 부스메이어와 니콜라이(Busemeyer and Nikolai, 2010), 여유진 외(2014), 또 그 외 다수 연구들은 국제 자료를 활용하여 높은 수준의 공공사회투자가 높은 교육투자와 양의 상관관계가 있으며 상호보완적이라는 점을 밝히고 있다. 부스메이어와 니콜라이(2010)는 교육체제를 최초로 분류하면서 교육체제와 복지체제의 상보성을 강조하였고, 체제의 차이는 그 역사적·정치적 기초가 다르기 때문이고, 교육체제의 형성기, 종교적 유산, 노동과 자본의 힘의 상대적 크기에 따른 정치연합이 다르기 때문이다.

이들이 교육체제를 분류할 때 활용한 기준과 분류는 필자의 연구와 관련하여 주목할 가치가 있다. 이들이 교육체제를 분류할 때 활용한 기준들은 ①교육재정, 행정 및 제공주체 ②사적 투자와 비교한 교육 공공투자의 수준과 범위 ③학교와 기업에서의 직업훈련의 조직 ④서로 다른 교육 분야의 취학률 분포 ⑤정부 수준별 교육정책을 결정하는 권력의 분포와 분권화 수준 ⑥(인문경로와 직업경로의 차별과 같은) 교육경로

(트랙)의 분리 수준과 형태 ㉠서로 다른 학교들과 학교 형태들 사이의 교육과정, 시험, 학습 기회의 품질 차이 등이었다. 이 요소들을 기준으로 이들은 교육체제를 크게 북유럽 그룹, 지중해 그룹(이탈리아, 스페인, 포르투갈), (일본[2]을 포함한) 영어 사용 국가 그룹(미국, 캐나다, 뉴질랜드, 호주, 영국, 일본)으로 구분했다. 북유럽 그룹은 다시 학생들의 진로에 대해 조기분리를 폐지하고 종합학교체제로 전환하였으며 높은 고등교육 취학률과 높은 공공투자로 특징지어지는 스칸디나비아 그룹(덴마크, 핀란드, 노르웨이, 스웨덴), 상대적으로 낮은 공공투자와 높은 사적 투자를 특징으로 하면서도 조기분리체제를 유지하고 있고 기업과 국가가 직업교육에 함께 투자하는 숙련체제를 갖추고 엘리트 고등교육체제를 유지하고 있는 독일과 오스트리아 그룹, 가톨릭의 영향으로 공공재정에 의존하는 사립학교가 있고 공공투자가 중간 수준인 유럽대륙(프랑스, 네덜란드, 벨기에, 아일랜드) 그룹 등 하위그룹으로 나누었다. 이들은 보편적 복지국가로서 공공투자가 전반적으로 높은 스칸디나비아 그룹과 교육투자가 낮은 지중해 그룹이 크게 대별된다는 사실과 함께 복지국가체제와 교육체제가 상응한다는 점을 지적하고 있다. 영어 사용 국가군은 한국과 유사한 아시아 선진 국가인 일본을 포함하고 있어 시사점이 있는데 이들 국가군은 교육에 대한 중간 수준의 공공투자, 공립학교의 낮은 비율과 결합된 높은 사적 투자, 높은 고등교육 취학률로 특징지어지며, 교육격차는 스칸디나비아보다는 높지만 그 외 그룹과 비교할 때 상대적으로 낮은 분산을 보이고 있다. 이는 한국 교육체제의 특징과 일치하는 성격이 많다.

이들 연구는 복지체제 분류를 교육영역에 적용했다는 점에서는 기

---

2. 이들의 기준에 따르면 일본은 영어 사용 그룹과 같은 부류에 속한다. 동일한 기준으로 볼 때 매우 유사한 한국 교육체제를 이해하는 데 참고가 될 수 있다.

여가 있지만 초보적이고, 생산체제 즉 한 시장경제체제의 경쟁력 비교우위와 관련한 분석을 제시하지 않았으며 또 교육의 하위 영역인 초중등교육, 중등직업교육, 고등교육을 구분하여 그 역할의 의미를 충분히 제시하지는 못했다.

둘째, 교육에 관한 많은 연구는 자본주의 다양성 이론(생산체제 이론)을 기반으로 기업들의 경쟁전략과 비교우위와 관련한 숙련 문제를 다루고 있다. 특히 이들은 숙련을 일반적 숙련과 산업·직업·기업 특수적 숙련으로 구분하여 각 나라의 자본주의 경제가 각기 다른 숙련조합을 바탕으로 경쟁우위를 갖는다고 분석하였다. 에스트베즈-아베, 아이버슨과 소스키스(Estevez-Abe, Iversen and Soskice, 2001)는 홀과 소스키스(Hall and Soskice, 2001)의 자본주의 다양성을 이론에 따른 조정시장경제와 자유시장경제로 구분하고,[3] 각 경제체제에서의 고용자 보호와 실업자 보호의 조합에 따라 각국의 숙련투자 유형이 결정된다고 보았다. 독일 생산체제는 조정시장경제로 고용자 보호와 실업자 보호 수준이 높아 기업과 개인들이 산업특수적 숙련과 기업특수적 숙련에 투자하는데 중등단계 직업교육에 기업이 조직적으로 참여하는 이중도제제도라는 숙련형성체제를 발전시켰고 이것이 독일 기업의 비교우위에 기여했다고 본다. 대조적으로 미국은 자유시장경제로 고용자와 실업자 보호 수준이 낮아 주로 일반적 숙련에 투자하여 기업들은 높은 수준의 연구개발 역량과 저임금의 미숙련 노동이 결합하는 형태로 경쟁력을 갖는다고 보았다. 덴마크는 실업자 보호 수준은 높고 고용자 보호 수준은 낮은 조정경제로 산업특수적 숙련에 투자하고 고용자 보호만 강한 일본은 기업특수적 숙련에 집중투자한다고 보았다. 기업들은 각국에서 활

---

3. 자본주의는 조정경제체제와 자유경제체제로 분류되는데 교육투자는 이 특성과 결합되어 있다고 본다. 홀과 소스키스(2001) 등은 자본주의 다양성을 중심으로 조정경제와 자유경제를 분류했는데 이는 교육의 정치경제 분석에 중대한 기여를 했다(유형들에 관한 글은 윤홍식(2013)을 참조).

용 가능한 숙련을 바탕으로 제품생산 전략을 세움으로써 비교우위를 갖는다고 했다.

부스메이어와 트램푸시(Busemeyer and Trampusch, 2012)는 초기 직업훈련에 관한 기업의 관여와 국가의 공공투자 수준을 주목하고, 국가가 주도하는 국가주의 숙련형성체제(예: 스웨덴과 프랑스), 기업도 국가도 큰 역할을 하지 않는 자유주의 숙련형성체제(예: 미국과 아일랜드), 국가의 공공투자 수준은 낮으나 기업의 관여 수준이 높은 분절적 숙련형성체제(예: 일본), 양측 요소가 다 함께 높은 집합적 숙련형성체제(예: 독일, 오스트리아, 스위스, 네덜란드) 등으로 숙련형성체제를 분류하였다. 숙련형성체제는 국가, 기업, 노동조합 또는 중간조직(사용자협회나 노동조합연합체) 중 누가 주도적으로 직업훈련을 통제하고 제공하며 누가 그 비용을 지불하며, 일반적 교육과의 관계가 어떻게 설정되었는가(분리 또는 통합의 수준)에 따라 달라진다고 보았다. 이들이 경쟁력이 있다고 본 집합적 숙련형성체제에서는 기업이 훈련을 제공하고 관리하며, 중간조직이 행정과 체제 개혁에 관여하면서 국가가 높은 투자를 바탕으로 유통 가능한 국가의 숙련자격표준을 제시한다. 그 결과가 학교와 일자리 양쪽을 기반으로 하는 도제제도(dual system)가 발달된 직업교육훈련체제가 된다.

부스메이어(2014)는 특수적 숙련의 형성에 유리한 중등직업교육과 일반적 숙련의 형성에 유리한 고등교육을 대비하여 살펴보았는데 인지적 학업성취도가 낮은 학생들에게 전자가 후자의 실질적이고 유효한 대안이 되는가에 관심을 가졌다. 유효한 대안이 되려면, ① 중등직업교육훈련에 대한 기업의 관여 수준이 높고 ② 훈련의 장소가 학교 중심이기보다 일자리 중심이어야 하고[4] ③ 공공투자의 수준이 높아야 한다고

---

4. 일자리 중심 교육훈련은 일자리로의 이행을 순조롭게 하여 고용성과(청년실업)에 긍정적 영향

보았다. 그는 이들 요소와 고등교육에 관한 공공투자와 사적투자의 비율을 함께 살펴보면서 에스핑–앤더슨(1990)의 복지국가 분류와 유사한 숙련체제 분류를 제시하였다.

독일, 영국 및 스웨덴에 관한 역사적 사례 비교분석과 OECD 국가 전체를 대상으로 한 양적 분석을 통하여 부스메이어(2014)는 북유럽의 사민주의 국가주의 숙련모형, 영미를 중심으로 하는 자유주의적 숙련모형, 독일·오스트리아·스위스 등 집합주의적 숙련모형으로 나누었다. 사민주의 국가주의 숙련체제는 기업들이 체계적으로 관여하지 않는 학교 중심의 중등직업교육에 높은 공공투자 수준을 유지하고 동시에 고등교육에 대한 공공투자도 늘려 접근기회를 확대한다. 자유주의적 숙련체제는 기업이 중등직업교육에 관여하지 않고 높은 투자 수준을 유지하지 않아 고등교육에 대한 실질적 대안이 되지 않는다. 반면 다양한 형태의 대학들이 존재하여 고등교육이 확장되지만 사적 투자의 비율이 압도적이다. 집합주의 숙련체제는 중등직업훈련에 기업들의 체계적 참여와 높은 수준의 공공투자가 결합되어 고등교육에 대한 실질적 대안이 되며, 고등교육 부문은 매우 제한적이며 엘리트 중심이다.

셋째, 이들 연구는 또한 교육체제의 성과로 시민들의 교육수준과 교육평등을 살폈고 교육수준과 경제발전수준의 관계, 교육과 사회적 불평등의 관계를 검토하였다. 이들 연구는 한 나라의 교육수준과 경제수준이 반드시 조응하지는 않으며, 교육평등이 임금·소득 및 자산의 평등으로 전환되지도 않는다고 밝히고 있다(Busemeyer, 2014). 이들에 따르면, 교육평등을 위한 국가의 정책적 개입이 중요하지만, 국가 단위 교육수준과 경제수준(경제성장) 그리고 교육평등과 사회적 평등이 선형적 상관관계는 아니다. 예를 들어 독일, 오스트리아, 스위스를 보면

을 미친다.

학업성취 수준이 높지 않고 고등교육 취학률도 높지 않지만 경제의 수준은 매우 높다. 반면 미국과 캐나다 등은 높은 고등교육 취학률과 높은 교육적 평등에도 불구하고 경제적 불평등은 높은 편이다(Andres and Pechar, 2013).[5]

　사회적 평등에는 고등교육보다 직업교육이 더 큰 의미를 지닐 수 있다. 에스트베즈-아베, 아이버슨과 소스키스(2001)는 직업교육시스템이 잘 발달된 나라들에서는 낮은 학업성취도를 가진 학생들이 이 시스템을 통하여 고숙련의 임금이 높은 양질의 일자리에 접근할 수 있으므로 경제적 불평등이 낮다고 보았다. 부스메이어와 아이버슨(Busemeyer and Iversen, 2012)에 따르면, 중등직업교육훈련에 관한 공공투자 수준과 기업의 관여 수준(학교 중심 대비 일자리 중심 직업훈련)이 이런 차이를 만든다. 높은 공공투자는 임금불평등을 줄이지만 청년실업을 줄이지 못하고, 직업훈련에 대한 기업의 깊은 관여(일자리 중심 훈련의 높은 비율로 측정되는)는 이행과정에 도움을 줌으로써 청년실업은 줄이지만 임금불평등을 줄이지 못한다고 보았다. 높은 수준의 공공투자와 기업의 관여가 함께 이루어질 때 불평등과 실업 문제에 대한 접근이 유효하다. 보편적 복지국가인 스웨덴과 핀란드의 경우 높은 수준의 공공투자가 임금불평등을 줄이지만, 기업가의 참여와 투자를 구축하는 부작용을 일으켜 실업을 높이는 반면, 높은 공공투자와 더불어 독일과 유사한 형태로 고용주의 참여가 가능한 덴마크는 이런 부작용이 없다고 보고 있다.

　넷째, 세계적으로 점차 확대되는 추세인 고등교육체제에 초점을 맞춘 분석들이 있다. 윌리엄스와 비어(Willemse and Beer, 2012)는 에스핑-앤더슨의 복지국가체제론의 탈상품화 지표(5개)와 계층화 지표(3개)

5.　학업성취에 부모의 사회적 배경이나 가정 내 문화자본이 미치는 영향을 고려하면 교육에 대한 정책적 개입은 여전히 유효하다.

를[6] 기준으로 고등교육체제를 세 그룹으로 분류하였고 이를 기초로 자유주의적·보수주의적·사민주의적 고등교육체제로 구분한다. 이 지표들은 사민주의적 고등교육체제는 매우 선명하게 나타내지만, 자유주의적 고등교육체제는 낮은 공적 투자, 높은 학비와 낮은 직업적 특성만을 드러냈고, 보수주의적 고등교육체제는 빈곤한 학생대부貸付, 높은 수준의 차별화, 높은 직업적 특성만을 보여 그 특징이 잘 드러나지 않는다고 주장했다.[7]

한편 안드레스와 페차르(Andres and Pechar, 2013)는 복지체제와 생산체제의 관점에서 고등교육에 대한 높은 참여(교육적 평등)와 사회적 평등의 관계에 관한 분석을 시도하였다. 하지만 이를 위해서는 각 단계 교육의 상호대체 가능성 때문에 체제론의 관점에서 영유아 보육부터 고등교육까지 모든 단계의 교육을 공정성(fairness)과 포괄성(inclusion)의 기준으로 평가해야 했다. 이들은 고등교육의 확대 수준이 자유주의적 복지체제에서 가장 높고, 보수주의체제에서 가장 낮다는 사실을 설명하고 있다. 그에 따르면 보수주의체제의 낮은 고등교육 참여율은 학업경로에 대한 조기분리와 함께 학업성취도가 낮은 사람들에게도 좋은 훈련기회와 고용기회를 제공하기 때문이고, 자유주의체제의 높은 고등교육 참여율은 중등단계의 양질의 교육훈련 기회의 부재와 일정한 고등교육이 숙련 일자리에 참여하기 위한 최소 요구조건이기 때문이다.

---

6. 기준이 된 지수들은 고등교육의 탈상품화 지표로 GDP 대비 투자 비율, 공적·사적 투자 비율, 공립·사립 대학의 비율, 취학률, 소득 대비 등록금 비율을 제시한 것인데 이는 고등교육에 대한 정부지출과 중하층의 접근기회로 요약된다. 계층화 지표로는 대학(또는 학위) 트랙의 차별화(differentiation, 고등교육기관 간, 기관 내부의 다양한 교육경로)와 직업적 구체성(vocational specificity), 교육품질을 관리하는 요소들(예산, 교육과정, 시험기준)의 표준화(standardization)이다. 이 계층화 지표는 고등교육의 내부구조와 조직을 의미하는데 대학의 교육과정, 예산 및 교육과정의 자율화가 많을수록 계층화가 높은 것으로 보았다.
7. 하지만 이들 계층화와 탈상품화 지표는 아직 가설적 단계이다. 다만 고등교육체제에 대한 새로운 분석을 시도했다는 점에서 의의가 크다.

특히 자유주의체제의 고등교육에서 비대학(community college) 부문은 일반적·학문적 교육과 직업적·기술적 교육 프로그램을 다양하게 제공하여, 개인들이 직업교육을 받게 하거나 다른 정규대학 부문으로의 편입을 도움으로써 고등교육 확장에 기여한다. 고등교육이 개인들에게 새로운 상황과 일자리에 적응할 수 있도록 새로운 지식과 직업훈련을 제공하지만, 한편에서는 이에 대해 단순한 교육인플레이션일 수 있고 또 낮은 공적 투자와 높은 사적 부담이라는 점을 지적한다. 사민주의 고등교육체제는 보수주의체제보다는 높으나 자유주의체제보다는 낮은 고등교육 참여율을 보여주고 고등교육을 공공재로 삼는 공적 투자 수준이 매우 높아 대학 간의 높은 수준의 정치적 조정이 요구된다. 사민주의체제에서 전통적 대학교육은 또한, 기간이 상대적으로 짧은 단기 직업교육을 제공하는 고등교육과 분리되어 있다.

이 같은 복지체제 이론은 보수주의 고등교육체제의 낮은 고등교육 참여율과 높은 사회적 평등의 관계를 설명해주고 생산체제 이론은 이 같이 낮은 고등교육 참여율이 반드시 경제적 성과를 낮추지는 않는다는 것을 설명해줄 수 있다. 하지만 이 연구에 따르면 보수주의체제의 계층 간 교육불평등을 지속화하는 조기 경로분리와 낮은 고등교육 참여는 더이상 정당화되거나 유지되기 어렵다고 보고 있으며, 일반교육에 대한 학생들의 선택폭을 확장하고 고등교육을 확대해야 한다는 과제를 안고 있다. 반면 자유주의 시장경제는 고등교육 비용이 물가 상승보다 빠르게 진행되는 경향이 공공재원으로부터 사적 재원으로의 이전과 함께 진행되어 사회경제적으로 불리한 계층의 학비부채 문제와 숙련부족 과제가 있다.

한편 가리츠만(Garritzmann, 2015)은 한국에서 문제가 되고 있는 고등교육의 학비와 보조금에 대한 정치경제적 분석을 복지체제 유형론으로 다음과 같이 제시했다. 그는 우선 학비와 보조금을 기준으로 네 개

〈표 11-1〉 고등교육의 재정지원 체제

	높은 수준의 학비	낮은 수준의 학비
높은 수준의 보조금	미국 등 앵글로 색슨 국가들 (장학금, 대부체제 등으로 높은 수준의 보조금을 지원하고 있다고 본다)	북유럽 국가 (낮은 수준의 학비 이외에 생활비 보조 등)
낮은 수준의 보조금	한국, 일본 등 아시아 국가와 라틴 아메리카 국가	대륙 유럽 국가들

의 학생재정지원체제로 분석하였다. 북유럽은 낮은 수준의 학비와 높은 보조금 수준을 나타내며, 영미 국가는 높은 수준의 학비와 높은 수준의 보조금, 대륙유럽 국가들은 낮은 수준의 학비와 낮은 수준의 보조금, 한국과 일본 같은 아시아 국가는 높은 수준의 학비와 낮은 수준의 보조금이 특징이라고 보고 있다. 이는 〈표 11-1〉로 정리된다. 고등교육 재정체제의 형성 요인으로 어떤 특정한 정치연합이 얼마나 오랫동안 지배했는가 그 기간으로 설명되었는데 일본은 보수정당의 지속적 지배로 높은 수준의 학비와 낮은 보조금이 설명되고 있다. 한국과 일본의 경우 높은 학비와 낮은 보조금 체제가 유지되는데, 높은 고등교육 취학률이 중하층에 큰 경제적 부담이 되는 것을 고려하면[8] 중상층을 대변하는 보수정당의 장기집권으로 설명하는 것이 타당할 수 있다.[9]

다섯째, 기존의 복지·생산체제론은 영유아 보육에 큰 관심을 주지 않았다. 하지만 영유아 보육은 사회활동 이전의 아동에게 큰 영향을 미칠 초기 자원배분(initial endowment)과 관련이 있다. 헤크먼(Heckman, 2003)은 인적자본에 대한 초기 투자가 경제적 측면에서 보면 수익률이 더 높다고 주장하는데, 이는 조기개입의 정당성을 제공한다. 가정의 빈

---

8. 장수명(2009; 2011) 참조.
9. 장수명(2015)은 민주정부 10년 동안에도 중하층에 유리한 고등교육정책을 실행하지 못했음을 지적하고 있다.

곤 문제를 해결해주는 일자리 남녀평등과 아동수당의 존재와 양질의 보육 제공이 아동의 인지역량에 대한 평등을 가져온다는 점에서 중요하다(Esping-Andersen et al., 2011) 이것은 아동이 성장하는 과정에서 누적되는 긍정적 장기 효과 때문이다.

지금까지 소개한 각 나라의 특이한 교육체제 형성 요인 연구들은 대체로 정치자원론으로 설명하고 있다. 그 원인을 밝히는 것도 중요한 주제이지만, 이 연구에서는 제한점으로 남겨두고자 한다.

2) 체제론 관점의 한국교육의 분석 기준

2-1절에서 살펴본 정치·생산·복지체제의 관점에서 한국 교육체제를 분석하는 데 필요한 중요 요소들을 정리하면 다음과 같다.

첫째, 양질의 유치원, 초등학교 및 중학교 교육에 대한 보편적 접근이 중요하다. 모든 계층의 아동이 양질의 동일한 기본교육에 차별이나 구분 없이 접근 가능한가? 유치원, 초등학교 및 중학교의 단계 교육에서 학업성취에 따른 조기분리 여부, 운영주체가 국가와 지방자치단체인 공립교육기관의 비율, 공공투자의 수준, 지역에 대한 균형적 접근, 교사자격 관리 같은 품질 관리 등이 중요한 요소가 될 수 있다.

둘째, 후기 중등교육-고등학교 단계에서 직업, 산업 및 기업특수적 숙련을 형성할 수 있는 양질의 직업교육 훈련의 제공 여부는 교육체제 분석의 핵심적 요소이다. 학교 중심 직업교육 훈련인가 일자리 중심 직업교육 훈련인가, 기업의 참여 수준은 어느 정도인가, 정부의 투자 수준은 어느 정도인가? 공·사립학교 비율은 어떠한가? 중등의 직업훈련이 학업성취가 낮은 학생들에게 고등교육에 대한 유효한 대안이 되고 있는가? 인문계열 고등학교의 계층화와 공교육투자 또한 중요한 요소가 된다.

셋째, 높은 수준의 일반적 숙련을 형성하는 고등교육 단계의 주요한 특징은 무엇인가? 고등교육 단계에서 직업교육을 중심으로 하는 단기 고등교육기관의 구분 여부, 고등교육 내 대학들 간의 계층화, 고등교육의 설립·운영 주체로 국가와 지방정부단체의 비율, 학비 수준, 공공투자 수준 등이 중요한 기준이 된다. 고등교육의 계층별 진학과 노동시장 성과와의 연계도 중요한 요소가 된다.

한국의 교육숙련체제를 정치·생산·복지체제 관점에서 종합적으로 분석한 연구들은 많지 않다. 양재진(2004)은 한국 산업화 과정을 검토하면서 한국의 복지제도가 국가·노동·자본 간의 힘의 관계나 정치적 정당화 기제와 더불어 대기업 중심의 산업구조를 배경으로 자본의 이해가 반영된 것으로 보면서, 1970년대 중화학공업화로 본격적으로 숙련이 요구된 시기에 대기업의 내부 노동시장의 발전과 대기업 중심의 사회보험이 설정되고 대기업 중심의 고용보호가 대기업 중심의 숙련체제를 형성했다고 본다. 그에 따르면, 1974년의 '직업훈련에 관한 특별조치법'에서 일정 수 이상을 고용하는 기업들이 의무적으로 직업훈련을 실시하도록 요구했고 공공훈련기관들을 수립하여 숙련을 제공했다. 1975년 국가기술자격제도와 자격자에 대한 우대 조치도 역할을 했다고 밝히고 있다. 양재진의 분석은 교육제도의 복지적 측면(사회적 평등)과 경쟁력 측면을 충분히 다루지 않았다.

하연섭(2008)은 생산레짐 이론을 활용하여 미국, 일본, 독일의 교육 및 직업훈련제도를 교육과 사회복지, 기업의 제품전략과 비교우위, 숙련과 소득분배, 학교와 직업세계 연계 등을 중심으로 분석하여 한국교육에 시사점을 제시하고 있다. 그는 한국의 교육 및 직업훈련제도가 일반숙련 중심의 미국과 같이, 고숙련과 저숙련의 양극화, 대기업의 수입부품과 수입기계류에 의존한 생산전략에 따른 중급숙련 부족으로 인한 중소기업의 경쟁력 약화가 고등교육의 과잉팽창과 청년실업으로 이어지고 있다고 보았다. 그는 시장지향적 공교육 정책이 명문학교와 명문대학의 지위재(地位財)로서 역할과 '지위경쟁' 문제를 더 강화한다고 보았다.

장홍근 외(2009)는 독일, 일본, 한국의 숙련체제를 생산체제, 노사관계와 더불어 비교하고 한국기업의 경쟁전략이 가격에 중심을 두고 노동배제적 연구개발 중심의 혁신전략을 취하고 있어 숙련개발에 소극적인 반면 노조는 숙련형성에 관심이 부재하며 국가가 적극 개입하는 체제로 이해했다. 하지만 학교교육 전반, 특히 중등직업훈련 과정의 중요성을 제기하지 않은 채, 한국의 전반적 숙련 지향을 일반숙련과 기업특수적 숙련이 지배적이라고 파악하고 있다. 이들은 기업과 교육훈련기관 중심의 직업훈련에 초점을 맞추고 있어, 한국의 숙련체제에서 일반숙련이 중요하다는 것을 강조하면서도 그 계층적 함의나 비교우위를 설명하지는 않고 있다. 이상의 연구들은 경제의 생산체제 전반과 연계시키거나 복지체제와 연계하여 이를 분석하지 않았다.

정충대(Jung, 2014)는 한국의 숙련체제를 중등직업교육 단계에 초점을 맞추어 분석하면서, 1970년 이후 1990년대 이전까지는 고용주의 참여가 매우 낮은 학교 중심 직업교육이 기계 및 화학 등 중공업에 필요한 중간숙련을 제공하였으나 1980년의 졸업정원제와 1996년의 대학 정원의 확대와 함께 직업계열 고등학교 졸업자의 노동시장 내의 위상이 약화되었고 점차 고등교육이 중시되는 미국과 같은 일반적 숙련체제로 전환되었다고 주장했다.

하지만 이들 연구는 직업교육에 대한 공공투자의 수준과 기업의 관여를 분석하지 않았고 이를 고등교육의 대안으로 살피지 않아 사회적 평등에 대해 갖는 함의를 도출하지 못했다.

다음 절에서는 한국교육의 이러한 요소들을 분석하고 소결에서 이것들이 사회적 불평등, 계층이동 및 사회적 정의에 주는 함의를 논의하게 될 것이다.

3. 한국교육체제의 분석과 평가

1) 보육 및 유치원

보육 및 유치원 교육은 교육성취(학업성취와 교육수준)의 평등에 중요한 영향을 미친다. 부모의 사회경제적 배경에 따라 아동의 성장발달이 크게 달라질 수 있기 때문에 계층별로 보육과 유치원의 교육의 질과 접근기회의 동등성을 확보하는 것이 매우 중요한 사회적 결과를 낳는다. 에스핑-앤더슨(2012)은 미국과 덴마크의 정규(formal)보육의 영향을 분석한 결과, 3세 때의 정규보육이 11세의 인지역량에 긍정적 영향을 주며 특히 열악한 사회경제적 배경의 아동에게 효과가 크지만, 미국의 경우 그 효과가 학교 입학 초기까지만 유효하고 지속적이지 않았다. 그는 이것이 미국의 질 낮은 공공보육 때문으로 보고 있다. 미국의 경우 사적 보육시스템이 발전하였고 공공투자 수준도 낮으며, 동시에 질 관리도 분명하지 않은 데 비해 덴마크의 경우 공공보육시스템을 발전시켜 높은 공공투자(GDP의 1%)와 교사자격에 대한 질 관리와 교사 1인당 원아 비율 등의 관리를 꾸준히 해왔다(Esping-Andersen, 2012).

〈표 11-2〉는 한국의 유아교육 단계 교육실태의 일면을 보여준다. 3세 이상 유아 취학률은 2011년 누리과정 도입으로 OECD 평균보다 높은 수준인데 이는 박근혜 정부에서 시도된 '보편주의적 무상보육'(양재진·최영준)과 관련이 있다. 하지만 운영하는 체제는 사민주의·보편주의 무상보육을 실시하는 나라들과 크게 다르다. 국공립 유치원의 경우 2012년 16%에서 2015년 24%로 증가했으나 여전히 그 비중은 낮고

〈표 11-2〉 유아교육 단계 설립별 분포: 교사 1인당 학생 수와 GDP 대비 공교육비 비율

(단위: 명, %)

구분	연령별 취학률(2012)[1]			설립별 학생 수 분포(2012)[1]			교사 1인당 학생 수 (2012)[4]	교육기관에 대한 지출(2011)[5]		
	만3세	만4세	만5세	국공립	사립[2]			GDP 대비 공교육비 비율	정부재원에서 오는 총지출의 비율	민간재원에서 오는 총지출의 비율
					정부의존형	독립형[3]				
한국	85	87	88	16.0	84.0	a	16.0	0.3	54.0	46.0
OECD 평균	70	82	81	68.4	20.4	11.1	14.5	0.6	81.3	18.7

주1) 한국의 유아교육 단계 학생 수에는 유치원 및 어린이집 원아가 포함됨.
　　－국공립: 국공립 유치원 및 어린이집.
　－정부의존형 사립: 사립 유치원 및 어린이집(사회복지법인/법인단체 등/직장/부모협동/민간 어린이집).
　2) 누리과정 도입 및 교육보육비 정부지원 확대로 인해 2012년부터 어린이집은
　　　　　　　　　　　　　　　　모두 정부의존형 사립 교육기관으로 분류됨.
　3) 'a'는 이 항목이 적용되지 않기 때문에 해당 자료가 없음을 나타냄.
　4) 교사는 수업 담당 교사만을 대상으로 함(교장·교감 등 관리직 교원 제외).
　5) 교육기관에 대한 지출 자료에는 유치원만 포함됨.
자료: OECD, 2014; 문성빈, 2014(교육과학기술부, 2014. 9. 9. 보도자료, "2014년 OECD 교육지표 조사결과 발표"
　　　　　　　　　　　　　　　　　　　　　　　　자료를 바탕으로 작성).

GDP 대비 공교육비 비율은 0.3%로 미국보다도 낮은 수준이다. 사립 유치원의 압도적 비율은 교육의 품질 차이가 클 가능성을 높여준다. 누리과정 설치로 보육에 대한 질 관리를 시도하고 있지만, 교사자격 등의 관리되지 않은 부분이 있다. 현재 한국의 보육교사는 최소 수업연한이 1년이며, 유치원 교사는 2년으로 대학과 전문대학 등 다양한 기관에서 양성되고 있어 4년제 유치원 교사자격을 가진 공립 유치원과 달리 사립 유치원의 경우 기관별로 교사의 질에 큰 차이가 있을 수 있다. 특히 사회경제적 배경이 열악한 가정일수록 교육품질이 열악한 유치원을 다닐 가능성이 높아 공평하지 않는 체제로 볼 수 있다.

2) 초등학교·중학교

이 과정은 의무교육으로 규정되어 있고 국가는 모든 학생에게 무상 교육을 제공한다. 한국의 초등학교·중학교 교육은 학업성취 역량 등에 기초하여 진로결정을 조기에 결정하는 독일·오스트리아 같은 나라와 달리 북유럽 모형이나 자유주의적 모형과 같은 종합학교 모형이다. 〈표 11-3〉에서 보는 바와 같이 국공립 초등학교에 재학하고 있는 학생 비율이 99%이며 사립 초등학교는 매우 제한되어 있다. 초등학교 교사 양성은 교육대학에서 표준적 과정을 통해 훈련을 받아 양질의 교사를 배치한다. 교육대학 정원은 교사 수요를 고려하여 적정하게 조정되는 시스템이다. 한편 중학교 교사 등은 전국의 많은 대학의 사범계열에서 수요를 고려하지 않은 채로 자격교사들을 공급하고 있어 임용고시의 경쟁률이 매우 높다. 고등학교 교사를 포함하여 중등교사의 경우 국가 단위나 사회 단위의 조정이 이루어지지 않고 있는 것이다.

초등학교와 중학교의 교육과정 역시 국가 차원에서 표준화되어 있으며, 시·도 교육청 단위에서 조정하고 단위학교에 일정한 자율권이 주어져 있다. 사립 중학교에 재학 중인 학생의 비율이 2015년 17%이지만 교사의 자격 및 학교 운영에서 엄격한 표준화가 이루어지고 있다. 다만 사립 중학교의 경우 교사의 이동이 거의 없고 학교 운영에 특정 사립학교재단의 영향력이 크다는 점에서 학교법인의 자율성이 높은 반면, 교장과 교사들의 재량권은 높을 수도 있고 제한적일 수도 있다. 재단의 성격과 운영 방식에 따라 차이가 발생할 수 있다. 하지만 국가의 재정지원을 통한 품질관리는 공교육의 품질을 보증할 수 있다.

학교는 학생들에 대한 선발권이 없어 학생들은 학군별로 배치되어 계층별로 주거공간 차이로 인한 학교의 동료효과나 이웃효과가 있을 수 있지만, 사회적으로도 상대적으로 통합적이며 교사의 배치와 더

<표 11-3> 2015년 설립별 학생 수와 사립학교의 학생 비율

(단위: 명, %)

	전체	국립	공립	사립	사립학교 학생 비율
	10,427,998	861,172	5,190,794	4,376,032	42
유치원	682,553	256	161,083	521,214	76
초등학교	2,714,610	9,347	2,665,762	39,501	01
중학교	1,585,951	5,117	1,303,504	277,330	17
일반고등학교	1,278,008	8,973	716,975	552,060	43
특수목적고등학교	67,529	4,873	33,907	28,749	43
특성화고등학교	302,021	–	160,561	141,460	47
자율고등학교	140,708	–	93,100	47,608	34
특수학교	25,536	893	13,073	11,570	45
고등공민학교	85	–	38	47	55
고등기술학교	940	–	–	940	100
각종학교	8,470	531	892	7,047	83
방송통신중학교	2,074	–	2,074	–	0
방송통신고등학교	11,442	–	11,442	–	0
전문대학	720,466	2,257	12,071	706,138	98
교육대학	15,967	15,967	–	–	0
대학	2,113,293	471,465	13,331	1,628,497	77
방송통신대학	214,347	214,347	–	–	0
산업대학	44,679	15,629	–	29,050	65
기술대학(대학과정)	103	–	–	103	1,00
기술대학(전문과정)	19	–	–	19	1,00
각종 학교(대학과정)	3,489	3,173	–	316	9
각종 학교(전문과정)	9	–	–	9	100
사이버대학(대학과정)	111,924	–	–	111,924	100
사이버대학(전문대학과정)	5,604	–	–	5,604	100
원격대학(대학과정)	1,080	–	–	1,080	100
원격대학(전문과정)	2,195	–	–	2,195	100
사내대학(대학과정)	308	–	–	308	100

사내대학(전문과정)	474	–	–	474	100
전공대학	11,763	–	–	11,763	100
기능대학	28,873	–	–	28,873	100
대학원	333,478	108,344	2,981	222,153	67

자료: 한국교육개발원

불어 교육재정이 중앙정부가 시·도 교육청에 일정한 비율로 매우 균등하게 배분되고 있다. 교육재정 대부분을 공공재원으로 지원하고 있다. 초·중등 교육재정은 당해 연도의 내국세(목적세 및 종합부동산세, 담배에 부과하는 개별소비세 총액의 100분의 20 및 다른 법률에 따라 특별회계의 재원으로 사용되는 세목의 해당 금액은 제외한다. 이하 같다) 총액의 1만분의 2,027에 해당하는 금액, 그리고 당해 연도의 '교육세법'에 의한 교육세 세입액 전액에 해당하는 금액으로 충당된다(지방교육재정교부금법 2016, 법제처).

초등학교 및 중학교의 재정, 품질관리, 학군배치 및 학생선발 등을 종합적으로 고려하면, 이 단계의 공교육은 포괄적이며 공정하다고 할 수 있다. 이 같은 초등학교와 중학교의 교육은 중학교의 교육과정이나 졸업 후 고등학교 초기 과정의 학업능력을 측정하는 PISA(Program for International Student Assessment)에서 우수한 성적을 만들고 부모의 사회경제적 지위의 영향을 약화한 요인으로 평가할 수 있다. 하지만 PISA 결과에도 기여했을 사교육비를 고려할 필요성이 있다. 2015학년도 기준 초등학교 7조 5,000억 원, 중학교 5조 2,000억 원의 사교육비(통계청 2015년 초·중·고 사교육비 조사 결과 보도자료, 2016. 2. 26)가 투자되었다는 사실은 공교육의 밖, 시장에서 투자되는 교육비가 매우 많다는 것을 의미한다. 주로 중상층이 투자하는 이 규모의 사교육비는 유·초·중등 총예산이 39조 5,636억 원(교육부 2016년 세입·세출 예산 각목명세서)이라는 사실을 고려하면 매우 높은 수치로 개인들의 현재 학업성취와 미래 생애

기회에 영향을 미칠 가능성이 높고 이 단계의 교육계층화에 기여할 가능성이 높다.

초등학교와 중학교 교육에서 양질의 형평성 있는 공교육의 포괄적 제공이 계층통합에 긍정적 영향력을 행사한다면 개인들이 사적 시장영역에서 구매하는 사교육은 영향력이 계층고착에 기여한다고도 볼 수 있다.

3) 고등학교 학문교육과 직업교육·훈련

고등학교 단계의 교육과 훈련은 경제적 성과와 관련 있는 노동시장으로의 진입이나 대학진학과 직접적 관련이 높기 때문에 사회적 불평등과 복지체제에 주는 함의가 크다. 특히 직업계열 고등학교의 교육과 훈련 체계의 운영방식과 성과는 학업성취도가 상대적으로 낮고 사회경제적으로 열악한 처지에 있는 학생들에게 특히 큰 의미를 갖는다.

우선, 한국 고등학교 교육단계의 전반적 특징을 살펴보면 첫째 〈표 11-3〉에서 보는 바와 같이 고등학교의 다양성이 매우 크다는 점이다. 일반고등학교[학문계열(academic)], 특성화고등학교[직업계열(vocational)], 소수 선발된 학생들을 중심으로 교육하는 특수목적고등학교[예술계열, 어학계열, 과학계열, 직업계열-마이스터고등학교 등], 자율고등학교로 복잡하게 나뉘어 있다는 점이다. 학교에 학생선발권이 있는 일부 특성화고등학교, 특수목적고등학교, 자율고등학교는 직업계열과 더불어 고등학교 교육의 계층화를 낳을 가능성을 갖고 있다. 기존의 특수목적고등학교 등과 함께 고등학교 차별화가 심화된 것은 이명박 정부의 '고교다양화 300' 정책 때문이다.

둘째, 고등학교의 사립학교 비율이 40%를 넘고 고등학교는 무상교육이 아니다. 대부분의 선진 민주국가들에서 고등학교를 의무교육으로 하지는 않더라도 무상교육을 실시하고 있는 것을 고려하면, 이러한 우리나라 상황은 저소득계층에게 부담이 될 수 있다. 물론 대부분의 저소득계층에게 소득 등을 기준으로 특히 직업계열 학생들에게 학비를 지원하고 있으나 이는 매우 선별적인 복지시스템이다.

셋째, 대부분의 사립학교 운영비도 자립형이 아닌 경우 정부의 재정에서 교사 및 행정직원의 인건비와 학교운영비의 상당 부분이 지출되고 있고, 교육과정을 국가가 표준화하여 교육품질을 관리하고 있다.

이것이 고등학교 교육단계의 일반적 특징이지만, 주목해야 할 부분은 앞서 설명한 중등단계 직업교육을 담당하는 특성화고등학교와 이명박 정부에서 시작한 마이스터고등학교, 박근혜 정부의 산학일체형 도제학교 및 특성화고등학교들의 운영 특성(학교 중심인가 아니면 일자리 중심인가, 기업의 관여 수준은 어떠하며, 정부투자의 수준은?)은 무엇이며, 학업성취도가 낮은 학생들에게 고등교육에 대한 유효하고 실질적인 대안이 되고 있는가 하는 문제이다. 이에 대해서는 학교들의 교육훈련이 가진 특성 및 교육훈련에 대한 기업가의 참여, 졸업생들의 진로 등을 중심으로 살펴보면 알 수 있을 것이다.

첫째, 마이스터고등학교와 산학일체형 도제학교, 특성화고등학교 학생의 비율은 2015년 현재 전체 고등학교 학생 수의 20%에 이르지 못하고 있다. 한때 50% 수준에 달하던 직업계열 고등학교의 비율이 매우 낮아진 것이다. 한국의 직업계열 학생들의 비율이 급격히 낮아진 것을 OECD 국가와 비교해서 살펴보면 더욱더 분명하게 드러나겠지만 이는 지면 사정상 생략한다. 현 단계에서 다른 국가들과 비교해볼 때 한국은 캐나다나 멕시코와 함께 일반계열 학생 비율이 가장 높은 수준임을 알 수 있다(〈그림 11-1〉 참조).

둘째, 직업계열 고등학교 대부분이 학교 중심 직업교육을 하고 있고 산학협력에 참여하는 기업들 수가 매우 적다. 즉 기업의 관여 수준

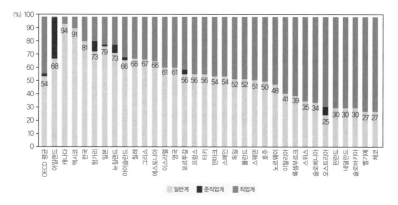

〈그림 11-1〉 OECD 직업계열 고등학교의 학생 비율(2012)

자료: OECD / 한국교육개발원, 2015

이 매우 낮다. 마이스터고등학교의 경우 상대적으로 기업들의 참여가 높으나 그러한 마이스터고등학교의 비율이 낮고, 산업계의 기업체 연합이 참여하기보다 개별 고등학교에서 협력기업을 찾는 방식으로 산발적으로 진행되고 있다. 학교 중심의 직업교육과 훈련, 기업의 참여와 관여의 수준이 낮은 상황은 직업계열 고등학교 졸업자의 낮은 취업률로 이어지고 고졸 청년의 실업 문제를 낳고 있다. 현재 특별한 수준의 마이스터고등학교는 매우 높은 취업률을 보이고 있으나 특성화고등학교는 취업률이 50%에 못 미치며 그중 정규직 취업률은 더 낮은 수준이다. 마이스터고등학교의 신입생 선출 과정에서 나타나는 입학생들의 학업역량과 편향적 수준의 과도한 재정지원 등을 고려하면 직업계열교육이 학업역량이 낮고 사회경제적으로 열악한 학생들에게 고등교육의 실질적 대안으로 자리잡아가고 있다고 판단하기 어렵다. 직업교육에 대한 기업들의 참여가 제도적으로 정착되기가 쉽지 않다는 것은 현재의 노사관계와 기업의 태도 등에서 잘 나타난다(장홍근, 2009). 한 연구에 따르면, 2년의 학교수업과 1년의 기업 현장실습을 결합하고자 했

연도	마이스터고등학교			특성화고등학교		
	졸업자	취업률	정규직 취업률	졸업자	취업률	정규직 취업률
2015	4,297	90.5	88.4	102,011	47.9	38.0
2014	3,462	88.5	87.5	106,682	46.0	36.0
2013	3,373	90.3	66.1	107,178	38.4	24.4

자료: 교육부, 2016.

던 '2+1제도'에 참여한 기업의 수가 2,000개를 넘지 않아 제도화는 쉽지 않다고 판단하고 있다(Jung, 2014).

한국기업들의 경쟁전략과 비교우위가 고등학교 단계의 교육훈련으로 형성되는 직업·산업·기업특수적 숙련에 기초하지 않으며, 이 단계의 숙련형성에 조정경제적 특성-노사의 협력, 정부의 조정과 투자, 사회보호(고용보호나 실업보호)를 지니고 있지 못하다. 한국의 고용보호가 높은 것으로 나타나지만, 이는 정규직에나 해당한다는 것은 잘 알려진 사실이다. 비정규직 비율도 높고 정규직-비정규직의 임금격차나 대기업과 중소기업의 임금격차도 커서 보수주의 복지체제 및 숙련체제가 갖는 특성을 갖춘 것도 아니다. 양재진·최영준(2014)이 한국의 고용·노동시장 성과가 남부유럽과 유사하다고 판단한 것과 일치한다. 이들은 한국의 복지체제는 남부유럽과 자유주의 복지국가의 혼합형에 가깝다고 지적하고 있다.

셋째, 고등학교 단계의 직업교육·훈련에 대한 1인당 투자는 교육장비 등을 준비해야 하기 때문에 인문계열보다 크게 높을 것으로 추정한다. 특히 마이스터고등학교와 산학일체형 도제학교의 학생 1인당 공교육비는 인문계열 학생 1인당 공교육비보다 크게 높을 것으로 예상된다.[10] 계열별로 잠정적인 교육비 자료를 소개하면 〈표 11-5〉와 같다.

〈표 11-5〉 2011년도 고등학교 계열별 1인당 교육비

구분	일반계 고등학교	특성화고등학교	마이스터고등학교
1인당 연간 교육비	298만 원	453만 원	649만 원
수업료 및 수익자 부담 경비	150만 원(수업료) 143만 원(기숙사, 방과후 등)	알려져 있지 않음	알려져 있지 않음

자료: 통합진보당 정진후 국회의원실, 2012.

한국의 고등학교 단계 직업교육은 학교 중심 직업교육으로 기업의 체계적 관여나 참여가 거의 없는 상태에서 매우 위축되어 있으며, 기업(특히 중소기업)의 경쟁력 전략에도 도움이 되지 않고 동시에 학업능력이 상대적으로 낮은 학생들에게 고등교육에 대한 실질적 대안으로 자리잡고 있지도 못하다고 평가할 수 있다. 자유주의 시장경제에서의 일반계열 내의 직업교육과 유사한 지위를 지니는 것으로 평가할 수 있으며, 다만 이명박 정부의 마이스터고등학교와 박근혜 정부의 산학일체형 도제학교가 집중적 지원을 통하여 오히려 학업능력이 일정한 수준 이상인 학생들에게 고등교육의 대안으로서 일정한 직업교육·훈련의 위상을 일부 갖는다는 것을 알 수 있지만, 이 부분은 직업계열 고등학교 교육의 일부분에 지나지 않는다.

4) 전문대학과 대학: 경계 없는 구분, 상업화, 서열(계층화)

70% 넘는 한국의 고등학교 학생들이 전공계열의 여부와 상관없이 학교성적과 수능성적 등 일반적 학습능력을 보여줌으로써 졸업과 동시

---

10. 이에 대한 자세한 연구논문과 분석이 현재 부족한 상태이고 OECD 교육지표(Education at a Glance)에도 한국은 고등학교 직업계열 1인당 투자비용과 일반계열 1인당 투자비용을 보고하지 않고 있다.

(단위: 명, %)

연도	졸업자 수	진학자 수	취업자 수	기타	진학률
2014	632,983	448,817	61,268(19%)	122,898(10%)	70.9%
2013	631,197	446,474	55,443(20%)	129,280(9%)	70.7%
2012	636,724	453,899	53,060(20%)	129,765(8%)	71.3%

주 1) 진학률(당해 연도 졸업자 중 진학자/당해 연도 졸업자)×100.
2) 기타는 무직자, 입대자, 미상 포함.
자료: 한국교육개발원, 2015.

에 고등교육기관에 진학하고 있다. 이는 보편적 숙련이 중심이 되는 자유주의적 국가의 숙련형성체제에서 보이는 현상과 유사하다. 유럽에는 고등학교 졸업자격이자 대학입학을 허락하는 자격고사(Matriculation Examination)가 있고 단기 직업중심 대학입학 자격은 대체로 직업자격으로 입학이 허락되며, 직업중심 대학과 정규 대학은 그 경계가 매우 분명하다. 한편 미국과 캐나다 같은 북미 대학들은 커뮤니티 칼리지(Community College) 입학 후 정규 대학으로의 이전(편입)이 가능한, 경계는 없지만 구분은 있는 대학체제를 갖고 있다. 한국도 수능성적과 학교성적을 위주로 직업중심 대학(전문대학이나 산업대학)이나 일반 4년제 대학에 입학이 가능하며, 실제 전문대학과 일반제 4년제 대학의 경계구분이 거의 존재하지 않으며 편입을 할 수 있는 제도적 경로가 다양하다. 하지만 전문대학의 위상은 일반적으로 크게 낮다.

1970년대와 1980년대 그리고 1990년대 초반까지는 고등학교 졸업자의 노동시장 진출률이 높았으나, 1980년대의 졸업정원제와 1996년 5·31 대학규제완화정책, 곧 정원 자율화와 대학설립준칙주의라는 시장주의 고등교육정책으로 대학 진학이 본격화되었다(장수명, 2009). 〈표 11-6〉에서 보는 바와 같이 고등교육 진학은 매우 높은 반면 고졸자의 노동시장 진출은 낮다. 〈표 11-6〉에 나타난 통계는 고교 졸업 후 수

개월 내에 실시한 조사로 기타에 속하는 일부가 원하는 대학에 진학하기 위해 재수를 한다고 가정하면, 대학 진학률은 더 높게 나타난다. 1990년대 중반 시점이 중요한 것은 1987년 민주화 이후 노동 세력과 민주화 세력의 정치적 성장과 연합을 통해 중하층과 학업능력이 상대적으로 낮은 학생들에게 유리한 직업교육 혁신과 고등교육제도 형성의 기회가 갖춰지지 못한 상태에서 이후 자유주의 시장원리를 갖는 정책으로 고등교육이 보다 공고하게 제도화되었기 때문이다(장수명, 2015).

한국 고등교육의 특징은 다양한 고등교육기관의 존재, 사립대학 위주, 사부담 위주, 수도권과 특정 계열 중심의 체계적 서열화, 서열에 따른 노동시장 성과의 차이로 나타난다.

첫째, 앞서 〈표 11-3〉에서 살펴본 바와 같이, 한국의 고등교육기관은 2015년 현재 72만여 명이 재학 중인 2~3년제 전문대학과 약 211만여 명이 재학 중인 4~5년제 학부와 대학원으로 구성된 대학으로 양분되어 있지만, 방송통신대학(약 21만 명), 교육대학(약 1만 6,000명), 산업대학(약 4만 5,000명), 그리고 사이버대학(약 11만 명)과 사이버전문대학(약 5,600명), 전공대학(약 1만 2,000명), 기능대학(약 2만 9,000명), 대학원대학 33만여 명 등으로 매우 방대한, 복잡하고 다양한 체제를 유지하고 있다. 이들 사이의 경계가 거의 없으므로 시험성적에 의한 선별로 제한받지 않는다면 매우 자유로운 시장체제를 유지하고 있다.

둘째, 고등교육기관 대부분이 사립대학이다. 전문대학과정의 경우 98%의 학생이 사립 전문대학에 등록하고 있으며, 학사·석사과정 학생들 77%가 사립대학에 재학 중이며, 사내대학은 물론이거니와 사이버, 전공 및 기능대학이 전부 사립대학이며, 대학원대학의 학생들도 67%가 사립대학에 재학 중이다. 사립대학의 경우 학생 선발, 학비 책정과 운영에 부분적 제약을 받고는 있으나 전반적으로 교수 선발, 교직원 인건비, 학교 운영의 자율성이 높아 학사관리와 품질관리가 체계적으로 이루어지기 어렵기 때문에 기관 간의 차별성(differentiation)이 높다. 이 점은 종종 부실 사학의 부패 문제로 연계되며 사립 위주의 협회(한국대학교육협회, 한국전문대학교육협회)의 자율적인 고등교육의 질 관리를 어렵게 만들고 있고,[11] 국가도 체계적 질 관리를 일상적으로는 하지 않는 편이다.

셋째, 교육비 대부분이 사적 부담으로 사회계층적으로 매우 역진적 구조를 갖고 있다. 특히 사회경제적으로 열악한 가정의 학생들이 주로 진학하는 전문대학이나 지방의 대학이 대부분 사립대학으로 사적 교육비 부담이 가장 높은 반면 전문대학과 지방사립대 졸업자가 노동시장에서 얻는 성과는 조기 취업 이외에 임금이나 소득에서는 크게 나타나지 않는다. 〈표 11-7〉에서 보는 바와 같이 한국은 교육비의 사적 부담이 세계에서 가장 높은 수준이며, 고등교육의 경우 70%를 넘어 사민주의 복지국가는 물론이고 조정경제의 보수주의 복지체제를 유지하고 있는 독일(14.1%), 오스트리아(4.7%) 등 유럽 국가뿐 아니라 자유주의적 시장경제와 복지체제를 유지하고 있는 미국(62.2%), 호주(55.1%), 영국(43.1%) 및 캐나다(45.1%)보다도 크게 높다. 신자유주의 정책을 전격 도입했던 칠레(65.4%)나 일본(65.7%)의 경우와 유사하지만, 더 높다. 여기에 한국의 낮은 수준의 보조금과 비수도권 학생들의 서울 생활비를 함께 고려하면, 한국 고등교육은 체계적으로 계층역진적이며, 보수주의 복지국가보다 더욱 보수적이며, 자유주의 복지국가보다 더 자유주의적이며, 더 시장친화적이다.

넷째, 한국의 일반 대학체제는 매우 서열화되어 있고 학벌이 이미 중요한 사회적 쟁점이다(김부태, 2014). 수능성적과 내신성적의 분포를

---

11. 협회 위주의 자율평가가 있으나 교육부의 대학 구조조정에서 이런 평가결과가 활용된 사례는 거의 없다.

〈표 11-7〉 교육단계별 공공부담과 민간부담 비율(2012)

국가	초 · 중등교육		고등교육	
	정부부담	민간부담	정부부담	민간부담
호주	82.4	17.6	44.9	55.1
오스트리아	96.0	4.0	95.3	4.7
벨기에	96.3	3.7	89.9	10.1
캐나다	91.0	9.0	54.9	45.1
칠레	78.0	22.0	34.6	65.4
체코	91.0	9.0	79.3	20.7
덴마크	97.2	2.8	–	–
에스토니아	99.1	0.9	78.2	21.8
핀란드	99.3	0.7	96.2	3.8
프랑스	91.0	9.0	79.8	20.2
독일	86.5	13.5	85.9	14.1
그리스	–	–	–	–
헝가리	94.2	5.8	54.4	45.6
아이슬란드	96.0	4.0	90.6	9.4
아일랜드	95.7	4.3	81.8	18.2
이스라엘	88.9	11.1	52.4	47.6
이탈리아	95.5	4.5	66.0	34.0
일본	92.9	7.1	34.3	65.7
한국	83.9	16.1	29.3	70.7
룩셈부르크	97.8	2.2	94.8	5.2
멕시코	82.8	17.2	69.7	30.3
네덜란드	86.7	13.3	70.5	29.5
뉴질랜드	82.5	17.5	52.4	47.6
노르웨이	–	–	96.1	3.9
폴란드	92.0	8.0	77.6	22.4
포루투갈	85.2	14.8	54.3	45.7
슬로바키아	88.1	11.9	73.8	26.2

슬로베니아	91.0	9.0	86.1	13.9
스페인	88.7	11.3	73.1	26.9
스웨덴	100.0	0.0	89.3	10.7
스위스	88.5	11.5	–	–
터키	85.4	14.6	80.4	19.6
영국	84.0	16.0	56.9	43.1
미국	92.0	8.0	37.8	62.2
OECD 평균	90.6	9.4	69.7	30.3

자료: OECD, 2015.

고려하면, 수도권 대학, 노동시장에 과잉 공급되지 않았거나 정원 조정을 통해 공급을 통제하고 있는 특정 계열(의약학·법학·교육대학), 정부의 집중지원 대학(과학기술대학이나 특수목적대학, 경찰대학 등)을 중심으로 체계화해온 경향이 존재한다(장수명, 2002; 이주호·김선웅·김승보, 2003; 장수명, 2006). 선행 연구들에 따르면, 중상층 계층의 자녀들이 사교육과 문화자본 등을 통하여 좋은 고등학교와 서열이 높은 대학이나 계열에 입학하고 노동시장에서 보다 높은 성과를 올리고 있다. 하지만 한국의 명문대학 졸업자를 주로 고용하는 대기업과 한국기업 전반의 경쟁력과 비교우위에 그들이 어떤 역할을 하는지 분명하게 밝혀진 바가 없으며, 이 체제가 기업의 전략에 어떻게 영향을 미치는지 역시 불분명하다. 만약 이 체제가 경쟁력이 높은 일반숙련을 지닌 노동자를 일부 기업을 중심으로 공급하고 이들을 통해 경쟁력을 확보한다면 그 경쟁전략에는 엘리트 대학 졸업생의 숙련이 기여할 가능성이 있지만, 그렇다고 하더라도 이는 대안을 찾아야 하는 사회적 과제로 인식되고 있다.

4. 소결: '개천에서 용 나는' 사회에서 '수저계급' 사회로

한 사회의 교육체계와 제도는 개인들과 계층들의 기회균등과 노동시장 성과와 고용·임금·소득 등 사회적 불평등에 영향을 미친다. 한국 15세 아동들의 높은 PISA 학업성취도나 높은 평등 수준, 그리고 높은 고등교육 취학률은 한국의 교육경쟁력 지수를 높이고 교육평등의 수준을 높이고 있다. 하지만 앞서 복지체제와 생산체제론의 관점에서 살펴본 바와 같이 학업성취도나 높은 교육수준이 경제성장과 반드시 연계되거나(Bils and Klenow, 2000) 경제발전 수준과 일치하는 것은 아니며 높은 수준의 교육평등이 고용·임금·소득 등의 사회적 평등의 결과로 반드시 연계되지도 않는다(Andres and Pechar, 2013). 교육훈련 및 숙련체제의 내용과 이 체제가 다른 복지체제 및 생산체제와 연계된 맥락과 형태가 더 중요하다.

한국의 교육체제는 공공투자 및 사적 투자를 통해 영유아 보육부터 고등교육까지 급속하게 확대되어왔다. 한국사회에서 교육을 통한 세대 간의 계층이동은 고도의 경제성장 과정에서 매우 활발했고(박병영 외, 2008; 2009; 2010; 강신욱 외, 2010) 현재도 미국과 영국에 비해서는 교육을 통한 계층이동이 더 활발하다는 연구도 있다(김희삼, 2009). 이 과정에서 고등학교 단계의 직업교육·훈련과 대기업 중심의 직업훈련제도도 큰 기능을 했고 대학 졸업은 계층 상승의 중요한 사다리였다. 고도성장 시기에 한국사회는 한마디로 말해 '개천에서 용이 많이 나는' 사회였다.

하지만 이 글에서 살펴본 바와 같이, 영유아교육은 사립체제에 대한 의존성과 차별성이 크고, 고등학교 단계의 직업교육훈련에 대한 기업체의 협력 기피와 공공투자 부족으로 직업교육훈련이 고등교육에 대한 매력적 대안이 되지 못하여 중등교육 또한 크게 위축된 채 사부담 위주의 대학 및 전문대학 진학을 위한 한 경로가 되고 있다. 사회경제적으로 중하계층에 매우 불리한 교육체제이다. 대기업(또는 우수한 중소기업)의 자체 훈련을 통한 기업특수적 숙련을 받는 고졸이나 전문대졸 노동자들이 직업교육·훈련의 혜택을 받는데 이는 소수일 가능성이 높다. 한국은 이례적으로 높은 고등교육 취학률을 유지하고 있지만, 높은 학비의 사립학교와 사적 재원이 중심이 되고 수도권과 특정 계열 위주로 체계적으로 서열화된 고등교육체제는 중하계층에 절대적으로 불리하다. 이런 점은 대기업 일부의 기업특수적 숙련과 대학 졸업장의 명성으로 대표되는 일반적 숙련이 기업과 산업의 경쟁전략의 근거이자 비교우위의 기반으로 나타날 것으로 보인다. 특히 정규직과 비정규직의 임금격차가 큰 내부자 중심의 보수주의적 복지체제가 자유주의적 시장경쟁으로 이루어지는 교육체제와 연계되면서 빈약한 사회복지 지출은 우리 사회를 대학입시를 정점으로 하는 교육경쟁과 안정된 정규직을 향한 취업경쟁 사회로 만들었다.

따라서 이 경쟁에서 유리한 고지를 차지하기 위한 사교육투자는 매우 중요한 사회경제적 의미를 갖는다. 〈표 11-8〉을 보면 2014년 현재 사교육기관인 학원은 총 7만 8,483개 기관이 존재하며 수강자는 총 1,000만 명을 넘어서고 있으며 강사 수는 27만 9,211명이고 직원 수가 5만 4,065명이다. 학교교과 교습학원이 대부분을 차지하고 있지만 6,946개의 평생교육·직업학원이 있고 각종 수강자가 이를 통하여 공무원시험을 준비하거나 평생학습을 받거나 자격증을 따고 있다. 특히 통계에 잡히지 않는 고액의 사적 과외와 강사들이 다수 존재하는 회색시장이 있다. 이처럼 사적으로 부담하면서 공교육기관이 아닌 영리기관에서 투입되고 그 혜택도 사적으로 가져가며, 중상층 위주로 지출되는 사교육비의 규모가 매우 크다. 초중등 사교육비만 2009년, 2010년, 2011년 20조 원을 넘었고, 2015년에는 학령인구 감소 등으로 약 18조 원으로 줄었다(통계청 보도자료, 2016. 2. 26). 2014년 초·중등 교육재정의

<표 11-8> 영리 사교육기관(2014,5)

구분	학원 수	수강자 수	강사 수	직원 수
총계	78,483	10,332,974	279,211	54,065
학교교과 교습학원	71,537	8,845,790	243,671	45,061
입시검정 및 보습	39,076	4,826,962	139,412	22,138
국제화	7,355	1,351,077	35,887	9,127
예능	19,432	1,438,440	39,237	8,604
특수교육	20	1,358	119	30
종합	3,148	1,046,561	23,171	2,954
기타	2,506	181,392	5,845	2,208
평생교육 · 직업학원	6,946	1,487,184	35,540	9,004
직업기술	4,064	549,593	16,157	4,568
국제화	542	190,980	6,279	1,248
인문사회	567	448,604	4,286	1,250
기예	1,236	92,794	3,704	942
종합	537	205,213	5,114	996

자료: 한국교육개발원

세입예산이 약 40조 원임을 고려하면 이는 매우 높은 수준이다. 이뿐만 아니라 정확한 통계로 잡히고 있지 않은 재수생의 교육비, 대학생들의 해외연수, 영어교육 등의 취업 사교육비, 기타 졸업생들의 취업 사교육 시장에서의 사교육비를 고려하면 그 규모는 방대하다. 또 사교육에 투자해야 하는 시간도 길다. 이를 중하층이 감당하고 경쟁에서 살아남기가 쉽지 않다.

고입 및 대입 경쟁과 취업경쟁에서 사회문화자본까지 겸비한 중상층이 사교육투자의 중심에 있기 때문에 낮은 소득의 중하층이 사교육과 사적 고등학교 및 고등교육 투자로 계층이동할 가능성이 매우 낮아졌다고 볼 수 있다. 장수명 · 한치록 · 여유진(2016)은 과외금지 기간 중에 계층이동이 가장 활발했으나 이후 변화했을 가능성을 제기하고 있다. 즉 고등학교 단계의 교육비에 대한 부담, 기능하지 못하거나 부실한 직업계열 고등학교의 교육훈련, 사립학교, 사부담과 서열화가 특징인 고등교육체제, 이를 지원하는 사교육비가 교육영역에서 한국사회를 긴 양육기간 동안 자신을 먹여온 수저의 종류에 따라 계층과 계급이 구분되는 수저계급 사회로 이동시키고 있다(여유진·정해식, 2015).

5. 맺음말: 개혁의 방향과 과제

한국 교육훈련체제는 몇 가지 특징을 갖고 있다. 첫째, 한국의 교육체제는 자유주의 시장경제보다 더 강한 시장원리와 경쟁이 중심으로 작동한다. 영유아 유치원의 사립학교 비율, 교육비 부담, 매우 낮은 중등단계 직업교육의 비율과 기업 및 노동조합의 낮은 수준의 참여, 고등학교 단계의 높은 학비, 개인 부담으로 이루어지는 사립 위주의 고등교육 등에서 그 특징이 잘 드러난다.

둘째, 노동시장과의 연계와 사회적 협치(조정) 구조가 전혀 존재하지 않는다. 우선 기업·산업의 경쟁전략과 비교우위와 숙련활용전략의 연계성이 분명하지 않다. 양재진(2004)은 1970년 중반 이후 대기업이 내부노동시장을 형성하면서 숙련노동이 심화되고 그에 따라 대기업들은 기업특수적 숙련으로 품질경쟁을 한다고 보았다. 한편 장홍근 외(2009)는 한국기업들이 가진 지배적 숙련이 일반과 기업특수적 숙련이지만 숙련 수준이 낮아 시장경쟁 전략을 가격경쟁력 중심으로 하고 숙련형성에 소극적이며 연구개발 중심의 혁신전략을 갖는 것으로 파악하고 있다. 숙련개발기제 또한 학교, 기업, 훈련시설로 분산되어 있다고 보고 있다. 개별 기업 내부의 제한적 사례를 예외로 하면, 이처럼 기업들이 연합하여 숙련형성에 참여하는 경우는 거의 없다. 여유진 외 (2014)는 한국은 '후발추격형 발전국가'로서 조립형 산업화를 경험한 나라로 기술과 숙련이 분리되는 특성을 갖고 있어 노동이 배제되고, 요소비용을 절약하기 위해 비정규직 활용과 장시간 노동을 선호하는 생산체제가 되었으며, 기업들은 순차적인 기술학습을 생략하고 기술을 통한 모듈화는 현장노동자의 숙련을 낮게 평가한다고 밝히고 있다.

특히 고등교육에서 교육과 노동시장의 숙련수요를 연계하여 국가, 교육기관들, 기업들(이익단체들)을 연계 조정하는 사례는 몇 가지 예(의약학 분야와 초등학교 교사 교육)를 제외하면 거의 없는데 이는 중등학교 교육 분야별 교사 양성의 사례에서 극명하게 드러난다. 대학의 교육계열 졸업자의 2014년 취업률은 52.9%로 계열 중에서 가장 낮은데 이는 교육대학 졸업생의 높은 취업률이 포함된 것을 고려하면 심각한 수준이다. 한유경 외(2011)에 따르면, 전국 공립학교 중등교사 모집 정원이 2,402명인데 7만 624명이 지원하여 29.4의 경쟁률을 보였다. 국가 차원에서 학생 수와 교사 1인당 학생 수 등 수요를 고려하여 교사 정원을 사회적으로 조정할 수 있을 텐데도 교사 교육에 대한 선택, 교사 임용 시험에 대한 합격 등이 모두 개인에게 맡겨진 '각자 도생'의 상태이다.

셋째, 고성장 시대의 마감과 함께 남부유럽의 복지체제와 유사한 노동시장의 특성들, 예컨대 낮은 고용률과 임금노동자 비율, 비자발적 시간제근로자와 자영업자의 높은 비중, 정규직과 비정규직으로 나뉘고 대기업과 중소기업으로 나뉘는, 임금노동의 '내부자와 외부자 간의 분단된 이중구조'(여유진 외 2014) 등으로 인해 노동시장 진입경쟁이 치열하며, 이는 서열 우위를 차지하려는 치열한 교육경쟁을 일으키고 있으며, 고등교육 확대를 통한 교육수준 평등화가 노동시장 평등으로 이어지지 못했다.

넷째, 한국의 사회복지 수준도 상대적으로 낮아 자유주의적 특성을 갖고 있는데 이는 이 장에서 분석한 교육훈련체제의 자유주의적 특성과 매우 일치한다. 교육과 사회보호가 상호보완적이지 대체적이지 않음을 알 수 있다. 복지의 전반적 확대와 함께 교육체제 개혁이 요구되는 이유이다. 교육기회의 기계적 균등이나 교육수준의 평등이 사회복지의 평등을 가져다주지 않는다는 점은 교육체제 개혁에서 매우 중요하다. 높은 고등교육 취학률을 의도적으로 낮출 필요는 없지만, 숙련형성과 노동시장의 성과를 확보할 대안을 확대하는 정책이 필요하다.

교육체제의 개혁방향과 대안적 방안은 무엇인가? 첫째는 생애 초기조건의 상향평등화이다. 에스핑-앤더슨(2014)은 사민주의체제가 유일하게 기회의 구조를 평등화했다고 주장한다. 그에 따르면, 이는 특권계급의 이익을 침해하지 않으면서 노동자계급의 상향이동 가능성을 높이는 '하층의 상류화(bottom-up)' 전략으로 이루어졌다. 모든 교육기회의 평등과 함께 양질의 교육을 추구했던 이들 북유럽도 종합 학교교육 개혁만으로는 충분하지 않았고 하층계층 아동들의 초기 열악한 물적여건(빈곤)과 빈약한 인지적·문화적 자극이 계층이동에 장애가 되는 것을, 여성고용 확대와 아동수당 그리고 고품질의 영유아보호와 교육 제공으로 극복하였다(Esping-Anderson, 2014).

둘째, 후기 중등의 직업훈련에 충분한 투자와 효과적인 운영모델 개발을 통하여 양질의 교육훈련을 받을 기회를 지역별로 균등하게 제공해야 할 것이다. 이 경로가 학업성적이 중하위권인 학생들에게 고등교육에 대한 실질적 대안 경로가 되도록 질적으로 충실해야 하며, 직업계열 고등학교는 오랜 제조업 산업화 과정에서 발달했던 낡은 모형을 탈피해서 새로운 모형을 적극적으로 실험해야 한다. 현재 실험 중인 마이스터고와 산학일체형 도제학교 모형이나 각종 학교 형태로 일반계 고등학교 학생들의 직업훈련을 담당하는 유연한 산업정보학교 모형에 긍정적 성과가 있다면 면밀한 평가를 바탕으로 이를 적극 확대해야 한다.

셋째, 부실한 고등교육을 협력적인 민주적 합의를 통하여 대폭적으로 정리하고 지역별로 양질의 균등한 국·공립형 고등교육체제를 발전시켜 고등교육의 서열화와 높은 사부담과 고비용의 사립학교 체계가 계층화의 기제가 되는 것을 가능한 한 줄여야 한다. 지역 산업별 인적자본과 숙련형성체제가 형성되어 중견·중소기업들이 숙련 경쟁력에 기초한 경쟁전략을 수립하여 비교우위를 갖추도록 해야 한다(여유진 외, 2014).

넷째, 둘째와 셋째 대안과 정책이 충실하게 진행될 수 있도록 하려면 중앙정부와 지방자치단체가 적극적인 역할을 수행하여 학교와 대학의 공급과 노동시장의 수요를 우선 조정해야 한다. 이와 함께 정부와 지자체는 경제적 불평등과 고용불안 등으로 어려움에 직면한 시민을 대변하는 시민사회와 더불어 미발전한 산업별 전국적 노동조합(또는 이익단체)과 사용자단체의 숙련형성체제에 관심을 갖고 공유자원으로서의 숙련형성의 조정자 역할을 수행해야 한다.

마지막으로, 노동시장의 유동화와 내부화가 양극화로 귀결된다는 점을 고려하여 고용형태에 따른 차이를 가능한 한 축소하는 방식 곧 민주주의 보편 원칙을 적용하는 방식으로 복지체제를 진행시켜야 한다. 이는 높은 조세부담을 가져올 수 있지만, 교육 측면에서 사교육비 공급과 수요를 위한 자원을 급격히 축소시키고 공교육 품질을 획기적으로 개선시키는 자원을 만들 수 있다.

한국의 교육·숙련체제는 복지체제, 노동시장의 구조, 생산체제와의 조정 없이 분리되어 진행되고 있고 이 특징이 현재의 교육숙련체제를 강화하는 순환효과를 낳고 있다. 이처럼 분리된 체제가 자유주의 시장경제와 복지체제의 한 특징이기도 하지만, 한국의 산업화 과정과 구조조정 과정에 개입한 정부의 역할과 이에 따라 발생하는 사회적 과제를 고려할 때 정부와 시민사회와 기업의 조정이 필요할 수 있다. 마틴 (Martin, 2005)이 지적한 바와 같이 조정시장경제에서 자유시장경제로의 이행의 용이성과 역으로의 이행의 어려움이 있지만, 시장 특성이 강한 한국의 교육체제는 정부의 강한 역할이 존재해야 할 필요성이 있고 이를 위해 교육에 대한 시민의 높은 관심을 정치적으로 동력화하는 노력이 절실하게 요구된다.

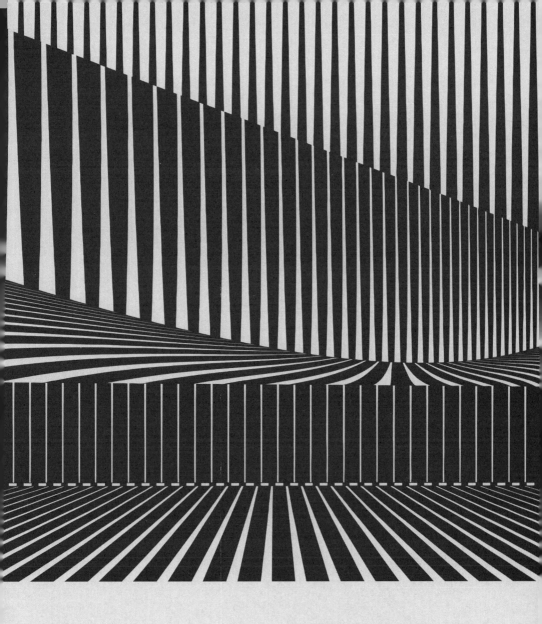

중점 주제 연구 　4부

12. 한국경제와 사회적 경제

정건화

1. 머리말

대한민국은 위기다. 고도성장의 축제는 끝이 났으며 기존 방식대로라면 국민 대다수에게 안정된 일자리를 제공할 수 없다. 인구 감소와 고령화도 너무나 명확한 추세다. 더 큰 문제는 그것이 전국에 고르게 적용되지 않는다는 점이다. 일부 지역은 젊어지고 인구도 증가하고 있지만, 다른 일부 지역은 늙고 소멸된다. …… 이혼율, 자살률, 노인빈곤율 등 불행지표는 세계 최고 수준이다. 그리고 불행은 계층 간 고정되며 세대 간 대물림된다. 요즘 흔히 말하는 '헬조선'인 것이다. 이러한 곳에서 사회갈등은 극에 달한다. 민주적 관용, 약자에 대한 배려, 이성적 토론은 사라진다(김종걸, 2015a).

위 인용이 과장된 것은 아니다. 이미 우리 사회는 사회불평등이 세대에 걸쳐 재생산되는 사회구조가 굳어지고 있다는 주장이 제기된 지 오래이며(황규성, 2012), 고용위기와 사회양극화에 대한 발본적 해법의 제시가 절박한 상황이다. 심각한 청년실업 문제와 함께 900만 명에 육박하는 비정규직 인구, 1,200조 원을 넘어 GDP 규모에 맞먹는 가계부채, 지난 5년간 매년 10%p 이상 늘어나면서 전체 자영업자의 절반 이상(57%)을 차지한 50대 이상 중고령 자영업자층과 이들의 빈곤(50대 이상 자영업자의 절반 이상이 월수입 100만 원 이하의 소득)으로 2015년 현재 여러 민생 경제지표에는 빨간 경고등이 켜져 있다.

정도의 차이는 있지만 심화되는 고용위기와 사회불평등 문제는 비단 우리 사회에서만 아니라 글로벌 자본주의 사회 전체에서 나타나고 있는 문제이기도 하다. OECD 국가 소속 인구 중 거의 3분의 1의 사람들이 실업 상태에 있고 고용 문제가 초래하는 사회불평등의 심화를 해결하겠다고 공언하며 집권한 많은 정부가 있었으나 성과는 미미하다(Uluorta, 2009). 국제노동기구(ILO)의 보고에 따르면 2012년 구직 중인 실업자가 전 세계 총 2억 200만 명에 이르며, 통계에 잡히지 않는 자발적 실업자나 잠재 실업자, 반실업 상태의 근로자까지 합치면 실업의 고통은 이보다 서너 배에 달하는 사람들을 위협하고 있다. 이른바 '괜찮은 일자리(decent job)'의 감소에 따른 고용구조의 양극화는 소득분배를 악화하고 사회불평등을 심화하는 중요한 계기로 작용한다. 이처럼 저고용과 긴밀히 연관된 사회불평등은 글로벌 자본주의 사회를 위협하는 심각한 사회적 위험임이 점점 드러나고 있는 것이다.

사회적 경제가 주목받고 있는 배경에는 이러한 사회경제적 상황이 자리잡고 있다. 사회적 경제 조직이 고용을 창출하거나 유지하는 데 기여한다는 점에서 고용 문제에 관심이 큰 ILO가 사회적 경제에 큰 관심을 보이고 있고 UN은 2012년을 세계협동조합의 해로 정하여 세계경제의 불안정성과 고용위기가 심화되는 상황에서 사회적 경제에 대한 지원과 제도 마련에 적극적인 관심과 지원을 쏟을 것을 권유하였다. 우리나라에서도 협동조합, 사회적 기업, 마을기업 등 다양한 사회적 경제 조직들과 그에 관한 제도 및 정책들이 제정되어 시행되고 있고(2007년 사회적기업육성법, 2012년 협동조합기본법) 광역 및 기초 지방자치단체 차원에서도 사회적 경제 활성화를 위한 활발한 지원이 이루어지고 있다.

이 글은 우리나라의 사회적 경제 현황을 살펴보고 그 의의와 발전의 조건을 검토하는 것을 목적으로 한다. 특히 한국사회에서 사회적 경제가 지니는 의미와 가능성을 살펴보고 사회적 경제의 발전을 위한 과제를 탐색할 것이다. 글의 순서는 다음과 같다. 먼저, 1절에 이어 2절에서는 사회적 경제의 가능성과 의의를 살펴보고 한국경제에서 새로운 경제발전 경로의 필요성을 다룬다. 3절에서는 우리나라 사회적 경제의 출현과 유형, 규모를 살펴보고 성과를 점검한다. 4절에서는 우리나라의 사회적 경제 관련 정책을 개괄적으로 평가하고 과제를 제시한다.

2. 사회적 경제의 가능성과 의의

사회적 경제의 현실적 규모나 상대적으로 제한적인 작동 영역을 볼 때 다소 이른 감이 있지만, 사회적 경제는 새로운 경제모델로 평가된다. ILO는 경제적 활력과 함께 지역발전과 사회적 연대라는 사회적 가치를 동시에 추구하는 사회적 경제를 '생태적·사회적·공동체적 목표가 하나로 수렴되는 지속가능한 사회발전모델'로 설정한 바 있다(ILO, 2011). 여기에서 사회적 경제가 주목받는 것은 사회적 경제가 지닌 다양한 '참여적 특성들' 때문이다. 즉 거버넌스, 파트너십, 공동생산(co-production), 협력적 건설(co-construction), 네트워킹 등의 특성을 통해 한 사회는 노동, 돌봄, 보건 및 의료, 교육 및 문화, 주택, 환경 등 지역사회 구성원들의 지속가능한 생활(sustainable livelihood)을 '지역(local)'이라는 정치·경제·사회문화적 요소가 통합되어 있는 공간에서 풀뿌리 생활정치와 사회적 경제를 통해 통합적이고 전체적으로 실현하게 되는 것이다(Bouchard, 2013).

사회적 경제를 바탕으로 한 사회발전은 소수 비주류 급진적 경제학자의 머리나 가슴속에 간직된 이상으로만 머물고 있는 것은 아니고 앞에서 언급한 대로 유럽과 북미 사회에서는 사회적 경제 영역이 꾸준히 발전하고 있고 특히 고용창출과 고령화 등에 대응하는 사회적 서비스 영역에서는 분명한 성과를 거두고 있다. 그러나 사회적 경제가 발달한 유럽 나라들에서조차 사회적 경제가 차지하는 비중이 전체 경제의 5~10% 수준임을 고려하면 글로벌 경쟁과 초국적 거대기업이 주도하는 현실경제에서 사회적 경제가 사회나 경제 전체에 미치는 영향은 여전히 미약하다고 할 수 있다.

　그러하기에 지역에 기반하여 사회적 경제를 중심으로 그리는 새로운 경제 구상은 비현실적인 것으로 보일 수 있다. 또 자본주의 시장경제에 비해 그 비중과 역할이 현저히 작으므로 사회적 경제가 새로운 경제모델의 지위에 오를 수 있는가에 대해서 의문이 제기될 수 있고, 실제로 사회적 경제는 한 사회의 지배적 경제가 아닌, 잔여적인 범주 이상이 될 수 없다고 보는 견해가 다수이다.

　캐나다 퀘벡의 사회적 경제를 사회혁신의 관점에서 분석한 마리 부샤드(Marie J. Bouchard)는 사회적 경제가 자본주의나 사회주의에 대한 포괄적이고 일반적인 대안이라기보다 '생산, 소비, 분배, 지역경제(고용)'에 관한 '대안적 실천을 실험하는 새로운 실험의 장'이라고 부른다. 그녀는 "사회적 경제의 고유한 한계는 사회적 경제가 뿌리 깊은 현재 시스템을 스스로 변화시킬 수 없다는 점이지만 이 실험실적 대안이 광범하게 된다면 자본주의를 변화시키고 공공영역에서 민주주의 심화가 가능하게 될 것"이라고 말한다(Bouchard, 2013, 274~275쪽). 그녀에 따르면 지역을 기반으로 한 사회적 경제 중심의 경제발전모델은 앞으로도 상당 기간 실험실적 대안에 머물 테지만 궁극적으로 사회적 경제가 단지 시장과 국가 사이의 잔여공간을 점하는 것이 아니라 이들을 아우르고 통합하는 경향을 만들어낼 것으로 전망된다.

이러한 전망은 현실적인 흐름과 경향을 지니고 있다. 사회적 경제가 비단 몇몇 특정한 분야에 한정되지 않고 앞으로 더 확산될 것으로 전망되는 이유는 현대사회의 네트워크화 경향 혹은 전통적인 조직, 경계의 해체 경향이다. 기업과 비기업, 시장과 공공영역, 개인과 조직 등의 경계가 해체되는 현상인 네트워크 경제(network economy) 추세가 뚜렷해지면서 전통적인 비영리영역과 시장영역의 구분이 모호해지는 것도 사회적 경제 형태와 영역의 추세적 성장을 뒷받침한다(김석현, 2012). 오늘날 사회가 과거와 달리 국가가 직접적 규율 기능을 갖고 일방적 의사결정을 하는 것이 아니라 이해당사자(조직 또는 개인들)의 네트워크와 상호작용하면서 의견수렴과 의사결정 그리고 실행이 이루어지는 네트워크 거버넌스(network governance) 방식으로 작동한다면 시민사회의 공동선에 대한 인식과 민주적 역량은 더욱 중요해지며, 사회적 경제는 그것을 강화하는 경제모델이다.

부샤드도 지적하는 것처럼 사회적 경제가 대안적 경제모델로 주목받는 이유는 국가와 시장 사이에서의 양자택일적 선택이 답이 될 수 없다는 것이 점차 분명해지는 현실과 관련된다. 사회적 경제가 만병통치약은 아니지만 새로운 대안적 해법으로 주목받는 것이며 그런 점에서 그 현실에서의 규모보다는 제도 측면의 영향, 나아가 새로운 대안적 경제시스템에 대한 기대와 상상력에 기인하는 바 크다고 할 수 있다. 2009년 2월 유럽연합 의회에서 압도적 다수의 찬성으로 채택된 「사회적 경제에 대한 결의」에서 "현재와 같은 위기 상황은 새로운 경제적·사회적 모델을 요구"하며 "사회적 경제는 산업민주주의와 경제민주주의를 강화하는 데 가치의 측면과 실제 성과의 양면에서 매우 중요하다"(정태인·이수연, 2013)라고 한 것도 그러한 기대와 관련된다. 또 앞서 언급한 대로 UN에서 사회적 경제에 대한 관심과 지원을 표명한 것도 사회적 경제가 지닌 문제 해결 능력, 공동체(community)의 복원과 지역재생, 그리고 공공성 존중과 민주주의 심화에 기여하는 사회적 경제의 역할에 주목한 것이라 할 수 있다.

우리 사회에서도 새로운 경제발전모델의 필요성이 제기되고 있다. "한국경제의 성공신화를 이룩했던 발전전략은 이제 더이상 유효하지 않으며 새로운 전략을 찾아야 하고 그 경로는 보다 많은 사람에게 더 많은 혜택이 돌아가는 경로가 되어야 한다"라는 경고는 급진적인 진보 경제학자의 주장이 아니라 글로벌 컨설팅 기업의 진단이다. 2013년 국제 컨설팅 기업 맥킨지가 발간한 보고서의 제목은 '한국, 새로운 성장 공식이 필요하다(Beyond Korean style: Shaping a new growth formula)'였다. 한국 대기업들의 부채와 생산성 감소 문제를 지적한 1998년 보고서에 이은 한국에 관한 두 번째 보고서 말미에서 맥킨지는 새로운 경제모델이 필요한 이유로 지금과 같은 성장방식으로는 한국사회가 직면한 인구변동 상황(턱없이 부족한 인구 증가와 유례없는 고령화)과 심화되는 사회 불평등에 따른 소비침체–성장침체의 악순환을 벗어날 수 없다는 점을 들었다(McKinsey Global Institute, 2013).

기존 경제발전전략이 초래한 결과로서 현재 한국사회가 직면한 사회경제적 위기 양상과 이를 해결하기 위한 새로운 경제모델의 필요성은 보수 정당 대표의 국회 연설에서도 분명하게 표현된 바 있다.

이제 새누리당은 보수의 새로운 지평을 열고자 합니다. 심각한 양극화 때문에 대한민국이라는 공동체는 갈수록 내부로부터의 붕괴 위험이 커지고 있습니다. 공동체를 지키는 것은 건전한 보수당의 책무입니다. 외부의 위협으로부터 국가안보를 지키는 것이 보수의 책무이듯, 내부의 붕괴 위험으로부터 공동체를 지키는 것도 보수의 책무입니다. …… 양극화 해소라는 시대적 과제를 해결함에 있어서는 여와 야가 따로 있을 수 없다고 생각합니다. 어제의 새누리당이 경제성장과 자유시장경제에 치우친 정당이었다면 오늘의 이 변화를 통하여 내일의 새누리당은 …… 자유시장경제와 한국 자본주의의 결함을 고쳐 한국 경제체제의 역사적 진화를 위해 노력하는 정당이 되겠습니다(유승민 당시 새누리당 원내대표의 교섭단체 대표 국회 연설, 2015. 4. 8).

고용위기와 양극화에 따른 사회적 위험이 심화되는 한국사회는 경제시스템의 변화가 시급하다. 경제시스템은 단순히 성장동력이나 경기침체, 내수부족 등 경제 영역을 넘어 개인과 사회의 유지에 필수적 요소들인 개인의 자유와 책임, 공공성과 공동체, 풀뿌리 시민사회, 생활정치와 대의제 정당정치 등 개인과 사회의 총체적인 행위양식 및 작동방식과 연관되어 있다. 이는 협소한 분과학문적 시야에 갇혀 있는 경제학자가 아니라면 당연한 상식에 속할 테지만 그동안 우리 사회의 경제민주주의 논의에서는 아쉽게도 이에 대한 고려가 부족했다.

그러므로 이후 모색되는 새로운 경제모델은 사회적 불평등, 지역간 격차, 사회적 배제와 빈곤 문제 등 오늘날 우리가 직면한 심각한 문제들을 해결하는 데 직접적으로 기여해야 한다. 새로운 경제의 필요성은 비단 한국사회에만 해당하는 과제는 아니다. 세계은행(IBRD) 부총재를 지낸 경제학자 조지프 스티글리츠(J. Stiglitz)가 미국사회를 대상으로 시장시스템의 작동 결과로 발생하는 사회적 불평등과 격차, 배제 등의 현상은 경제영역에 한정되지 않고 정치·사회시스템의 위기로 진전되며 그것은 곧 '민주주의의 위기'를 초래하게 될 것임을 경고한 것도 같은 맥락이다.[1]

---

1. 조지프 스티글리츠는 『불평등의 대가: 분열된 사회는 왜 위험한가』라는 저서에서 현재 미국사회에서 나타난 사회불평등 심화의 심각성은 경제 영역에 한정되지 않고 그동안 사회를 지탱해온 민주주의적 제도와 시스템을 해체시키는 데 있다고 경고하고 인종이나 이념을 매개로 하여 극단주의적 성향

우리가 공동선(common good)을 원리로 하는 사회적 경제에 주목하는 이유가 바로 여기에 있다. 사회적 경제는 개인의 자존(self-reliance)과 자조(self-help), 공동체(community)의 복원과 지역재생, 그리고 공공성 증진과 민주주의 심화에 기여하므로 공정함(fairness)과 사회적 정의(social justice)를 지향하는 대안적 경제모델이 적극적으로 고려하는 가치를 그 작동원리 속에 지니고 있다. 그러므로 민주주의에 기여하는 경제, 책임 있는 개인과 공동체의 발전을 지탱할 경제를 모색한다면 사회적 경제가 대안적 경제발전모델로서 조건과 자격을 갖추고 있다. 성숙한 시민사회, 민주적 거버넌스에 대한 비전 없이 시장의 '보이지 않는 손'이나 거대 중앙정부의 '보이는 손'의 역할에만 집착하는 논의가 경제 민주화와 대안적 경제모델을 구상하는 논의로 크게 부족한 이유도 여기에 있다.

앞에서 인용한 보수 정당 대표의 국회 연설에서도 사회적 경제는 우리 사회를 포함한 현대 자본주의 사회가 직면한 중요한 문제를 해결하는 데 필요한 '자본주의의 역사적 진화의 산물'로 인식되고 있다.

최근 많은 국민들께서 사회적 경제에 주목하고 있습니다. 복지와 일자리에 도움을 주며 양극화 해소와 건강한 지역공동체의 형성에 도움을 주는 협동조합, 사회적 기업, 자활기업, 마을기업, 농어촌공동체회사 등 사회적 경제 조직들이 빠른 속도로 증가하고 있습니다. 그 영역도 돌봄, 보육, 교육, 병원, 신용, 도시락, 반찬가게, 동네슈퍼 등 매우 다양하게 나타나고 있습니다.

사회적 경제는 국가도, 시장도 아닌 제3의 영역에서 사회적 가치를 추구

이 출현하는 것이 그 조짐이라고 우려한다(Stiglitz, 2012). 2016년 미국 대선에서 나타난 이른바 '트럼프 현상'을 예견한 듯한 우려이다.

하는 경제활동으로서, 복지와 일자리에 도움이 되는 자본주의 경제체제의 역사적 진화라고 생각합니다. 우리보다 훨씬 앞서 자본주의와 시장경제를 해왔던 선진국들도 사회적 경제가 발달하고 있습니다. …… 사회적 경제를 건강하게 발전시키는 일은 여야 모두의 책임입니다. 우리 19대 국회가 사회적경제기본법을 제정하여 한국 자본주의의 역사적 진화에 기여할 수 있기를 기대합니다(유승민 당시 새누리당 원내대표의 교섭단체 대표 국회 연설, 2015. 4. 8).

한편 새로운 발전모델에는 국민경제라는 일반론과 추상공간에서는 잘 포착되지 않는 지역경제(local economy) 발전의 원리와 경로가 포함되어야 한다. 한국경제에서 심각한 지역불균형과 수도권 집중은 과거 경제성장 과정의 결과일 뿐만 아니라 지금도 지속되고 심화되는 문제이다. 충남발전연구원이 지역경제를 분석한 결과는[2] 대기업 중심의 성장전략이 규모와 정도의 차이는 있지만 지역 간 격차에 이어 지역 내 불균등 발전과 지역 내 격차를 심화시키는 결과를 가져온다는 사실을 확인해준다.[3]

2. 한국은행 대전충남본부 발표 자료에 따르면 2010년 충남 지역내총생산(GRDP) 성장률은 평균 9.2%로 높은 편이지만 소득의 역외유출 규모가 24조 원으로 GRDP(74.4조 원) 대비 32%이다. 역외유출의 증가 속도는 더 심각해 2000년 이후 매년 36%씩 증가하고 있다. 대형 유통업체들의 매출대금 역외유출은 이미 심각한 사회문제가 되었고 전국에서 소득 역외유출이 가장 심한 지역(충남)에 대기업 생산 공장이 가장 많이 소재(272개)하고 있다는 사실에서, 대기업 유치가 지역경제의 대안이라 하기에는 소득 역외유출이라는 심각한 한계를 지닌다는 점을 확인할 수 있다. 그러므로 지역에 기반을 둔 중소기업 육성을 통해 소득과 일자리가 지역 내에서 순환하게 하는 대안적 경제모델은 이제 선택의 문제가 아니라 지역의 생존에 필수적인 과제이다(충남발전연구원, 2014).
3. "[충남은] 전국의 타 자치단체가 부러워할 정도로 급격한 성장을 이룩하였지만 북부권의 성장 과실이 나머지 지역으로 확산되지 못해 충남도민 전체의 삶의 질 향상으로 연결되지 못하고 여전히 나머지 지역은 낙후 지역에서 탈피하지 못하고 있는 실정이다. 충남도 내 많은 시군들의 저출산, 고령화 추이를 고려해본다면 앞으로도 나머지 지역의 삶의 질이 획기적으로 높아질 가능성은 그리 높지 않다. 충남도의 지역별 성장패턴을 고려해볼 때 북부권의 성장모델이 나머지 지역에 유용하지 않을뿐더러 북부권과 같은 성장모델을 고집할 경우 외부에 대한 의존 정도가 심화되어 지역경제는 오히려 피

알려진 대로 사회적 경제는 건강한 지역공동체의 지속가능성을 높인다는 점에서 커다란 장점을 갖고 있다(OECD, 2013). 지역사회 발전의 동력과 자산을 내부에서 구하고 그 주체로서 지역 구성원의 역량을 강화시켜 지역발전을 모색하는 일종의 '내생적 발전전략'은 분명 특정한 지역 중심의 산업단지 전략, 특정한 산업 중심의 선별적 산업정책을 특징으로 하는 기존의 한국경제의 불균등 발전전략과는 구분되며, 그 중심에 사회적 경제가 있다. 그리고 지역사회, 지역경제를 활성화하는 다양한 공공투자, 조세 및 기타 재정수단을 통한 공공정책의 사례, 지역공동체에 기반하여 민주적으로 통제되는 지역의 다양한 경제조직의 사례 등을 보면 적정한 정책적 지원과 제도가 뒷받침되기만 한다면 사회적 경제 영역이 국민경제의 중요한 구성요소로 성장, 발전할 수 있음을 알 수 있다(Zamagni, and Zamagni, 2012; Williamson, Imbroscio and Alperovitz, 2002).[4]

오늘의 한국경제는 구조적으로 저성장 국면에 진입했고 고용위기와 사회불평등에 따른 내수부진과 가계부채로 인한 소비위축-경기침체 악순환의 덫에 걸려 있다. 4차 산업혁명이 운위되고 있고 특히 제조업의 고용탄력성이 매우 낮은 현실에서 국가의 정책수단을 통해 대기업이나 제조업 분야 정규직 중심의 '양질의 일자리' 창출은 그 한계가 분명하다. 더욱이 이제 중고령 베이비부머들이 대규모로 정규직 노동시장에서 배제되어 나오면서 기존 자영업 직종은 이미 포화 상태를 지나 '창업자들의 무덤'이 되고 있다.

한국경제는 이러한 악순환으로부터 벗어날 출구전략을 모색하지

폐화될 가능성도 예상할 수 있다"(충남발전연구원, 2013).
4. 이들 사례에는 협동조합 외에도 지역회사(community owned corporations), 비영리기업(non-profit corporations), 공동체토지신탁(community land trusts), CSA(community supported agriculture) 등 매우 다양한 경제조직 형태가 있다(Williamson, Imbroscio and Alperovitz, 2011).

않을 수 없는 상황이며 지역을 기반으로 함으로써 지역주민의 삶의 질 향상과 지역고용 창출에 기여하는 사회적 경제의 성장과 발전이 한국 사회의 새로운 발전경로 모색에서 중요하게 고려되어야 하는 이유도 여기에 있다. 이제는 지역에 눈을 돌리고 사회적 경제에 기반한 다양한 일자리가 창출되어야 하며 다양한 지역사회 네트워크에 기반한 지역형 비즈니스 활성화가 활발하게 시도되어야 할 때이다.[5] 사회적 경제의 핵심인 협동조합은 지역에 뿌리를 두고 있으며 주민들에게도 잘 알려진 조직이어서 지역자원의 활용이 용이하여 지역공동체 활성화 사업의 주체가 될 수 있다. 더욱이 협동조합이 성장하면서 그 특징인 수평적·수직적 통합과 네트워킹을 활용한다면 지역의 소규모 경제단위를 넘어 상위의 중앙조직이나 국가적·세계적 조직과 연대하여 효과적으로 해결하는 것도 가능할 것이다.

3. 한국의 사회적 경제 현황

1) 사회적 경제의 출현과 성장

우리나라에서 사회적 기업과 협동조합으로 대표되는 사회적 경제는 1990년대 후반 IMF 경제위기 이후 실업과 빈곤 해결을 위한 시민사

---

5. 예를 들면 2010년 주민 70명이 출자해서 재단법인으로 출발한 전북의 완주커뮤니티비즈니스센터는 2013년 현재 130개가 넘는 마을공동체사업이 진행 중인데 1,000명이 일하는 1개 회사가 아니라 10명이 일하는 100개 회사 설립을 목표로 한다. 또 강원도 원주의 협동사회경제네트워크는 2011년 기준 금융·소비자조합·의료서비스·보육과 교육서비스·로컬푸드·사회복지 등의 분야에 총자산이 2,000억 원 투입되었으며, 19개 회원단체가 속해 있으며 신협과 생협이 공동으로 출자한 의료생협도 설립하여 지역의 의료복지 서비스와 지역민을 위한 일자리를 제공하고 있다(희망제작소, 2013a). 이들 사례가 한국경제 전체의 대안이 되기에는 분명 턱없이 작은 지역의 사례이지만 얼마든지 다른 지역으로 확장이 가능하다는 점에서 주목되어야 할 것이다.

회의 노력에 정부의 공공정책이 결합한 결과 본격적 관심의 대상이 되었다. 그러나 협동조합이나 사회적 기업으로 대표되는 한국의 사회적 경제 부문은 이후 제도적 기반이 조성되고 양적 성장을 이루었다. 한편 사회적 경제의 핵심을 이루는 협동조합의 역사를 보면 1960년대 신협 운동과 정부 주도의 협동조합 육성(농협, 수협, 신협, 새마을금고, 중소기업협 동조합 등)으로 거슬러 올라가며 1990년대 들어 유기농식품, 육아, 의료 등을 위한 생활협동조합 운동이 전개된 바탕 위에서 1998년 소비자생 활협동조합법이 제정된 전사(前史)가 있다.

1960년대 이후 30여 년 협동조합의 설립과 운영이 국가 주도로 진행되면서 이 시기 설립된 협동조합들은 준(準)정부조직으로 인식되었 고 그 외 부분적으로 소수 지식인 중심의 결사체적 운동으로 전개된 협동조합 운동이 있었으나 사회 전반으로부터 주목을 받지는 못했다. 이 처럼 정부의 강력한 통제를 받으며 준정부기구처럼 존재해온 협동조합 에서 변화가 나타나기 시작한 것은 1980년대 말이다. 당시 정치민주화 분위기에 힘입어 정부의 후견을 벗어나려는 노력이 시작되기는 했으 나, 여전히 협동조합 조직은 공기업 모델이나 전통적 은행 모델의 영향 을 강하게 받으며 관료적인 협동조합 모델을 구현하고 있는 것이 현실 이다(Bidet, 2016). 그런 점에서 농협 등 정부 주도로 설립된 다수의 협 동조합이 사회적 경제 조직으로서 역할을 하려면 자체 개혁을 통해 협 동조합으로서의 자기정체성을 확립하는 과제가 선행되어야 한다(전국 금융산업노동조합, 2011).[6]

한편 최근 들어 기존 개별 법하의 대표 조직인 농협의 변화를 위한 농협법 개정에 대한 논의가 활발하게 이루어지고 있다. 농협법은 그

---

6. 이런 상황을 고려해 이 글에서는 기존 개별 법하의 협동조합과 사회적경제기본법 제정(2012년 말) 이후 설립되는 협동조합을 구분하고 기본법 제정 이후 시기를 중심으로 사회적 경제의 흐름을 다룬다.

동안 몇 차례 개정되었으나 큰 틀에서의 변화는 이명박 정부 시절인 2011년 3월 31일 공포되어 2012년 3월 2일부터 시행된 '농업협동조합법 일부개정 법률안'에서 이루어졌다. 그 핵심은 농협중앙회 차원에서의 신용사업과 경제사업의 분리로서 농업협동조합법 개정안은 1중앙회와 2지주회사(경제지주, 금융지주) 체제를 확정해 농협경제지주회사와 농협금융지주회사로 사업구조를 이원화하는 것이다. 또 2016년 5월 정부는 다시 농업협동조합법 개정안을 입법예고했으나 개혁의 대상인 중앙회 경영진 주도로 단행되고 농협 개혁의 주체인 조합원이 배제된 채 진행된다는 점에서 농협의 협동조합 기능 회복을 위한 개혁과는 그 간격이 매우 크다.[7]

한편 기존에 설립된 협동조합 조직 중 우리 사회의 사회적 경제의 발전 가능성과 관련해 주목되는 것은 소비자생활협동조합(이하 '생협')이다. 생협은 우리나라의 협동조합이 기존 개별 법하에서의 협동조합 이미지를 벗는 데 결정적 역할을 했으며 기존의 협동조합 모델과는 다른 비전을 제시하고 실행함으로써 사회적 경제의 가능성을 최초로 보여주었다.

생협의 기원은 빈곤층의 필요에 부응하면서 민주주의와 참여의 원

---

7. 협동조합으로서 농협의 변화를 위한 개혁과제는 농협법 개정과 농협중앙회 사업구조의 재편, 중앙회 경영진 개편 등이 필수적이다. "근본적으로 농민 조합원의 이익을 우선하는 구체적이고 실질적인 아래로부터의 농협 개혁안이 먼저 마련될 필요가 있다. …… 협동조합임에도 수익성을 우선하는 경영 평가, 조합원 배당보다 임직원 성과급을 우선 챙기는 경영 방식, 임직원 비리가 만연된 비민주적인 사업현장 등이 '협동조합 아닌 협동조합', '한국형 농협'의 현주소다. 대부분 조합원은 주로 아래에 있고 위에 있지 않기 때문이다"(정기석, 2014b). 정부가 입법예고한 개정안에도 농협의 협동조합으로서의 의의 회복을 위한 긍정적 시도가 없는 것은 아니다. 예컨대 조합을 경제사업 이용 조합원 중심으로 정예화하고 조합 임원은 판매사업 이용 실적을 보유하도록 규정하는 내용이 그것이다. 현재 조합원들 중 본인이 생산한 농산물을 조합을 통해 판매하지 않거나 조합의 구매사업도 이용하지 않는 경우가 많아 농협이 '생산자협동조합'으로서의 역할을 제대로 수행하지 못하는 현실이다. 실제로 2014년 기준 경제사업을 이용하지 않는 조합원이 45만 명으로 전체 조합원 다섯 명 중 한 명 꼴(19.1%)이고 판매사업(조합으로 농축산물 출하 등)을 이용하지 않는 조합원은 172만 5,000명으로 73.4%에 달한다(뉴시스, 2016. 5. 23).

〈표 12-1〉 한국의 생협 단체 현황

(단위: 개, 명, 억 원, %)

구분		아이쿱생협 사업연합회	한살림 생협연합회	두레 생협연합회	행복중심 생협연합회	합계
회원 조합수(개)	2012년	74	20	27	5	126
	2013년	77	21	28	10	136
성장률(%)		4.0	5.0	4.0	100.0	5.6
조합원 수(명)	2012년	170,127	346,500	127,380	27,159	671,116
	2013년	194,856	410,211	142,016	30,170	777,253
성장률(%)		14.5	18.4	11.5	11.1	15.8
매출 (억 원)	2012년	3,449	923	923	167	7,102
	2013년	4,279	1,015	1,015	170	8,570
성장률(%)		24.1	10.0	10.0	1.6	20.7

자료: 아이쿱, 2014 GSEF 발표문.

칙을 통해 사회정의를 실현하려는 목표를 지닌 사회운동적 캠페인이었다. 1960년대 원주를 중심으로 한 초기 협동조합 사상가들의 의식과 실천은 이후 1980년대 중반 환경문제와 지역사회에 대한 관심, 농촌(생산자)과 도시(소비자)의 협력과 연대 등을 지향한 한살림운동으로 구체화되었고 이후 최초의 생협인 한살림공동체소비자협동조합의 설립(1986)으로 이어졌다(한살림, 2016). 1990년대 후반에는 지역생협들이 연합회를 결성하여 아이쿱(1998)과 두레생협연합회(2007)가 연달아 설립되는 한편 생협은 빠른 성장을 거듭해 2013년 말 현재 조합원 수 92만 명, 매출액 1조 원을 기록했고 한살림·아이쿱·두레·행복중심 등 4대 생협의 2013년 총매출이나 조합원 수의 증가율은 20% 수준에 달한다(〈표 12-1〉 참조).

이처럼 생협은 소비자생활협동조합법 제정을 통해 법적 지위를 갖게 되었지만 그 바탕은 민간영역에서의 자발적 생활협동조합 운동이었다. 그런 점에서 생협은 이후 사회적 경제 영역의 질적·양적 발전에 기여할 수 있는 잠재적 자산이자 거점이 될 것으로 기대된다. 생협 발전의 이러한 성과는 협동조합 이미지를 긍정적으로 바꾸는 데 크게 기여했을 뿐만 아니라 유기농업에 기반한 안전한 먹거리, 도농 직거래, 학교 급식, 소생산자의 보존과 전환 등의 영역에서 이윤 추구 기업 외에 대안적 기업모델이 존재 가능함을 보여주는 것이기도 하다.[8]

2) 사회적 경제의 규모와 유형

한국의 사회적 경제 조직이라 하면 정부의 정책과 직접적 연계를 갖는 단위로는 협동조합, 사회적 기업, 마을기업, 자활기업 등을 들 수 있지만(〈표 12-2〉 참조), 포괄적으로는 사회적 가치 실현을 목적으로 하는 기업 및 비영리법인 또는 비영리 민간단체까지 포함하는 것이 사회적 경제의 의의에 더 부합한다.[9]

한국의 사회적 경제는 빠르게 성장하고 있다. 대표적으로 서울의 경우 최근 3~4년 사이 사회적 경제 기업생태계 조성을 본격 추진하면서 사회적 경제 조직의 규모나 매출, 고용 면에서 주목할 만한 성과를 거두고 있다. 즉 2012년 말 819개였던 사회적 경제 조직은 2016년 7월 말 현재 3,318개로 4.1배 늘어났고(협동조합은 16개에서 2,541개로 증가), 사회적 경제 조직의 매출은 같은 기간 6,870억 원에서 지난해 1조 4,600억 원 규모로 2.1배 증가했으며, 고용은 9,300명에서 1만

---

8. 그 외 의료협동조합(건강협동조합)의 경험은 소비협동조합의 독특한 형태로서 중요한 역할을 담당하였으며 이후 사회적기업육성법(2007) 제정에 중요한 참고가 되었다.
9. 2014년 제정된 서울시의 사회적 경제 기본 조례가 중증장애인 생산품 생산시설, 공유경제, 공정무역 등을 포함시키는 이유도 여기에 있다(서울시 사회적경제지원센터, 2014). 그렇지만 비영리부문에서 활동하는 다양한 사회적 경제 조직들을 통계적으로 파악하기란 현실적으로 매우 어렵다. 더욱이 법적 근거를 갖고 설립·운영되는 사회적 기업, 협동조합 등의 사회적 경제 조직과 같은 수준에서 비교하는 것은 여러 면에서 부적절하다. 이 글에서는 자료의 한계와 지면의 부족으로 사회적 경제 주체(조직)로서 주로 협동조합과 사회적 기업에 초점을 맞추기로 한다.

정책	주관	특성	현황*
사회적 기업	고용노동부	• 2007년 사회적 기업 육성을 위한 특별법 제정 • 취약계층에 대한 일자리 해결과 사회서비스 공급 확대 방안으로 시작 • 인증 사회적 기업과 예비 사회적 기업으로 구분	인증기업 1,382개 (2015. 8)
협동조합	기획재정부	• 2012년 협동조합기본법 제정 • 자립과 자율에 기초한 취약계층 일자리창출과 사회서비스 확대 방안 • 일반 협동조합과 사회적 협동조합으로 구분	7,977개 (2015. 8)
마을기업	안전행정부	• 안전정부 주도 커뮤니티 비즈니스 사업 • 2009년 희망근로사업에서 출발, 지역공동체사업을 통해 2011년 마을기업으로 발전	인가 마을기업 787개
자활공동체	보건복지부	• 취약계층 자립 목적, 1970년대 빈민운동이 효시 • 1999년 국민기초생활보장법 제정으로 법제화	인증 자활기업 1,340개
커뮤니티 비즈니스	지식경제부	• 지역공동체를 기반으로 지역공동체 활성화 목표 • 영국에서는 사회적 기업의 비즈니스 모델	–
농어촌 공동체회사	농축산 식품부	• 농림축산식품부 주도의 커뮤니티 비즈니스 사업 • 지역주민이나 귀농-귀촌인력 중심으로 발전	인가 공동체 720개
마을만들기	국토해양부, 서울시 등	• 1990년대 중반 도시연대에서 출발한 주민참여형 지역개발 모형 • 국토해양부 '살고 싶은 도시만들기', 안행부 '그린마을', 지식경제부 '그린 빌리지' 등 다양한 사업 전개 • 서울시에서는 2012년 마을만들기종합지원센터를 설립해 25개 자치구 단위에서 활발한 사업 전개(임의단체에서 추진해오다 협동조합 등 법인격 취득 경향)	–

주: 현황의 수치는 별도 표시가 없는 한 2014년 7월 기준.

7,400명으로 1.8배 늘었다.

그러나 한국의 사회적 경제의 규모는 2013년 기준으로 대략 GDP 대비 0.04% 수준에 불과한 것으로 추정된다(희망제작소, 2013a). 우리나라 전체 사회적 경제 조직의 약 30%가 소재하고 있고 시민 참여가 활

국가(도시)명	면적(km²)	인구(만 명)	GRDP 비중(%)	주요 업종	대표 사례
스페인 바스크 주	7,234	21	7	금융, 제조, 유통, 교육	몬드라곤 협동조합
이탈리아 볼로냐	140	37	45	금융, 사회서비스	돌봄서비스 사회적 협동조합 카디아이
캐나다 퀘벡 주	150,000	790	8~10	금융, 보육, 주거, 환경	데자르뎅
서울	605	1,000	0.21(추산)	유통, 제조, 도소매	소비자생협

자료: 서울시 경제진흥본부(2015. 12)를 토대로 재작성.

발하며 지자체도 관심을 갖고 체계적 지원을 하고 있는 서울시의 사회적 경제 규모는 그보다 높은 0.21%(매출 규모 6,869억 원)로 추산되지만 (서울시 경제진흥본부, 2015), 그 규모가 7~45%에 이르는 유럽이나 북미의 도시나 지역과 비교하면 몹시 낮은 수준이다(〈표 12-3〉 참조).[10]

그렇지만 농협이나 수협, 신협 등 기존 개별 법에 근거해 설립된 협동조합들을 사회적 경제의 규모 추산에 포함시키면 사회적 경제의 스케일은 달라진다. 2011년 10월 세계협동조합연맹(ICA ; International Co-operative Alliance)이 발표한 「글로벌 협동조합 300」 보고서에 따르면 세계 매출 상위 300개 협동조합 매출액 중 각국별 협동조합의 비중을 순위에 따라 나타낸 〈표 12-4〉에서 우리나라는 28.4%를 기록한 프랑스, 16%의 미국, 7.9%의 일본 등에는 미치지 못하지만 2.9%를 차지한 이탈리아에 이어 열 번째이기도 하다. 또한 〈표 12-5〉에서 보듯 우

---

10. 서울시는 2013년부터 2016년 7월 말 사이 발표된 각종 통계와 자료가 담긴 보고서를 분석해 이 기간 중 사회적 경제의 성과를 작성했다(『경향신문』, 2016. 8. 21). 한편 서울시의 자체 평가에 따르면 투입 재정 대비 취약계층 일자리·사회 서비스 가치창출 규모를 측정한 사회적 성과지수는 12.9로 투입한 재정의 12.9배 성과를 거둔 것으로 나타났다.

〈표 12-4〉 매출액 기준 주요 300대 협동조합 기업들의 국가별 비중

순위	국가명	비중(%)
1	프랑스	28.4
2	미국	16.0
3	독일	13.9
4	일본	7.9
5	네덜란드	7.6
6	영국	3.9
7	스위스	3.5
8	핀란드	2.9
9	이탈리아	2.9
10	한국	2.0
11	캐나다	1.7

주: 공제조합, 협회 및 재단 포함(이탈리아는 협동조합 수에 공제조합 포함).

자료: 아이쿱, 2014 GSEF 발표문.

〈표 12-5〉 한국의 협동조합 현황(2013년 말 기준)

	조합원 수(명)	조합수(개)	매출 또는 자산(억 원)	비고
농업협동조합	2,401,928	1,157	1,110,383	(2014년 8월 말 기준)
수산업협동조합	158,311	92	312,885	
산용협동조합	5,819,000	942	566,684	
새마을금고	17,590,000	1,402	1,108,100	
산림협동조합	491,000	142	2,431	(2012년 기준), 매출
엽연초생산협동조합	–	15	–	
중소기업협동조합	670,872	966	–	(2014년 9월 기준)
소비자생활협동조합	921,476	185	10,330	매출
협동조합기본법 협동조합	–	3,003	–	(2013년 11월 말 기준)
계	28,052,587	7,904	3,110,813	

주: 아이쿱, 한살림, 두레, 행복중심 생협, 대학생협연합회 집계 자료만 포함.

자료: http://www.thenews.coop/49090/news/general/view-top-300-co-operatives-aroune-world/.

리나라는 조합원 수 2,800만여 명, 자산(혹은 매출액) 약 311조 원, 조합 수 7,900여 개에 달하여[11] 협동조합이 상당히 발전한 나라이다.

이처럼 우리나라 협동조합의 두 모습은 우리나라의 사회적 경제의 역사적 특성을 잘 보여주는 동시에 현 단계에서 사회적 경제가 지닌 분명한 과제를 드러내준다.[12]

사회적기업육성법이나 협동조합기본법 등 최근의 사회적 경제 조직에 대한 제도 시행 이후 사회적 경제의 규모와 실태는 사회적 경제 조직의 구성이 다양하고 관련 정책이 정부의 여러 부처로 나뉘어 있어 통합적인 규모 추정과 실태 파악이 어렵다. 사회적 경제 영역 전체를 조망하고 제도와 정책적 지원을 통합적으로 시행하는 것은 더욱 어려운 가운데 광역 지자체 차원에서 사회적 경제에 대한 통합적 실태조사를 시행한 몇몇 지역의 사례를 통해 개괄적이나마 세부 내용을 살펴보면 다음과 같다.

먼저 수적으로는 협동조합이 가장 활발하게 설립되고 있음이 확인된다. 우리나라 전체 사회적 경제 조직의 30% 정도가 소재한 서울의 경우 협동조합 2,468개, 사회적 기업 444개, 마을기업 108개, 자활기업 199개 등 총 3,300여 단위의 사회적 경제 조직이 운영되고 있고 (2016년 6월 기준) 협동조합의 양적 증가가 두드러진다(〈표 12-6〉 참조).

---

11. 그 구성을 보면 조합원과 자산(혹은 매출)이 3개 기관, 즉 새마을금고(1,800만여 명, 약 110조 원)와 신용협동조합(581만여 명, 약 57조 원) 그리고 농협(240만여 명, 약 111조 원)이 대부분을 차지하는데 이들 기관의 조합원들 절대 다수는 여타 시중 금융기관에서 금융거래 계좌를 개설하는 수준 이상으로 참여하고 있지 않다는 점에서 협동조합 조합원 수를 기준으로 하는 사회적 경제 규모 산정에 커다란 왜곡을 일으킨다. 한편 농협이나 수협은 준조합원제도가 있다. 농협의 경우 준조합원제도를 활용하여 조합원을 비약적으로 증대시켰다. 농협의 준조합원 수는 1997년 484만 명에서 2012년 1,591만 명으로 증가했고 그 과정에서 조합원 수 역시 1997년 195만 명에서 2012년 244만 명으로 증가했다(이건범, 2014).
12. 그런 점을 고려해 이 글에서는 협동조합기본법 제정을 기준으로 기본법 제정 이전과 이후로 구분해 협동조합의 규모와 비중을 검토하며, 주된 논의는 기본법 제정 이후에 초점을 맞출 것이다.

〈표 12-6〉 서울 소재 사회적 경제 기업 현황

(단위: 개)

연도	총계	사회적 기업				마을기업	협동조합	자활기업
		소계	인증	예비	서울형			
2011	730	480	147	6	327	67	–	183
2012	815	533	169	72	292	76	15	191
2013	1,637	433	212	101	120	107	967	180
2014	2,363	370	225	145	–	119	1,695	179
2015. 11.	2,889	407	247	160	–	119	2,202	161
2016. 6.	3,219	444				108	2,468	199

자료: 서울시 경제진흥본부, 2015. 12; 서울시광역자활지원센터, 2016; 『서울신문』, 2016. 6. 21을 기초로 작성.

〈표 12-7〉 경기도의 사회적 경제 조직 유형 분포

(단위: %, 개)

구분	사회적 협동조합	일반협동조합	사회적 기업	예비 사회적 기업	마을기업	계
경기도	22	340	131	240	148	(881)
사회적 기업	(일자리제공형)	(사회서비스)	(혼합형)	(지역사회공헌형)	(기타)	계
전국	59.9	7.6	17.5	0.7	14.3	(407)
경기도	68.5	6.3	15.3	0.0	9.9	(118)

자료: 경기개발연구원, 2014, 〈표 16〉과 〈표 18〉을 토대로 재작성.

경기도에서도 2013년 말 기준으로는 사회적 기업 수가 협동조합 수보다 약간 많았지만 이후 협동조합이 빠르게 증가하여 사회적 경제 조직을 대표하게 된다. 즉 경기도는 2013년 10월 기준 900여 개 사회적 경제 조직이 운영되고 있었고 그중 사회적 기업은 371개(인증 131개, 예비 사회적 기업 240개), 협동조합 362개(일반 협동조합 340개, 사회적 협동조합 22개), 마을기업 148개의 구성을 보였다. 그러다가 2014년 12월 기준 협동조합은 총 994개로 불과 1년 사이에 약 3배 가까이 증가하였다.

〈표 12-8〉 2011년 충청남도의 사회적 경제 관련 조직 현황

(단위: %, 개)

구분	유형	구성비
장애인보호사업장	공공지원형 일자리 사업	1.0
노인생산공동체		16.2
노동부 사회적 일자리 사업단		0.0
보건복지부 자활공동체	공공지원형 사회적 기업	5.4
노동부 사회적 기업		1.1
행안부 자립형 공동체사업(마을기업)		2.1
지식경제부 커뮤니티 비즈니스		0.0
농식품부 농어촌 공동체 회사		0.1
노동자협동조합	사회적 경제 조직	0.0
소비자생활협동조합		1.1
지역 농협		28.3
수협		0.5
산림조합		1.2
신협		7.0
새마을금고		4.1
사회적 기업, 마을기업 희망 업체		7.7
시민단체(서비스공급형)		23.9
대안금융기관	민간지원기관	0.2
	총계(개수)	1,504

자료: 임준홍·김양중, 2011.

사회적 경제 조직의 현황을 보여주는 것으로 충청남도 자료(2011)가 있는데, 비록 시기적으로 조금 지나간 자료이기는 하지만 농협 등을 포함하면서 좀더 포괄적인 현황을 보여준다. 여기서 사회적 경제의 유형은 사회적 기업 132개(인증 17개, 예비 111개), 자활공동체 81개, 마을기업 32개, 지역농협 426개, 신협 105개, 새마을금고 62개 등 기존 개

별 법하 협동조합 조직이 전체의 38.4%를 차지하는 가운데 총 1,500여 개의 사회적 경제 조직이 존재한다(임준홍·김양중, 2011). 한편 협동조합 기본법이 시행된 2013년 이후 2014년 8월 말까지 설립된 협동조합은 239개, 인증 사회적 기업은 57개로 늘어나 충남에서도 협동조합과 사회적 기업의 빠른 증가세를 확인할 수 있다(한겨레경제사회연구원, 2015; 한국보건사회연구원, 2015).

충남의 지표에서 알 수 있듯 앞에서 언급한 우리나라 협동조합 규모에 대한 이중성을 반영하는 지역농협의 존재가 두드러져 사회적 경제에 대한 정책에서 기존 개별 법이 적용되는 조직들의 존재와 역할에 대한 고려가 필요함을 확인하게 된다. 특히 농촌 지역에서 지역 내 연대의 연결망을 구축할 때 가장 중요한 조직은 단연 농협이나 신협이고 이들은 막대한 자본, 인력, 조직망을 갖추고 있다.[13] 2014년 4월 개장한 완주 용진농협의 로컬푸드 직매장 성공 사례는 마을기업, 커뮤니티 비즈니스 등 마을공동체사업을 활성화하는 데 자본력과 경영 능력을 갖춘 지역농협의 적극적 참여가 중요한 역할을 할 수 있음을 보여준다.[14]

사회적 경제 구성에서 사회적 기업 중 일자리제공형이 가장 큰 비중을 차지하고 지역사회 공헌형은 거의 찾아보기 어려운 것이 뚜렷이 확인된다. 경기도의 경우 일자리제공형이 68.5%, 사회서비스 제공형 6.3%, 혼합형 15.3%이며 이러한 양상은 서울이나 다른 지역에서도 크게 다르지 않을 것이다(〈표 12-7〉 참조). 이는 한편으로 아직 사회적 경제

---

13. 농협은 일선 조합 출자금 5조 7,000억 원, 자기자본 15조 9,000억 원, 농협중앙회의 총자산 189조 원에 달하는 막대한 자원을 보유하고 있다(정기석, 2014b).
14. 2013년 농식품부가 발표한 농업·농촌 및 식품 산업 발전계획에는 '한국형 로컬푸드 모델'이 포함되었으며 농협중앙회에서는 2016년까지 농어촌 중심지 및 인근 소비지에 로컬푸드숍 100개를 개설하고 로컬푸드 인증제를 도입하겠다는 발표를 한 바 있다. 농협 로컬푸드 직매장은 2012년 3개소를 시작으로 2015년 말 75개소로 확대되었고 2016년 6월 현재 82개소가 개설되었다(농협 보도자료, 2016. 6. 16).

가 성장의 초기 단계에 있음을 보여주는 동시에 지역사회와 지역경제에 뿌리내린 사회적 경제의 생태계가 만들어지는 것이 요원한 과제임을 말해준다.

그렇지만 인증제도로 인해 정부의 사회정책의 틀에 크게 의존하게되는 사회적 기업의 경우 초기 사회복지, 가사 및 간병, 돌봄, 청소, 재활용 등 정부 주도의 복지 분야 사회적 기업이 대거 인증되었다가 최근들어 환경(주거복지 포함), 문화, 예술, 교육, 관광 등 좀더 다양한 영역으로 확산되고 있는 것은 새로운 가능성을 보여준다. 더욱이 고용노동부가 인증하는 사회적 기업 수보다 지자체에서 선정하고 지원하는 (예비) 사회적 기업의 수가 많은 것은 지역 단위에서 지자체와 지역사회가 사회적 경제 조직에 관심을 보이고 있음을 반영하는 것이라 할 수 있다.

사회적 경제 조직의 규모와 유형을 살펴본 바를 요약하면 현재 사회적 경제는 정체성 확립의 과제를 지닌, 개별 법하의 협동조합들이 존재하던 상황에서 사회적 기업 정책을 통해 (인증 및 예비) 사회적 기업들이 출현했고 2013년 이후로는 협동조합들이 빠른 속도로 설립되는 추세라 할 수 있다. 이 또한 새로운 사회적 경제 조직의 출현은 여전히 정부의 강한 주도성이 반영된 결과임을 보여준다.

3) 사회적 경제의 성과 평가

협동조합은 활발한 양적 증가와는 달리 그 성과는 아직 뚜렷하게확인되지 않은 채 사회적 기업 부문이 우위를 점하고 있다. 사회적 경제 기업들의 매출액 기준 구성을 보면 서울의 경우 인증 사회적 기업의 비중이 전체의 절반 이상을 차지하고 협동조합, 예비 사회적 기업, 마을기업의 순이다. 협동조합의 경우 협동조합기본법이 제정된 지 1년만인 2013년 말 기준 조사 결과이지만 조직의 숫자에 비해 매출액 규

(단위: 억 원)

합계		인증 사회적 기업*		예비 사회적 기업**		마을기업**		협동조합**	
기업 수	총매출액	기업 수	총매출액	기업 수	총매출액	기업 수	총매출액	기업 수	총매출액
1,508	6,868	212	4,655	221	1,061	108	85	967	1,067

*자료: 2013년 사회적 기업 성과 분석(한국 사회적기업진흥원, 2014. 12).
**자료: 2014년 사회적 경제 실태조사(서울시, 2014. 11).

모는 상대적으로 작다(〈표 12-9〉 참조). 이는 설립 초기 단계에 있는 협동조합들이 제대로 성과를 내는 데는 시간이 필요함을 말해준다. 더불어 정부의 인증 및 지원 정책과 연동되어 설립·운영되는 사회적 기업과 달리 정부나 지자체의 직접적 재정 지원을 받지 않는 데 기인하는 면도 있다고 할 수 있다.

사회적 기업의 경우 2015년 8월 현재 '환경'과 '교육' 그리고 '문화' 분야에 집중되어 있다. 협동조합 역시 '도소매업', '교육서비스업', '농어업 및 임업', '제조업' 등의 업종에 편중되어 있는데 이는 사회적 경제 조직이 정부 주도로 육성되면서 관련 정부 부처의 정책 지원 가이드라인에 맞춰 설립·운영되고 있는 현실을 반영한다.

실제로 사회적 기업은 전체 예산에서 인건비 비중이 70% 이상으로 높고 사회적 기업 유형은 일자리제공형이 압도적으로 높아(70%) 인건비 지원을 통한 일자리창출 사업의 성격이 강하다. 그리고 인증 사회적 기업당 유급 인력은 2011년 15명을 정점으로 하락 추세에 있으며 사회 서비스 수혜자 수도 2012년 980명 수준에서 제자리걸음이다(한겨레사회경제연구원, 2015). 그러므로 공공 영역으로부터의 인건비 지원으로 유지되거나 공공 구매에 의존하는 경향에서 어떻게 자립적으로 민간 시장 영역으로 확대·성장해갈 것인가가 한국의 사회적 기업이 직면한 최대 과제이다(장영희 외, 2013, 28쪽).

(단위: 개, %)

구분		합계	사업자 등록 협동조합									
			사업 중		사업 중단		폐업		매출 없음		사업 준비 중	
			개수	%	개수	%	개수	%	개수	%	개수	%
전체		4,309	2,957	68.6	805	18.7	327	7.6	14	0.3	206	4.8
신고 연도	2012	74	54	73.0	12	16.2	8	10.8	-	-	-	-
	2013	2,306	1,602	69.5	421	18.3	221	9.6	5	0.2	57	2.5
	2014	1,929	1,301	67.4	372	19.3	98	5.1	9	0.5	149	7.7

자료: 한겨레사회경제연구원, 2015에서 재인용.

협동조합의 경우는 설립신고 된 협동조합의 사업 운영률이 2014년 기준으로 67.4% 정도로 시간이 지나도 운영률이 높아지지 않는 반면 폐업률은 그 이전 해보다 오히려 더 높아지고 있는데, 이 역시 협동조합의 설립 이후 생존과 성장에 대한 중요한 과제를 던져준다(〈표 12-10〉 참조). 사회적 협동조합의 비중이 여전히 낮은 상태에 머물고 있는 것 역시 일반 협동조합의 실천을 통해 협동과 연대의 경험과 성과가 축적되지 않은 상태에서는 당연한 결과이다.

이런 점에서 한국의 사회적 경제는 조만간 공공부문의 주도와 지원에 힘입은 도입기를 지나 스스로 생존 가능성을 증명하고 나아가 자신의 능력을 시험해야 하는 과제를 마주하게 될 것이다. 우리 사회 일각에서 보수언론을 중심으로 제기된 이른바 '좀비 협동조합' 문제 제기[15]의 상당 부분은 지역사회를 기반으로 한 사회적 경제의 생태계가 전

---

15. 대표적으로 『한국경제신문』은 2015년 하반기에 정부의 사회적 기업 및 협동조합 지원정책을 비판하는 기사를 집중적으로 게재하기 시작했고 『동아일보』, 『매일경제신문』 등 일부 보수언론들이 사회적 경제 기본법을 반대하는 기사와 사설을 경쟁적으로 다루었다. 한국경제연구원의 보고서(「사회적경제기본법안의 문제점과 허구성」(KERI Insight 보고서, 2015. 7. 30)]는 이들 기사의 논리와 근거

혀 갖추어지지 않은 현실에서 어떠한 정책목표와 평가기준으로 사회적 경제에 관한 정부의 지원정책을 평가할 것인지에 대해 제대로 숙고하지 않은 이념적 편견의 혐의가 짙은 비판이다. 바로 이러한 과제와 연관된다. 그러나 현재 협동조합의 현실은 이러한 이념적 비판과는 정반대 측면에서 생존과 능력을 시험받고 있으며, 그 원인은 좀더 체계적이고 통합적인 초기 지원정책의 부재에서 유래한다고 볼 수 있다.

우선 협동조합은 영리법인이기 때문에 주식회사형 영리법인과의 형평성 문제로 인해 정부 차원에서 직접적 지원이 원천적으로 쉽지 않다. 그뿐 아니라 간접지원 방식으로서 중소기업으로 누리는 세제 혜택, 공공 구매 등을 통한 판로 지원, 사업개발비 지원이나 인큐베이션 등 공모사업 등의 지원은 필요함에도 제대로 시행되지 못하고 있다. 협동조합 정책을 일선에서 집행하고 있는 한국사회적기업진흥원의 공식 해명에 따르면 협동조합에 대한 정부 지원은 일부 언론이 주장한 수천억 원과는 격차가 큰 66억 원(2013년부터 2015년 하반기까지)이었으며 그것도 간접적 지원이었고 사업비나 인건비 같은 직접적 지원은 아니었다(정상철, 2015).[16]

더욱이 협동조합은 시장경제 속에서 작동하는 법인임에도 일반 기업에 비해 많은 불이익을 받고 있다고 할 수 있다. 예를 들면 조합원 출자금은 법적으로는 '자본'이지만(협동조합기본법 18조), 실질적으로는 '부채'로 취급받아 자금조달을 더욱 어렵게 한다. 경영 조직의 기본 권리에 속하는 채권 발행도 협동조합은 불가능하다. 또 다른 나라에서 허용

자료를 제공하는 역할을 했다. 이 보고서와 대표적인 언론 기사들에 대한 세부적인 비판적 검토는 조현경(2015) 및 정상철(2015) 참조.
16. 2014년 한 해 기획재정부의 협동조합 관련 예산은 27억 3,000만 원이었고 중소기업청의 예산은 325억 원이었다. 중소기업 지원 예산의 일부가 소상공인 협동조합을 대상으로 사업비와 공동장비 구입비를 지원하고 있을 뿐이다(김종걸, 2015b).

되는 생활협동조합의 공제사업의 경우 사업 자체는 합법이나(소비자생활협동조합법 제66조) 공정거래위원회가 법 시행을 위한 지침을 마련하지 않아 시행하지 못하고 있으며 일반 구매 생협에서 비조합원의 이용은 엄격히 금지되어 있다(소비자생활협동조합법 제46조).

비영리법인인 사회적 협동조합은 더욱 어려운 상황이다. 사회적 협동조합은 비영리법인이고 중소기업으로 인정받지 못하기 때문에(중소기업기본법 제2조) 은행권 자금 대출에 어려움을 겪고 있으며 일반 중소기업들이 받는 정책자금도 받을 수 없다. 사회적 경제의 가치를 가장 잘 담고 있는 사회적 협동조합이지만 현재 상황은 그 가능성과 의의를 논하기에는 너무나 열악한 상황이라 할 수 있다(김종걸, 2015b; 희망제작소, 2013a).

이처럼 이념적 판단을 우선한 보수언론의 비판과는 별개로 사회적 경제 조직의 생존능력과 자립성 강화는 분명 중요한 과제임에 틀림없고 아직 사회적 경제가 자립성과 시장경쟁력을 갖춘 대안적 경제로 성장하기에는 그 한계가 분명하고 해결해야 할 제도 및 정책적 과제가 산적해 있는 것이다. 이들 과제는 단지 대안적 경제모델로서의 가능성에 머물고 있는 사회적 경제를 현실성을 갖춘 경제모델로 인정받도록 하는 데 결정적 조건이 될 것이다. 사회적 경제에 관심이 많은 SK 등 대기업과의 협력, 기업의 사회적 책임(CSR)과 사회공헌을 사회적 경제에 대한 직간접적 지원과 체계적으로 결합시키기 위한 노력[17]과 사회적 분위기 조성이 필요하다는 제안이 나오는 것도 이런 상황을 타개하기 위

---

17. 우리나라의 경우 사회적 기업에 대한 대기업의 관심이 외국에서처럼 사회적 기업 현장에 있는 모델을 발굴해 기업이 자금만 지원하는 것과 달리 대기업이 직접 참여하고 주도하는 경향이 있어 우려를 낳는다. 지난 2007년 이후 5년간 대기업이 직접 설립한 사회적 기업은 SK 80여 개, 현대자동차 7개, 포스코 4개 등에 이른다(『한겨레』, 2012. 2. 7; 김동렬, 2012). 사회적 경제와 대기업 간 협력의 틀과 방식에 대해서는 쟁점이 많으므로 좀더 논의가 필요하다.

한 고민의 산물이다(박준식, 2016).

4. 한국의 사회적 경제 정책의 특징과 과제

1) 사회적 경제 정책의 국가별 유형

사회적 경제에 대한 나라별 정책의 차이는 그 사회의 역사나 사회 구조와 연관해 몇 가지 유형으로 구분된다. 협동조합에 대한 국가정책의 유형을 분류한 장종익(2014)은 적대적 정책의 좌우 파시즘 국가, 우호적 정책을 시행하는 대부분의 남부유럽 국가, 적극적 지원정책으로 유명한 이탈리아나 캐나다(퀘벡) 그리고 전통적 유형의 협동조합이 발전한 중립적 유형의 북유럽 국가, 마지막으로 통제정책 대부분의 제3세계 국가 유형 등 다섯 가지 유형을 제시한다.

정태인(2013)에서는 국가의 사회복지 지출 수준과 시민사회 내 비영리부문의 발달 수준을 고려해 네 가지 사회적 경제 유형을 도출하고 각각의 유형의 성장요인을 분석한다(〈표 12-11〉 참조). 예컨대 적극적 지원정책을 편 이탈리아는 정부가 협동조합에 우호적인 조세제도와 금융지원, 시장 접근 정책 등을 도입해 협동조합의 성장에 크게 기여했다. 또 복지제도가 발전한 북유럽 국가인 스웨덴의 경우는 협동조합 등 사회적 경제 영역이 작은 반면, 상대적으로 복지제도가 부족한 이탈리아에서 협동조합이 크게 발전한 것은 국가를 대신해 시민사회 영역에서 자구적 노력으로 사회적 경제를 발전시킨 데 따른 것이었다.

우리나라는 장종익(2014)의 유형 분류에서 보자면 제3세계 국가 유형이며 정태인(2013)의 분류에서는 일본 등과 함께 정부의 사회복지 지출도 낮고 비영리부문의 비중도 작은 국가주의 유형에 속한다.

〈표 12-11〉 복지국가 유형과 비영리부문의 규모

정부의 사회복지 지출	비영리부문의 규모	
	적음	많음
낮음	국가주의(statist) : 일본, 중남미 국가	자유주의(liberalist) : 영미형 국가
높음	사회민주주의(social democratic) : 북유럽 국가	조합주의(corporatist) : (남)유럽 국가

자료: 정태인, 2013(Salamon, Sokolowsky, Anheier, 2000, 15쪽 표 3과 18쪽 그림 7을 재구성)

1960~1980년대까지는 국가 주도로 경제성장에 모든 자원이 집중되었고 사회복지의 역할은 1960년대에는 지역사회 공동체가 그리고 1970~1980년대에는 가족이 떠맡았다. 1990년대에는 도시나 농촌을 막론하고 지역공동체가 해체되는 가운데 국민소득은 일정 수준에 이르렀지만 신자유주의 흐름 속에서 사회복지는 여전히 국가의 역할 안으로 쉽게 들어오지 못했다. 협동조합은 국가의 부속기관처럼 존재했고 여타 사회적 경제 영역이 작동하지 않은 채 교육이나 의료복지는 공적 보조금을 받아 시장에서 영리기업에 의해 전달되는 방식으로 수행되어 왔다(정태인, 2013).

변화는 IMF 외환위기를 겪은 1990년대 말부터 나타났다. 국가의 정책적 주도하에 사회적 경제가 빠르게 성장하기 시작한 것이다. 실제로 지난 15년간 중앙정부의 여러 부처들은 마을기업, 사회적 기업, 협동조합 등 여러 사회적 경제의 조직들을 육성하는 정책을 시행했다. 또 지방자치단체(광역 및 기초)들이 조례를 제정하고 예산을 마련해 다양한 지역 현안을 해결하는 데 사회적 경제가 역할을 하는 길을 열었다. 그리고 과거와 달리 중간 지원조직을 설립해 이들 조직이 전면에서 지역사회의 다양한 인적 네트워크와 연결되도록 하였다. 국가가 주도하되 사회적 경제 본래의 가치와 자율성이 부정되었던 과거의 방식과는 분명 다른 접근이 진행되고 있는 것이다. 사회적 경제에 대한 관심과 이들 부문의 성장이 단순히 과거와 같이 국가의 일방적 정책과 자원 동원에 의한 것이 아니라 시민사회 영역에서의 선도적 노력, 호응과 참여 등 쌍방향적 상호작용을 통해 진행되고 있는 것이다.

앞에서 생협의 발달 과정을 살펴보았지만 한국의 사회적 경제의 발전경로를 이분법적으로만 설정할 필요는 없다. 사회적 경제가 국가의 지원에 전적으로 의존하는 것은 분명 사회적 경제의 가치와 역할에 비추어 부적절한 것이지만, 사회적 경제가 국가의 지원 없이 오직 자조와 자립을 통해서만 성장해야 한다는 상정 역시 사회적 경제 현실에 비추어 부적절하다. 같은 맥락에서 사회적 경제의 자립성과 민간주도성이 중요하지만 그렇다고 해서 지난 10여 년간 정부가 주도해온 사회적 경제를 위한 제도 창출과 정책 지원의 성과가 부정되어서는 안 된다. 국가 주도의 경제개발계획을 통한 경제성장의 역사적 경험이 현재 사회적 경제의 존재 조건과 연결되어 있기 때문이다.

이러한 이해를 바탕으로 박준식(2016)은 우리나라 사회적 경제의 유형을 정부 지원형과 시민사회 주도형으로 나누고 각각의 발전이 가능하도록 하자고 제안한다.[18] 그 역시 정부가 주도적 역할을 하고 있어서 사회적 경제의 자립성, 시민사회 주도성 강화가 과제라고 강조하지만 우리 사회에는 두 유형이 존재하고 어느 하나의 유형이 전일적으로 발전하기보다 상호모방과 학습, 경쟁과 협력을 통한 하이브리드(hybrid)화 및 수렴의 경향을 보이며 발전하는 것이 사회적 경제의 생태계 형성

---

18. 박준식(2016)에서는 우리 사회의 사회적 경제에 대한 접근을 시민사회 중심의 사회운동적 관점과 정부의 정책적 관심에 기초한 기능주의적 관점으로 구분한 다음, 이들 두 현실적 접근에 더해 한계에 봉착한 서구 복지국가 시스템에 대한 대안(최근 UN이나 ILO 그리고 서구 정책당국의 관심)이나 한국의 재벌-대기업 중심 경제에 대한 대안을 모색하는 연구자들의 관심이 사회적 경제에 대한 또 하나의 흐름을 만들고 있다고 분석한다.

에 기여할 것이라는 판단인 것이다.[19]

한국사회에서 사회적 경제의 기반이 취약해 당분간 공공부문에 의존할 수밖에 없다면 앞으로도 공공정책의 지원을 통해 사회적 경제가 성장할 수 있는 최선의 경로와 최적의 전략을 찾는 것이 필요하다. 그 작업은 사회적 경제의 새로운 모델을 창조적으로 만드는 것으로, 전략의 핵심은 민간영역에서 사회적 경제의 주체들이 지원정책에 대한 의존에서 벗어나 자립역량과 전문성을 형성시킬 인센티브 구조를 만드는 것, 그리고 공공영역에서는 사회적 경제의 선순환적 생태계를 세심하게 지원하는 행정역량과 거버넌스 경험을 축적하는 데 있다.

2) 사회적 경제 정책의 과제

우리나라에서는 정부가 주도하는 정부 지원사업의 성격이 강하지만 궁극적으로 사회적 경제는 민간영역과 시민사회가 주도하고 민간의 경제주체들의 자생력과 상호협력을 통해 성장해야 한다. 공공부문의 주도는 정치의 개입을 일상화해 사회적 경제에 대한 정책의 일관성과 지속성을 오히려 침해하고 사회적 경제의 국가의존성을 심화시킨다는 문제가 있다. 또한 사회적 경제를 주도하는 정책 담당자들이 사회적 경제의 주체나 중간 지원조직을 준행정조직 정도로 인식하거나 관료주의적 행태로 대한다면 자발성과 창의성에 기반한 성장이나 시민사회의 참여는 기대하기 어렵다. 이에 사회적 경제의 발전과 자립을 위해 사회적 경제 지원정책에서 중요한 중장기적 과제를 제시하면 다음과 같다.

우선 사회적 경제의 가치와 원리에 대한 충분한 자기학습과 이해

---

19. 그는 사회적 경제가 시장에서의 생존능력을 강화하려면 이념과 가치 지향에서 좀더 유연성을 발휘해 미국형 사회적 경제 조직처럼 기업들과의 협력적 발전 경로를 확대해야 한다고 제안한다(박준식, 2016).

가 필요하다. 사회적 기업이나 협동조합이 공유하는 사회적 조직의 중요한 특징이자 장점은 다양한 사회적 이슈를 국가와 시장이라는 이분법을 넘어 사회적 경제 영역에서 협력과 연대의 힘으로 해결하는 것이다. 그러므로 유럽의 협동조합 발전의 동력이 외부 지원을 통해서가 아니라 조합원들의 주도성, 시장에서 이윤기업들과 경쟁하고 생존할 수 있는 내부역량의 축적, 협력과 연대의 기반 위에서 인수와 합병을 통한 규모화에 있었다는 점을 사회적 경제 당사자뿐 아니라 정책 담당자들이 깊이 이해하고 학습할 필요가 있다.

또한 시민사회와의 거버넌스 구축을 위한 체계적 접근과 꾸준한 인적·물적 자원의 축적이 필요하다. 거버넌스의 핵심은 신뢰와 수평적 관계 설정에 기초한 역할 분담과 협력인데, 시민사회와 행정 간의 상호 신뢰가 부족하여 행정과 민간조직 간 관계가 사업 위탁자와 수탁자로만 머문다면 시민사회의 역동성이나 행정의 전문성 그 어느 것도 축적될 수 없다.

둘째로 이러한 원칙에 따라 사회적 경제 주체들의 주도성을 강화하는 세부적 정책설계에서 꼭 필요한 것은 현장 중심으로 창의적이고 문제 해결에 도움이 되는 다양한 교육 프로그램과 이를 뒷받침하는 연구, 교육인력 양성이다. 사회적 경제의 핵심인 협동조합의 경우 그 수준은 조합원의 수준이 결정하며 협동조합 발전은 조합원의 참여 수준에 결정적으로 좌우된다. 결국 협동조합의 미래를 위한 가장 중요한 투자는 '사람에 대한 투자'로 조합원 정예화와 역량 강화, 대의원과 임원의 권리와 책임수준 강화인데, 우리의 협동조합 인식에서는 이 부분이 크게 부족하다.

정부의 협동조합 관련 정책도 기존의 보조금 지원정책과 크게 다르지 않다는 분위기와 기대가 사회적 경제 조직 당사자에게도 존재한다. 이 같은 기대와 오해는 협동조합 발전에 질곡이 될 것이므로 사회적 경제의 성과를 위해서는 사회적 경제의 가치와 취지에 대한 지역사회 및 참여주체들의 이해를 높이고 실질적 지식을 쌓는 데 도움이 되는 교육이 필수적이다. 예컨대 협동조합기본법이 시행되었지만 정부 차원에서 협동조합 사업의 목적과 목표, 조합원의 책임과 의무, 민주적 리더십 등 협동조합의 기본원리와 가치에 대한 교육과 학습 프로그램을 체계적으로 개발해 제공하거나 지원하지 않은 것은 매우 아쉽다.

셋째, 사회적 경제 주체들의 공공부문이나 정책적 지원에 대한 의존성을 줄이고 개별 역량과 시장에서의 생존능력을 키우는 노력을 지원하려면 기존의 투입 위주의 지원정책에서 성과에 기반한 지원정책으로의 전환이 필요하다. 개별 사회적 경제주체들이 생존을 넘어 혁신을 통한 경쟁우위를 갖추기 위한 자기 노력을 촉진하는 정책상의 인센티브가 마련되어야 한다.

그간 사회적 경제에 대한 지원정책의 공통된 특징은 인건비 지원 등 투입을 기준으로 한 지원이었다. 정부 입장에서는 관리의 편의상 측정하기 쉬운 투입 위주의 지원만 시행하는 경향이 있었으나 성과평가를 통해 사회적 경제 주체들의 자발적 혁신의 성과에 대한 보상을 강화할 필요가 있는 것이다. 이는 전문인력과 시간 등 많은 자원과 비용이 필요한 일이며 무엇보다도 성과를 평가하는 객관적 측정기준이 시급히 마련되어야 한다.[20] 더욱이 사회적 경제의 특성상 재무적 가치 외에 사회적 가치를 반영할 수 있는 측정 기준을 만들 필요가 있다.[21] 이처럼

---

20. 현재 민간부문에서 보편화된 재무제표 등 기업회계 시스템도 100여 년이 넘는 오랜 기간 수많은 시행착오를 거쳐 발전해온 것이며, 현재의 회계 기준에서 자산가치를 평가하는 방식도 지난 1970년대 이래 50여 년에 걸쳐 정교해졌기에 사회적 가치에 대한 회계 기준도 앞으로 20~30년 내에 충분히 만족할 만한 수준이 될 수 있다(최태원, 2014).

21. 사회적 기업에 관심을 가진 대기업인 SK그룹 회장 최태원은 사회적 가치에 기반한 인센티브를 제도화할 것을 제안한 바 있다(최태원, 2014). 그는 사회적 가치 측정은 시도하는 것만으로도 변화를 기대할 수 있지만 가치 측정만으로는 해법의 완성도가 떨어지므로 측정 결과와 연계되는 인센티브 제도의 핵심원리로 'SPC(Social Progress Credit)' 개념을 제시했다. 그 목적은 정부나 공공기관이 풀지

사회적 경제 개별 주체들의 경영역량을 평가하는 것은 장기적으로 공공부문으로부터의 정책적 지원을 대신해 금융의 선별 기능이 시장경제에서와 마찬가지로 사회적 경제 영역에서도 작동해 사회적 경제의 자립성을 강화하고, 사회적 경제 조직들 간의 경쟁과 혁신을 이끄는 데 결정적으로 중요한 전제조건이 된다. 그래야만 정책의 성과평가도 가능해져 사회적 경제 지원정책을 둘러싼 불필요한 정치적 혹은 이념적 논란도 줄여줄 것이다.

넷째, 사회적 경제를 지원하고 사회적 금융을 활성화하기 위한 금융 부문의 제도 정비와 확충이 필요하다. 사회적 서비스를 제공하거나 지역경제와 지역혁신에 기여할 수 있는 많은 풀뿌리 사회적 경제 조직은 금융과 신용의 조달에서 결정적 한계를 지니고 있다. 정부는 협동조합의 금융시장 진출을 철저하게 제한하고 있다.[22] 결국 조합원 출자와 협동조합 간 연대를 통한 기금 조성 등과 같이 자체적 해결책을 찾아야 하는 상황인데 이마저 제도적 제한에 가로막혀 쉽지 않아 보인다. 사회적 협동조합의 경우에도 부대사업의 범위 내에서 제한적 규모의 금액만을 대출할 수 있기 때문에 규모가 큰 사회적 협동조합이 아니면 자체적으로 금융사업을 하기 어려운 실정이지만 사회적 협동조합은 이제 막 걸음마 단계이다.

사회적 경제의 발전을 위해서는 실물경제와 짝을 이루는 금융 측면에서의 사회적 금융의 활성화를 위한 기반 조성(기금 조성 등)과 금융 관련 제도변화가 필수적이다. 금융 부문에서 협동조합 설립과 운영을 지

못한 사회적 문제를 혁신적 방법으로 풀어내며 성과를 낸 사회적 기업에 경제적 보상을 하는 것으로, 사회적 기업이 창출하는 사회적 가치를 측정해 그 가치의 일정 비율을 세율과 비슷한 형태로 적용해 정부가 사회적 기업에 유가증권 형태로 지급하자는 제안이다.
22. 1997년 논골신협 이후로 신협 설립허가가 난 적이 없고 협동조합기본법에서는 협동조합의 금융업 진출을 제한하고 있다(김종걸, 2015b).

원할 수 있는 제도가 마련되지 않음으로써 정부 주도의 사회적 경제 정책은 절름발이 신세를 벗어나기 어려우며 사회적 경제 영역의 장기 생존과 지속가능성을 심각하게 위협하고 있다.

아울러 사회적 경제의 특성을 살려 사회적 경제 주체들 간의 자발적 연대와 협력, 혁신을 촉진하는 정책상의 장벽 제거와 인센티브 설계가 필요하다. 이와 관련해 기존의 농협, 신협, 새마을금고 등이 사회적 경제의 '금융생태계' 역할을 할 수 있도록 법적·제도적 보완이 이루어진다면 사회적 금융의 새로운 전기가 마련될 수 있다. 지금으로서는 농협, 신협을 기반으로 협동조합연합회를 구성해 협동조합지원기금을 조성하는 것이 불가능하다. 현재의 협동조합기본법에서는 기본법에 따른 협동조합끼리만 협동조합연합회 결성이 가능하고 개별 법에 따른 농협, 신협 등과는 단지 협의회 수준의 조직을 만들 수 있을 뿐이다. 그 밖에 온·오프라인을 활용한 관계금융 활성화, 크라우드 펀딩(crowd funding)[23], 사회성과연계채권(SIB: Social Impact Bonds)[24], 그 외 사회적 경제를 위한 다양한 자금조달(financing) 사회투자펀드 조성, 사회적 가치투자 제도 시행의 여건을 만드는 것도 매우 중요한 과제이다.[25]

다섯째, 과거 정부 주도로 설립된 협동조합의 개혁과 협동조합으로

---

23. 소셜 펀딩(social funding)으로도 불리며, SNS 등을 통해 다수의 소액기부와 후원을 받는 자금 조달 방식으로 주로 자선활동, 이벤트 개최, 상품 개발 등을 목적으로 자금을 모집한다. 이는 투자 방식 및 목적에 따라 지분투자, 대출, 보상, 후원 등으로 분류할 수 있다. 2011년 기준 전 세계적으로 약 119만 건의 소셜 펀딩 프로젝트가 있었으며 대부분이 영국을 중심으로 한 유럽과 미국에서 진행되었다. 미국은 2012년 4월 신생벤처 활성화법인 '잡스법(JOBS Act)' 제정으로 제도화되었으며 우리나라에서도 '벤처, 창업 생태계 선순환 방안(2013. 5. 15)'의 일환으로 크라우드 펀딩 제도화가 검토되었으나 이후 진전 여부는 확인되지 않는다.
24. 영국에서 2010년부터 시행한 제도로서, 민간의 투자로 공공사업을 수행하고 정부는 성과목표 달성 시 예산을 집행해 투자자에게 상환해주는 제도이다. 사회문제를 해결하기 위한 사업을 기획하고 이 사업을 정부의 공공사업 방식이 아닌 민간의 투자를 받아 진행하고 성과평가를 통해 투자원금에 일정 수익을 더해 투자자에게 상환한다.
25. 이에 대해서는 Shuman(2012) 제7장 참조.

서의 정체성 회복을 위한 제도 개혁 및 정책 시행이 필요하다. 이러한 노력이 부족한 데 따른 사회적 경제 영역에 대한 혼돈된 이미지와 함께 기존 협동조합의 인적·물적 자원이 사회적 경제 영역과 연결되지 못하는 것 역시 사회적 경제의 발전 가능성을 크게 제약하는 요인이다.[26] 실제로 지역 차원에서의 사회적 경제 생태계 형성이나 금융 측면에서의 사회적 금융 활성화 등의 과제는 기존 개별 법하의 협동조합이나 새마을금고, 혹은 마을기업이나 커뮤니티 비즈니스 등 사회적 경제 조직들과의 연계 및 협력의 과제와 맞물려 있는 과제이기도 하다.

농협이나 새마을금고, 신협은 농촌 지역에서 지역 내 네트워크를 통한 협력과 연대에서 중요한 역할을 할 수 있다. 예컨대 마을기업, 커뮤니티 비즈니스 등의 사업에 막대한 자본과 인력과 조직, 경영능력을 갖춘 지역 농협이 참여한다면 성과 면에서 커다란 전기가 될 수 있을 것이다. 이를 위해서는 개별 법하 협동조합에 대한 개혁이 선행되어야 하며 무엇보다도 협동조합의 가치를 재확인해 조합원의 이익을 우선하고 조합원 참여가 보장되는 개혁안의 밑그림이 마련된 상태에서 법 개정과 함께 조직 개편, 인적 쇄신 등이 진행되어야 할 것이다.

여섯째, 사회적 경제와 연관된 정부부처 간에 상충하거나 연계되는 제도나 정책의 보완과 개선이 시급하게 이루어져야 하며 나아가 사회적 경제에 관한 통합적이고 체계적인 정책의 기획 및 실행 시스템이 마련되어야 한다. 이를 통해 담당 부처와 실행 부서, 당사자 및 중간 지원 조직에 이르기까지 통합적이고 지속적인 정책의 실행 및 전달체계를 만들어야 한다.

협동조합으로의 전환과 설립, 사업 운영 등을 지원할 제도와 방안

---

26. 사회적경제기본법에 대한 여야 발의안에는 농협·수협·축협·새마을금고 등이 사회적 경제 단위로 포함되어 있었는데, 당시에도 사회적 경제의 가치와 운영원칙에서 볼 때 농협 등 기존 조직의 운영과 인적 구성에 대한 변화가 전제되어야 하는데 이를 위한 정책적 고려가 없다는 지적이 있었다.

을 마련하는 것은 기본법 제정 이후 필수적으로 수반되어야 할 과제였는데 현 정부 들어 기약 없이 지연되고 있다. 협동조합기본법에 따라 설립된 협동조합이 다른 법규로 규정된 여타 법인이나 개별 법하의 농협, 신협 등 기존 협동조합에 비해 불이익이 없도록 정책과 제도가 정비되어야 하는 것도 당연히 수반되어야 할 시급한 제도 간 보완과 조응의 과제이다. 또한 현 상황은 사회적 경제 조직의 구성이 다양하고 관련 정책이 정부의 여러 부처로 나뉘어 있어 사회적 경제 조직들 간의 자발적 협력과 연대 경험의 축적이 어려울 뿐 아니라 사회적 경제에 대한 통합적 규모 추정과 실태 분석이 용이하지 않음으로써 사회적 경제 영역 전체를 조망하고 제도와 정책적 지원을 통합적으로 시행하기가 어렵다.

마지막으로, 사회적 경제 지원정책은 궁극적으로 지역을 기반으로 하나의 순환적 생태계를 형성하는 경로와 단계를 고려하면서 중앙정부 부처 간 그리고 중앙정부와 광역 및 기초 지자체 간 제도와 규정 그리고 실행 프로그램 간 정합적이고 보완적인 제도환경을 구축해야 한다. 사회적 경제의 발전에서 가장 관심 깊게 살펴보아야 하는 것은 사회적 경제 주체들 간의 상호협력이 일어나는 지역 차원의 사회적 경제 생태계의 형성 가능성이다.

사회적 경제 조직들은 지역에 기반하고 있고 그 활동이 지역에서 이루어지는 경우가 많으며 지역자산의 활용 여부가 사회적 경제의 발전과 성과 향상에 중요한 요소이다. 사회적 경제의 주체로서 협동조합이나 사회적 기업, 마을기업 등은 그 발전의 동력을 지역공동체에서 찾으며 사회적 경제의 지속가능성은 지역공동체 이해관계자들의 활발한 참여와 지역이 보유한 다양한 자산의 활용을 통해 실현된다. 중앙정부에 비해 지방정부(광역 및 기초 지방자치단체)가 앞으로 사회적 경제에 관해 더 장기적 전망하에서 더 세밀하고 사려 깊은 정책을 펼쳐온 이유,

또 앞으로도 그렇게 되어야 하는 이유가 여기에 있다.

지역 차원의 사회적 경제 조직과 지방자치단체 간 협력적 파트너십 정립은 사회적 경제 발전에 토대가 될 것이며 사회적 경제가 양적 성장에서 내실과 자생력을 강화하는 데 필수적이다. 예컨대 지역 차원에서 사회적 경제의 다양한 조직 형태를 포괄해 통합적인 중간조직을 설립할 수 있다면 기획재정부의 사회적 협동조합, 안전행정부의 마을기업, 고용노동부의 사회적 기업, 농림축산식품부의 농어촌공동체회사 등이 행정의 칸막이와 경계를 넘어 지역 차원에서 서로 협력하고 연대하는 경험을 축적할 수 있다. 이는 장기적으로 이들 사회적 경제 조직들이 규모의 경제와 범위의 경제를 이루어 지역사회 수요자 중심으로 사회 서비스 전달의 질을 높이는 동시에 지역 차원에서의 사회적 경제 생태계를 형성하는 데 큰 기여를 할 것이다.

5. 맺음말

한국경제는 대안적 경제발전모델을 필요로 한다. 경제모델의 대안이 필요한 이유는 현재 한국사회 발전의 질곡이 되는 사회문제들이 기존 경제모델과 연관되거나 그로부터 파생한 문제들이기 때문이다. 새로운 대안적 경제발전모델은 시장과 국가로 제한된 경제민주화의 시야를 넓혀 시민사회와 지역공동체의 발전에 기여하는 경제에 대한 상을 담아야 한다. 그리고 모델의 작동 방식이 경제적 불평등, 자영업의 위기와 심화되는 젠트리피케이션(gentrification), 청년실업, 베이비부머들의 사회경제적 활동, 고령화, 도시 및 지역재생, 주거빈곤, 환경과 먹거리 안전, 보육과 돌봄, 농촌 지역의 사회적 배제(social exclusion) 등 우리 사회가 직면한 중요 사회경제적 문제의 해결에 기여하는 것이어야 한다.

우리는 사회적 경제가 그 특성상 대안적 경제모델의 자격을 갖추고 있음을 확인하였다. 거버넌스, 파트너십, 참여, 연대와 협력, 네트워킹 등의 특성을 통해 사회적 경제는 대안모델로서 노동, 돌봄, 보건 및 의료, 교육 및 문화, 주택, 환경 등 지역사회 구성원들의 지속가능한 생활(sustainable livelihood)을 실현하는 데 기여한다. 이러한 문제는 이윤 중심의 기업조직이나 기존의 공공행정을 통한 정책이 성과를 내기 어렵고 사회혁신(social innovation)에 기반한 대안적 접근이 필요한 영역으로서, 사회적 경제의 발전을 통해 선순환적 해결이 가능할 수 있다. 또 우리의 사회 상황도 사회적 경제의 역할을 요청하고 있다. 앞에서 인용한 맥킨지 보고서가 제시하는 한국경제의 새로운 성장전략도 사회적 경제의 역할에 부응하는 것이다. 이 보고서는 한국사회의 중산층 붕괴 현상을 우려하며 중산층이 주택 구입과 사교육에 대한 과도한 지출에서 벗어나도록 해야 하며, OECD 국가 평균에 한참 부족한 보육과 돌봄에 대한 투자 확대를 통해 여성·장년·청년을 위한 더 많은 사회적 일자리를 창출해야 한다고 권고하고 있다.

지난 10여 년간 한국의 사회적 경제는 제도적 기반이 조성되고 양적 성장을 이루었다. 그 계기와 동력은 앞에서 본 것처럼 정부의 정책으로부터 주어진 것이지만 기존 개별 법하 생협운동의 경험과 제도화에 따른 성과도 일정한 기여를 했다. 개혁과 변화가 필요한 농협, 새마을금고, 신협 등도 앞으로 사회적 경제의 발전에 잠재적으로 중요한 자원이 될 수 있다.

그러나 한국사회에서 사회적 경제 조직은 정부 주도와 정책적 지원에 의존하면서 양적으로나 질적으로 아직 아주 초보적 수준에 머물고 있음도 확인했다. 특히 시민사회 풀뿌리운동에 기반한 사회적 경제 조직이나 협동조합을 고려하는 소상공인, 자영업자 등은 시장경쟁에서 생존하기 위한 조직 및 자원의 규모와 관리 능력, 숙련 등 전문성 측면에서 부족함이 많다. 무엇보다도 대기업이 전체 생산·소비 시장을 장악하며 경제생태계에서 포식자 역할을 하고 있는 현실에서 사회적 경제가 기존 소기업과 영세자영업, 골목상권이 직면한 문제를 해결하고 생존 차원을 넘어 성장을 향해 나아갈 것인가에 대한 전망은 낙관적이지 않으며 주체 차원에서의 역량 강화를 위한 구체적 준비나 정책 차원의 경험도 축적된 것이 매우 부족한 상태이다.

공공부문에 의한 제도 마련과 정책적 지원은 현재 사회적 경제에 대한 지원정책이 직면한 병목지점의 해결에 머물지 않고 한 걸음 더 나아가 장기적으로 민간영역에서 사회적 경제가 자립성을 갖추고 성장·발전하도록 지원하는 전략이 반드시 포함되어야 한다. 그리고 이 과정에서 사회적 경제의 주체들은 자립적 생존능력을 키우고 성과 측면에서 대안적 경제모델로서의 자신의 존재의의를 증명해야 하는 부담과 책임을 떠안는 전환을 이루어내야 한다.

사회적 경제의 지역생태계 형성과 개별 사회적 경제 조직의 역량 강화에서 가장 필요한 자원은 시간이다. 시간은 현재 공공정책, 특히 지역을 기반으로 거버넌스 방식으로 성과를 낼 수 있는 사회적 경제 지원정책에서 가장 부족한 자원이다. 행정의 시간과 민간의 시간은 서로 다르다. 행정의 속도와 시간(time span)을 지역사회의 민간이 따라갈 수 없으며 행정의 단기주의, 성과주의를 넘어서지 않으면 사회적 경제의 중요한 자산인 인내와 신뢰 등의 사회자본(social capital)이 지역사회에 축적되기란 불가능하다. 사회적 경제의 생존과 성장을 위한 제도와 정책적 지원, 주체들의 역량 축적과 성장, 사회적 경제에 우호적인 사회 분위기 등 이른바 사회적 경제생태계의 구성요소들은 하나같이 시간이라는 자원의 충분한 투입을 필요로 한다. 돌아가는 듯 보이지만 그 길이 지름길이다. 지금까지 언급된 여러 필요한 정책적 노력과 함께 시간 자원도 함께 투입하는 지혜로운 접근만이 우리 사회가 직면한 사회경제적 과제와 사회적 경제 생태계 형성이라는 과제를 함께 해결할 수 있을 것이다.

13. 한국의 대외경제정책과 미래 진로

김양희

1. 머리말

한국경제의 당면과제는 무엇일까. 이를 국민소득의 세 가지 얼굴인 생산·지출·분배의 측면에서 각기 살펴보자. 생산 측면에서는 한국경제도 경기순환상의 일시적 불황이 아닌, 전 세계가 직면한 구조적 장기침체, 즉 '뉴 노멀(new normal)' 시대에 돌입한 듯하다. 우리는 이제 과거에 경험한 바 없는 저성장 시대라는 우울한 미래를 맞게 되었다. 지출 측면에서는 구조적인 수요부족 문제가 단기간 내에 개선될 기미가 안 보인다. 그로 인해 내수의 성장기여도가 점차 저하되고 있으나 중국을 위시한 해외시장의 불황으로 외수(수출)도 별반 다르지 않다. 조선·해운·철강·석유화학·건설의 5대 산업은 최근 심각한 구조조정 위기에 직면하였는데 이뿐 아니라 여타 산업도 산업화 이래 유례없는 침체를 겪다 보니 투자도 부진을 면치 못하고 있고 중국은 턱밑까지 추격해왔건만 신성장동력의 발굴도 여의치 않다. 게다가 중국을 위시한 해외시장의 불황으로 외수(수출)도 별반 다르지 않다. 분배 측면에서는 구조적인 수요 부족의 이면에 분배악화가 도사리고 있다. 청년실업, 비정규직 양산 등 항시적 고용불안, 노동생산성 증가율을 밑도는 임금 상승률이 이를 초래하여 구조적인 소비침체로 이어지는 악순환의 연결고리가 만들어져 있는데 이를 더욱 부채질하는 것이 누적된 가계부채다.

한국경제는 1960년대에 경제개발을 본격화한 이래 거센크론(A. Gerschenkron)의 이른바 '후발성의 이익'을 향유하며 제조 대기업의 공산품 수출에 의존하는 성장기조를 이어왔다. 이 과정에서 역대 개발독재 정부는 이들의 든든한 후원자 역할을 자임했다. 이러한 대외지향적 성장전략이 일정 정도 성공을 거둬 '한강의 기적'을 일궈냈고 한국은 개발도상국 중에서 공적개발원조(ODA)의 수여국에서 공여국으로 탈바꿈한 유일한 나라가 되었다. 하지만 허쉬만(A. O. Hirschman)의 '불균형 성장론'이 주장하듯 제한된 자원으로 수출산업에 특화한 대기업을 집중 육성한 결과 작금의 산업 간·기업 간 양극화라는 폐해도 생겨났다. OECD 가입을 목전에 두고 서두른 금융시장 개방은 한국경제의 대외의존성을 한층 심화시켰다.

2016년 현재 한국경제는 애스모글루와 로빈슨(Acemoglu and Robinson, 2012)의 과도한 찬사로 대표되는, 개발도상국의 성공 사례로 칭송받고 있으나 바로 그 성공으로 이끈 전략이 앞으로의 질적 도약을 가로막는, 양가적 모순에 처해 있다. 한국경제는 지금껏 기존의 대외의존적 성장전략에 대한 경로의존성을 탈피하기보다 오히려 심화시켜왔다고 해도 과언이 아니다. 그 화룡점정이 다름 아닌 자유무역협정(FTA: Free Trade Agreement) 추진이다. 기왕의 수출의존적 성장전략이 '수출로 먹고사는 나라'의 '경제영토 확장'이라는 슬로건 아래 공격적인 FTA 체결로 표출된 것이다. 이후 지난 10여 년간 FTA의 '과잉 존재감'은 유감없이 발휘되었다. 한국은 2016년 7월 현재 52개국과 15건의 FTA를 발효시켰고 칠레, 페루와 같은 소규모 경제를 제외하면 거대경제권인 미국, EU, 중국, ASEAN과 모두 FTA를 맺은 유례없는 중진국이 되었다. 이를 두고 정부는 한국이 'FTA 허브'가 되었다고 자화자찬하는 반면 이와 상반된 시각도 존재한다. 특히 한미 FTA 체결과정에서 이를 둘러싸고 찬반 양 진영은 극렬히 대립했다.

　이 글은 한국경제의 당면과제 해소라는 관점에서 한국의 대외경제정책을 FTA정책을 중심으로 재조명해본다. 이하 2절에서는 한국의 대외경제정책에 중핵을 이루는 수출과 한국경제의 연관성을 살펴본다. 이는 그 연장선상에 있는 한국의 FTA정책이 국내경제에 미칠 영향을 가늠하는 실마리를 제공해준다. 3절에서는 한국 FTA정책의 전개 과정과 추진 현황을 파악한다. 4절에서는 무수한 논란을 야기했던 한미 FTA가 한국에 미칠 영향을 국내 제도변화를 중심으로 분석한다. 5절에서는 가장 최근에 발효된 FTA 중 무엇보다도 우리의 이목을 끌었던 한중 FTA가 한국경제에 미칠 파장에 관해 분석한다. 아울러 6절에서는 형해화하는 동아시아 지역구분과 그것에 투영되어 있는 역내의 어지러운 경제통합의 현주소를 짚어보고 향후 전망을 도출할 것이다. 이러한 분석을 토대로 마지막 절에서는 한국경제의 당면과제 해소에 기여하는 FTA정책 추진을 위한 정책과제를 도출한다.

2. 한국경제와 수출

개발연대시대 이래 수출이 한국의 경제성장에 기여한 바는 부인할 수 없는 기정사실이다. 〈그림 13-1〉에서 보면 1960년대에 1.8%p에 불과했던 수출이 1970년대에 연평균 10.5%의 고도성장 시현과 때를 같이 하며 4.5%p로 급증해 경제성장이 소비 및 투자와 더불어 수출도 성장의 3대축에 들었음을 보여준다. 여기서 주목할 점은, 1980년대부터 수출은 투자보다 높아지고 1990년대에는 소비와 투자가 1970년대를 정점으로 지속적으로 하락일로를 걷는 것과 대조를 이룬다. 특히 2010년

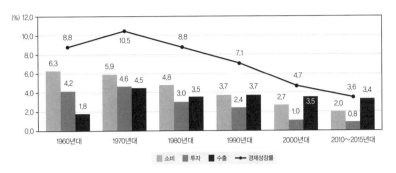

〈그림 13-1〉 한국 수출의 연대별 성장기여도 추이

자료: 한국은행 국민계정 통계를 토대로 필자 작성.

이후 연평균 성장률이 3.6%로 최저를 기록하는 가운데 수출의 성장기여도는 3.4%p로 나타나 수출이 사실상 성장을 견인하는 형국임을 보여준다. 그러나 수출기여도 또한 1970년대를 정점으로 하락세로 돌아섰다는 점에 유의해야 한다. 즉 과거와 같이 수출이 경제성장을 주도하기를 기대하기 어렵다는 것이다.

〈그림 13-1〉만 본다면 한국은 그야말로 '수출로 먹고사는 나라'로, 명실상부한 한국경제의 견인차인 수출 증대를 위해 정부는 한정된 자원을 쏟아 부어 마땅할 것이다. 그러나 우리가 주목해야 할 것은 수출 규모 자체가 아니라 그것이 국내경제에 미치는 파급효과다. 즉 수출의 국내 부가가치 및 취업유발효과를 살펴볼 필요성이 제기된다.

〈그림 13-2〉에서 보듯이 한국수출이 최종수요 항목별 부가가치유발에서 점하는 비중, 즉 부가가치유발 구성을 보면 2010년 30.3%에서 2013년 32.0%로 증가 추세를 보인다. 그러나 이를 소비(49.9%→49.8%)와 비교하면 국내 부가가치의 지속적 증대를 위해서는 수출보다 국내소비가 중요함을 알 수 있다. 수출보다 소비의 상대적 중요성은 양자의 부가가치유발계수에서도 확인된다. 수출의 경우 2013년에 0.541로 여

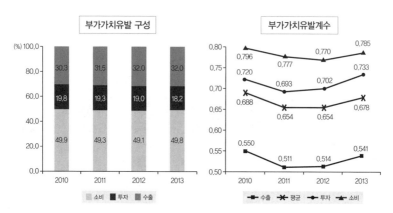

〈그림 13-2〉 한국의 최종수요 항목별 부가가치유발 구성 및 부가가치유발계수

자료: 한국은행, '2013년 산업연관표(연장표) 작성 결과(보도자료)', 2015. 6. 2.

전히 2010년 수준을 밑돈다. 이에 비해 소비는 같은 비교 기간 0.796에서 0.785로 하락했음에도 불구하고 수출에 비해 절대적으로 높은 수준을 보인다.

한국의 최종재 수출의 부가가치 창출 추이를 한국의 주요 경쟁 상대이자 유사한 산업구조를 지닌 일본과 비교해 보면 후자에 비해 대체로 낮다(사공목 외, 2013). 한국의 최종재 수출의 국내 부가가치는 가장 높았던 1995년에도 80%를 넘지 못하는 수준이며 이조차 2009년에는 60%대 중반으로 낮아졌다. 이에 반해 일본은 자국 내 탄탄한 중소기업을 기반으로 1995년에는 자국내 부가가치 창출이 95%에 육박했으며 2009년에도 여전히 88% 수준을 유지하고 있다. 한국은 기술력이 취약해 핵심 소재 등을 일본이나 독일 등지에서 수입해야 하며 글로벌 아웃소싱과 시장개방이 확대됨에 따라 수출의 수입유발계수가 높고 따라서 수출의 고용유발효과도 일본에 비해 낮은 실정이다. 이것이 국내 제조업이 일본과의 FTA를 꺼리는 주된 요인이다.

'고용 없는 성장, 고용 없는 수출'이라는 전 세계적 추세는 여지없

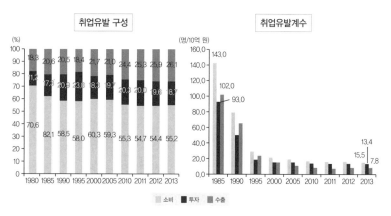

〈그림 13-3〉 한국의 최종수요 항목별 취업유발 구성 및 취업유발계수

자료: 한국은행 각 연도 자료를 토대로 필자 작성

이 한국경제에서도 확인된다. 〈그림 13-3〉을 보면 최종수요 항목별 취업유발 구성에서 수출이 점하는 비중은 1980년 18.3%에서 꾸준히 상승해 2013년에는 26.1%로 1980년 이래 최고점을 찍는다. 같은 기간 투자도 몇 차례 기복을 보이면서 1980년에 비해 증가세를 시현하였는바 이는 곧 국내소비 비중의 위축과 동전의 양면을 이룬다. 그러나 1985년 이래 5년 단위로 최종수요별 취업유발계수(명/10억 원)를 살펴보면 1985년 수준(소비 143.0명, 투자 93명, 수출 102명)에 비해 2013년 수준(소비 15.5명, 투자 13.4명, 수출 7.8명)은 각기 전자의 10.8%, 14.4%, 7.6%에 불과해 전 항목의 전반적인 취업유발계수 저하와 동시에 특히 수출의 취업유발계수의 하락을 보여준다. 이는 다시 말해 〈그림 13-1〉에서 보인 수출의 화려한 성장기여도에 반해 그것의 취업유발효과는 초라한 수준임을 뜻한다. '고용 없는 성장', '고용 없는 수출'이라는 한국경제의 민낯이 드러나는 대목이다.

이상과 같이 국내 부가가치 및 고용에 미치는 수출의 절대적 파급효과는 점차 미약해졌으나 국내소비나 투자의 성장기여도가 수출보다 낮아지자 국내정책의 초점은 다시금 수출 증대에 맞춰지는 악순환이 이어졌으니 그 정점에 위치하는 것이 다름 아닌 FTA 추진정책이다.

3. 한국경제와 FTA정책

한국 FTA정책의 출발점은 1998년 외환위기 직후로 거슬러 올라간다. 1995년 WTO의 출범을 전후로 지역주의가 봇물을 이루던 상황에서 한국 정부도 외환위기에 휩싸여 있던 1998년 11월 국내산업에 미칠 영향이 상대적으로 크지 않을 것으로 보이는, 중견국 칠레와 최초의 FTA[1]를 맺기로 하였다. 이후 한국은 2016년 7월 말 기준으로 52개국과 15건의 FTA를 발효시켜 이들과의 무역이 점하는 비중이 총무역의 63%가 된다.

한국 FTA정책의 근간인 「자유무역협정 추진 로드맵」(이하 'FTA 로드맵')은 2003년 작성되었다. 이 보고서에서 정부는 "높은 대외의존도와 미체결 시의 불이익 회피를 위해서는 안정적인 해외시장 확보가 불가피하며, 성장률 저하에 직면한 우리 경제가 능동적인 시장개방과 자유화를 통해 체질개선과 국가 전반의 시스템 선진화, 국민후생 증대를 도모해야 한다"라며 FTA 필요성을 강변하였다(외교통상부, 2003. 8). 「FTA 로드맵」에서 드러난 추진전략은 거대경제권과 포괄적이고 높은 수준으로 동시다발적으로 추진하는 고강도 개방기조를 특징으로 한다(김양희, 2006; 한반도사회경제연구회, 2012). 이러한 고강도 개방전략을 채택한 이

---

1.   정부는 한국의 첫 FTA 상대국으로 칠레를 선정한 이유를 ①시장개방에 따른 국내경제에 미치는 영향을 최소화할 수 있는 중견국가로 ②중남미 진출의 교두보로서 역할이 기대되며 ③산업 및 무역구조의 보완성이 높고 ④국내 농가에 피해가 적은 국가를 선정한다는 원칙에 따른 것이라고 밝히고 있다(무역연구소, "한-칠레 FTA 발효 1년: 평가와 과제", 2003).

〈표 13-1〉 한국의 FTA 추진 현황(2016년 8월 말 기준)

구분(건수)	대상 국가
발효(14)	칠레, 싱가포르, EFTA(4개국), ASEAN, 인도, EU(28개국), 페루, 미국, 터키(상품), 호주, 캐나다, 중국, 뉴질랜드, 베트남
타결(2)	콜롬비아, 터키(서비스·투자)
협상 진행(4)	한중일(3개국), RCEP(16개국), 중미(6개국), 에콰도르(SECA)
협상 재개 여건 조성(4)	인도네시아, 일본, 멕시코, GCC
협상준비 또는 공동연구(3)	MERCOSUR(5개국), 이스라엘, 말레이시아

유에 대해 정부는 "그간의 지체된 FTA 체결 진도를 단기간에 만회하여 우리 기업의 기회비용을 줄이고, 각 협상별 부정적 효과를 상쇄하여 전체 이익을 극대화하고 무역수지의 균형을 실현"하기 위함이라고 설명한다(http://www.fta.go.kr/fta_korea/policy.php). 2005년에는 정부가 한국 경제의 지향점을 '선진통상국가'로 설정하고 FTA를 그 수단으로 자리매김하였다.

2013년 6월에는 「FTA 로드맵」을 대체하는 2기 통상정책이 「새 정부의 신통상 로드맵」으로 제시되었다. 여기에서 정부는 향후 FTA정책 기조를 개방형 통상정책 기조로 유지, 상대국과 상생, 통상정책 성과의 국내 공유, 협업·소통의 통상정책 기반 확충으로 제시하였다. 이는 「FTA 로드맵」기조를 계승하되, FTA 건수 올리기에 열중하는 반면 체결 과정에서 이해당사자 간의 이해조정 및 소통이 미흡했고 체결 이후에는 국내경제와의 연관 강화에 소홀했다는 그간의 비판을 수용한 것으로 볼 수 있다.

한국 정부가 FTA 추진 배경으로 '높은 대외의존도'를 명시한 데서 엿볼 수 있듯이 대외의존적 성장전략의 연장선상에서, 한국이 세계적인 지역주의 흐름에서 배제되어 불이익을 받지 않도록 안정적인 수출 시장을 확보해야 한다는 측면이 한국의 FTA정책 수립 시 주요하게 작용했다. 「FTA 로드맵」을 수립한 노무현 정부 이래 역대 정부가 FTA정책만큼은 일관된 기조를 유지해온 배경에는 수출의존적 경제의 수출 증대에 대한 암묵적 공감대가 한몫하였다. 그 이면에는 한국과 같은 중규모 개방경제는 자유화라는 외압을 통해 선진화될 수 있다는 신념이 깔려 있기도 하다.

한국의 FTA정책 10년사를 다각적으로 분석한 김영귀·금혜윤·유새별·김양희·김한성(2015)에 따르면 한국의 FTA 체결국과의 수출과 수입 비중은 각기 2004년 0.3%, 0.9%에서 2013년 8.6%, 33.2%로 성장하였다. 일부 FTA 상대국에서는 FTA 특혜 품목의 점유율도 상승하였다. 단, 시간의 흐름에 따라 상대국 시장에서의 선점효과는 자연스럽게 저하한 것으로 나타난다. 같은 기간 FTA 상대국과의 교역도 확대(수입 7.8~99.3%, 수출 2.3~100.2%)되고 수출 품목도 다양화되었으나, 수출집중도는 일부 국가에서 오히려 심화되는 현상이 나타났다. FTA 추진이 한국에 미친 성장효과(2014년까지 누적치)는 한-EU FTA 0.897%, 한-ASEAN FTA 0.426%, 한-칠레 FTA 0.11%의 순이다. 그 결과 FTA의 총경제성장효과는 2005년 0.048%p(당해 GDP 3.9% 성장)에서 2013년 1.19%p(당해 GDP 3% 성장)로 성장에 대한 기여도가 꾸준히 높아졌음을 알 수 있다. FTA의 소비자후생효과는 ASEAN, EU, 칠레와의 FTA에서 각기 약 64.14억 달러, 약 45.10억 달러, 약 8.01억 달러 증가하였다.

그렇다면 FTA가 한국경제에 미친 위와 같은 영향을 '한국경제의 현안 해소'라는 측면에서 재조명해보자. 먼저 한국경제의 주요 문제점으로 지적되는 것 중 하나가 대기업 주도 경제라는 점인데, 그렇다면 FTA는 국내 중소기업에 얼마나 기회를 부여했을까? 〈그림 13-4〉에서 국내

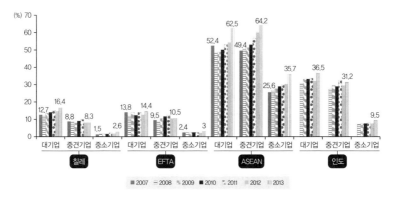

〈그림 13-4〉 국내기업의 기업 규모별 주요 FTA 상대국별 수출참여율(대FTA 상대국수출/총수출)

자료: 김영귀·금혜윤·유새별·김양희·김한성(2015)을 토대로 필자 작성.

기업의 주요 FTA 상대국별 수출참여율(대FTA 상대국 수출/총수출)을 살펴보면 기업 규모와 무관하게 전반적으로 증가세를 보이나, 중소기업은 대기업과 중견기업에 비해 증가세가 저조하다.

　FTA는 수출뿐 아니라 수입 그리고 관련 규정을 통해서도 노동시장의 변화를 포함하여 FTA 체약국(締約國) 모두에 수출 그 이상의 다각적이고 복합적인 영향을 미친다. 그중 주목할 만한 해외 사례는 EU에 있다. 1995~2009년 간 EU의 역외수출은 수입국의 고용도 증가시켰는데 특히 중급 및 고급 숙련노동자의 창출에 기여했다(European Commission, 2015). 최낙균·한진희(2012)도 한국의 무역자유화가 경제 전체적으로 숙련노동에 대한 상대수요 및 상대임금 증가를 초래할 수 있음을 지적한다. 이는 FTA로 인해 비숙련노동의 임금 및 고용 여건은 상대적으로 악화될 가능성을 함축한다.

　미국의 경우 2012년까지 체결한 모든 FTA가 자국 고용에 미칠 영향은 긍정적일 것으로 추정되나 아직 사후적 평가는 내려지지 않은 상태다. 미국무역위원회(USITC, 2016)에 의하면 미국이 2004년 이전에 체결한 이스라엘, 캐나다 및 멕시코, 칠레, 싱가포르 등과의 4건의 FTA에서 숙련노동자와 비숙련노동자 각각 연평균 0.07%, 0.06% 증가할 것으로 추정되었다. 한편 2012년까지 20개국(호주, 바레인, 캐나다, 칠레, 콜롬비아, 코스타리카, 도미니카, 엘살바도르, 과테말라, 온두라스, 이스라엘, 요르단, 한국, 멕시코, 모로코, 니카라과, 오만, 파나마, 페루, 싱가포르)과 체결한 FTA에서 숙련노동자와 비숙련노동자가 각각 연평균 0.13%, 0.11% 증가할 것으로 추정된다(USITC, 2016, 127~128쪽). 이에 따르면 FTA가 숙련노동자와 비숙련노동자에 미치는 영향이 최낙균·한진희(2012)의 분석만큼 크지 않을 수 있음을 시사한다. 더 중요하게는 숙련 여하를 떠나 전체 고용에의 파급효과가 그다지 크지 않다는 점이다.

한국 정부가 그간 FTA 추진에 강력한 드라이브를 거는 데 일정 정도 효과를 낸 것이 '수출로 먹고사는 나라의 경제영토 확장'이라는 아제국주의적 슬로건이었다. 그렇지만 정작 수출의존적 경제에서 수출이 한국경제의 핵심 현안인 고용 없는 성장이나 양극화 해소에 얼마나 기여하는지에 관한 심도 깊은 논의는 FTA 추진의 당위성을 강조하는 공간에서 비껴나 있다. 단, 한국의 경우 아직 FTA 역사가 일천해 이것이 국내고용에 미칠 영향을 파악하기에는 이르다. 적어도 한미 FTA, 한EU FTA 나아가 한중 FTA의 양허 일정이 완료된 이후가 되어야 온전히 파악할 수 있을 것이다.

4. 한국경제와 한미 FTA

한국의 FTA정책을 논할 때 빠트릴 수 없는 것이 한미 FTA다. 한미 FTA는 쌀을 제외한 전 품목을 개방하고 상품과 서비스 시장 개방뿐 아니라 다양한 무역규범의 조화와 통일을 내용으로 하는 가장 포괄적이고 높은 수준의 FTA로서 고강도 압축개방의 전범을 보여준다. 산업통상자원부는 한미 FTA 타결 의의를 세계 최대시장의 안정적 확보, 생산·고용·교역 및 외국인투자 증대, 경제사회시스템 선진화의 계기, 국민의 삶의 질 향상 등에 둔다. 이 중 경제사회시스템 선진화의 계기에 관해 정부는 '글로벌 스탠더드의 정착과 서비스 부문의 획기적인 개선'을 뜻한다고 밝힌다. 바꿔 말하자면 한미 FTA라고 하는 국제통상협정이 한국의 경제 분야에 국한되지 않고 정치 및 사회에까지 영향을 미칠 수 있음을 함의한다. 이 점에서 한미 FTA가 국내 제도변화를 수반하는 다양한 무역규범의 수용을 매개로 한국경제사회에 미칠 변화 여부에 관심을 갖게 된다. 이런 맥락에서 한미 FTA 계기 국내 제도변화의 내용을 살펴보는 것은 유의미하다.[2]

　　FTA를 통한 국내 제도개혁은 점차 FTA 추진의 중요 배경이 되고 있다. 한국이 한미 FTA에 나선 이유도 이를 통해 부분적인 설명이 가능하다.[3] WTO(2011, 94쪽)는 RTA(Regional Trade Agreement)가 제도개혁의 한 방편으로 활용되는 이유를 특히 세계경제의 글로벌화에 따른 정책·제도 간 국제공조 필요성에서 찾는다. 과거에는 상품시장 개방만으로도 소기의 자유화 성과를 얻었으나 점차 관세 수준이 낮아져 국경 너머의 비관세장벽(behind-the-border barriers)이라 할 수 있는 다양한 제도와 규제가 과거에 비해 개방의 중요한 걸림돌이 된 것이다.

　　한미 FTA 협정문은 총 24개의 장과 부속서에서부터 상품시장, 서

2.　한미 FTA를 계기로 한 국내 제도변화에 대한 상세한 논의는 김양희(2015a)를 참고.

3.　어느 사회든 자발적 개혁에는 기득권 세력의 거센 저항에 부딪히기 마련이라 외압을 활용한 개혁의 유인이 만들어지는바 한국의 경우도 마찬가지다. 「FTA 로드맵」에서 정부는 '고부가가치 산업 및 신성장 산업 육성을 통한 국제경쟁력 강화로 개방에 대비, 외국인 투자환경 개선을 통한 FTA의 투자효과 극대화'를 제시한 바 있다. 그러나 한미 FTA 협상에 참여했던 한 고위 인사는 당시 개방에 따른 기득권 침해를 우려한 관련 업계 및 소관 부처의 반발로 기대만큼 서비스 시장이 개방되지 못했다고 토로한 바 있다(산업부 관계자 인터뷰, 2014. 8. 5).

비스 및 투자, 정부조달 분야에 이르기까지의 시장 접근 및 본문(서한 포함)과 상품양허표, 품목별 원산지 규정, 유보목록 등으로 구성되어 있다. 이처럼 한미 FTA가 다루는 범위가 방대해 국제조약의 체결에 따라 이와 비합치하는 국내제도를 바꾸는 이행과정인 국내법 개정도 다양한 분야에 걸쳐 있다.[4]

국내에는 한미 FTA에 따른 국내 제도변화를 바라보는 양 극단의 시각이 공존한다. 정부를 위시한 찬성 측은 '제도변화＝제도 선진화'라고 강변하는 반면 FTA 반대 진영은 '제도변화＝제도 미국화'이며 나아가 미국보다 많은 국내 개정법령 개수를 근거로 한미 FTA가 불평등조약이라는 것에 방점을 찍는다. 그럼에도 불구하고 정작 양측 모두 그에 따른 제도변화의 실태와 그 파장을 설득력 있게 보여주지 못했다. 그러나 이미 우리는 한미 FTA 이후 새로운 법제도적 환경에 놓여 있어 경제뿐 아니라 사회, 나아가 정치 및 외교안보에도 영향을 받게 되었다. 이에 그로 인해 부작용이 발생할 가능성에 대비해 선제적 대응에 나설 필요성이 제기된다. 이는 협정문 개정이 필요할 경우에 대비한 사전정지 작업이기도 하다.

한미 FTA에 따른 국내법 개정 건수는 집계 방식 여하에 따라 다르나 필자는 모든 법령 개수를 단순합산하는 방식과 달리 한미 FTA 협정문의 구성요소(상품, 서비스, 규범)를 부문으로 간주하고 법령(법률, 시행령, 시행규칙 등)을 개정분야로 간주하여 부문별·분야별로 이행법령을 재구성해보았다(김양희, 2014a：2015a). 이렇게 하면 개정법령의 전체상을 조감할 수 있게 된다. 즉 한미 FTA에 따른 국내 개정법령은 공통 3개 분야, 상품무역 8개 분야, 서비스 9개 분야, 규범 10개 분야로 4대 부문의

---

4. 한미 FTA 체결에 따른 국내법령 개정 각각에 관한 상세한 법률적 사항은 법제처(2007：2012)를 참고.

법률명	주요 경로
「자유무역협정의 이행을 위한 관세법의 특례에 관한 법률」, 「전파법」, 「대외무역법」, 「불공정무역행위 조사 및 산업피해구제에 관한 법률」	한미 간 규제 조화(4)
「독점규제 및 공정거래에 관한 법률」, 「개별소비세법」, 「지방세법」	제도 간소화(3)
「우편법」, 「우체국 예금·보험에 관한 법률」, 「보험업법」	공기업 경영투명성 제고(3)
「공인회계사법」, 「세무사법」, 「외국법자문사법」, 「전기통신사업법」, 「방송법」	고부가가치 서비스 시장 접근성 제고(5)
「저작권법」, 「약사법」, 「디자인보호법」, 「특허법」, 「상표법」, 「실용신안법」, 「부정경쟁방지 및 영업비밀보호에 관한 법률」, 「범죄수익은닉의 규제 및 처벌 등에 관한 법률」, 「관세법」	지식재산권 보호수준 강화(9)
「행정절차법」	제도투명성 제고(1)

자료: 김양희, 2015.

총 30개 분야에서 이뤄졌다. 이를 상위 법령인 법률을 기준으로 분류하면 2014년 9월 기준 개정법률은 25개가 된다.

정부가 한미 FTA를 계기로 하는 국내법 개정을 제도 선진화로 간주하는 데에는 개정법률이 궁극적으로 경쟁력 제고로 이어질 것이라는 기대감이 깔려 있다. 따라서 위 25개 법률을 원론적으로 기대 가능한 제도 선진화의 경로별 유형화를 시도해보면 '한미 간 규제 조화', '제도 간소화', '공기업 경영투명성 제고', '고부가가치 서비스 시장 접근성 제고', '지식재산권 보호수준 강화', '제도투명성 제고'의 6개 유형이 도출된다. 이렇게 보면 '지식재산권 보호수준 강화'가 9건으로 가장 많아 한미 FTA가 주로 무엇을 겨냥한 것인지 잘 드러난다. 다음으로 '고부가가치 서비스 시장 접근성 제고'가 5건으로 서비스산업의 경쟁력 강화 추구 또한 국내법 개정의 주요 취지임을 알 수 있다(〈표 13-2〉 참조).

개정법률이 한국의 경제·사회에 미칠 영향을 파악하려면 실질적 이행시기를 보아야 한다. 2016년 8월 현재 이 중 3개 법률(외국법자문사법, 공인회계사법, 세무사법)만 단계적 개방 약속에 따라 2017년 3월 15일 (한미 FTA 발효 5년 후) 이후 개정될 예정이고 나머지는 이미 개정이 완료되었다. 이에 현 시점에서는 아직 한미 FTA에 따른 제도변화를 논하기에 시기상조인 감이 있다. 향후 본격적인 평가 시의 핵심적인 평가잣대는 법령 개수가 아닌 제도변화의 방향이 제도 선진화인가 하는 점이 되어야 할 것이다.

2016년 11월의 대선을 앞두고 미국에서는 민주당과 공화당 모두 자국이 주도한 TPP(Trans-Pacific Partnership)와 한미 FTA에 대한 회의론이 힘을 얻고 있다. 특히 공화당의 대통령 후보 도널드 트럼프는 자유무역을 지지해온 당의 전통적 입장에서 급선회하여 고립주의와 보호주의를 천명하며 정강에 명시적으로 TPP에 반대할 뿐 아니라 한미 FTA에 대해서도 재협상을 하겠다고 으름장을 놓았다. 이러한 미국의 움직임은 우리가 한미 FTA 협상을 잘했다는 방증이라는 일종의 착시현상을 낳기에 충분하다. 실제 그럴까?

이와 관련해 지난 6월 미국무역위원회(USITC)가 자국이 체결한 모든 FTA의 경제적 영향을 분석한 보고서(USITC, 2016)를 내놔 눈길을 끈다. 이 보고서는 한미 FTA가 없었다면 2015년에 자국의 대한(對韓) 무역 적자가 440억 달러였을 텐데 그나마 FTA 덕분에 283억 달러 수준으로 개선되었다며 한미 FTA를 옹호하고 나섰다. 이는 미국이 역대 체결한 FTA 중 캐나다 다음으로 높은 수치다(USITC, 2016, 138~139쪽). 트럼프의 주장과 달리 미국이 사실은 이득을 봤다는 것이다.

하지만 필자가 정작 강조하고 싶은 것은 다른 데 있다. 기실 한미 FTA 체결 당시부터 필자는 무역수지 면에서 미국보다는 한국이 이득을 더 얻을 것이라는 점을 강조했다. 하지만 이 못지않게 중요한 측면은 한미 FTA에 따른 국내 제도변화의 영향이다. 그런데 이것은 상품무역에 따른 무역수지의 개선효과와 달리 단기간에 드러나지 않거니와 영향 정도의 정량화도 쉽지 않다. 필자는 한미 FTA의 규정적 측면을 후자가 아닌 전자로 이해한다. 더욱이 서비스와 투자 그리고 지식재산권을 위시한 여타 무역규범은 미국 기업의 강점 분야다.

실제 USITC 보고서는 이와 관련하여 미국이 이득을 볼지 여부를 둘러싼 기존 연구에 찬반양론이 공존한다면서도 은근히 미국 측이 이득을 보고 있다고 강조한다. 이를테면 지재권 보호수준을 강화하는 것이 FTA와 결합될 경우 미국의 기술 수출이 증가한다는 것이다. 투자 또한 개별 FTA의 투자 챕터에서 투자 보호수준이 강화되고 투자자-국가 국제중재제도(Investor-State Dispute Settlement)가 포함되면 미국 기업의 해외투자비용뿐 아니라 이보다 더 많은 무역비용도 절감되어 미국의 대상대국 수출이 증가한다고 주장한다. 따라서 미국의 고용이 '수출'되는 것이 아니라 '창출'된다는 것이다.

이 점에서 미국의 트럼프를 위시한 보호주의자들이 강조하는 한미 FTA 실패론(재협상론)에 현혹되지 않도록 해석에 신중을 기할 필요가 있다. 미국이 손해 봤다는 주장의 신빙성이 약하며 설령 미국이 상품무역 측면에서 손해를 보더라도 서비스수지 및 금융수지 측면에서는 이를 만회할 가능성이 크다. 물론 앞으로 이에 관하여 온전히 파악하기까지는 긴 시간이 필요하다. 적어도 한미 FTA, 한EU FTA, 나아가 한중 FTA의 양허 일정이 완료되어야 할 것이다. 아직 상품수지 정도만 가지고 한미 FTA가 성공작이라고 자축하기에도, 한미 FTA가 실패작이라고 절망하기에도 이르다고 본다. 앞으로 이런 관점에서 한미 FTA를 예의 주시해야 할 것이다.

5. 한국경제와 한중 FTA[5]

근래 발효된 FTA 중 가장 주목할 만한 것이 한중 FTA로, 2005년 민간 공동연구가 시작되어 2015년 12월 발효되기까지 장장 10여 년이 소요됐다. 한중 FTA는 교역규모 1위인 최인접국 간의 FTA이다 보니 양국 모두 상대국 시장 선점보다 자국 시장 보호로 급격한 개방의 부작용을 완화하는 데 중점을 두었다.

〈표 13-3〉에서 알 수 있듯이 한중 FTA의 상품시장 개방수준은 목표했던 품목 수 기준 90%, 수입액 기준 85%를 초과달성하여 한국과 중국이 각기 품목 수 기준 93.2%, 92.2%(수입액 기준 94.8%, 91.0%)로 양허하였다. 하지만 10년 내 자유화율은 같은 기준 79.2%, 71.3%로, 한미 FTA(98.3%, 99.2%)는 물론 한EU FTA(98.1%, 99.6%)에도 크게 밑돈다. 양국의 즉시철폐 품목 비중도 각기 품목 수 기준 49.9%, 20.1%이나 이 중 유관세 품목의 비중은 33.7%, 11.7%에 그친다. 특히 한국과 중국의 농산물의 10년 내 자유화율은 31.3%, 69.8%로, 개방효과 최대화보다 부작용 최소화에 방점을 둔 기조가 역력하다. 서비스 및 투자 분야는 체결 시점에서 포지티브 리스트(positive list) 방식(개방 분야만 열거)을 채택한 뒤, 발효 2년 후 네거티브 리스트(negative list) 방식(전 분야 개방 원칙하에 개방 유보 분야만 열거)으로 전환하기로 합의하였다.

한국 정부가 그간 전가의 보도처럼 여긴 '포괄적이고 높은 수준의 FTA 추진' 기조를 중국에 기계적으로 적용하지 않은 것에 대한 세간의 평가는 엇갈린다. 혹자는 하나 마나 한 '무늬만 FTA'를 했다고 비판하는 반면 혹자는 급격한 개방의 충격을 감내하고자 이러한 유연성을 발

---

5.   한중 FTA의 의의 및 경제적 효과와 역내 경제통합에 미칠 파장 등에 대한 상세한 논의는 김양희 (2015)를 참고하라.

(단위: %, 백만 달러)

양허 유형	한국 양허				중국 양허			
	품목 수	비중	대중국 수입액	비중	품목 수	비중	대한국 수입액	비중
즉시철폐	6,108	48.9	41,853	51.8	1,649	20.1	73,372	44.0
(무관세)	1,983	16.2	33,811	41.9	691	8.4	64,658	38.8
(유관세)	4,125	33.7	8,042	9.96	958	11.7	8,714	5.2
5년 철폐	1,433	11.7	3,098	3.8	1,679	20.5	5,830	3.5
10년 철폐	2,149	17.6	17,330	21.5	2,518	30.7	31,250	18.7
(10년 내)	9,690	79.2	62,281	77.1	5,846	71.3	110,453	66.2
15년 철폐	1,106	9.0	7,951	9.8	1,108	13.5	21,917	13.1
20년 철폐	476	3.9	3,406	4.2	474	5.8	9,375	5.6
(20년 내)	11,272	92.2	73,638	91.2	7,428	90.7	141,744	85.0
부분감축	87	0.7	2,276	2.8	129	1.6	10,014	6.0
현행관세 +TRQ	21	0.2	569	0.7	–	–	–	–
협정배제	16	0.1	77	0.1	–	–	–	–
양허제외	836	6.8	4,209	5.2	637	7.8	14,944	9.0
총 합계	12,232	100	80,768	100	8,194	100	166,752	100

주: 품목 수는 HS 2012년(우리 10단위, 중국 8단위), 수입액은 2012년 대상대국 수입액 기준.

자료: 산업통상자원부, 한중 FTA 상세설명 자료, 2015. 6.

휘한 것은 현실적인 대응이라고 평가한다. 필자의 견해는 후자에 가깝다. 한국경제, 나아가 동아시아에 대한 중국의 영향력이나 물리적 거리를 고려할 때 이미 한미 FTA라는 고강도 개방에 더해 한EU FTA도 체결되어 있는 마당에 만에 하나 급격한 개방의 부작용이 증폭되어 부정적인 상승효과를 일으킬 가능성도 배제할 수 없다. 따라서 섣불리 개방효과를 높이기보다 점진적 개방을 통해 기발효 FTA의 부작용 여하를 살펴가며 차근히 대응하는 것이 낫다고 판단한다.

혹자는 그렇지 않아도 대중의존도가 심각한 상황에서 한중 FTA는

〈표 13-4〉 중국의 GDP 변화가 한국경제에 미치는 영향

구분	중국 GDP 불변 (투자에서 소비로의 전환)	중국 GDP 하락 (중국 투자 감소, 소비 불변)
투자 비중 6.5%p 하락 (글로벌 금융위기 이전 수준)	0.4% 감소	0.8% 감소
투자 비중 12%p 하락 (아시아 금융위기국들의 평균 조정 폭)	0.7% 감소	1.4% 감소

자료: 정규철, 2014.

가일층 한국의 대중의존도를 심화시킬 것이란 판단에 따라 한중 FTA 자체의 무용론을 주장하기도 한다. 필자는 그러나 한중 FTA가 경제적 측면에서 성장전략 전환기의 중국 내수시장 선점을 위해서는 어쩔 수 없는 선택지였다고 본다. 중국의 산업구조 전환전략은 수출에서 내수로, 생산에서 소득으로, 제조업에서 서비스업으로의 전환을 골자로 한다. 이러한 대대적 기조전환을 통해 자국을 '세계의 공장'에서 '세계의 시장'으로 탈바꿈하고자 한다. 그런데 작금의 한중 교역구조를 살펴보면 대중 수출 중 소비재 비중이 5%에 불과하고, 가공무역 비중이 47.6%(중국의 전체 수입 중 가공무역 비중 25.6%)에 이른다. 이런 와중에 중국이 기존의 가공무역 중심 구조를 탈피한다면 이에 특화해왔던 한국으로서는 그에 맞춘 변화를 도모하지 않을 수 없다.

한중 FTA의 상품양허 수준이 낮은 수준에서 출발하나 중장기적으로 볼 때 일단 빗장이 풀리면 추가적인 개방이 불가피해 가격경쟁력에 기반한 중저가 범용제품 생산에 특화하는 국내 농수산업 전반과 중소기업, 나아가 대기업도 고강도 구조조정을 피하기 힘들 것이다. 미국과 달리 중국은 워낙 지근거리에 있어 그 경제적 파장은 한미 FTA보다 훨씬 클 것이다. 따라서 한국으로선 최대한 신중을 기할 수밖에 없다.

장기적으로 한중 FTA가 초래할 파장 가운데 우리는 특히 양국 간 경기동조화를 우려해야 한다. 정규철(2014)에 따르면 중국의 GDP

중 투자비중이 6.5%p 하락할 때 한국 GDP는 0.4%(투자 감소분이 소비로 전환 시)~0.8%(투자 감소분이 소비로 비전환 시) 감소하며, 만일 투자비중이 12%p 하락한다면 한국 GDP는 0.7%(투자 감소분이 소비로 전환 시)~1.4%(투자 감소분이 소비로 비전환 시) 감소할 것으로 추정된다(〈표 13-4〉 참조). 그에 따르면 이처럼 중국 GDP의 성장세 둔화가 47.3%에 이르는 투자 비중의 하락에 기인할 경우에는 한국 GDP에 미치는 악영향이 더욱 커진다. 한국은 이러한 측면에 대한 장기적 대비가 필요하다. 중간 수준의 개방에서 출발하는 한중 FTA를 수용할 수밖에 없는 이유가 여기에 있다.

한중 FTA의 의의는 비단 경제적 측면에 국한되지 않는다. 한중 FTA는 동아시아 지역질서 구축의 중요한 디딤돌이 될 수 있다. 그렇기에 이러한 의의가 한중 FTA 협정문에 어느 정도 반영되어 있는지 살펴보는 것은 유의미하다. 하지만 아쉽게도 한중 FTA 협정문의 서문에서도 본문에서도 지역적 특성에 부합하는 지역통합의 미래 청사진을 그리고자 고뇌한 흔적이 쉽사리 발견되지 않는다. 외려 환경 챕터는 원론적 언급에 그치고 노동 챕터는 아예 없다. 이렇듯 양국 공동 현안인 '압축 성장'에 이어 FTA를 통한 '압축 개방'의 폐해나 '격차 심화'를 완화하려는 시도도 찾아보기 힘들고 다만 양국에 미칠 영향을 최소화하고자 중간 수준의 양허에 급급했다는 인상이 강하다.

흥미로운 점은 FTA 허브를 지향하고 지역통합의 린치핀(linchpin)을 추구한다는 한국과, 미국의 패권에 도전장을 내민 중국이 체결한 FTA가 한미 FTA의 템플릿을 차용했다는 것이다. 〈표 13-5〉에서 보듯이 한미 FTA 협정문과 한중 FTA 협정문을 비교해 보면 각각 국문 기준 678쪽, 290쪽으로 분량 면에서 후자가 전자의 절반도 못 미치나 후자의 각 장의 순서 및 명칭이 전자와 유사하다. 한중 FTA 협상에 참여한 한국의 고위 관계자 인터뷰(2014년 8월 실시)에서 한중 FTA 협정문 작성

한미 FTA	한중 FTA
서문	서문
1. 최초규정 및 정의	1. 최초규정 및 정의
2. 상품에 대한 내국민대우 및 시장접근	2. 상품에 대한 내국민대우 및 시장접근
3. 농업	
4. 섬유 및 의류	
5. 의약품 및 의료기기	
6. 원산지 규정 및 원산지 절차	3. 원산지 규정 및 원산지 이행 절차
7. 관세행정 및 무역 원활화	4. 통관 절차 및 무역 원활화
8. 위생 및 식물위생 조치	5. 위생 및 식물위생 조치
9. 무역에 대한 기술장벽	6. 무역에 대한 기술장벽
10. 무역구제	7. 무역구제
11. 투자	8. 서비스무역
12. 국경 간 서비스무역	9. 금융서비스
13. 금융서비스	10. 통신
14. 통신	11. 자연인의 이동
15. 전자상거래	12. 투자
16. 경쟁 관련 사안	13. 전자상거래
17. 정부조달	14. 경쟁
18. 지적재산권	15. 지식재산권
19. 노동	16. 환경과 무역
20. 환경	17. 경제협력
21. 투명성	18. 투명성
22. 제도 규정 및 분쟁해결	19. 제도 규정
23. 예외	20. 분쟁해결
24. 최종규정	21. 예외
서한	22. 최종규정

자료: 한미 FTA 및 한중 FTA 협정문.

시 중국이 한미 FTA를 토대로 했다는 점을 들었는데 이를 협정문에서도 확인하게 된다.

중국이 한미 FTA 템플릿을 차용한 배경은 중국사회과학원 APEC·동아시아협력연구센터 부주임 선밍후이(沈銘輝, 2015)의 발언 등 복수의 중국 측 관계자 발언에서 유추할 수 있다. 그에 따르면 중국은 상하이자유무역구에서 국내 최초로 도입한 내국민대우(National Treatment), 네거티브 리스트 등을 한중 FTA와 중미 양자투자협정(BIT: Bilateral Investment Treaty) 협상에 적용시켰다. 중국이 국내의 점진적 구조개혁 실험의 외연을 대외적으로 점차 확대해가는 개방전략을 구사하고 있는 것이다. 중국 입장에서 한국은 동북아의 안보 지형상 자국 영향권 내로 끌어들여야 하는 나라다. 그런 한국이 2011년 전형적인 미국 FTA 모델에 충실한 한미 FTA를 발효시켰으니 그에 기반한 한중 FTA를 맺으면 미래 지역통합과 WTO 다자협상에서 서비스·투자·국영기업·지식재산권 등의 규범 제정 시 미국과의 한판 승부에 대비한 예행연습에 제격인 것이다. 이는 중국이 한중 FTA를 매우 실용주의적인 관점에서 접근했다는 점을 내포한다. 아직 자국의 경제모델이 정형화되지 않은 단계에서 중국에 중요한 것은 FTA 모델이 무엇인가가 아니라, 장차 있을 미국과의 치열한 FTA 템플릿 경쟁에서 실리를 챙기고 국제 무역질서 구축 시 우위를 점하기 위한 실질적인 발판 마련이 아니었을까. 이리하여 두 나라 모두 글로벌 금융위기 이후 그 지속가능성에 근본적 의문이 제기된 미국식 경제시스템의 총화라 할 수 있는 FTA 모델을 자국에 도입하게 된다. 그것이 양국에 적합한 모델인지 여부는 좀 더 시간이 흘러야 검증될 것이다.

6. 형해화하는 동아시아, 난망한 지역통합

한반도가 속해 있는 동북아, 나아가 ASEAN까지 아우르는 동아시아는 역내국 간의 지난한 갈등과 대립의 역사로 점철되어왔고 지금 이 순간에도 군사적 긴장과 영토분쟁의 불씨를 안고 있는 지구상의 화약고 중 하나이다. 그 와중에 세계 지역주의 조류에 발맞춰 이 지역에서도 시장 주도의 경제통합이 이루어져왔고 이를 바탕으로 통합의 제도화를 추구하려는 기운이 강화되며 1990년대 후반부터 FTA 체결이 확산되었다. 하지만 이 지역의 FTA 체결 경쟁의 이면에는 경제적 요인만이 아닌 복잡한 외교안보적 요인도 자리하고 있다. 그로 인해 실질적으로 복잡한 양자 간 FTA 경쟁이 광역의 지역경제통합체 형성으로 이어지지 못하는 형국이다.

필자는 이러한 지역적 특성을 '이중세력전이(dual power transition)'라는 개념으로 접근한다(김양희, 2013b). 즉 동아시아에는 글로벌 차원의 미국-중국 간에 더해 지역 차원의 중국-일본 간 세력전이가 중첩되어 있는 독특한 지정학적 특성이 이 지역질서를 강하게 규정하고 있다. 이중세력전이는 이 지역에서 경제와 안보의 협력공간을 가르고, 경제적으로는 금융 부문과 실물경제의 협력공간을 분리하는 '다층적 협력공간'을 배태하였다. 이와 같은 지역협력의 동력은 협력에 대한 공감대가 아닌, 이중세력전이가 낳은 견제와 배제의 논리다. 이중세력전이는 여기서 더 나아가 동아시아라는 지역적 공간 구획 자체가 모호해지는 상황까지 낳고 있다.

먼저, 안보 측면을 살펴보자. 한국과 일본은 역외국인 미국과 긴밀한 안보동맹 관계이다. 2016년 7월 한국이 북한의 핵미사일로부터 방어한다는 이유로 북한은 물론 중국과 러시아의 강력한 반발에도 불구하고 고고도미사일방어체계(THAAD)를 한국에 배치하기로 결정함에 따라 동북아에는 과거 그 어느 때보다 긴장이 고조되고 있다. 동북아는 이로 인해 한미일 대 중러 대 북한이라는 복잡한 갈등구도가 전개되는 차원으로 접어들었고 한국은 대중 경제협력에 제동이 걸린 데 그치는 게 아니라 신냉전구도라는 불덩이 속으로 몸을 던져 미국과 중국 사이에서 운신의 폭을 좁히는 결과를 자초했다. 이런 상황이 지속될 경우 동아시아의 지역협력 제도화는 난망할 것이다. 결과론적인 얘기이나 이런 사태가 일어나기 이전에 한중 FTA를 발효시킨 것이 그나마 한중 경제관계의 악화를 방지할 다소간의 기제가 될 수 있을지 지켜볼 일이다.

그간 동아시아에서는 13개국(ASEAN＋한중일, ASEAN Plus Three) 간에 외환위기 발생 시 유동성 지원 및 재발방지를 위해 2000년 5월 양자 통화스왑 장치인 '치앙마이 이니셔티브(CMI: Chiang Mai Initiative)' 창설을 필두로 하는 일련의 지역금융협력이 착실히 제도화의 결실을 맺어왔다. 1997년 7월 태국 바트화 폭락으로 점화된 동아시아 외환위기는 이 지역에 강력한 트라우마로 작용하여 역내국 간 경쟁심리에도 불구하고 이를 상쇄하고도 남을 협력유인이 작동한 것이다. CMI는 2010년 CMIM(Chiang Mai Initiative Multilateralization)으로 진화(⟨표 13-6⟩ 참조)하였고 역내거시경제감시기구(AMRO: ASEAN Macroeconomic Research Office)도 출범시켜 CMIM을 사실상의 역내 IMF로 만들기 위해 분주히 움직였다. 아울러 역내 채권시장 육성을 위한 아시아채권시장 육성(Asia Bond Market Initiative) 노력도 점진적으로 이루어져왔다. 그러나 이후 CMIM은 실제 발동된 적이 없으며, 중국이 배제된 미국 주도의 TPP가 추진되면서 사실상 중국과 일본이 긴밀히 협력해야 가능한 역내 금융협력사업은 표류하고 있는 실정이다.

그러는 사이 동아시아는 더이상 동아시아라 칭하기 모호한 지역으로 변모하고 있다. CMIM 창설 당시만 해도 역내 금융협력 공간

(단위: 억 달러, %, 배)

	분담금		수혜 한도	
	분담금	비중	인출 배수	최대 수혜 금액 (분담금×인출배수)
한국	384.0	16.0	1.0	384.0
중국	768.0	32.0		
중국(홍콩 제외)	684.0	28.5	0.5	342.0
홍콩	84.0	3.5	2.5	63.0
일본	768.0	32.0	0.5	384.0
한중일 합계	1,920.0	80.0	-	1,173.0
빅5 합계	455.2	19.0	-	1,138.0
스몰5 합계	24.8	1.0	-	124.0
아세안 합계	480.0	20.0	-	1,262.0
총 계	2,400.0	100.0	-	2,435.0

자료: 한국은행, 『한국의 외환제도와 외환시장』, 2016.

은 'APT', 즉 기존의 협의의 동아시아였다. 하지만 근래 들어 동아시아라는 지역이 형해화되는 게 아닌가 하는 의구심을 품게 된다. 즉 지역 협력공간으로서 동아시아라는 공간적 구획이 점차 정체성과 실효성을 잃고 있다. 그 조짐이 보인 것이 '동아시아정상회의(EAS: East Asia Summit)'의 참가국 확대 과정이다. 외환위기를 계기로 통상 동아시아를 지칭하는 범주로 자리잡은 'APT(ASEAN Plus Three)' 13개국이 2005년 출범한 지역협력체이다. 그런데 일본의 중국 견제 의도가 다분히 반영되어 2009년 친미·친일국가인 인도, 호주, 뉴질랜드가 합류하였다. 급기야 2011년에는 러시아와 미국도 가세하여 이제 EAS는 더이상 동아시아정상회의가 아닌 그 무엇이 되어버렸다. 이 와중에 정작 APT의 영향력은 점차 약화되고 있다.

동아시아의 정체성이 흔들린 결정적인 분수령은 다름 아닌, 중국

(단위: %)

순위	역내			역외		
	국가	지분율	투표권	국가	지분율	투표권
1	중국	30.34	26.06	독일	4.57	4.15
2	인도	8.52	7.51	프랑스	3.44	3.19
3	러시아	6.66	5.93	브라질	3.24	3.02
4	한국	3.81	3.50	영국	3.11	2.91
5	호주	3.76	3.46	이탈리아	2.62	2.49

자료: 한국은행, 『한국의 외환제도와 외환시장』, 2016.

이 주도하는 아시아인프라투자은행(AIIB: Asia Infrastructure Investment Bank)의 설립이다. 이제는 CMIM 단계에서 보인 역내국 간 강력한 협력유인도 사실상 찾아보기 어렵고, 적어도 AIIB에 한해서는 중국이 동아시아 지역을 뛰어넘어 글로벌 차원의 유례없는 대대적 개발협력의 구심점이 되는 상전벽해와도 같은 상황을 목도하게 된다. 〈표 13-7〉의 AIIB 지분율 및 투표권 현황을 보더라도 AIIB의 글로벌한 면모가 잘 드러난다. 동아시아라는 테두리가 이 지역의 이중세력전이로 인해 복잡하게 구획되면서 점차 무의미해지는 전기를 맞게 된 것이다.

실물경제 통합도 이중세력전이로 인해 복잡한 양상을 띠고 있는데 이는 '동아시아의 FTA 도미노'로 설명할 수 있다. FTA의 도미노 효과(Domino Effect)란 A국이 B국과 FTA를 체결하면, A 및 B와 수출시장에서 경쟁관계에 있는 C국은 A-B 간 FTA로 인한 무역전환효과(trade diversion effect) 발생을 우려하여 A나 B와 연쇄적으로 양자 간 FTA를 체결하는 것을 뜻한다. 이리하여 하나의 FTA가 또 다른 FTA를 촉발하면서 경쟁국 간에 FTA가 연쇄적으로 맺어지는 것을 바그와티(Bhagwati, 1991)는 '편승효과(bandwagon effect)'로, 볼드윈(Baldwin, 1993)은 '도미

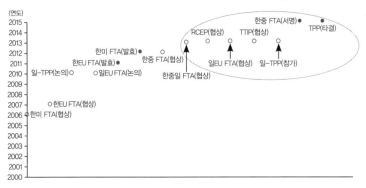

〈그림 13-5〉 동아시아의 FTA 도미노가 만들어낸 메가 FTA 시대

자료: 각종 자료를 토대로 필자 작성.

노 효과(domino effect)'로 설명한 바 있다. 필자는 동아시아에서 발생하는 FTA 도미노 현상의 요인으로 여기에 '이중세력전이'라는 정치경제학적 요인을 추가하고자 한다.

이중세력전이라는 동아시아적 특징은 한미 FTA를 시발점으로 하는 FTA 도미노를 낳았고 이는 오늘날의 메가 FTA의 출발점이 되었다. 〈그림 13-5〉에서 드러나듯 한국이 2006년 미국과 FTA 협상 개시를 선언하자 이는 즉각적으로 미국과 경쟁관계에 있는 중국의 한중 FTA 논의 개시를 초래하는 한편 2007년에는 미국과 또 다른 경쟁관계에 있는 EU와의 FTA 협상 개시로 이어졌다. 그뿐 아니라 한국과 경쟁관계에 있는 일본의 '환태평양경제동반자협정(TPP: Trans-Pacific Partnership Agreement)' 가입을 촉발했다. 일본이 한미 FTA 이후 미국 시장 내 자국기업의 한국기업에 대한 비교열위를 만회하는 동시에 동아시아 경제통합 주도권을 둘러싸고 중국을 견제하기 위해 미국과 공동전선을 구축하고자 한 것이다.[6] 결국 TPP는 2015년 타결되었다. 2010년에는 한

---

6. 일본의 TPP 참가 구상 배경 중 한국의 FTA 추진에 자극받은 점에 대한 논의는 김양희(2011)를

EU FTA에 자극받은 일본의 일EU FTA 논의 개시를 몰고 왔고 이윽고 2013년 내 협상 개시로 이어졌다.

한-EU FTA 협상이 2011년 발효되고 이듬해 3월에는 한미 FTA도 발효된다. 이에 더해 일본의 TPP 참가 구상도 가시권에 들자 이를 미국의 중국 포위망이자 '아시아로의 전략적 중심축 이동(pivot to Asia)'으로 인식한 중국은 같은 해 5월 한중 FTA 협상 개시로 맞섰다. 이는 2003년 이래 지지부진했던 한중일 FTA 논의를 협상 개시로 격상시키는 계기가 된다.

한중일 FTA는 TPP에 조바심이 난 중국, 한중 FTA로 인한 불이익을 상쇄하려는 일본, 더이상 지체 명분을 찾지 못한 한국의 '동상삼몽(同床三夢)'의 결과로, 한중일 정상은 2013년 협상 개시에 합의하였다. 이에 뒤질세라 ASEAN도 2012년 'ASEAN⁺' 형태로 한국, 중국, 일본, 인도, 호주, 뉴질랜드와 각기 체결한 6건의 FTA를 통합하는 '역내포괄적경제동반자협정(RCEP: Regional Comprehensive Economic Partnership)' 협상 개시를 선언한다. 마지막으로 동아시아 FTA 도미노의 대미를 장식한 것은 미국과 EU 간의 TTIP다.

이렇듯 미국, EU, 중국, 일본, ASEAN 등 세계 거대경제권이 급작스럽게 FTA 도미노에 합류하기까지 여러 요인이 복합적으로 작용했으나 필자는 특히 이중세력전이에 주목한다. 〈그림 13-5〉에서 보듯이 한미 FTA는 분명 동아시아 FTA 도미노의 도화선이 되었다.[7] 한미 FTA가 체결되는 순간 FTA의 도미노는 예고된 것이라 하겠다.

참고.
7. 동아시아의 중복적 양자 FTA 추진의 급진성은 NAFTA의 형성 과정과 비교해도 확연하다. NAFTA는 미국-캐나다 FTA(CUSTA)를 모체로 한다. 양국은 1986년 5월 협상을 시작하여 1989년 1월에 FTA를 발효하였다. 1990년 미국과 멕시코가 FTA 논의를 시작하고 1991년에는 캐나다가 삼국 간 FTA를 요청함에 따라 1994년 1월 NAFTA가 발효되었다. CUSTA 발효에서 NAFTA 발효까지 5년이 걸린 것이다.

그 결과 세계적으로 5건의 메가 FTA(한중일 FTA, RCEP, TPP, 일EU FTA, TTIP)가 추진 중이다. 그 가운데 2015년 우여곡절 끝에 TPP가 타결됨에 따라 전 세계의 이목은 RCEP 등 여타 메가 FTA 추진에 어느 정도 가속도가 붙을지로 모아졌다. 그러나 미국 대선과 맞물리며 TPP 타결 이후의 전망이 불투명해지면서 여타 메가 FTA도 별 진전을 보기 어려운 상황에 이르렀다. 필자는 이를 오히려 다행스럽게 생각한다. 만일 TPP가 타결 이후 일사천리로 발효되었다면 전 세계는 메가 FTA의 광풍에 휩쓸렸을 것이다. 그러나 이미 체결된 FTA가 어떤 긍정적 영향과 부작용을 가져올지도 예측하기 어려운 상황에서 또다시 상황에 내몰려 수동적으로 고강도의 광역 FTA를 추진하는 것은 위험천만이라 하겠다. 그 과정에 신속히 적응하기 곤란한 계층은 사회적 약자일 가능성이 높다. 이들에 대한 충분한 대비책도 마련하지 못한 상태에서 급속한 개방이 꼭 필요한지 묻고 싶다.

메가 FTA 추진에 속도조절이 필요한 보다 근본적인 이유는 동아시아 지역통합에 대한 신념 자체가 흔들리고 있기 때문이다. 아직도 진행 중인 유럽발 재정위기와, 그 끝도 보이지 않는 상황에서 터진 영국의 EU 탈퇴(Brexit) 국민투표의 충격은 우리가 그간 동아시아 지역의 미래비전으로, 구두선으로 칭송해온 경제통합, 나아가 동아시아공동체 담론을 뿌리부터 뒤흔들어놓기에 충분했다. 동아시아는 이중세력전으로 인해 양자 FTA의 도미노가 만들어지고 급기야 메가 FTA의 각축장이 되었다. RCEP, TPP로 갈리고 애써 만든 금융통화협력의 결실인 CMIM은 공중분해 직전이며 중국의 AIIB 추진으로 인해 동아시아라는 지역적 구획조차 모호해졌다. 우리는 이제 EU의 현주소를 바라보며 원점에서 다시 어디가 동아시아이고, 과연 배타적 경제통합이 필요한지, 그것이 가능하기나 한 일인지, 냉철히 돌아봐야 할 시점에 이르렀다.

7. 나가며

오늘날 한국의 대외의존적 성장전략의 중핵을 이루고 있는 한국 FTA정책에 대한 중간평가는 어떨까? 지난 10여 년 양적으로는 타의 추종을 불허하는 수준으로 단기간에 많은 상대와 FTA를 맺었다. 그러나 질적 측면에서는 FTA가 한국경제와의 선순환구조를 만들며 한국경제의 당면과제 해소에 기여하고 있는가 하는 질문에 자신 있게 답하기 어렵다. 미국과 EU는 외국과의 FTA 체결 시 무엇보다도 고용창출효과를 중시한다. 반면 국내에서는 지금까지 FTA 기대효과 분석 시 일천한 FTA 역사와도 맞물려 국내총생산과 산업생산, 교역 등 공급 측면의 총량지표에 비해 국내생산, 부가가치 및 고용창출에 대한 효과는 물론 무역자유화의 기본적인 동기라 할 수 있는 소비자후생 증대, 특히 서민물가 안정 등에 대한 관심은 상대적으로 미흡했다. 이제는 수출이나 FTA 건수보다 그것과 국내경제와 선순환하는가 하는 질문에 보다 많은 관심을 기울여야 할 때다.

한미 FTA의 경우 상당한 진통과 우여곡절 끝에 발효되었으나 아직까지 이에 따른 대대적 지각변동 조짐은 감지되지 않는다. 한미 FTA가 누구에겐 유토피아로, 또 다른 누구에게는 디스토피아로 그려졌으나 아직 섣불리 결과를 예단하기 힘들다. 한미 FTA 3주년, 한EU FTA 5주년을 맞은 현 시점에서 무역수지 여하에 일희일비하는 논쟁은 시기상조일 뿐 아니라 핵심을 비껴가는 것일 수 있다. 양 FTA의 핵심은 그것이 아니기 때문에 이보다 우리가 주시해야 하는 것은 서비스·투자 및 다양한 무역규범이 우리 경제사회에 미칠 영향이다.

뉴노멀 시대에 접어들어 어느 나라든 보호주의 및 배타주의 기조가 강화될 전망인바, 이는 앞으로 한국경제에서 수출의 성장기여도는 과거만큼 높기 어려움을 시사한다. 한편 FTA는 기존의 상품무역시장의 개방에 비교해 보다 고강도이자 서비스·투자·무역규범을 포괄하는 전면적 개방을 의미한다. 결국 이러한 고강도 개방이 의미하는 글로벌 무한경쟁 시대의 승자는 새로운 환경에 적응할 수 있는 계층이다. 그렇지 못한 패자는 결국 사회적 약자가 되는 것이다. 그렇다면 정부의 대응방향은 명확하다. 승자독식이 아닌 공생과 패자부활이 가능한 제도를 구축하는 것이다. 무엇보다 '관리 가능한 개방(manageable openness)'의 중요성을 강조하고 싶다. 이를 위해서는 FTA 효과에 대한 사후검증의 중요성을 지적하고자 한다. 특히 제도변화의 모니터링이 중요하다. 우리도 미국의 USITC 보고서와 같은 심도 깊은 FTA 체결의 사후적 영향 분석 보고서를 만들어야 할 것이다.

이제 진보 진영은 개방에 대한 모호하고 어정쩡한 태도를 극복해야 하지 않을까. 한미 FTA를 반대했던 진보 진영이 왜 한EU FTA나 한중 FTA에 대해서는 묵인하는 듯한 인상을 줬는가. 한미 FTA의 부정적 측면으로 인해 반대했으므로 이미 발효된 한미 FTA의 실패를 바라야 하는 건가. 이미 우리는 일국주의적 시각에서는 어떤 나라의 경제정책도 실효를 거두기 어려운 시대에 살고 있다. 한국경제의 당면과제 극복에 기여하는 대외경제정책 기조와 그에 조응하는 FTA정책을 모색해야 한다. FTA나 개방이 지닌 한계와 부작용은 인식하되 미래 경제성장에 대한 국민의 불안감이 투영된 FTA를 향한 막연한 기대감을 현실로 인정하고 거기에서 출발해 진보적 가치와 결합시켜야 한다.

일찍이 인구 고령화와 생산인구 감소에 따른 잠재성장률 저하 위기에 직면한 EU는 2006년 역외국과의 FTA 추진을 골자로 하는 '글로벌 유럽(Global Europe)' 전략을 수립하였다(COM, 2006). 그 연장선상에서 2010년에는 '유럽 2020(Europe 2020)'을 통해 성장잠재력이 큰 아시아와의 FTA 추진 등 대내외 정책을 연계한 성장정책을 추구하고 있다.[8] 일본도 2010년 고령화 대응방안으로 7대 성장전략 분야를 선정한

'신성장전략'을 표방하는데 이 중 중점 분야가 아시아경제의 활력을 흡수하고자 하는 '아시아 전략'이다(정성춘·이형근, 2010). 글로벌 금융위기 이후 수출배가전략에 주력하는 미국의 대응전략도 이러한 맥락에서 이해할 수 있다.

물론 이러한 해외 사례가 또다시 대외의존도를 높이는 악순환을 합리화시키는 것이 되어선 안 된다. 다만 고령화에 대한 처방으로 FTA에 주목하는 유럽과 일본의 사례는 고령화에 따른 잠재성장률 저하를 완화시키는 정책에 현실적으로 대외 부문도 포함되어야 함을 보여준다. 또한 우리보다 내수시장 규모가 훨씬 큰 이들 나라조차 수출에 주력하는 현실 또한 우리가 수출의존적 전략의 경로의존성을 단기간에 벗어나기란 지난한 과제임을 여실히 보여준다. 이에 수출의존적 성장전략의 취약성을 보완하되 대외개방을 관리하며 그 긍정성을 최대화하는 접근이 필요하다.

한국은 미국, EU, ASEAN, 중국이라는 거대경제권과 모두 FTA를 발효시킨 나라로서 추후 이러한 동시다발적 FTA의 영향을 평가할 때 이왕이면 FTA가 한국경제의 당면과제 중 무엇을 어느 정도 해소할 수 있을지 살펴보려는 시각을 견지해야 할 것이다. 이에 우리는 FTA 자체의 한계와 문제점은 인식하되 실재하는 FTA가 한국경제의 당면과제 해소에 기여하는 것이 되도록 다음과 같은 추진방향을 제시한다.

첫째, 무엇보다도 개방의 사후적 관리가 중요하다. 이에 '이득 체감형 FTA' 추진을 위해 'FTA 체감지수'를 개발하여 FTA 성과를 상시 모니터링할 것을 제안한다. 즉 FTA가 수출 증대만이 아니라, 중소기업 생산, 고용, 부가가치 등의 창출에 기여하며, 서민물가 하락[9] 등에 기여

---

8. 2010년 11월 발표된 '유럽 2020'의 통상정책은 2010~2015년 기간에 DDA(Doha Development Agenda) 협상 지속과 적극적인 FTA 추진, 규제 등 비관세장벽의 철폐 등 다섯 가지를 골자로 한다(COM, 2010; 강유덕, 2011).

하는지를 파악하는 'FTA 체감지수'를 개발해 일상적으로 모니터링하며 그 효과 제고에 노력하는 것이다. 또한 외국기업에 대한 조달 금지 등 하도급 기업에 대한 국내기업의 부당행위 근절, FTA를 통한 국내 대기업의 지대 약화, 외국인직접투자의 고용창출과 고부가가치화에도 기여하도록 유도해야 한다.[10]

둘째, 개방은 반드시 국내적으로 이해관계의 상충을 초래한다. 따라서 이를 원만히 조정하기 위한 '사회통합형 FTA'를 추진해야 한다. 사전적으로 FTA 협상 시 민감 품목을 엄밀히 파악하여 양허안을 수립하고 사후적으로는 개방에 수반되는 국내 열위산업의 구조조정을 원활히 하는 한편 보완대책의 이행과 미비점 검토에 더욱 충실해야 한다. 한국의 수출은 숙련 정도에 따라 고용 및 임금격차 확대를 초래하는 경향이 있다(최낙균·한진희, 2012). 따라서 향후 FTA 국내대책에는 무역자유화로 인해 피해를 입기 쉬운 비숙련노동자의 숙련 제고를 위한 현실적·실질적 프로그램 구축에 만전을 기해야 한다.

셋째, '공공성 추구형 FTA' 추진이다. 한미 FTA의 서비스 및 투자 챕터에서는 우리의 자율적 규제완화도 체약국에 자동 적용되며, 미래 유보에 적시해두지 않았을 경우는 일단 개방한 것의 역진이 불가능한 소위 '레칫 방식(ratchet mechanism)'이 도입되었다. 어떠한 규제완화에도 신중을 기해야 하는 이유가 여기에 있다. 포괄적이고 높은 수준의 FTA가 사회적 약자 보호와 생태 보호 같은 공공재의 무력화와 사법주권 훼손에 악용되지 않도록 세심한 주의를 기울여야 한다. 이를 위해선

9. 서진교 외(2012)의 분석에 따르면, 1996~2011년 기간 수입 소비재의 국내 도착가격은 하락했으나 국내의 독점적 시장구조와 비효율적 유통구조, 과시적 소비행태 등으로 최종 소비가는 하락하지 않았다.
10. 개방과 경쟁구조의 관계를 분석한 김영귀·박혜리·금혜윤(2011)에 의하면, 독점적 경쟁시장과 과점시장에서 특히 수입 증대로 인한 소비자후생 증대효과가 큰 것으로 나타난다.

FTA 추진 및 관리 과정에서 기업만이 아니라 사회 각계각층의 이해관계를 다양하게 반영하는 숙의 시스템이 필요하다. FTA 추진 과정에서는 업계뿐 아니라 소비자·시민사회·교육계, 나아가 노동자 특히 미래세대의 요구에도 귀 기울여야 한다.

넷째, '공존 추구형 FTA' 추진이다. 정부가 진정성 있게 역내경제 통합의 린치핀이 되고자 한다면, '경제영토' 운운하는 부박한 아제국주의적 발상을 거두고 상대국과의 호혜적 FTA 추진에 나서야 한다. 특히 개도국과의 FTA 추진 시에는 상대국 대상 ODA 추진목표와 연계하여 FTA 우산하에 다양한 협력 의제를 마련하는 등 무역과 개발을 연계하여 FTA를 설계할 필요가 있으며 친노동·친환경 챕터 도입에 힘써야한다.

다섯째, '평화 추구형 FTA' 추진이다. 한반도와 동북아의 지정학적 특성으로 인해 이 지역의 FTA는 실질적으로 통상정책적 맥락을 넘어선다. 동북아의 안정과 남북관계 진전에 기여할 것으로 기대되었던 개성공단이 전격 폐쇄되는 초유의 사태를 맞았다. 그 이전부터 여러 장애요인으로 인해 개성공단산(産) 제품의 FTA를 활용한 수출 증대는 사실상 거의 진전을 보지 못한 채 말이다. 그럼에도 불구하고, 장차 개성공단이 정상화되거나 제2의 유사 프로젝트가 추진될 경우에 대비해 현재 드러난 협정상의 근본적 결함 및 운영상의 문제점을 원점에서 재검토해야 한다. 북핵문제, 역사문제, 영토문제 등에 더해 사드문제까지 복잡하게 얽혀 있는 동북아에서 결과적으로 한중 FTA는 그나마 한중관계의 역진을 막을 수 있는 최소한의 장치로 활용할 필요가 있다. 우리는 지역의 평화 정착에 기여하는 복합대외전략의 한 방편으로 FTA를 활용해야 할 것이다.

14. 북한의 체제전환과 남북경제공동체

양문수

1. 머리말

언제부터인가 우리 사회에서는 남북한경제교류 확대, 나아가 남북경제공동체가 남한경제의 활로를 모색할 수 있는 새로운 돌파구가 될 수 있다는 목소리가 조금씩 커지기 시작했다. 특히 한국경제가 저성장의 늪에 빠졌다는 인식이 커질수록, 그리고 한국경제의 위기를 타개할 새로운 대안이 뚜렷하게 보이지 않는다는 공감대가 확산될수록 남북경협, 나아가 남북경제공동체에 대한 기대감이 커져갔다. 그리고 이러한 변화는 지난 2012년 대선 당시에 각 후보들의 공약에 반영되었다.[1]

　물론 남북경협과 남북경제공동체는 훨씬 이전부터 우리 사회에서 논의되어왔다. 다만 분단 상황의 극복, 남북한 평화통일 기반 구축, 한반도 긴장 완화 등 경제 영역을 넘어서서 정치군사적 영역 혹은 국가전

1.　2012년 대선 당시 여야의 유력 대선 후보들은 약간의 정도차는 있었지만 공통적으로 북한과의 경제협력이 남한경제의 새로운 성장 모멘텀이 될 수 있다는 데 인식을 같이했다. 특히 야권의 문재인 후보와 안철수 후보는 각각 '남북경제연합'과 '신북방시대'를 주요 공약의 하나로 내세우면서, 저성장의 늪에 빠질 우려가 있는 남한경제의 새로운 돌파구로서 남북경제협력, 북한을 매개로 한 동북아경제협력을 강조한 바 있다.

략 차원에서 접근하는 경우가 많았다. 실제로 김영삼 정부부터 노무현 정부까지 정부의 대표적인 통일방안은 '민족공동체 통일방안'으로서, 남북 간에 경제공동체를 우선적으로 형성하고 그 토대 위에 정치공동체를 형성한다는 것이 요체이다.

그런데 최근 들어서는 기업들의 투자 부진과 저출산·고령화에 따른 생산잠재력 저하, 양극화와 소득불평등 심화 등의 요인으로 한국경제가 장기 침체에 빠질 수 있다는 우려가 확산되면서 경제적 차원에서 남북경협, 남북경제공동체의 필요성과 의미에 대한 인식이 커지고 있다. 즉 남북경협, 남북경제공동체를 통해 북한은 남한에 대해 한편으로는 시장으로서 또 한편으로는 생산 기지로서 기여할 가능성이 크며, 따라서 규모의 경제 및 생산요소 보완이라는 측면에서 남한경제에 크게 기여할 수 있다는 것이다. 또한 남한의 국가위험도를 현저히 감소시킴으로써 남한의 국제신인도를 상승시킬 수 있으며, 나아가 동북3성(중국 동북쪽의 지린성·랴오닝성·헤이룽장성)을 비롯해 동북아 지역과의 경제협력 공간을 복원할 수 있는 등 여러 분야에 걸친 다양한 효과가 발생한다.

그동안 우리 사회는 남북경제공동체라는 지향점을 향해 이론과 실천의 영역에서 많은 노력을 기울여왔다. 그러나 현 시점에서 냉정히 평가한다면 그 성과는 매우 미미하다고 할 수 있다. 실천의 영역에서는 남북경제공동체 형성을 지향하면서 남북경협이 어느 정도 활기를 띠기는 했으나 개성공단 가동 전면중단 조치에서 나타나듯 이러한 움직임은 최근 명백한 퇴조의 양상을 보이고 있다. 이론의 영역에서는 그동안 남북경제공동체 문제에 대해 학계를 비롯해 여러 곳에서, 비록 단속적(斷續的)이기는 해도 나름대로 논의가 진행되어왔고, 일정 수준의 연구 성과도 축적되어 있다. 하지만 사안의 중요성에 비추어본다면 논의는 여전히 걸음마 수준에서 벗어나지 못했다고 해도 과언은 아니다.

이 글은 그러한 문제의식에서 출발해 다음 두 가지 연구과제를 설정한다. 첫째, 북한 사회주의 경제의 현주소를 평가하는 것이다. 특히 1990년대 초 사회주의권의 붕괴에 즈음하여 맞닥뜨리게 된 경제위기 상황에서 북한 정부가 위기에 어떻게 대응해 오늘날에 이르게 되었는지 입체적으로 평가한다. 특히 남한을 비롯해 외부세계와의 관계를 어떻게 설정하고 있는지 나아가 체제전환이라는 세계사적 흐름에서 어떻게 평가할 수 있는지도 살펴본다. 둘째, 남북경제공동체를 구축하기 위해 이론과 실천의 제 영역에서 이루어졌던 움직임을 평가하고 향후 과제를 도출하는 것이다. 이를 위해 그동안 우리 사회에서 이루어졌던 남북경제공동체 논의를 간단히 정리·평가하며, 나아가 남북경제공동체 논의의 바람직한 방향성을 모색한다. 또한 남북경제공동체의 초기 단계라 할 수 있는 남북경협의 역사를 간단히 정리·평가하며, 남북경협이 '제로'로 돌아간 현 시점에서 우리에게 주어진 과제가 무엇인지 생각해본다.

2. 북한경제의 현황과 평가: 체제전환의 관점

1) 북한경제 현황

북한은 사회주의권 붕괴의 여파로 1990년대 초부터 심각한 경제위기를 맞이했다. 1994~1997년은 대규모 기근과 '고난의 행군'으로 대변되듯 북한경제가 나락으로 떨어진 시기로 기록되었다. 한국은행의 추정[2]에 따르면 북한은 1990년부터 1998년까지 9년 연속 마이너스 성

---

2. 다만 한국은행이 추정한 북한 국민소득 통계는 논란과 오해의 소지가 많다는 점을 고려해야 한다. 한국은행 추정 북한 국민소득 통계에 관한 객관적 이해를 위해서는 예컨대 문성민, "북한 국민소득 통계 소개 및 소득수준 비교", 한국은행 경제연구원 편, 『통계를 이용한 북한경제 이해』, 한국은행,

장(실질성장률 기준)을 나타냈다. 이 기간에 북한의 GDP는 무려 32.0%나 감소했다(〈표 14-1〉,〈그림 14-1〉 참조).

이러한 경제위기는 북한의 계획경제를 근저에서부터 뒤흔들어놓았다. 경제위기로 인해 에너지를 비롯해 거의 모든 산업에서 생산이 급격히 감소했다. 극심한 원자재 부족 현상이 발생했고, 중앙집권적 원자재 공급체계가 사실상 파괴되었다. 이에 따라 계획경제 시스템은 크게 손상되었고 공식적 경제가 제대로 작동하기 어렵게 되었다.

경제위기는 북한경제에 다양한 충격을 주었지만 일반 주민들의 입장에서 가장 고통스러운 것은 식량배급 체계가 와해되었다는 점이다. 1990년대 초부터 배급량이 줄어들기 시작해 1994~1995년부터는 배급이 사실상 중단되었다. 이에 따라 1990년대 중후반 대규모 기근이 발생했다. 당시 기근에 따른 인구 손실 규모는 최소 20만~30만 명에서 최대 300만 명으로 추정되고 있는데 정확한 규모를 파악하기는 매우 곤란하다.

반면 암시장이 창궐했다. 기존에 합법적으로 존재하던 소규모 농민시장이 경제난을 거치면서 대규모 암시장으로 탈바꿈한 것이다. 암시장의 창궐에 대해 북한 정부가 취한 태도는 통제와 묵인의 반복이었지만 큰 흐름으로 보아서는 묵인에 가까웠다(양문수, 2013, 20~24쪽 ·38~43쪽).

1990년대에 극단적으로 추락하기만 하던 북한경제는 2000년대 들어 상대적으로 소폭 호전되는 양상을 보이고 있다. 한국은행의 추정에 따르면 북한경제는 1998년에 바닥을 찍고 플러스 성장으로 돌아선 이후 2005년까지 7년 연속 플러스 성장을 기록했다. 그러다가 2006년 이후 마이너스 성장과 플러스 성장을 반복하다 2011년부터 4년 연속 플

2014 참조.

구분	1990	1991	1992	1993	1994	1995	1996	1997	1998	1999	2000	2001	2002	2003	2004	2005	2006	2007	2008	2009	2010	2011	2012	2013	2014	2015
명목 GNI (억 달러)	232	229	211	205	212	223	214	177	126	158	168	157	170	184	208	242	256	267	248	224	260	293	297	n.a	n.a	n.a
1인당 GNI(달러)	1,146	1,115	1,013	970	989	1,025	975	796	563	700	739	686	738	792	887	1,027	1,078	1,120	1,036	932	1,074	1,204	1,216	n.a	n.a	n.a
명목GNI (조 원)	16.4	16.8	16.4	16.4	17.0	17.2	17.3	16.8	17.6	18.7	19.0	20.3	21.3	21.9	23.8	24.8	24.4	24.8	27.3	28.6	30.0	32.4	33.5	33.8	34.2	34.5
1인당 GNI (만 원)	81	82	79	78	80	79	79	76	79	83	84	89	92	94	102	105	103	104	114	119	124	133	137	138	139	139
실질 경제 성장률(%)	-4.3	-4.4	-7.1	-4.5	-2.1	-4.4	-3.4	-6.5	-0.9	6.1	0.4	3.8	1.2	1.8	2.1	3.8	-1.0	-1.2	3.1	-0.9	-0.5	0.8	1.3	1.1	1.0	-1.1
대외무역 규모 (억 달러)	41.7	25.8	25.6	26.5	21.0	20.5	19.8	21.8	14.4	14.8	19.7	22.7	22.6	23.9	28.6	30.0	30.0	29.4	38.2	34.1	41.7	63.6	68.1	73.4	76.1	62.5
예산 규모 (억 달러)	166	172	185	187	192	n.a	n.a	91	91	92	96	98	n.a	n.a	25	29	30	32.2	34.7	36.6	52.4	58.4	62.3	67.6	71.2	68.6
대미 환율 (원/달러)	2.14	2.15	2.13	2.15	2.16	2.05	2.14	2.16	2.20	2.17	2.19	2.21	2.21 (1~6) 153 (7~12)	145.0	139.0	140.0	141.0	135.0	130.0	134.2	101.3	98.3	101.5	99.7	99.8	108.8

자료: 한국은행

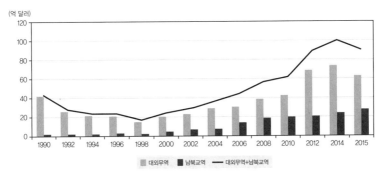

〈그림 14-1〉 북한의 대외무역과 남북교역 추이

(억 달러)

자료: 통일부, KOTRA

러스 성장세를 보였고, 2015년에는 다시 마이너스 성장으로 돌아섰다.

북한경제가 2000년대 들어 최악의 상황에서 벗어나 부분적으로는 개선되고 있지만 이는 어디까지 상대적 의미에서 그러하다. 북한의 경제총량(GNI)은 아직도 경제난 발생 이전 시점의 수준을 회복하지 못하고 있다. 식량난, 에너지난, 외화난은 여전히 심각한 상황이다.

2000년대 북한경제의 부분적 회복의 원인으로는 국제사회의 지원 및 대외무역 확대 등 대외경제관계의 개선, 1990년대의 극심한 후퇴 이후의 자연스러운 회복, 시스템의 부분적 작동, 산업정책 전환에 따른 낭비요소 감소, 시장경제 요소의 확산에 따른 국지적 효율성 향상, 재정능력의 부분적 회복에 따른 국가적인 투자 증가 등을 들 수 있을 것이다(양문수 외, 2012, 38~39쪽). 이들 요인 가운데 가장 영향력이 컸던 것은 대외경제관계 확대라는 데는 대부분의 전문가가 견해를 같이한다. 사실 2000년대 및 2010년대의 대외무역 증가세는 괄목할 만한 것이다〈그림 14-1〉 참조).

KOTRA의 추계에 따르면 북한의 대외무역은 1990년대에 전반적으로 큰 폭의 감소 추세를 보였지만 2000년대부터 뚜렷한 증가 추세로 돌아섰다. 2010년에는 경제위기 직전 해인 1990년의 실적(41.7억 달러)에 도달해, 20년 만에 종전 수준을 회복했다. 2014년(76.1억 달러)에는 1990년 실적의 2배에 육박해 눈길을 끌었다.[3]

다만 중국에 대한 의존도가 높아지고 있으며, 한국의 5·24조치 이후 중국에 대한 편중세는 더욱 심각해지고 있다. 1990년 북한의 전체 무역(남북교역 제외)에서 중국이 차지하는 비중은 25%에 불과했으나 2000년대 들어서는 크게 상승하여 2005년 50%를 넘어섰고 2010년에는 83.0%, 2015년에는 91.3%(사상 최대치)로 상승했다.

대외무역과 함께 2000~2010년대 북한경제의 부분적 회복을 이끌고 있는 쌍두마차가 시장화(혹은 비공식경제)이다(이석, 2014; 김석진, 2015). 2002년의 7·1경제관리개선조치(이하 '7·1조치')를 통해 부분적 합법성을 획득한 북한의 시장은 중간에 다소 우여곡절이 있었지만 지속적으로 확대되는 추세이다. 주목할 만한 것은 김정일 정권 말기 및 김정은 정권 출범 이후 북한 정부는 다양한 형태로 시장에 개입하고 시장을 공식 제도 내에 편입시키면서 동시에 시장의 성장을 추동하고 있다. 이제 북한 정부가 시장에 대한 태도를 바꾸어 시장과의 타협, 나아가 시장과의 공존을 모색하고 있다는 해석[4]이 힘을 얻고 있다.

3. 북한경제와 개혁·개방, 체제전환

오늘날의 북한경제는 개혁·개방이라는 관점에서 어떻게 평가할 것인

---

3. 하지만 2015년 북한의 대외무역은 전년 대비 18% 감소한 62.5억 달러를 기록했다.
4. 김정은 정권이 시장과의 공존을 모색하고 있다는 견해로서는 예컨대 박형중, "김정은 시대 북한경제 변화에 대한 평가: 1980년대 후반 중국과의 비교", 통일연구원 Online Series, 2015. 4. 29; 이석기 외, 『북한시장 실태 분석』, 산업연구원, 2014 참조.

가. 그 수준이 중국·베트남의 경험에 크게 못 미친다는 점은 부인할 수 없다. 하지만 1990년대 초부터 시작된 경제난 시기 이전, 이른바 고전적 사회주의 경제 시기와 비교하면 어떻게 될 것인가. 오늘날 북한경제의 성격을 전통적 계획경제라고 규정하는 사람은 거의 없다.

따라서 개혁·개방을 어떻게 정의할 것인가 하는 문제에서 출발해야 한다. 물론 경제개혁에 대해서는 매우 다양한 정의·정식화가 가능하다. 사회주의 경제이론의 대가라고 할 수 있는 코르나이(Kornai)의 정의에 따르면[5] 개혁은, 첫째 ①공식적 지배 이데올로기 또는 공산당 지배에 의한 권력구조 ②국가소유권 ③(관료적) 조정 메커니즘 등 세 가지 요소 가운데 하나 이상에 변화가 발생하고, 둘째 그 변화는 적어도 '적당히 급진적(moderately radical)'이어야 한다고 한다. 보다 단순화시키면, 경제개혁은 사회주의 경제제도의 대폭적 변경으로서 시장 메커니즘 이용 혹은 시장경제적 요소의 대폭적 도입이 그 변경의 핵심 요소이다. 따라서 경제개혁에서는 방향(시장 지향성)과 수준(범위와 정도), 차원(공식제도)이 동시에 중요해진다.

대외경제 개방은 다방면에 걸친 것으로서 이는 물자의 개방(무역), 자금의 개방(외자 도입)이 중심이지만 인적 개방(관광객, 기업관계자 등의 인적 교류), 그리고 외부의 문화(사상 포함) 유입도 빠뜨릴 수 없는 요소이다. 따라서 개혁과 개방은 수레바퀴의 2개 축이라는 관계에 있다.

개혁에서는 무엇보다 '시장'이라는 요소가 핵심적이다. 물론 여기에서 시장은 '장소(place)'로서의 시장이 아니라 시스템으로서의 시장을 말한다. 이제 북한에서 시장은 사반세기 역사를 보유하게 되었다. 경제위기도 장기화되고 있지만 시장화 역시 '장기화'되고 있다. 시장은 이

---

5. Kornai, J., *The Socialist System: The Political Economy of Communism*, Princeton University Press, 1992, p. 388.

제 북한경제 내에 깊숙이 편입되었으며, 시장 없는 북한경제는 상상조차 할 수 없게 되었다.

2002년 등장한 7·1조치는 비록 정책 패키지로서는 완결성이 부족하지만 매우 다방면에 걸친 정책을 담고 있다. 가격과 임금의 대폭적 인상, 환율 현실화, 기업의 경영자율권 확대, 식량과 생필품 배급제의 단계적 폐지, '사회주의 물자교류 시장'이라는 생산재 시장의 부분적 합법화 등이다. 나아가 2003년에는 이른바 '종합시장'이라 하여 소비재시장을 합법화했다. 7·1조치는 기존에 진행되던 '아래로부터의 시장화'를 허용하면서 이를 공식제도 내로 일부 편입시켰다는 의미가 있다. 초보적 경제개혁이라는 성격도 가지고 있다.

나아가 김정은 시대 북한은 2012년부터 '우리식 경제관리 방법'이라는 새로운 경제관리 체계를 시범 운영하였다. 이어 2016년 5월, 36년 만에 개최된 7차 당대회를 통해 북한 지도부는 '우리식 경제관리 방법'과 '사회주의기업책임관리제'에 김정은 시대 북한 경제개혁의 핵심 요소로서 최고 수준의 권위와 공식성을 부여했다. 이는 표면적으로는 생산단위의 자율성 및 인센티브를 확대하는 것이지만 내용적으로는 개별 경제주체들의 '시장'과 관련해 불법적이거나 반(半)합법적인 제반 활동의 상당 부분을 합법화하고 이를 통해 '시장'을 보다 적극적으로 활용하고자 하는 것이다.

한편 2000년대 들어 북한은 7·1조치와 함께 일련의 대외개방조치를 취했다. 7·1조치가 나온 지 2개월 만인 2002년 9월에 신의주 특별행정구 설치를 발표[6]했으며, 나아가 11월에는 '금강산관광지구법' 및 '개성공업지구법'을 공표해 이들 지역을 특구로 지정했다. 이어 2012년

---

6. 다만 신의주 특별행정구는 장관으로 임명된 양빈이 중국 정부에 의해 체포됨에 따라 사실상 무산되었다.

12월 북한은 '황금평 위화도 경제지대법'을 채택·발표했으며 '라선경제무역지대법' 또한 대폭 개정·발표했다.

또한 김정은 시대 들어서는 '경제개발구'라는 새로운 형태의 대외개방을 적극 모색했다.[7] 2013년 5월 경제개발구법을 채택·발표한 데 이어 같은 해 11월 각 도에 경제특구·개발구 14곳을 정해 발표했다. 이어 2014년 7월에 경제개발구 6개가, 또 2015년 10월에 1개가 추가로 지정·발표되었다. 이에 따라 북한의 경제개발구는 모두 21개로 늘어났다.[8]

그렇다면 오늘날의 북한경제는 체제전환의 길에 들어섰는가. 이 또한 체제전환을 어떻게 정의하는가에 달렸을 수 있지만 통상 '개혁'이 더욱 진전되어 종래의 사회주의 틀을 넘어설 정도로 경제제도가 대폭적으로 변경되면 이를 '체제전환'으로 파악한다는 점을 고려하면, 현재의 북한경제는 체제전환의 단계에 와 있다고 보기 어렵다. 실제로 오늘날의 북한경제를 두고 '체제전환'으로 규정하는 사람은 없다고 해도 과언이 아니다. 다만 긴 호흡에서 보면 체제전환의 맹아가 보인다고는 평가할 수 있다. 이른바 북한의 '변화'라는 방향에 초점을 맞춘다면, 즉 장기적인 관점에서 본다면 북한 또한 중국·베트남 등과 마찬가지로 탈사회주의 또는 시장경제로의 체제전환이라는 커다란 세계사적 물결에 휩쓸려가고 있다고 볼 수 있다. 앞서 보았던 시장화의 장기화, '우리식 경제관리 방법', 경제특구·개발구 설치 등의 정책을 이러한 맥락으로 볼 수 있다.

---

7. 김정일 시대 및 김정은 시대의 경제특구·개발구에 대해 보다 자세한 것은 배종렬(2014) 참조.
8. 물론 이러한 보편성에도 불구하고 북한의 경험에는 중국·베트남 등 다른 사회주의 국가와 구별되는 특징이 존재한다. 대표적인 것이 제도화의 수준 문제다. 그리고 이러한 특징은 오늘날의 북한경제를 두고 '개혁·개방'으로 규정할 수 있느냐 없느냐 하는 논쟁을 불러일으키는 요인이기도 하다.

4. 남북경제공동체 논의

1) 고전적인 남북경제공동체 논의

남북경제공동체에 관한 논의는 독일이 통일된 1990년 직후 활발하게 진행되었다. 독일의 경험을 분석하여 시사점을 도출하려는 시도가 급증하였으며, 이에 따라 이 시기 남북통합에 대한 가장 많은 연구는 급작스러운 흡수통일에 대비한다는 차원에서 수행되었다. 하지만 시간이 경과함에 따라 통일독일에서 급격한 통일의 후유증으로 많은 문제점이 발생하는 모습을 보면서 급진적 경제통합을 경계하는 목소리가 나오기 시작했다.

1998년 출범한 김대중 정부가 '사실상의 통일 상황'을 정책목표로 설정하고 대북정책이 교류·협력의 활성화와 제도화에 초점을 맞추게 됨에 따라 남한 내에서는 통일 및 통일방안에 대한 논의가 급격하게 위축되는 현상을 보였다. 대신 남북한의 경제교류협력 활성화 방안을 모색하는 논의가 증가하였다. 노무현 정부 시절에도 비슷한 경향이 이어졌다. 이후 이명박 정부 및 박근혜 정부 시절에는 간헐적으로 북한붕괴론이 고개를 들고, 이에 따라 비공개적으로 급진적 통일방안 및 남북경제 통합방안에 대한 논의가 다시 증가하기도 했다.

한편 독일의 경제통합은 나름대로 성과를 거두었지만 너무 큰 경제사회적 후유증을 가져왔다는 것이 대체적인 평가이다. 구서독 입장에서는 통일에 따른 경제적 부담이 당초 예상보다 크게 증가했고, 통일정부 입장에서는 재정부담이 급증했다. 구동독 입장에서는 실업이 크게 증가했고, 무엇보다도 자생적으로 성장할 수 있는 기반을 마련하지 못했다.

남북한 간의 점진적 통합은 그 당위성에도 불구하고 현실성 측면에서 많은 비판에 노출되어 있다. 예컨대 북한이 스스로 체제전환에 나설 가능성이 매우 낮고 남북경제통합에 강한 거부감을 가지고 있다는 것이다. 또한 남북관계가 악화되면 남북 간 합의에 의한 경제적 통합은 더욱 멀어질 가능성이 있다는 것이다.

한편 급진적 경제통합론은 이른바 북한 급변사태 문제와 깊은 연관이 있다. 물론 북한 급변사태가 남한 주도의 흡수통일을 보장하지는 않지만 그 가능성을 높여준다는 것이 급진적 경제통합론을 지지하는 사람들의 대체적인 생각이다.

남북경제공동체 분야에서 최근의 또 다른 논의로는 '급진적 정치통합 이후의 점진적 경제통합'[9], 즉 통일 후 북한경제의 한시적 분리 방안이 있다. 남북한이 정치통합은 급진적으로 이루지만 경제통합은 점진적으로 추진한다는 것이 그 골자이다. 급진적으로 정치적 통일을 이룬 이후 일정 기간 한시적으로 북한경제를 남한경제와 분리해서 관리·운영한다는 것이다. 하지만 이러한 주장이 현실의 세계에서 어느 정도 통용될 수 있을지, 얼마나 설득력이 있을지는 미지수이다.

2) 보다 확장된 남북경제공동체론

노무현 정부 시절에 등장한 평화경제론은 엄밀히 따지면 경제통합 이론이라기보다는 남북관계에서 정치와 경제의 관계 그리고 국제환경을 포괄적으로 이론화하고자 한 시도이다(이정철, 2008, 155쪽). 이는 평화와 경제의 선순환을 강조하는 입장이다(김연철, 2006). 즉 경제를 통한 평화 추구를 한 축으로 하고, 평화를 통한 경제협력의 발전을 다른 한 축으로 한다. 특히 북핵문제 해결이 남북경제협력의 발전 및 경제공동

---

9. 급진적 정치통합 이후의 점진적 경제통합에 관한 최근의 대표적 논의로는 이석 편(2013) 참조.

체 형성의 중요한 환경변수라는 점을 인정하지만, 동시에 경제협력의 지속과 발전이 북핵문제 해결과 안보 현안을 해결하는 과정에서 긍정적으로 작용한다고 보고 있다.

한편 '한반도경제'라는 개념은 그동안 간헐적으로 몇몇 학자가 사용해왔다. 필자도 몇몇 학자와 공동작업을 통해 초보적인 개념화 작업을 수행한 바 있다.[10] 한반도경제 구상이라고 이름 붙인 이 구상은 엄밀히 말하면 '개방적 한반도경제권'을 형성하기 위한 구상이다. 이는 남한경제, 북한경제, 동북아경제의 연관성 제고를 통해 형성되는 경제권이다. 이는 남한과 북한이 자율적인 국민경제체제를 유지하되 경제활동에서는 남과 북을 각각 별개의 단위로 사고하는 것이 아니라 한반도 전체를 하나의 단위로 사고한다. 아울러 한반도경제권은 적극적 대외개방을 펴는데 특히 동북아에 대한 개방의 수준을 대폭 제고한다. 동시에 지역·도시·기업 차원의 연계·결합 등 미시적 협력과 국가 차원의 시장통합과 정책통합 등 거시적 협력을 병행 추진한다. 아울러 남북관계의 측면에서 보면 남북연합 단계에 부합하는 남북경제통합을 가리킨다.

이정철(2008)은 이 이론을 두고, 북한에 대해 경제통합 영역뿐 아니라 지역(region) 형성 차원에서도 접근해야 할 필요성을 제기한 데 가장 큰 의의가 있다고 평가하고 있다. 다만 이 논의는 북한의 본격적 개혁·개방을 전제로 하고 있으며, 한반도경제권의 경계가 다소 모호한 것을 포함해 구상을 전략으로 전환하기까지는 적지 않은 숙제를 안고 있다.

한반도경제에 대한 또 다른 이론화로서 주목할 만한 것은 이일영(2009)의 논의이다. 그는 한반도경제란 남북한 각각을 개혁할 뿐 아니라 남북한을 통합하며 세계와 공존하는 새로운 체제를 의미한다고 밝

10. 자세한 것은 양문수·이남주(2007), 이수훈 외(2006) 참조.

히고 있다. 그는 특히 한반도경제가 국가-지역-사회경제조직이라는
세 바퀴로 굴러가는 세발자전거(tricycle)라고 강조함으로써, 기존의 국
가 중심적 남북경제통합 논의에서 벗어나야 한다고 주장하고 있다(이
일영, 2009, 5~6쪽). 그 자신이 주장하고 있듯이 새로운 진보의 대안으로
충분히 평가받을 만하다. 다만 이 논의는 경제통합의 수준과 단계, 남
북관계의 발전 수준에 대한 고려가 다소 약한 편이다. 또한 논의의 추
상 수준은 여전히 높아 구체성과 현실성을 채워나가는 것이 과제로 남
아 있다.

5. 남북경제공동체의 목적

남북경제공동체론을 재조명하려면 남북경제공동체 논의의 목적부터
다시 살펴볼 필요가 있다. 여기에는 크게 보아 세 가지 입장이 있다.

첫째, 남북경제공동체 논의의 목적은 기본적으로 남북정치통합의
달성, 즉 남북통일에 있다는 입장이다. 그리고 이 관점은 단일 국민국
가 건설이 완전한 통일, 완성된 통일이라는 인식에 기반을 두고 있다.
앞에서 보았던 점진적 경제통합, 급진적 경제통합, 급진적 정치통합 이
후의 점진적 경제통합을 비롯해 기존의 경제공동체 논의 대부분이 이
러한 관점을 수용한다.

사실 한국 정부의 통일방안도 오랜 기간 이러한 관점을 유지해왔
다. 김영삼 정부부터 노무현 정부까지, 정부의 대표적인 통일방안은 민
족공동체 통일방안이다.[11] 이는 점진적·단계적 통일방안으로서 핵심적

---

11. 이명박 대통령은 지난 2010년 8·15 경축사에서 평화공동체→경제공동체→민족공동체로 이어
지는 3단계 통일방안을 제시했다. 정부는 이 방안이 화해·협력→남북연합→1민족1국가통일국가의
3단계를 상정한 김영삼 정부의 민족공동체 통일방안을 계승하면서 평화통일을 위한 과제를 조금 더

요소의 하나가 바로 선(先)교류·협력이고, 교류와 협력에서 가장 선도적 역할을 하는 것은 경제 분야이다. 이러한 인식은 비단 정부 내에서뿐만 아니라 학계에서도 폭넓게 수용되어왔다.

다만 유념해야 할 것은 경제 교류·협력 활성화와 경제통합이 불가분의 관계임에도 불구하고 경제 교류·협력 활성화가 자동적으로 경제통합의 달성을 보장하지는 않는다는 점이다. 게다가 경제적 통합이 정치적 통합을 저절로 가져오리라고 기대하는 것은 비현실적이다. 경제적 관계의 진전이 정치적 관계의 진전을 불러일으키기도 하지만, 또 한편으로는 정치적 관계가 진전되어야만 경제적 관계도 진전이 가능하다.

한편 이러한 관점에서 남북경제공동체는 남북경제통합과 동의어이며, 사실상 남북정치통합의 하위 범주이다. 남북경제통합의 목적은 경제적 목적, 즉 남북한의 경제적 후생 증대라는 목적도 존재하지만 남북통일이라는 정치적 목적이 우선적이다. 이는 상황에 따라서는 정치적 목적과 경제적 목적이 충돌할 개연성을 내포하고 있다.

둘째, 통합 자체보다는 평화공존이라는 목표를 강조하는 입장이다. 소위 통합을 위한 평화도 가능하지만 통합 없는 평화공존도 가능하다. 신지역주의 시대의 경제협력이 굳이 통합을 필요로 하는 것이 아니라고 할 때, 이때의 경제통합은 통합 없는 평화공존을 목표로 한다. 여기서 평화는 소극적 평화가 아니라 갈퉁(J. Galtung)의 '적극적 평화', 즉 전쟁 없는 소극적 상태를 넘어 전쟁의 발생을 가능케 하는 긴장 요소들을 근본적으로 제거해나가는 개념으로서의 평화이다. 이는 평화담론과 통일담론의 보완재적 성격보다는 대체재적 성격을 강화하는 관점이다.

구체화한 것이라고 밝히고 있다. 하지만 이전 정부까지 화해협력 단계에서 동시적으로 추구해야 하는 과제로 상정되었던 평화공동체와 경제공동체를, 시간적 선후의 차원으로 구분한 것이야말로 이전 정부까지의 통일방안과 구별되는 특징이라는 지적도 있다.

앞에서 보았던 기존 경제공동체론 가운데 평화경제론이 여기 해당한다. 사실 평화공존식 접근법이라면 굳이 경제통합까지 추진할 필요가 없다는 역설이 제기될 수 있다. 실제로 평화경제론은 남북경제협력의 중요성, 남북경제협력의 확대·발전의 필요성은 강조하지만 경제통합까지는 이야기하고 있지 않다. 다만 이 경우에도 '적극적 평화' 수준의 평화를 달성하는 데 필요한 남북경제협력의 발전 수준에 대해서는 언급이 없다.

셋째, 경제적 통합 자체가 목적이라는 입장이다. 이 경우 남북경제공동체의 목적은 남북의 경제적 후생 증대가 된다는 것이다. 한국 내에서 경제공동체, 나아가 통일에 대한 논의의 역사적 흐름을 짚어보면 종전에는 남한이 북한과의 경제공동체를 통해 얻을 수 있는 이득에 대해 다소 회의적인 시각도 없지 않았으나 그러한 목소리는 시간이 갈수록 약해졌다. 특히 저성장 시대에 돌입한 한국경제의 돌파구를 북한과의 경제협력, 나아가 경제통합으로 찾아내야 한다는 목소리가 갈수록 커져왔다.

6. 남북경협의 현실

1) 남북경제공동체와 남북경협의 개념

경제공동체는 경제통합과 유사한 개념이지만 혹자는 경제통합보다 낮은 수준의 경제관계로 파악한다. 경제통합은 통상 2개 이상의 경제단위가 궁극적 목표인 단일 경제체제를 구축해가는 과정(process)이자 상태(state)를 지칭한다. 그런데 국가 간에 이러한 경제공동체가 형성된다고 해서 이것이 반드시 단일 국민국가로 발전해간다는 의미는 아니다. 상이한 국민경제 간의 경제공동체 형성이 반드시 정치적 통합을 전제로 하는 것은 아니다.

하지만 남북 간에 형성되는 경제공동체는 통일의 한 과정으로 인식되고 있다. 통일은 정치·경제·사회·문화 등 전반적 분야에서 통합이 이루어지는 과정이고, 이들 각 분야의 통합 과정이 서로 밀접하게 연관되어 있어 독립적으로 진행되기가 어려운 것은 분명한 사실이다. 그렇다고 해도 경제 분야의 통합이 상대적으로 빨리 이루어질 가능성이 있다는 점은 부정하기 어렵다.

기존에 한국 내 논의 구조에서 남북경제공동체는 점진적·단계적 통일방안에서 핵심 요소의 하나였다. 통일을 위해서는 경제공동체를 우선적으로 건설해, 그 기반 위에 정치적 공동체를 건설해야 한다는 것이다. 예컨대 '민족경제공동체 건설방안'[12]에서는 화해협력 단계, 남북연합 단계, 통일국가 완성 단계라는 3단계를 설정했는데 두 번째 단계인 남북연합 단계에 경제공동체 건설을 상정해두고 있다.

사실 남북경제공동체 건설은 여러 단계에 걸쳐 이루어지는 장기적 과정임에 유의할 필요가 있다. 매우 느슨한 형태의 경제공동체 건설부터 최종 목표인 완전한 경제통합에 도달할 때까지 형태를 달리하며 발전해가는 과정이다. 이러한 남북경제공동체가 건설되는 방식과 경로는 한마디로 잘라 말하기 어렵다. 남북경제공동체 건설은 기본적으로 통일의 방식과 경로에 크게 의존하기 때문이다. 따라서 매우 다양한 방식이 상정될 수밖에 없다.

한편 남북경제공동체와 남북경협의 관계를 보면, 무엇보다 남북경제공동체는 남북경협보다 한 차원 높은 경제관계라 할 수 있다. 남북경

---

12. 「민족공동체통일방안」은 우리 정부의 공식 통일방안으로 1989년 9월 노태우 정부 시기에 「한민족공동체통일방안」으로 처음 제시되었고, 이어 1994년 8월 김영삼 정부 시기에 「한민족공동체 건설을 위한 3단계 통일방안」(민족공동체 통일방안)으로 보완·발전되었다.

협에서 남북한 당국 간에 경제통합에 대한 지향성(목표)을 공유하면 이는 남북경제공동체의 초기 단계(혹은 기반조성 단계)로 파악할 수 있다. 다만 이는 엄밀히 보았을 때의 개념적 차원이고, 통상적으로는 남북경제공동체의 맹아 단계 혹은 초기 단계를 남북경협이라 칭하는 경우가 많다. 예컨대 '민족경제공동체 건설방안'에서는 앞서 말한 3단계 중 주로 첫 번째 단계인 화해협력 단계에서의 남북 간 경제관계를 남북경협으로 파악하고 있다. 그런데 경협 단계에서 경제공동체 단계로 발전하려면 여러 가지 경제적·경제외적 조건의 성숙이 필요하다. 단순히 경협이 확대발전한다고 해서 경제공동체로 넘어가는 것은 아님에 유의할 필요가 있다.

2) 남북경협의 전개 과정

남북경협은 1988년 노태우 대통령의 '민족자존과 통일번영을 위한 특별선언'(이른바 '7·7선언')을 계기로 공식적으로 막이 올랐다. 1988년 11월 (주)대우가 처음으로 북한 물품(도자기) 반입 승인을 얻고 이해 12월 말까지 4건의 반입 승인이 이루어졌다. 이에 따라 40년 만에 남북한 공식교역이 재개되었다. 이어 한국 정부는 남북경제 교류·협력이 이루어질 수 있는 법적·제도적 기반 마련에 착수했다. 1989년 6월, '남북교류협력에 관한 기본지침'을 제정해, 부분적이지만 제3국을 통한 북한 주민 접촉과 교역이 이루어질 수 있는 제도적 틀을 마련했다. 나아가 1990년 8월에는 '남북교류협력에 관한 법률'과 '남북협력기금법'을 제정했다.

1992년부터는 위탁가공교역이라는 새로운 경협 형태가 등장했으며, 1996년부터는 남한 기업의 대북 투자협력이 개시되었다. 아울러 1995년 북한에 대한 최초의 인도적 지원이 시작되었다. 다만 인도적 지원은 이후 중단되었다가 2000년부터 재개, 본격화되었다. 이어 1998년에 금강산관광사업이 시작되었고, 2000년에는 남북이 개성공단 개발사업에 합의했다.

1988년부터 시작된 남북교역은 이명박 정부 출범 전까지 양적으로 크게 성장했다. 전체 교역액은 1989년 0.19억 달러에서 2007년 17.98억 달러로 무려 95배나 증가했다. 내용적으로 보아도 그 발전 양상을 짐작할 수 있다. 1988년 남북경협이 공식 개막한 직후에는 일반물자교역이 중심이었으나 점차 위탁가공교역, 직접투자 등으로 발전했다.

2000년 남북정상회담 이후 남북경협은 중심축이 민간의 경협에서 공적 협력(정부 차원 혹은 민관 합동의 경협)으로 이동했다. 개성공단, 철도·도로 연결, 금강산 관광 등 3대 경협 사업 및 후속의 경공업·지하자원 협력사업이 대표적이다. 물론 일반물자교역, 위탁가공교역 등 순수 민간 차원의 경협도 지속되었다.

그런데 이명박·박근혜 정부 들어 남북경협은 위기적 상황에 봉착하게 되었다. 무엇보다도 이명박 정부 시대에 남북경협은 개성공단사업을 제외하고는 모두 중단되었다. 이는 5·24조치의 영향이 가장 크다. 지난 2010년, 북한에 대한 경제제재 차원에서 취해졌던 이 조치로 인해 직접적으로는 일반물자교역, 위탁가공교역 등이 중단되었으며(표 14-2 참조), 또 그 여파로 금강산관광사업의 중단 상태도 지속되었다.

박근혜 정부 들어 남북경협의 상황은 더욱 악화되었다. 2013년에는 개성공단사업이 6개월 가까이 중단되었으며 2016년 2월부터는 개성공단 가동이 전면중단 되면서 폐쇄 상태에 놓이게 되었다.

3) 남북경협에 대한 평가

역사적으로 보면, 남북경협이 대북정책에서 차지하는 위상은 정권

<표 14-2> 유형별 남북교역액 및 남북교역 총액 추이

(단위: 백만 달러, %)

연도 유형	2007	2008	2009	2010	2011	2012	2013	2014	2015
일반 교역	461 (51.7)	399 (-13.4)	256 (-35.9)	118 (-54.0)	0.2 (-99.8)	0.8 (273.0)	0.6 (-30.1)	0.2 (-69.7)	- (-)
위탁 가공	330 (30.4)	408 (23.8)	410 (0.3)	318 (-22.5)	4 (-98.8)	0 (-100.0)	- (-)	- (-)	- (-)
개성 공단	441 (47.5)	808 (54.5)	941 (16.3)	1,443 (53.4)	1,698 (17.7)	1,961 (15.5)	1,132 (-42.3)	2,338 (106.5)	2,704 (15.7)
기타	566 (14.6)	204 (-63.9)	73 (-64.4)	34 (-53.2)	12 (-64.0)	9 (-26.3)	3 (-66.0)	5 (50.9)	10 (100.0)
총액	1,798 (33.2)	1,820 (1.2)	1,679 (-7.7)	1,912 (13.9)	1,714 (-10.4)	1,976 (15.3)	1,136 (-42.4)	2,343 (106.3)	2,714 (15.8)

주: 기타는 금강산 관광 관련 반출입, 인도적 지원 등. 괄호 안은 전년 동기 대비 증감률.

자료: 통일부, 한국무역협회

에 따라 다소 상이했다. 김대중·노무현 정부에서는 남북경협이 결정적으로 중요했다. 대북정책은 교류협력 우선 정책이었으며, 교류협력을 통한 북한의 변화가 최대 목표였다. 반면 이명박 정부 들어와서는 남북경협의 위상이 다소 하락했다. 남북관계 교정, 북한의 정상국가화가 우선적 목표였으며, 사실상 안보 우선 정책[13]이었다고 볼 수 있다.

이하에서는 정부의 정책목표를 기준으로 김대중·노무현 정부의 남북경협정책을 평가해본다. 여기서는 크게 보아 보수적 시각과 진보적 시각으로 구분해서 논의를 전개한다. 물론 보수와 진보가 모든 사안에 대해 동일한 견해를 갖는 것도 아니고 또 보수와 진보 내에서도 다양한 스펙트럼이 존재하지만 이 글에서는 논의의 단순화를 위해 보수와 진보로만 구분한다. 실제로 김대중·노무현 정부는 진보정권으로, 이명박·박근혜 정부는 보수정권으로 규정되고 있으며, 각 정부의 대북정책

---

13. 조동호 편, 『공진을 위한 남북경협전략: 보수와 진보가 함께 고민하다』, 동아시아연구원, 2012.

<표 14-3> 기존의 남북경협에 대한 평가

평가기준 / 구분	진보적 시각	보수적 시각
남북관계 개선 효과	○	×
남북경제공동체 형성에 기여	○	×
북한의 개혁·개방 촉진	○	×
남한경제에 기여	○	×

에 정권의 성격이 가장 큰 영향을 미쳤음은 부인하기 어렵다. 한편 대
북정책에서 남북교류협력에 높은 우선순위를 두는 김대중·노무현 정
부의 남북경협정책에 대한 평가는 '남북경협' 자체, 특히 남북경협의
효과에 대한 평가와 맥을 같이한다.

그런데 〈표 14-3〉에 나타나 있듯이 기존의 남북경협에 대한 진보적
시각과 보수적 시각의 평가는 매우 대조적이다. 진보적 시각에서는 남
북경협이 남북관계를 개선하는 효과가 있었으며 남북경제공동체 형성
에 기여했고 북한의 개혁·개방을 촉진했으며 남한경제에 기여했다고
본다. 반면 보수적 시각에서는 기존 남북경협이 남북관계를 개선하는
효과가 없었으며 남북경제공동체 형성에 기여하지 못했고 북한의 개
혁·개방을 촉진하지 않았으며 남한경제에 기여하지 못했다고 보고 있
다.

한편 2010년 이후 남북경협의 개별 사업이 순차적으로 중단되는 과
정을 되돌아보면 몇 가지 공통점을 발견할 수 있다(〈표 14-4〉 참조). 즉
우발적 사고든 의도적 행동이든 북측에 의해 돌출적 상황이 발생하고
이에 대해 남측이 남북경협사업 중단으로 응수하는 것이다. 특히 북측
에 의해 야기된 상황이 일반의 예상 범위를 벗어나고 남측의 대응 또한
예상 범위를 벗어난 것이 눈에 띈다.

그런데 금강산관광사업, 일반물자교역 및 위탁가공교역(5·24조치),

계기 사업	중단시점	사건 및 북측 조치	남측 조치
일반물자교역, 위탁가공교역	2010. 5.	천안함 사건	5·24조치 (남북교역 중단)
금강산관광사업	2008. 7.	남측 관광객 피격 사건	금강산관광 중단
개성공단사업	2013. 4.	사업의 잠정 중단 선언 및 북측 근로자 철수	남측 주재원 철수
개성공단사업	2016. 2.	북한의 4차 핵실험 및 장거리 로켓 발사	개성공단 전면중단

개성공단사업이 순차적으로 중단되었다는 것은 남북 간 게임구조에 편입되는 남북경협사업의 범위가 점차 확대되었다는 의미도 갖는다. 즉 남북경협에서 정경분리 원칙이 단계적으로 허물어졌다는 뜻이기도 하다. 이는 남북관계 자체가 더욱 악화되는 과정과 병행적으로 진행되고 있다.

물론 이는 남북한 당국 공히 국내의 정치적 요인과 결코 무관하지 않다. 남한 내에서는 그동안 남북경협정책, 나아가 전반적 대북정책을 둘러싼 이른바 진보와 보수 간 견해차, 사업의 성과 및 한계성에 대한 양측의 시각차 등이 복합적으로 작용해 남북경협을 놓고 적지 않은 사회적 갈등이 누적되었던 상황에서 정권교체가 이루어지고, 이에 따라 남북경협정책은 롤러코스터를 탔다. 또한 북한 내에서는 원래 남북경협에 대한 근원적 딜레마가 있던 상황에서 김정은 체제 출범 이후 대남정책의 예측 불가능성이 확대되었다.

7. 개성공단, 남북경협과 남북경제공동체에 대한 재조명

1) 남북경협과 남북경제공동체의 의미

개성공단이 전면중단 및 폐쇄 상태에 들어감으로써 이제 남북경협은 완전히 중단된 상태이다. 이 시점에서 남북경협과 남북경제공동체를 재조명하지 않을 수 없다.

우선 한국경제의 입장에서 남북경협은 어떤 의미가 있었을까. 무엇보다도 먼저 떠오르는 것은 북한발 리스크와 한반도 리스크 완화를 통해 한국경제에 간접적으로 기여했다는 점이다. '평화효과'라고 보아도 좋을 것이다. 즉 남북경협으로 북한의 경제난이 완화되고 남북경협 확대에 따라 남한에 대한 북한의 경제적 의존도가 높아지면, 이는 당연히 남북관계에도 긍정적 영향을 미친다. 남북경협은 남북한 정치·군사적 갈등 분출을 제어하는 안전판 역할을 했으며, 남북경협은 남북 간 긴장을 완화하고 화해와 협력 분위기를 촉진해, 한반도 정세를 안정적으로 관리하고 남북관계를 개선시키는 중요한 수단으로 기능해왔다고 볼 수 있다.

2015년 남북교역 총액은 27억 달러로 이는 한국의 경제규모나 무역규모에 비하면 미미한 수준이기 때문에 남북경협이 한국경제에 미치는 파급효과는 아직은 제한적이다. 하지만 그 규모가 커질수록 그 파급효과 역시 커질 수밖에 없다.

남북경협의 확대 과정 또는 남북경제공동체 형성 과정은 북한경제의 성장 과정과 궤를 같이하게 되는데 그렇게 되면 비록 그 규모에 차이가 나기는 하겠지만 이는 중국이나 동남아시아의 성장이 남한경제에 기여하는 것과 유사한 형태로 기여할 가능성이 크다. 북한의 대외경제 관계의 협소함, 지리적 인접성, 언어 등 문화적 동질성 등을 고려할 때

북한의 경제발전은 남한경제와의 연계 심화를 수반하면서 이루어질 수밖에 없다.

이 경우 북한은 남한에 한편으로는 시장으로, 또 한편 생산기지로 기여할 것이다. 달리 보면 규모의 경제 및 생산요소 보완이라는 측면의 기여도 가능하다. 특히 초기에는 생산기지로서의 역할이 클 것이고, 이는 남한경제의 경쟁력 제고에 기여할 가능성이 크다. 개성공단 사례에서 보듯이 남한의 자본·기술과 북한의 토지·노동력이 결합함으로써 그렇게 되는 것이다.

개성공단의 경험에서 나타났듯이 북한 노동력의 임금수준은 중국이나 동남아보다도 경쟁력이 있다. 특히 우리 기업의 주요 투자처인 중국이나 베트남은 최근 임금이 급격히 상승하고 있으며 시간이 흐를수록 북한과의 격차가 확대되고 있다. 중국과 베트남의 임금이 상승함에 따라 한국의 노동집약적 산업 분야 기업의 상당수가 새로운 투자처를 필요로 하게 될 것이며, 이 경우 북한이 유력한 대안이 될 수 있다.

또한 북한에 진출할 경우 지리적 인접성, 동일한 언어 사용 등의 이점이 있어 추가적 비용 절감도 가능하다. 또한 한국에서 지속적 인력난을 겪는 중소기업에는 북한 진출이 노동력 확보를 위한 새로운 대안이라는 의미도 있다.

한편 중장기적으로는 일정 규모의 인구를 갖춘 경제권 형성이 가능해진다. 5,000만 명의 남한경제는 남북경제공동체 형성에 따라 7,000만 명을 넘어서는 인구를 갖게 된다. 북한경제의 발전이 일정 수준에 이르면 한반도 전체의 내수시장 규모가 최소효율 규모에 도달하게 되고 이는 규모의 경제 실현 가능성을 제고하는 효과가 있다.

또한 북한 지하자원 개발을 통한 해외 자원의 수입대체 효과도 존재한다. 특히 철광석과 석탄 등 주요 광물자원뿐 아니라 세계적 매장량을 자랑하는 마그네사이트 및 희토류인 마그네슘, 티타늄 등의 개발로 남한은 보다 저렴한 비용으로 그리고 안정적으로 자원을 확보할 수 있게 된다.

아울러 남북경제공동체 구축을 통해 남한은 동북아 지역과의 경제협력 공간을 복원할 수 있게 된다. 남한은 그동안 대륙에 연해 있는 반도이면서도 실질적으로는 육지에서 멀리 떨어진 섬과 같은 존재로 전락, 외국과의 인적 교류 및 상품과 용역 등 모든 물류의 흐름은 육지가 아니라 바다와 하늘을 통해서만 가능했다. 한국과 중국 동북3성 간의 교류는 이러한 물리적 제약을 받게 되었고 이에 따라 거래비용이 크게 증가한 상태이다. 하지만 남북통합이 이루어지면 남한은 동북3성을 비롯해 대륙과의 경제적 연계가 심화되는 발판을 확보할 수 있다. 특히 남북한 교통망과 TCR(중국횡단열차), TSR(시베리아횡단열차)의 연결로 유럽 등지로 이동할 때의 물류비 절감이 대폭으로 가능해지고 이는 한국과 유럽 등지의 경제적 교류를 확대 심화할 가능성이 크다.

또한 정부 지출에서 군사비 지출이 차지하는 비율을 낮춤으로써, 재정자금을 보다 생산적인 분야에서 활용할 수 있도록 해줄 것이다. 한국경제가 직면한 두 가지 과제(혁신과 통합), 즉 과학기술 혁신 분야 투자와 양극화 해소를 위한 각종 지원 프로그램에 추가적 자원을 재배분할 수 있을 것이다.

아울러 이른바 '북한문제' 해결로 남한의 '국가위험도(컨트리 리스크)'를 현저히 감소시켜 남한의 국제신인도를 상승시킬 것으로 보인다. 이는 증권시장에서의 이른바 '코리아 디스카운트'를 해소시켜 한국 기업의 주가를 올릴 가능성이 크다. 주가 상승으로 주식 소유자의 자산가치가 늘어나고 주식 소유자는 늘어난 자산가치에 대응해 소비를 확대하게 되는 것이다. 또한 주가 상승은 기업의 자산가치를 증대시킬 뿐 아니라 기업의 자금조달 비용을 낮춰주고 자금조달도 용이하게 한다. 동시에 국가신인도 상승은 국제 금융시장에서의 자금차입 및 외채상환

이자부담도 경감시키는 효과를 가져온다. 이와 함께 외국인직접투자 유치 증대에도 기여할 것으로 보인다.

2) 남북경협의 성과에 대한 정량적 접근

남북경협의 성과를 수치화해 표현하기는 용이하지 않다. 여기서는 예시 차원에서 선행 연구결과 하나[14]를 소개한다(〈표 14-5〉 참조).[15] 이 연구는 남북경협의 활성화와 제도화 진전의 계기를 마련한 것으로 평가되는 2000년 6·15정상회담 이후 8년간의 효과를 주로 분석한 것이다.

우선 경제적 측면을 살펴보자. 첫째, 대외신인도 제고효과이다. 즉 남북경협은 한반도 긴장을 완화하고 한반도평화의 기반을 닦음으로써 한국의 대외 신용등급 급락 예방 등을 통해 외채상환 부담을 경감시켰다. 즉 대외신인도 제고효과＝외채상환 이자부담 경감효과이다. 여기서 외채상환 이자부담 경감효과(77.8억 달러)＝총외채 규모(2000년 6월 말 ~2008년 3월 말 평균: 1,945억 달러)×금리인하 효과(0.5%p)×기간(8년)이다.

둘째, 내수경기 활성화 효과이다. 이는 다시 네 가지 범주로 나누어볼 수 있다. 우선 국민경제 활성화 효과이다. 즉 금강산 및 개성관광사업 추진상의 관광객 매출액 수입과 교통운수사업, 대북투자 등을 통해 내수경기 활성화에 기여한 효과 및 개성공단의 생산을 통한 효과이다. 국민경제 활성화 효과(10.9억 달러)＝〔연도별 관광객 수×(1인당 남측 관광 총수입-대북관광 대가)〕인데 여기서 1인당 남측 관광 총수입＝1인당 관광비용+현지 소비액+관광버스 요금이고 총소비액 중 남

---

14. 현대경제연구원,『남북경제통합의 길』, 2011. 2, 82~91쪽.
15. 물론 이 연구에서 제시하는 남북경협의 성과가 과연 얼마나 객관적인 수치인지에 대해서는 보다 많은 연구와 토론이 필요하다.

북 양측의 판매수입 비중은 공히 반분(50%)을 가정한다. 그리고 개성 공단의 2008년 5월 현재 총생산액은 37.4억 달러이고 수출액은 총 7.92억 달러로 2003년 기준 생산유발계수 1.890을 적용하면, 수출을 통한 국민경제 활성화 효과는 14.97억 달러에 달한다. 그리고 지역경제 활성화 효과(0.7억 달러)=연도별 관광객 수×강원도 지역 당일 관광객의 1인당 평균 소비액의 3분의 2이며, 공단 개발 및 관광 인프라 투자 비용(4.1억 달러)=원부자재 판매 수입=총투자비×원부자재 비중(61.6%)×남측 조달 비중(97%)이다. 마지막으로 인건비 절감효과는 금강산 지구 시설 운영과 개성공단의 북측 근로자 고용에 따른 인건비 절감효과로서 현재 시설 운영 시의 인건비 절감효과(0.5억 달러)=고용자 수×남북 간 생산성 격차(80%)×남북 간 임금격차로 계산된다.

다음으로, 예상 통일비용 절감효과이다. 우선 국방비 예산 절감효과인데 군축과 병력 감축으로 국방 부문의 예산이 현재(2008년 당시)의 2.6%에서 2.1%로 절감된다고 가정하면 국방비 절감효과(48.5억 달러)=2007년 GDP 대비 0.5%p(2.6%→2.1%)이다. 또한 긴장완화에 따른 군비확장 축소효과인데 이는 교류협력 활성화로 한반도 긴장이 완화됨에 따라 늘어나야 할 국방비가 늘지 않았다고 가정, 2001~2008년까지 매년 5%씩 절약되었다고 가정한다. 그러면 군비확장 축소효과(81.5억 달러)=연도별 국방비×감축효과(5%)이다. 아울러 군병력의 산업인력 전환효과도 있는데, 군병력 감축이 생산활동인구로 전환 시, 이 임금은 2007년 상용근로자의 월평균 임금(212.7만 원)을 적용한다. 그러면 군병력의 산업인력 전환효과(51.6억 달러)=현재의 군병력(67.4만 명)×감축 비율(30%)×상용 근로자의 연평균 임금(212.7만 원×12개월)이 된다.

분야	성과	소계

경제적
측면
	• 대외신인도 제고효과: 77.8억 달러
	• 내수경기 활성화 효과: 16.2억 달러
	   – 국민경제 활성화 효과: 10.9억 달러
	   – 지역경제 활성화 효과: 0.7 억 달러
	   – 공단 개발 및 관광 인프라 투자 비용: 4.1억 달러
	   – 인건비 절감효과: 0.5 억 달러
		94.0억 달러

정치·군사· 사회·문화적 측면	• 정치적 대립의 완충 및 가교 역할 수행: 비공식적 외교 채널 및 남북관계 개선의 연결고리 역할 • 한반도 긴장 완화와 '사실상의 평화적 통일' 구현의 장 제공 • 군사분계선의 북상효과: 금강산 관광과 개성공단 사업은 군사 분계선의 관통 및 북상의 의미가 있음 • 남북경협 합의서 체결 등 남북관계 제도화에 기여 • 문화공동체 형성의 기반 마련: 경협 추진 과정에서 빈번한 만남의 장이 마련, 상호이질감 해소 및 이해·협력 증진, 이산가족 상봉과 고향 방문 해결 돌파구 제공 • 상호 신뢰감 형성으로 각종 국제대회 동시 입장 및 응원, 남북한 체육·문화·종교 행사로 이어짐	
통일비용 절감	• 국방비 예산 절감 효과: 48.5억 달러 • 긴장 완화에 따른 군비확장 축소효과: 81.5억 달러 • 군병력의 산업인력 전환 효과: 51.6억 달러	181. 6억 달러
합계	275.6억 달러	

자료: 현대경제연구원, 『남북경제통합의 길』, 2011. 2.

3) 개성공단 사업의 성과

개성공단사업이 남한과 북한에 어떤 의미를 가지는지 짚어보려면 이 사업의 성과를 살펴볼 필요가 있다. 개성공단사업의 최대 성과는 명실상부한 남북상생의 경협모델 창출에 성공했다는 점이다. 남북경협 28년의 역사에서 최대 약점은 성공한 모델의 부재였는데 개성공단 1단계 개발의 성공으로 제2, 제3의 공단 개발, 즉 특구 형태의 남북경협 확대 가능성을 열어놓았다.

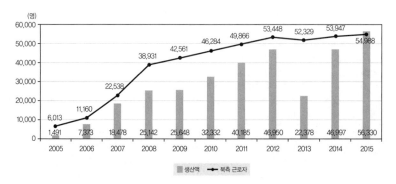

〈그림 14-2〉 개성공단 생산액 및 북측 근로자 수 추이

자료: 통일부

　　개성공단의 기본 개념은 남북한이 각자 비교우위를 갖는 생산요소를 결합한다는 것이다. 즉 남한은 자본과 기술, 북한은 노동과 토지가 각자의 비교우위인데 이들을 결합해 새로운 비교우위(연계비교우위)를 창출해 경쟁력을 제고한다는 것이 핵심이다.

　　남한경제의 입장에서 가장 큰 것은 한계 상황에 놓인 국내 중소기업에 새로운 활로를 제공한다는 점이다. 고임금과 고지가 등 고비용 문제에 직면해 경쟁력을 급격히 상실하고 있는 국내의 중소기업과, 중국 등 해외 진출이 어려운 한계 중소기업의 경쟁력을 회복시키는 것이다. 이를 통해 남한의 사양산업 구조조정 및 남한 산업구조의 고도화를 촉진하고 새로운 성장동력을 창출할 수 있다. 특히 그동안 개성공단은 우리 중소기업이 중국과 베트남 등지에 진출했으나 이들 지역에서의 경쟁력 상실로 인해 국내로 유턴을 희망하는 기업의 대안지로서 각광을 받아왔다.[16]

---

16. 자세한 것은 중소기업청·중소기업진흥공단, 『개성공단! 중국진출 Return 중소기업의 대안』, 중소기업진흥공단, 2008 참조.

개성공단은 또한 국내경제와 높은 산업연관효과를 가지게 되었다. 어느 조사연구에 의하면 2010년 현재 개성공단 입주기업들은 생산활동에 필요한 원부자재 등의 조달을 위해 업체당 평균 34.4개의 협력업체와 거래관계를 맺고 있으며, 연간 평균 거래규모는 47.9억 원에 달하는 것으로 나타났다. 또한 2005년부터 2010년 9월까지 개성공단으로 인한 생산유발효과는 47.4억 달러, 부가가치유발효과는 13.8억 달러, 고용유발효과는 1만 9,721명으로 분석되었다.[17]

한편 북한경제의 입장에서는 무엇보다 경제회생에 필요한 각종 자원을 제공받을 수 있다. 직접적으로는 근로자들의 임금뿐 아니라 공단 개발 및 운영과 관련된 각종 부대수입으로 외화수입 증대가 가능하다. 또한 일자리를 늘릴 수 있으며, 선진기술을 습득할 기회도 늘어난다.

아울러 남북한경제 전체의 입장에서는 개성공단사업을 통해 남북한 교류협력이 확대되고 한반도긴장이 실질적으로 완화되는 효과가 있다. 이는 남북한 모두에 대외신인도 제고 및 이에 따른 외자유치 확대를 가져오고, 남북경제공동체 형성을 촉진하는 효과도 존재한다.[18]

4) 입주기업의 눈을 통해 본 개성공단 사업[19]

개성공단에 입주한 우리 기업들은 개성공단사업에 대해 어떻게 인식하고 있었을까. 그동안 여러 차례 실태조사가 이루어졌는데 가장 최

---

17. 자세한 것은 조혜영 외, 『개성공단 기업의 국내산업 파급효과 및 남북산업 간 시너지 확충방안』, 지식경제부·한국산업단지공단, 2010 참조.
18. 물론 개성공단사업의 한계 또는 문제점도 적지 않다. 그 대표적인 몇 가지로는, 통신·통행·통관 등 3통 문제, 노동력 공급 문제, 전략물자 반출 문제, 원산지 규정 문제 등을 꼽을 수 있다. 하지만 개성공단사업의 이러한 한계성 또는 문제점이 개성공단사업의 여러 성과를 뒤엎을 정도로 크다고는 볼 수 없다.
19. 홍순직(2015).

근의 조사결과를 소개해본다. 현대경제연구원은 개성공단 가동 10주년을 맞이하여 2014년 7~8월에 개성공단 입주기업 CEO 및 책임자를 대상으로 설문조사를 실시했다. 총 125개 입주기업 가운데 28.8%인 36개사가 설문에 응답했다.

우선 개성공단 진출 배경과 동기에 대해서는 대다수 기업인 약 88.9%가 양질의 저렴한 노동력 활용이라고 응답했다. 그다음으로는 원부자재 조달 및 판매 시장 확보 용이(8.3%), 북한 시장 선점 효과(2.8%)순이었다.

개성공단사업이 남북관계 개선에 기여했는지 여부에 대해서는 '매우 성공'(47.2%), '다소 성공'(50.0%)이 압도적으로 많았다. 성공적이라고 평가한 내용을 부문별로 보면 '남북 상생의 경제협력모델 제시'(55.6%)라는 응답이 가장 많았고, 그다음으로 '남북 간 상호 이해 증진과 동질감 회복'(13.9%), '천문학적 통일비용을 대비한 통일 대비 시험장'(11.1%)의 순이었다.

입주기업들은 북한 근로자들의 근무자세 변화에 대해 '매우 향상'(41.7%), '다소 향상'(50.0%) 등 절대 다수인 91.7%가 긍정적으로 평가했다. 개성공단에서 생산되는 제품의 품질에 대해서는 입주 초기에는 국내 모기업 대비 50% 미만이라는 응답이 전체의 86.1%에 달했으나 현재는 8.3%로 대폭 줄었고, 모기업 대비 50% 이상이라는 응답은 입주 초기에 8.3%에 불과했으나 현재는 91.7%로 급증했다. 현재의 품질 수준에 대한 평가는 국내 모기업 대비 50~80%가 58.3%로 가장 많았고, 80~100%라는 응답도 30.6%에 달했으며 국내 모기업보다 우수하다는 응답도 2.8%나 되어 눈길을 끌었다.

북한 근로자의 노동생산성도 시간이 지남에 따라 크게 향상된 것으로 조사되었다. 개성공단 근로자들의 노동생산성은 입주 초기에는 국내 모기업 대비 50% 미만이라는 응답이 전체의 88.9%에 달했으

나 현재는 16.7%로 대폭 감소했고, 50% 이상이라는 응답은 입주 초
기에 11.1%였으나 현재는 83.4%로 껑충 뛰었다. 현재의 노동생산성
에 대한 평가는 국내 모기업 대비 50~80%가 63.9%로 가장 높았고,
80~100%라는 응답도 16.7%에 달했으며 국내 모기업보다 높다는 응
답도 2.8%나 되었다.

개성공단의 경쟁력에 대해서는 국내 모기업 및 해외 공단보다 '매
우 높다'(30.6%), '다소 높다'(61.1%)로 전체의 91.7%가 경쟁력을 높이
평가했다. 경쟁력을 보유한 부문에 대해서는 응답기업의 42.4%가 '저
렴한 노동력'을 꼽았고, 36.4%가 '동일한 언어 사용'을, 21.2%가 '지리
적 이점'을 지적했다.

입주기업의 수익성에 관한 설문에서는 2013년 4~9월의 일시 가동
중단 이전의 경우, 흑자 상태가 전체의 27.8%에 달했고, 손익분기 상
태가 44.4%였으며, 적자 상태는 27.8%에 불과했다. 다만 2013년의 일
시 가동중단 이후 흑자 기업은 줄고 적자 기업은 늘어 가동중단이 입주
기업에 경영상 큰 타격을 준 것으로 나타났다. 중간의 가동중단을 고
려하여 최초 공장 가동 이후 현재까지의 경영성과를 종합하면 전체의
38.9%가 적자 상태였고, 그다음으로 36.1%가 손익분기 상태, 25.0%
가 흑자 상태인 것으로 조사되었다.

흑자 기업의 경우, 흑자로 전환된 시점에 대해서는 '가동 후 3~4년
이내'라는 응답이 45.5%로 가장 많았고, '가동 후 1~2년 이내'라는 응
답도 18.3%나 되었다. 적자 기업들의 흑자 전환 예상 시점에 대해서는
'향후 1~2년 이내'라는 응답이 41.2%로 가장 많았고, 그다음이 '향후
2~3년 이내'(29.4%)였으며, '향후 1년 이내'라는 응답도 17.6%나 되었
다. 즉 현재 적자를 나타내고 있는 기업들도 향후의 경영성과에 대해서
는 낙관하고 있는 것으로 조사되었다.

개성공단사업의 확대 필요성에 대해서는 응답 기업의 86.1%가 공

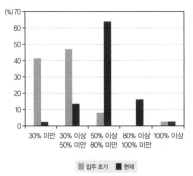

〈그림 14-3〉 개성공단 입주기업의 국내 모기업 대비 노
동생산성: 입주 초기와 현재(2014년)의 비교

자료: 홍순직, 2015, 219쪽.

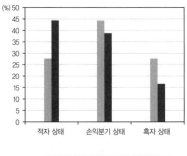

〈그림 14-4〉 개성공단 입주기업의 수익 상태:
일시 가동중단 전후

자료: 홍순직, 2015, 223쪽.

감을 표시했다. 또한 정부가 투자 확대를 허가할 경우 개성공단사업에 투자를 확대할 의향이 있는가 하는 질문에 대해서는 69.4%가 투자를 확대하겠다고 답했다.

8. 맺음말을 대신하여

이제 개성공단은 그 짧은 수명을 다하고 역사 속으로 사라지게 되었다. 우리 기업이 개성공단에서 공장을 돌리기 시작한 지 12년 만에 개성공단사업은 완전 좌초될 위기 상황에 도달했다. 개성공단은 그동안 25년의 남북경협 역사에서 사실상 유일하게 성공한 모델로 평가를 받았다. 남북경협의 최대 강점은 남한의 비교우위인 자본과 기술, 북한의 비교우위인 노동과 토지를 결합시켜 새로운 비교우위를 창출해 경쟁력을 제고하는 것이다. 이 과정에서 남북한 모두 경제적 이득을 얻게 되는 호혜적 상황이 창출된다. 개성공단은 이러한 틀에 딱 들어맞는 사업이었다. 하지만 남북관계 악화라는 쓰나미에 휩쓸리고 말았다. 경제적 논리는 정치적 논리에 압도당했다.

한국 정부가 2016년 2월, 개성공단 문제를 북한 핵개발과 직접 연계하면서 남북관계의 마지막 끈이었던 개성공단을 전면중단하는 조치를 취한 것은 1988년 노태우 대통령의 7·7선언 이후 이어져온 남북간 화해협력을 모색하는 대북정책의 종언을 의미한다. 이에 따라 남북관계는 노태우 대통령의 7·7선언 이전 시대, 혹은 1972년의 7·4남북공동성명 이전의 시대, 즉 화해와 협력은 전혀 고려되지 않고 오로지 대결과 반목만 존재하는 시대로 돌아가게 되었다.

한국경제가 저성장 위기와 장기 침체의 늪에서 탈출하려면 남북경협, 남북경제공동체를 통한 새로운 성장동력의 확보가 절실히 요구된다는 목소리가 점점 커져가지만 현실은 오히려 거꾸로 가고 있다. 이제는 남북경제공동체는커녕 남북경협의 싹마저 사라졌다. 한국경제의 위기를 타개할 새로운 대안이 뚜렷이 보이지 않을수록 남북경협, 나아가 남북경제공동체에 대한 기대감이 커져가지만 현실에서는 맹위를 떨치는 '안보위기론'에 파묻히고 있다.

이제 우리 앞에는 두 가지 길이 놓여 있다.

하나는 지금처럼 남북 간에 대결과 반목이 지속되면서 한반도의 긴장이 장기화하는 상황이다. 안보지상주의가 모든 것을 집어삼키면서 개성공단사업이 결국 재개되지 못하고 남북교역을 금지한 5·24조치는 여전히 유지되면서 남북경협 제로의 상황이 지속되는 경우이다. 또한 한국경제의 새로운 돌파구로서 남북경협이 실현되지 못한 채 한국경제가 저성장의 늪에서 헤어나지 못하는 상황이다.

또 하나는 우리 사회에서 개성공단을 비롯한 남북경협의 필요성과 그 의미에 대한 공감대가 확산되면서 개성공단사업이 재개되고, 아울러 5·24조치가 해제되면서 남북교역이 다시 활성화하는 상황이다.[20]

그러면서 남북경협이 위기에 처한 한국경제의 돌파구 마련에 일조하면서 한국경제가 저성장의 늪에서 빠져나올 단초가 마련되는 상황이다. 물론 그렇게 되려면 북한의 태도에도 변화가 필요하지만 한국 정부가 어떤 태도를 취하고 어떠한 정책적 제안을 하느냐에 따라 북한 정부의 호응 가능성도 전혀 없는 것은 아니다.

이러한 두 가지 길 중 어느 길을 가느냐는 외부의 여건도 중요한 변수가 되겠지만 일차적으로는 우리의 선택에 달린 문제이다. 한국경제의 운명을 좌우할지 모르는 중대한 기로에 우리는 서 있다.

---

20. 물론 남북경협이 재개된다고 해도 그 추진방식에 대해서는 재검토가 필요하다. 사실 남북경협이 기존의 틀로 이어지기 어렵다는 데는 상당한 공감대가 형성되어 있다. 그리고 이러한 재검토 과정은 단순히 정책당국, 전문가그룹의 범위가 아닌, 이를 넘어서서 우리 사회 전반에서 이루어져야 할 것으로 보인다.

참고문헌

서장: 자본주의와 민주주의: 불화의 시대 공존의 조건을 찾아서 – 이병천

기든스, 앤서니(2014), 『제3의 길』, 한상진·박찬욱 옮김, 책과함께.

유진오(1948), 대한민국 헌법 제안 이유 설명, 국회속기록, 제1회 국회, 제17차 본회의(『헌법과
　　　현대법학의 제 문제』(1975), 일조각에 재수록〕.

이병천(2007), 「세계화 시대 개방과 연대가 만나는 한국적 길은 있는가」, 학술단체협의회 편, 『한
　　　미 FTA와 한국의 선택』, 한울.

이주희(2012), 『고진로 사회권: 비정규직을 위한 대안적 복지 패러다임』, 후마니타스.

장덕진(2015), 「유로존 경제위기의 사회적 구성」, 서울대학교 사회발전연구소 기획, 『유로존 경
　　　제위기의 사회적 기원』, 한울.

정태석(2001), 「제3의 길은 원칙 없는 집권전략인가」, 『동향과 전망』, 50, 가을.

바텔스, 래리 M.(2012〔2008〕), 『불평등 민주주의: 자유에 가려진 진실』, 위선주 옮김, 21세기북
　　　스.

센, 아마티아(2013), 『자유로서의 발전』, 김원기 옮김, 갈라파고스.

슈트렉, 볼프강(2015〔2013〕), 『시간 벌기』, 김희상 옮김, 돌베개.

크라우치, 콜린(2012), 『왜 신자유주의는 죽지 않는가』, 유강은 옮김, 책읽는수요일.

폴라니, 칼(2010), 『거대한 전환: 우리 시대의 정치·경제적 기원』, 홍기빈 옮김, 길.

Boyer, R.(1999), "The varieties and dynamics of capitalism", in Groenewegen, J. and J.
　　　Vromen (eds.), *Institutions and the Evolution of capitalism*, Edward Elgar.

Johnson, C.(1982), *MITI and The Japanese Miracle: The Growth of Industrial Policy*,
　　　1925~1975, Stanford, CA: Stanford University Press.

Offe, C.(1984), *Contradictions of The Welfare State*, MIT Press.

Thelen K.(2014), *Varieties of Liberalization and The New Politics of Social Solidarity*, Cambridge University Press.

1부: 발전모델, 산업 및 기업경제

1. 현대 한국에 민주적 자본주의의 준거모델은 있는가?: 자본주의와 민주주의의 불균형 및 불화 – 이병천

강신욱(2012), 「노태우 정부 복지정책의 성취와 한계」, 강원택 편, 『노태우 시대의 재인식』, 나남.

게이치 츠네카・진창수(2002), 「중소기업발전의 정치경제학」, 문정인・오코노기 마사오 공편, 『시장・국가・국제체제』, 아연출판부.

김상조(2000), 「재벌과 금융, 그 진정한 개혁을 위하여」, 대한발전전략연구원.

_____(2003), 「기업지배구조의 변화」, 유철규 편, 『한국 자본주의 발전모델의 역사와 위기』, 나눔의책.

_____(2011), 「외환위기의 뿌리」, 유종일 편, 『박정희의 맨 얼굴』, 시사인북.

김원배(2003), 「노사관계정책」, 이원덕 편, 『한국의 노동』, 한국노동연구원.

김형기・서익진(2006), 「IMF 경제위기 직전에 존재했던 발전모델은?: 개발독재인가 한국적 포드주의인가」, 『경제학연구』, 54집 1호.

김형기(1997), 『한국 노사관계의 정치경제학』, 한울.

노중기(1997), 「한국의 노동정치체제 변동(1987~1997)」, 『경제와 사회』, 겨울호.

라이시, 로버트(2016), 『로버트 라이시의 자본주의를 구하라: 상위 1%의 독주를 멈추게 하는 법』, 안기순 옮김, 김영사.

로드릭, 대니(2011), 『더 나은 세계화를 말하다』, 제현주 옮김, 북돋움.

모리시마 미치오(2000[1982]), 『왜 일본은 성공하였는가』, 이기준 옮김, 일조각.

박중구(1997), 『산업구조의 고도화: 한국의 산업발전 역사와 미래비전』, 산업연구원.

박진(2012), 「세계화 시대 한국경제의 성장과 개방」, 박인휘 외 편, 『탈냉전사의 인식』, 한길사.

박찬종(2014), 「한국 부채경제의 정치경제적 영향에 관한 연구」, 서울대학교 사회학과 박사 학위

논문.

박찬표(2012), 「국내 냉전구조 극복의 시도와 좌절」, 박인휘 외 편, 『탈냉전사의 인식』, 한길사.

변형윤 외(1982), 『경제민주화의 길』, 비봉출판사.

_____(1992), 『국민은 이런 변화, 이런 정부를 원한다: 6공의 평가와 앞으로의 정책과제』, 정암 문화사.

슈워츠, 휴먼(2015), 『국가 대 시장: 지구경제의 출현』, 장석준 옮김, 책세상.

신동면(2012), 「한국 복지체제의 발전과 사회적 갈등 조정 장치로의 제도적 한계」, 최태욱 편, 『갈등과 제도』, 후마니타스.

신장섭·장하준(2004), 『주식회사 한국의 구조조정』, 장진호 옮김, 창비.

青木昌彦(2002), 移りゆくこの十年 動かぬ視点, 日本經濟新聞社.

유철규(1992), 「80년대 후반 이후 내수확장의 성격」, 『동향과 전망』, 2월호, 유철규(2000), 『구조 정의 정치경제학』, 풀빛, 98~99쪽.

이병천(1999), 「역사적 관점에서 본 한국경제의 위기해석」, 『경제학연구』, 47권 4호.

이병천·김균 편(1998), 『위기 그리고 대전환』, 당대.

_____(2000), 「발전국가체제와 발전 딜레마」, 『경제사학』, 28권 1호.

_____(2002), 「민주주의 이행과 시장의 시대」, 『시민과 세계』, 2.

_____(2007), 「우리 시대 후발 '이중혁명'에 대한 비판적 성찰」, 『역사비평』, 80, 가을.

_____ 편(2007), 『세계화 시대 한국 자본주의』, 한울.

_____(2013), 「소유, 통제, 축적: 자본주의와 민주주의의 화해와 불화」, 이병천·전창환 공편, 『사회경제 민주주의의 경제학』, 돌베개.

_____(2014), 「삼성전자의 축적방식 분석」, 조돈문 외, 『위기의 삼성과 한국사회의 선택』, 후마 니타스.

_____(2014), 「외환위기 이후 한국의 축적체제」, 이병천·신진욱 편, 『민주정부 10년 무엇을 남 겼나』, 후마니타스.

_____(2014), 『한국 자본주의 모델』, 책세상.

_____(2016), 「한국은 독일에서 무엇을 배울까: 박정희와 김대중을 중심으로」, 『동향과 전망』.

_____(2016), 「우리 헌법의 경제민주화 사상과 119조의 문맥」, 서울대 공익법센터, 경제민주화 심포지엄.

이영훈 편(2014), 『한국형 시장경제 체제』, 서울대출판부.

이장규(2012), 『대통령의 경제학』, 기파랑.

이정전(2007), 『토지경제학』, 박영사.

장진호(2012), 「한국노동체제의 특징과 유연화의 정치」, 최태욱 편, 『갈등과 제도』, 후마니타스.

_____(2013), 「금융지구화와 한국 민주주의」, 『기억과 전망』, 28.

장하준(2004), 『사다리 걷어차기』, 형성백 옮김, 부키.

전강수(2012), 『토지의 경제학』, 돌베개.

전창환(2004), 「1980년대 발전국가의 재편, 구조조정 그리고 금융자유화」, 유철규 편, 『박정희 모델과 신자유주의 사이에서』, 함께읽는책.

정구현 외(2008), 『한국의 기업경영 20년』, 삼성경제연구소.

정무권(2009), 「한국의 발전주의 생산레짐과 복지체제의 형성」, 정무권 편, 『한국 복지국가 성격 논쟁 2』, 인간과 복지.

정영태(1997), 「6공화국과 문민정부의 성격」, 최장집·임현진 공편, 『한국사회와 민주주의』, 나남.

정준호(2016), 「우리나라 산업화의 특성과 글로벌 가치사슬」, 이병천 외 편, 『자본주의와 민주주의의 불화』, 돌베개. (* 제목 확정 후 적용 필요합니다)

정진영(1997), 「민주화와 경제개혁: 한국 민주주의 공고화를 위한 경제적 조건」, 한배호 편, 『민주화와 개혁』, 세종연구소.

제솝, 밥(2002), 『전략관계적 국가이론』, 유범상·김문귀 옮김, 한울.

조성렬(1996), 「노태우 정권의 경제개혁과 국가전략의 변화」, 『한국정치학회보』, 30(2).

조성재(2007), 「대중소기업 간 관계와 혁신과제」, 한반도사회경제연구회 편, 『한반도경제론』, 창비.

조영철(2003), 「재벌체제와 발전지배연합」, 이병천 편, 『개발독재와 박정희 시대』, 창비.

조윤제(1995), 「광복 이후 우리나라의 금융정책에 대한 평가 및 앞으로의 정책과제」, 한국조세연구원 편, 『광복 후 50년간의 조세 및 금융정책의 발전과 정책』(제2권 금융정책).

조흥준(1999), 「의료보험 개혁운동의 성과와 과제」, 『월간 복지동향』, 15.

최영기 외(2000), 『한국의 노동법개정과 노사관계』, 한국노동연구원.

최장집(2010), 『민주화 이후의 민주주의』, 후마니타스.

최태욱 편(2012), 『갈등과 제도』, 후마니타스.

츠네카와 게이치·전창수(2002), 「중소기업 발전의 정치경제학」, 문정인 편, 『시장국가 국제체제』, 아연출판부.

한국경제60년사편찬위원회(2010), 『한국경제 60년사(1): 경제일반』, 한국개발연구원.

한국기독교산업개발원 편(1987), 『한국사회 민주화의 방향과 과제』, 정암사.

한반도사회경제연구회 편(2008), 『노무현 시대의 좌절』, 창비.

헨드슨, 그레고리(2013〔1968〕), 『소용돌이의 한국정치』, 이종삼·박행웅 옮김, 한울.

홍장표(2014), 대중소기업과 저진로 양극화 성장, 이병천·신진욱 편, 『민주정부 10년 무엇을 남겼나』, 후마니타스.

_____(1991), 「1970년대 이후 대자본의 중소자본 지배구조의 변화」, 양우진·홍장표 외, 『한국 자본주의 분석』, 일빛.

O'Donnell G. and Schmitter P. C.(1986), *Transitions from Authoritarian Rule*, The Johns Hopkins University Press.

Stiglitz, J. and H. Chang(2001), *The Rebel Within: Joseph Stiglitz at The World Bank*, Anthem Press.

Stiglitz, J.(2014), *Inequality, Wealth, and Growth: Why Capitalism is Failing*, gsb. columbia.edu.

2. 한국 산업화의 특성과 글로벌 가치사슬 – 정준호

김철식·조형제·정준호(2011), 「모듈 생산과 현대차 생산방식: 현대모비스를 중심으로」, 『경제와 사회』, 92호, 352~385쪽.

서익진(2003), 「한국 산업화의 발전양식」, 이병천 편, 『개발독재와 박정희시대』, 창작과비평사,

69~97쪽.

시오자와 요시노리 역(1999), 『왜 복잡계 경제학인가』, 임채성 옮김, 푸른길.

鹽澤由典(1997), 『複雜系經濟學入門』, 生產性出版.

이근·박태영 편(2014), 『산업의 추격, 추월, 추락: 산업주도권과 추격사이클』, 21세기북스.

정준호(2012), 「분배친화적인 산업정책의 가능성을 검토」, 유종일 편, 『경제민주화 분배 친화적
　　성장은 가능한가』, 모티브북, 203~239쪽.

정준호(2014), 「경제·산업구조와 발전주의 모델: 경제·산업구조 양극화의 기원」, 여유진 편, 『한
　　국형 복지모형 구축: 한국의 특수성과 한국형 복지국가』, 연구보고서, 한국보건사회연
　　구원, 111~147쪽.

정준호·이병천(2007), 「한국의 탈추격 시스템, 어디로 가는가: '생산-복지 체제'의 성격에 대한
　　시론」, 『제4회 사회경제학계 공동학술대회: 시장국가냐 복지국가냐』, 발표 논문집.

정준호·고영우(2014), 「고용과 지역산업정책」, 이규용 외, 『한국의 지역고용전략(1): 이론과 쟁
　　점』, 한국노동연구원, 41~73쪽.

정준호·조형제(2016), 「OECD 부가가치 기준 교역자료를 이용한 자동차산업 글로벌 생산 네트
　　워크의 특성 분석」, 『한국경제지리학회지』, 19(3), 491~511쪽.

조성재·장영석·오재훤·박준식·善本哲夫·折橋伸哉(2006), 『동북아 제조업의 분업구조와 고용
　　관계(Ⅱ)』, 한국노동연구원.

핫토리 다미오(2007), 『개발의 경제사회학』, 유석춘·이시라 옮김, 전통과현대.

Amador, J. and S. Cabral(2016), "Networks of value added trade", European Central Bank
　　Working Paper Series, No. 1931, July, 2016.

Amsden, A.(1989), *Asia's Next Giant: South Korea and Late Industrialization*, Oxford:
　　Oxford University Press.

BCG(2015), *The Robotics Revolution: The Next Great Leap in Manufacturing*, Boston: The
　　Boston Consulting Group.

Constantinescu, C., A. Mattoo and M. Ruta(2015), "The Global Trade Slowdown: Cyclical
　　or Structural?", IMF Working Paper, WP/15/6.

542

Dedrick, J., K. L. Kraemer and G. Linden(2010), "Who profits from innovation in global value chains?: a study of the iPod and notebook PCs", *Industrial and Corporate Change*, 19(1), pp. 81-116.

Farchy, E., K., Maguire J. O. Oliveira Martins and B. Tompson(2013), "A Regional (Place-based) Policy Approach for Innovation and Jobs", mimeo, Paris: OECD.

Feenstra, R.(2010), *Offshoring in the Global Economy: Microeconomic Structure and Macroeconomic Implications*, Cambridge, MA: The MIT Press.

Fujimoto, T.(2006), "Architecture-Based Comparative Advantage in Japan and Asia", in Ohno, K. and T. Fujimoto(eds.), *Industrialization of Developing Countries: Analysis by Japanese Economics*, National Graduate Institute of Policy Studies, Tokyo, pp. 1~10.

Hoekman, B.(2015), *The Global Trade Slowdown: A New Normal?*, Centre for Economic Policy Research, VoxEU.org eBook.

Koopman, R., Z. Wang and S.-J. Wei(2014), "Tracing value-added and double counting in gross exports", *American Economic Review*, 104(2), pp. 459~494.

Lazonick, W.(2005), "The Innovative Firm", in Nelson, R. R., D. C. Mowery and J. Fagerberg(eds.), *The Oxford Handbook of Innovation*, Oxford: Oxford University Press, pp. 29~55.

Levy, B. and. W.-J. Kuo(1991), "The Strategic Orientations of Firms and the Performance of Korea and Taiwan in Frontier Industries: Lessons from Comparative Case Studies of Keyboard and Personal Computer Assembly", *World Development*, 19(4), pp. 363~374.

Los, B., M. P. Timmer and de Vries, G. J.(2015), "How global are global value chains?: A new approach to measure international fragmentation", *Journal of Regional Science* 55(1), pp. 66~92.

Marshall, A.(1890), *Principles of Economics*, London: Macmillan Co. Ltd.

OECD and WTO(2013), *Trade in Value Added: Concepts, Methodologies and Challenges: Joint OECD–WTO note*, Paris: OECD.

Sabel, C. F. and J. Zeitlin(1997), *Worlds of Possibilities: Flexibility and Mass Production in Western Industrialization*, Cambridge: Cambridge University Press.

Schemitz, H.(1999), "Collective efficiency and increasing returns", *Cambridge Journal of Economics*, 23(4), pp. 465~483.

Sperling, G.(2013), "The Case for a Manufacturing Renaissance", The Brookings Institution, July 25, 2013.

Thelen, K.(2004), *How Institutions Evolve: The Political Economy of Skills in Germany, Britain, the United States and Japan*, New York: Cambridge University Press.

Timmer, M. P., E. Dietzenbacher, B. Los, R. Stehrer and G. J. de Vries(2015), "An illustrated user guide to the World Input-Output Database: The case of global automotive production", *Review of International Economics* 23(3), pp. 575~605.

3. 소득주도 성장과 산업생태계 혁신 – 홍장표

기획재정부(2014), 『새 경제팀의 경제정책 방향』.

김낙년(2014), 「한국의 소득분배: 소득세 자료에 의한 접근」, 『한국국제경제학회 동계 학술발표 논문집』.

대중소기업협력재단(2011), 『대중소기업 간 동반성장 문화 확산을 위한 창조적 동반성장모델 연구』.

박정일·장병기(2009), 「업종별 무역수지에 대한 환율의 장단기 영향력: ARDL Bounds Test를 이용하여」, 『산업경제연구』, 제22권 제6호, 한국산업경제학회, 2661~2686쪽.

이병천(2016), 「외부경제, 사회적 분업, 산업세계의 다양성: 마샬의 '경제학원리'와 숲의 경제학」, 『경제발전연구』, 제22권 제1호, 한국경제발전학회, 105~136쪽.

이진면·이용호·김재진·김혁중(2015), 『2012년도 대·중소기업 산업연관표 작성과 분석 연구』, 산업연구원.

중소기업중앙회(2015), 『중소기업통계』.

한국은행(2014), 「우리나라 중소기업의 성장기여도에 관한 연구」, 한국은행 연구보고서.

한국은행(2015), 『2013년 산업연관표 해설편』.

홍장표(2014a), 「한국의 노동소득분배율 변동이 총수요에 미치는 영향: 임금주도 성장모델의 적용 가능성」, 『사회경제평론』, 제43집, 한국사회경제학회, 101~138쪽.

_____(2014b), 「한국의 기능적 소득분배와 경제성장: 수요체제와 생산성체제 분석을 중심으로」, 『경제발전연구』, 제20권 제2호, 한국경제발전학회, 67~97쪽.

_____(2015), 「계층적 공급네트워크에서 기업간 준지대 이전과 수익격차」, 『사회경제평론』, 제47호, 한국사회경제학회, 65~102쪽.

홍장표 · 장지상(2015), 「대기업 성장의 국민경제 파급효과」, 『경제발전연구』, 제21권 제2호, 한국경제발전학회, 33~62쪽.

홍장표 · 김종호(2015), 「중소기업 금융지원의 효과분석: 대 · 중소기업 간 거래네트워크의 영향을 중심으로」, 『한국경제의 분석』, 제21권 제3호, 한국금융연구원, 185~240쪽.

홍장표 · 김종호(2016), 「기업의 노동소득분배율 결정요인: 계층적 공급사슬에서 아웃소싱의 효과를 중심으로」, 『산업노동연구』, 제22권 제1호, 한국산업노동학회, 307~330쪽.

홍장표 · 송영조(2016), 「지역산업의 기업 간 거래네트워크 분석」, 『지역사회연구』, 제24권 제1호, 한국지역사회학회, 91~116쪽.

Agiza, H. N., M. F. Elettreby, and E. Ahmed(1997), "On a Generalized Model of Biological Evolution", *Journal of Statistical Physics*, 88(3/4), 985~989.

ILO(2011), "Towards a Sustainable Recovery: The Case for Wage-led Policies", *International Journal of Labour Research*, 3(2), pp. 161~257.

Kooperman, R., Q. Powers, Z. Wang and S. J. Wei(2010), "Give Credit Where Credit is Due", NBER Working Paper, No. 16326.

Onaran, Ö. and E. Stockhammer(2012), "Wage-led Growth: Theory, Evidence, Policy", Political Economy Research Institute: UMASS, Working Paper Series No. 300, pp. 1~26.

Onaran, Ö. and G. Galanis(2012), "Is Aggregate Demand Wage-led or Profit-led? National and Global Effects", ILO Working Papers, Conditions of Work and Employment Series, No. 40.

Storm S. and C. Naastepad(2011), "The Productivity and Investment Effects of Wage-led Growth", *International Journal of Labor Research*, Vol. 3 No. 2, pp. 197~217.

UNCTAD(2010), "An Incomes Policy for Wage-Led Growth", Trade and Development Report.

4. 외환위기 이후 재벌정책 변화와 경제민주화 전망 – 송원근

강정민(2015), 「박근혜 대통령의 공약이행 평가Ⅴ」, 경제개혁연구소, 경제개혁리포트 2015-10호.

경제개혁연대(2012), 「제19대 국회 개혁입법과제 제안: 재벌정책과 하도급정책을 중심으로」, 『경제개혁이슈』, 2012년 1호(http://www.ser.or.kr).

공정거래위원회(2015a), 「공정거래위원회 대기업집단 내부거래 현황 분석 결과」, 2015. 8.

_____(2015b), 「2015년 공정거래법상 지주회사 현황 분석 결과」, 2015. 10.

_____(2015c), 「2015년 대기업집단 지배구조 공개」, 2015. 12.

구본성(2007), 「외환위기 이후 국내 간접금융의 구조적 변화와 향후 과제」, 「금융연구」 21(별책), 29~53쪽.

금융감독원(2016), 「2015년 퇴직연금 영업실적 분석 결과」, 금융감독원 퇴직연금 통계(2. 12).

김기원(2002), 「한국자동차산업의 구조조정을 둘러싼 쟁점」, 「산업노동연구」, 제8권(1), 1~38쪽.

김남근(2012), 「중소상인 보호와 재벌개혁의 과제」, 「시민과 세계」, 제21호, 271~283쪽.

_____(2015), 「경제민주화정책 3년의 평가와 과제」, 「경제민주화 성과와 과제」, 2015 사회경제정책포럼_제3회 경제민주화 분야 자료집(7. 1).

김병권(2012), 「재벌개혁과 경제민주화 방향」, 『재벌체제 개혁과 경제민주화: 어떻게 실현할 것인가? 쟁점 진단과 대안 모색』, 민노총·새로운사회를여는연구원 주최 기획토론회 자료집(2. 15).

_____(2013), 「왜 다시 재벌개혁인가?: 경제민주화와 보편 복지의 동반추진 전략」(http://www.true-story.co.kr/news/articleView.html?idxno=8062).

김상조(2011), 「재벌 중심 체제의 한계: 경제력 집중 심화 및 폐쇄적 지배구조의 폐해와 극복 방안」, 미간행.

_____(2012a), 『종횡무진 한국경제』, 오마이북.

_____(2012b), 「유럽의 기업집단법 현황 및 한국 재벌개혁에의 시사점」, 민주정책연구원 용역 보고서, 2012. 7.

_____(2012c), 「경제민주화의 의미와 과제」, 『경제와 사회』, 통권 96호, 112~140쪽.

_____(2014), 「기업집단 규율체계의 새로운 패러다임 모색」, 한국경제발전학회 정책토론회 발표문(7. 9).

_____(2015), 「New Normal 시대의 경제민주화」, 동반성장연구소, 제20회 동반성장포럼 발표문.

김성구(2013), 「재벌개혁, 재벌타협? 재벌몰수가 정답」, 미간행.

김용열·윤우진(2013), 「추격 관점의 제조업 성과와 시사점」, 산업연구원, 이슈페이퍼 2013-304.

김우찬(2015), 「국민연금기금의 주주권행사 실태와 개선방안」, 미간행.

김진방(2012a), 「경제민주화와 재벌개혁」, 『사람과 정책』, 봄호, 10~28.

_____(2012b), 「경제 민주화와 재벌 개혁」, 한반도선진화재단-좋은정책포럼 주최 특별전문가 토론회(3. 13).

김현미 의원실(2015), 「1,835개 상장사 2008년~2014년 전수조사: 전체 사내유보금 845조 원, 30대 기업 551조원」, 보도자료(9. 13).

박상인(2015), 「경제력집중 토론문」, 국가미래연구원, 경제개혁연대·경제개혁연구소 공동토론회([보수진보대토론회] 재벌의 경제력 남용과 상생경제, 어떻게 보아야 할 것인가?, 2015. 10. 27).

박순성·이상호(2012), 「고전적 자유주의와 경제민주화」, 『황해문화』, 76호, 8~26.

박형준(2013), 『재벌, 한국을 지배하는 초국적 자본』, 책세상.

새로운사회를여는연구원(2012), 「소득주도 성장전략이 대안이다」, 새사연 브리핑(4. 12).

송원근(2008), 『재벌개혁의 현실과 대안찾기』, 후마니타스.

_____(2013), 「기업집단 개혁과 경제민주화: 미국, 독일, 일본의 비교」, 이병천·전창환 편, 『사회경제민주주의 경제학』, 돌베개.

_____(2014), 「삼성재벌의 지배구조 변화와 이재용시대」, 『사회경제평론』, 제44호, 177~220쪽.

_____(2016a), 「외환위기 이후 재벌정책 변화와 개혁 방향」, 『기억과 전망』, 34호, 103~148쪽.

_____(2016b), 「경제민주화 출발점으로서 재벌개혁의 방향」, 『동향과 전망』, 제98호, 7~43쪽.

신기주(2013), 『사라진 실패: 기업의 성공 신화에 가려진 진실』, 인물과사상사.

신용옥(2007), 「'민주화' 20년의 경제민주화, 그 굴곡과 해체」, 『역사비평』, 통권 81호, 109~139쪽.

양재진(2006), 「한국의 대안적 발전모델의 설정과 민주적 국가자율성 및 국가능력의 복원을 위하여」, 『국가전략』, 12(2), 119~146쪽.

오마이뉴스(2015), 「재벌의 사내유보금, 이렇게 사용하자」, 2015. 9. 6.

위평량(2015), 「재벌의 경제력 남용과 상생경제, 어떻게 보아야 할 것인가?」, 국가미래연구원, 경제개혁연대·경제개혁연구소 공동토론회([보수진보대토론회] 재벌의 경제력 남용과 상생경제, 어떻게 보아야 할 것인가?, 2015. 10. 27).

위평량·채이배(2010), 「상장기업의 실효법인세율에 관한 분석」, 『경제개혁리포트』, 2010. 7. 20.

유철규(2013), 「경제민주화와 박근혜정부: 중간평가와 대안적 과제」, 『동향과 전망』, 제89호, 71~106쪽.

이병천(2013a), 「어떤경제민주화인가-시장사회/경제에서시민사회/경제로」, 『시민과 세계』, 제22호, 106~125쪽.

_____(2013b), 「김대중 모델과 한국경제 97년 체제」, 『기억과 전망』, 통권 28호, 144~184쪽.

이병천·정준호·최은경(2014), 「삼성전자의 축적방식 분석: 세계화시대 한국 일류기업의 빛과 그림자」, 『동향과 전망』, 제92호, 129~173쪽.

이상승(2008), 「재벌규제 정책의 새로운 패러다임 모색: 경쟁법 집행의 강화 및 기업집단에 관한 회사법의 도입」, MS IT 포럼 발표문.

이상헌(2014), 「소득주도성장: 이론적 가능성과 정책적 함의」, 『사회경제평론』, 통권 43호, 67~99쪽.

이재형(2012), 「대·중소기업 관계에 대한 정책과제」, 『KDI Focus』, 통권 21호(10. 4).

이정환(2014), 『한국의 경제학자들』, 생각정원.

임영재(2015), 「토론문」(재벌의 경제력 남용과 상생경제, 어떻게 보아야 할 것인가? 2015. 10. 27).

임원혁(2005), 「한국경제와 재벌개혁」, 『시민과 세계』, 제7호, 187~205쪽.

장세진(2008), 『Sony vs Samsung, 삼성과 소니』, 살림biz.

장지상·홍장표(2016), 「기업의 거래형태 및 외부기술 활용이 혁신성과에 미치는 영향」, 『경제발전연구』, 22(1), 27~59쪽.

장진호(2013), 「금융 지구화와 한국 민주주의」, 『기억과 전망』, 통권 28호(겨울), 183~225쪽.

장하준 외(2012), 『무엇을 선택할 것인가』, 부키.

전병유·정준호(2015), 「한국 경제성장체제의 재구성을 위한 시론」, 『동향과 전망』, 제95호, 9~43쪽.

전성인(2012), 「경제권력으로서 재벌과 사회적통제: 케인즈의시각으로 본 경제민주화」, 『황해문화』, 76호, 47~61쪽.

정태인·새사연(2012), 『리셋코리아』, 미래를소유한사람들.

조영철(2003), 「재벌체제와 발전지배연합」, 이병천 편, 『개발독재와 박정희 시대』, 창작과비평사.

조영철(2007), 『금융세계화와 한국경제의 진로-민주적 시장경제의 길』, 후마니타스.

최장집·박찬표·박상훈(2007), 『어떤 민주주의인가』, 후마니타스.

최태욱(2013), 「조정시장경제와 합의제 민주주의의 상호보완성」, 『기억과 전망』, 통권 29호, 겨울, 506~549쪽.

피케티, 토마(2014), 『21세기 자본』, 장경덕 외 옮김, 글항아리.

하준·정인환·채이배(2015), 「산업정책의 실효성 제고를 위한 경쟁 및 구조조정 정책의 개선방안」, 산업연구원 연구보고서, 2015-763.

홍장표·남종석(2015), 「소득주도성장과 산업생태계의혁신」, 한국사회경제학회 2015년 가을 학술대회 발표문(11. 20).

Arrigo, G. and G. Casale(2010), "A Comparative Overview of Terms and Notions on Employee Participation", ILO.

Goodhart, C., B. Hofmann and M. Segoviano(2004), "Bank regulation and macroeconomic fluctuations", *Oxford Review of Economic Policy*, Vol. 20(4), 591~615.

ILO(2011), "Towards a Sustainable Recovery: The Case for Wage-led Policies", *International Journal of Labour Research*, 3(2), Geneva.

Kim, ByungCheol, JeongSik Lee and Young-mo Lim(2011), "Dynamic competition in technological investments: An empirical examination of the LCD panel industry", *International Journal of Industrial Organization*, 29, 718~728.

Pisano, G. and W. Shih(2009), "Restoring American Competitiveness", *Harvard Business Review*, 87(7), July-August, 114~125.

Wahl, A.(2011), *The Rise and Fall of the Welfare State*, Pluto Press〔『지금 복지국가는 어디로 가고 있는가』(2012), 남인복 옮김, 부글북스〕.

2부: 노동, 금융, 부동산

5. 노동시장의 구조변화와 정책대응 – 전병유

이정현(2004), 「한국 노동조합은 어느 노동자집단을 위한 조직인가?: 1987~1999년까지 집단별 노조 임금효과의 변화」, 『인사조직연구』, 제12권 제2호, 105~142쪽, 한국인사조직학회.

장지연(2011), 「복지국가의 노동정책」, 복지국가소사이어티, 『역동적 복지국가의 길』, 도서출판

믬.

전병유(2011), 「노동-복지의 정합성: 유연안전성을 중심으로」, 장지연 외, 『노동시장 구조와 사

회보장체계의 정합성』, 한국노동연구원.

조성재 외(2013), 『한국 노사관계 시스템 진단과 발전방향 모색』, 한국노동연구원.

조성재·정준호·황선웅(2008), 『한국경제와 노동체제의 변화』, 한국노동연구원.

황덕순(2011), 「한국의 복지국가 발전과 노동」, 『경제논집』, 제50권 제3호, 295~337쪽.

Acharya, V., R. Baghai and K. Subramanian(2010a), "Wrongful Discharge Laws and

Innovation", Working Paper, New York University Stern School of Business.

_____(2010b), "Labour Laws and Innovation", Working Paper, New York University Stern

School of Business.

Hoekman, B.(2015), *The Global Trade Slowdown: A New Normal?*, Centre for Economic

Policy Research, VoxEU.org eBook.

Hwang, D. S. and B. H. Lee(2011), "Low wages and policy options in Korea: Are Policies

working?", Paper presented at the second conference of Regulating for Decent

Work, 6~8 July 2011, Geneva.

MacLeod, W., and V. Nakavachara(2007), "Can Wrongful Discharge Law Enhance

Employment?", *The Economic Journal*, 117, F218~F278.

Malgarini, Marco, Massimo Mancini and Lia Pacelli(2013), "Temporary hires and

innovative investments", *Applied Economics*, Taylor & Francis Journals, vol.

45(17), pp 2361~2370, June.

Van Vliet, Olaf and Henk Nijboer(2012), "Flexicurity in the European Union: exibility for

outsiders, security for insiders", MPRA Paper No. 37012.

6. 한국금융의 진단과 금융시스템 개혁의 과제: 경제민주화의 관점에서 - 유철규

구본성(2006), 『자본시장통합법 제정에 따른 금융권역별 영향』, 한국금융연구원.

국민경제자문회의(2006), 『동반성장을 위한 새로운 비전과 전략』.

금융연구원(2010), 「금융선진화를 위한 비전 및 정책과제」, 2010. 2. 8.

금융위원회(2008), 대통령 업무보고 속기록, 2008. 3. 28.

기획재정부(2008a), 「7% 성장능력을 갖춘 경제: 2008년 실천계획(Action Plan)」, 2008. 3. 10.

_____(2008b), 「7% 성장능력을 갖춘 경제: 세부 실천계획」, 2008. 3. 10.

김상조(2009), 「이명박 정부의 금융정책 평가」, 서울사회경제연구소 편, 『경제위기와 현 정부의
　　　　경제정책 평가』, 한울.

김형태(2006), 「자본시장통합법의 경제적 기대효과」, 2006. 2. 17, 재경부 출입기자단 세미나.

대한민국정부(1998), 『국민과 함께 내일을 연다』, 43~46쪽.

주한미국상공회의소(2005), 『2005 정책보고서』.

신현송(2010), "Procyclicality in Advanced and Emerging Economies", Presidential
　　　　Committee for the G20 summit and the FSB(2010), Korea-FSB Financial Reform
　　　　Conference, Sep. 2~3, 2010.

유철규(2010), 「한국금융 어디로 가고 있는가」, 『G20을 넘어 새로운 금융을 상상하다: 글로벌 금
　　　　융개혁과 재정문제의 해법을 찾아서』, 금융경제연구소기획, 도서출판 밈.

이정우(1998), 「DJnomics 반년의 평가」, KDI, 『재도약을 위한 새로운 패러다임』.

자본시장연구원 외(2010), "G20 and the New Financial Order", Conference, April 20, 2010.

재정경제부(2002), 「금융정책의 새로운 패러다임」.

조복현(2010), 「G20 금융개혁 논의와 그 한계」, 금융규제강화와 투기자본과세를 위한 시민사회
　　　　네트워크 토론회 자료집, 『지구적 금융재정위기와 한국 시민사회의 과제』, 2010. 9. 30.

한국경제학회(2010), 14차 국제학술대회, Plenary Session II.

한국은행(2009), 「2008년 중 외환시장 동향」, 2009. 1. 19.

7. 부동산 문제의 실상과 부동산정책의 전개 – 전강수

국정브리핑 특별기획팀(2007), 『대한민국 부동산 40년』, 한스미디어.

김근용·김혜승·박천규·이윤상(2015), 『공공임대주택 공급체계 개선방안 연구』, 국토연구원.

김수현(2011), 『부동산은 끝났다』, 오월의봄.

김윤상(2009), 『지공주의』, 경북대출판부.

박원석 의원실(2014), "부동산 100분위 현황 보고서".

원윤희(2014), 「부동산 관련 조세정책의 평가와 개선과제」, 『부동산포커스』, vol. 74, KAB 부동산연구원.

이정우(2015), 「한국은 왜 살기 어려운 나라인가?」, 이정우·이창곤 외, 『불평등 한국, 복지국가를 꿈꾸다』, 후마니타스.

이종권·김경미·권치홍·박상학(2013), 『공공임대주택 50년 성과와 과제』, 한국토지주택공사 토지주택연구원.

전강수(2012), 『토지의 경제학』, 돌베개.

_____(2011), 「공공성의 관점에서 본 한국 토지보유세의 역사와 의미」, 『역사비평』, 94호.

조태형·최병오·장경철·김은우(2015), 「우리나라의 토지자산 장기 시계열 추정」, BOK 경제리뷰.

조태형(2016), 「토지자산의 장기 추이가 현 부동산시장에 주는 시사점」, 『부동산포커스』, vol. 92, KAB 부동산연구원.

주상영(2015), 「피케티 이론으로 본 한국의 분배 문제」, 『경제발전연구』, 제21권 제1호.

천현숙(2016), 「공공과 민간의 거버넌스에 의한 주거복지 정책 개선 방향」, 『부동산포커스』, vol. 92, KAB 부동산연구원.

피케티, 토마(2014), 『21세기 자본』, 장경덕 옮김, 글항아리.

토지+자유연구소(2012), 『사용자 중심의 토지와 주택을 위한 정책과제』, 민주정책연구원.

한국은행·통계청(2014), "국민대차대조표 공동개발 결과".

_____(2016), "국민대차대조표 작성 결과".

8. 한국형 복지국가와 재정개혁 과제 - 강병구

강병구(2015), 「자본소득과 노동소득의 공평과세 방안」, 이병희 외, 『경제적 불평등 실태와 정책 대응』, 한국노동연구원.

_____(2014), 「복지재정의 특수성과 대안적 재정체계」, 여유진 외, 『한국형 복지모형 구축: 한국 의 특수성과 한국형 복지국가』, 한국보건사회연구원.

_____(2011), 「사회지출의 자동안정화 기능에 대한 연구」, 『경제발전연구』, 17(1).

김상조(2016), 「2014년 근로소득의 분배구조 및 실효세율 분석: 소득세제의 합리적 개편을 위한 제언」, 『사회경제평론』, 제50호.

김연명(2011), 「동아시아 사회복지의 예외성?: 동아시아 사회복지의 최근 변화와 전망」, 『아세아 연구』, 54(1).

김연명(2015), 「한국 사회복지의 현단계와 보편주의 복지국가의 과제.

김재연 의원실(2013), 「비과세 감면, 제로베이스 재설계」, 『상임위 정책보고서』, 제2013-제3호.

송태수(2003), 「주요국 복지국가 형성과정 비교연구」, 『한국사회정책』, 13.

여유진 외(2014), 『한국형 복지모형 구축: 한국의 특수성과 한국형 복지국가』, 한국보건사회연구원.

윤영진·강병구·김은경·윤종훈·최병호(2006), 『한국형 복지모델 구축을 위한 조세·재정정책 방향』, 대통령자문 정책기획위원회.

정준호(2014), 「경제·산업구조와 발전주의 모델: 경제·산업구조 양극화의 기원」, 여유진 외, 『한 국형 복지모형 구축: 한국의 특수성과 한국형 복지국가』, 한국보건사회연구원.

조윤제·박창귀·강종구(2012), 『한국의 경제성장과 사회지표의 변화』, 한국은행.

홍장표(2014), 「한국의 노동소득분배율 변동이 총수요에 미치는 영향: 임금주도 성장모델의 적 용 가능성」, 『사회경제평론』, 43호.

홍종학 의원실(2015), 「근로소득, 종합소득, 통합소득 100분위 자료」, 국세청.

Aghion, Philippe and Peter Howitt(1998), *Endogenous Growth Theory*, Cambridge MA: The MIT Press.

Atkinson, A. B(2015), *Inequality: What Can Be Done?*, Harvard University Press[장경덕 옮김(2015), 『불평등을 넘어: 정의를 위해 무엇을 할 것인가?』, 글항아리].

Auerbach, A.(2009), "Implementing the New Fiscal Policy Activism", *American Economic Review: Papers and Proceedings*, 99(2).

Blank, Rebecca M.(2002), "Can Equity and Efficiency Complement Each Other?", *NBER Working Paper* 8820.

Boyer, R.(2000), "The French Welfare: An Institutional and Historical Analysis in European Perspective", *CEPREMAP Working Paper* No. 2000-07.

Castles, F. G.(1998), *Comparative Public Policy: Patterns of Post-war Transformation*, Cheltenham: Edward Elgar.

_____(2004), *The Future of the Welfare State: Crisis Myths and Crisis Realities*. Oxford University Press[우명동·우기동 옮김(2008), 『복지국가의 미래: 위기론의 허구와 실제』, 해남].

Esping-Andersen, Gøsta(1990), *The Three Worlds of Welfare Capitalism*, Oxford: Oxford University Press.

_____(1999), *Social Foundation of Postindustrial Economics*, Oxford: Oxford University Press.

Estevez-Abe, M., T., Iversen and D. Soskice(2001), "Social Protection and the Formation of Skills: A Reinterpretation of the Welfare State", in Hall, Peter A. and David Soskice(eds.), *Varieties of Capitalism: The Institutional Foundations of Comparative Advantage*, US: Oxford University Press.

Ferrera, Maurizio(2010), "The South European Countries", in Francis G. Castles et al., *The Oxford Handbook of the Welfare State*, Oxford: Oxford University Press.

Flora, Peter and Jens Alber(1981), "Modernization, Democratization, and the Development of Welfare States in Western Europe", in Flora, P. and A. J. Heidenheimer(eds.), *The Development of Welfare States in Europe and America*,

New Brunswick: Transaction Books.

Holliday, Ian(2005), "East Asian Social Policy in the Wake of the Financial Crisis: Farewell to Productivism", *Policy and Politics*, 33(1): 145~162.

Huber, E. and J. D. Stephens(2002), "Globalisation, Competitiveness, and the Social Democratic Model", *Social Policy and Society* 1(1).

Iversen, T. and A. Wren(1998), "Equality, Employment, and Budgetary Restraint: The Trilemma of the Service Economy", *World Politics*, 50.

Jones, Catherine(1993), "The Pacific Challenge: Confucian Welfare State", in Jones, C. ed., *New Perspectives on the Welfare State*, London: Routledge.

Kuhnle, Stein and Anne Sander(2010), "The Emergence of the Western Welfare State", in Castles, Francis G.(eds.), *The Oxford Handbook of the Welfare State*, Oxford: Oxford University Press.

Lavoie, M. and E. Stockhammer(2013), "Wage-led Growth: Concept, Theories and Policies", in Lavoie, M. and E. Stockhammer ed., *Wage-Led Growth: An Equitable Strategy for Economic Recovery*, Palgrave Macmillan.

Myrdal, G.(1968), *Asian Drama: An Inquiry into the Poverty of Nations*, New York: Twentieth Century Fund.

Obinger, H. et al.(2010), *Transformations of the Welfare State: Small States, Big Lessons*, Oxford University Press.

O'Connor, J.(1973), *The Fiscal Crisis of the State*, St. Martin's Press.

Piketty, Thomas(2014), *Capital in the Twenty-First Century*, The Belknap Press of Harvard University Press.

Stiglitz, S.(2009), "The Global Crisis, Social Protection and Jobs", *International Labor Review*, 148(1-2).

Torres, Jose L.(2013), "Revenue and Expenditure Gaps and Fiscal Consolidation: a Cross-Country Analysis", *IMF Working Paper*.

경향신문(2011). 〔설 대화상, 복지 생각해봅시다〕(1)한국은 복지국가인가, 2011. 2. 1, 최종 접속은 2014. 12. 11. 오후 11:33, http://news.khan.co.kr/kh_news/khan_art_view.html?artid=201102011838155&code=910100.

고세훈(2009),『복지한국, 미래는 있는가: 이해관계자 복지의 모색』, 후마니타스.

김교성(2009),「국민의 정부 복지개혁에 대한 실증적 평가」, 정무권 편,『한국복지국가의 성격논쟁 II』, 237~265쪽, 인간과복지.

김연명(2011),「한국에서 보편주의 복지국가의 의미와 과제」,『민주사회와 정책연구』, 19:15~41.

_____(2015), "대한민국 복지국가의 과제와 전망", 2015 정책자문위원회 정책아카데미(사회복지 분야) 발표문, 2015. 1. 4, 충청남도 도청 중회의실.

_____"김대중 정부의 사회복지정책: 신자유주의를 넘어서", 김연명 편,『한국 복지국가 성격 논쟁 I』, 109~142쪽, 인간과 복지.

김연명 편,『한국 복지국가 성격 논쟁 I』, 인간과 복지.

남찬섭(2002b),「경제위기 이후 복지개혁의 성격: 구상, 귀결, 복지국가체제에의 함의」, 김연명 편,『한국 복지국가 성격 논쟁 I』, 144~174쪽, 인간과복지.

武川正吾(2005), 韓國の福祉國家形成과 福祉國家의 國際比較, 武川正吾・金淵明(共編),『韓國の福祉國家・日本の福祉國家』, 東信堂.

박근갑(2009),『복지국가 만들기: 독일 사회민주주의의 기원』, 문학과지성사, 189~190쪽.

손호철(2005),「김대중 정부 복지개혁의 성격: 신자유주의로의 전진?」,『한국정치학회보』, 39(1): 217~231.

송호근・홍경준(2006),『복지국가의 태동: 민주화, 세계화, 그리고 한국의 복지정치』, 나남.

신동면(2011),「복지 없는 성장」, 유종일 편,『박정희의 맨 얼굴』, 시사IN북, 318쪽.

아리기, 조반니(2008),『장기 20세기: 화폐, 권력 그리고 우리 시대의 기원』, 백승욱 옮김, 그린비.

尹洪植(2010),「福祉レジーム爭點と韓國の位置づけた關すゐ新しい眺望」, 金成垣 編著,『現代の比較福祉國家論』, 169~189쪽, ミネルヴァ書房.

정무권, "한국의 발전주의 생산레짐과 복지체제의 형성". 『한국 복지국가 성격 논쟁 II』, 113~166쪽, 인간과복지.

정무권 편(2009), 『한국 복지국가 성격 논쟁 II』, 인간과복지.

정원호(2010), 『복지국가』, 책세상.

조영훈(2006), 『일본 복지국가의 어제와 오늘: 복지국가 이론들의 비교와 평가』, 한울아카데미.

_____(2007), 「경제위기 이후의 복지정책에 대한 평가와 한국복지국가의 전망」, 2007 한국사회학회 특별 심포지엄 자료집, 87~110쪽, 2007. 9. 4, 서울 전국은행연합회관 2층 국제회의실.

_____(2009), 「자유주의 복지 유형으로서의 한국 복지국가: 민영보험의 상대적 발달을 중심으로」, 정무권 편, 『한국 복지국가 성격 논쟁 II』, 인간과복지, 867~887쪽.

한국은행, 각 연도, 경제통계연보.

Andersson, J.(2006), 『경제성장과 사회보장 사이에서: 스웨덴 사민주의, 변화의 궤적』(2014), 박형준 옮김, 책세상, 9쪽, 18쪽, 70~72쪽.

Arts, W. and Gelissen, J.(2002), "Three Worlds of Welfare Capitalism or More?", *Journal of European Social Policy*, 12(2): 137~158.

Bonoli, G. and Shinkawa, T.(2005), "Population ageing and the logic of pension reform in Western Europe, East Asia and North America", in Bonoli, G. and Shinkwawa, T.(eds.) *Ageing and pension reform around the world: Evidence from eleven countrie*, London: Edward Elgar.

Braudel, Fernand(1979), 『물질문명과 자본주의 I: 일상생활의 구조』(1995), 주명철 옮김, 까치.

Briggs, A.(1961), "The welfare state in historical perspective", *European Journal of Sociology*, 2: 221~258.

Castles, F.(2001), "Reflections on the Methodology of Comparative Type Construction: Three Worlds or Real Worlds?", *Acta Politica*, 36: 141~154.

Deyo, F.(1992), "The political economy of social policy formation: East Asia's newly industrialised countries", in Applebaum, R. and Henderson, J.(eds.), *States and development in Asian Pacific Rim* London: Sage Publication, pp. 289~306.

Dostal, J. M.(2011), "The developmental welfare state and social policy: Shifting from basic to universal social protection", *The Korean Journal of Policy Studies*, 25(3): 147~172.

Esping-Andersen, Gøsta(1990), *The Three Worlds of Welfare Capitalism*, Oxford: Oxford University Press.

Forrat, N.(2012), "The authoritarian welfare state: a Marginalized concept", Comparative-Historical Social Science(CHSS) Working Paper No. 12-005, The Roberta Buffett Center for International and Comparative Studies, Northwestern University.

Goodin, R., B. Headey, R. Meffels and H. Dirven(1999), *The Real Worlds of Welfare Capitalism*, Cambridge: Cambridge University Press.

Gough, I.(2004), "Welfare regimes in development context: A global regional analysis", in Gough, I., G. Wood, A. Barrientos, P. Bevan, P. Davis and G. Room(eds.), *Insecurity And Welfare Regimes in Asia, Africa, and Latin America: Social Policy in Developmental Contexts*, pp. 15~48, Cambridge: Cambridge University Press.

Haggard and Kaufman, *Development, Democracy, And Welfare States: Latin America, East Asia, and Eastern Europe*, Princeton, New Jersey: Princeton University Press.

Holliday, I.(2000), "Productivist welfare capitalism: Social policy in East Asia", *Political Studies*, 48: 706-723, p. 709.

Holliday, I.(2005), "East Asian Social Policy in the Wake of the Financial Crisis: Farewell to Productivism", *Policy and Politics*, 33(1): 145-162.

Hopkins, T. and Wallerstein, I.(1996), 「세계체제: 위기는 있는가?」, 이매뉴얼 월러스틴·테렌스 K. 홉킨스 외, 『이행의 시대: 세계체제의 궤적, 1945~2025(The age of transition: Trajectory of the world-system 1945-2025)』(1999), 백승욱·김영아 옮김, 11~23쪽, 창작과비평사.

Hudson, J. and S. Kühner(2011), "Analysing the productive and protective dimensions of welfare: Looking beyond the OECD", COMPASS Working Paper 2011-63.

Jones, C.(1990), "Hong Kong, Singapore, South Korea, and Taiwan: Oikonomic welfare states", *Government and Opposition*, 25: 446~462.

Jones, C.(1993), "The pacific challenge: Confucian welfare states", in C. Jones(ed.), *New Perspectives on The Welfare State in Europe*, pp. 198~217, London: Routledge.

Kim, Y. M.(2008), "Beyond East Asian welfare productivism in South Korea", *Policy and Politics*, 36(1), 109~125.

_____(2012), "The Contributions of the Health Decommodification Typologies to the Study of the East Asian Welfare Regime", *Social Policy & Administration*, 46(1): 108~128.

Köhler, G.(2014), *Is there an Asian welfare state model? East and South Asian trajectories and approaches to the welfare state*, Friedrich Ebert Stiftung.

Kroos, K.(2013), "Developmental welfare capitalism in East Asia with a speical emphasis on South Korea", Diskurs 2013-5, Ordnungspolitische Diskurse.

Ku, Y. W. and Jones Finer, C.(2007), "Developments in East Asian welfare studies", *Social Policy & Administration*, 41(2): 115~131.

Kuhnle, "Productive welfare in Korea: Moving toward a European welfare type?", Mishra, R., Kuhnle, S., Gilbert, N., and Chung, K. (eds.), *Modernizing the Korean welfare state: Towards the Productive Welfare Model*, pp. 47~64, New Brunswick: Transaction Publishers.

Kuypers, S.(2014), "The East Asian welfare regime: reality or fiction.", CSB Working Paper, No 14/04.

Kwon, H. J., G. Dong and H. Moon(2010), "The future challenges of the developmental welfare state: the case of Korea", Paper presented at the Social Policy Association 2010 Conference, University of Lincoln, July 5~7, 2010.

Lee, Y. J. and Ku, Y. W.(2007), "East Asian welfare regimes: Testing the hypothesis of the developmental welfare state", *Social Policy & Administration*, 41(2): 197~212.

Leitner, S.(2003), "Varieties of Familialism: The caring function of the family in comparative perspective", *European Societies*, 5(4): 353~375.

Lewis, J.(1992), "Gender and the Development of Welfare Regimes", *Journal of European Social Policy*, 2(3), 159~173.

Mishra, R.(2004), "Introduction", in Mishra, R., S. Kuhnle, N. Gilbert and K. Chung(eds.), *Modernizing the Korean welfare state: Towards the Productive Welfare Model*, New Brunswick: Transaction Publishers, p. 2(pp. 1~8).

_____(2003), "Globalization and social security expansion in East Asia", Linda W. ed., *State in the Global economy: Bringing domestic institutions back in*, Cambridge University Press.

OECD(2014), OECD Factbook 2014: Economic, environmental and social statistics.

_____(2015a), Social Expenditure: Aggregated date, 최종 접속은 2015. 1. 31. 오후 4:51, http://stats.oecd.org/Index.aspx?DataSetCode=SOCX_AGG#.

Park, C. U. and Jung, D. C.(2007), "The Asian welfare regimes revisited: The preliminary typologies based on welfare legislation and expenditure", Paper prepared for the 4th International Conference on 'Restructuring care responsibility. Dynamics of welfare mix in East Asia', October, 20~21, 2007, University of Tokyo, Japan.

Peng, I.(2007), "Welfare state restructuring in South Korea: A political economic perspective", Paper prepared for ISA RC19 Conference, Florence: University of Florence, September, 4~8, 2007.

Pierson, C.(1998), *Beyond the welfare state: The new political economy of welfare*, Pennsylvania, PA: Pennsylvania State University Press, p. 103.

Sainsbury, D.(1996), *Gender, Equality, and Welfare States*, Cambridge: Cambridge University Press.

Scruggs, L. and Allan, J.(2006), "Welfare-state decommodification in 18 OECD countries: a replication and revision", *Journal of European Social Policy*, 16(1): 55~72, p. 54.

Siaroff, A.(1994), "Work, Welfare and Gender Equality: A new Typology. Gendering Welfare States", in Sainsbury, D.(ed.), *Gerndering Welfare State*, pp. 82~100, London: Sage Publication.

Silver, B.(2003), *Forces of labor: Workers' movements and globalization since 1870*(2005), 『노동의 힘: 1870년 이후의 노동자운동과 세계화』, 백승욱·안정옥·윤상우 옮김, 그린비.

Tang, K.(2000), *Social welfare development in East Asia*, Houndmills, New York: Palgrave.

Wallerstein, I.(2011), *The modern world-system IV: Centrist liberalism triumphant, 1789~1914*, CA: University of California Press.

Wallerstein, I.(2011), *The modern world-system IV: Centrist liberalism triumphant, 1789~1914*, CA: University of California Press.

Wood, G. and Gough, I.(2006), "A comparative welfare regime approach to global social policy", *World Development*, 34(10): 1696~1712.

Yang, N.(2013), "Beyond productive dimension: East Asian welfare in transition", http://lssoz3.sowi.uni-mannheim.de/yang_ma2013_pdf.pdf.

10. 국민연금의 기금 운용과 경제민주화: 공적연기금 운용의 비교자본주의적 분석 – 전창환

보건복지부(2014), "국민연금의 향후 5년간의 전략적 자산배분", 5. 23. 보도자료.

보건복지부·국민연금공단(2016), 『2016년 4월말 국민연금기금 운용현황(잠정)』, 국민연금기금 운용위원회 자료집.

보건사회연구원(2015), 「국민연금기금 관리·운용체계 개선방안」, 7월.

전창환(2007), 「국민연금의 지배구조와 기금운용체제: 문제점과 개혁방안」, 『경제와 사회』, 72호, 3월.

전창환(2008), 「신자유주의적 금융화와 자본시장의 경쟁력 강화 경쟁」, 『동향과 전망』, 73호

전창환(2011), 「1997년 한국의 외환·금융위기 이후 구조조정과 증권화」, 『동향과 전망』, 81호.

전창환(2016), 「국민연금의 기금운용과 경제민주화」, 『동향과 전망』, 98호.

KISPRICING & FnGuide(2010), 「2009년 국민연금 기금운용 성과 평가」, 5월.

Bedard-Page, G, A. Demers, E. Tuer and M. Tremblay(2016), "Large Canadian Public Pension Fund: A Financial System Perspective", *Financial System Review*, Bank of Canada, June.

Beeferman, L.(2016), "Capital Stewardship in the United States: Worker's Voice and Union Role in the Management of Pension Fund Asset", *Transfer*, Vol. 17, No. 1.

Béland, D.(2015), "The Segmented Third Rail: The Politics of Social Security from Carter to Obama", *The Forum*, Vol. 13, No. 1.

Bernier, L.(2013), "CDPQ: Straddling between the Two Worlds", *Working Paper*, CIRIEC, No. 2013/07.

Brooks, S. and B. Tanguay(1985), "Quebec's Caisse de Depôt et la Placement: Tool of Nationalism?", *Canadian Public Adminstration*, Vol. 28, No. 1.

Burtless, G. et al.(2016), "How Would Investment n Equities Have Affected Social Security Trust Fund?", *CRR Woking Paper*, 2016-6, Center for Retirement Research at Boston College, July.

Cambell, B. and M. Megnan(2015), "Gouvernance des Caisses de Retraite et Gestion de Portfeulle dans un Contexte de Tension", *Project Report*, 2015 RP-16, CIRANO.

Carroll, W.(2008), "The Corporate Elite and the Transformation of Finance Capital: A View from Canada", *Sociological Review*, Vol. 56, No. 1.

Clain, O. and F. L'Italien(2011), Avant-Propos, *Le Capitalisme Financiarisé et La Crise Economoque Au Québec et Au Canada*, Edition Nota bene.

Clark, G. and R. Urwin(2010), "Innovative Models of Pension Fund Governance in the Context of the Financial Crisis", *Pensions*, Vol. 15, No. 1.

CPP Investment Board(2016), *CPP Investment Board 2016 Annual Report*, May.

CPPIB(2012), Statement of Investment Objectives, Policies, Return Expectations and Risk Management for the Investment Portfolio of the Canada Pension Plan, 6월 21.

Davis, S., J. Lukomnik and D. Pitt-Watson(2010), 積極的な 株主 スチュワードシップ: 資本主義の 新しい パラダイム, NRI 國際年金研究 シリーズ, Vol. 3, 3월.

Desmarais, A., D. Qualman, A. Magnan and N. Wiebe(2016), "Investment Ownership or Social Investment? Changing Farmland Ownership in Saskatchewan, Canada", *Agriculture & Human Values*, Vol. First online, 23 May.

Duschler, D.(2015), "Social Security: Trust Funds", *Congress Research Service*, 5, Aug, USA.

Fernandez and Aalbers(2016), "Financialization and Housing: Globalization and Varieties of Capitalism", *Competition & Change*, Vol. 20, No. 2.

Gunnoe, A(2014), "Political Economy of Institutional Landownership: Neo-rentier Society and Financialization of Land", *Rural Sociology*, Vol. 79, No. 4.

Harden, J.(2013), "When Resistance Isn't Futile: Understanding Canadian Labour's Fight for Decent Pensions", Alternate Routes: A Journal of Critical Social Research, 24.

Hanin, F.(2016), *La Caisse de Depôt et la Placement du Québec á l'épreuve de la financiarisation*, Presse de l'Université Laval.

_____(2016), Fondements Institutionnels et Evolution de la Governance de la Caisse, *La Caisse de Depôt et la Placement du Québec á l'épreuve de la financiarisation*, Presse de l'Université Laval.

Hanin, F. and L. Rekik(2012), "Financiarisation de la Gestion et Concentration des Risques: Une Etude de Cas d'un Gestionaire de Fond Public", *Revues Interventions Economiques*, No. 45, Hors-thème.

Kallifatides, M. and S. Nachemson-Ekwall(2016), "Awakening Giants?: The Politically Contested Modification of Institutional Investors", *Corporate Governance*, Vol. 16, No. 2.

Kim, S.(2016), "Making Policy Bureaucrats and Experts: The Dilemma of Citizen Members in the Participatory Pension Reform in Japan", *Japanese Journal of Political Science*, Vol. 17, No. 2.

Lamothe, Audrey Laurin(2016), "L'Application des Principles de Governance á la Caisse de Depôt et la Placement du Québec et les Politiques de Rémunération de son Conseil d'Administration et de sa Haute Direction de 2000 á 2014", *La Caisse de Depôt et la Placement du Québec á l'épreuve de la financiarisation*, Presse de l'-Université Laval.

Lévesque, B., Marie-Claire Malo and R. Rouzier(1997), Caisse de Depôt et la Placement du Québec and the Movement des Caisses Populaires et D'économie Desjardins?, *Annals of Public and Cooperative Economy*, Vol. 63, No. 3.

Lyndenberg, S.(2007), "Universal Investors and Socially Responsible Investors: A Tale of Emerging Affinities", *Corporate Governance*, Vol. 15, No. 3.

Marens, R.(2004), "Waiting for the North to Rise: Revisiting Barber and Rifkin after a Generation of Union Financial Activism in the U. S.", *Journal of Business Ethics*, Vol. 52.

Montagne, S.(2007), "In Trusts We Trust: Pension Fund Between Social Protection and Financial Speculation", *Economic Sociology: European Electronic Newsletter*, Vol. 7, No. 3, July.

Morin, D. and S. Megas(2012), "Caisse de Depôt et la Placement du Québec: Je me Souviens…", *Canadian Public Administration*, Mars, March.

McNulty, T. and D. Noldberg(2016), "Active Ownership, and Engagement: Institutional Investors as Active Owner", *Corporate Governance*, Vol. 24, No. 3.

Naczyk, M(2016), "Creating French Style Pension Fund: Business, Labour, Battle over Patient Capital", *Journal of European Social Policy*, Vol. 26, No. 3.

OECD(2016), Pension at a Glace 2015.

Sippel S., N. Larder and G. Lawrence(2016), "Grounding on Financialization of Farmland: Perspectives on Financial Actors as New Land Owner in Rural Australia", *Agriculture and Human Values*, published online, June.

The Board of Trustees of the Federal Old Age and Survivors Insurance and Disability Insurance Trust Fund(2016), *The 2016 Annual Report of The Board of Trustees of the Federal Old Age and Survivors Insurance and Disability Insurance Trust Fund*, Social Security Administration, ssa.gov., 6. 22.

Willis Towers & Watson(2016), *P&I TW 300 Analysis*, September.

Weststar, J. and A. Verma(2007), "What Makes for Effective Representation on Pension Boards?", *Labour Studies Journal*, Vol. 12, No. 4, Dec.

Wiss, T.(2014), "Financial Pension Fund Vulnerability to Financial Crisis: The Role of Trade Union", *European Journal of Industrial Relations*, Vol. 21, No. 2, April.

_____(2015), "From Welfare State to Welfare Sectors: Explaining Sectoral Differences in Occupational Pension with Economic and Political Powers of Employees", *Journal of European Social Policy*, Vol. 25, No. 5.

前田俊之(2013), 海外年金基金: カナダ國民年金投資委員會(CPPIB), 保險 年金フォーカス, 10월 29일, ニッセイ 基礎研究所.

中川秀空(2010), アメリカの 年金財政の 展望と課題, レフレンス, 2월호, 日本 國會圖書館.

中川秀空(2012), カナダ 公的 年金制度の 現狀と財政の展望, レフレンス, 2월호, 日本 國會圖書館.

厚生勞動省 年金局 數理科(2016), 米國 2016年 信託理事會報告書について, 7월, 厚生勞動省.

佐久間誠(2016), カナダ公的年金の政策 アセットミックス 導入, 7. 16, ニッセイ 基礎研究所.

金子能宏(2015), カナダの年金制度, 年金と經濟, Vol. 33, No. 2.

강신욱 외(2010), "고용·복지·교육연계를 통한 사회적 이동성 제고방안 연구", 사회통합위원회
　　　2010-7, 사회통합위원회.

김희삼(2009), 「한국의 세대 간 경제적 이동성 분석」, 정책연구시리즈 2009-03, 한국개발연구원.

문성빈(2014), 「OECD 지표로 본 한국의 유아교육」, 한국교육개발원.

박병영 외(2008), 「교육과 사회계층이동 조사 연구: 1943∼1955년 출생집단 분석」, 연구보고 RR
　　　2008-18, 한국교육개발원.

_____(2009), 「교육과 사회계층이동 조사 연구(Ⅱ): 1956∼1965년 출생집단 분석」, 연구보고
　　　RR 2009-20, 한국교육개발원.

_____(2010), 「교육과 사회계층이동 조사 연구(Ⅲ): 교육계층화와 사회이동 추이 분석」, 연구보
　　　고 RR 2010-20, 한국교육개발원.

선학태(2012), 「정치제도와 복지국가: 민주국가들의 비교」, 『동서연구』, 24(1), 191∼218쪽.

신동면(2003), 「한국의 생산체제와 복지체제의 선택적 친화성」, 『한국정치학회보』, 40(1),
　　　115∼229쪽.

여유진 외(2014), 「한국형 복지모형 구축: 한국의 특수성과 한국형 복지국가」, 한국보건사회연구
　　　원, 2014-28.

여유진·정해식(2015), 『사회통합 실태진단 및 대응방안 Ⅱ』, 한국보건사회연구원.

이병천(2013), 「소유, 통제, 축적: 자본주의와 민주주의의 화해와 불화」, 민주화운동기념사업회
　　　기획, 『사회경제 민주주의의 경제학: 이론과 경험』, 돌베개.

이주호·김선웅·김승보(2003), 「한국대학의 서열과 경쟁」, 『경제학연구』, 51(2), 5∼36쪽.

양재진·최영준(2014), 「한국복지국가의 진단과 개혁과제」, 『동향과 전망』, 92호, 9∼50쪽.

장수명(2002), 『대학교육의 경제학 노동정책연구』, 2(1), 47∼79쪽.

_____(2006), 「대학서열의 경제적 수익 분석」, 『한국교육』, 33(2), 75∼107쪽.

_____(2009), 「5·31 대학 정책 분석」, 『동향과 전망』, 79호, 9∼49쪽.

_____(2011), 「등록금 투쟁과 대학 제도 혁신」, 『경제와 사회』, 91, 69∼102쪽.

_____(2015), 「한국 자본주의와 민주주의 10년의 고등교육정책」, 이병천·신진욱 편, 『민주정부

　　10년 무엇을 남겼나』, 후마니타스.

장수명·정충대(2011), 「복지국가와 교육」, 『교육비평』, 30, 10~41쪽.

정무권(2007), 「한국 발전주의 생산레짐과 복지체제의 형성」, 『한국 사회정책』, 14(1), 256~307쪽.

한유경·김운종·백선희(2011), 「중등교원 수급정책의 과제와 발전방향: 현황과 주요 쟁점을 중심으로」, 한국교원교육학회 60차 학술대회 자료집, 2011. 2, 95~131쪽.

Andres, and H. Pechar(2013), "afticipation Patterns in Education: a comparative welfare and production regime perspective", *European Journal of Education*, 48(2): 247~262.

Barr, N.(2012), *Economics of The Welfare State*, 5th edition, Oxford, Oxford University Press, UK.

Bils, M. and P. J. Klenow(2000), "Does schooling cause growth?", *American Economic Review*, 90(5), 1160~1183.

Busemeyer, Marius R. and Rita Nikolai(2010), *Education*, Ch. 30, in The Oxford Handbook of the Welfare State ed. by Francis G. Castles, Stephan Leibfried, Jane Lewis, Herbert Obinger, and Christopher Pierson.

Busemeyer, Marius R.(2014), *Skill and Inequality: Partisan Politics and Political Economy of Education Reforms in Western Welfare States*, Cambridge University Press, 16(1), 107~126.

Busemeyer, Marius and Christine Trampusch(2012), *The Political Economy of Collective Skill Formation*, Oxford New York: Oxford University Press.

Busemeyer and Iversen(2012), "The politics of opting out: explaining educational financing and popular support for public spending", *Socio-Economic Review* 12, 299~328.

Castles, Francis G.(1989), "Explaining Public Education Expenditures in OECD Nations", *European Journal of Political Research*, 17(4), 431-448.

Esping-Anderson Gøsta, I.Garfinkel, Wen-Jui Han, K. Magnuson, S. Wagner and J. Waldfogel(2011), "Child care and school performance in Denmark and the United States", *Children and Youth Services Review*, 34, 576~589.

Esping-Andersen, Gøsta(1990), "The Three Political Economies of the Welfare State", "De-Commodification in Social Policy" and "The Welfare State as a System of Sratification", in Leibfried, Stephan and Steffen Mau(eds.)(2008), *The Varieties and Transformations*(pp. 9~34, 35~54, 55~78), Prinston, NJ: Princeton University Press.

_____(2015), "Welfare regimes and social stratification", *Jounrnal of European Social Policy*, Vol. 25(1), 124-134.

Estevez-Abe, Margarita, Iversen, Torben and Soskice, David(2001), "Social Protection and the Formation of Skills: A Reinterpretation of the Welfare State", in Hall, Peter A. and David Soskice(eds.), *Varieties of Capitalism: The Institutional Foundations of Comparative Advangate*, US: Oxford University Press.

Flora, Peter and Arnold J. Heidenheimer(1981), *The Development of Welfare States in Europe and America*, New Brunswick, U.S.A.: Transaction Books.

Heckman, J. and Carneiro, P.(2003), *Human Capital Policy*, NBER Working Paper No. 9495, Cambridge, MA: National Bureau of Economic Research.

Heclo, H.(1985), "Executive budget making", in Mills, G. B. and J. E. Palmer(eds.), *Federal Budget Policy in the 1980s*, Washington, DC: Urban Institute.

Hega, Gunther M., and Karl G. Hokenmaier(2002), "The welfare state and education: A comparison of social and educational policy in advanced industrial societies", *German Policy Studies*, 2(1), 143~173.

Iversen, Torben and Ane Wren(1998), *Trustees of Princeton University*, Cambridge: Cambridge University Press, 50(4), 507~546.

Jung, ChoongDae(2014), The Political Economy of Korean Skill Formation Regime:

Exploring its characteristics and historical changes from new institutionalism perspective, Korea National University of Education, Doctoral Dissertation.

Jutta, Allmendinger and Stephen Leibfried(2003), "Education and the welfare state: the four worlds of competence production", *Journal of European Social Policy*, Vol. 13, No. 1. pp 63~81.

Marshall, T. H(1949). "Citizenship and Social Class", in Marshall, T. H. and Tom Bottomore(eds.), *Citizenship and Social Class, London and Concord*, MA: Pluto Press(Welfare State: Construction, Deconstruction, Reconstruction, Vol 1, pp. 89~137, Stephan, L. and M. Steffen, Eds., 2008, UK: reprinted in Edward Elgar Publishing).

Willemse and Beerensky(2012), "Three worlds of educational welfare stares? A comparative study of higher education systems across welfare states". *Journal of European Social Policy*, 22(2), 105~117.

OECD(2010), Learning for Jobs: Organization of Economic Cooperation and Development.

OECD(2011), Education at a Glance 2010: OECD indicators, Organization of Economic Cooperation and Development.

OECD(2013), Education at a Glance 2012: OECD indicators, Organization of Economic Cooperation and Development.

OECD(2014), Education at a Glance 2013: OECD indicators, Organization of Economic Cooperation and Development.

Titmuss, Richard M.(1974), "What is Social Policy?", in Smith, Brian Abel and Titmuss, Kay(eds.), *Social Policy: An Introduction*, NY: Pantheon Books(Welfare State: Construction, Deconstruction, Reconstruction, Vol 1, pp. 148~166, L. Stephan and M. Steffen, Eds, 2008, UK: reprinted in Edward Elgar Publishing).

Wilensky, Harold L. (1975). *The Welfare State and Equality: Structural and Ideological*

Roots of Public Expenditures, CA and London: University of California Press(Welfare State: Construction, Deconstruction, Reconstruction, Vol 1, pp. 211~266, Stephan, L. and M. Steffen, Eds., 2008, UK: reprinted in Edward Elgar Publishing).

4부: 중점 주제 연구

12. 한국경제와 사회적 경제 – 정건화

경기개발연구원(2014), 「경기도 사회적 경제의 실태와 정책방향」.

김동렬(2012), "사회적 기업 활성화를 위한 5대 과제", 서울시정연 웹진, 97호, 2012. 7. 23.

김석현(2012), 「네트워크론의 이론지형과 실천적 함의」, 『동향과 전망』, 제85호.

김종걸(2015a), 「기업·운동·정치로서의 협동조합」, 『생협평론』, 21호, 겨울.

_____(2015b), "협동조합 비판에 답한다", 『한국일보』, 2015. 11. 30.

박준식(2016), Contending Pathways of Social Enterprise in Incubation and the Questions of Sustainability in South Korea(미발표 초고).

서울시 경제진흥본부 사회적경제과(2015), 사회적 경제 기업 지원성과 및 향후 계획, 2015. 12. 4.

서울시 사회적경제지원센터(2014), 「서울시 사회적 경제 성과 및 제2기 정책과제」, 2014. 4. 4.

_____(2016), 「서울시 사회적 경제 활성화 정책 5년 성과 및 과제」, 2011-2015.

아이쿱(2014), iCOOP 생협의 사회적 경제 속의 협동, GSEF(국제 사회적 경제 포럼) 발표 자료.

이건범(2014), 「서민금융과 신협 그리고 새로운 역할방향」, 『신협연구』, 62권, 1호.

임준홍·김양중(2011), 「충남 사회적 경제의 실태와 정책방향」, 『열린충남』, 제56호, 충남발전연구원.

유승민(2015), 새누리당 유승민 원내대표 교섭단체 대표 연설문, 2015. 4. 8.

장영희 외(2013), 『혁신도시』, 서울연구원 미래서울연구총서 08, 한울.

장종익(2014), 『협동조합 비즈니스 전략』, 동하.

전국금융산업노동조합(2011), 농업협동조합중앙회 구조개편, 왜 문제인가, 공청회 자료집.

정건화(2012), 「민주주의, 지역 그리고 사회적 경제」, 『동향과 전망』, 통권 86호, 가을겨울호.

정기석(2014a), "협동연대 대안국민농정 12: '협동조합'의 사회적 경제", 프레시안, 2014. 4. 1.

_____(2014b), "협동연대 대안국민농정 20: 농협 흑역사, 어떻게 바로잡을까", 프레시안, 2014.
        6. 10.

정상철(2015), 「협동조합기본법 제정 이후 지원정책과 협동조합 현황」, 『생협평론』, 2015 겨울,
        21호.

정태인·이수연(2013), 『협동의 경제학』, 레디앙.

정태인(2013), 「사회적 경제와 경제민주주의」, 이병천·전창환 편, 『사회경제 민주주의의 경제학:
        이론과 경험』, 돌베개, 158~196쪽.

조현경(2015), 「사회적 경제 생태계 조성을 둘러싼 협동조합 관련 언론보도 심층분석」, 『생협평
        론』, 21호.

최태원(2014), 『새로운 모색, 사회적 기업』, 이야기가있는집.

충남발전연구원(2013), 『충남 사회적경제 5개년 계획』.

_____(2014), 「지역자산을 활용한 충남 시군의 사회적경제 특성화 방안」, 2014. 10.

한겨레경제사회연구원(2015), 「전국사회연대경제 지방정부협의회 연구용역 한국형 사회적 경제
        모델 개발 연구보고서」, 2015. 12. 18.

한국경제연구원(2015), 「사회적 경제 기본법안의 문제점과 허구성」, KERI Insight, 2015. 7. 30.

한국보건사회연구원(2015), 「2015년 협동조합 실태조사」, 정책보고서 2015-52, 2015. 12.

한국정책분석평가원(2014), 「서울시 사회적 경제 발전계획 수립을 위한 실태조사 및 분석」(최종
        보고서), 2014. 11.

황규성(2012), 「격차 재생산 구조화의 사회적 성격」, 『동향과 전망』, 제84호.

희망제작소(2013a), 「지난 정부 사회적기업과 협동조합 정책에 대한 평가와 시사점」, 사회적 경
        제 리포트, 2013. 2. 22.

_____(2013b), 「맥킨지 보고서와 한국의 사회적 경제, 사회적경제센터」, 사회적 경제 리포트,
        2013. 5. 17.

Alperovitz, G.(2011), *America Beyond Capitalism: Reclaiming Our Wealth, Our Liberty, and Our Democracy*, Boston, Massachusetts, Democracy Collaboratives Press.

Bidet, Eric(2016), 「협동조합, 한국의 새로운 발전모델의 주체」, 『모심과 살림』, 7호(2016).

Birchall, J. and L. Ketilson(2009), Resilience of the Cooperative Business Model in Times of Crisis, ILO.

Bouchard, Marie J.(2013), Innovation and the Social Economy: The Quebec Experience. University of Toronto Press, Scholarly Publishing Division, Kindle Edition, p. 2.

ILO(2010), The Resilience of Social and Solidarity Enterprises: the Example of Cooperatives, Global Jobs Pact Policy Briefs No. 10.

International Training Centre of the ILO(2011), The Reader 2011: "Social and Solidarity economy: Our Common Road towards Decent Work", Second Edition.

McKinsey Global Institute(2013), Beyond Korean style: Shaping a new growth formula, Report, April 2013.

OECD(2013), Job Creation through the Social Economy and Social Entreprenuership, OECD LEED.

Shuman, Michael(2012), Local Dollars, Local Sense: How to Shift Your Money from Wall Street to Main Street and Achieve Real Prosperity, Community Resilience Guides, Chelsea Green Publishing, Kindle Edition.

Stiglitz, J.(2012), *The Price of Inequality: How Today's Divided Society Endangers Our Future*, W. W. Norton & Company.

Uluorta, H.(2009), The Social Economy: Working Alternatives in a Globalizing Era (Rethinking Globalizations), Taylor & Francis, Kindle Edition.

Williamson, T., D. Imbroscio and G. Alperovitz(2002), *Making a Place for Community- Local Democracy in a Global Era*, New York, NY Routhledge.

김양희(2013a), 「메가 FTA 시대의 도래와 일본의 대응전략」, 『동북아경제연구』, 25권 3호.

_____(2013b), 「동아시아의 FTA 도미노와 차기 정부의 동아시아 FTA 정책에의 함의」, 『동향과

전망』, 87호.

_____(2014a), 『한국의 FTA 10년 평가와 향후 정책방향』(공저), 대외경제정책연구원.

_____(2014b), 「TPP와 RCEP의 정치경제학」, 『성균 차이나 브리프』, 성균중국연구소, 2권, 2호,

102~107쪽.

_____(2014c), 「한국의 TPP에 대한 관심표명의 정치경제 및 전략적 함의」, 『외교』, 108호,

88~103쪽, 한국외교협회.

_____(2015a), '한미 FTA에 따른 한국의 제도변화에 관한 시론적 고찰', 『동향과 전망』, 93호.

_____(2015b), 「한중 FTA는 동아시아 경제공동체 구축과 한반도 평화를 앞당길까?」, 『코리아연

구원 현안 진단』, 제273호, 2015. 7. 6, 코리아연구원.

_____(2015c), 「TPP로 인해 동아시아가 떠안게 된 과제」, 『창비 주간논평』, 2015. 10. 14.

_____(2015d), 『경국제민의 길: 참여정부 경제의 겉과 속』(공저), 굿플러스북.

김양희·정준호(2006), '한국의 FTA정책의 비판적 검토와 대안 모색', 『동향과 전망』, 67호.

김영귀·금혜윤·유새별·김양희·김한성(2015), 『한국의 FTA 10년 평가와 향후 정책방향』, 대외

경제정책연구원.

이일영·김양희·구갑우(2014), '새로운 성장-협력-평화 발전모델의 모색: 개혁진보의 국가비

전'. 『동향과 전망』, 91호.

외교통상부통상교섭본부(2003), 「자유무역협정(FTA) 추진 로드맵」, 2003. 9.

정규철(2014), 「중국경제 구조변화가 우리 경제에 미치는 영향」, KDI 경제전망, 한국개발연구원.

정성춘·이형근(2010), 「일본 신성장전략의 주요 내용과 평가」, 『오늘의 세계경제』, Vol. 10, No.

18, 대외경제정책연구원.

최낙균·한진희(2012), 『무역이 고용 및 부가가치에 미치는 영향 분석과 정책 시사점』, 대외경제

정책연구원.

한반도사회경제연구회 편(2012), 『한국형 네트워크 국가의 모색』(공저), 백산서당.

Acemoglu, Daron and J. A. Robinson(2012), *Why nations Fail*[『국가는 왜 실패하는가』 (2012), 최완규 옮김, 시공사].

Baldwin, Richard(1993), A Domino theory of regionalism, *NBER working Paper*, 4465.

Baldwin, Richard and Dany Jaimovich(2010), Are Free Trade Agreement Contagious?, *CEPR Discussion Paper*, 7904.

Bhagwati(1991), *The World Trading System at Risk*, USA : Princeton University Press.

COM(2006), Global Europe : Competing in the World, 567 final.

European Commission(2015), How Trade Policy and Regional Trade Agreements Support and Strengthen EU Economic Performance.

WTO(2011), World Trade Report 2011.

USITC(2016), "Economic Impacts of Trade Agreements Implemented Under Trade Authorities Procedures, 2016 Report", http://investmentpolicyhub.unctad.org/ IIA/CountryBits/111iiaInnerMenu.

14. 북한의 체제전환과 남북경제공동체 – 양문수

고일동 편(1997), 『남북한 경제통합의 새로운 접근방법』, 한국개발연구원.

김석진(2015), 「북한의 경제실적과 전망」, 『한반도 포커스』, 여름호.

김연철(2006), 「한반도 평화경제론: 평화와 경제협력의 선순환」, 『북한연구학회보』, 제10권 1호.

김영윤 외(2002), 『남북경제공동체 형성을 위한 대북 투자 방안』, 통일연구원.

박순성(2002), 「민족경제공동체의 전망과 과제」, 『남북한 실질적 통합의 개념과 추진과제: 민족 공동체 형성을 중심으로』, 통일연구원.

배종렬(2014), 「김정은 시대의 경제특구와 대외개방: 평가와 전망」, 북한연구학회 기획, 양문수 편, 『김정은 시대의 경제와 사회』, 한울.

문성민(2014), 「북한 국민소득 통계 소개 및 소득수준 비교」, 한국은행 경제연구원 편, 『통계를 이용한 북한경제 이해』, 한국은행.

박형중(2015), 「김정은 시대 북한경제 변화에 대한 평가: 1980년대 후반 중국과의 비교」, 통일연
　　구원 Online Series, 2015. 4. 29.

양문수(2013), 『북한의 계획경제와 시장화 현상』, 통일부 통일교육원.

양문수·이남주(2007), 「한반도 경제구상: 개방적 한반도 경제권의 형성」, 한반도사회경제연구
　　회, 『한반도경제론』, 창비.

양문수 외(2012), 『2000년대 북한경제 종합평가』, 산업연구원.

이석(2014), 「2014년 상반기 북한경제 동향: 관찰, 분석, 그리고 해석」, 『KDI 북한경제리뷰』,
　　7월호.

이석 편(2013), 『남북통합의 경제적 기초: 이론, 이슈, 정책』, 한국개발연구원.

이석기 외(2014), 『북한시장 실태 분석』, 산업연구원.

이수훈 외(2006), 『한반도 경제구상: 개방적 한반도 경제권의 형성』, 동북아시대위원회.

이일영(2009), 『새로운 진보의 대안, 한반도 경제』, 창비.

이정철(2008), 「참여정부의 남북경제공동체론 평가」, 『북한연구학회보』, 제12권 1호.

조동호 편(2012), 『공진을 위한 남북경협전략: 보수와 진보가 함께 고민하다』, 동아시아연구원.

조혜영 외(2010), 『개성공단 기업의 국내산업 파급효과 및 남북 산업 간 시너지 확충방안』, 지식
　　경제부·한국산업단지공단.

중소기업청·중소기업진흥공단(2008), 『개성공단! 중국 진출 Return 중소기업의 대안』, 중소기
　　업진흥공단.

홍순직(2015), 「경영자의 시각에서 본 개성공단」, 김병로 외, 『개성공단: 공간평화의 기획과 한반
　　도형 통일 프로젝트』, 진인진.

Kornai, J.(1992), *The Socialist System: The Political Economy of Communism*, Princeton:
　　Princeton University Press.

Yang, Moon-Soo(2014), "Reformulating South-North Korean Economic Integration",
　　Journal of peace and Unification, Vol 4, No 2.

1장. 이병천

강원대학교 경제무역학부 교수로 재직 중이며, 참여사회연구소 연구분과위원장, 삼성노동인권지킴이 고문으로 활동하고 있다. 한국사회경제학회 회장, 참여사회연구소장, 참여사회연구소 『시민과 세계』 공동 편집인, 노무현대통령자문 정책기획위원 등을 역임하였으며, 미국 UC버클리와 UW매디슨 대학의 객원교수를 지냈다. 저서로 『안보개발국가에서 평화복지국가로』(공편), 『세월호가 남긴 절망과 희망』(공편), 『민주정부 10년 무엇을 남겼나』(공편), 『한국자본주의 모델』(2014), 『위기의 삼성과 한국사회의 선택』(공편), 『사회경제 민주주의의 경제학』(공편), 『한국경제론의 충돌』, 『다시 대한민국을 묻는다』(공편), 『개발독재와 박정희 시대』(편저) 등이 있다. 주요 논문으로는 「현대 한국에 민주적 자본주의의 준거모델은 있는가」, 「한국은 독일모델에서 무엇을 배울까」, 「외부경제, 사회적 분업, 산업세계의 다양성」, 「어떤 경제/민주화인가」, 「김대중 모델과 한국경제 97년체제」, 「발전국가와 박정희 모형의 형성」 등이 있다. 제도주의 정치경제학, 사회경제 민주주의 경제학, 비교자본주의론, 한국자본주의론 등의 분야에 관심을 갖고 연구하고 있다.

2장. 정준호

강원대학교 사회과학대학 부동산학과 교수로 재직 중이다. 국민경제자문회의 수석전문위원 및 산업연구원 동향분석실장을 역임하였다. 주요 저서로 『다중격차, 한국사회 불평등 구조』(공저), 『저성장 시대의 도시정책: 더 좋은 도시, 더 행복한 시민』(공저), 『위기의 부동산: 시장 만능주의를 넘어서』(공저), 『한국 경제와 노동 체제의 변화』(공저) 등이 있다. 자산 및 소득 불평등, 성장론, 산업정책 등이 주요 연구 분야다.

3장. 홍장표

부경대학교 경제학부 교수로 재직 중이며 한국경제발전학회장을 역임하였다. 저서로는『한국의 산업생태계』,『기술혁신과 지식네트워크』(공저),『경제불평등과 금융부채』(공저),『실사구시 한국경제』(공저) 등이 있다. 주요 논문으로는「한국의 기능적 소득분배와 경제성장」,「한국의 노동소득분배율 변동이 총수요에 미치는 영향」,「대기업 성장의 국민경제 파급효과」,「지역산업의 기업간 거래네트워크 분석」,「불완전계약에서의 서열경쟁이 공급업체의 연구개발투자에 미치는 영향」 등이 있다. 산업경제와 거시경제, 중소기업, 소득분배의 불평등, 노동시장의 양극화 등에 관심을 갖고 연구하고 있다.

4장. 송원근

경남과학기술대학교 경제학과 교수로 재직 중이다. 저서로는『재벌개혁의 현실과 대안 찾기』,『한국사회, 삼성을 묻는다』(공저),『사회경제민주주의의 경제학: 이론과 경험』(공저),『위기의 삼성과 한국사회의 선택』(공저) 등이 있고 논문으로는「경제민주화 출발점으로서 재벌개혁의 방향」,「삼성재벌의 지배구조와 이재용 시대」,「산업연금펀드를 통한 이익공유제 도입 방안」,「계열사 간 출자와 내부거래: 삼성재벌의 사례를 중심으로」 등이 있다. 산업조직이론, 기업지배구조, 기업연금분야 등에 관심을 갖고 연구하고 있다.

5장. 전병유

한신대학교 정조교양대학/사회혁신경영대학원 부교수, 평화공공성센터/공공정책연구소 소장으로 재직 중이다. 한국노동연구원 연구위원을 역임했다. 주요 저서로『다중격차: 한국의 불평등 구조』(공저),『한국의 불평등 2016』(공저),『Changing Inequalities and Societal Impacts in Rich Countries』(공저)가 있다. 주요 논문으로「자산과 소득불평등의 총수요효과와 성장체제」,「한국에서의 성장과 빈곤, 불평등: 경제성장은 빈곤층 소득을 개선하는가」,「유연안전성 담론과 전략에 대한 비판적 고찰」 등이 있다. 전공 분야는 노동경제학, 사회정책론, 한국경제론 등이고, 고용과 실업, 불평등, 복지국가, 한국경제 등을 연구하고 있다.

6장. 유철규

성공회대학교 사회과학부 교수다. 영국 옥스퍼드대학교 및 런던대학교 객원연구원, 신자유주의 극복을 위한 대안연대회의 정책위원, 노사정위원회 제조업발전특위 위원, 성공회 학교 사회문화연구소 원장, 한국경제학회 편집위원 등을 역임했다. 지은 책으로『한국자본주의 발전모델의 형성과 해체』(공저),『한국경제, 재생의 길은 있는가』(공저),『협동과 연대의 인문학』(공저) 등이 있다. 주요 연구관심 분야는 금융제도론, 기술경제학, 한국경제론, 금융구조조정, 민영화, 경제발전 등이다

7장. 전강수

대구가톨릭대학교 경제통상학부 교수다. 토지＋자유연구소 소장, 토지정의시민연대 정책위원장, 경제정의실천시민연합 토지주택위원장 등을 역임하였다. 저서로『토지의 경제학』,『부동산 투기의 종말』 등이 있고, 역서로『희년의 경제학』,『부동산 권력』(공역) 등이 있으며, 논문으로는「헨리 조지의 눈으로 본 토마 피케티의 『21세기 자본』」,「이명박 정부의 시장만능주의적 부동산 정책」 등이 있다. 부동산 정책, 불평등 경제학, 한국 현대경제사에 관심을 갖고 연구하고 있다.

8장. 강병구

인하대학교 경제학과 교수로 재직 중이다. 한국재정정책학회 회장, 중앙생활보장위원회 위원, 세제발전심의위원회 위원, 국회 조세개혁소위원회 자문위원, 참여연대 조세재정개혁센터 소장 등을 역임했다. 저서로는『불평등 한국, 복지국가를 꿈꾸다』(공저),『소득불평등 해소의 길』(공저),『미래 한국의 조세재정정책』(공저) 등이 있고, 논문으로는「복지국가의 대안적 재정체계」,「재벌의 세제혜택과 개혁 과제」,「사회지출의 자동안정화기능에 대한 연구」,「국가 재정건전성의 현황과 과제」,「양극화 해소를 위한 조세재정정책」 등이 있다. 불평등, 복지국가의 재정, 공평과세 등에 관심을 갖고 연구하고 있다.

9장. 윤홍식

인하대학교 사회복지학과 교수로 재직 중이고, 참여연대 부설 참여사회연구소 소장을 맡고 있다. 편저와 저서로는『우리는 한배를 타고 있다』,『평화복지국가』,『가족정책: 복지국가의 새로운 전망』(공저) 등이 있다. 최근 발표한 논문으로「일제강점

기 한국 분배체계의 특성, 1910~1945」,「전자본주의 분배체계의 해체」등이 있다. 최근에는 한국복지체제의 역사에 대해 공부하고 있다.

10장. 전창환

한신대학교 국제경제학과에 교수로 재직 중이다. 주요 공저서로 현대자본주의의 미래와 조절이론, 미국식자본주의와 사회민주적 대안, 사회민주주의의 경제학이 있다. 주요 논문으로 「신자유주의적 금융화와 금융주도자본주의」,「국민연금의 지배구조와 기금운용체제: 문제점과 개혁방안」,「미국의 금융위기와 오바마 정부의 새로운 뉴딜?」,「1997년 한국의 외환·금융위기 이후 구조조정과 증권화」,「미국 연방공무원 연금제도: 제도적 특성과 개혁 방향」등이 있다. 주된 연구 분야는 화폐·금융의 정치경제학, 미국자본주의이며, 신자유주의적 금융화에 계속 초점을 맞춰 연구할 계획이다. 다음 연구 주제는 '신자유주의적 금융화와 핀텍'이다.

11장. 장수명

한국교원대학교 교육정책전문대학원 교수로 재직 중이다. 한국교육개발원 연구위원, 헬싱키 대학 객원연구원으로 근무하였다. 한국교원대학교 교육정책연구소 소장을 역임하였고 세종시 교육청의 자문위원을 맡았다. 저서로『한국자본주의와 민주정부 10년』(공저),『사회를 바꾸는 교육혁명』(공저),『노무현 시대의 좌절』(공저) 등이 있다. 주요 논문으로는 「사교육 금지정책과 계급이동의 관계에 관한 실증분석」,「도시 및 교육 공간의 사회계층별 분리와 영향」,「학생들의 생활양식에 드러난 주거지역별 학교역할의 차이」,「5.31 대학정책분석」,「대학서열의 경제적 수익 분석」,「복지국가와 교육」,「복지국가와 평생교육의 관계분석」등이 있다. 신제도주의 이론, 생산·복지·정치체제 이론, 시장경제와 민주주의에서의 교육의 역할, 생산체제와 복지체제에서의 교육·숙련의 역할, 세대 간의 계층이동, 도시 계층분리 및 혁신에서의 교육의 역할, 교육과 임금의 관계, 고등교육 정책 등에 관심을 갖고 연구하고 있다.

12장. 정건화

한신대학교 경제학과 교수로 재직 중이다. 한국경제의 새로운 발전모델, 사회적 경제, 사회혁신을 통한 지역사회 발전에 관심을 갖고 있다. 지역사회와 대학 간 협력에 대한 관심을 실천하며 한신대학교 서울평생교육원장, 서울 동북4구 도시재생협력지원센터(센터장) 등을 지냈고 현재 희망제작소(부소장) 등을 맡고 있다.

저서로는 『한반도 경제론-새로운 발전모델을 찾아서』(공저), 『노무현 시대의 좌절-진보의 재구성을 위한 비판적 진단』(공저), 『한국사회의 쟁점과 전망-신자유주의 극복을 위한 새로운 패러다임 모색』(공저), 『한반도 경제론-새로운 발전모델을 찾아서』(공저), 『북한의 노동』(공저) 등이 있다. 주요 논문으로는 「지속가능 도시를 위한 '라이프라인(Life-line)' 정책 연구-서울시 성북구 사례를 중심으로」, 「민주주의, 지역 그리고 사회적 경제」, 「참여정부의 지역정책 평가」, 「민족경제론을 위한 변명: 민족경제론의 계승과 극복을 위한 시론」, 「사회갈등과 사회과학적 갈등 분석」, 'IMF경제위기 이후 한국경제의 시스템 변화」 등이 있다.

13장. 김양희

대구대학교 경제학과 교수로 재직 중이다. 참여정부 시기 대통령자문 동북아시대위원회와 국민경제자문회의 사무처에서 파견 전문위원으로 활동했으며 대외경제정책연구원에서 선임연구위원을 지냈다. 저서로는 『경국제민의 길』(공저), 『한국의 FTA 10년 평가와 향후 정책방향』(공저), 『日韓新時代と韓日協力』(공저) 등이 있다. 주요 논문으로는 「한미FTA에 따른 한국의 제도변화에 관한 시론적 고찰」, 「새로운 성장-협력-평화 발전모델의 모색」(공저) 등이 있다. 한국의 대외경제정책 및 남북경제협력에 관심이 많다

14장. 양문수

북한대학원대학교 교수로 재직 중이다. 『매일경제신문』 기자, LG경제연구원 부연구위원 등으로 일했다. 저서로는 『북한경제의 시장화 연구』, 『한반도 통일론의 재구상』(공저) 등이 있고, 논문으로는 「한반도 평화 회복을 위한 국가전략: 개성공단 사업을 중심으로」, 「북한의 경제발전전략 70년의 회고와 향후 전망」 등이 있다. 북한경제, 남북경협, 남북경제공동체 등에 관심을 갖고 연구하고 있다.

찾아보기